中国汽车工业发展史论

关云平◎著

上海人民出版社

目 录

下篇　中国汽车工业的成长

——以轿车行业为中心

(1978—2008年)

序

欣闻关云平博士的新书《中国汽车工业发展史论》近期将由上海人民出版社出版，在表示衷心祝贺的同时，也由衷地感到高兴！因为关云平博士的这本书，是全景式地回顾和探讨20世纪20年代中国开始自造汽车，一直到21世纪的今天正好百年的中国汽车工业发展史，截至目前，中国尚没有这样一本书，对如此重要而影响深远的产业做如此长时段和深入分析的学术著作，其具有的学术价值和参考借鉴意义自然无须赘言。

汽车作为工业革命时代的产物，诞生至今不到两个世纪，却对世界经济和人类的生产生活产生了极其重大的改变和深远的影响。今天的发达国家，无一不是建立在汽车产业的高度发达以及汽车在社会经济与生活领域的普及之上。中国是一个后发国家，在汽车工业的发展中属于后来者。回顾历史，在历经各种艰难困苦和探索后，1949年前的中国已能通过进口部件组装汽车，同时形成了相关零件的配制产业。但是奠定汽车工业的基础和发展是在1949年之后，特别是改革开放以来的四十多年，是中国汽车工业发生极其巨大变化的时期，最为明显的例子之一，就是汽车走进了千家万户的普通中国人家庭。过去令人仰望难及的小轿车成为许多家庭的私有坐骑，有的人家有着不止一台的家用轿车，有的人家的小汽车甚至已经更新换代过不止一次。

从汽车产量来看，2007年产量已经达到世界第三，仅次于美国和日本。此后又经过两年，到2009年，中国的汽车产销量分别为

1 379.10 万辆和 1 364.48 万辆，同比增长 48.30%和 46.15%，产销量首次超越美国，跃居全球第一。中国汽车消费总量从 1991 年不足 100 万辆，到 2018 年达到 2 780 万辆，在 27 年间增长了近 30 倍。2018 年，中国占据着全球汽车总销量（约 9 500 万辆）的 30%，也就是说，全球汽车消费的每三辆汽车当中，就有一台是中国消费者购买的。

从生产汽车的企业角度观察，2007 年之后的这些年，经过改革开放近 30 年发展的中国汽车产业，经过合资生产轿车，引进外资成为合资车企再到走出去并购外资企业成为跨国车企，连续迈出了几大步。而且，2004 年 7 月 12 日，上汽集团就以 117.54 亿美元的总销售额，排名第 461 位，成为中国第一个进入《财富》世界 500 强的汽车集团。直至目前，上汽集团仍然是中国市场规模最大的整车制造企业。

2019 年 6 月，走出去的车企长城汽车俄罗斯图拉工厂正式竣工投产。这是新中国成立以来，首个集冲压、焊接、涂装、总装四大工艺于一体的海外整车汽车制造工厂。与此同时，图拉工厂生产的首款车型——哈弗 F7 也正式在俄罗斯上市销售。更令人关注的是：2018 年，世界新能源汽车的带头厂家“特斯拉”落户中国，并迅速形成生产力。众多的事例都说明，虽然是后发国家，但是中国的汽车产业已经出现了前所未有的变化。

中国汽车产业出现的这些巨变，必然引发人们的关注和疑问：百年来中国汽车产业是怎样发展起来的？经历过什么样的转折和阶段？改革开放前后对比十分巨大的背后原因又是什么？汽车产业的突飞猛进对中国又带来了什么样的影响和冲击？在关云平博士的这本新书里，对这些问题都有着自己的研究和回答。

关云平博士的这本新书由上、下两篇构成，上篇以他的博士论文为中心，主题是“中国汽车工业的早期发展 1920—1978”，论述了

1920年至1978年间中国汽车工业的早期发展，以及发展中的格局和特点。他在上篇中指出，新中国成立之初，汽车工业的创立就成为中央领导人十分重视的议题。最初，政府曾经制定过利用旧中国遗产发展汽车工业的计划，但是随着苏联援华项目的展开，因为苏联对中国汽车工业建设的援助在规模和技术上都较利用旧中国遗产为优，故旧方案被废止，代之以全面移植苏联体系的新方案。其重要成果是创建了“一汽”。一汽的模式可以被称为“苏式体系移植模式”。此后，在国际环境不利及被封锁的特殊时代背景下，中国出于备战的目的，创立了重庆重型汽车厂、二汽等企业。在二汽的创办过程中，一汽起到了“包建”的作用，所以二汽的发展模式又可以称为“苏式体系本土化模式”。与此同时，关云平博士还注意到，在中国还存在一条并非直接由苏联大规模转移现代技术，而是以民国时代汽车修配业为基础，加上现代技术嫁接而成的上海汽车工业为代表的“本土渐进演化模式”。这种模式与一汽、二汽的苏式模式一起，成为另一种发展途径。在这一部分中，关云平还分析了“大跃进”和“三五”期间，不少地区都在发展汽车工业，出现“遍地开花”，形成地理分布上的散布型格局，也直接造成中国汽车工业产业集中度不高的结构性弊端。但是，在这一时期，由于计划经济体制抑制了市场发育，加上政策上以载重汽车和军车而非轿车为发展重点，缺乏政策扶持，作为个人消费品的轿车根本无发展空间，导致汽车工业最重要的轿车制造业没有得到发展。

下篇以他的博士后出站论文为中心，主题是“中国汽车工业的成长——以轿车行业为中心1978—2008年”，重点分析研究了1978年后中国汽车工业的发展路径及其特点，尤其是通过轿车行业的重点分析，凸显了这时期不同于以往的产业变化。因为这段时期是中国从计划经济体制向市场经济体制转变的时期，因此关云平博士在这部分研究和确立的关键词实际是市场、国家与产业发展之间的关系。

关云平博士将这三十年的汽车工业发展分为三个阶段进行分析。第一阶段是1978年至1993年。论述的中心问题是改革开放早期中国汽车工业的产业政策。其特点是过去长期奉行的自力更生政策有所变化,开始向引进国外技术并合资办厂转变,但同时仍然保留有相当程度的计划经济成分。对市场采取限制进入的方式,尤其严格控制轿车的生产线,这在一定程度上束缚了轿车行业的规模与竞争力。除对政策的探讨外,还对1978—1994年中国汽车工业的发展进行了整体性的论述,重点分析了1978年以前"遍地开花"的产业格局是如何继承与延续下来的。

在这一阶段中,关云平博士以上海为中心和例证,分析了中国汽车工业合资模式如何形成和具有的特点。中国汽车工业合资模式在早期形成了多中心格局,其中上海可以说是最重要的基地之一。上海作为例证进行分析的重要意义在于:计划经济时代,上海是中国少有的轿车生产基地之一,但合资模式就意味着此前的工业积累将被放弃,这一转变过程是如何进行的,经历了哪些障碍和困难,又取得了哪些成绩,都是这个阶段分析的中心。这个阶段的重点在于,处于合资企业的冲击下,上海本土轿车生产项目走向终结的历史命运,以及上海合资桑塔纳轿车项目的国产化进程。值得关注的是,这个阶段的大背景是计划经济体制走向终结最后时期发生的变化。

第二阶段的时段是1994年至2003年,这是中国经济体制改革目标明确确定为社会主义市场经济的时期。这个阶段的重点放在了"汽车产业政策的确立与合资模式主导化"这上面。关云平博士首先梳理了1994年以后中国汽车工业政策演变的过程,而以一般认为自主创新政策登台的2004年作为下限。在这一时段内,中国的汽车工业产业政策有所调整,总体上的发展特征是合资模式对外资的依附程度加深，而在一个相对受保护的市场上，轿车成为重要的奢侈性消费品，享受政策得以进入行业的企业具有某种程度的垄断性。然而，中国的汽车工业尤其是轿车产业，在这阶段出现的一个重要现象，是本国汽车生产并未如政策制定者预期的那样自主成长壮大，合资模式成为中国汽车工业的主导模式。

在对这阶段的汽车产业分析中，关云平博士以一汽为中心，论述了央企在走向市场经济背景下的蜕变。央企在中国汽车工业中占有举足轻重的地位，它既背负了计划经济时代的传统，又在市场化改革时代完成了大转型，因而其过程值得专门研究。在对一汽为中心的央企的深入探讨中，从历史进程看，一汽经历了由生产卡车到生产轿车的战略大转型，而在转型过程中，一汽也出现了选择合资模式作为主导模式的发展模式变更。

第三阶段是2004年至2008年。之所以这一阶段仅仅五年就列为一段，是因为这期间中国汽车产业发展开始进入了“自主创新模式”。也就是说，从20世纪90年代末开始，奇瑞、吉利等一批自主品牌企业以市场化的姿态，突破旧产业政策的限制，进入汽车行业尤其是轿车生产领域，推动了中国汽车工业自主创新模式的形成。2004年时，新的汽车工业产业政策对自主的强调可以说与时代氛围有密切关系。然而，自主创新模式与合资模式相比，实力仍然很弱，尽管给合资模式构成了一定压力，甚至激发出了“合资自主”这一特有的产物，但总体上自主品牌暂时还只能在合资模式的缝隙中生长。在这一部分，关云平博士以轿车行业为中心，刻画了中国汽车工业快速发展的轨迹，从市场、企业、政策等方面分析其由小变大的原因，其中也通过对中国汽车出口的长时段考察，分析中国汽车工业实际竞争力尚处于弱小阶段，指出其中一个重要的原因在于合资模式主导下车企的动机问题。

从以上简单的介绍可见，关云平博士的这本新著，与过去主要记录中国汽车工业发展过程中较为重要历史事件的著作不同，是真正以学术的眼光，对中国汽车产业进行深入分析的学术著作，尤其是对该产业背景、政策制定、所产生的影响和效果等方面的分析，有不少使人耳目一新的地方。特别是在回顾中国汽车产业长时段发展的基础上，从理论角度分析中国汽车工业尤其是轿车行业由小到大转变的原因，以及中国汽车工业迄今未能实现“由大变强”的结构性因素，以及所提出的若干政策建议，很能够引人深思并给人以启示和借鉴。

我与关云平博士相识于2015年，那时他希望能到复旦大学来做博士后，进一步深入做汽车产业的研究。我看了他的一些前期研究成果，又在面谈和信件交往中了解到他的求学和职业经历。当时，因为我个人对中国汽车产业的了解不多，尤其是改革开放后的发展演变状况，更缺乏深入全面的了解，担心不能胜任给他帮助的职责而一度有所犹豫。但在与他面谈和了解他对博士后研究的构想后，发现他已经掌握了相当多的有关资料。原来他在攻读博士学位之前，就在报业集团工作过十多年，负责汽车的新闻报道和经营工作。长时间跟汽车、车企打交道，加之是历史学出身，很早就对汽车工业背后的文化问题、历史问题、社会问题感兴趣。多年积累，对中国汽车工业的发展历程，各个阶段的发展状况以及与发达国家进行的比较中，逐渐形成了自己的看法。读博期间，他在华中师范大学副校长彭南生教授的悉心指导下，出色完成了自己的博士论文（即本书的上篇），获得很好的评价，也打下了博士后研究的良好基础。此后的事实也证实了这一点。在他的博士后研究中，我起到的作用，仅是帮助他将选题面缩小，确立以轿车工业为中心，调整了某些思路和需要突出的研究重点，以及贯穿全书的主线等，余者都是他自己的努力。

在与关云平博士几年的相处中，我清楚地认识到他是一个谦和有礼而事业心极强的青年，他有着为国家民族做一些实事好事的强烈愿望，并一直在不断地努力。一个青年，从大学求学时代就在《中国青年》《读者》《青年文摘》等杂志上发表报告文学，出版过报告文学集，作品甚至还获得过湖北省大学生科研成果一等奖，走出校门后也一直不松懈对自己的要求，在不放松对学术追求的同时，还在多个领域做出成绩。在博士后出站的答辩中，获得了评委老师给出的唯一“优”等的评价，这样的青年，并不是很多见的。在与他交流相处的几年中，我也从他这里获得了许多启发和收益。

在关云平博士这部新著即将出版时，我谨祝愿他在未来岁月里不断进步，以他的积累、努力和功力，取得更多的成就，以不负自己的抱负和祖国人民的期望。

是为序。

复旦大学历史学系　朱荫贵

2020年5月4日

上　篇

中国汽车工业的早期发展

（1920—1978 年）

绪　论

汽车工业是第二次工业革命后形成的制造业主导部门之一，其发展程度是衡量一国工业水平的重要指标。在1947年12月30日的《申报》上，经济学家严仁赓写道："值（至）今汽车发明六十年代的开始，研究五十年来汽车工业的一兴一衰，应是治经济史者的一个极合时宜的研究题目。"按照官方史志的标准，中国汽车行业的历史可追溯至1901年，在汽车进入中国已历110余载春秋的今日，总结这一重要产业在中国的起伏发展亦是治经济史者应有的职责。然而，迄今为止，研究中国汽车工业的"经济史"成果尚不多见。作为本书的上篇，笔者先考察1920年至1978年的中国汽车工业，也就是该产业的早期发展历程。

一、学术前史

目前，学术界对中国汽车工业的研究不少，但从经济史或者从历史学角度展开探讨的成果不多。因此，尽管我们可以看到大量著述研究当代中国的汽车工业应如何展开自主创新，或如何有效利用外资，或政府该如何实施产业政策，但对于这个产业是怎么产生的，又是如何一步一步走到今天这个局面的，学术层面的成果还相当匮乏。历史是一面镜子，只有透过历史清楚地看到了过去，我们才能更准确地看到未来的走向。以中国汽车工业来说，目前的合资发展模式颇受诟病，因此，很多学者呼吁中国汽车工业要追求自主创新。[①]然而，既然合资模式阻碍了中国汽车工业的发展，当

① 见路风、封凯栋：《发展我国自主知识产权汽车工业的政策选择》，北京大学出版社2005年版；唐杰等：《中国汽车产业自主创新战略》，科学出版社2009年版。

初这种模式又是如何产生的呢？为什么中国汽车工业会走上合资发展为主的道路呢？要知道，在中国汽车工业历史上，“自力更生”曾经是我们长期奉行的政策。因此，中国汽车工业发展模式的转变实际上是一个大问题。要回答上述问题，就必须对中国汽车工业的早期发展历程，也就是1978年之前的中国汽车工业，展开历史研究，如此方能对中国汽车工业发展轨道的转换有更深刻的认识。

（一）研究成果追溯

在前文中，笔者尝言，目前较缺乏从经济史或历史学角度研究中国汽车工业的成果。但这并不是说学界缺乏描述中国汽车工业发展历程的著述，相反，各种层面的行业志汗牛充栋。在宏观层面，如《中国汽车工业史（1901—1990）》、《中国轻型汽车工业史（1949—1989）》、《中国专用汽车工业史（1908—1990）》；在专业层面，如《中国汽车发动机工业史》、《中国汽车工业质量史（1950—1991）》；在企业层面，如《第一汽车制造厂厂志（1950—1986）》、《第二汽车制造厂志（1969—1983）》、《中国发展全书·重汽集团卷》；在地区层面，如《上海汽车工业志》、《云南汽车工业史》。[①]这些行业志勾勒了20世纪中国汽车工业发展的整体画卷，展示了这一新兴产业在一个欠发达国家成长的艰难历程，并提供了丰富的历史资料，应该对其学术上的贡献予以充分肯定。只是，上述行业志与理想中以问题为导向

① 目前，笔者已知的宏观性史志类著述包括：本书编审委员会：《中国汽车工业史（1901—1990）》，人民交通出版社1996年版；本书编委会：《中国轻型汽车工业史（1949—1989）》，机械工业出版社1995年版；本书编审委员会：《中国汽车工业专业史（1901—1990）》，人民交通出版社1996年版；本书编审委员会：《中国汽车工业质量史（1950—1991）》，吉林科学技术出版社1995年版；本书编委会：《中国汽车发动机工业史》，吉林科学技术出版社1996年版；汉阳专用汽车研究所：《中国专用汽车工业史》，汉阳专用汽车研究所1994年印。企业类史志卷帙浩繁，常常是总厂有志，总厂之下的分厂乃至科室亦各有专志，仅能举其要者：一汽史志编纂室：《第一汽车制造厂厂志（1950—1986）》，吉林科学技术出版社1991年版；东风汽车公司史志办公室：《第二汽车制造厂志（1969—1983）》，东风汽车公司史志办公室2001年印；徐仁根主编：《中国发展全书：重汽集团卷》，红旗出版社1997年版；南京汽车制造厂：《南汽厂志（1947—1985）》，南京汽车制造厂1985年印。至于区域性的行业志，和企业史志一样繁多，仅举两例：本书编纂委员会：《上海汽车工业志》，上海社会科学院出版社1999年版；云南省汽车工业行业办公室：《云南汽车工业史》，云南人民出版社1995年版。

的分析性经济史研究尚存在较大差别。历史学研究与史料汇编是不同的。史料汇编就其性质而论毋宁说是史学研究的准备工作。在史料汇编的过程中，虽然无可避免会渗透进研究者的问题预设与理论判断，但其程度是较浅的。可是，在史学研究中，治史者要进行更多主观上的概括、归纳、分析、综合，去解答某些界限分明、指向特定的问题。经济史作为介于经济学与历史学之间的一门交叉学科，尤其离不开以理论为指导的“问题意识”。按照这样一种对“经济史”的界定，我们会发现目前大量的汽车工业行业志都只能算是史料汇编，因其背后缺乏明确的问题意识与理论诉求。

20 世纪 60 年代末，二汽的生产线

一般认为，中国汽车工业的真正建立肇端于 20 世纪 50 年代，然而，民国时期中国已开始进行自制汽车的努力与尝试。目前，学界对民国时期中国汽车工业的创生与发展有一定涉及，官修史志甚至多将中国汽车工业的历史追溯至清末。例如，最具代表性的行业志《中国汽车工业史（1901—1990）》第一章即为“新中国成立前的汽车业（1901—1949）”。该书在措辞上相当考究，使用了“汽车业”而非“汽车工业”这一概念，可能因为该书认为在 1949 年前，“中国人创建汽车工业的夙愿始终未能成为现实，只是随汽车数量的增加，成长起汽车修理和配件制造业”[①]。不过，尽管 1949 年前中国并未建立起完整的汽车工业体系，但该时段中国人确实已开始尝试

① 本书编审委员会：《中国汽车工业史（1901—1990）》，第 2 页。

自制汽车并取得了若干成果，一些汽车修理厂和配件制造厂在1949年后也成为中国汽车工业的重要组成部分，因此，从经济史的延续性角度看，似不必刻意以“汽车业”来代替“汽车工业”进行指称。从内容上看，《中国汽车工业史（1901—1990）》的第一章分别涉及汽车运输业、汽车制造业和汽车修配业，搜集了一些中国人尝试自制汽车的案例，资料性较强，但未注明史料出处，并不符合严格的学术规范。

除了官修史志外，个别学者也对近代中国的汽车工业及其相关问题进行了研究，这些研究成果构成了本书在相关问题上进一步展开探讨的基础。马建华的硕士论文《汽车与近代中国社会》主要从社会史视角描写汽车进入中国后对中国人社会生活及心态造成的影响，该文亦单辟一节“汽车与工业化”，但所据材料与所述内容大体不出《中国汽车工业史（1901—1990）》的范围。技术史学者关晓武的论文《国民政府时期的汽车制造与研究》侧重于从技术史角度考察中国汽车工业的早期探索阶段，列举了中国人仿制与组装汽车的案例，描述了国民政府发展汽车的计划以及当时的汽车技术研究与工程教育，在史料上较能运用原始档案，是目前所见研究近代中国汽车工业最有力度的论文之一。该文尚总结了国民政府时期中国未能建立起真正的汽车工业的原因。①另一位技术史学者张柏春在《上海新中工程公司仿制汽车发动机技术的初步考察》中勾勒了新中工程公司仿制高速柴油汽车发动机的历程，利用了外人难见的企业档案与弥足珍贵的口述采访，实际上带有相当强的史料介绍性质，但也进行了具有问题意识的反思与总结。②此外，张柏春将其搜集的部分口述史料汇集出版的《民国时期机电技术》，其中亦包含汽车制造方面的资料。③严鹏在其博士论文《战略性工业化的曲折展开：中国机械工业的演化（1900—1957）》中考察了中国机械工业的早期演化过程，其中涉及一些和汽车工业有关的内容，例如国民政府时期引进外资发展汽车工业的一些事例，其优点在于利用了

① 见关晓武：《国民政府时期的汽车制造与研究》，《内蒙古师范大学学报》（自然科学汉文版）2006年第4期。

② 见张柏春：《上海新中工程公司仿制汽车发动机技术的初步考察》，《中国科技史料》1991年第4期。

③ 见张柏春访问整理：《民国时期机电技术》，湖南教育出版社2009年版。

原始档案，并具有很强的理论意识。[1]总体而言，有关民国时期中国汽车工业的研究成果寥寥，当然，这与该产业自身的极其幼稚是分不开的。关晓武、张柏春、严鹏等学者的研究成果与本书考察之内容有交叉，笔者也在自己的研究中尽可能地吸纳了这些研究成果的精华。近代中国汽车工业的部分史迹，如新中工程公司仿制汽车发动机始末，因上述学者皆有详尽刻画，本书从略。同时，对于国民政府创办汽车工业的尝试，上述学者也有考察，笔者只是利用某些新发现的档案材料在细节上进行一些补充。尤为重要的是，严鹏在其博士论文中提出的“战略性工业化”理论，[2]给了笔者很大的启发，使笔者注意到后发展国家新兴产业的成长往往受到比较优势原则的束缚，需由国家打破市场劣势的桎梏，国家“嵌入”产业的方式是影响工业发展的重要变量。因此，本书的研究是真正建立在前人成果基础上的。

在对 1949 年以后中国汽车工业的研究中，大量行业史志提供了丰富的资料，并对历史进行了初步的概括与总结。这其中，最具代表性也最具系统性的当属《中国汽车工业史（1901—1990）》。就本书所关注的时间段而

二汽东风 240 型的前身，解放第二代越野卡车 25Y，
设计上参考了俄罗斯乌拉尔 4320

① 见严鹏：《战略性工业化的曲折展开：中国机械工业的演化（1900—1957）》，华中师范大学 2013 年博士学位论文。

② 在本书尚未完稿时，严鹏对其“战略性工业化”理论又有进一步整理，见严鹏：《“战略性工业化”是超越眼前利益的工业化》，《中国社会科学报》2014 年 6 月 11 日。

1958 年的井冈山牌轿车

言，该书以两章的内容进行了囊括，即第二章“中国汽车工业的初创（1950—1965）”及第三章“中国汽车工业的成长（1966—1980）”。该书第四章为“中国汽车工业进入全面发展时期（1981—1990）”，从这些章节设置可以看出官方对于中国汽车工业发展阶段的划分，同时也可以看出一定的评判标准和价值取向。在第二章中，该书以三节的篇幅描述了第一汽车制造厂的创建与发展，可见其对一汽的重视。除一汽外，该章另简要描述了南京、上海、北京、济南这四个新汽车生产基地的形成。此外，该章还论述了汽车零部件工业、汽车改装业、摩托车制造业、汽车科研设计事业和汽车专业教育体系的形成与发展。对于一度兴起的试办工业托拉斯，该章也以专节论及。第三章在结构与内容上是对第二章的延续，只不过对一汽的强调换成了对二汽的突出，以两节的篇幅专写第二汽车制造厂的筹建与建设。此外则以一节的篇幅论述了川、陕两个军用越野车基地的建设。其余各节仍然从几大基地、附属行业、科研与教育的角度展开描述。总体而言，《中国汽车工业史（1901—1990）》对 1949 年至 1978 年中国汽车工业的发展进行了全景式的描述，但在面面俱到的同时于每一个方面也只能点到即止，且介绍多过研究，属于典型的行业志。类似的行业志前文已有介绍，此处不复赘言。然而，尽管这些行业志与分析性的经济史研究尚有差距，但其贡献亦必须强调。除了提供难能可贵的史料之外，这些行业志已经对中国汽车工业的发展历程进行了初步的梳理，提供了描述性的历史事实，而这些史实的描述是本书得以展开理论分析的重要基础。同时，这些行业志所建立起来的历史图景，如阶段划分、叙事重心等，经研究，基本上也是可以成立的。

除了行业史志外，一些学者也对 1949 年后的中国汽车工业展开了研究，但在大量研究成果中，属于经济学的理论研究成果多，属于经济史的实证研究则极为罕见，尤其是，许多文献立足于改革开放后乃至最近十年内，对 1949 年至 1978 年的产业发展着墨不多。例如，刘志迎等所著《中国轿车产业发展——基于产业组织理论的研究》利用产业经济学理论，分析中国轿车工业的市场结构、厂商行为、竞争力等，但这本出版于 2005 年的专著主要基于 2000 年之后的数据进行研究，缺乏长期性质的动态分析，也没有对具体历史行为的描述。[①]在专门针对中国汽车工业早期发展历程的研究成果中，较为突出的是张柏春对于一汽的研究。张柏春等所著《苏联技术向中国的转移（1949—1966）》第三章“工业援建项目个案：汽车制造技术”专门考察了苏联对一汽等进行的汽车技术转移，分析了苏联技术对中国汽车工业的直接影响和间接影响，较为全面。[②]前文中所提严鹏的博士论文也涉及 1949 年至 1957 年的汽车工业，包括汽车工业规划的最初方案、汽车研究所

1959 年的北京 CB4 轿车

① 见刘志迎等：《中国轿车产业发展——基于产业组织理论的研究》，合肥工业大学出版社 2005 年版。

② 见张柏春等：《苏联技术向中国的转移（1949—1966）》，山东教育出版社 2004 年版，第 124—160 页。

对产业发展的影响等，但毕竟不属于专门针对汽车工业的研究，未能深入。值得一提的是，在学术论著之外，尚有不少具有普及读物性质的著述涉及中国汽车工业史，但相关文献的介绍性多于研究性，并不能算严格的经济史著述。例如，李永钧的《中国汽车工业50年回顾》的史述部分在很大程度上只是基于《中国汽车工业史(1901—1990)》的一个改编、缩写。[①]因此，目前学术界对1949年至1978年中国汽车工业的史学性研究尚极为欠缺。

不过，尽管学术界对中国汽车工业本身的经济史研究不多，但对1949年后中国工业发展一般状况的研究成果则很丰富。在吴承明、董志凯主编的《中华人民共和国经济史(1949—1952)》中，经济史学者探讨了共和国成立初期工业生产的恢复与发展。在董志凯等主编的《中华人民共和国经济史(1953—1957)》中，则论述了集权式工业管理体制的形成以及"一五"计划期间工业的增长与发展。这样一些宏观性研究实际上构成了探讨中国汽车工业早期发展的必要背景，也是本书叙述及分析的重要基础。由于汽车工业在20世纪50年代初的中国属于新兴的重工业，因此，学者近年来对中国共产党建政初期关于轻重工业发展战略选择的探讨，也与本书有密切关系。经济学家林毅夫从经济学的比较优势理论出发，对重工业优先发展战略有极强的批判，但经济史学者多能认识到中国在50年代选择优先发展重工业具有历史的合理性。例如，董志凯不同意50年代中国优先发展重工业是照搬苏联模式，而认为这一格局的形成与一百年前中国工业化对"机船矿路"路线的选择有历史的延续性。[②]武力则认为新中国建立之初工业战略的选择与当时的经济发展水平和特点是分不开的。[③]追溯这样一些讨论并未偏离本书的主题，实际上，在对当代中国汽车工业发展问题的探讨中，仍然明显存在着两条思路。一种思路即认为中国不必要建立完整的汽车工业体系，而应充分参与全球化，其理论依据正是林毅夫的比较优势论，其历史观则认为战后经济民族主义是一种教训。[④]另一种思路则

---

① 见李永钧:《中国汽车工业50年回顾》(一),《上海汽车》2003年第5期。

② 见董志凯:《优先发展重工业是新中国的必然选择》,《高校理论战线》2009年第10期。

③ 见武力:《中国工业化道路选择的历史分析》,《教学与研究》2004年第4期。

④ 见贾新光:《被世界改变的机器:金融风暴下的全球汽车工业重构》,机械工业出版社2009年版,第170—171页。

强调自主创新的重要性，认为“以市场换技术”是一种陷阱，只会让中国汽车工业在跨国公司的全球战略中变成附庸，丧失自己独立的组织实体。这种思路反对比较优势论的理论逻辑，更注重历史性的研究。[①]其实，从历史的角度看，前述对战后经济民族主义大加批驳的论著本身也承认经济民族主义是战后韩国汽车工业崛起的重要原因[②]，这种思维上的混乱更迫切地呼吁着经济史研究的正本清源。本书所涉时段并不能完全解决相关问题，但本书在理论上也牵涉到国家政策与产业发展的关系，无可避免地要进入围绕比较优势论的争论中。

除中国学者外，海外学者对中国的汽车工业也进行过一些专门研究。但是，这些研究要么侧重于介绍性质，要么主要针对当前中国汽车工业的发展状况。比较有历史感的研究为 Eric Harwit 所著 *China's Automobile Industry*: *Policies*, *Problems*, *and Prospects*，该书曾被很多中国学者的著述引用过，其第二章写的是 1949 年至 1993 年中国汽车工业的历史和政策发展。不过，很显然，该章对该书而言在很大程度上只是个背景铺陈。[③] Eric Thun 撰写了 *Changing Lanes in China*: *Foreign Direct Investment*, *Local Governments*, *and Auto Sector Development*，该书也被一些中国学者引用过，是一本比较政治经济学著作，比较了上海、广州/北京、长春/武汉三组城市地方政府不同的结构对于汽车工业发展的影响。[④]该书虽主要集中于改革开放后，但它对于地方发展模式的分类，给了笔者很大的启发，也促使笔者对改革开放前中国的汽车工业进行类型学研究。近年来的研究还有 Gregory T.Chin 的 *China's Automotive Modernization*: *The Party-State and Multinational Corporations*，也是从政党国家和跨国公司关系进行探讨的政治经济学著作，所以主要也是关注改革开放后的中国汽车工业。[⑤]

---

① 见路风、封凯栋:《发展我国自主知识产权汽车工业的政策选择》，第 175 页。

② 见贾新光:《被世界改变的机器:金融风暴下的全球汽车工业重构》，第 82—83 页。

③ 见 Eric Harwit: *China's Automobile Industry*: *Policies*, *Problems*, *and Prospects*, New York: M.E.Sharpe, Inc., 1995。

④ 见 Eric Thun: *Changing Lanes in China*: *Foreign Direct Investment*, *Local Governments*, *and Auto Sector Development*, New York: Cambridge University Press, 2008。

⑤ 见 Gregory T. Chin: *China's Automotive Modernization*: *The Party-State and Multinational Corporations*, Hampshire: Palgrave Macmillan, 2010。

2012年，笔者曾从香港购得一本G.E.Anderson所著*Designated Drivers: How China Plans to Dominate the Global Auto Industry*，这是目前已知西方学界关于中国汽车工业最新的专著。该书主要探讨中国如何计划利用产业政策打造在全球占有优势的汽车工业，对大型国有车企的制度设计阻碍技术创新多有批判。[①]毫无疑问，该书的关注点亦是当下。此外，日本学者山崎修嗣编有论文集《中国汽车产业》，收录了一些探讨中国汽车工业的论文，但对历史未涉及太多。[②]综上所述，海外学者对中国汽车工业的研究多采取比较政治经济学的方法，关注国家与产业之间的关系，这是值得我们借鉴的。[③]大而言之，本书的研究也希望以经济史的角度切入产业政策探讨的比较政治经济学大传统中去。但是，海外学者的研究成果基本上也只关注1978年后中国汽车工业的发展，对历史研究着墨不多。然而，历史不仅仅构成产业发展简单的背景，历史的重要性在于：我们需要去理解那些更深层次的力量。因此，对1978年之前的中国汽车工业进行专门研究大有必要。

（二）现有研究的不足

以上追溯了中国汽车工业早期发展研究的主要学术成果，对这些成果进行简单的检讨，可以发现几个问题，而对这些问题的解决正是本书的努力方向。

第一，既有成果要么为缺乏问题意识与分析研究的行业志，要么为纯粹使用经济学理论对当代问题进行研究的经济学著述，缺乏经济史层次的研究。而所谓经济史层次的研究，是指既包括一定的问题意识，能够对具体的历史现象进行抽象的理论反思；又建立在史料的基础上，从历史的实际出发，而不是先预设一个理论框架再往里面填塞经验材料。从这个角度说，目前大量的行业志普遍只具备史料汇编的性质，而关于汽车工业的大量经济学文献完全无法展现产业的发展历史。

第二，既有成果普遍缺乏历史的深度，忽视了历史的延续性。这并不

---

① 见G.E.Anderson：*Designated Drivers: How China Plans to Dominate the Global Auto Industry*, Singapore: John Wiley & Sons Singapore Pte. Ltd., 2012。

② 见山崎哲嗣编：《中国汽车产业》，李东军等译，中国商业出版社2010年版。

③ 关于比较政治经济学，见朱天飚：《比较政治经济学》，北京大学出版社2006年版。

是说既有研究成果未能在时段上拉长视野，相反，不少行业志是从清末写起的。然而，时段上的长期性并不等于历史的延续性，其症结在于不少历史书写未能注重历史内部的有机联结。具体而言，学界普遍并不重视1949年之前中国汽车工业的发展对此后产业发展的影响。然而，即使我们不认为民国时代中国汽车工业给1949年后留下了多少有价值的遗产，但民国时代中国汽车工业的发展特征及经验教训却值得总结。此外，在20世纪50年代靠手工敲打生产出凤凰牌小汽车的上海“弄堂工厂”，有不少是民国时代的底子，这里面所直接存在着的历史延续性关系是我们无法回避的。因此，尽管笔者最初选择的题目是探讨1949年至1978年中国汽车工业的发展，但接触到一些史料后，笔者认为对1920年至1978年的中国汽车工业进行一个连续性考察是更为适宜的。然而，学界对历史延续性的漠视不仅体现在忽略1949年之前的历史，也体现在不重视1949年至1978年之间的历史。诚然，1978年之前中国汽车工业的发展是极为落后的，1978年后该产业的发展模式也有一个整体性的转变，但此前三十年所形成的历史结构，无论正负，都对此后的演化产生着影响，这是我们必须正视并加以探讨的。

第三，既有成果一般缺乏国际比较的视野，或者错误地选择了比较对象。汽车工业是一个具有世界性的重要产业，极有比较研究的价值。但目

1961年嘎斯53车型

1962 年的北京牌轿车

前的各种著述一般缺乏国际比较的视野，许多比较也流于表面。例如，日本的汽车工业虽然崛起于战后，但同样萌生于二战之前，却少有学者比较 1950 年之前中日两国汽车工业的发展路径，而缺乏这种比较实际上无法真正理解战后两国汽车工业发展差异性的成因。实际上，当下一些论者在进行汽车工业的国际比较时，往往不加选择地将各种“模式”、“道路”放在一起比较，但这样做却容易忽略研究对象的可比性问题。例如，中美虽同为大国，但两国工业化的起点、条件、可利用资源与人口规模约束却截然不同，而这些因素对汽车工业都有着实实在在的影响。因此，对中美两国汽车工业的比较研究很难得出具有实际意义的具体结论，这一点越回溯历史越是如此。相反，日本、韩国与中国在规模上虽然极不对称，但相对于美国，都属于工业化的后发国家，其汽车工业成长时期也都面临着已经极为强大的美国汽车工业的压力，这使得日韩型道路反而能成为反思中国的一个更好的参照系。因此，本书在写作时，一方面将追踪同时期世界汽车工业的发展动向，一方面也将重点以日本、韩国为比较对象，深入探讨中国汽车工业早期发展进程中的问题，并在理论上探究国家力量与新兴产业间的各种关系。然而，有必要强调的是，囿于学养及条件，笔者在本书中所能进行的比较是较为零散的，且这些比较更多地关注于产业政策及战略，而非综合性的全面比较。这当然是一个缺憾，而弥补这一缺憾只能有待来日更深入的研究。

第四，既有研究成果对中国汽车工业的发展模式归纳不充分，实际上，即使在早期发展过程中，中国汽车工业内部也包含了多种模式，而这些模式对当代中国汽车工业的发展路径有直接影响。因此，本书将抽象出1978年前中国汽车工业发展的若干模式，以之为主体来分析中国汽车工业的演化。

第五，在资料上，现有研究大多基于官方编纂的行业志、企业志，利用档案等原始史料的研究成果极为少见。志书是不可多得的资料，本书亦将大量利用史志。但是，史学研究讲究史料的原始性，所以也将尽可能地利用档案、回忆录等原始史料，以便更完整地还原历史的实态。

（三）本篇的主要创新之处

针对现有研究的不足，本篇的主要创新之处包括以下几个方面：

（1）史料的挖掘与新资料的运用。历史研究是建立在充分而翔实的史料基础上的，其中，包括未刊档案在内的原始史料尤为珍贵。本书作为经济史研究，与现有研究成果相比，首要的创新之处就在于更深入地挖掘了史料尤其是原始史料。笔者所利用的史料不仅包括大量内部出版因而不易在一般图书馆找到的厂志，还包括北京、上海等地档案馆的原始档案，其中有些档案因涉及新中国成立后的历史，开放的时间还不是太长，尚少有人利用。因此，对于史料的充分挖掘，做到了利用“新资料”展开经济史研究。例如，对于上海汽车工业依靠“土洋结合”的方式研发新产品，基本上是立足于上海市档案馆所藏档案展开分析的。此外，也注意利用回忆录等史料，剖析历史当事人的行为动机及其影响。对1949年前的历史研究，利用了大量报刊作为史料，勾勒近代中国工程界与知识界创立自主汽车工业的构想，这是此前的研究未曾关注过的。但对1949年至1978年间的历史研究，本书所用报刊史料较少，一方面系因为该阶段反映汽车工业动态的报刊大多数是纯工程技术性的，不涉及产业发展；另一方面也因为一般性报刊上的新闻报道多为宣传性质，且其内容在厂志、行业志中都有包括。故对史料的运用充分关注其特性，有所选择，而非不加批判地使用。

（2）史实的考订与史事的梳理。在史料的基础上还原最接近真实的历史，本来应该是历史研究的基本任务，但是，对于目前的中国汽车工业史研究来说，这一步尚不够到位。尽管我们可以看到一些如《中国汽车工业史》、《中国汽车工业专业史》这样的行业史已经描绘了最基本的历史图景，但是，这些行业史大多简明扼要，对一些关键性问题缺乏深度剖析，对一些基本的历史事实的叙述也存在着与相关厂志、回忆录相矛盾之处。因此，本书的另一个创新之处在于，在分析理论问题的同时，对一些基本的史实进行重新考订，尤其对一些互相矛盾的文献记载进行辨别，对相关史事作了比一般行业史、厂志和回忆录更为清晰的梳理。希望借此来使中国汽车工业的早期发展历程以一个相对清晰、完整的面貌呈现于世人面前。

（3）理论的辨析与新观点的提出。作为以问题为导向的经济史研究，本书与叙述行业发展历程的一般行业史的不同之处，主要还是在于运用了各种理论去分析历史。换言之，不是在为行业立传，而是希望通过研究历史来解释某些理论问题。但是，本书不是单纯地引用理论话语，或者如某些著述那样去套用流行的理论，相反，对一些彼此矛盾的理论进行了基本的辨析，并不盲从于某一既定理论。在这项工作的基础上提出了一些新的观点。新观点主要包括两个方面：其一，归纳了中国汽车工业早期发展史上的三种主要模式，认为这些模式对于当今中国汽车工业主流的合资模式的形成都具有直接影响，这使我们对改革开放前中国工业的发展路径能有更细化的认知，注意到历史的延续性，从而更清楚地看到历史是如何影响现实的。其二，一般的观点认为，中国在改革开放前实行了赶超战略，在改革开放后则实施了比较优势战略，而这一论断尤其流行于对中国汽车工业的评价。本书通过对历史细节的剖析，发现在计划经济时代，中国汽车工业在发展目标上虽然具有一定的赶超战略色彩，但无论是从产业内部宏观的发展方向选择，还是从具体的企业发展技术路径来说，都是更加契合资源禀赋的比较优势原则的，因此，在改革开放前，中国汽车工业的发展实质上还是遵循比较优势的，而从产业政策层面看，这才是中国汽车工业与同时期的日韩汽车工业相比逐渐落后的原因之一。笔者相信，上述新观点的提出，将有助于当下关于中国汽车工业的讨论走出某些理论误区，使争论各方能够更加理性、客观地看待合资模式利弊、发展战略选择等问题。

二、 理论平议

在国人对中国汽车工业的探讨中，一向分为两派意见。一派认为当前中国已经成为世界汽车制造大国，产业发展欣欣向荣；另一派则认为由于中国汽车工业过分依赖与外资合作，缺乏自主技术与品牌，在“盛世”之下隐藏着极大的“危局”。[①]这两种意见背后体现出不同的发展思路。如果上升到理论高度，则可以体现为比较优势理论和竞争优势理论的争论。由于笔者希望本书的研究在未来能够在时段上继续向下拓展，且希望历史研究能为现实问题揭示某些深层次成因，故对这两种理论有必要予以简单探讨。

(一) 比较优势理论

所谓比较优势理论，是西方经济学的经典理论，意思是经济发展要循序渐进，要和资源禀赋的结构相适应。[②]这个理论在中国因林毅夫等学者的鼓吹而闻名。实际上，加入 WTO 也是该理论在政策上的体现之一。不过，对中国的汽车工业来说，加入 WTO 也是引发持久争议的一个话题。

在有关中国汽车工业的研究中，张占斌撰写了《比较优势：中国汽车产业的政策、模式、战略》，明显借用了林毅夫关于比较优势战略的理论框架，用来研究中国的汽车产业。与林毅夫一样，张占斌认为，在改革开放前，中国整体上实行的是超越资源比较优势的赶超战略，汽车工业也不例外，“即使在渐进改革中我国产业政策总体上已经将‘赶超’战略放弃，但汽车产业这种战略的影响甚深，消除得很慢，以至于比较优势的原则长期不能有效发挥，产业要素短缺是长期的发展瓶颈”[③]。在张占斌看来，改革开放之前中国汽车工业违背比较优势原则之处包括：(1)主要基于军事备战考虑的汽车产业布局不符合比较优势的原则，“产品定位失当以致有限的资金不能加速积累，加之建设周期过长，汽车产业的辐射功能和带动作用在重要时期没有体现出来”；(2)“中央政府和地方政府两级的行政权力博弈没有妥善解决，产业目标和具体措施极不匹配，造成天女散花般的投资分散和各自为政的‘小而全’畸形格局，没有体现出汽车工业产业组织集中和规模

① 见《汽车商业评论》：《盛世危局——中国汽车产业的关键时刻》，科学出版社 2011 年版。
② 见林毅夫等：《中国的奇迹：发展战略与经济改革》，上海三联书店 1999 年版，第 106 页。
③ 张占斌：《比较优势：中国汽车产业的政策、模式、战略》，清华大学出版社 2004 年版，第 40 页。

经济的特点”;(3)我国汽车工业在产品定位上没有尽早把经济型轿车作为重点来发展,“是决策上一个不容忽视的失误”①。因此,张占斌认为,按照林毅夫的比较优势理论去发展汽车工业,应该肯定加入 WTO 的积极意义,“使我国汽车产业不再着眼于在国内市场的小循环,而是跻身世界汽车产业的大循环之中,并成为世界汽车产业的重要组成部分”②。故此,张占斌对于汽车工业中习用的保护政策也是持否定和批判态度的。

可以说,张占斌的研究在肯定比较优势论的研究成果中很具有代表性。但是,2004 年,在张著出版的同一年,中国汽车工业的创业者之一耿昭杰便发出过当头棒喝:“企业靠什么存在? 靠品牌,如果没有解放、红旗,一汽在世界上就没有位置。一个企业不管你生产多少车,如果生产的都是别人品牌的车,这不是你的辉煌,是人家的辉煌,人家会瞧不起你。”③然而,按照比较优势战略,中国汽车工业确实“生产的都是别人品牌的车”,这显然是引起相当一部分国人不满的原因。而且,张占斌对改革开放前中国汽车工业发展的弊病虽然直击要害,但应该看到当时中国基于战备考虑发展汽车工业乃迫不得已的历史情境,而不重点发展经济型轿车恰好是符合国民购买力弱的比较优势原则的。至于保护政策的争议,则由来已久。一般而言,包括张占斌在内,保护政策的反对者都喜欢举出拉美的失败例子,但他们无法解释的是日本、韩国的成功。耐人寻味的是,在最近的讨论中,韩国学者对于林毅夫的比较优势论不以为然,④两国学者对保护政策的不同态度,恰与两国汽车工业发展的道路相一致。从这个角度看,比较优势理论也是真心希望本国汽车工业崛起的人所无法接受的。

(二) 竞争优势理论

所谓竞争优势理论,可以认为是比较优势理论的升级版,它把静态的比较优势改造成了动态的竞争优势,宣扬该理论的学者主要是迈克尔·波

---

① 张占斌:《比较优势:中国汽车产业的政策、模式、战略》,第 42—49 页。

② 张占斌:《比较优势:中国汽车产业的政策、模式、战略》,第 89 页。

③ 贾新光:《大洗牌:中国汽车谁主沉浮》,机械工业出版社 2010 年版,前言,第 3 页。

④ 见林毅夫:《新结构经济学:反思经济发展与政策的理论框架》,苏剑译,北京大学出版社 2012 年版,第 170 页。

特。波特认为，产业发展取决于生产要素，但生产要素有不同的类型。初级生产要素包括天然资源、气候、地理位置、非技术人工与半技术人工、融资等；高级生产要素则包括现代化通信的基础设施、高等教育人力以及各大学研究所等。对一个国家的产业发展来说，高级生产要素虽然建立在初级生产要素的基础上，但比初级生产要素重要得多。因此，一个国家想要获取产业的持久竞争优势，就必须发展高级生产要素，而高级生产要素也是通过政策可以培育的。①由此可见，与林毅夫的比较优势理论相比，波特的竞争优势理论对产业发展更为乐观，而且事实上暗示了“赶超”战略的可能性。

实际上，日本与韩国汽车工业的崛起靠的就是赶超战略，而不是林毅夫等人所谓的比较优势战略。有意思的是，日本在战后一度面临要发展何种产业的选择，当时，美国的建议是日本不要发展汽车工业，因为该产业不符合日本的比较优势，日本国内也有不少人这么认为。据记载，“日本及国外的新古典主义经济学家们力促战后日本的经济发展专门从事于劳动力集中的工业，同时避开需要集中大量资金的工业，如汽车制造”，不过，对日本来说，幸运的是，日本政府坚持给予汽车工业发展的优先权。②如今看来，结局很明显，曾经称霸世界的美国汽车工业底特律三巨头节节败阵，而一度靠政府保护才避免了底特律三巨头摧残的日本汽车工业则成为新的全球领袖。这一事例充分说明比较优势不是固定的，按比较优势去发展产业更可能谬以千里。相反，日本汽车工业的崛起充分说明了人为构筑竞争优势的重要性。韩国的情况也与日本差不多，“与其他发展中国家不同，韩国同日本一样，在发展其汽车工业时，在由跨国汽车制造厂商组成的国际寡头、卖主垄断市场上，追求一种独特的独立发展方式”③。显然，韩国汽车工业也没有走比较优势的发展道路。但是，在当今国际市场上，也只有日本、韩国这两个不靠比较优势发展汽车工业的后起国家能够占据一席之地。

因此，在研究中国汽车工业的发展问题时，竞争优势理论可能是我们

---

① 见迈克尔·波特：《国家竞争优势》，李明轩等译，华夏出版社 2002 年版，第 70—75 页。

② 见克利斯·弗里曼、罗克·苏特：《工业创新经济学》，华宏勋等译，北京大学出版社 2004 年版，第 200 页。

③ 金麟洙：《从模仿到创新——韩国技术学习的动力》，刘小梅等译，新华出版社 1998 年版，第 120 页。

更应该关注的理论。本书作为历史研究，比理论研究更注重历史事实本身，但是，仍然可以通过实证性的研究，探讨为何中国汽车工业长期难以获取竞争优势？其根源何在？从事技术创新研究的学者吴金希的话发人深省："1970 年，现代汽车的年产量才达到区区 4 000 多辆，到 1975 年，现代汽车的出口仍然为零。而今天，不仅在北京的街头，即使在美国、欧洲等发达国家市场，现代汽车已经几乎与日本汽车几大品牌平起平坐。而我们一汽、二汽和上海汽车从建国初就在造汽车……但是 60 多年过去了，有谁曾见过在国外大街上跑的'红旗'轿车？"[①]这个问题的本质正是：中国汽车工业为何缺乏竞争优势？与同为东亚新兴工业体的日本、韩国相比较，中国汽车工业的发展为何远远落后？这些问题，被经济学者、管理学者们思考、热议着。然而，任何现实经济问题的生成都有其历史的根源，追问当下"红旗"轿车为何无法比肩韩国现代轿车，必须弄清楚"红旗"轿车是在怎样的历史背景下生成，经历了哪些具体的发展，又受到哪些历史条件的影响，最后如何一步步演化为今日的格局。对这些问题的探讨，恰好属于经济史研究的范畴，这也正是本书研究中国汽车工业早期发展的理论价值。

三、 框架和主要内容

作为以问题为导向的经济史研究，本篇将采取纵横结合的架构方式，在大体上按时间顺序铺叙的同时，着重进行横切面的理论分析。由于关注的重心主要是中国汽车工业的早期演化路径以及影响该产业发展的要素与机制，故主体部分将更多地呈现为大体按时序展开的结构性分析，而非纯粹的历时性叙述。为了使读者对中国汽车工业的早期发展脉络有较清晰的认识，本篇将先概述 1920 年至 1978 年中国汽车工业的演进历程及其主要阶段划分。需要指出的是，笔者对于中国汽车工业发展阶段的划分与《中国汽车工业史（1901—1990）》中的标准不尽相同。

（一）中国汽车工业早期发展阶段与模式

1886 年，世界上第一辆汽车诞生。1901 年，匈牙利人李恩时（Leinz）将 2 辆

① 金麟洙编：《技术、学习与创新——来自新兴工业化经济体的经验》，吴金希等译，知识产权出版社 2011 年版，译者序，第 3 页。

汽车带入上海，这是“改变世界的机器”与中国结缘之始。《中国汽车工业史（1901—1990）》将开端定在1901年，其原因即在于此。不过，汽车的引入只能说明中国有了汽车。

民国时期上海就从英国进口了双层巴士

中国汽车工业的第一阶段系萌芽期，为1920年至1949年，在该阶段，中国人不仅开始提倡创立本国的汽车工业，亦开始尝试制造汽车，并获得成功，与汽车相关的修理业与配件制造业在若干地区也发展起来。但是，由于此时中国的汽车制造活动相当零星，不成体系，也没有大量的汽车产出，故仅仅只能称为萌芽阶段。据1911年8月27日的《申报》记载，绍兴会稽道墟赵楼有个叫景其敏的人，“新造一种汽车，已成三具，车上可容坐四五人，每小时能行走六十里。近日在近地试验八九天，灵捷非常，真难得也”。这是目前关于中国人自造汽车的最早记载。但是这一孤证是否可信，已难以考证，因此《中国汽车工业史（1901—1990）》亦称：“其人、其车现尚难以考证，姑存此一说”①。1920年，孙中山先生在《建国方略》中提出要建立中国自己的“自动车”工业，这是中国最早从政治家的角度提出建立汽车工业的构想之一，具有很强的象征性，也被官方历史叙事视为一个节点。汽车工业这一新兴产业在中国的诞生，系先有思想上的鼓吹而后有行动中的实践，这是非常典型的后发展国家的特征。而中国自造汽车的实践活动亦始于20世纪20年代。到1949年时，中国已有若干国营和民营的汽车修理厂及汽车配件制造厂，部分企业甚至能够少量生产三轮汽车等简易汽车，这是近代中国留给新中国的遗产。

① 《中国汽车工业史》编审委员会：《中国汽车工业史（1901—1990）》，第9页。

中国汽车工业的第二阶段系苏联技术移植期，为1949年至1965年，该阶段系以第一汽车制造厂的建设与发展为中心，同时在南京、上海、北京和济南等地形成了地方性的汽车生产基地。新中国成立初期，中央政府曾经打算利用已有的汽车修造厂和配件制造厂发展汽车工业，但不久即因为取得苏联的全方位援助，转而从头开始建设全新的第一汽车制造厂（一汽）。一汽的建设采取了在苏联人亲自指导下全面移植苏联生产、技术、管理体制的方式，等于在中国复制了一家苏联汽车企业及其配套体系，故称其为苏式体系移植模式。在中国汽车工业发展史上，仅一汽独家采取了苏式体系移植模式，但这并不意味着该模式不可复制。实际上，在一汽建设的同时，二汽的建设就已经被提上议事日程，并准备采取和一汽相同的建设方式，只是迫于国力，二汽在20世纪50年代中止了建设，故仅剩一汽全面移植了苏式体系。在以举国之力建设一汽的同时，近代中国遗留下来的汽车修理业和配件制造业也继续发展，尤其因“大跃进”时期的政策鼓动而得到扩散，并在南京、上海、北京等地升级为具有制造能力的真正的汽车工

解放牌CA30A汽车

业，因此称这些地区的汽车工业发展模式为渐进演化模式。在各地渐进演化型汽车工业中，上海因历史基础好而最为成功。必须指出的是，尽管苏式体系移植模式与渐进演化模式在时序上大体是并行发展的，但前者才是国家扶持的重心，也代表着技术上的主流，故1949年至1965年的中国汽车工业是以一汽为中心的，其特征亦体现为苏联技术的移植。

中国汽车工业的第三阶段系苏联技术本土化期，时间上为1965年至1978年。该阶段，在一汽及上海等地汽车生产基地继续发展的同时，中国汽车工业的重心是第二汽车制造厂（二汽）的建设。在二汽正式建设之前，中国曾从法国引进技术，自主建设重庆重型汽车厂，这一尝试的重要性在于，它既寻找到了新的汽车技术引进源头，又没有像一汽的创建那样全面移植外来体系，而是主要依靠中国人自己的力量开展建设。重庆重型汽车厂的建设为二汽积累了一定的基础。而二汽的建设，基本上由中国自己的工厂提供设备，并以一汽为主体参与“包建”。由于一汽全面移植了苏式体系，故一汽“包建”二汽也就把苏式体系复制到了二汽，但这个复制不是原原本本的照搬，而是由中国人主导并掺入了一些具有中国特色的元素，因此可以说二汽体现了苏式体系的本土化。故可称二汽的发展模式为苏式体系本土化模式。在1965年至1978年间，除了二汽的建设外，一汽、上海、南京、北京等老的汽车生产基地也在向前发展，天津、武汉等地的汽车工业亦有所壮大。但是，在该时段内，国家的重心毫无疑问是二汽这一新领军企业的建设，故该阶段的本质特征亦为苏联技术的本土化。

1978年后，中国汽车工业的发展进入新的阶段，其主要特征为合资模式的诞生与成为主流。从长时段的视角看，整个1978年至今的中国汽车工业都以合资模式为主导，直到21世纪初才有自主创新模式的奋起。这些当然是后话，已超出本书的研究范围，故此处亦不予深究。然而，可以说1978年开始的改革开放意味着中国汽车工业发展史上真正的断裂。[①]如果

---

① 从具体的时间上看，1979年才有饶斌带领大型代表团出访欧、美、日，为建设第三汽车制造厂和发展上海牌轿车，与外商洽谈引进技术与合资经营事宜。也是1979年，美国汽车公司（AMC）开始与北京汽车制造厂就合资问题展开接触。（《中国汽车工业史（1901—1990）》，第170、223页。）但是，如果没有1978年改革开放这一根本性的国策转变，1979年的新变化即使发生，也无法逐渐成为中国汽车工业的主流。故可遵从习惯认知，将1978年视为中国汽车工业第四阶段的开端。

没有改革开放，二汽所体现的苏式体系本土化模式应该会继续推广，上海等地的渐进演化模式也会继续渐进地演化。但是改革开放后出现的合资模式改变了这一既有的演化路径。而且，在1978年之前，从奉系军阀开始中国人自己造汽车算起，中国汽车工业的发展都以依附于政府的官办或国营企业为主导，其产品亦主要为作为生产工具使用的载货汽车。但是，合资模式即使仍以大国企作为主要玩家，但它是面向市场的，其产品重心也转变为作为大众消费品的轿车。因此，1978年后中国的汽车工业有了真正的质变，而此前整个中国汽车工业的历史，都只能算是该产业的早期发展了。

总结起来，整个1978年之前中国汽车工业的历史都不过是一个早期的发展阶段，由国家主导，并作为资本品而非消费品工业部门存在。在这样一个早期发展历程中，又可以划分出三个更细的阶段，其中，1949年之前是产业的萌芽期，1949年至1965年是产业移植苏联体系时期，1965年至1978年则是苏联体系本土化的时期。本书所研究的，即是在这三个不同时期中国汽车工业出现的发展模式，以及这些模式所体现的影响至今的结构。

（二）篇章安排和主要内容

本篇将论述1920年至1978年中国汽车工业的发展历程，区分中国汽车工业早期历史中形成的各种模式，探究该产业历史结构的转换。除绪论外，主体分为5章以及结论，主要内容如下：

第一章分析1949年前中国汽车工业的萌芽胎动与基本特点。首先论述1949年之前民间人士对发展本国汽车工业的若干构想，以及政府制定的发展汽车工业的若干计划。其次，研究中国汽车工业的初期演化，包括代用燃料汽车的研制、汽车修理与配件制造业的发展等。在1949年之前，尽管中国未能发展出具有真正制造能力的汽车工业，但已能通过进口部件组装汽车，并形成相关的零件配制产业，为1949年之后中国汽车工业发展中的“本土渐进演化模式”打下了基础。此外，民国时代中国工程界对自主汽车工业的构想，已经包含向苏联学习的内容，这也为新中国建立后移植苏联技术的汽车工业建设模式埋下了思想伏笔。

第二章以一汽为个案，探讨中国汽车工业早期发展史上的“苏式体系移植模式”。新中国成立之初，汽车工业的创立就成为中央领导人十分重视的议题。起初，政府曾经制定过利用旧中国遗产发展汽车工业的计划，不久之后，随着苏联援华的展开，苏联对中国建设汽车工业的援助无论在规模上还是技术上都较利用旧中国遗产为优，故旧方案被废止，代之以全面移植苏联体系的新方案，这就是一汽的建设。本章探讨一汽的创立及其早期发展历程，考察苏联技术与管理制度是如何被移植至中国，经过了哪些本土化改造，其历史命运如何。在计划经济时代，“苏式体系移植模式”构成了中国汽车工业发展的主流模式。

第三章以二汽为个案，探讨中国汽车工业早期发展史上的“苏式体系本土化模式”。二汽可以说是中国汽车工业建设史上自力更生的典范，基本上是不依靠外援而由我国自主创立的大规模现代化汽车制造厂，因此，其本土性色彩明显。然而，在很大程度上，二汽是中国人通过一汽建设而消化苏式技术与管理体系的成果，本质上并未脱离苏式技术轨道，故可称其为“苏式体系模式本土化”，既强调其本土性，又指出其包含的苏联因素。与一汽相比，二汽的特征不仅仅在于其本土性，更在于其发展初期的备战特征，这种备战特征对企业的发展造成一定的负面影响。

第四章以上海汽车工业为个案，探讨中国汽车工业的“本土渐进演化模式”。与“苏式体系移植模式”和“苏式体系本土化模式”不同，“本土渐进演化模式”并非直接由苏联大规模转移现代技术而来，而是以民国时代汽车修配业的基础嫁接现代技术而成。所以，从技术发展的角度说，该模式体现为渐进演化，而非整体转移。在 1978 年之前，上海汽车工业研制了三轮汽车、凤凰牌（上海牌）轿车、载重卡车等各种产品，最典型地展示了“土洋结合”技术发展模式的成功与失败。

第五章探讨一汽、二汽、上海汽车工业之外中国各地汽车工业的发展。整体而言，在一汽、二汽、上海汽车工业之外，重汽可以被归为“苏式体系本土化模式”，其余各地汽车工业则可被归为“本土渐进演化模式”。因此，本章的论述将更深刻、完整地揭示中国汽车工业早期发展模式的特点。此外，本章也描述计划经济时代中国汽车工业“遍地开花”的状况，而这种“遍地开花”对此后中国汽车工业发展的缺乏规模经济和产能过剩有直接影响。

结论部分对1920年至1978年中国汽车工业的发展进行总结，尤其是比较1949年后各发展模式的成败利弊。尽管国家对于汽车工业这一新兴产业采取了推动政策，但总体而言，中国汽车工业早期发展的各种模式恰恰与人口众多、购买力低下的国情相契合，故政策上以载重车而非轿车为发展重点，是符合中国当时的资源比较优势的，并未出现日韩式赶超。然而，也正是因为这种实际上的比较优势战略，中国汽车工业尤其是最重要的轿车制造业实质上缺乏政府的有力扶持，加之计划经济抑制了市场发育，作为个人消费品的轿车根本无发展空间，遂导致中国汽车工业丧失了最佳发展时机。因此，1978年后，中国汽车工业的合资发展模式虽广受诟病，但实际上反而体现了政府发展汽车工业的更强烈的意志，而合资发展模式的某些要素，在此前的历史中已有体现。

第一章　构想与现实的落差：中国汽车工业的萌芽

与其他机械产品一样，汽车对于中国来说，属于纯粹的舶来品。1886年，汽车这一将要改变世界的机器诞生于世，1901年，中国开始有汽车进口。在1949年之前，寻求富国强兵的中国人也渴望建立本国的汽车工业。可惜的是，直到大陆解放，中国也未能发展出真正成体系的汽车制造业。但是，先贤创立汽车工业的构想却成为一笔宝贵的精神财富，值得挖掘、深思；上海等通商口岸逐渐兴起的汽车组装业与汽车配件制造业，则成为新中国汽车工业"本土渐进演化模式"的源头。在作为后发展国家的中国，汽车工业这一新兴产业的发展，也可以说是一种对先进国家产业的模仿，因此存在着构想先于实践的典型后发展特征。但在1949年前，先贤的构想与现实之间存在着巨大的落差，中国的汽车工业彼时还仅仅处于萌芽阶段。

第一节　近代中国创立汽车工业的构想

中国的汽车工业虽正式建立于1949年后，但在民国时期，汽车已逐渐在社会经济生活中显现其重要性，创立自主汽车工业的构想遂随之浮出水面。尤其是民国时代，随着中国工程界的壮大，不少学者公开探讨创立自主汽车工业的必要性与可能性，提出各种方案。在这些学者中，不乏孟少农、何乃民、胡乾善等对1949年后中国汽车工业贡献卓著的工程专家。汽车工业在中国属于从国外引进的新兴产业，故存在着构想领先于实践的状况，因此，在探讨中国汽车工业的萌芽前，有必要先梳理近代中国创立汽车工业的构想。

一、创立汽车工业构想的历史脉络

在清末，汽车被引入中国后，属于上层社会的代步工具和把玩之物。1901年冬，匈牙利人李恩时(Leinz)将2辆汽车带入上海，是为中国有汽车之始。次年1月，上海公共租界工部局为李恩时的汽车发放了牌照。此后，历年皆有汽车进入中国沿海口岸的城市中。1903年，上海公共租界仅发放5辆汽车的牌照，1905年增为31辆，辛亥革命前的1910年则达到151辆。①进入民国时期以后，随着经济和社会的发展，中国对汽车的各种需求也日益增长，创立本国汽车工业的思想主张与行为实践也逐渐增多。

1901年，旅居上海的匈牙利人Leinz(李恩时)将两辆美国产的Oldsmobile奥斯莫比尔牌汽车通过香港卖到上海

(一) 抗战前创立自主汽车工业的构想

1920年，孙中山先生在《建国方略》中提出要建立中国自己的自动车工业，这是最早从政治家的角度提出建立自主汽车工业的构想之一。当时的人

① 见《中国汽车工业史(1901—1990)》，第3—4页。

习惯把汽车称为“自动车”，实际上更加符合automotive的本意。日语里现在还把汽车称为自动车，而日语中的“汽车”系指蒸汽火车。目前，世界上只有中文以“汽车”指称自动车，虽不严谨，但已约定俗成。孙中山写道：“自动车为近时所发明，乃急速行动所必要。吾侪欲行动敏捷，作工较多，必须以自动车为行具。但欲用自动车，必先建造大路……中国人民既决定建造大路……即可设立建造自动车之工场。最初用小规模，后乃逐渐扩张，以供给四万万人之需要。所造之车，当合于各种用途，为农用车、工用车、商用车、旅行用车、运输用车等。此一切车以大规模制造，实可较今更廉，欲用者皆可得之。”①实际上，孙中山已经认识到大规模制造的福特制对于汽车工业的重要性。整个20世纪二三十年代，中国各地也有零星的汽车仿制活动，但取得的成效相当有限，离建立自主汽车工业的目标尚很遥远。然而，在工程界，创立自主汽车工业的呼声却较多。

德国工程师卡尔·本茨发明的第一辆两冲程三轮车，是世界上最早的汽车

1933年，汽车工程专家黄叔培在《交大季刊》上发表了《世界自动车事业概观》，追述了汽车的演化史，介绍了汽车的最新技术，并历数美、加、英、法、日等国汽车工业概况，最后指出“欲解决中国之国道运输问题，非奉行总理之行动工业计划，实行设厂制造自动车不可”②。黄叔培还编过一本《自动车工程》，收录在商务印书馆的《大学丛书》中。在1935年写的自序中，黄叔培指出撰写该书之目的为：“顾国人对于自动车之智识极为肤浅而少事研究，只知购自外邦，未谋效法制造，殊为憾事。且运用修理常失其

① 孙中山：《孙中山选集》，人民出版社1981年版，第358—359页。

② 黄叔培：《世界自动车事业概观》，《交大季刊》1933年第12期。

宜，致因车辆寿命缩短以及更换机件枉废之资至为惊人。斯皆由于国内缺乏自动车专门书籍以启学者之兴趣，而为用车及修车者之参考指导。是书付梓之目的，即在适应此等需要者也。”该书约25万字，分为19章，内容涉及汽车的构造、汽油车引擎、柴油车引擎、蓄电池、接合器、变速器、车轮车胎以及汽车的修理方法等。[①]这本《自动车工程》是笔者目前所见中国最早的最为完整的汽车工程教材。黄叔培1949年后翻译过苏联汽车工业的技术文献，对中国汽车工业的发展起过重要作用，其创建自主汽车工业的构想则可以追溯到全面抗战前。1934年，中央工业试验所的工程师伍无畏发表了《中国汽车工业概况及其自给计划》。该文简要描述了当时中国汽车工业的实际状况，称“我们还没有听到国内有一个汽车制造工厂，只闻辽宁兵工厂曾试制一部；但是而今已沦于敌人之手矣”，可是，随着国民经济的发展和国际形势的恶化，对于用途巨大的汽车，“想法自制，才是正当办法”[②]。伍无畏的文章在全面抗战前建立自主汽车工业构想的文献中颇具代表性。

值得注意的是，由于日本对中国侵略的步步紧逼，在全面抗战前有些工程师专门从国防角度撰文鼓吹建立自主汽车工业。例如，1936年，柳克聪发表了《国防中之汽车制造问题》[③]。在工程界的鼓呼声中，国民政府也确实考虑过与外资合作创办汽车工业，但随着1937年抗日战争的全面爆发，建立自主汽车工业的努力被日本侵华的铁蹄打断。

（二）抗战中创立自主汽车工业的构想

抗日战争全面爆发后，国民政府撤守西部大后方，在长期抗战中，公路运输的价值日益凸显。由于公路运输的工具主要是汽车，为了战时需要，建立自主汽车工业的呼声再度兴起。在这一时期，工程界创立自主汽车工业的构想被深深打上了军事烙印，但在呼吁解决眼前问题的同时，不少工程师实际上已经在着眼于对战后建立汽车工业的展望。

1943年，工程师王树芳在两个刊物上发表了有关中国汽车工业的文

---

① 见黄叔培：《自动车工程》，商务印书馆1937年版。

② 伍无畏：《中国汽车工业概况及其自给计划》，《工业中心》1934年第5期。

③ 柳克聪：《国防中之汽车制造问题》，《国论》1936年第1期。

章，密集地鼓吹创立自主汽车工业的重要性，并构想了大体方案。王树芳是国民政府创办的中央汽车配件制造厂的负责人，在理论与实务两个方面都具有较高水准。在《目前汽车配件之制造与发展战后自动车工业之计划》中，王树芳认为抗战前中国对汽车工业关注者不多，抗战爆发后由于对汽车的巨大需求，汽车工业的建立才凸显出其重要性，然而，整个中国只有两家较好的配件制造厂，发展汽车工业的基础过于薄弱。他认为创立自主汽车工业可分为治本与治标两个方面，并提出了一个简要的汽车工业发展计划。[①]在《战后之汽车制造工业》中，王树芳亦提到中国的汽车制造业在战前没有基础可言，导致抗战中汽车供应发生困难，而战后应从五个方面着手建设自主汽车工业。[②]1944 年，王树芳又发表《我国之汽车工业》，内容与之前的几篇文章大同小异。[③]

除王树芳外，1943 年，另一位工程专家何乃民也在《东方杂志》上发表了两篇文章，畅谈其对于建设中国自主汽车工业的构想。何乃民具有较高的技术素养，1949 年后，他编写的关于汽车设计方面的教材仍不断再版，为共和国的汽车工业作出了重大贡献。在《汽车工业十年计划续论》中，何乃民认为汽车工业作为与国防相关的工业，必须独立，不容外人染指，应该效仿苏联，有计划地组建中国自己的汽车工业。[④]1945 年，当抗日战争已接近尾声时，工程专家胡乾善发表了《建树我国汽车工业刍议》，在这篇文章中，胡乾善的有些主张与何乃民是接近的。1949 年后，作为发动机专家的胡乾善对中国的内燃机事业贡献颇巨，他在这篇文章中，也特别提到了“在国外，汽车厂常有附带制造内燃机之事。在我国尤宜如此”[⑤]。

此外，还发现一份档案材料，是 1945 年中国经济统计研究所与重庆大学合组商学研究室撰写的《吾国现在及战后亟宜与美国福特汽车公司合办汽车工厂之建议》。从标题上看，该建议直白地表明了应该与美国福特汽车公司合资办厂，其动因倒也着眼于国防，称：“吾国幅员广阔，交通路线极

① 见王树芳：《目前汽车配件之制造与发展战后自动车工业之计划》，《交通建设》1943 年第 3 期。
② 见王树芳：《战后之汽车制造工业》，《经济建设季刊》1943 年第 4 期。
③ 见王树芳：《我国之汽车工业》，《新中华》1944 年第 8 期。
④ 见何乃民：《汽车工业十年计划续论》，《东方杂志》1943 年第 20 号。
⑤ 胡乾善：《建树我国汽车工业刍议》，《中国工业》1945 年第 31 期。

20 世纪 30 年代在美国流行的凯迪拉克车型

不发达，平时货运客运已感困难，一至战时，交通工具更觉缺乏，不但货运客运大受影响，即前线粮秣之供给、弹药之补充，亦以车船缺乏缓不济急，以致军运之不济，驯致军事之失败。七八年来之经验固显然昭著也”，所以“现在急宜自设造车工厂，专制装甲汽车及运货卡车，以便利军运商运之发展。惟战时造车，技术、资本、材料等在在均成问题，国内一时不能自给，计惟有借重美国资本、人才，以期解决此事。此应速与福特公司合设汽车工厂之理由也”。具体来说，该方案设想的工厂“金额似宜采中美合办性质，各占其半，而国内资本或为官商分认或全由商股集资”；厂址“以交通便利、原料易于征集为主要条件”；核心部件发动机“在初办时以输入美国现成机件为适宜”；主要原料钢材“除国内各炼钢制铁厂产品可以采用外，其不足者可用印度钢铁以资补助，或经由美国输入亦无不可”①。总体而言，这份建议书的特点在于对与外资合作建厂持欢迎态度。

总体而言，尽管抗日战争中大后方的条件极其艰苦，工业发展的环境比战前更加恶劣，但由于汽车在军事上有着巨大需求，作为军需工业的一种，工程界对创立中国自主汽车工业的鼓呼并未减弱，若干构想也比战前更为具体、缜密。

（三）抗战后创立自主汽车工业的构想

抗战胜利以后，中国工程界在战时所预期的创立自主汽车工业的构想似

---

① 商学研究室：《吾国现在及战后亟宜与美国福特汽车公司合办汽车工厂之建议》（1945年），上海市档案馆藏档 Q453-1-143。

乎有了一个实现的机会。1949 年 1 月 9 日,《申报》的一则新闻称:“据交通部消息,中国将设法自造汽车,此项工厂将由官商合办,并征求外人投资。”①不过,由于国民政府很快将其全部力量投入到反共内战中,使得“汽车事业,完全陷入不景气的状态”②,中国又一次失去了创立汽车工业的机会。不过,在这一阶段,中国工程界提出的创立自主汽车工业的构想却达到了整个民国时期的最高水平。

1948 年,龚学遂、柳克聪发表了《建立我国汽车工业刍议》。前文已提到柳克聪在战前即撰文鼓吹过建立自主汽车工业,他还编写过若干汽车学著作,龚学遂则曾任国民政府交通部政务次长,两人在理论与实务上都与汽车有密切的关系。在文章中,龚学遂与柳克聪申述了公路交通的重要性,进而指出从速建立汽车工业有四大理由,最后阐述了创建汽车工业应分期进行的一个简要计划。③整体而言,龚学遂与柳克聪的这篇短文在思路上对此前的各种构想与方案没有大的突破,由此似也可以推测当时中国工程界在建立自主汽车工业这一问题上已形成某些共识。

不过,同样是在 1948 年,工程师孟庆基发表在《国立清华大学工程学报》上的《建立中国汽车工业的初步计划》却在整个民国时期的相关著述中达到了学理上的巅峰。孟庆基即孟少农,“少农”为其 1947 年参加革命后所改的名字。1940 年,孟庆基从清华大学机械系毕业,1941 年考取了清华大学留美公费生,进入麻省理工学院学习,1943 年获硕士学位,之后在美国福特汽车厂实习、工作。1946 年,孟庆基放弃在美国的优厚待遇,毅然回到祖国,在清华大学任教,教授汽车工程、机械制造工艺与工具学。1947 年,孟庆基加入中国共产党地下组织。1953 年,他出任一汽的副总工程师、副厂长,亲自主持了“东风”、“红旗”轿车的开发。1978 年,在二汽建设的关键时刻,他被调到二汽,1988 年因积劳成疾逝世,可谓为中国自主汽车工业的创立鞠躬尽瘁。④孟庆基于 1948 年发表的文章共 28 页,是篇翔

① 《我将设工厂自行造汽车》,《申报》1946 年 1 月 9 日。
② 《我们应该准备》,《汽车世界》1948 年第 2 期。
③ 见龚学遂、柳克聪:《建立我国汽车工业刍议》,《世界交通月刊》1948 年第 12 期。
④ 见王镛:《孟少农业绩》,载陈家彬主编:《孟少农纪念文集》,吉林科学技术出版社 2005 年版,第 70—71 页。

实的学术论文。该文共分五个部分：第一部分“中国的汽车需要”结合美国的经验数据对中国汽车的需要量进行了一个长远的估计；第二部分“汽车工业的本质”从五个方面论及汽车工业自身的需求，也就是建立汽车工业的前提条件；第三部分“建立汽车工业的前期工作”从基本工业建设、道路网的扩张、技术上的准备等三个方面阐述了建立汽车工业前应做的具体工作；第四部分“建厂及生产的方策”对车型选择、产品范围确定、厂址选择、厂房建设等问题进行了阐释；最后一部分为结论，强调“中国汽车工业的建设，在社会经济状况允许时，应即开始”，并由前文的论述归纳出了一个简明的计划大纲。[①]孟庆基的这篇论文条分缕析、逻辑性极强，以大量的经验数据为支撑，又大胆地进行了前瞻性的规划，在整个民国时期工程界有关建立自主汽车工业的构想中是极为突出的。

1956 年 7 月 15 日，第一批国产解放牌汽车从总装配线上驶出来

① 见孟庆基：《建立中国汽车工业的初步计划》，《国立清华大学工程学报》1948 年第 1 期。

在抗战胜利后，除了有孟庆基的出类拔萃的论文出现外，还出现了关于汽车的专业性刊物《汽车世界》。该刊《发刊辞》对刊物定位有着很好的说明：“抗战期间，公路运输，飞跃进展；胜利以还，汽车应用，益增广泛，从业人员，日见众多，为谋彼此之联系、学术之沟通、事业之协进起见，对于汽车定期杂志，久已同感需要。”①这份刊物上的不少文章都强烈地鼓吹着建立中国自己的汽车工业，也可以说，《汽车世界》的出现为创立自主汽车工业的鼓呼提供了一个专业性的平台。而无论是孟庆基的论文还是《汽车世界》，都表明在经历了长期积累后，中国的汽车工程界已经更加专业化，其思想也更加成熟。只是，建立自主汽车工业这一远大理想，在国民党统治下只能停留在纸面，唯有中国共产党有能力将其变为现实。

20 世纪 30 年代上海祥生出租汽车公司分行

二、 民国工程界鼓吹创立汽车工业的动因

民国工程界提出创立自主汽车工业的构想基于各种理由，归纳起来则主要包括民生需求与国防需求这两个方面。

（一）民生需求

汽车是现代公路交通的重要工具，对于改善社会民生有着极为重要的作

① 《发刊辞》，《汽车世界》1948 年第 1 期。

用。因此，创立汽车工业首先具有经济上的各种好处，这是毋庸赘言的。

就经济上的重要性而言，民国工程界对汽车的认识，主要为汽车作为现代交通工具的价值。在一篇《汽车和民生》的文章中，作者称："如果我们不愿意中华民族落伍得永远停留在人力车时代，汽车便是生活上必不可少的运输工具。"[①]这句简短的话概括了汽车在民生上的重要意义。不过，值得注意的是，很多民国时期的工程专家并不单纯把汽车视为代步的奢侈性消费品，而是将其视为与工农业生产有密切联系的生产工具。例如，孟庆基认为"美国客车的使用目的大部分在于享受而非经济需要"，"中国情形显然与之不同"[②]。这一判断淡化了汽车在中国的消费品属性，而强化了其资本品属性，在很大程度上，这是民国工程界的共识。早在战前，伍无畏即称中国农村"生产的收获，因耕具之恶劣却日渐减少"，所以"农业的没落，民生的衰敝岂可幸免"。但是，如果有了新式耕种机器，就可以增加生产，而新式农具"都是和汽车工业的发达有很密切的影响"，若汽车可以自给，"农用之汽机与机器耕具就可以自制了"[③]。伍无畏在此具有一种扩大化的汽车工业概念，将拖拉机等农机也视为广义汽车的一种了。抗战胜利后，中国工程界将汽车工业与农机工业联系起来的论述就更多了。龚学遂与柳克聪认为中国"以农立国"，必须"利用新式农具耕种收获"，而"农用机械及车辆通常皆由汽车制造厂制造之，而与汽车工业有密切之关联，故为促进农业生产，亦须先建立汽车工业"[④]。再如孟庆基指出卡车和牵引车（拖拉机）在农业机械化方面都具有重要作用，并以此作为中国必须建立自主汽车工业的一个理由。[⑤]由此可见，民国工程界十分重视汽车工业作为资本品工业的一面。

此外，民国工程界提倡建立自主汽车工业还基于减少进口的重要考虑。我们可以看一下1925年至1946年中国汽车进口数量的统计：

---

① 沈忱：《汽车和民生》，《汽车世界》1949年第4期。

②⑤ 孟庆基：《建立中国汽车工业的初步计划》，《国立清华大学工程学报》1948年第1期。

③ 伍无畏：《中国汽车工业概况及其自给计划》，《工业中心》1934年第5期。

④ 龚学遂、柳克聪：《建立我国汽车工业刍议》，《世界交通月刊》1948年第12期。

表 1-1　中国汽车进口数量(1925—1946 年)　　单位:辆

年份	客车	货车	总计
1925			3 169
1927			3 328
1929	4 142	4 639	8 781
1932	1 227	2 882	4 109
1934	3 715	3 587	7 302
1937	1 775	4 391	6 166
1939	2 149	5 932	8 081
1941	1 745	5 249	6 994
1946	770	3 861	4 631

资料来源:《中国汽车工业史(1901—1990)》,第 5 页。

由表 1-1 可见,近代中国的汽车进口数量其实并不算大,但考虑到中国是一个贫穷的农业国,进口汽车造成的资金外流负担仍然引起了知识分子的警觉。因此,民国工程界对创立自主汽车工业的鼓吹也包含着进口替代的思想。例如,黄叔培认为:“国人对于国道运输事业,只图筑路而不谋造车,遂致一切车辆以及补充零件,无不仰给舶来。利权外溢,年甚一年,至可痛惜!”[①]这种痛惜之情几乎可见于民国时代每一个鼓吹建立自主汽车工业的工程师笔端。伍无畏认为,如果中国一直依赖进口汽车,“势必至公路愈多,漏卮愈巨,也就是交

1901 年,官方进口的第一辆汽车

① 黄叔培:《世界自动车事业概观》,《交大季刊》1933 年第 12 期。

通愈便利，而民生愈穷苦”①。龚学遂、柳克聪亦认为大量进口外国汽车造成了巨额的资金外流，因此“为减少漏卮挽回利权起见，建立我国汽车工业实不容再缓”②。以防止资金外流为着眼点的思想，成为民国工程界倡议创建自主汽车工业的重要动因。

（二）国防需求

民国时期在1945年前，中华民族都遭受着日本的侵略威胁，不管是抗战前还是抗战中，民国工程界都将汽车工业视为国防工业的一种，将创立自主汽车工业的意义提升到了维护民族生存权的政治高度。早在抗战全面爆发前，伍无畏就认为“在战争上，汽车是输送部队和军需品等所不可缺的”，他在文章中设问：如果中国不能自己生产汽车，则“在大战爆发，受人侵略的时候，口岸已被人封锁，虽竭尽国家人民的金钱，但试问向哪里去购买？”③伍无畏的疑问与担忧在很大程度上于抗日战争全面爆发后变成为现实。同样是在抗战全面爆发前，柳克聪也认为如果汽车工业不能自给，当国际战争发生后，海口遭到封锁时，进口汽车就有来源断绝的危险，那时“机械化之部队，将受其影响，当非浅鲜”④。至抗战全面爆发后，中国人对汽车在战争中的功用有了更直接的认识，创立自主汽车工业的鼓呼也就更加带有军事色彩了。尤其值得注意的是，一些工程师看到了汽车工业与航空工业具有很大的关联性，创立汽车工业也可以为航空工业打下基础。例如，胡乾善认为美国强大的飞机工业决定着第二次世界大战的胜负，而“美国之所以能有此庞大飞机生产力，吾人不能不承认是由于美国平时对汽车工业有特殊发展之故”，其原因则在于当时的汽车和飞机“在制造之程序上、技术上，均极相近”⑤。持相同看法的还有何乃民，他认为“飞机的灵魂是引擎。这引擎与汽车引擎的制造方法完全一样”⑥，因此，在平时发展汽

---

①③　伍无畏：《中国汽车工业概况及其自给计划》，《工业中心》1934年第5期。

②　龚学遂、柳克聪：《建立我国汽车工业刍议》，《世界交通月刊》1948年第12期。

④　柳克聪：《国防中之汽车制造问题》，《国论》1936年第1期。

⑤　胡乾善：《建树我国汽车工业刍议》，《中国工业》1945年第31期。

⑥　何乃民：《汽车工业十年计划续论》，《东方杂志》1943年第20号。

车工业，在战时可为战斗机制造确立基础。当代的航空工业与汽车工业在技术上已经存在着更为巨大的分野，但在40年代，中国工程师的上述认知是完全符合实际的。

即使到了抗战胜利以后，由于牢记着遭受日本数十年侵凌的血泪教训，中国工程师们也没有忽视汽车的军用品属性。孟庆基在其建立中国汽车工业的计划书中，主要基于经济上的考虑，但他也认为中国对汽车的需求将包括军用车，如牵引车、指挥车、装甲车和战车等。[①]龚学遂与柳克聪则援引战时经验，认为“德国能以闪电战术攻陷法、比等国，苏联能数次击破德国猛烈攻势，均系得力于坦克车之功效”，因此，“欲期全国军队机械化，建立坚强之国防，亦必先建立我国汽车工业”[②]。由此可见，民国工程界并不仅仅把汽车工业视为与民生有关的产业，而是打破了汽车工业与军事工业之间的界限，将作为武器的坦克、装甲车等也视为广义上的汽车。这样一种对汽车的界定已经脱离了经济思维的认知，而受到政治逻辑的支配。

三、 各种构想共同关注的问题

民国工程界关于创立自主汽车工业的各种构想中，存在着一些共同关注的问题，如利用外资的方式、技术引进的方法等。

(一) 创立自主汽车工业的资本问题

汽车工业与一般工业相比，对资本的需求更为巨大。不过，在一些民国工程师看来，资本问题不难解决。例如，柳克聪在战前即认为，政府为了进口汽车，每年要花费巨额外汇，这些外汇完全可以用来建设汽车厂。他称“汽车制造厂之资本，可大可小，大者出车数量多，小者出车数量少，在我国创办之初，不妨先小后大，较小资本，只需200万元即可”，“政府可将此后向外购买汽车之费用，移作创办制造厂之资本”[③]。抗战胜利后，柳克聪依然坚持这一观点，认为：“平均每年购新车及轮胎配件，所需外汇至少在4亿美元以上，与

---

① 孟庆基:《建立中国汽车工业的初步计划》,《国立清华大学工程学报》1948年第1期。
② 龚学遂、柳克聪:《建立我国汽车工业刍议》,《世界交通月刊》1948年第12期。
③ 柳克聪:《国防中之汽车制造问题》,《国论》1936年第1期。

20 世纪 30 年代在美国流行的福特车型

其逐年消耗而无止境，曷若忍痛一时，以一年所需之外汇，即可建立一颇具规模之汽车制造厂。”①毫无疑问，柳克聪是非常乐观的，这与他对汽车工业所需规模的认知密不可分。但是，在汽车工业刚诞生时，小型汽车厂或许可以生存，自美国汽车工业崛起后，世界汽车工业都被笼罩在福特、通用等美国汽车巨头的阴影之下。胡乾善即特别比较了美英两国汽车工业的差异，指出美国汽车工业“由于大量生产方法之可以极端采用，故出品之成本，乃降至甚低”，英国汽车工业不能尽量采用大规模生产方法，成本反而要高。②胡乾善正确地看到了规模经济是当时汽车工业发展的趋势，但规模经济的实现依赖于大规模的资本，因此，国穷民贫的中国要发展汽车工业，在资本问题的解决上，并非易事。当然，胡乾善的认知有一个前提条件，那就是未来中国的汽车工业将要在一个开放性市场上与美国汽车工业展开竞争③，只是在这种假设之下，考虑自主汽车工业初创时的资本规模以及随之而来的竞争力问题才显得格外迫切。与胡乾善一样，孟庆基也认为汽车工业的“本质”为“大量生产”，故建立汽车工业“必须是大规模、通盘筹划的”④。可一旦要追求规模，资本就成为难关。

为了解决资本困难，有些工程专家就想到了引入外资合作办厂。例

① 龚学遂、柳克聪：《建立我国汽车工业刍议》，《世界交通月刊》1948 年第 12 期。
②③ 见胡乾善：《建树我国汽车工业刍议》，《中国工业》1945 年第 31 期。
④ 孟庆基：《建立中国汽车工业的初步计划》，《国立清华大学工程学报》1948 年第 1 期。

如，王树芳认为可以与汽车工业发达国家的厂家进行“完全合作”，因为“由彼方供给整套机器设备、样板设计、图样规范、专利权等，并负责训练人员，则建厂工作，推进最易”，他强调“任何国家，在建设初期，鲜有不利用外资外力者”①。再如前文提到过的《吾国现在及战后亟宜与美国福特汽车公司合办汽车工厂之建议》。实际上，不管在战前还是战后，国民政府都有引入外资共建汽车工业的意图。实业部1935年致全国经济委员会的呈文称：“本部鉴于近年汽车进口数量日增，在过去两年迭与欧美各汽车工厂接洽合作设厂，去年复与美国通用汽车公司(General Motor Corp)磋商合作。”②1946年，交通部也有与外商合资办厂的构想。③尽管这些计划最终未能实现，但它们暗示了国民政府内部是有引进外资创办汽车工业的设想的。王树芳与政府具有较深关系，其论点与官方政策暗合也很正常。此外，龚学遂与柳克聪也认为在建立汽车工业的初期“或径可与外国优良厂商合作”④。

不过，一些工程师对外资的引入比较排斥，其中尤以何乃民的论点具有代表性。何乃民反对与外资合办汽车工业的理由有两点：其一，中国缺乏工业基础，外国厂商在中国来投资只愿意设立装配厂，这等于将外国货运来中国卖，“对中国汽车工业毫无补益”。况且，由于中国无法供给各种汽车零件，外商要在中国投资设置整车制造厂必定投入巨大资金，这与一般企业家的心理也是相违背的。其二，由于汽车工业在国防上具有重要的战略性，“如依靠外人来中国设厂制造，或希望他们投资合作，则将来进行上必受外人的牵制”，这对于建设独立的国防体系是不利的。因此，何乃民认为宁可背负高昂的利息去借外债办厂，也不应该引入外资合办汽车工业。⑤何乃民的观点初看起来有些极端，却也与当时的实情相符合。早在1935年，国民政府在与外商洽谈合资办厂时，是希望建立整车制造厂的，

① 王树芳：《目前汽车配件之制造与发展战后自动车工业之计划》，《交通建设》1943年第3期。
② 中国第二历史档案馆编：《中华民国史档案资料汇编》第5辑第1编“财政经济”(五)，江苏古籍出版社1994年版，第906页。
③ 见《我将设工厂自行造汽车》，《申报》1946年1月9日。
④ 龚学遂、柳克聪：《建立我国汽车工业刍议》，《世界交通月刊》1948年第12期。
⑤ 见何乃民：《汽车工业十年计划续论》，《东方杂志》1943年第20号。

但"外商多主先办配合厂"，最后国民政府不得不让步。[①]因此，在当时的历史条件下，依靠外资来创办汽车工业，必定只能建成汽车组装业，这与创立自主汽车工业是南辕北辙的，何乃民对外资的警惕具有合理性。汽车组装业与自主汽车工业的基本差异在于技术能力的有无，而技术问题也是民国工程界的另一个关注焦点。

（二）创立自主汽车工业的技术问题

汽车工业作为20世纪前半期的新兴主导产业，不仅在资本上有大规模的需求，在技术上也有较高的要求。近代中国的工业技术极为落后，发展汽车工业也面临着缺乏技术的难题。对于技术困难，民国工程界倒是较为一致地认为应该从国外引进技术来创立自主汽车工业。对建立汽车工业前提条件持乐观态度的柳克聪在战前就认为中国不乏专攻汽车制造的留学生，这些留学生可以胜任技术任务，也只有建立了自主汽车工业，汽车工程留学生才有用武之地。他尚且认为，即使留学生一时人数不够，也可以"加聘少数外国专家"[②]。抗战胜利后，柳克聪与龚学遂则一面认为在与外商合作的形式中，应包括"聘用外籍优良技术人员"；一面则主张在筹建汽车制造厂的三年准备期中，"有计划的选拔优良技术人员赴国外大规模汽车厂实习2年至3年，各就其专长作专门研究及实地工作，以吸取其技术"[③]。而无论是派遣留学生还是聘用外籍技术人员，都意在从发达国家获取技术来源，是一种学习与模仿的技术引进策略。对与外资合作办厂持积极态度的王树芳则把技术合作视为与外商合作的一项重要内容，认为应"暂时采用彼方管理制度及生产方法，延揽他邦各种专门人才，辅助吾人办理其事业"[④]。即使对引入外资持排斥态度的何乃民，也完全赞成包括聘用外籍技术人员在内的技术引进。他在抗战时期预测到战后美国之外的

---

① 见中国第二历史档案馆编：《中华民国史档案资料汇编》第5辑第1编"财政经济"（五），第927页。

② 柳克聪：《国防中之汽车制造问题》，《国论》1936年第1期。

③ 龚学遂、柳克聪：《建立我国汽车工业刍议》，《世界交通月刊》1948年第12期。

④ 王树芳：《战后之汽车制造工业》，《经济建设季刊》1943年第4期。

西方国家的汽车工业可能会陷入危机，法、德等国陷入困难的汽车厂可能会很多，“我们向这些厂购买制造图样、机器，交涉一定可以容易达成，这是建立我们汽车工业最好的机会、最快的捷径”。他甚至直接明言应该购买法国雪铁龙汽车厂。①整体购买国外汽车工厂确实不失为获取技术的一条好途径，尽管何乃民反对直接引入外资办厂，但他并不封闭，而是认可中国从发达国家转移技术对于创立自主汽车工业的意义。孟庆基则认为，工业基础薄弱的国家在进行汽车设计时最好进行技术引进，“完全脱离成型的独立设计是冒险而难以成功的，因为任一设计非经详细的试验及改进不能达到完善可靠的地步”，对后发国家而言，完全独立研发“不但时间上不经济，财力上也难以负担”②。

在技术学习的具体问题上，民国工程专家较为看重技术能力的获取，部分工程师认为技术学习应循序渐进以适合中国国情，但也有部分工程师认为应该追随最新技术前沿，并力求从模仿突破为创新。柳克聪认为中国初创汽车工业时，只用创办一两个工厂，制造少量汽车，所以在技术上本无太多困难。③何乃民认为中国应效仿苏联，在车型与技术选择的问题上，“旧式新式兼采并收”，即“只要有一种式样大体上能够合乎中国目前的需要，担保能够大量制造，迅速出货，以供担任国内公路运输的任务，则式样虽较欧美新式汽车为低劣，我们亦似应表示满足与兴奋”④。孟庆基则指出技术引进的两种模式“购买制造权”与“独立模仿”各有利弊，聘请外籍人员“只能是临时补救的办法”，且外籍人员“须领导本国核心人员从事学习”⑤。这就强调了在技术引进的同时进行技术消化与吸收的重要性。进一步说，孟庆基认为在最初的模仿成功之后，应该努力从事后续的自主研发与创新工作，“因为即令原型在最初确是最优良的，如果继续生产十年，也必落伍不堪了”。他以苏联为例，说明苏联汽车车型的落后年龄日渐加长，从最初平均落后 3 年，到后来平均落后 9 年，其原因之一在于“汽车设

① 见何乃民：《汽车工业十年计划续论》，《东方杂志》1943 年第 20 号。

②⑤ 孟庆基：《建立中国汽车工业的初步计划》，《国立清华大学工程学报》1948 年第 1 期。

③ 见柳克聪：《国防中之汽车制造问题》，《国论》1936 年第 1 期。

④ 何乃民：《汽车工业十年计划续论》，《东方杂志》1943 年第 20 号。

计日益复杂，使仿造工作愈加困难”。孟庆基认为仿造的困难在未来的中国会更加严重，“所以自发的发展工作是决不能缓的”[①]。孟庆基的论点相当具有远见，而且抓住了自主创新这一产业发展最重要的要素。

（三）创立自主汽车工业的基本路径

民国工程界关于创立自主汽车工业的各种构想中，都能关注到资本匮乏与技术稀缺这两个实际问题，并提出解决方案。而为了克服资本与技术困难，除了与先进国家展开合作以外，民国工程界尤其看重本国政府在创建汽车产业中应起的作用。可以认为，民国工程界的各种创立自主汽车工业的构想中，已经形成一条国家主导发展的基本路径。

根据世界经济史的经验，一个后发展国家现代化开始的时间越迟，以强组织力的机构指导发展的趋势就越强。[②]换言之，国家干预对于后发展国家的经济现代化往往起到举足轻重的作用。从理论的角度说，这是因为一个强有力的国家政权可以整合私人企业所无法调动的资源，全力投入于某个需要大量资源的现代化经济项目中去，从而打破资本、技术等瓶颈的束缚，促进落后国家经济的发展。民国工程界在面对创立自主汽车工业所面临的资本与技术难题时，便想到了以国家力量去解决的策略。在当时，大多数工程师表示中国的汽车工业应该是一项国营事业。例如，何乃民认为“汽车工业应用国家力量，定为国营”[③]。胡乾善则认为“汽车制造工业所需之资本甚大，故私人经营不易。汽车制造厂之规模愈大愈好，故国内不宜同时有多个独立之厂家出现，而致力量分散。倘有多方面对此工业均有兴趣，则宜大家联合，组织国营公司，共同努力”[④]。龚学遂和柳克聪也明言，“汽车工业之建立需要大量资金、高度技术，并与其他工业相配合，应以国家力量列入整个经济建设计划中，详加规划”[⑤]。因此，以国家力量来

① 孟庆基：《建立中国汽车工业的初步计划》，《国立清华大学工程学报》1948 年第 1 期。

② 见朱天飚：《比较政治经济学》，第 65 页。

③ 何乃民：《汽车工业十年计划续论》，《东方杂志》1943 年第 20 号。

④ 胡乾善：《建树我国汽车工业刍议》，《中国工业》1945 年第 31 期。

⑤ 龚学遂、柳克聪：《建立我国汽车工业刍议》，《世界交通月刊》1948 年第 12 期。

直接经营汽车事业，几乎成为民国工程界的共识。即使呼吁以民营资本为主体参与汽车工业建设的王树芳，也认为"需要国家资本"①。

除了呼吁国家直接经营汽车工业以外，民国工程界还希望政府能提供政策性保护。当时，中国处在一个开放性的市场经济体系中，因此，倘若中国发展自己的汽车工业，必然会面临美国等发达国家的自由竞争，而中国幼稚的汽车产业必定缺乏竞争力，很可能会被扼杀在襁褓之中。胡乾善直言，"如令美国汽车工业与我国将来之汽车工业自由竞争，则我国汽车工业必永无产生之一日"。为了应对这一局面，胡乾善认为政府"可采用适当之措施以保护我国之工业"，其具体策略既包括强制采购，即"政府将本国所造合格之汽车，分配各机关购用"；又包括运用关税武器，"对进口之汽车抽以较高之税率"；还包括产业战略指导，即"制造特别适合于我国环境之汽车"。②

尤为值得注意的是，民国工程界在创立自主汽车工业的各种构想中，常常以苏联为榜样。苏联国家政权对新兴重工业发展的促进作用，苏联计划经济在创立新产业时显示的高效率，都成为民国工程师学习与歌颂的对象。柳克聪声称，"我国之创办汽车制造厂，不在资本、原料、人才之困难，而在国人之有无决心。夫俄国以有大规模之汽车制造厂3个，每年能

20世纪40年代苏联的吉斯-150车型

① 王树芳：《我国之汽车工业》，《新中华》1944年第8期。
② 胡乾善：《建树我国汽车工业刍议》，《中国工业》1945年第31期。

造汽车3万至6万辆，故列强乃不敢轻视”[①]。在他与龚学遂合写的文章中，则举苏联的例子，论证汽车工业对于农业机械化的作用。[②]王树芳以苏联在第一个五年计划期间“改革彻底，牺牲亦复惨重”为榜样，鼓励中国的现代化工业建设要“不惜工本，不惜牺牲，务底于成”[③]。何乃民为了反对引入外资合办汽车工业，则比较一战后的波兰与苏联，称：“那时帝国主义者处处帮助波兰，处处与苏联为难。结果苏联依靠自力，国防工业根本成功，波兰的国防工业依靠外力，则完全失败。”[④]字里行间流露着对苏联的赞许之情。孟庆基虽然能够较为客观地看到苏联汽车工业仍然较为落后，而且存在着技术上的问题，但在建立汽车厂与生产方案的构想中，他认为“苏联所采的方策可资借鉴”[⑤]。总而言之，在几乎所有提出了创立自主汽车工业构想的民国工程师笔下，苏联都具有非常正面的形象以及值得学习的经验。民国工程界之所以对苏联具有好感，是因为苏联这个农业国家在很短的时间内迅速建立起了能够拱卫国防的汽车工业，这种炫目的成绩也是中国工程师自身对于祖国汽车工业发展的希望。反过来，苏联模式中由国家主导而采取计划手段的特征，也自然而然地成为中国工程界实现自身理想可以学习的一种典范。这种对苏联的崇拜实际上也为1949年后中国由国家主导的、以计划为手段的汽车工业发展路径埋下了伏笔。

第二节　中国汽车工业的萌芽

一般认为，近代中国并未产生真正具有制造能力的汽车工业，不过，检索史料发现，零星的组装汽车的行为还是存在的。而且，民国时期的政府也有过若干创立汽车工业的计划。此外，由于汽车的使用越来越多，汽车组装业和汽车配件制造业也逐渐诞生。可以说，在1949年之前，中国汽车工业已经萌芽，所欠缺的，只是大规模、成体系的整车制造业。

---

① 柳克聪：《国防中之汽车制造问题》，《国论》1936年第1期。

② 见龚学遂、柳克聪：《建立我国汽车工业刍议》，《世界交通月刊》1948年第12期。

③ 王树芳：《目前汽车配件之制造与发展战后自动车工业之计划》，《交通建设》1943年第3期。

④ 何乃民：《汽车工业十年计划续论》，《东方杂志》1943年第20号。

⑤ 孟庆基：《建立中国汽车工业的初步计划》，《国立清华大学工程学报》1948年第1期。

一、近代中国创办汽车工业的计划与实践

由于汽车用途广泛，在近代中国，不仅民间有识之士呼吁要创立自主的汽车工业，政府也曾几次制定相关计划，在实践层面，也确实有相应的造车行为。这些计划与实践主要发生在民国时期。

1926年，张作霖在沈阳设立迫击炮厂，东北易帜后，该厂附设民生工厂，1928年，由张学良拨款80万元试制汽车。当时，该厂有职员30人、工人177人，聘请了美国人迈尔斯(Myers)为总工程师，还雇用了几名外籍工程师。1931年，民生工厂试制汽车成功，定名为民生牌75型汽车，是为中国人制造汽车之始。在制造该车时，民生工厂采取的是将进口汽车拆卸测绘的逆向工程方法。虽然民生工厂组装了该车，但不少核心部件如汽油机、后桥、轮胎、电气设备等均采用了外购件。该车是一辆装载1.8吨的载货汽车，适于在城镇行驶。当时，民生工厂还计划设计装载2.7吨的100型，以便用于较差的路面。"九一八"事变后，民生工厂落入日本人之手，这家中国最早的汽车制造厂也就此消亡。①值得注意的是，民生工厂开始试制汽车时，选择的是卡车而不是轿车，这与当时中国的需求是密切相关的。

1931年6月中国第一辆民生牌75型载货汽车诞生

① 见《中国汽车工业史(1901—1990)》，第9—10页。

从表 1-1 中，也可以看出，近代中国货车进口量一般高于客车进口量。笔者把表 1-1 制成图 1-1，可以看得更直观一些：

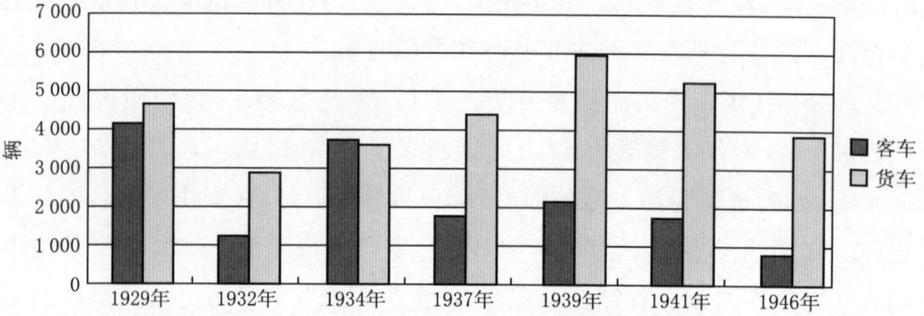

图 1-1　近代中国客车与货车进口量的比较

资料来源：通过表 1-1 改制而成。

从图 1-1 中可以发现，在近代中国的大部分年份里，货运汽车的进口数量都高于客车，这说明在当时的中国，对货车的需求量要远远超过客车。因此，在近代中国，汽车作为生产工具必需品的属性要远大于其作为富裕阶层代步工具奢侈品的属性。实际上，当时中国城市中最流行的交通工具还是人力车，个人能买汽车的也是极少数。[①] 这种状况恰好反

1936 年湖南机械厂生产的衡岳牌 25 座客车

① 见钟敬文主编：《中国民俗史》（民国卷），人民出版社 2008 年版，第 158—159 页。

映了近代中国人力资源丰富而购买力低下的国情。也就是说，民生工厂造载重车而不造轿车，是符合国情的，也就是符合所谓比较优势。

除了东北外，其他一些地方的地方政府也有造车计划和实践。例如，山西汽车修理厂于1932年试制成功一辆装载1.5吨汽油的载货汽车，命名为山西牌。不过，除这辆车外，山西在汽车制造方面也没有进一步的发展。1936年1月，湖南省政府的湖南机械厂利用自制的汽油机和底盘件，加上进口车架和大中华牌轮胎，制成了一辆装载2吨的25座客车，命名为衡岳牌。当年7月又制成一辆。两辆车均用于湖南省公路局的客运。[①]除这些国营厂外，一些民营企业也开始尝试制造汽车（例如新中工程公司，此事已有学者详尽研究，本书从略）。值得注意的是，新中工程公司制造的也是货车。[②]另外，在上海，还有创办于1926年的远大铁工厂可以生产电车，但无法制造核心部件马达。[③]总的来说，在抗战全面爆发前，这些尝试制造汽车的中国企业都采取了逆向工程的方法进行仿制，很多核心部件依赖进口，所谓制造，基本上停留在组装阶段。而且，从以上例子也可以看到，当时中国某些工厂或许能造出一两辆汽车，但基本上没有成批

1936年汤仲明等人试制出的车型

① 见《中国汽车工业史（1901—1990）》，第10—12页。

② 见张柏春：《上海新中工程公司仿制汽车发动机技术的初步考察》，《中国科技史料》1991年第4期；严鹏：《战略性工业化的曲折展开：中国机械工业的演化（1900—1957）》，华中师范大学2013年博士学位论文。

③ 见杨寿标：《上海市电车制造业调查报告》，1931年，上海社会科学院藏中国经济统计研究所档案04-070。

生产的能力，也仅限于造出一两辆汽车，这种生产状况确实不能被视为严格意义上的工业。不过，在以上例子中，各家企业都选择制造货车或公共汽车，而不是更为高端也更有技术价值的轿车，这与中国的国情以及比较优势是相吻合的。

然而，随着南京国民政府的建立，在全面抗战前，中国的中央政府也开始有了更大规模的创立汽车工业的计划。1936 年，经实业部、全国经济委员会等部门商定，由中国农民银行投资，成立了中国汽车制造公司，引进德国奔驰公司(Benz)的技术，准备从装配汽车发展到自制汽车。该公司在上海设有装配厂，同时在株洲筹建总厂。[①]严鹏在博士论文中对该公司进行过研究，认为该公司“具有国家资本背景”[②]。事实也正是如此。因为，该公司最早是由国民政府实业部于 1935 年牵头创办的。当时，国民政府想要引进外资，与跨国公司合作办厂。不过，在双方洽谈的过程中，中国政府与跨国公司的矛盾逐渐暴露。当时，与中国政府磋商的对象，先后有美国福特公司、通用公司，捷克代表，以及意大利的菲亚特。据记载：“惟争持之点有二：其一为建造问题，盖外商多主先办配合厂，而我则主办制造厂。其二则为地点问题，外商多主在上海，而我则坚持在内地。”[③]也就是说，外资企业只想在中国创设装配厂，也就是所谓 CKD 模式(Completely Knock Down)，这其实只是一种变相的进口，即先把零件运到中国，再在中国组装成整车出售。一般而言，外资企业多利用这种方式规避整车出口会遇到的关税。可以想见，这种模式对于中国发展汽车制造能力帮助不大，也难怪国民政府会与外商就此事争执。但争执的结果，是实业部长陈公博的让步，而陈解释说：“盖我国连东三省在内，每年销售只 7 000 辆汽车。而福特一厂，在经济未曾衰落之时，每日制造 8 000 至 10 000 辆。现在衰落，每日亦制 6 000 辆，审是，则其每日所出，已供给我国一年而有余。彼之不肖，即建制造厂，显而易见。”[④]这个也就是说，中国当时根本没有汽车需求

① 见张柏春：《民国时期机电技术》，第 82—83 页。

② 严鹏：《战略性工业化的曲折展开：中国机械工业的演化(1900—1957)》，华中师范大学 2013 年博士学位论文。

③④ 中国第二历史档案馆编：《中华民国史档案资料汇编》第 5 辑第 1 编“财政经济”(五)，第 927 页。

市场，引不起外资汽车巨头的兴趣，在谈判中，中国政府的弱势地位也是显而易见的。后来，中国政府没有与美国车企合作，而是与德国奔驰合作，但合作模式还是CKD。尤值一提的是，中国汽车制造公司组装的也是卡车。抗战爆发后，中国汽车制造公司被迫搬到香港荃湾，取名为南华铁工厂。1941年香港沦陷后，该厂又被日军掠夺，一部分器材被运到桂林和重庆分别建厂，从事汽车修配业务，但名存实亡。据统计，该公司共组装过2 000多辆柴油车。①

在抗日战争时期，国民政府资源委员会创办的中央机器厂也尝试过制造汽车。资源委员会是国民政府推动重工业建设的重要机构，中央机器厂是该会创办的最主要的机械制造厂。早在1937年，中央机器厂就曾考虑过引进汽车技术，从事制造生产，而且当时的考虑是“先从公共汽车及载重汽车入手”②，这又是符合比较优势的发展策略。1939年，中央机器厂在昆明的厂区建成，下设若干分厂，其中第五分厂就是汽车制造厂。1939年6月，第五分厂厂长史久荣赴美，与即将破产的美国企业斯蒂瓦特(Stewart)货车厂洽谈收购事宜。当时，告知中央机器厂该信息的是著名化学家侯德榜，参与谈判的则有航空专家钱学榘。③等收购条件谈妥后，史久荣等人就在美国着手进行设计，花了6个月时间，设计出一款4吨中型货车，命名为资源牌。1940年夏天，史久荣等人又在美国试制出了4辆资源牌货车，试车成功后，再拆散了运到仰光，重新组装后再开往昆明，又曾开往重庆进行展示。④不过，很显然，中央机器厂的汽车制造也是以组装为主，因为资源牌货车的材料由20多家企业供应，其核心部件发动机也是买来的。对此，当时也有国人提出质疑，厂方的解释则是：“将来我们的生产量加大了，资源牌车的引擎当然要设法由自己制造，现在如果自造的话，由于出品少，所以成本高，无论如何是不上算的。”⑤这个解释十分切合实际，而且符合比

① 见《中国汽车工业史(1901—1990)》，第14页。
② 余少川：《中国机械工业的拓荒者王守竞》，云南大学出版社1999年版，第80页。
③ 见云南省汽车工业行业办公室：《云南汽车工业史》，第33—34页。
④ 见《中国汽车工业史(1901—1990)》，第15页。
⑤ 史久荣：《中国公路行驶车辆之需要与资源牌货车之设计及其成绩》，《资源委员会公报》1941年第1卷第3期。

较优势原则。可惜的是，历史并没有给资源牌汽车机会，还没等中央机器厂形成汽车制造能力，该厂第五分厂就在日军的轰炸中被夷为平地，此后也没有恢复。当然，也有当时中央机器厂的员工回忆说，史久荣从美国买的设备运到昆明后没有可用的，“买 Stewart 厂的设备是上当了，他们处理这些很旧的落后设备，是甩包袱”①。不管怎么说，仅从结果来看，中央机器厂制造汽车的努力最终是失败的。

除了资源委员会的努力外，抗战时期中国还有其他一些与外企合资建厂的项目。例如，战时成立的国企中国农业机械公司曾考虑与美国福特公司合作，曾于 1945 年 3 月派人赴美国福特厂参观，“谈及国内设厂步骤，福特方面意见可分 5 年进行，先造农具机械，次造曳引汽车”。后来，中国农业机械公司董事长孔祥熙就与福特合作的问题给出了六点指示方针：(1)“方式采取合资，资本美金 500 万元，每年投资 100 万元，分 5 年收足，可表同意”；(2)“制造步骤，先造农具机械，次造耕种汽车，可表赞同。惟初期应注重制造人力及兽力之机具，将来并须能制水陆运输用之动力马达”；(3)“新厂应选在中国政府登记之特种股份有限公司，设董事 9 人，内华籍占 5 席，美籍占 4 席，其中董事长 1 人为华籍，副董事长 2 人，由中美籍各 1。兼总经理 1 人为华籍。兼协理 1 人为美籍。另设总工程师 1 人，为美籍，副总工程师 1 人，为华籍”；(4)“制造设备应全部完整供给，配合国内工业需要”；(5)“新厂将来可办理中美技术员工之交换训练等事项”；(6)“关于福特公司与英国及苏联合作之条件及办法，请就近代为调查以资参考”。很可惜的是，由于福特公司总经理换人，谈判暂停，此后亦不了了之。②

抗战胜利后，中国在汽车制造方面的努力以天津批量生产飞鹰牌三轮汽车较为显著。抗战时，日本在天津办有华北自动车工业株式会社，胜利后，该厂被国民政府接收，改组为平津汽车修配总厂。在接收日伪资产时，该厂人员发现了几辆日本大发牌三轮货车，一些人认为“这种车体积小，载

① 张柏春访问整理：《民国时期机电技术》，第 44 页。

② 见中国农业机械公司文件，1945 年，上海市档案馆藏档 Q453-1-193。

货多，结构简单，容易制造，适应该厂的生产条件，如果按它制造成供短途用的客、货汽车会有销路，还可以向制造四轮汽车过渡"①。在汽车发展史上，三轮汽车是一种特殊的汽车类型，因其小而易造且价格低廉，一度非常流行于发展中国家。例如，在日本的汽车工业尚未全面崛起前，这个日后的汽车制造强国也非常热衷于发展三轮汽车。据记载，"在1948年日本政府制定的《汽车经济复兴生产计划》中，1949年汽车计划产量为75 960辆，小型三轮汽车24 000辆，占31.6%；1953年汽车计划总产量120 850辆，小型三轮汽车30 000辆，占24.8%。"②很显然，平津汽车修配总厂找到的大发牌三轮汽车就是该车流行于日本的一个证据，而那些认为应该尝试制造三轮汽车的意见是相当正确的。1946年，平津汽车修配总厂仿照大发牌三轮汽车造出了飞鹰牌三轮客车，《申报》对此进行了报道："除了车上的磁石发电机、变压器和其他少数电料外，所需的1 102种零件，都是制配厂自行制造。"③后来，平津汽车修配总厂想扩大飞鹰牌三轮汽车的生产规模，但在动荡的时代大背景下，最终只造出了60辆。

值得一提的是，在近代中国发展汽车工业的努力中，代用燃料汽车占有一席之地。当时，世界汽车工业的发展已主要使用汽油和柴油作为燃料，但中国的燃油工业不发达，这就面临着发展汽车工业的天然劣势，因此，一些工程师和企业家就借鉴某些国家的经验，用木炭来代替燃油，作为汽车的动力。其中较为有名的是仲明国产燃炭汽车。1931年，发明家汤仲明成功地研制出以木炭为燃料的煤气发生炉，1935年，他到上海与范争波、汤允青等人合伙创立了仲明机器股份有限公司，主要生产煤气发生炉及煤气机，兼营长途汽车改装煤气发生炉等业务。1936年，汤仲明等人试制出一辆煤气汽车，上海市市长吴铁城曾试乘。1937年春，汤仲明等人又制成第二辆煤气汽车，从上海开到南京，费时7小时18分，到达南京后，于右任、居正等要人曾试坐。当年6月，汤仲明等呈请南京政府采用并提倡

① 《中国汽车工业史(1901—1990)》，第16页。

② 严鹏：《战略性工业化的曲折展开：中国机械工业的演化(1900—1957)》，华中师范大学2013年博士学位论文。

③ 李绍林：《国产三轮汽车试车成功》，《申报》1946年11月29日。

此种木炭汽车，但不久抗战爆发，其生产汽车之举遂告中止。[1]应该说，汤仲明的创举是值得肯定的，是一种符合中国比较优势的创新。抗战时期，木炭汽车也确实在大后方得到了一定的应用。不过，以发展的眼光来看，木炭汽车终究不能成为汽车工业的主流。笔者曾看过NHK拍摄的纪录片《市场与资源：日本通商的150年》，里面提到二战时期，日本同样由于燃油匮乏而研发代用燃料汽车，但这种代用燃料汽车性能极差。由此可以推测，即使汤仲明的努力未被日本侵华打断，随着中国工业化的推进，代用燃料汽车也不会获得太大的发展，终究只是过渡时代的过渡性产物。

以上所述，即为1949年之前中国创办汽车工业的计划与实践，总体而言是不成功的。虽不能很绝对地说近代中国造不出一辆汽车，但当时的中国确实缺乏具有规模生产能力的汽车工业。总体而言，近代中国创立汽车工业的实践有三个共性特征：(1)缺乏现代生产线，只能靠零敲碎打组装汽车；(2)未掌握核心技术，主要的核心部件仍然依赖从国外购买，本国工厂只负责组装；(3)政府倾向于与外资合作办厂，靠直接引进先进技术实现跨越式发展。实际上，反观当代中国的汽车工业，除生产线已经现代化之外，核心技术的缺失和依赖外资这两个特征，在占据主流的合资发展模式中仍然很醒目。这大概就是中国汽车工业的结构性缺陷吧。

二、 近代中国汽车修理业与配件制造业的兴起

尽管近代中国并没有形成真正完整的汽车制造业，但随着汽车使用的日益增多，汽车修理业和汽车配件制造业却逐渐兴起。一些汽车修理厂和配件厂虽然没有整车制造能力，但也积累了一定的技术力量，尤其是培育了一批技术工人，这些对后来新中国汽车工业的发展还是有所影响的。

在近代中国的汽车修理业和配件制造业体系中，分为国营和民营两个部分。国营汽车修理厂主要是为配合军事部门而设立，很多地区都有。前文提到制造飞鹰牌三轮汽车的平津汽车修配总厂按其性质来说，其实也是

---

① 见《中国汽车工业史(1901—1990)》，第12页。

一个修理厂。不过，从该厂的例子可以看出，在工业水平极低的近代中国，部分汽车修理厂的技术力量也可以算是拔尖的了。笔者见过一本1941年7月由军训部印制的《汽车构造概论讲义》，封面上的藏书印显示为“军政部军用汽车修理总厂技工训练班”。毫无疑问，这表明军政部的军用汽车修理总厂曾办有技工训练班，对员工进行技术培训。该《汽车构造概论讲义》是本仅90页的小册子，分为12章，内容包括发动机之构造、四行程发动机工作说明、多缸发动机之发火次序、汽油之供给及化气、润滑装置、冷却装置、传动机关、转向及制动、承载系统、电气系、柴油车、木炭车等，颇为完备。[①]该讲义不仅在理论上注意讲授基本知识，还很注意与实践相结合。例如，当时，由于燃料供应紧张，中国出现了不少以木炭代替燃油作动力的木炭汽车。不过，各厂家制造的木炭汽车在结构和部件上有所不同，使用和修理时显然要遵循不同的方法。该讲义就介绍了中华煤气公司式发生炉与汤仲明式发生炉这两种使用较多的型号，显然是为了使学生在实践中能顺利操作。因此，从这样一本薄薄的讲义，我们可以推测出，近代政府所办的汽车修理厂在培养技术工人方面还是作出了努力的。

在国营汽车配件制造业方面，比较有名的企业是交通系统创办的中央汽车配件制造厂。该厂活跃于抗战时期，在零配件的国产化方面有一定作为。[②]前述曾造出衡岳牌汽车的湖南机械厂，实际上也是附属于湖南省公路局的汽车零件制造厂，主要生产汽车活塞、飞轮、后轮轴、后轮鼓、连杆等。[③]可以说，汽车零配件制造才是湖南机械厂的主业，组装整车只是该厂当时努力的一个方向罢了。此外，作为隶属于公路局的配件制造厂，湖南机械厂实际上也承担着汽车修理厂的职责。[④]在云南，抗战时期曾设立西南运输处，该处下辖当时中国最大的汽车修理机构昆明汽车修造总厂，该厂在西南各地还有9个分厂，部分分厂自行生产过一批铝活塞，应了战时

---

① 见军训部：《汽车构造概论讲义》，陆军机械化学校印刷所1941年印。

② 见佚名：《中央汽车配件制造厂近讯》，《科学与技术》1943年第1期。

③ 见朱羲农，朱保训编纂：《湖南实业志》(二)，湖南人民出版社2008年版，第1063—1066页。

④ 张人价：《湖南经济概况》，载曾赛丰、曹有鹏编：《湖南民国经济史料选刊》(一)，湖南人民出版社2009年版，第40页。

急需。[1]除了这些比较专业化的汽车配件制造厂外，一些综合性国营机械厂也生产汽车零配件，包括中央机器厂等。在上海等通商口岸，随着早期公交事业的发展，为公交车从事修配业务的公营企业也发展出了生产汽车配件的能力。上海的公交修造厂可以制造合金轴承、刹车总泵活塞、变速箱四挡齿轮、连杆螺丝销、电瓶正负极等。[2]值得一提的是，在抗战时期，国民政府曾经在贵州创办了一个航空发动机制造厂，这个厂在战后竟然不制造航空发动机了，改为生产汽车配件。[3]这一方面当然说明当时中国机械工业很难发展高端产业[4]，但另一方面，这也说明汽车配件在近代中国还是有相当大的需求量的。而且，汽车配件制造相对简单，比航空发动机更符合中国的比较优势。这大概同时也可以说明为什么近代中国缺乏整车制造能力，但零配件产业还是有所发展的。

在民营企业方面，近代中国的汽车修理业和配件制造业主要集中于经济中心上海。这个不难理解，因为上海是近代中国最发达的通商口岸，汽车的使用也比内地更多。就如前面已经提到过的，在汽车修理业和配件制造业之间，实际上也没有很强的分界线。大体上，民营汽车配件制造厂也从事汽车修理业务。不过，在当时的上海，除了纯民营的厂家外，还有一些与官场有联系的官僚所办企业。例如，利喊汽车公司属于官僚资本扬子建业公司旗下的企业，有一定的汽车组装能力。进口轿车以集装箱运抵上海后，可由利喊公司的装配技工拆箱组装，每三人为一组，合装一辆轿车。[5]至于纯民营企业，一般规模狭小，技术低下，只有 30—60 名职工，采取作坊式生产，有些厂尚且不固定生产汽车配件。据大中华汽车材料厂资本家孙镛回忆，在抗战前，上海经营汽车修配业务的企业仅宝锠、郑兴泰、中和等数家，除修配螺丝、轴承、汽缸等主要业务外，还制造少量活塞，用在江南地

① 见云南省汽车工业行业办公室：《云南汽车工业史》，第 25—26 页。

② 见该书编委会：《上海汽车工业史（1901—1990）》，上海人民出版社 1992 年版，第 12—15 页。

③ 见欧阳昌宇编著：《乌鸦洞的奇迹》，贵州人民出版社 1999 年版，第 128—130 页。

④ 见严鹏：《战略性工业化的曲折展开：中国机械工业的演化（1900—1957）》，华中师范大学 2013 年博士学位论文。

⑤ 见《上海汽车工业史（1901—1990）》，第 12—15 页。

区的长途汽车上。抗战爆发后，汽车零配件的进口来源被切断，以宝锠、郑兴泰、杨复兴、乐炳昌4家企业为主的活塞制造业日趋活跃，中国气门厂又成功试制了活塞环，上海的汽车修配业务一度繁荣，企业数量一下子增至20余家。抗战胜利之初，进口物资源源不断地输入上海，运输业务繁荣一时，货运卡车生意红火，各种旧车都派上用场，汽车修配业也随之勃兴，企业数量增加到40余家。这些企业的创建者不少是老汽车修配厂中的包工、老师傅出身，见修车业务应接不暇，就纷纷购置一台小车床，设厂经营各种汽车螺丝、轮胎螺丝、铜铅轴承业务，一时均能获利。①以大中华汽车材料厂来说，该厂资本家孙镛原系宝锠高级职员，1946年，孙镛和另两名宝锠职员独立出去，合伙设立了大中华厂，资本约10两黄金，购有车床2台、钻床1台，雇有学徒1个。仅1个月，该厂就凭借盈利扩大了所租场地。两年后，该厂就有机床15台，学徒30人以上。②大中华厂的例子很典型地反映了战后上海汽车修配市场的繁荣。不过，另据宝锠汽车材料制造厂厂志，1945年后，该厂虽扩大组织，增加资本，陆续添置大型自动磨床、自动磨缸机及自动镗缸机等设备，职工也增至60余人，但由于外货大量倾销，其价格一度比国货低一倍有余，故挤压了本土汽车配件制造业的生存空间。以宝锠为例，在1946年，该厂亦曾从国外订购几千只活塞，价格每只1元2角至2元，比原料还便宜，所以该厂在战后只制造少数零件，业务的主体还是修理。③因此，可以认为，尽管战后上海汽车修配业繁荣，但作为服务业的修理业务要远远胜过作为制造业的配件制造业务，这对于汽车工业的发展自然是不利的。据统计，1949年解放时，上海共有汽车修配厂26家，职工722人。④

综上所述，在近代中国，汽车制造业乃至汽车配件制造业都不甚发达，但汽车修理业较为兴盛。这种工不如商的畸形格局，当然是近代中国整体政治经济结构所导致的。其实，以整个近代中国来说，汽车的保有量虽存

---

① 上海市工商行政管理局等:《上海民族机器工业》下册，中华书局1979年版，第758页。
②③ 上海市工商行政管理局等:《上海民族机器工业》下册，第759页。
④ 上海市工商行政管理局等:《上海民族机器工业》下册，第784页。

在着一个攀升过程，但总体也是很低的，如图 1-2 所示。

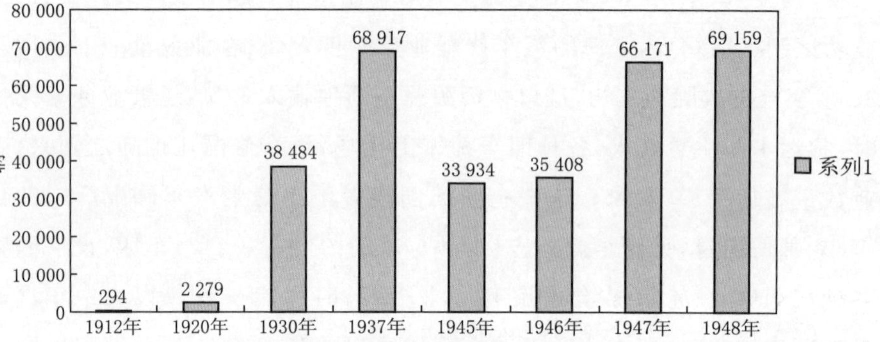

图 1-2　近代中国汽车保有量

资料来源：《中国汽车工业史(1901—1990)》，第 4 页。

到 1948 年时，中国只有 69 159 辆汽车，这个数量是相当低的，因此，整体来说，汽车对于近代中国十足属于奢侈品。在这种情况下，社会对汽车的需求必然有限，汽车制造业和汽车配件制造业也不容易发达。加之当时进口配件不受限制，本土产业受到冲击遂成为必然之事。因此，民国时期留给新中国的汽车工业遗产，实际上是一个非常单薄的烂摊子。

小　　结

近代中国从海外引进了汽车，从此，汽车这一现代工业文明的骄子就和东方古国结下了不解之缘。在新中国成立前，中国的汽车保有量与汽车进口量数值均偏低，这充分反映了当时中国的比较优势并不适合汽车产业的发展。而在为数不多的造车实践中，国人均选择制造载货卡车或公共客车，而不涉足汽车工业中最耀眼的轿车，这也与当时的国情相一致，充分符合中国的比较优势。因此，不待经济学者论证，近代中国的思想家和实干家们其实对所谓比较优势是心中有数的，而遵循比较优势也成了近代中国汽车工业发展的基调。不过，很遗憾的是，正是由于遵循了比较优势，近代中国的汽车工业基本上没太大发展，乃至于出现了作为服务业的修理业比作为制造业的配件业生意红火的局面，从产业发展的角度说，这完全是一个悲剧。

值得注意的是，由于中国缺乏发展汽车工业的资本和技术比较优势，在尝试创立汽车工业时，近代中国政府一般采取了吸引外资合作办厂的模式，以便克服短板。从逻辑上说，这种思路是正确的，甚至可谓是对症下药。然而，问题的复杂性在于，外资既不是傻子，也不是天使，断然不会有兴趣帮助中国发展汽车工业，打入中国市场才是其根本目的。因此，在中国政府与外资的合作中，采取了CKD模式，实际上相当于变相进口。这对于产业真正的技术发展，自然也是没多大用处的。

有意思的是，在同一时期的日本，汽车同样是舶来品，发展汽车工业同样缺乏比较优势。当时，福特和通用等美国汽车巨头也在日本设立了组装厂，与它们的产品相比，丰田、日产这些本国企业简直不堪一击。但是，日本军部出于战备需要，制定了将外资赶出日本的法案，使丰田、日产等本国品牌得以存续。此外，尽管丰田确有制造轿车的雄心，但当时日本汽车工业主要也是以货车为主体，军方甚至强令各本国企业制造卡车而非轿车。

总之，近代中国的汽车工业发展十分落后，尽管有识之士纷纷呼吁创立自主汽车工业，政府也有若干与外资合作的计划及实践，但囿于各种客观条件，中国的汽车工业在1949年之前还只能说处于萌芽状态，该产业要到1949年后才翻开真正的新篇章。

第二章　苏式体系移植模式：一汽的创建与成长

新中国成立后，汽车工业的发展被党和国家领导人提上了议事日程。众所周知的是，在苏联的帮助下，中国在长春建立了第一汽车制造厂（简称一汽），但是，较不为人所知的是，在此之前，中央重工业部曾经有一个利用民国遗产建立汽车工业的方案。该方案虽然也寄希望于苏联援助，但主要还是打算利用已有的工业基础发展汽车工业，因此可以视为一条渐进演化的道路。然而，该方案制定后不久，苏联就答应帮助中国组建一个大规模的汽车制造厂，这一方案遂胎死腹中，整个中国汽车工业的发展路径也由渐进演化改为全盘移植苏式体系。苏联不仅以多种渠道对华转移技术，而且还将其一整套汽车工厂的管理模式输入中国。在整个计划经济时期，一汽正是在苏式管理体系的基础上从事生产活动的，并进行了若干新产品的开发。总体而言，在中国汽车工业发展进程中，一汽有着举足轻重的地位，它代表了 1978 年前中国汽车工业的最高水平。然而，苏式体系的移植，也为一汽带来了该体系的某些固有顽疾，对一汽的成长又有所阻碍。

第一节　自主创建汽车工业的方案

回顾历史，我们知道新中国的汽车工业是在苏联的全方位援助下建立起来的，其成果正是一汽。不过，通过检索汽车业从业者的回忆和相关档案发现，在规划一汽之前，新中国政府曾经有过一个自主创建汽车工业的方案。由于苏联对中国建设汽车工业施以援手，该自主创建汽车工业的档案最后无疾而终，但这一段插曲仍值得记录下来，以使中国汽车工业的成长史更为丰满。

一、 重工业部汽车工业筹备组的成立

据孟少农回忆，1949 年 12 月毛泽东赴苏联访问时，曾被安排参观斯大林汽车厂，他对随行人员说，“我们也要有这样的工厂”。另据陈祖涛回忆，沈鸿曾告诉他，建立汽车厂的构想是斯大林亲自向毛泽东提出来的，斯大林称：“汽车厂代表现代机械工业的最高水平，你们建一个汽车厂，就可以带动整个机械工业和钢铁、化工、建筑等其他行业向前发展。”毛泽东接受了斯大林的提议。[①]1950 年 1 月，毛泽东、周恩来在莫斯科同苏方领导人商定，由苏联援助中国建设一座现代化的载货汽车制造厂。汽车厂建设项目也被列入“一五”计划，成为苏联援华 156 项重点工业建设项目之一。1950 年 1 月 10 日，重工业部副部长刘鼎将孟少农叫去，讨论着手筹建汽车工业事宜。孟少农称他当时“对此事全无思想准备，以为至少还要等经济恢复几年后才有条件搞汽车工业”，刘鼎则对他说“形势的发展比你估计的要快，我们有一定的工业基础，国民经济需要汽车，你提个意见吧”。于是，当年 3 月初重工业部就成立了汽车工业筹备组（简称汽车筹备组）。[②]

1949 年 12 月 6 日，毛主席访苏，苏联送了一份特殊的礼物，一辆吉斯-115 型小轿车

另据陆孝宽回忆，汽车筹备组当时还兼管航空及坦克工业。汽车筹备组办公地点最初设在北京灯市口中国工程师学会旧址内，主要负责人有郭

① 见陈祖涛口述，欧阳敏撰写：《我的汽车生涯》，人民出版社 2005 年版，第 52 页。

② 见孟少农：《中国要建一座汽车厂》，载全国政协文史和学习委员会编：《一汽创建发展历程》，中国文史出版社 2007 年版，第 3—4 页。

力、孟少农、胡亮、胡云方、赵苏等，首批参加筹备组工作的还有谭惠然、贺秀英、张阿舟、吴式铎、张致中等。1950年秋，汽车筹备组迁至北京鼓楼东大街扁担厂乙一号办公，筹备组主任郭力，副主任孟少农，下设计划、经营、教育、人事、行政等科，分别由胡亮、彭定一、张致中、赵苏、郑毅等任科长。筹备组成立初期的工作包括：①

首先，汽车筹备组征集建设汽车工业所需的技术干部，陆续从各方面抽调或推荐了一批人员，包括张树梅、吴敬业、彭定一、杨南生等。孟少农还到清华大学动员该校机械系1950年毕业生20余人及助教刘金钺、叶智等参加汽车筹备组工作。据陈家彬回忆，当时，他尚在清华大学机械系学习时，就已经听闻解放前举家投奔解放区的孟少农的大名，而且听说了孟少农为要创建中国的汽车工业，正在集结国内的技术人才。有一天下午，孟少农到清华大学机械系和三、四年级的同学开座谈会，动员学生们为新中国的汽车工业献身。孟少农满怀激情地说："来吧，同学们！我们大家一齐干！"由于孟少农"红色教授"的名声，加上他那带有鼓动性的话，许多学生都表示愿意追随他一起创建汽车工业。1950年夏，孟少农与胡亮再度来到清华大学，在机械系系主任李辑祥的陪同下，找到助教刘金钺、叶智，请他们带领三、四年级的学生，参加1950年暑期汽车实习班，利用清华大学的汽车试验阵地，进行汽车拆装与驾驶实习，然后分配到国内较先进的工厂实习。1951年，又办

抗美援朝时，汽车非常缺乏

① 见陆孝宽：《祖国汽车工业的孕育时期》，载全国政协文史和学习委员会编：《一汽创建发展历程》，第31—32页。

过一期暑期实习班，陈家彬即参加了学习，学员除来自清华大学外，还有天津大学、南开大学、北京大学、交通大学、华北大学等高校的学生。暑期班从7月1日办到9月中旬结业。[①]由此可见，汽车筹备组在人才网罗方面不遗余力。

其次，汽车筹备组开始酝酿汽车厂建设方案，并派出人员到保定、石家庄、榆次、太原、平遥、太谷、临汾等地进行选择厂址的初步调查与勘察。1950年7月在北京召开首次“汽车会议”，讨论建设中国汽车工业的设想，参加会议的包括陈继善、何乃民、彭定一等50余人，会议提出了建设汽车工业的若干建议。从前文可知，何乃民是民国时期汽车工程界的名人，因此，这次会议应该是充分调动了当时中国的智力资源的。

第三，汽车筹备组开始接收旧中国留下的一批汽车修配厂，其中包括北京、天津、济南、武汉、南京等地原本属于军事系统的汽车修配厂，以及哈尔滨、长春、北京等地的坦克修理厂，并组织技术力量迅速地恢复并发展汽车配件生产，以确保抗美援朝战争中军用汽车配件的需求。据彭德怀军事参谋王亚志的回忆，在朝鲜战争中，志愿军非常缺乏汽车，入朝后仅72天，国内就为前线补充了汽车12 486辆，其中损失6 646辆，送回国内修理438辆，损失率达60%以上。因此，1950年11月5日，周恩来在与苏联的扎哈罗夫商谈苏联援助时，称“现时汽车第一，坦克、大炮都可以放在汽车后”。11月7日，周恩来又致电斯大林，反映“车辆不足”。[②]所以，新中国急切地发展汽车工业，实际上是有着军事上的迫切的现实需求的。而这更凸显汽车筹备组使命重大。

最后，汽车筹备组组织了全体工作人员学习马列主义、毛泽东思想的一些启蒙著作，如社会发展史、政治经济学、新民主主义论、论人民民主专政等。这种政治学习也是当时的时代特色了。尽管在今天看来，我们可能会觉得这种政治学习与工业建设关系不大，但在百废待兴的新中国成立初期，其实很需要进行大规模的动员，以保障工业化顺利启动，而政治学习正是国家动员策略的一部分。例如，在此后一汽建设过程中，从全国各地吸

---

① 见陈家彬、林水俊：《德高望重的技术泰斗——孟少农》，载全国政协文史和学习委员会编：《一汽创建发展历程》，第127页。

② 王亚志回忆，沈志华、李丹慧整理：《彭德怀军事参谋的回忆：1950年代中苏军事关系见证》，复旦大学出版社2009年版，第44页。

纳了一大批大学毕业生，其中不少来自上海等东部发达地区，是自愿放弃留在大城市的优厚待遇而选择到条件艰苦的东北创业的。例如，1953 年北上的一名上海大学生陈振康，其父当时还在失业，去东北工作工资才 190 分合 39.5 元，而留在上海工资有 65 元。但这些大学生以国家建设大局为重，不计个人得失，踊跃报名到东北参加建设，填报志愿时大多写：第一东北、第二西北、第三华北。[①]这种明显有违经济学"经济人理性"假设的行为，在一定程度上正是那个时代政治学习与思想动员的产物，而这种动员为中国的汽车工业建设输送了必要的人才。

综上所述，重工业部汽车筹备组在成立后相当短的时间内，就展开了大量实质性的工作，为中国汽车工业的创建进行着准备。正是在这一背景下，1950 年，汽车筹备组制定了《汽车工业建设计划草案》。

二、《汽车工业建设计划草案》述论

目前，学界与社会对于 1950 年重工业部的《汽车工业建设计划草案》关注不多。这与该草案的夭折不无关系。不过，从历史研究的角度说，该草案呈现的图景是，在向苏联一边倒地引进汽车工业技术之前，中国人是有着更加自主的建设汽车工业的规划的。

笔者在北京市档案馆发现的《汽车工业建设计划草案》附有致重工业部部长何长工的信函称："兹送上汽车工业计划草案一份，请研究参考并提出意见。此项计划还十分不成熟，希望你们于 6 月份内就基本方针、厂的规模、建厂地址、筹备步骤及各种技术问题提出意见，以便根据来修正计划和进一步作具体计划。"信函的时间标注为 1950 年 5 月 29 日。[②]从孟少农的回忆可知，1950 年 2 月 22 日到 5 月 23 日，政府开了全国机器工业会议，这次会议涉及汽车工业。因此，《汽车工业建设计划草案》很可能和这次会议有关。另外，孟少农又称，汽车工业筹备组进行了大量调查研究，收集过去有关汽车和汽车工业的情况，作为制定建设汽车工业计划的基础："我们

① 见过仲珏：《来自上海的大学生》，载全国政协文史和学习委员会编：《一汽创建发展历程》，第 113 页。

② 见重工业部：《汽车工业建设计划草案》，1950 年，北京市档案馆藏档 002-026-00039。

看过北到哈尔滨、南到昆明、西到重庆、东到上海，由日伪和国民党官僚资本遗留下来的汽车修配工业；了解了原宋子文集团设立的‘中国汽车公司’设在株洲、凭祥、重庆等地的工厂和人员的下落，找到伪资源委员会委托美国 Reo 汽车公司制作的五卷建设汽车厂设计；也在昆明山洞里发现了伪资委会买的美国 Sterling 公司的汽车图纸。为寻找建厂地址，我们看过北京、石家庄、太原、西安、宝鸡、武汉、株洲等地，并在京西石景山附近的衙门口做了地质钻探。”①结合《汽车工业建设计划草案》的内容，可以认为该草案正是汽车工业筹备组调研的结晶。

当时的美国 Reo 汽车公司旗下主流车型，
曾是民国时期发展汽车工业参照的对象

具体来说，《汽车工业建设计划草案》分为三个部分，分别是《提纲》《中国目前汽车及汽车工业的概况》和《汽车工业建设的必要》。在《提纲》部分，草案指出“本草案所说的汽车工业包括汽车（小客车、卡车、公共汽车、特种汽车），拖拉机及其部分附件、配件的制造及装配的各种工厂，但不包括原料及一般性零件的制造厂”，而草案的性质“只是一个大概的轮廓”。《提纲》也提纲挈领地提议：

(1)“将 9 个现有的厂划归汽车工业范围，统一由汽车工业局领导，并考虑增设其他 6 个厂和单位”；

(2)“建设 1 个每年制造轻型(25 吨)卡车 5 000 辆，拖拉机 500 辆，及维持现有车辆所需配件的工厂”；

(3)“拖拉机的生产在 1951 年下半年开始”；

(4)“卡车厂估计须要新建厂房 64 000 方公尺”；

① 孟少农：《中国要建一座汽车厂》，载全国政协文史和学习委员会编：《一汽创建发展历程》，第 4 页。

(5)“须要由上海仓库中拨给机器 264 部,其他工厂调拨机器 34 部,在国内定造机器 403 部,在国外定造机器 92 部”;

(6)“须要集中培养高级技术职员 127 人,训练初级技术职员 353 人,训练工长 265 人,招集技工及普通工 2 628 人”;

(7)“估计卡车厂在 1952 年 7 月开工,1953 年 4 月开始出产,1953 年 10 月筹备工作结束”;

(8)“需要小米 199 319 吨,其中 8 349 吨用于 1950 年”;

(9)“现有机器设备(包括天津制配厂、虬江、吴淞、501、502、503 及库存分配)折合约计小米 16 万吨。总计全部资本共需小米 36 万吨”。

由以上提议可见,这个计划草案主要还是试图利用旧中国遗留下来的工业基础,以国内力量为主建设汽车工业。例如,在设备购置方面,该草案只计划在国外定造 92 部,仅及在国内定造的 22.8%。在建设周期上,该草案预期的时间也较短,而这与设计规模小是有密切关系的。

在论及中国汽车及汽车工业现状时,草案在各种调查的基础上给出了一些基本的统计数据。以汽车拥有量来说,草案认为缺乏全面而精确的统计数字,但估计“中国现有汽车总数约在 8 万辆以上,其中的三分之二是卡车,三分之一是大小客车”,其地区分配状况则为“如把军用车除外,华东占半数以上,其次为华北,再其次为中南、东北、西南、西北。而华东区中,上海所占比数又极大,据解放后的统计,现在使用中的车有 11 137 辆,占全国 24.2%”;汽车拥有者状况为“如把军用车除外,则在私人手中的车辆,占全国总数 70.7%,为公有车辆的 2.5 倍。如将军用车计算在内,则私有车占 47.1%,军用车占 34.0%,公有车占 18.9%”。草案据此得出结论:“(1)汽车的使用重点主要还在大都市中,还未曾深入到国民经济中去。(2)用于军事的车辆,占相当高的比重。(3)在经济用途中私人资本拥有的力量远超过公共事业所占有的力量。”至于汽车工业的状况,草案评价极低,认为“在反动政府的统治下,中国的汽车工业只能是以汽车修理工业为主,以部分的配件工业为辅而谈不到正规的汽车制造工业”。汽车修理工业产能与从业人数为“全国修车能力约每月 2 560 部,工作人员约 30 000 人”。汽车配件工业在全国的分布如表 2-1 所示。

表 2-1 (1949 年)中国汽车配件制造厂分布

城市	上海	重庆	贵阳	昆明	西安	长沙	汉口	南京	天津	北京	总计
数目	51	3	6	8	11	5	1	4	4	4	97

资料来源:重工业部:《汽车工业建设计划草案》,1950 年,北京市档案馆藏档 002-026-00039。

据调查,上述工厂中,"有几个是曾经从事不完全的汽车制造的,如中国汽车制造公司、上海 501 厂及天津汽车制配厂,但现在都已沦为纯粹的配件厂"。而且,"这个汽车配件工业,目前正遭遇到困难,主要的困难在于产品相对的过剩,这是由于分散经营,缺乏中心计划,及由此而产生的技术水准不够,制造范围狭隘等原因造成的"。当时较大的汽车配件制造厂如表 2-2 所示。

表 2-2 解放初期中国较大的汽车配件厂

厂　名	地址	工具机总数	人员总数	附　注
天津汽车制配厂	天津	243	607	原日寇北支自动车株式会社
原 501 厂	上海	477	678	原日寇中支自动车制造厂
原 502 厂	綦江	314	263	
原 503 厂	重庆	84	220	
原 409 厂	北京	108	268	
东北机械局汽车总厂	沈阳	558	2 545	现已转业从事其他生产
三野特纵修理总厂	南京	约 200	约 500	
中国汽车制造公司总厂	香港	约 300		已改名华南铁工厂
中国汽车制造公司华西分厂	重庆	约 100		现已接管
齐鲁公司橡胶厂	青岛	* 67		* 包括机器设备总数
天津橡胶配件厂	天津	* 93	183	同上

资料来源:重工业部:《汽车工业建设计划草案》,1950 年,北京市档案馆藏档 002-026-00039。

除了调查汽车保有量和汽车工业状况外,草案撰写者还调查了石油工业和公路这两个配套产业的状况。石油工业方面,草案认为"中国的石油工业是很落后的,产量很小,主要依赖外国进口,这是限制汽车拖拉机普遍应用的最大因素",不过,草案预计随着新中国经济建设的展开,这一瓶颈将会被打破。公路方面,"全国现有国道 61 824 公里,省道 75 419 公里,总计 137 243

公里。这个数字较之铁道 26 857 公里大得多,但有许多路面失修”。可以说,草案已经认识到,汽车工业的发展离不开燃料和交通系统的配套发展。

在分析了中国汽车和汽车工业的现状后,草案开始论述建设汽车工业的必要性。草案对汽车工业必要性的论证主要集中于其在社会主义经济建设方面的作用,指出“农村中现有的原始运输工具是不够应付需要的,必须将现代的运输工具深入到广大人民中去”;“正如斯大林在苏联恢复期间所说:‘我们要变成汽车化的国家,拖拉机化的国家。’中国也必定要走上同样的道路”。“汽车拖拉机的推广使用,不但具有巨大的经济意义,而且通过经济影响到政治,全国经济,包括农业经济在内,不转移到新的技术基础上就不能替社会主义准备物质的基础,落后的运输工具、耕种工具,与集体经济是不能适应的,与现代化的工业是更不能适应的。”前文已经指出,民国工程界对于创立汽车工业的鼓吹是强调了民生需求的。《汽车工业建设计划草案》延续了民国工程界的思路,不过更加具有强调公有制经济的社会主义特色。在创建汽车工业的路径上,草案也明确指出了要走苏式道路。一方面,草案描述了美国式汽车工业企业的组织方式,称:“有一种分工方式是按车的主要组成单位分为专门提供给最后产品厂以组成单位,使后者只须集中力量于装配,这种分工方法是美国汽车(特别是中型及重型卡车)工业所采取的”;另一方面,草案也介绍了苏联的组织方式,称:“另一种分工方法是最后产品厂制造全部主要组成单位,而只依赖规模较小的专门厂供给特殊材料及零件,这种分工方式是苏联所采取的”,并强调苏联方式“是我们所应采用的”。由此可见,尽管该草案立足于自主建设,但在发展模式上是打算选择学习苏联模式的。

最后,对于如何发展汽车工业,草案给出了具体的计划,即:(1)将民国时期遗留下来的相关工厂划入汽车工业范围。(2)整理各厂重定其发展方向。(3)在适当地点筹建新的卡车厂。其中,整理各厂的方案又包括:(1)“天津汽车厂制配制造拖拉机。该厂的规模不够做卡车之用,而对制造拖拉机,则铸造加工设备等都还适合,其所缺的齿轮制造及大型锻造部分,将来可由卡车厂担任,在卡车厂未完成前,可以暂由虬江厂担任。”(2)“501、502、503 三厂及虬江、吴淞二厂的主要人员设备,都有计划的逐步集中到卡车厂来”。(3)中国汽车制造公司等研究后再确定。(4)“青岛厂完全不动，必要时加以补充”。(5)“在天津、501、502、503等厂改变方向以后，配件的供求形势就得大为改善，生产过剩的现象就会消灭。北京、南京、沈阳、济南等留作制造配件的工厂可以进一步专业化及从事有计划的生产”。这套方案既考虑到了对于民国遗产最大限度的利用，又为了解决当时汽车配件业生产过剩的燃眉之急，考虑颇为周详。

综上所述，1950年重工业部的《汽车工业建设计划草案》是一个充分利用中国原有工业基础的自主创建汽车工业方案。该方案的优点在于经济节省，这对于百废待兴的新中国来说，还是有很大价值的。至于其缺陷，则是设计规模太小，根本无法发挥汽车工业最为重要的规模经济效应。然而，不管怎样，随着苏联对华援建的展开，该草案根本没有得到施行乃至于进一步修改，就被一汽建设计划给取代了。

第二节　苏联对华援助和一汽的创立

在重工业部自主设计汽车工业建设方案的同时，苏联对华援助的谈判也同时紧锣密鼓地进行着。由于与苏联的谈判进展相对顺利，且苏联援助的规模和质量比中国自主创立汽车工业的方案要优越得多，故政府对自主方案予以了放弃，而采取了从苏联直接移植整个苏式汽车工业模式的发展路径。在这样的历史背景下，一汽诞生了。

一、第一汽车制造厂的创立

第一汽车制造厂从选址、设计到基建过程，都离不开苏联的大力帮助，因此可以说是苏联汽车工业模式的整体移植。不过，在实际建设过程中，中国的自主性仍相当重要，尤其体现于大力发展汽车工业的国家意志和调动各种资源投入建厂的举国体制。这种举国体制正是新中国社会主义制度的优越性，与此前民国时代政府筹办汽车厂的低效与失败形成鲜明对比。而这种在实践中形成的举国体制，又成为此后中国脱离外援自主创办工厂的制度基础。当然，在一汽的创立过程中，这种自主性被包裹在移植苏联模式的外壳里，尚不显著。

（一）一汽的选址过程

1950年12月2日，由苏联专家沃罗涅斯基和基涅谢夫二人组成的汽车厂设计专家组抵达北京，援助中国建设汽车厂。据他们说，苏联汽车工业部向他们交代，援华建设目标为年产3万辆吉斯150型货车的完整汽车厂，由苏联承担成套设备交付。他们还详细介绍了工厂的内容。孟少农回忆称，从这时起，进入到具体建设第一汽车厂的准备阶段。而在当时，一汽的选址成为首要问题。

实际上，早在1950年7月，汽车工业筹备组就开始为新中国第一座汽车厂选择厂址。7月1日，重工业部下达了《关于建立汽车厂的通知》："奉财委财经计（重）字第2709号指示（该附件已于重办字264号通知附去）有关机器会议总结及决议各项问题之决定中，其建立汽车制造厂事已蒙批准。兹将指定由筹备组作基础，迅速建立汽车制造厂建设处，即行开始筹备设计计划及预算编制工作。在计划未经财委批准前，可先提出须预拨设计经费数字，呈部批拨，并希于10月底以前，将第一批国外订货单提出。"[①]据参加了选址工作的吴式铎回忆，为了改变旧中国形成的工业过分集中于沿海的不合理布局，汽车厂的选址在内地进行。当时，筹备组先后派工作组去了北京、石家庄、太原、太谷、平遥、祁县、西安、宝鸡、湘潭、株洲等10多个城

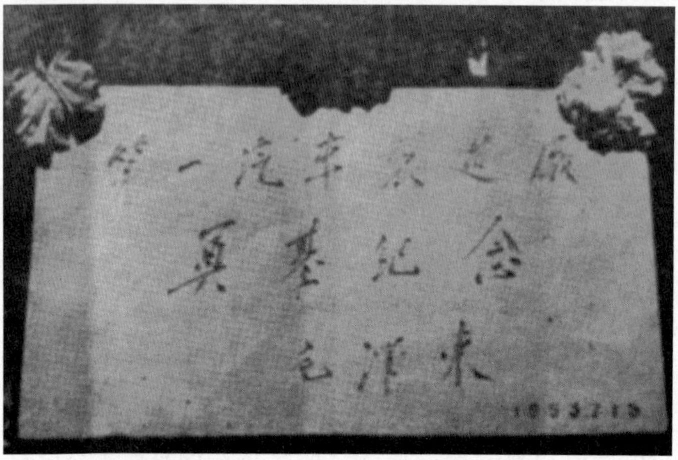

1953年，毛主席为一汽亲笔写下的题词
"第一汽车制造厂奠基纪念"

① 一汽史志编纂室：《第一汽车制造厂厂志（1950—1986）》第1卷下册，第348页。

市和区域做调查，征求当地政府意见，并多处勘测。筹备组经研究后认为，平遥地面水位过高，石家庄和湘潭工业条件欠缺，西安建厂存在电力、木材、运输等问题，只有北京可供选择。1950年12月28日，政务院财经委计划局在北京召开会议，听取了选厂址的汇报，认为在北京、沈阳、武汉、包头这四座城市中选厂址较为合适。当时对北京与武汉两地作了比较详细的分析比较，认为北京西部较适合建设汽车厂，而且在京西衙门口地区展开了勘测工作。不过，后来由于钢材供应困难等问题，经过综合考虑后，认为北京也不适合建设大型汽车厂。①

1953年，来自苏联的吉斯-150卡车

与此同时，1950年12月苏联专家来华后，汽车工业筹备组也根据苏联专家提出的大纲，组织力量，调查勘测和收集工厂设计所需的全部技术资料。经讨论，最后确定，从电力、钢铁、木材、动力等各方面条件来看，新中国的第一座汽车制造厂只能够建在综合条件比较好的东北。1951年1月18日，陈云主持政务院财经委会议，听取重工业部关于建设汽车厂的汇报。根据当时的战略考虑和周恩来总理的指示，会议决定把汽车厂厂址定在东北，在四平市至长春之间选择。经过对四平、公主岭、长春等三座城市的人口、城市规模、供电能力、交通条件及地理环境等方面的调查、分析，最后将长春孟家屯作为第一个厂址选择对象。②1月26日，中财委下达指示：

“关于汽车制造厂设计问题，根据各种条件经详加考虑，决定如下：

① 见吴式铎:《我所了解的一汽选址工作》，载全国政协文史和学习委员会编:《一汽创建发展历程》，第42页。

② 见一汽史志编纂室:《第一汽车制造厂厂志(1950—1986)》第1卷上册，第99页。

一、厂址：因原材料及电力供应关系，该厂址决定在四平街至长春间选择一适当地点。

二、产品种类：[吉斯]150 型四吨卡车。

三、规模：年产上项卡车三万辆，一次建设完成。

四、设计及完工时间：1951 年开始设计，1953 年开始建造，1957 年开始生产。

此外厂房及附属房屋等设计标准，应适合中国情况标准不宜过高，由重工业部与设计组洽商提出标准报本委核定。

以上各点请即转知苏联设计组。"①

据吴式铎回忆，在预选了长春作为厂址后，1951 年 2 月 10 日，汽车工业筹备组副主任孟少农陪同苏联专家沃罗涅斯基到了长春，在孟家屯车站铁路东西两侧考察，认为铁路东西两侧都可供选择。孟少农认为铁路西侧接近城市，有几十万平方米破损的楼房，道路、上下水、供电条件都好，还有发展年产 7 万辆的余地，只是当时有一个名叫"饮河部队"的军事仓库占据了大片面积。专家看了回来后，在地图上摆了两个方案。第二天又去看过，认为可以定下一个。孟少农与专家商量，将铁路西侧作为厂址第一个选择对象。该地原是伪满时期关东军盘踞的地

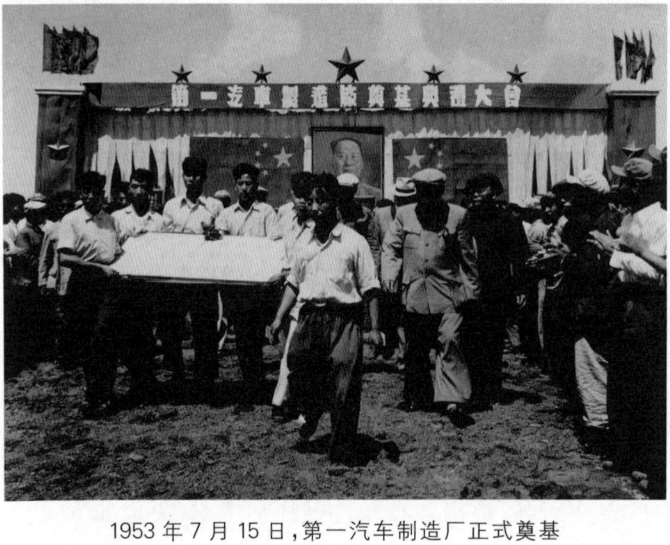

1953 年 7 月 15 日，第一汽车制造厂正式奠基

① 一汽史志编纂室：《第一汽车制造厂厂志（1950—1986）》第 1 卷下册，第 348—349 页。

方，残存着细菌工厂的建筑物。1951 年 3 月 19 日，政务院财经委员会下文批准，汽车制造厂在长春孟家屯车站西侧兴建。[①]财经委员会指示长春市政建设配合将来工厂的用电问题，而且请军委通知将“饮河部队”仓库予以迁让，并通知该部队允许重工业部派设计及测量人员偕同苏联专家进入仓库区进行工作。[②]至此，一汽的厂址基本选定。

从一汽选址过程中可见，中国的工程技术人员进行了大量努力，但苏联专家亦参与了选址过程，而且厂址的选择最终是根据苏联专家提出的大纲进行的。我们可以看到，一汽的建设从一开始就离不开苏联专家的帮助。

（二）苏联承包一汽的工厂设计

作为苏联对华汽车工业技术转移的重要部分，一汽的工厂设计是由苏联汽车拖拉机工业部汽车拖拉机工业设计院总承包的（其中热电站部分作为一个专项是由苏联热电设计院设计的）。1951 年 11 月 13 日，中华人民共和国重工业部与苏联汽车拖拉机工业部签订了第 00831 号合同，即中苏关于一汽设计合同。这里特将该合同的要点摘录如下并予以分析。[③]

首先，合同规定总设计人（即苏方）承担总订货人（即中方）之委托，完成年产 30 000 台吉斯 150 型载重汽车厂的设计工作。总设计人的义务包括：(1)初步设计，包括“编制技术文件条件”之规定；(2)技术设计，包括初步设计中所有的部分，“其编制之详细需满足完成其次所有必要之施工图及设备订货之需要，并亦包括全部设计之分布平面图”。为了审核与解释初步设计及技术设计，总设计人要将 6 名以内自己的专家派往中华人民共和国，其在中华人民共和国之期限为 3 个月。这些规定告诉我们，苏联不仅为一汽提供工厂设计，而且要派专家来中国进行解释说明，这无疑是一种技术传播的途径。

其次，关于费用问题，合同规定设计费如下：(1)初步设计 149 500 卢布；(2)技术设计 3 000 000 卢布。合同特别说明“技术设计之设计费为概

---

① 见吴式铎：《我所了解的一汽选址工作》，载全国政协文史和学习委员会编：《一汽创建发展历程》，第 43 页。

② 见一汽史志编纂室：《第一汽车制造厂厂志（1950—1986）》第 1 卷下册，第 349 页。

③ 该合同的摘要被收录在一汽史志编纂室：《第一汽车制造厂厂志（1950—1986）》第 1 卷下册，第 349—351 页。

建设中的第一汽车制造厂

数，待总订货人批准初步设计及明确技术设计工作范围后三个月内最后决定之”。此外，对于前述来华专家的费用，合同规定：“总订货人按照 1951 年 4 月 18 日由一方为中国东北人民政府工业部及中国技术进口公司，另一方为苏联重机器制造部及全苏‘技术出口’公司签订第 00348 号合同所附‘技术援助条件’支付专家之消费及对其各种供应。”由此可见，苏联对华汽车工业技术转移并非无偿的援助，中国是实实在在交了“学费”的。

最后，合同规定了设计工作的期限，初步设计预定 1951 年 12 月 25 日完成，技术设计则定于 1952 年 12 月完成。合同规定“由双方编制每阶段完成工作之详细进度表，并签订议定书视其为本合同不可分离之部分”。

总而言之，该合同意味着苏联全面帮助中国进行一汽的工厂设计。合同签订后，苏联汽车拖拉机设计院组织了数百人投入工厂的初步设计和技术设计。1952 年 1 月 23 日，该院为一汽完成的初步设计全部送到了北京。同年 3 月，国家财经委员会审批初步设计，并同意了重工业部关于技术设计的意见，即技术设计不必再送北京审批，而由重工业部派代表去莫斯科，在中国驻苏大使馆领导下办理审批手续。技术设计从 1952 年开始到厂，至 1954 年 12 月基本到齐。此外，以斯大林汽车厂为主，苏联共有 26 个设计单位参与完成了一汽的工艺施工设计。①由于工厂设计全部由苏联提供，可以说，一汽确实就是对苏式体系的移植。

① 见一汽史志编纂室：《第一汽车制造厂厂志（1950—1986）》第 1 卷上册，第 102 页。

（三）举国体制下的一汽基建

当厂址确定以后，在中苏工厂设计合同签订前，一汽的基建工作就已经展开。当然，在这个过程中，少不了苏联的帮助。

1951年春选定厂址后，首先进行了厂区的地形测量，系委托长春市建设局测绘的。宿舍区的地形测量则于1951年夏委托清华大学土木系暑期测量实习队测绘。在地质钻探方面，1951年4月，中国科学院地质勘察队根据苏联专家所定勘察范围、项目及钻探试验位置的选择，将全部勘测工程分三期逐步开展工作。钻探所取得的土样和水样则委托东北科学研究所分别进行了土壤的物理、力学性的试验分析和水质化验。1953年初，又根据需要，由沈阳设计公司钻探队进行了补充钻探。热电站的地质钻探则是1953年7月由第一机械工业部（简称一机部）第一设计分局钻探队进行的。此外，还进行了地下水测试，以及自然条件和资源的调查。①这些都是基本工程建设的重要准备工作。

1952年9月，由重工业部分立出来的一机部成立了汽车工业管理局，由张逢时任局长。当时，就汽车厂的建设问题，中央存在着分歧。国家计划四年建成一汽，但主持国家计委工作的高岗认为太快了，不可能实现，提出应再推迟一些时间。1953年初，张逢时到长春检

即将完工的一汽锻工厂建筑

① 见一汽史志编纂室：《第一汽车制造厂厂志（1950—1986）》第1卷上册，第99—102页。

查一汽建厂的筹备工作。据他回忆，当时，四年建厂的年进度还未落实，施工的图纸不完备，预制工厂也没建起来，一汽机构的架子基本上还未搭起来，干部亦极缺乏。张逢时从局里带去基建处处长王少林，饶斌见到后非要王留下协助基建，可见当时人才匮乏的情形。张逢时从长春回北京后，孟少农刚好从莫斯科归国，带回了一大堆资料。孟少农对张逢时说，苏方对一汽的建设提出了重大的修改意见：把生产能力不足年产三万辆补齐至三万辆，并预备发展一倍的条件，增加七千万元的投资，建厂时间由四年提前到三年。孟少农还带回了经莫斯科设计院审查同意的三年建厂的进度表。张逢时回忆称："这对我思想震动很大。"他立即同局里的领导研究，大家都认为，虽然增加了投资，但保证了年产三万辆也值得，将来再发展也有了基础，而且，能提前一年建成意义重大。但是，提前一年到底有没有可能是一个严肃的问题。因此，汽车工业管理局一边研究，一边向一机部部长黄敬和副部长段君毅汇报。两位部长对这个建议极为重视，他们又一起向国家计委领导作了汇报。计委领导认为，这一改动涉及国民经济的诸多方面，关系重大，须考虑直接向党中央报告。经过反复研究，由张逢时起草、一机部部长们亲自修改的一份建议报告，于 1953 年 5 月 27 日以一机部党组的名义呈交给了党中央。报告详细汇报了苏联的建议和一汽的筹备情况，称："按我部现有力量，四年完成犹有困难，三年完成更无把握，但不按苏方三年进度进行，亦有若干需要考虑之处。"所谓"需要考虑之处"，主要是指如果不按苏联建议进行，会带来进口设备积压和来华专家延聘等一系列问题。报告最后提出："我们如能够提前半年或一年完成此项工程，可以培养力量，取得经验，以便迎接 1955 年、1956 年开始的更多基本建设工程。"报告呈交后，政治局会议对其进行了讨论，并请段君毅列席了会议。毛泽东、刘少奇、周恩来、朱德、邓小平都在会上发了言，一致支持一汽三年建成出车。会议结束后，1953 年 6 月 9 日，由毛泽东亲自签发了《中共中央关于力争三年建设长春汽车厂的指示》。①

《中共中央关于力争三年建设长春汽车厂的指示》一共分为五个部分。第一，《指示》指出缩短建厂时间对我国国防建设、经济建设有极重要的意义，

① 见张逢时：《历史的壮举》，载全国政协文史和学习委员会编：《一汽创建发展历程》，第 44—45 页。

而且一机部也可以在建设过程中积累经验，培养壮大自己的建设力量，为接踵而来的其他重要建设工程创造许多有利条件。因此，“中央认为应该完全赞成苏方关于三年建成长春汽车厂的建议”。第二，由于中国技术落后且没有经验，要在三年内建成这样一个大厂，无论在施工力量的组织、施工的技术、国内设备的供应以及生产的准备等方面，都会遇到很大的困难，所以，“中央认为有必要通报全国，责成各有关部门对长春汽车厂的建设予以最大的支持，力争三年内完成”。第三，在技术和行政管理干部、国内制造的设备、材料和物资等方面，中央要求各部门切实保证有效的供应。第四，东北局和长春市委对于汽车厂的建设，应经常进行严格的检查和监督，加强该厂的政治工作，在全体职工中进行关于建厂任务、建厂意义的教育，发挥全体职工的积极性和创造性，更好地学习苏联先进经验，掌握技术，并协同一机部整理和改善该厂施工的组织和管理工作，建立责任制和技术上的检查和监督制度，切实保证工程质量与按时完成工程计划。第五，为了加强对长春汽车厂建厂的具体领导，“第一机械工业部应由黄敬同志直接管理该厂的建设，并应配备几个专职干部协同黄敬同志进行此项工作。第一机械工业部党组每月应将长春汽车厂的建厂情况向中央作一报告，重大问题应随时报告中央”①。《中共中央关于力争三年建设长春汽车厂的指示》意义重大，首先就在于它体现了国家意志。恰如论者所言：“专为一个工厂的建设发出文件，足以说明党中央对建设汽车厂、发展汽车工业是非常重视的。”②《指示》命令一机部部长黄敬直接管理建厂工作，并随时向中央报告重大问题，这从管理上将一汽的建厂提到了战略性的高度。同时，《指示》通告全国全力支持一汽的建厂，也暗示了一种要动用一切可动用的资源投入汽车工业建设的举国体制已开始酝酿。而这种酝酿中的举国体制背后自然还是坚决的国家意志。

当中央政府的国家意志确立后，一汽的建设就加快了速度。一机部迅速地拟定了建厂进度计划，于 1953 年 6 月 22 日上报党中央，获得中央转批。当月下旬，周恩来向毛泽东报告了汽车厂即将动工兴建的消息，并请毛泽东为汽车厂奠基题词。毛泽东听后十分高兴，写下“第一汽车制造厂奠基纪

---

① 一汽史志编纂室：《第一汽车制造厂厂志（1950—1986）》第 1 卷下册，第 347—348 页。

② 黄仁：《中央发出三年建成一汽的指示》，载全国政协文史和学习委员会编：《一汽创建发展历程》，第 50 页。

念”。实际上，直到此时，“一汽”的名称才算正式确立下来，而此前该厂代号为六五二厂，通称长春汽车厂，还有人以苏联斯大林汽车厂为例，称之为“毛泽东汽车厂”。7月初，一机部派人将装有毛泽东题词的密件送到汽车厂，厂里立即派人到长春市大理石厂选购质地精良的石材，邀请当时长春技艺最好的石匠完成了镌刻工作。1953年7月15日上午9时整，一汽奠基典礼大会正式开始，参加大会的有：中共中央东北局第一副书记、东北行政委员会第一副主席林枫，一机部部长黄敬，东北总工会主席张维帧，以及地方党委、政府、驻军、群众团体代表和各机关的领导等。苏联驻华商务代表团代表苏洛维也夫和驻一汽的苏联总专家希格乔夫也出席了典礼。[①]在典礼上，黄敬做了《加强学习，按期完成建厂任务》的讲话。在讲话中，黄敬指出：“汽车厂对我们国家是非常重要的。国家实现工业化，汽车制造工业是不可缺少的，汽车制造工业亦是规模最大、最复杂的。我们能够把汽车制造工业生产完全掌握，我们可以说任何机械制造厂都可以建设的。汽车工厂的建设不仅解决了国家工业化中运输问题，而且亦解决了国家工业建设中基本建设和工厂管理，近代技术和组织水平的问题，汽车工厂的建成，使我们国家工业技术和组织的水平大大提高，亦可以培养出大批基本建设力量。汽车工厂建设成功，也就是我们国家基本建设力量的培养和发展一个大大成功。使它变成担负建设近代化企业强有力的基本建设队伍。汽车工业对建设现代化国防军亦是不可缺少的。汽车工业的发展就是使我国军队向近代化发展的一个基础。”[②]黄敬的这番话，实际上是对国家意志的最好诠释。从这段话可以看出，党中央对于汽车工业的发展高度重视，而其原因既出于经济建设考虑，也出于国防考虑。实际上，这与民国时期工程界鼓吹创立汽车工业的两个动因，即民生需求与国防需求，一脉相承。不同的是，新中国对于贯彻其国家意志有着远比旧中国强得多的决心与力量。黄敬在讲话中就还提到了：“我们应该把毛主席的号召，把汽车工厂对祖国的作用、祖国利益、祖国需要摆在最前面，把个人生活问题应该摆在最后面。同志之间某些误会、不团结现象也必须在祖国利益大的原则下不去计较，完成

① 见方若梅：《毛主席为一汽奠基题词》，载全国政协文史和学习委员会编：《一汽创建发展历程》，第59—60页。

② 黄敬：《加强学习，按期完成建厂任务》，载全国政协文史和学习委员会编：《一汽创建发展历程》，第62页。

毛主席号召是我们最大的任务，汽车厂建设起来是我们最大的利益。南方来的也好，北方来的也好；天气热也好，天气冷也好；有青菜吃也好，没有青菜吃也好；总之，把汽车厂建设起来是我们全体最光荣的任务，是祖国和人民最需要的工厂。大家要服从工作的分配，服从组织的调动，积极愉快地去接受党分配的任何工作。”[①]我们可以看到，黄敬的这段话既是一种思想动员，也是要求全体建设人员服从大局的指令。而在当时的客观条件下，也唯有像这样在主观上充分调动精神力量，才有可能确保三年完成建厂任务。

而除了调动工地施工人员的精神力量外，一汽破土动工后，举国体制也开始运转。在一机部的请求下，中央从华东地区抽调了一大批干部，派往一汽。同时，全国二十几个省市也调集了大批干部支援一汽。一机部的一百多名技术骨干也奔赴长春。铁道部对一汽建设的物资保证优先运输，许多临时追加的紧急物资，一汽方面打个电话、写个条，铁道部的滕代远、吕正操等部长就亲自安排，没有一次耽误过。邮电部为了保证一汽同苏联的联系，特别为其开辟了通莫斯科的专线电话。当时，苏联的施工图纸、设备都是陆续分批交付中方的，且不时有变化，有了专线电话后，双方的配合就方便多了。外交部为支援一汽建设，特别增设了4名信使，商务参赞处还经常主动找一汽联系，协助催图纸、设备，联系一应事宜。一汽所在地吉林省、长春市的省市委、省市政府，也对一汽建设全力支援，调拨物资、房产，修建通往厂区的电车线路，组织大批学生、机关干部到工地义务劳动，有力地保证了蜂拥而至的几万名建设者的衣食住行。解放军不仅在人力、物力上给一汽的建设以大力支援，彭德怀还亲自批示，将仅有的5个随军建设起来的、基础较好的汽车修配厂拨给一汽，成为培训技术工人的基地之一。[②]由此可见，在一汽基建过程中，确实形成了一种调动全国各种资源投入建厂的举国体制。除了这些具体的措施外，举国体制还意味着一种强大有力的社会舆论保障。当时，江苏省崇明县新东小学全体学生，捡了45斤稻穗，卖了3.66元寄到一汽，信中说：“叔叔们，请你们收下这笔钱吧，这是我们每个少年儿童在祖国伟大建设事业中贡献的一分力量！”江苏省江

---

① 黄敬：《加强学习，按期完成建厂任务》，载全国政协文史和学习委员会编：《一汽创建发展历程》，第65页。

② 见张逢时：《历史的壮举》，载全国政协文史和学习委员会编：《一汽创建发展历程》，第46—47页。

宁小学的学生则致信一汽，称："我们利用课余时间，到外面搜集废铜、废铁、破布、烂棉花、玻璃和废纸等东西，把这些东西卖给合作社，得了五万零三百多元(旧币)，这些钱由《中国少年报》转给你们。我们想，钱虽然少，但也算是我们为建设社会主义大厦加了一块砖瓦。"①由此可见举国体制动员之深入！正是在这种有利的氛围中，一汽的建设加速进行着。

一汽的工厂工程共55项，其中主要厂房及辅助厂房12项，动力系统14项，仓库系统11项，运输系统65项，给排水系统4项，管理系统6项(包括缓建的厂部大楼)，其他系统2项。1953年7月初，木工场首先动工。7月15日开工典礼后，辅助、有色修铸、锻工、底盘等工场及热电站陆续开工，并进行了冬季施工。1954年上半年，摩托、车身压制、模型、铸工、整径等工场厂房和煤气站全面开工，厂区土建工程施工进入高潮。1955年上半年，大部分项目基本完成，部分在下半年也基本竣工。1955年11月，在"三通必通"的口号下，经过建设者们的奋战，上万台设备运转起来，蒸汽、煤气、电力输送到了全厂各个车间。1956年3月26日，铸工车间炼出了第一炉铁水，5月开始将铸件毛坯送到底盘、发动机等机械加工车间。6月，复杂的生产准备和辅助部门的生产全部就绪，工具系统制造出20 000多种为生产汽车所需的各种工具，13个基本生产车间经过调整、试车，成功地生产出各种汽车零件。7月12日，总装配车间开始试运转。7月13日，在建厂三周年前夕，第一辆汽车开出了总装配线。②至此，一汽的基本建设胜利完成了三年建厂的目标。而这自然也离不开以国家意志为依托的举国体制的功劳。

(四) 一汽基本建设工程的验收

在基本建设尚未完全竣工前，1954年11月，一汽就成立了验收委员会。1955年冬，委员会全面完成了验收任务。1956年4月，正式签发了各单位工程验收书并向国家申报验收。1956年10月6日，国务院以秘齐字11号电文，批准成立第一汽车制造厂基本建设工程验收委员会。委员会由国家建设委员会副主任孔祥祯为主任委员，吉林省省长栗又文、建工部

① 乔扬：《全国人民支援一汽建设》，载全国政协文史和学习委员会编：《一汽创建发展历程》，第93页。

② 见一汽史志编纂室：《第一汽车制造厂厂志(1950—1986)》第1卷上册，第104—105页。

副部长宋裕和、一机部副部长曹祥仁为副主任委员。10 月 14 日，国家验收委员会批准了第一汽车制造厂基本建设工程鉴定书。①

根据该《验收鉴定书》②，一汽厂区面积 150 公顷，建筑工程 52 项，建筑面积 382 274 平方米。全厂工艺设备 7 552 台，其中包括：金属切削机床 2 862 台，锻压设备 529 台，炉子及加热设备 1 700 台，起重运输设备 1 491 台，木工机械 61 台，其余为杂项设备。工艺设备中有 10 吨的模锻锤，3 500 吨的机械压床及 26 321 米的机械化运输带设备和很多专用设备。全厂动力电器设备包括：24 000 千瓦发电能力的热电站 1 座，每小时生产 5 500 立方米的煤气发生炉 10 套，每小时生产 6 000 立方米的空气压缩机 8 套，每小时生产 300 立方米制氧设备 3 套，每小时生产 5 立方米的乙炔设备 1 套等，共计 352 套、1 094 台、1 498 件。安装工程共计 33 项。工程质量总体上被鉴定为“良”。

《验收鉴定书》指出，一汽基建工程没有总预算，总投资额系由一机部于 1955 年 3 月确定的。该厂整体计划投资总额为 565 162 千元，减去 1955 年节约数，1952 年至 1957 年尚有 552 745 千元。截至 1956 年 8 月 31 日，实际完成投资额为594 120 千元。笔者据该《验收鉴定书》，制作了投资分配图（见图 2-1）。

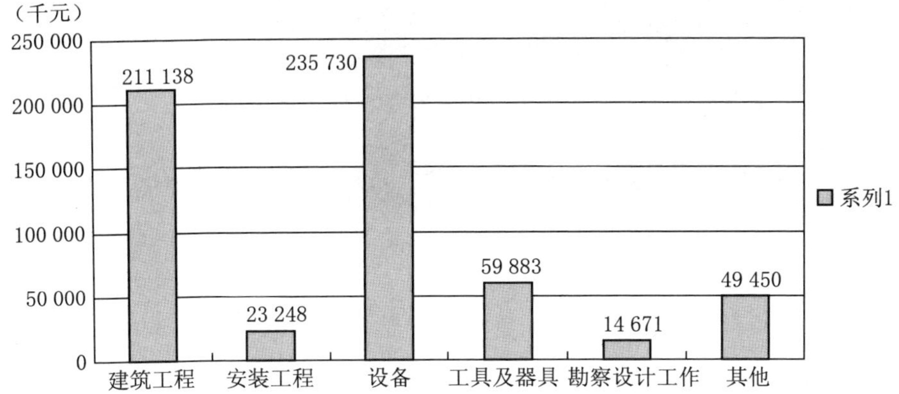

图 2-1　一汽基本建设投资的分配

资料来源：一汽史志编纂室：《第一汽车制造厂厂志（1950—1986）》第 1 卷下册，第 354 页。

① 见一汽史志编纂室：《第一汽车制造厂厂志（1950—1986）》第 1 卷上册，第 105—106 页。

② 见《第一汽车制造厂基本建设工程验收鉴定书》，载一汽史志编纂室：《第一汽车制造厂厂志（1950—1986）》第 1 卷下册，第 351—357 页。

从图 2-1 中可以看到，一汽基本建设费用中，最大的支出是设备，考虑到该厂大部分设备主要是从苏联定购的，因此，该项支出的庞大恰如其分地反映了当时中国对于汽车工业技术的缺乏，亟待从外部引入。除了上述费用外，尚有拨付其他单位基本建设资金（现金部分）及其他核销款 705 千元。而 1956 年 9 月 1 日起至 1957 年底，尚需继续完成投资额为 25 175 千元，故该厂全部工程完成共需国家投资为 620 000 千元，与国家批准的投资相比，超出 67 255 千元。究其原因，《验收鉴定书》认为“主要原因是缺乏经验，设备的量差价差及节约精神不够”。而由于没有预算，所以实际造价亦无法与之进行比较。

1956 年，苏联产的吉斯-150V 卡车

在生产准备工作方面，《验收鉴定书》也有涉及，指出经一年来的生产调整，全厂自制零件 1 929 种，合件 569 种，除钢板弹簧、轮胎钢圈、大梁和保险杠因设备未到暂时不能制造外，其余都能自己制造。随着生产调整逐步完成，到 1956 年 8 月底，已装配吉斯 150 型汽车 390 辆，自制解放型汽车 143 辆。不过，《验收鉴定书》已经指出：“但因材料供应不足，产量增长已受到限制。”

最后，《验收鉴定书》也对一汽工程的动用提出了意见和希望，包括：(1)“应努力争取于 1958 年底达到设计水平。由于我国幅员广大，建设事业日新月异，必须早日掌握设计汽车的技术，争取尽快地达到世界先进水平”。在生产中则要“认真保证产品质量；加强经济核算，经常注意节约，降低成本；做好安全生产；不断地提高企业管理水平。加强集体领导，贯彻群众路线，提倡协作精神，开展劳动竞赛，为管好现代化的工厂而努力”。(2)“认真贯彻工艺设计，努力熟悉和掌握新技术，不断提高工人与技职人员的技术水平与工作能力；虚心向苏联专家学习，培养出我国汽车工业所需要的各类专家来”。(3)“教育全体职工爱护国家财物，告以注意事项，并制订对于建筑物、设备的使用、保养、维护的制度，认真贯彻执行”。(4)要求“凡是没有验收的工程及尚待建设的工程，应抓紧进行。争取于1957年底完成。同时提出验收报告，报请上级批准，作为国家验收”。验收后，“应编制竣工总决算。在编报以前要全面彻底清查各项财产，务求做到账清物实，账实相符，所有盈亏应查明原因，分别情况处理，并报上级备查。各项工程竣工图及技术核定单应加以彻底整理补充，以便作将来维修扩建的依据”。(5)由于金属材料缺乏，因此提请计委、经委重视该问题，要求冶金工业部积极设法解决。同时请计委、经委将协作厂加以规划，使各厂能够正规地、长远地生产各项协作件，以保证配合汽车生产。

1956年，一汽制造出新中国第一辆解放牌卡车

总之，一汽基本建设工程的验收合格，标志着一汽建厂的告一段落。可以说，在百废待兴的新中国，能以三年的时间建成这样一座中国从未有过的汽车厂，确实堪称壮举。而一汽的成功创立，除了有国家意志为担保的举国体制运作外，也离不开苏联的帮助。甚至于可以说，一汽的创立本身就是苏联技术体系移植的过程。

二、 一汽对苏联技术体系的移植

苏联对中国汽车工业的技术转移，实际上分为两个部分，一个部分是苏联派专家到中国教,另一个部分是中国派学生到苏联学。在这样一个教与学相统一的过程中,一汽得以按苏联模式建立起来。而一汽对苏联技术体系的移植,不仅是对技术知识的学习,还包括对技术管理制度的模仿。

(一)苏联汽车制造技术对华转移

苏联汽车制造技术的对华转移,首先就体现在实物层面的技术资料和生产设备运华。苏联承包了一汽的工厂设计工作,其中就包含苏联资料和设备的对华供应。至1956年,一汽生产所需的产品图纸、工具图纸、设计及工艺等技术资料,全部由苏联供给,并已翻译使用。其中,非标准工具应有22 524种,由苏联供应11 941种。该厂大多数设备也是苏联供应的最新产品。①可以说,一汽的技术完全是由苏联提供的。据陈祖涛记载,苏联的汽车工业在发展初期也采取过移植模式。苏联成立后,长期面临着资本主义发达国家在技术上的封锁,但是,1931年,西方世界陷入经济危机,斯大林利用这一契机,向美国提出以黄金购买全套的汽车厂。这样,苏联买下了福特公司的卢吉汽车厂。卢吉汽车厂是一个综合性的大量采用流水线生产的汽车厂,整座厂包括炼钢、轧钢、轮胎、玻璃以及汽车各个总成的专业厂。苏联政府买下了卢吉汽车厂的全套图纸和生产设备,在伏尔加河畔建起了高尔基汽车厂,生产嘎斯汽车。②因此,苏联在发展汽车工业时确实曾经采取过移植美国工厂的模式。而苏联帮助中国建设一汽,可以说是复制了自己的经验。不过,中国从苏联移植的工厂,并非高尔基厂,而是当时更为先进的斯大林汽车厂。斯大林汽车厂的前身是莫斯科一个叫阿莫的汽车修配厂,1924年起,该厂逐渐被改造为一个现代化的汽车制造厂,其途径则是从各国采购先进的设备加以组合。二战期间,斯大林汽车厂开始大批量生产1.5吨吉斯5型汽车,战后,吉斯5型又被成功转产为载重4吨的吉斯150型。③在苏联特殊的政治体制下,能以最高领袖斯大林之名命名的汽车厂,具有特殊的地位。④从这个意义上说,苏联提供给中国的汽车

---

① 见一汽史志编纂室:《第一汽车制造厂厂志(1950—1986)》第1卷下册,第355页。

② 见陈祖涛口述,欧阳敏撰写:《我的汽车生涯》,第60—61页。

③ 见陈祖涛口述,欧阳敏撰写:《我的汽车生涯》,第61页。

④ 也正因为该厂厂名与政治关系密切,在苏共二十大之后的去斯大林化过程中,该厂亦被波及,1956年6月更名为李哈乔夫汽车厂。

制造技术虽然在世界上绝非最前沿的，但在苏联来说也属于最先进的了。实际上，从一开始苏方就表示，“将比照斯大林汽车厂的规模援建中国汽车厂——斯大林汽车厂有什么设备，援助中国汽车厂就有什么设备；斯大林汽车厂有什么样的水平，援助中国汽车厂就有什么样的水平”①。

1951年，全苏汽车拖拉机设计院组织了数百人投入一汽的工厂初步设计工作，于1953年初完成了技术设计。此外，1953年，斯大林汽车厂组成专门机构进行了工艺施工设计，并从厂内抽调百余名有经验的专职人员（大多数为各车间的技术科长）担任项目负责人。据陈祖涛回忆，让斯大林汽车厂承担施工图设计是因为该项工作的量太大。当时，斯大林汽车厂的总工艺师兼工艺处处长赤维特可夫担任一汽施工图设计组的组长，专门成立了“A3—1”设计组和“援建中国一汽办公室”。②由此可见斯大林汽车厂对于援建一汽的重视。从1954年开始，以斯大林汽车厂为基地进行了技术物资准备工作，并指定该厂副总工程师波依柯协调全厂支援一汽的建设工作。一汽的设备80%由苏联提供，其中部分设备苏联当时不生产，就由他国转口。一些高精尖的关键设备，由苏联相关机床厂首次承担设计与试制。为此，斯大林汽车厂不仅成立了专门的设计班子，还盖了一个36米跨度的制造车间，组建了机床试验工段，对所有设计制造的工艺装备进行了最后的调试，经验证合格后方允许发往中国。③这是苏联技术对华移植的真切场景。值得注意的是，当时苏联无法提供的设备和材料，中国除向东欧社会主义国家采购外，还直接同西欧资本主义国家进行了交易。例如，制造车身所需的薄板只有西德有，遂由陈祖涛负责与西德的奔驰公司进行了洽购。④我们由此可见，尽管新中国汽车工业起步阶段确实一边倒地移植了苏联技术，但也并非只有苏联这一个技术来源，从西方引进技术的可能性早在新中国成立初期就已埋下了种子。

总而言之，苏联汽车制造技术文件以及设备的对华转移是非常顺利的，陈祖涛回忆了两件事情可以证明这一点。其一，1951年，全苏汽车工

---

① 刘人伟：《永恒的记忆——苏联专家基列夫的中国情结》，世界知识出版社2010年版，第8页。

② 陈祖涛口述，欧阳敏撰写：《我的汽车生涯》，第66页。

③ 见一汽史志编纂室：《第一汽车制造厂厂志（1950—1986）》第1卷下册，第257页。

④ 见陈祖涛口述，欧阳敏撰写：《我的汽车生涯》，第81—82页。

业设计院完成了一汽的初步设计后，通知陈祖涛去领取，陈祖涛称："当时中苏双方关系很好，这么多的设计资料交给我，既无什么仪式，也不要繁杂的交接手续，连收条都没有。"其二，苏联为一汽制造的重达 3 000 吨的大冲床，在运输上属于超长超宽，运输难度极大，但苏联在将其运往中国时，"所有的火车、汽车都为它让路"①。这两个小例子反映出当时苏联对中国转移汽车制造技术的渠道是非常畅通的。

（二）苏联专家来华指导技术

在苏联向中国提供汽车制造技术的过程中，来华专家起到了至关重要的作用。一汽从建厂到投产，有近 200 名苏联专家先后来华工作。1953 年第三季度，苏联派出以首席专家希格乔夫、总训练专家布列托夫为代表的 24 名各类专家到达一汽。1954 年初至 1955 年第一季度，苏联又派出包括总设计师、非标准设备设计师、工艺工程师等在内的 60 名专家到一汽工作。1955 年，随着一汽建厂进入生产调试阶段，苏联又派出 50 名生产调整工程师、调整工长等专家到一汽工作。据记载，苏联专家在一汽工作期间，对于建设过程中的各个环节如土建施工、产品、工艺设计等都进行了具体指导，及时发现问题并提出关键性建议，从 1953 年 7 月到 1956 年 12 月，苏联专家就基建、安装、生产、质量、安全和节约等方面共提出书面和口头建议 19 903 条。②毫无疑问，这些建议属于技术转移的具体形式。

沈志华已经对苏联来华专家进行过详实的综合性研究，但并未涉及太多汽车工业中的例子。③苏联专家是以专家组的形式在一汽展开工作的。第一任专家组组长波里斯·希格乔夫不仅是汽车生产专家，还是汽车厂建造专家。他于 1953 年 6 月抵达长春，参加了一汽的奠基典礼，此后，在现场指挥了基础工程的施工。在设备安装过程中，希格乔夫及时指导制定设备安装进度表，督促各车间按进度表进行安装，及时发现问题、解决问题，确保了设备安装工作按计划完成。在自己身体力行的同时，这位组长还经

① 陈祖涛口述，欧阳敏撰写：《我的汽车生涯》，第 65—80 页。
② 见一汽史志编纂室：《第一汽车制造厂厂志（1950—1986）》第 1 卷下册，第 257—258 页。
③ 见沈志华：《苏联专家在中国（1948—1960）》，新华出版社 2009 年版。

常深入一线，检查专家们的工作，对他们提出具体要求。等一汽调整试生产工作开始以后，有不少苏联工艺专家来到厂中。1954 年 10 月，工艺专家组组长卡切特科夫来到一汽，同分布在各个车间的工艺专家一起，实行技术指导，哪里有问题，就到哪里去解决。同时，卡切特科夫还帮助工程技术人员开展开工生产的各项技术准备工作，建立健全各项规章制度。由此可见，苏联专家的指导不仅仅是具体的技术性的，而且涉及苏式管理制度的移植。单纯以技术转移来说，苏联专家的作用可以罗申的事迹为例来加以说明。罗申是帮助金属品车间调整设备的专家，他白天指导调整，晚上回去写讲课提纲，把自己积累的经验结合车间的具体情况，全部传授给中方人员。有 1 台 112 单轴自动机加工时总是发出很响的噪音，而且由于噪音震动，导致零件尺寸和光洁度无法保证，产生很多废品，罗申对该机观察以后，用扳手把紧固样板刀的螺钉起出来，用砂轮机磨，立即解决了问题。调整好该机后，罗申又对操作工详细讲解了其中的原理，直到操作者完全弄懂。①这一事例显示出苏联专家实实在在地为一汽解决了生产上的困难问题，而且在从事技术指导时，着眼于对中方人员进行技能培训。

就目前已知的资料来看，我们对苏联专家基列夫的情况了解甚多，可作为一个具有代表性的个案来探讨。基列夫是动力系统专家，在斯大林汽车厂工作多年，被认为是援华的合适人选，并因此成为首批抵达一汽的 4 名专家之一。基列夫的聘用合同原定为 1 年，此后被延聘 3 次，在华工作共 1 240 天，又属于“走得最晚”的专家之一。由于工厂的动力系统需要先行建设，基列夫的工作对于整个一汽的建设意义重大。按照计划，一汽应先建成热电站，用以发电供热来保障其他厂房的冬季施工。然而，1954 年 6 月至 8 月，长春有 44 天在下雨，耽误了正常的施工进度，热电站工期延后，无法按原计划为冬季施工供热，一汽面临着停工的严峻形势。为了解决这个问题，基列夫根据在斯大林汽车厂热电站工作多年的实际经验，大胆提出用火车头临时供热的方案，并向一汽厂长饶斌提出建议。饶斌对基列夫的建议表示赞同，向沈阳铁路局申请到了 10 台蒸汽火车头和 60 名司

① 见马淑媛：《苏联专家在一汽》，载全国政协文史和学习委员会编：《一汽创建发展历程》，第 152—153 页。

炉工。[1]基列夫的这一创举后来被写入一汽的厂志，被认为是保证了施工进度的关键举措。[2]实际上，在一汽建设过程中，苏联专家的建议并非被中方人员无条件地接受及执行。以基列夫前述建议来说，他认为采用火车头取暖一定要用过热蒸汽，不能用饱和蒸汽，因为过热蒸汽是13个大气压，而饱和蒸汽只有6个大气压。但是，一些中国工程师以及建筑公司经理都不愿意按基列夫的建议做，其理由是如果用过热蒸汽还需在机车上装管子，非常麻烦。因此，基列夫的建议拖延了1个多星期才被采纳。而在贯彻过程中，由于试汽时未调试好，管子发出很大的鸣叫声，中方人员误以为可能发生危险，又对基列夫的建议产生了怀疑。建筑公司经理召开会议研究，几位中国工程师在会上又强调不能用过热蒸汽，经理听取了他们的意见，改用饱和蒸汽。但是，改用饱和蒸汽后，由于气压和温度低，根本无法供热，不得不按基列夫的建议再度返工，装上管子采用过热蒸汽，最终送汽成功。[3]从这一事例可见，在一汽建设过程中，苏联专家的技术指导存在着与中方人员的磨合过程。尤其在建设初期，还存在着"个别欧美留学归来的人员有不服苏联专家的情绪"[4]。不过，总体来看，当时中国的领导层是更为支持苏联专家的，要求中方工程技术人员和工人虚心向苏联专家学习。例如，1955年，一汽副厂长孟少农提出生产准备工作应该以工艺工作为中心，"不能硬搬别处的经验"，但是，一机部工作组对此提出了批评，认为一汽生产准备工作的首要任务是"做好苏联技术资料的译制和保管工作，及时熟悉这些资料并做必要的修正和补充"[5]。这表明中方领导对于苏联专家的高度重视，并认为向苏联学习比自主探索更为重要。这种态度自然会使对苏式体系的移植全面而彻底。就以基列夫来说，在与中方人员的争议中，厂长饶斌也是站在他这一边的，对中方人员进行了批评教育，甚至行政处分了个别人员。[6]站在今天的角度看，我们可以说当时中国对于苏联经

① 见刘人伟：《永恒的记忆——苏联专家基列夫的中国情结》，第12—14页。

② 见一汽史志编纂室：《第一汽车制造厂厂志(1950—1986)》第1卷下册，第258页。

③ 见刘人伟：《永恒的记忆——苏联专家基列夫的中国情结》，第15页。

④⑥ 刘人伟：《永恒的记忆——苏联专家基列夫的中国情结》，第18页。

⑤ 严鹏：《战略性工业化的曲折展开：中国机械工业的演化(1900—1957)》，华中师范大学2013年博士学位论文。

验的学习有些过于机械，而且苏联专家的建议也不一定完全正确，但当时确实存在着全盘移植苏联模式的倾向。

除了火车头供热这种重大技术指导外，基列夫在一汽的技术指导工作更体现于日常建设活动中。而且，据给基列夫配备的翻译刘人伟的记载，基列夫不只传授具体的技术知识，还注重对中方人员进行工作态度的教导。例如，在中方人员去上海采购材料前，基列夫特意嘱咐："我们搞动力系统工作的，责任心特别重要，来不得半点马虎。绝缘纸生产出来后，应当放在专用的油罐中运输，不能有一点偷工减料。这是保证电缆接头质量的关键材料。"①此外，对于一汽的人事安排，苏联专家也有一定的参与权。例如，据刘人伟回忆，1956 年下半年，基列夫感到自己即将离开一汽，开始物色接任自己总动力师职位的人选，向副厂长、总工程师郭力推荐了江泽民。②基列夫的推荐得到了厂领导的赞成。1958 年，江泽民被任命为动力分厂厂长，其职责相当于全厂总动力师。③由此可见，当时的苏联专家在一汽具有十分广泛的影响力。

综上所述，在一汽建设过程中，苏联来华专家不仅进行了技术上的指导，而且传授了工厂管理的经验，对于企业建设的影响是全方位的。而苏联专家的指导也成为苏联技术移植的重要途径。

（三）中国员工赴苏技术实习

技术移植实际上可以视为一个教学过程，除了老师的"教"以外，学生的"学"也是至关重要的。如果说苏联专家来华指导技术可以被认为是"教"，那么中国员工赴苏技术实习就可以被看作是"学"了。

中国派遣一汽的员工赴苏联技术实习其实是由苏联方面主动提出来的。据陈祖涛回忆，苏联在为一汽进行技术设计时，就开始考虑培训中方专业技术人员的问题。斯大林汽车厂厂长克雷罗夫及具体负责援建一汽的副总工程师

---

① 刘人伟：《永恒的记忆——苏联专家基列夫的中国情结》，第 33 页。

② 即后来成为中共总书记、国家主席的江泽民。实际上，在汽车工业系统中，一共有 3 位同名同姓的江泽民，都为新中国的汽车工业作出了杰出贡献。

③ 见刘人伟：《永恒的记忆——苏联专家基列夫的中国情结》，第 77—81 页。

博依科都向陈祖涛提出:“你们中国第一次建设这么大的厂,为了保证投产后的生产和管理,现在就要考虑派实习生来我们这里跟班实习,否则掌握不了生产设备、生产工艺和各项管理。”苏方在实习岗位的确定上,提出了一个从生产到管理的各个部门、各道生产程序所需的完整的人员清单,然后再考虑实际需要而逐步增加实习人数。最后,克雷罗夫等人和陈祖涛等人在一起核对岗位、人数时,发现还有很多岗位都漏掉了,如一些单独设置的精密加工设备的操作岗位,于是,克雷罗夫等告诉陈祖涛等人:“你们再到全厂所有的部门核对一遍,看看有没有漏掉的。”陈祖涛遂拿着名单,在斯大林汽车厂一个一个车间、一个一个工位核对,增加了几个遗漏的岗位。此后,陈祖涛等迅速把苏方的意见报告了一汽筹备组。一汽筹备组对此高度重视,组织了从厂长郭力、所有职能部门的处长、车间主任、工段长直到普通调整工的共518人的实习队伍。当时,中国政府对派员赴苏技术实习的意义非常看重,在国力有限的情况下,为实习生们安排了每人每月700卢布的生活费,高于苏联一般生活水平。①另据李刚回忆,因国内政审手续繁琐等问题,1953年上半年,中国仅派出陈善述等8名由参加设计转为实习的实习生,还引起苏方的不满,孟少农甚至受到苏方的批评:“你们让大好的时光白白流去,不派人来,将来你们要发生多少困难!毁坏多少设备!那时哭也没有用了。我要向毛主席告你们的官僚主义!”由此可见苏联方面对于培养中国实习生的迫切心情。②据统计,从1953年2月到1956年,一汽共派出539名实习生到斯大林汽车厂实习。③这些实习生构成了一汽创业阶段的骨干人才。

在进入斯大林汽车厂后,一汽的中国员工都能得到苏联导师的悉心指教,学习制造汽车所需的各项技术。陈祖涛回忆:“我在斯大林汽车厂担任总工艺师兼工艺处处长赤维特可夫的助理,他对工作认真负责,教我也是不厌其烦,使我逐步深入了解了汽车生产和施工图设计的全过程。在设计院工厂设计的基础上,我开始具体学习汽车厂设计工作。”④曾任一汽副总

---

① 见陈祖涛口述,欧阳敏撰写:《我的汽车生涯》,第70页。

② 李刚:《创造历史奇迹的人们》,载中国第一汽车集团公司编:《风华正茂的岁月:在莫斯科李哈乔夫汽车厂实习的日子》,人民出版社2002年版,第2页。

③ 见一汽史志编纂室:《第一汽车制造厂厂志(1950—1986)》第1卷下册,第258页。

④ 陈祖涛口述,欧阳敏撰写:《我的汽车生涯》,第72—73页。

工程师的丁敏华的实习经历较为典型。1951年,丁敏华从清华大学毕业,1953年4月,丁敏华抵达斯大林汽车厂实习。他在国内时本来被分配为夹具设计,入厂后改为夹具制造,进入了工具三车间。丁敏华的导师为技术科长鲁托维诺夫。按照实习计划,丁敏华先在技术科初步熟悉一下夹具制造工艺编制方法,再到夹具制造工段劳动,时间在半年以上,重点放在磨工、镗工和钳工装配。经过1个月的学习,丁敏华基本上了解了该厂坐标镗的独特的操作和测量方法,比一般书本介绍得更为快捷可靠,也能够操作机床加工一些简单的工件。经过半年多的车间劳动,丁敏华再回到技术科,已经能够独立编制一些较简单的夹具工艺,并且对正确率有相当的把握。实习期间,厂方为丁敏华等人先后请过3位俄文教师,每天下午4时到6时教他们俄文。课后,丁敏华还去夜大旁听金属工艺学,很晚才回宿舍。所以,他回忆称"实习生活是很紧张的"①。1954年4月,丁敏华回国后,曾任一汽工具二车间、冲压车间工艺组长等职。丁敏华的经历是当时中国实习生刻苦学习技术的一个缩影。由于亲赴苏联实习,一汽员工实际上有可能接触到当时苏联汽车制造最先进的技术。据张日骞回忆,斯大林汽车厂生产的汽车本是20世纪40年代前从美国引进的老式车型,发动机是老式的侧置式气门发动机,性能差,所以张日骞入厂实习时,该厂正在从头设计新的下一代V—6发动机来替换它,这使张日骞得到机会"从头了解如何设计一个大量生产的先进的全新的发动机"②。可以说,派遣赴苏实习生大大缩短了一汽与苏联汽车工业的技术差距。

实际上,除了在导师的指导下认真学习技术外,一汽实习生还注意搜集各种图书资料,并带回国内。陈善述回忆,1954年开始,中国国内开展增产节约运动,实习生每月生活费也改为600卢布。不过,"三顿饭除早饭在宿舍里自己买点面包、黄油、果酱、牛奶吃,中午和晚上都在工厂食堂吃,这样每月大概需要300多卢布。多余的钱主要买书了,所以回国时带回一

① 丁敏华:《时间短暂,基础牢实》,载中国第一汽车集团公司编:《风华正茂的岁月:在莫斯科李哈乔夫汽车厂实习的日子》,第22—25页。

② 张日骞:《赴苏实习的二十个月》,载中国第一汽车集团公司编:《风华正茂的岁月:在莫斯科李哈乔夫汽车厂实习的日子》,第78页。

大箱书"[1]。在模具机械车间实习的任湛谋也回忆:"当时,车身模具的书籍很少,每有新书我是一定要买的。宿舍后面后来开了一家书店,中国实习生是该店的常客。莫斯科还有好几家旧书店,在那里不仅可以买到旧书,还可以预订某作者的某本书。与他们关系熟一些时,还可以预订某个专业的书。"任湛谋从图书馆和书店买的书,回国后都在同事中间传看。[2]专业实习液压传动的谈卜麟则"买了液压传动和机械加工方面的俄文书籍五十多本"[3]。这可以说是一种技术扩散的途径。不过,除了书本知识外,中国实习生也注重在实践中向工人师傅学习操作性的技术。例如,任湛谋指出,车身拉延模的调整完全是凭经验的工作,为此他总是随着苏联工人一起加班,当下手,目的就是多学点东西。而他也如愿以偿:"同工人师傅搞好关系的确使自己受益匪浅,不仅能学到书本以外的知识,有时还能得到一些重要信息。有次夜班晚饭后,平时不苟言笑年纪最大的老调整工萨沙叫我到僻静的地方,告诉我要注意新模子设计结构上的优点。回国后,我们自己设计制造大梁冲孔模时完全吸取了那些优点,在制造工艺上我们还有所创新,可以说是'青出蓝胜于蓝'了。"[4]与任湛谋情况相似的是张日骞,他在总设计师处实习,除了在图板上进行设计外,主要在图书资料室里抄设计试验报告和资料。他说:"按工厂规定,这种资料是不能给的,但苏联同志硬是给我弄出来,叫我放在皮包里,就可以通过大门的门卫。"此外,张日骞也常跑车间,称"工人们很愿意给我介绍他们的设备和生产工艺,我得益不少"[5]。由此可见,中国实习生对于属于"窍门"的制造技术,能够通过自己的努力去获取,这是技术学习的一大关键。

---

① 陈善述:《一切都那么新鲜》,载中国第一汽车集团公司编:《风华正茂的岁月:在莫斯科李哈乔夫汽车厂实习的日子》,第16页。

② 见任湛谋:《"吉斯"厂高墙上的字迹》,载中国第一汽车集团公司编:《风华正茂的岁月:在莫斯科李哈乔夫汽车厂实习的日子》,第237—238页。

③ 谈卜麟:《我们掌握了液压传动技术》,载中国第一汽车集团公司编:《风华正茂的岁月:在莫斯科李哈乔夫汽车厂实习的日子》,第88页。

④ 任湛谋:《"吉斯"厂高墙上的字迹》,载中国第一汽车集团公司编:《风华正茂的岁月:在莫斯科李哈乔夫汽车厂实习的日子》,第238页。

⑤ 张日骞:《赴苏实习的二十个月》,载中国第一汽车集团公司编:《风华正茂的岁月:在莫斯科李哈乔夫汽车厂实习的日子》,第77—78页。

在一部分中国实习生学习具体的设计、制造技术的同时，另一部分中国实习生则进入斯大林汽车厂学习管理制度。而这些学习管理制度的实习生回国后，将所学知识运用于实践中，等于为一汽移植了苏联式企业管理制度。因此，一汽对苏式体系的移植，不是纯技术性的，而是全方位的。例如，潘承烈在斯大林汽车厂生产调度处实习，学习专业为全厂总调度。他的导师是该处副处长阿历克赛·阿里克申德洛维奇·加达洛夫，事先为潘承烈制定了一份长达30多页的实习计划，涉及生产调度业务的各个方面。加达洛夫认为学习全厂总调度必须以掌握生产作业日历计划为基础，作业计划如果不周密，调度就会很被动，而零件储备量定额工作是作业计划的中心环节。因此，潘承烈的实习以这些工作为重点，跟着导师下车间，据他回忆："在各个车间、各条生产线他结合工作给我讲解每个生产环节生产的是什么，工艺上有何特点，生产组织和生产管理上又有什么特点。这样整整用了半年时间才把整个莫斯科汽车厂跑了个遍，等于半年参观了一个大型汽车制造企业。他还不时问我，你是不是觉得现在'吃'得比原来饱一点了？"等下班后，加达洛夫则把潘承烈叫到自己办公室，进行讲课。实习了一年后，潘承烈回国，在一汽生产调度处上班，据他回忆："领导上给我的任务是：日常业务暂时先别介入，首先把学来的东西全部译成中文，然后向厂生产调度处以及各个车间生产调度科的全体人员讲课，每日讲半天。这样共延续了整整三个月，把'西天'取来的'经'原原本本地照搬到了一汽。"后来，1955年5月，一汽技术教育处还把他的讲稿以《汽车制造厂的作业日历计划工作》为名，作为内部资料印发，成为汽车拖拉机企业生产调度系统的主要业务参考资料。①再如，曾任一汽财务会计处处长的谢云，也是在斯大林汽车厂实习过会计核算，当时，"大量生产的成本核算体制，在国内还没有听到过"，等谢云回国后，即"用在苏联学到的东西创造性地建立起我们自己的经济核算和管理工作体系"②。还有张剑飞等人，在斯大

① 见潘承烈：《别梦依稀叙开端》，载中国第一汽车集团公司编：《风华正茂的岁月：在莫斯科李哈乔夫汽车厂实习的日子》，第57—59页。

② 谢云：《忆赴苏，想郭力》，载中国第一汽车集团公司编：《风华正茂的岁月：在莫斯科李哈乔夫汽车厂实习的日子》，第216—218页。

林汽车厂学习的是经济计划工作，白天在厂里听课并下车间熟悉汽车生产过程，晚上则回宿舍整理笔记，交流学习。而苏方也为一汽编写了一整套共62分册的《生产组织设计》。[①]这样，通过在苏联实习，一汽员工学到了苏式企业管理制度与方法，并将之移植到一汽。

当然，这些中国实习生也不只是局限于在斯大林汽车厂的实习，而是利用在苏联的各种机会学习。据潘盛兴回忆，有一次在和中国实习生们闲聊时，实习机修专业的刘金钺说“实习生要有上海‘包打听’精神才能学到真本事”，潘盛兴认为很对，就通过辅导员介绍，到苏联汽车研究所向弗·奥斯特柯夫学习载重车车架设计及试验，奥斯特柯夫正在从事此领域的副博士论文研究，就向潘盛兴详细介绍了自己的论文并借给他阅读，有时还会打电话问潘盛兴为什么不去看试验和讨论问题。后来，潘盛兴还通过其他实习生的导师的介绍，多次参加莫斯科机械学院的汽车传动系负荷、转向系载荷状态、盘式制动器工作状态研究等副博士论文答辩，扩展了眼界，加深了理论学习的深度。[②]我们可以看到，一汽实习人员学习技术相当具有主动性。再如，任湛谋那一批次的实习生基本完成在斯大林汽车厂的实习计划后，“为了有所比较，组织上选了当时已有工程师职称的二十多位实习生和俄语较好的负责部门的实习生，由李子政同志带队到高尔基城莫洛托夫汽车厂各就原专业实习”。尽管莫洛托夫汽车厂比斯大林汽车厂陈旧落后很多，但任湛谋等人还是学有所获，称“后来在大战红旗模具时，我们用厂房立柱上加装摇臂和倒链起重器来代替研配压床，解决研配压床少的问题，就是受莫洛托夫汽车厂启发的结果”[③]。实际上，尽管莫洛托夫汽车厂比较落后，但相对中国来说还是较为先进的，而且其简陋的条件可能更加接近中国的国情。而中国实习生赴该厂实习，又显示了他们具有较开阔的视野和较强烈的求知欲，并不将实习局限于斯大林汽车厂这一家企业。

---

① 见张剑飞：《实习经济计划工作的回忆》，载中国第一汽车集团公司编：《风华正茂的岁月：在莫斯科李哈乔夫汽车厂实习的日子》，第435页。

② 见潘盛兴：《为祖国而学习》，载中国第一汽车集团公司编：《风华正茂的岁月：在莫斯科李哈乔夫汽车厂实习的日子》，第345页。

③ 任湛谋：《“吉斯”厂高墙上的字迹》，载中国第一汽车集团公司编：《风华正茂的岁月：在莫斯科李哈乔夫汽车厂实习的日子》，第238—239页。

其实，早期赴苏的中国实习人员在斯大林汽车厂不仅仅是单纯地被动学习，苏方也让他们直接参与了一汽的设计工作。据陈祖涛回忆："我的实习和一汽的全面设计结合起来了。我去的时候正是一汽的初步设计、技术设计、施工图设计一步一步开展的时候，所以这些过程我都有幸参加了。"①另据李传祚回忆："一汽的设计是斯大林汽车厂完成的，而且是以斯大林汽车厂做蓝本设计的。我们实习的最后阶段就是参加此项设计工作，并按个人所学的专业，设计个人所实习过的部门。我设计的就是工具车间量具工部。"②这对于一汽技术人员的迅速成长，以及一汽的尽快建成，自然是十分有利的。

通过以上的论述，我们可以看到，中国赴苏实习人员在苏联扎扎实实地学习了汽车制造技术和汽车企业管理经验。考虑到苏联派往中国的专家数量有限，而一汽赴苏技术实习人员规模相对较为庞大，中国员工赴苏技术实习才是一汽对苏联技术体系移植的最主要途径。用一汽厂志的话说："在苏联导师的指导帮助下，经过一年左右的学习，实习生基本上掌握了由苏联引进的全套技术和管理方法，返厂后分别担任各级领导和工程师、工艺师、技师等职务。"③而且，赴苏实习不仅促进了一汽的建设，对此后中国汽车工业的影响也是深远的。陈祖涛曾深情地回忆："这次实习对我来说太重要了，如果说周总理和我谈话，决定了我将来在中国汽车工业奋斗终生的话，这次实习就具体落实了我在汽车工业的主要工作方向——成套设计和建设汽车工厂。"④李惠民从苏联归国后曾任一汽底盘分厂厂长，后来调到二汽，任车桥厂厂长、二汽常务副厂长等。他称："在二汽建设中，我运用在苏联实习的经验和在一汽的实战经验，不断学习新的管理理论，在更高的起点上改进汽车生产现场综合管理。"⑤因此，在苏联的实习可以说是为李惠民毕生的事业打下了基础。吴亚洲在 1964 年被任命为一汽总装车间主

① 陈祖涛口述，欧阳敏撰写：《我的汽车生涯》，第 73 页。

② 李传祚：《青年时代的往事》，载中国第一汽车集团公司编：《风华正茂的岁月：在莫斯科李哈乔夫汽车厂实习的日子》，第 29 页。

③ 一汽史志编纂室：《第一汽车制造厂厂志(1950—1986)》第 1 卷下册，第 258 页。

④ 陈祖涛口述，欧阳敏撰写：《我的汽车生涯》，第 73 页。

⑤ 李惠民：《为毕生事业打基础》，载中国第一汽车集团公司编：《风华正茂的岁月：在莫斯科李哈乔夫汽车厂实习的日子》，第 119 页。

任，有段时间该车间装配传送带经常自动停车，吴亚洲“头脑里反复回忆当年我们在苏联实习时，加里宁同志（时任吴亚洲实习导师）经常提到的装配线上常见问题及处理方法”，于是他先后几次钻进地沟排查故障，发现原因是传送带锁链销子容易断裂，于是和相关人员一起对销子反复检测，解决了存在的问题，使生产线恢复了正常运转。吴亚洲称：“在工作实践中，能够运用到从苏联学到的知识，那是我最兴奋的事情。”[①]在斯大林汽车厂跟随两位专家学习锻模设计的吴听松说：“日后我能为一汽自主开发越野、红旗车型的锻模设计出力，能为一汽培养出本厂、国内兄弟厂、大专院校等单位的一大批锻模设计人才，能为二汽锻造厂的建设贡献力量，与两位导师的教导是分不开的。”[②]黄炳仁则称：“回国后我用学到的先进经验为一汽设计改造了多种热处理炉、熔化炉，后来也为二汽设备攻关和发展作出贡献。”[③]可以说，中国实习生在斯大林汽车厂学到的技术，不仅用在一汽移植苏式体系，而且也为此后自主建设二汽奠定了基础。

值得一提的是，在派往斯大林汽车厂实习的中国实习生中，有江泽民、李岚清这两位日后的党和国家领导人，他们都在实习中得到了锻炼，这可以算是这次大规模赴苏实习活动的另一个成就了。

三、 一汽建成初期的管理体制

一汽建成初期的管理体制基本上是全面移植了苏联的制度。在整个计划经济时期，尽管一汽的管理体制在不同时期有所变化，但作为计划经济体制下的企业，基本特征仍保持不变。所以，在探讨一汽的成长前，有必要先了解一下它的管理制度。

从前文的论述中我们可以看到，一汽派出员工赴苏联斯大林汽车厂实习时，一部分员工是专门负责学习苏联的工厂管理体制的，而他们回到中国后，

---

① 吴亚洲：《加里宁教我管理装配线》，载中国第一汽车集团公司编：《风华正茂的岁月：在莫斯科李哈乔夫汽车厂实习的日子》，第 165 页。

② 吴听松：《怀念我的导师》，载中国第一汽车集团公司编：《风华正茂的岁月：在莫斯科李哈乔夫汽车厂实习的日子》，第 213 页。

③ 黄炳仁：《刻骨铭心的印象》，载中国第一汽车集团公司编：《风华正茂的岁月：在莫斯科李哈乔夫汽车厂实习的日子》，第 290 页。

也将学到的知识运用于一汽的建设中，这就为一汽植入了苏式管理体系。不过，从实习生们的回忆可知，一汽对于苏联管理体制并非全盘照搬，而是有着切合中国国情的选择性。例如，当时苏联盛行一长制，管理者作风不是十分民主，中国方面对此是有自己的看法的。据潘承烈回忆："有一段时间，我在总调度台实习。一次看到厂生产主任库茨涅佐夫在调度电话里向一个车间主任催一个紧急件，他怒气冲冲地吼着：'你在明天8时以前不交出来，我就砍你的脑袋。'苏联的'一长制'作风在此表现得淋漓尽致。这时郭力同志告诫我：'你可别把这一套学回去。'"①不过，总体来说，一汽还是最大程度地移植了斯大林汽车厂的管理体制。这是因为当时中国毫无汽车制造工业的基础，不懂如何经营管理大规模的汽车厂，也只好向苏联全面学习。

前文曾提到过苏联为一汽编写了一整套共62分册的《生产组织设计》，实际上这套《生产组织设计》（厂志记载共60分册）是一汽建立管理体制的关键所在。一汽厂志认为，一汽建成投产后，能够按季、按月布置下达生产作业计划，生产、技术、经济等管理业务能够比较正常地运转起来，有赖于学习贯彻苏联提出的《生产组织设计》，使一汽"可以说基本上学会了大工业生产的企业管理方法"。《生产组织设计》包括机构设置、职责分工和各项管理业务的规章制度与表报式样，实际上是当时苏联汽车厂的管理制度和方法。1955年9月，一汽在职工中掀起了学习贯彻《生产组织设计》的群众性活动，广大干部对《生产组织设计》反复学习、反复试用。《生产组织设计》不仅提供了组织机构的设置、职责范围的划分、规章制度的制定以及原始记录的格式，还为生产中遇到的矛盾、职责不清的争议等提供了答案。在以后相当长一段时间内，这套《生产组织设计》在一汽的企业管理中仍然发挥着重要作用。总之，"一汽通过学习贯彻《生产组织设计》，使企业管理工作初步走上了科学管理的轨道"②。因此，《生产组织设计》的学习为一汽移植了苏联的工业企业内部管理体制。

作为一个综合性的大型汽车制造厂，一汽的管理组织架构系实行厂和

---

① 潘承烈：《别梦依稀叙开端》，载中国第一汽车集团公司编：《风华正茂的岁月：在莫斯科李哈乔夫汽车厂实习的日子》，第59页。

② 一汽史志编纂室：《第一汽车制造厂厂志（1950—1986）》第1卷下册，第4—5页。

专业厂（基本生产车间）两级管理体制。总厂设生产调度处，各专业厂设调度科。凡是涉及组织生产及处理生产过程中出现的问题，分别由各专业处室按所分管的业务范围处理。也就是说，由生产调度处指挥全厂生产，而各专业厂生产调度科根据总厂制定的方法、制度，结合实际情况，制定具体的细则和条例，根据总厂下达的生产计划，编制生产作业计划，并组织计划的实施。①根据一汽厂志，一汽的生产厂、处可分为热加工系统、机械加工系统和辅助生产系统这三大块，主要的分厂包括：铸造厂、铸模厂、精密铸造厂、锻造厂、热处理厂、发动机厂、变速箱厂、底盘厂、车身厂、车轮厂、车厢厂、总装配厂、散热器厂、空调压缩机厂、化油器厂、转向机厂、内饰件厂、标准件厂、制泵厂、轿车厂、工具厂、专用机床厂、设备修造厂，此外尚有热电厂、综合利用厂、建筑维修厂、运输处（运输公司）和集体企业管理处（劳动服务公司）。因此，也可以说，一汽实际上是一个由众多专业分厂构成的一个综合体，起统领协调作用的自然是总厂。当然，上述分厂的设置时间并不一致，而且在一汽发展过程中多有变动，这里择取几个有代表性的年份将一汽历年车间（专业厂）设置情况列表如下：

表 2-3　历年一汽车间（专业厂）设置概况

1956 年	1965 年	1968 年	1977 年
铸工车间 有色修铸车间	长春汽车铸造厂	铸造分厂	铸造分厂 铸模分厂
锻工车间 弹簧车间	长春汽车锻造厂	锻造分厂	锻造厂
发动机车间 变速箱车间	长春汽车发动机厂	发动机分厂	发动机分厂
底盘车间 金属品车间	长春汽车底盘厂	底盘分厂	底盘分厂
附件车间	长春汽车附件厂	附件分厂	附件分厂
热处理车间	热处理车间	热处理车间	热处理分厂
总装配车间	总装配车间	总装配分厂	总装配分厂
木工车间	长春汽车车厢厂	车厢分厂	车厢分厂

① 见一汽史志编纂室：《第一汽车制造厂厂志（1950—1986）》第 1 卷下册，第 17 页。

续表

1956 年	1965 年	1968 年	1977 年
冲压车间	长春汽车车身厂	车身分厂	车身分厂
总务车间	长春轿车厂	轿车分厂	轿车分厂
废料车间	长春越野车厂	越野车分厂	越野车分厂
安装车间	长春汽车配件厂	配件厂	配件厂
机修车间 电修车间 筑炉仪表车间	设备修造厂 (机动处)	随车工具厂 汽车标准件厂 车轮分厂	座垫弹簧厂 汽车标准件厂 车轮分厂
工具一车间 工具二车间 冲模车间 毛坯车间 模型车间	工具分厂 (工具处)	设备修造厂 (机动处) 工具分厂 (工具处)	制泵厂 设备修造厂 工具分厂 (工具处) 综合利用厂
热电站 热力车间 电力车间 弱电车间 气体车间	长春汽车动力厂	动力分厂	动力分厂

资料来源：整理自一汽史志编纂室：《第一汽车制造厂厂志(1950—1986)》第 1 卷下册，第 416—420 页。

表 2-3 系根据厂志整理所得，基本上能反映一汽分厂设置的情况。其中，1956 年是一汽建成之年，1977 年则是基本定型之年，中间 1965 年曾一度因试办托拉斯而有所调整。我们可以看到，一汽专业厂的设置趋势是，总体规模越来越大，因而将初期的生产车间纷纷升格为厂，而且随着时间的推移新设了轿车厂、越野车厂等。除了分厂外，一汽历年处、室、所、院、校的设置也多有分合增减，仅以 1977 年为例，当年一汽总厂及其直属机构计有：厂办公室、劳动工资处、计划财务处、总调度室、规划处、设计处、工艺处、产品质量处、技术安全处、供应办公室、运销办公室、基建处(长春市第二建筑工程公司)、机动处、保卫处、教育办公室、生活服务办公室、房产处、卫生处(医院)、援外办公室、汽车研究所(代管)、大庆办公室、家属办公室。①由机构

① 见一汽史志编纂室：《第一汽车制造厂厂志(1950—1986)》第 1 卷下册，第 409 页。

设置可见，一汽的管理机构实际上涉及方方面面，从工厂生产到职工生活，均受到企业的管理。进一步说，这里反映出非常典型的“企业办社会”特征。

由于一汽移植的是苏联的企业管理体制，因此“计划”被摆在了格外重要的位置上。首先，在生产方面，一汽主要依靠编制和执行生产计划来进行日常管理。1953年，一汽设立了最初的生产管理机构生产准备组，次年，生产准备组与技术处生产科合并为生产处。1955年，生产处改称生产调度处。1965年1月，生产调度处改为总调度室，1968年又改为生产组。1970年，生产组改为计划组，次年又改为生产组织计划处。1972年，一汽恢复了总调度室。1978年仍改为生产调度处。尽管机构名称变更频繁，但一汽生产管理的主要内容长期相对稳定，主要包括：生产计划的编制，生产作业统计、分析和考核，生产作业计划的综合平衡，生产调度工作，在制品管理，组织均衡生产，文明生产，新产品试制管理等。其中，生产计划的编制占据核心地位，而生产计划由产品产量计划和作业计划两部分完成。产品产量包括汽车、汽车备品和散发车的年、季、月计划以及月份零件生产大纲，由生产调度处组织编制；作业计划则包括总装配指示图表、专业厂月份生产作业计划、专业厂零件生产指示图表、月份要货计划、月份发出计划、月份备品计划、班昼夜任务单、生产材料计划、辅助材料计划，由专业厂生产调度科组织编制。产品产量计划作为指导一汽生产活动的纲领，系根据国家下达的指令性计划和指导性计划及自主销售计划来编制。①因此，一汽的生产计划实际上主要是对国家计划的执行。在计划经济时代，国营企业主要是根据国家指令进行生产的工厂，所以生产计划管理在企业管理体制中是最为重要的内容之一。

其次，一汽除生产上遵循计划管理外，尚有专门的“计划管理”名目。而所谓计划管理，分为由职能业务部门负责的专业计划管理，和由厂经济计划处负责的综合计划管理两大部分。1952年，一汽就成立了计划科，时间尚早于前述生产管理机构，可见计划的重要性。1953年，一汽成立了经

① 见一汽史志编纂室：《第一汽车制造厂厂志(1950—1986)》第1卷下册，第17—18页。

济计划处，1961年，经济计划处与财务会计处合并为计划财务处，次年，两处又分开。1965年，经济计划业务划归综合计划室，1972年又与财务会计处合并为计划财务处。直到1980年，经济计划处才又恢复。[①]在改革开放前，一汽的计划管理主要包括生产经营计划管理、长期发展规划、经济核算工作、综合统计工作与价格管理。在生产经营计划管理方面，一汽的年度生产技术财务计划，是根据前述苏联提供的《生产组织设计》中规定的模式编写的，由1955年开始编制第一部年度生产技术财务计划，直到1979年为止，一直沿用建厂初期的计划模式，只是在内容上不断完善和充实。在长期发展规划方面，一汽建厂初期此项工作由经济计划处负责，主要编写建厂进度、工程项目进度、工程概算，1956年以后转为编写3年至5年生产发展计划、技术组织措施改造方案、生产能力测算和产量增长后生产薄弱环节改造方案等。1964年，长期发展规划工作划归规划室负责，"文革"开始后，该项工作受到冲击，进而中断。1972年，一汽成立规划处，重新开始长期发展规划工作。在经济核算方面，1956年，一汽开展了全厂性经济核算，保证了"一五"计划的实现。1957年，根据苏联《生产组织设计》的要求，全厂贯彻经济核算制原则，当年2月1日，一汽开办第一个规模宏大的经济核算学习班，各单位的党、政、工、团领导均参加学习，当年单位产品成本比1956年降低2.8%，不过，1958年之后，一汽的经济核算工作就一直处于徘徊状态了。在综合统计工作方面，一汽于1955年就初步形成了覆盖全厂的统计工作网，于经济计划处组建了统计分析科，在各车间、职能处配备了专职统计人员。1956年7月，一汽以赴苏实习人员为骨干，多次举办统计业务学习班，但1958年10月，因机构精简，统计工作被压缩，1966年至1972年，统计工作则基本中断，直到1972年一汽恢复计划财务处，下设综合统计科，一汽才重新恢复厂内外的统计报表制度。在价格管理方面，1955年，一汽经济计划处成立了产品价格科，次年7月，按照苏联《生产组织设计》规定，从"料、工、费"这三个方面逐个零件计算价格，先后编制了材料（包括燃料）、协作产品（合作产品）、汽车零部件、总成价格和各种劳

① 见一汽史志编纂室：《第一汽车制造厂厂志（1950—1986）》第1卷下册，第100页。

务的厂内计划价格、工时价格、各种汽车及零部件销售价格，制定了《非标准设备和非标准工具销售价格编制暂行办法》。由于在计划经济体制下国家对企业实行包供包销的政策，物资进厂价和产品出厂价都由国家统一管理。[1]由以上论述可见，一汽的计划管理工作主要是对苏联模式的移植，并适应国家整体计划的要求。

综上所述，一汽创建初期，几乎全盘移植了苏联式管理体制，在国家计划经济体制的大环境下，企业内部也建立了一套计划管理体制。一汽的这套管理体制，一直贯穿于整个计划经济时期，也成为此后二汽等汽车制造企业管理制度的模板。

第三节　一汽在计划经济时期的生产运营

自 1956 年开工之后，一汽就开始了一个由引进苏联技术向自主发展转变的历程，并主要依靠自身的力量成长。客观地说，一汽在计划经济时代取得了一定的发展成绩，但总体来说，其生产运营是曲折的。首先，从 1958 年开始，中国的政治环境一直动荡多变，尤其是“文革”的爆发，对整个中国经济的发展都造成了极大的冲击，一汽自然无法独善其身。其次，一汽从苏联引进的汽车制造技术对当时的中国来说虽然是先进的，但是在世界范围却是落后的，而且与苏联技术一同移植到中国的苏式计划管理模式过分僵化，遂造成一汽产品的“三十年一贯制”，缺乏创新与活力。因此，作为计划经济时代中国汽车工业的主力军，一汽未能完全担当其引领中国汽车工业崛起的重任。当然，将中国汽车工业发展滞后的责任归于一汽是不对的，在实际上的比较优势战略的支配下，中国在计划经济时代未能大力发展轿车工业，以卡车制造为主的一汽自然无法与东邻日本的丰田、日产等车企相匹敌。本节将首先论述计划经济时代影响一汽发展的外部环境，以及各种政治事件对一汽的影响，然后从宏观上列出该时期一汽发展的各项数据，最后分析一汽对于其为数不多的几种产品的开发。

---

① 见一汽史志编纂室:《第一汽车制造厂厂志(1950—1986)》第 1 卷下册，第 100—104 页。

一、 外部因素对一汽早期发展的影响

1956年之前是一汽的创建阶段，而1956年至1978年可以称为一汽的早期发展阶段。在一汽的早期发展阶段，与计划经济时期其他中国企业一样，一汽被深深卷入全能型国家的各种政治运动与政治事件中。[①]因此，所谓影响一汽早期发展的外部因素，主要是政治环境。综合来看，对一汽影响较大的外部事件分别是“大跃进”、试办托拉斯以及“文化大革命”。其中，试办托拉斯算得上是政府的产业政策，而“大跃进”和“文化大革命”则是纯粹的政治事件。

（一）一汽的“大跃进”：“班产250辆”运动

一汽于1956年建成投产，本应稳步发展，却从1958年8月下旬开始，掀起了一场“班产250辆”运动。所谓“班产250运动”，按目前的官方定义，是指“要在不增加国家投资的条件下，通过大搞群众运动和大闹技术革命，在较短的时期内，使生产能力由原设计的年产3万辆跃进到15万辆，并实现多品种生产”[②]。从这个定义的表述就可以看出来，“班产250辆”运动实际上就是“大跃进”在一汽的具体展开。

根据官方的记载，“班产250辆”运动的发生是1957年以后各种政治运动接连不断累积起来的结果。从1957年的整风和反右派斗争开始，到1958年初的反浪费、反保守运动，一汽共经历了十多次群众运动，其中有7次“大鸣、大放、大字报、大辩论”，而这每一次政治性的运动都涉及生产跃进问题。由于中央和省市委提出了要把“双反”、整风运动转入生产跃进的指示精神，一汽党委提出了一个3年跃进规划和15年的远景，其规划口号是：苦战3年达到年产6万辆，5年达到8万辆，10年达到15万辆，15年达到年产30万辆。也就是说，以1957年年末达到1万辆的水平为基数，生

---

① 所谓全能型国家，是萧功秦对计划经济时代中国国家形态的一种描述，是指政府对于社会的方方面面都能够进行管控。可以想象，在这种全能型国家中，企业的发展是断然离不开政府影响的。见萧功秦：《中国的大转型：从发展政治学看中国变革》，新星出版社2008年版。

② 冯云翔：《“班产250辆”运动》，载全国政协文史和学习委员会编：《一汽创建发展历程》，第267页。

产跃进的第一步即要在 1960 年达到年产 6 万辆。当时，整个一汽的职工都被这个规划所鼓舞，铸工、冲压、发动机、锻工等车间都提出要利用既有条件首先实现产量翻番，达到班产 100 辆份的目标。尤其是冲压车间的驾装工部，在 4 个小时内完成了 8 个小时的定额，装出了 50 个驾驶室，以实际行动响应了党委的号召，达到了班产 100 辆份的水平。此后，党的八大二次会议召开，在总路线的指引下，全国掀起了“大跃进”的高潮，一汽也被这种气氛裹挟其中，厂党委进一步修订了远景规划，要在 1959 年提前实现原计划 1967 年实现的年产 15 万辆汽车的目标。1958 年 6 月 29 日，在全厂讨论跃进规划中，底盘车间转向工部转向器壳小组首先提出了“挖潜力，三不加（不加设备、不加人员、不加面积），力争达到班产 250 辆，生产能力翻五番”的倡议。厂长饶斌遂有意在这个工部先搞一块增产“试验田”。[①]现在看来，这个倡议可以说是“班产 250 辆”运动成型的起点。

在提出了力争班产 250 辆的倡议后，底盘车间转向工部转向器壳小组的 18 名工人从每个零件、每道工序、逐台机床地查找问题，挖掘潜力，3 天内贴出 290 张大字报，查出了六大关键问题，并集中精力突破这些关键问题。例如，有一位加工转向器壳的工人，原来的定额是 15 分钟加工 1 个零件，通过采取缩短辅助时间、高速切削、合并工序等方法，他把加工时间缩短到 3 分 8 秒，这已经是一个非常大的突破，但他又提出简化零件几何形状、把该零件的臂轴缩短一节等建议，经设计部门同意后，加工时间进一步缩短到 1 分 7 秒。单从时间控制上看，这一变化是相当惊人的。该小组的做法得到了厂长饶斌的支持，饶斌并鼓励他们对产品结构、设备平面布置和工艺方法三个方面进行全面研究和革新，结果不但达到了“班产 250 辆”的生产能力提升目标，做到了不加设备、不加人员、不加面积的“三不加”，而且还做到了“三上交”，即向厂里上交了 3 台机床、3 名工人和 50 多平方米生产面积。[②]所谓“三不加”和“三上交”在今天看来可能不太好理解，实

---

① 见冯云翔：《“班产 250 辆”运动》，载全国政协文史和学习委员会编：《一汽创建发展历程》，第 267—268 页。

② 见冯云翔：《“班产 250 辆”运动》，载全国政协文史和学习委员会编：《一汽创建发展历程》，第 268 页。

际上，由于20世纪50年代中国的经济发展程度低，各方面的物资很匮乏，工业建设面临着人力、物力的制约，因此，对人力、物力的节约以及最大限度的利用就成为当时政府与企业必须考虑的重要议程。“三不加”减少了工厂对生产过程的人力、物力资源投入，“三上交”增加了工厂投入资源的富余量，这对于工厂解决资源匮乏问题是相当有帮助的。所以，转向器壳小组这块“试验田”取得的成绩受到一汽领导的高度重视。以转向器壳小组的经验为基础，一汽的工厂和车间领导在整个转向工部进行增产试点，也取得了一些成绩。实际上，转向器壳小组和转向工部的经验还没来得及向全厂介绍，许多车间的领导就前往学习，并自己搞“试验田”进行试点。于是，热处理车间二工部、发动机车间的缸体和零件工部都获得了首批试验的成功。[①]由此可见，当时一汽各部门参与生产跃进运动的热情很高，而且带有群众自发性质。而各基层车间的这种热情与厂领导的支持结合起来，为“班产250辆”运动扩大至全厂奠定了基础。

1959年5月，一汽热处理车间印发了一份《班产250总结》资料，对于该资料，厂部称：“热处理车间是基本上实现了班产250辆，又是第一个做出文字总结的车间。这份总结比较全面、具体，可以作为各车间编写总结的参考。”[②]据该资料总结，热处理车间是一个三班连续生产的中间性的热加工车间，由热处理、电镀两部分组成，主要任务是处理底盘、发动机等车间加工的近千种汽车零件，原设计年生产能力为45 000辆份，多数是大量成批生产，设备负荷和工艺时间比较固定，稍有差错就会造成大批的废品或次品。因此，在群众运动兴起前，车间的思想状态是：“很多干部和技术人员曾迷信过这个工艺和设计定额，认为热处理‘特殊’和冷加工机床生产不同，苏联现在都是这样生产，完整的工艺不能动，要想提高生产就得增加设备增添人，增加生产面积。”[③]值得注意的是，在尝试“班产250辆”运动前，一汽热处理车间的干部和技术人员是严格遵守苏联生产方式的，这符

---

① 见冯云翔：《“班产250辆”运动》，载全国政协文史和学习委员会编：《一汽创建发展历程》，第268页。

② 第一汽车制造厂热处理车间：《班产250总结》，1959年5月。

③ 第一汽车制造厂热处理车间：《班产250总结》，第1页。

合一汽创建阶段对苏联模式的全盘移植。那么，也可以说，“班产 250 辆”这一群众运动，是中国汽车工业开始突破苏联模式，摸索自己道路的一种尝试，代表了一汽从技术移植到自主发展的努力。而在热处理车间，这种努力主要通过政治运动开启，即通过整风和总路线学习等一系列政治运动“解放思想、破除迷信”，动摇了对苏联模式的全方位信仰。当然，这与“大跃进”的整个风气是相符合的。

具体来说，在树立了“班产 250 辆”的目标后，一汽热处理车间首先进行了群众性的鸣放辩论，在 1 周时间内，提出了班产 250 辆的车间设计及实现措施方案，新设计较原设计减少生产面积 4 300 平方米和 64 台设备，减少生产工人 127 名，为国家节约投资 11 851 367 元。其次，热处理车间注意学习外部的先进经验，如氰化小组主动去石棉厂学习热涂铅经验。①第三，热处理车间鼓励全体人员大胆开展技术试验，而这也可以说是争取“班产 250 辆”最具实质性的部分。为此，车间决定：(1)坚决贯彻边讨论边组织实现的精神；(2)在保证不出人身设备事故的情况下不受工艺规程约束，展开小批试验；(3)试验费用计入车间成本，不作为工部经济指标的考核项目。②所谓“工艺规程”，在当时主要是由苏联移植的一整套生产程序和标准，不受工艺规程约束，也可以认为是对苏联模式进行突破。当然，这一突破主要依赖的是群众在生产实践中的自己摸索，确实具有高度的试验性质。然而，不管此类“技术革命”是否真的有效，由于人力存在极限，也只有这种形式的“技术革命”才有可能实现大规模的增产目标，正如饶斌在报告中所言：“要达到年产 15 万辆必须大闹技术革命，大搞群众运动。必须从技术上来个飞跃发展，创造更先进的车型与工艺方法，攀登汽车工业的技术尖端。”在实践中，热处理车间涌现了大量这种类型的技术试验。例如，用液化气体代替裂化气体改进渗碳工艺，以及革新推杆式电炉等。③最后，在开展“班产 250 辆”运动时，热处理车间注意调动其内部各部门间的竞争热情，实施类似于劳动竞赛的精神动员，充分挖掘人力的潜力。例如，

① 见第一汽车制造厂热处理车间：《班产 250 总结》，第 2 页。

② 见第一汽车制造厂热处理车间：《班产 250 总结》，第 3 页。

③ 见第一汽车制造厂热处理车间：《班产 250 总结》，第 4 页。

重要组合设备中有19个关键问题需要解决，车间首先在第二工部试点，二工部提出了1 500多条合理化建议，经过试验找到了渗碳的新方法，这使得第一、第三工部受到鼓舞，并表示："二工部能做到我们就能做到。"[①]这样，热处理车间出现了争相跃进的氛围。

整体来看，一汽热处理车间的"班产250辆"运动，无非是靠两种机制实现产能增加，其一是"政治挂帅"的思想动员，以充分发挥人力，其二是"大闹技术革命"的技术试验，以补充人力的不足。实际上，在整个计划经济时代，这两种机制自始至终长期存在，可以认为是企业生产最基本的微观机制。"大跃进"时期的"班产250辆"运动只不过是将这一微观机制的某些特征以一种夸张的方式最大程度地释放出来罢了。

1958年8月25日，一汽召开职工代表会，厂党委在会上正式推广了上述几个单位的经验，提出大搞群众运动、大搞设计革命、"班产250辆"、实现"一厂变五厂"的行动口号，至此，"班产250辆"运动正式在一汽展开。该项运动得到了省市委、国家主管部门的表扬和支持，12月5日，《人民日报》全文刊登了中共吉林省委的《关于第一汽车制造厂大搞群众运动、大闹技术革命的总结》，并以《大企业中大搞群众运动的一面红旗》为题发表社论。而在正式开展该运动的8月，一汽已向一机部汽车局正式报告，要求以自筹资金的形式增加设备2 000台、面积9万平方米、投资8 000万元，一机部对该方案基本表示同意，并于11月13日批准了一汽的扩建任务书，同意三年内实现"班产250辆"的方案。1960年2月，一机部汽车局批准一汽当年的扩建投资3 000万元，其中自筹2 000万元，一汽开始了扩建工程。由此可见，"班产250辆"运动与一汽的早期建设是有密切关联的。不过，由于该运动是企业自己发动的，并未列入国家统一计划，其所需的外部物资，尽管得到了上级主管部门的承诺，但很难如数如期兑现。实际上，在经济困难时期缩短基建战线之前，一汽扩建工程的厂房施工面积达7.5万平方米，国家调拨设备154台，投资1 700万元，但后来全部被迫停止，造成一批"瘌痢头"厂房和呆滞设备。[②]因此，一汽的"大跃进"和全国工业"大

① 第一汽车制造厂热处理车间：《班产250总结》，第2页。

② 见冯云翔：《"班产250辆"运动》，载全国政协文史和学习委员会编：《一汽创建发展历程》，第269页。

跃进”的一般情形相仿，在高涨的热情中展开，却以投资难以为继的虎头蛇尾结束。

其实，对于“班产250辆”运动中的一些做法，一汽内部是存在怀疑和反对声音的。副厂长孟少农即持不同看法，他“认为大量生产中一定要分前后方，前方就是生产者，后方就是专业技术、设计部门。好比印书，技术人员把版排好了，生产工人尽管放心印好了，没有错。前方只要按规矩操作，不要过问，没有设计问题。现在前方工人要干预设计，就好比印书工人要干预排版，那一切都乱套了”①。当然，在当时，这种声音不仅不可能占据主流，而且要受到批判和压制。然而，在实践中，“班产250辆”运动确实出现了很大的问题。1961年9月，一机部研究室整理的调查资料认为，从技术经济上分析，一汽在已有基础上发展到年产15万辆是有可能的，但是“原规划提出要靠工厂自力更生来实现是脱离实际可能的”，尤其是“所需的2 000台设备，品种规格很多，有精密的专用设备，不可能靠自己的力量在两三年内制造出来；所需的1.1亿元，即使是工厂自筹，如不列入国家计划，也不可能解决原材料供应和施工力量问题；还有外部的1 500多种协作产品和外部运输问题，如果没有统筹安排，即使内部条件实现了，也无法进行正常的成套生产”，因此，结论是“班产250辆”目标提得过高、过急，经过努力也不是短期内能够实现的。②这就等于在官方层面否定了“班产250辆”运动。有论者在缅怀孟少农时，认为官方对“班产250辆”运动的经验教训“似乎缺少明确的结论”③，但在笔者看来，一机部的调查报告实际上就是对“班产250辆”运动在局部肯定的同时予以了整体否定。可以说，一汽的“班产250辆”运动具有典型的“大跃进”的时代特色，是一场主观愿望良好但没有遵循科学原则并超越了客观条件的运动，因而以流产告终。

不过，笔者并不认为“班产250辆”运动要被完全否定。这不仅是因为

---

① 冯云翔：《“班产250辆”运动》，载全国政协文史和学习委员会编：《一汽创建发展历程》，第268页。

② 见冯云翔：《“班产250辆”运动》，载全国政协文史和学习委员会编：《一汽创建发展历程》，第269页。

③ 陈家彬、林水俊：《德高望重的技术泰斗——孟少农》，载全国政协文史和学习委员会编：《一汽创建发展历程》，第129页。

该运动的出发点是好的，更因为该运动的群众运动色彩实际上暗合丰田生产方式的“现场主义”。在汽车工业发展史上，福特制可以说是第一种重要的生产方式，其特征就是大规模的流水线作业，生产汽车确实如同孟少农所说的“印书”，“前方”一线生产工人完全不用管“后方”的设计，照着规范做就行了。但是，20世纪后半叶，福特制逐渐被丰田制取代，而丰田生产方式很重要的一点就是“现场主义”，强调生产现场对于设计的反向作用，在这个过程中，“前方”一线生产工人绝非照着做就行的配角，必须有一定程度的参与。所谓丰田的“精益生产”即要求“企业和员工同心协力，把各自的想法集合到一起，从而尽可能地降低成本，消除一切形式上的浪费”①。这种要求，和“班产250辆”运动的要求是一致的。从这个意义上说，“班产250辆”运动中的群众参与是具有合理成分的，只是在当时，丰田制仍处在酝酿之中，在福特制下接受教育的技术专家无法预见日后的真正的车间生产方式革命。然而，今天我们已经可以对历史演化看得更全面，就不应该对“班产250辆”运动全盘否定。其实，“班产250辆”运动的某些成分与丰田生产方式的暗合是不难理解的。因为中国与日本同为资源匮乏而人力充足的东亚国家，两国其实都不具备发展大规模汽车制造的比较优势，在工业发展的早期阶段也必须想办法节约一切可节约的资源，并挖掘劳动力的潜力，而这些问题是诞生了福特制的资源充沛的美国无须操心的。实际上，作为福特制的对立面，丰田制本身就起源于“日本不像美国生产几千万辆车，不能够花过多的钱去制造冲模，需要设法谋求一种日本独特的制造方法”②。与丰田制一样，“班产250辆”运动也是在探索一种中国独特的制造方法，只是，由于计划经济体制的束缚和过分的“政治挂帅”，中国的自主探索失败了。

在“大跃进”时期的一汽，与“班产250辆”运动同时兴起的运动还有“两参一改三结合”，也可以视为中国对于汽车制造方式的自主探索。所谓“两参一改三结合”是指“工人参加管理，干部参加劳动，干部、技术人员、工

① 佐藤正明：《丰田领导者》，王茁等译，清华大学出版社2010年版，第161页。
② 大野耐一：《丰田生产方式》，谢克俭等译，中国铁道出版社2006年版，第96页。

人三结合大搞技术革新”。1958年9月19日,党中央总书记邓小平和国务院副总理李富春等中央领导到一汽视察,对一汽的上述做法给予很高的评价,认为这是依靠职工办企业的好路子,邓小平又结合鞍钢经验,即席将一汽的经验概括为“两参、一改、三结合”,后来经过综合,纳入了“鞍钢宪法”。[①]与“班产250辆”运动一样,“两参一改三结合”的出发点是好的,也与丰田制遥相呼应,但最终出现了很大的问题,包括:(1)用大搞群众运动的办法来管理企业,冲垮了合理的企业管理体系;(2)用突击生产的大会战来代替有节奏的均衡生产,破坏了正常的生产秩序;(3)用先破后立的办法来改革规章制度,老制度虽被废除,新的制度却没有建立起来,造成管理失范,尤其以技术管理部门的制度受到的冲击最为严重。[②]可以说,“大跃进”时期一汽对于生产管理的自主探索,播下的是龙种,收获的却是跳蚤,这一点与同时期日本的汽车工业管理制度改革相对比时,尤为明显。20世纪50年代,中日两国的汽车工业同样面对着资源有限的束缚,需要对福特制改造以适应本国国情,但日本成功,而中国失败。出现这种局面的原因是复杂的,但有两点很明显:其一,日本的丰田等企业采取了相对科学的方法进行探索,中国的一汽则是肯定并强调“政治挂帅”,并不是根据市场需要来调整管理,也难免出现不合科学规律的胡干与蛮干;其二,日本企业有清晰的市场目标,其管理革新是为了市场生存,相比福特制,丰田制是要收缩生产规模,进行“柔性制造”,而中国的一汽却有着“大跃进”的政治目标,在规模上反而要突破极限,这就与丰田式道路背道而驰了。因此,20世纪50年代中日两国汽车工业同样是出于资源比较优势的约束,开始对福特制进行革新,也都采取了厉行节约、突出人力优势的方式,但日本汽车企业采用新方式是为了建立与福特制有较大差异的新体制,中国的一汽采用新方式则是为了在不具备建立福特制的资源环境中移植福特制。一汽的失败正是源于此种战略定位的不明确,而这也是整个“大跃进”时期中国工业“超

---

① 见冯云翔等:《“两参一改三结合”的由来》,载全国政协文史和学习委员会编:《一汽创建发展历程》,第271页。

② 见冯云翔等:《“两参一改三结合”的由来》,载全国政协文史和学习委员会编:《一汽创建发展历程》,第273页。

英赶美”战略失调的一个缩影。

（二）一汽参与试办汽车托拉斯

20 世纪 60 年代中期，中国的工业政策有一个试办托拉斯的试验，汽车工业是被要求试办托拉斯的几个典型产业之一，一汽作为最大的汽车企业，自然要参与其中。因此，在一汽的早期发展过程中，接受行政命令试办托拉斯是该企业受外部因素影响的重要体现。

“大跃进”给中国经济造成了极大的打击，加上此后的自然灾害以及中苏交恶，中国一度进入困难时期，中央也采取了调整政策，包括压缩工业建设投资，使不少企业受到影响，一汽也不例外。到 1964 年时，国民经济已有所好转，当年年初，在全国工业、交通工作会议上，国家经委根据刘少奇等中央领导的指示，对试办托拉斯问题进行了酝酿。之所以提出试办托拉斯，是因为中央领导认为当时的工业管理体制和管理制度存在不少问题，不能很好地适应现代化工业生产发展的要求，具体表现在：“工业的管理工作偏重于用行政办法（而不是用经济办法），管理多头多级，政出多门；管理机构重叠庞大，效能不高；有些规章制度不合理，等等。因此，就难以对企业实行具体的领导；难以对同一行业的生产、建设进行统一规划和合理布局；形成地区之间和企业之间，生产缺乏合理分工和密切协作，许多企业不必要地重复生产同一品种规格的产品，不少设备和技术力量分散使用，各不配套；某些行业的产、供、销结合不够好，中间环节多，物资流转慢，资源不能合理利用；特别是对新技术的研究、总结、推广不够有力。”①在这个背景下，中央有了试办托拉斯的想法。

托拉斯，是垄断组织的一种，中共中央所谓的试办托拉斯，是指“社会主义的托拉斯，是在党的领导下，根据国家的方针政策和统一计划，用社会主义的经济办法（而不是用行政办法）来管理工业、交通企业的一种组织形式”。试办托拉斯的目的是“要按照经济原则实行科学的、高效率的集中统一领导，以免除工业管理机关化和官僚主义、分散主义的流弊”②。这里还

① 《国家经委党组关于试办工业、交通托拉斯的意见的报告》，载中共中央文献研究室编：《建国以来重要文献选编》第 19 册，中央文献出版社 2011 年版，第 120—121 页。

② 《国家经委党组关于试办工业、交通托拉斯的意见的报告》，载中共中央文献研究室编：《建国以来重要文献选编》第 19 册，第 121 页。

有一个背景是，1958年以后，工业大规模下放，而“大跃进”时期各地工业建设纷纷跃进，造成工厂遍地开花的局面，但大部分此类工厂规模小、技术差，不具备现代工业所要求的规模优势，在资源上是一种浪费。因此，试办托拉斯，就是要革除工业下放后的弊端，也就是所谓“集中统一领导”。实际上，早在1960年春，中央在考虑“二五”时期后三年计划时就提出了试办托拉斯的构想，刘少奇多次提到淮南煤矿和马鞍山钢铁厂可以组织到一起搞一个托拉斯，不过，要等到1963年国民经济明显好转后，试办托拉斯才提上实施日程，于是就有了1964年7月国家经委提出的关于试办工业、交通托拉斯的意见的报告。由于是试办，报告建议“首先选择少数条件较为成熟的行业进行试点”，其中就包括第一机械工业部所属的汽车工业公司。而按照国家经委的设想，托拉斯性质的工业公司“大体上有两种形式，一种是产品单一对生产同类产品的厂(矿)实行集中统一管理的公司；另一种是以某一行业为主，为了综合利用资源而同时生产一部分其他行业的产品的公司”①。1964年8月17日，中共中央、国务院原则同意国家经委党组《关于试办工业、交通托拉斯的意见的报告》。

1964年10月15日，中国汽车工业公司开始办公，同时，一机部第六局即汽车工业局撤销，10月下旬，在济南召开了中国汽车工业公司成立会议。到1965年底，汽车工业公司已经把全国汽车行业初步组织起来，先后接收地方企业38家，加上原有的中央直属企业，全公司直属企业共75家。②其中，该公司的长春分公司即以一汽为主体。1964年11月24日，经中国汽车工业公司批准，第一汽车制造厂改名为长春汽车分公司，这可以说是一汽参与试办托拉斯的开始。长春汽车分公司成立后，首先做的工作就是拿着国家经委的介绍信，到东三省各地把原属地方领导的13个企业收归麾下，这些企业分别是：沈阳汽车制造厂、丹东汽车改装厂、辽阳弹簧厂、营口配件厂、长春汽车配件厂、长春随车工具厂、长春坐垫弹簧厂、辽源汽车配件厂、公主岭气门芯厂、四平客车厂、哈尔滨电气器材厂、哈尔滨齿

① 《国家经委党组关于试办工业、交通托拉斯的意见的报告》，载中共中央文献研究室编：《建国以来重要文献选编》第19册，第124页。

② 见《中国汽车工业史(1901—1990)》，第79页。

轮一厂、哈尔滨齿轮二厂。1966 年 6 月 15 日，国家经委又下文，将公主岭气门芯厂、营口配件厂和哈尔滨齿轮二厂下放所在省的地方政府领导。[①]由此可见，试办托拉斯为一汽合并了东北地区的汽车相关企业，实际上壮大了一汽的力量。

在合并各厂后，长春汽车分公司从调查研究着手，帮助下属企业解决生产与发展中的急需问题，有计划、有重点地进行技术改造，尤其是将一些企业纳入 6 万辆扩散工程，结合一汽的一些零部件生产扩散转移进行技术改造。所谓 6 万辆扩散工程，是指为了扩大汽车生产能力，一汽向国家上报的扩建方案。早在 20 世纪 60 年代初，在总结“班产 250 辆”运动的基础上，一汽就提出了通过填平补齐、挖潜改造，达到年产 6 万辆的规划方案，并多次向一机部进行书面或口头汇报，不过，由于当时国家处在国民经济调整时期，一汽的方案基本未纳入国家计划。[②]但当国家经济有所好转时，一汽的规划方案就得到中央领导机关的重视和支持。1965 年 8 月 26 日，该方案得到一机部的批准，由于这时一汽已改组扩张，因此，6 万辆扩散工程也就成为长春汽车分公司试办托拉斯的工作重点。[③]这一扩建工程的主要项目是：一汽院内的热电站扩建，铸造扩建以及新建机车库、毛坯库、轮胎库、钢板库、汽车库及悬链运输通廊等，一汽院外则有辽源汽车制泵厂、辽阳汽车弹簧厂、车轮厂、四平汽车传动轴厂、吉林汽车标准件厂、设备修造厂、桦甸机械厂等企业的扩散搬迁工程。国家批准扩散工程投资 7 000 万元。工程开始后，汽车“三泵”生产设施当年搬迁到辽源制泵厂并顺利投产，辽阳汽车弹簧厂多品种厂房改建工程也于当年竣工并完成搬迁，投入生产。1966 年底，铸造厂完成扩建，吉林标准件厂、设备修造厂、车轮厂完成搬迁扩建，新建机车库、毛坯库、轮胎库、钢板库等亦先后竣工。[④]因此，一汽确实利用试办托拉斯的契机对所合并的小厂进行了技术改造。而且，

---

① 见冯云翔：《试办托拉斯——成立长春汽车分公司》，载全国政协文史和学习委员会编：《一汽创建发展历程》，第 303 页。

② 见冯云翔：《六万辆扩散工程的来龙去脉》，载全国政协文史和学习委员会编：《一汽创建发展历程》，第 297 页。

③ 见《中国汽车工业史（1901—1990）》，第 79 页。

④ 见一汽史志编纂室：《第一汽车制造厂厂志（1950—1986）》第 1 卷上册，第 108 页。

6万辆扩散工程与试办托拉斯结合在一起，被认为是一汽“从‘大而全’的发展路子转向专业化协作的路子，是一项革命性的改革”①。

此外，长春汽车分公司着手的另一件大事是建立分公司的管理体制。由于长春汽车分公司是由一汽改组而成的，故其管理体制仍以一汽原有的体制为主体，实行一套机构、一个领导班子，只是原有的职能处室变为分公司的管理机构，除管理原一汽大院内所属单位外，又增加了新加入的外埠企业。在这次改组中，原一汽总厂除保留总装配、热处理这两个直属车间外，把所有的生产和辅助生产单位都改组为专业厂，并在厂前冠以“长春”二字（见表2-3）。这表示专业分厂在形式上有一定的独立性，而且在经营自主权方面也明确这些专业厂在完成分公司下达的生产计划后，在有剩余能力的情况下，可以自行对外承担来料加工和劳务，其收入除按规定上缴的部分外，均可留作自用。不过，当时分公司自身亦无多大自主权，专业厂权限的扩大也就非常有限了。②

最后，长春汽车分公司开展了管理革命化的试点工作。公司成立了以刘守华经理为首的“企业管理革命化领导小组”，指导各部门制定方案，掌握动态，及时处理存在的问题，同时成立3个蹲点工作小组：(1)以中国汽车工业公司副总经理彭淦为首的锻造厂蹲点工作组，抓辅助生产如何为一线服务；(2)以分公司党委书记赵学义为首的工具厂蹲点工作组，总结车间加强思想政治工作的经验；(3)以刘守华为首的发动机蹲点工作组，总结如何当好车间主任和班组长的经验。此外，各职能部门在这方面也取得了一定的进展。③

不过，尽管试办托拉斯在当时如火如荼地进行着，但“文革”开始后，这项工作就无法继续进行。1969年3月14日，第一汽车制造厂革委会行文撤销原长春汽车分公司所属党政机构，从此长春汽车分公司在名义上也不

---

① 冯云翔：《六万辆扩散工程的来龙去脉》，载全国政协文史和学习委员会编：《一汽创建发展历程》，第298页。

② 见冯云翔：《试办托拉斯——成立长春汽车分公司》，载全国政协文史和学习委员会编：《一汽创建发展历程》，第304页。

③ 见冯云翔：《试办托拉斯——成立长春汽车分公司》，载全国政协文史和学习委员会编：《一汽创建发展历程》，第304—305页。

复存在，而并入公司的地方企业，除位于长春市的3个工厂外，全部回归原来的地方主管部门。[①]因此，在一汽的发展史上，60年代的试办托拉斯不过是一场短暂的插曲。然而，由于参与试办托拉斯是一汽第一次较为显著地受到国家产业政策支配，而且在改革开放后某些政策一度有所恢复，故这段插曲亦非可有可无。

(三)"文化大革命"对一汽的冲击

在一汽早期发展进程中，影响最大的外部因素就是"文化大革命"。笔者将简要梳理"文革"时期一汽的发展脉络，尤其是展示这场史无前例的政治动乱对于中国汽车工业发展带来的冲击。[②]在《中国汽车工业史(1901—1990)》中，对"文革"时期中国汽车工业的发展有所呈现，并将1966—1980年定位为中国汽车工业的"成长"期，这是较为客观的。不过，"文革"时期中国汽车工业取得的成就并不能等于是"文革"这一政治运动本身的成就，相反，如果没有"文革"，中国汽车工业可能会取得更大的成就，这是接下来想要通过史实予以揭示的。

1966年"文革"发生时，一汽还处于长春汽车分公司阶段，9月15日，分公司党委按照中央"十六条"规定成立了"文化革命筹备委员会"，各下属单位也建立了"文革领导小组"，以及"红卫兵"、"工人赤卫队"等群众组织。然而，这些由分公司党委领导的"文革"组织，很快就被群众自发成立的造反派组织冲垮，而这些造反派组织与社会上各大专院校的造反派组织遥相呼应，拉山头，占地盘，贴大字报，搞大辩论，揪斗"当权派"，使分公司的气氛为之一转。12月1日，造反派占领了分公司的广播站，并查封厂报《汽车工人报》。1967年1月26日，各造反组织联合成立的"革命造反总指挥部"夺取了分公司的领导大权。该"革命造反总指挥部"又称"会派"，夺权之后，与未参与夺权的被称为"社派"的造反派严重对立，双方辩论纷

① 见冯云翔：《试办托拉斯——成立长春汽车分公司》，载全国政协文史和学习委员会编：《一汽创建发展历程》，第305页。

② 相关内容主要依据：陈继信：《"文革"中的一汽》，载全国政协文史和学习委员会编：《一汽创建发展历程》，第306—308页。

争，全厂陷入一片混乱。

这个时候，由解放军3009部队组成的军宣队进驻分公司，为了扭转混乱局面，建立起了由军代表、群众代表和原来管生产的干部组成的生产指挥部，以维持生产的运行。1967年3月27日，军宣队把分公司的12名领导干部集中起来办学习班，检查路线问题，为成立“三结合”的革命委员会做准备。在学习班上，分公司党政机关部门负责人及部分专业厂的领导干部被召集起来，面对面地揭发分公司党委在“文革”中和办企业中存在的“问题”，然后“划线”、“排队”，把12名分公司的领导干部分成“打倒对象”和准备参加“三结合”的对象。由于会、社两派的斗争，原来打算在1967年五六月成立“三结合”革命委员会的计划落空。6月26日，国务院给分公司发来特急电报，要求严格区分两类不同性质矛盾，团结广大职工坚持8小时工作制，搞好生产，讲究质量，努力完成党和人民交给的光荣任务。① 但是，局面已然有失控之势。当时，全国已陷入“文革”的混乱之中，长春汽车分公司自然不能幸免，会、社两派造反组织的冲突也不断升级，由辩论、静坐罢工发展到使用棍棒、大刀片流血武斗，乃至于用钢材自制武斗器械，并砸分公司武装部枪库抢夺枪支弹药。据一汽厂志的记载，长春汽车分公司的武斗升级发生在7月下旬，两派造反组织在115栋发生武斗，造成2人死亡。此后，武斗一度影响到了全厂的正常生产。②此外，造反派还经常动用数十台汽车拉着人到长春市内参加武斗。在这些疯狂的武斗中，也出现了不少伤亡。

1968年2月4日，经过军宣队多方协调，全厂各造反派组织终于坐在一起，成立了“大联会委员会”，并召开庆祝大会。4月16日，省革委会以吉革发〔68〕26号文下发《关于成立第一汽车制造厂革命委员会的批示》，同意驻军46师党委会的请示报告，一汽革委会由57名委员组成。③4月20日，第一汽车制造厂革命委员会正式成立，在常务委员会中包括5名军代表、5名原长春汽车分公司领导干部和9名造反派代表。④5月，“文化大革

① 见一汽史志编纂室：《第一汽车制造厂厂志（1950—1986）》第1卷上册，第52页。

②③ 见一汽史志编纂室：《第一汽车制造厂厂志（1950—1986）》第1卷上册，第53页。

④ 见陈继信：《“文革”中的一汽》，载全国政协文史和学习委员会编：《一汽创建发展历程》，第307页。

命”进入“清理阶级队伍”阶段，驻一汽军宣队、革委会在“左”的错误思想指导下，开展了“深揭深挖阶级敌人”的斗争。在这所谓的“清队”期间，全厂有 3 500 名干部和工人受到审查，包括干部 1 559 人、工人 1 941 人，其中 1 143 人被隔离，469 人被抄家，数十人含冤自杀，不包括武斗死亡的非正常死亡人数 66 人，致病致伤者达上百人。许多单位设立了关押室，造反派随意抓人、关人，制造了所谓“大同党”、“工农自由党”、“迎春社”、“国防部二厅”、“地下国民党”等二十余起冤假错案，受株连者达 719 人。①“文革”对一汽的冲击以及造成的混乱在 1968 年达到顶峰。

1969 年 3 月 14 日，长春汽车分公司被撤销。当年 12 月 11 日，一汽革委会以〔69〕汽革政字第 113 号文向省市革委会上报《关于处理所谓“地下救国军”等四个专案情况的报告》，报告称，经过 6 个多月的工作，弄清了由于逼、供、信而出现的所谓“地下救国军”、“大同党”、“国防部二厅”、“迎春社”等“反革命组织”的问题真相，并以“事出有因，查无实据”为由定为否案。②可以说，“文革”初期的狂热在此时已有所消退。但是，“文革”中产生的劳动纪律松弛、无政府主义猖獗等现象则继续存在。其实，从“文革”一开始，中央就高度重视一汽的生产秩序问题，前述 1967 年 6 月国务院所发特急电报就代表了中央的态度。1968 年 2 月 29 日，周恩来总理等中央领导在人民大会堂接见了吉林省代表团和一汽在京汇报的 18 人，指出“汽车厂去年受外因干扰生产上不来。汽车全国最需要，援外需要、战备需要，希望今年计划要订高一点，你们应该带头”。③可以说，中央领导是希望扭转一汽受政治外因干扰的局面的，但是，1968 年正是“文革”对一汽冲击最大的年份，生产秩序难以恢复。因此，尽管当时一汽已经基本具备年产 6 万辆的生产能力，但 1967 年仅生产 15 068 辆，1968 年仅生产 16 698 辆，1970 年亦只生产 37 267 辆，均不及 1966 年的 46 605 辆。④产量如此低下，质量也全无保障。1970 年和 1971 年一汽虽然靠突击生产把产量搞上去了，质量下降得却更厉害，当时的做法是“缺件下线也算完成任务，零部件

① 见陈继信：《“文革”中的一汽》，载全国政协文史和学习委员会编：《一汽创建发展历程》，第 307 页。

② 见一汽史志编纂室：《第一汽车制造厂厂志（1950—1986）》第 1 卷上册，第 55 页。

③ 见一汽史志编纂室：《第一汽车制造厂厂志（1950—1986）》第 1 卷上册，第 53 页。

④ 见一汽史志编纂室：《第一汽车制造厂厂志（1950—1986）》第 1 卷上册，第 52—56 页。

来了可以再补上”，如此装出来的车有时根本不能开动。①这种状况自然引起中央领导的担忧。

1972年1月11日，周恩来总理对援外汽车质量问题作出指示：“望计委把长汽、二汽、京汽、南汽抓一抓，质量这样下降如何援外，如何备战？这是路线问题，要在这个月内，放在议事日程上来解决。”②这显示出整顿汽车工业生产秩序的决心。1月25日，一汽召开提高产品质量、加强生产管理现场会议，副书记王育民传达周总理关于产品质量问题的指示和国家计委的电话通知。5月27日，一汽召开工艺质量专业会议，研究搞好工艺普查和质量管理措施。通过这些整顿，一汽的情况有所好转。9月26日，一机部在长春召开整顿产品质量、加强企业管理经验交流会，也就是所谓“长春会议”，参加会议的有全国各省、自治区、直辖市机械仪表局领导、国家计委的负责干部、168个大中型企业领导和职工代表共458人。一汽在会上介绍了贯彻周恩来总理批示、整顿产品质量的经验。③笔者搜集了几份会议的经验交流材料，从中可以看到1972年一汽对于生产秩序的整顿。例如，一汽党委书记王英烈在发言中指出，底盘分厂传动轴车间过去管理混乱，5月份废品损失高达2万多元，原因包括车间自行取消了精车和粗磨两道工序，“有关部门曾多次提出要恢复原来合理的工艺，但有的人却说，恢复老工艺，就是恢复洋框框。由于思想阻力大，合理的工艺迟迟不能恢复”。在这次整顿中，分厂党委书记深入车间，从班组到车间，围绕工艺问题层层进行分析，让许多老工人回忆合理工艺取消前后的废品率变化，用“活生生的事实”批判了“生产不要领导”、“管理不要制度”、“干活不要工艺”的谬论。④由此可见，整顿生产秩序在很大程度上只是需要恢复被“文革”破坏的原有的企业管理制度和生产方式。再如，一汽越野车分厂报告指出，此前“全分厂一千多人，只有一个人管工艺，文件混乱，制度也取消了，造成一个‘老工人凭着经验干，新工人跟着别人干，个别人想怎么干就怎么干’的无章可循的局面”，因此，该厂在整顿过程中进行了工艺普查，并

---

①③ 见王世禹：《一机部“长春会议”的前前后后》，载全国政协文史和学习委员会编：《一汽创建发展历程》，第309页。

② 一汽史志编纂室：《第一汽车制造厂厂志（1950—1986）》第1卷上册，第57页。

④ 见王英烈：《以党的基本路线为纲狠抓企业管理，提高产品质量》，第一汽车制造厂1972年印，第6页。

依据“五保证、两尊重”的原则搞好工艺修订，其中尤其值得注意的是“两尊重”，即“尊重原工艺的合理部分，尊重工人的实践经验，防止‘左’、右两种倾向”[①]。这一原则更鲜明地显示出整顿意味着对被“文革”破坏的合理的制度的恢复。有了1972年的这次整顿，一汽的产品质量有所回升。

不过，1972年的整顿此后又受到“四人帮”的干扰。在1973年末和1974年初召开的全国计划会议上，“四人帮”的死党攻击长春会议是“回潮的会、倒退的会”。[②]1974年2月5日，一汽成立了批林批孔办公室，尽管厂党委做了许多工作，但在“批林批孔”中一汽还是出现了混乱的状况。[③]因此，在整个十年“文革”期间，一汽维持正常生产秩序的时间相当有限。实际上，直到1977年7月，在一汽“支左”的军宣队才全部撤回部队，直到1978年1月，一汽“五·七”干校才撤销，同年12月一汽革委会才撤销。[④]可见一汽摆脱“文革”的阴影也并非一蹴而就。

综上所述，自1956年至1978年，一汽虽然进入了自主成长阶段，但受到各种外部因素尤其是政治因素的影响甚大，其中不少影响是负面的、消极的。在“大跃进”期间，一汽开始了一些可贵的自主探索，可惜，由于“政治挂帅”以及目标过高，一汽的这些自主探索并未成功，中国汽车工业也没有像日本汽车工业那样打开局面。国民经济困难时期过后，中央一度试办托拉斯，对于一汽的发展是一个可能性的转机，然而，“文革”的爆发打断了一汽正常成长的道路，而“文革”对一汽的冲击是全方位的。因此，一汽的早期发展阶段虽不能说毫无成绩，但其发展是十分迟缓的，某些方面还出现了倒退，而一汽的曲折也是当时整个中国汽车工业的缩影。

二、 计划经济时期一汽的发展绩效

前文梳理了计划经济时期外部因素对于一汽发展的影响，实际上，由前文可以看到，在“政治挂帅”的计划经济时期，外部因素是左右一汽命运

① 中共第一汽车制造厂越野车分厂委员会:《搞好工艺整顿，提高产品质量》，第一汽车制造厂1972年印，第1—6页。

② 王世禹:《一机部“长春会议”的前前后后》，载全国政协文史和学习委员会编:《一汽创建发展历程》，第311—312页。

③ 见一汽史志编纂室:《第一汽车制造厂厂志(1950—1986)》第1卷上册，第61页。

④ 见一汽史志编纂室:《第一汽车制造厂厂志(1950—1986)》第1卷上册，第64—68页。

的决定性的力量，而“大跃进”、试办托拉斯和“文化大革命”这三个外部事件基本上也可以涵盖一汽早期发展的历史。接下来，通过统计数据具体展现计划经济时期一汽的发展绩效。

1975年3月，一汽汽车工厂设计处工艺室整理有《第一汽车厂历年资料汇集》，这是以之作为基本数据。

一个汽车制造企业的最主要发展指标就是汽车的产量，《第一汽车厂历年资料汇集》提供了从1955年到1973年的一汽汽车产量的明细统计（见表2-4）。

表2-4 （1955—1973年）一汽的汽车产量 单位：辆

项目	汽车总数	解放牌汽车（整车）	三轴越野车	红旗牌轿车	铁道汽车	吉斯150型汽车
1955	61					61
1956	1 654	1 225				429
1957	7 904	6 227				1
1958	14 322	11 919	33			
1959	16 469	10 876	221	47		
1960	17 407	10 678	613	61	3 010	
1961	1 146	960	121	1	20	
1962	7 602	6 017	258	6		
1963	17 665	14 052	1	11		
1964	24 251	不详	不详	307		
1965	34 155	32 545	1 580	30		
1966	46 605	42 419	4 104	82		
1967	15 068	13 062	1 953	33		
1968	16 638	14 668	2 008	22		
1969	37 267	33 057	4 185	25		
1970	50 303	44 185	6 078	40		
1971	60 010	50 605	9 303	102		
1973	58 005	49 864	8 039	113		

注：原资料缺乏1972年数据。另外，本表未计入解放牌汽车的底盘产量，故汽车总数不完全等于几种车型产量之和。

资料来源：汽车工厂设计处工艺室整理：《第一汽车厂历年资料汇集》，第153页。

表 2-4 为我们展示了一汽早期发展过程中的基本生产情况。首先,从产品品种来看,解放牌汽车一直是一汽的主要产品,作为军车的三轴越野车可以算是第二产品,但数量远远不如解放牌汽车,至于红旗牌轿车,产量更是小得几乎可以忽略不计,纯粹是一种点缀。在计划经济时期的中国,一汽是最主要的汽车生产厂,所以一汽的产品格局大体上可以反映当时整个中国汽车工业的产品格局。我们可以看到的是,一汽是以制造载货汽车即卡车为主业,这可以反映出计划经济时期中国汽车工业主要为满足货物运输而存在。其次,从产品数量的变化来看,总的来说,一汽的汽车产量是在增产中的,但是,这种增产存在着两个严重问题:其一,增产过程中有较大波动,如 1961 年、1962 年两年,产量下滑幅度惊人;其二,一汽产能的增长在近二十年的时间内总体而言是相当缓慢的,这说明一汽在计划经济时期发展不快。为了加深印象,我们可以看看更形象、更直观的一汽汽车产量曲线图。

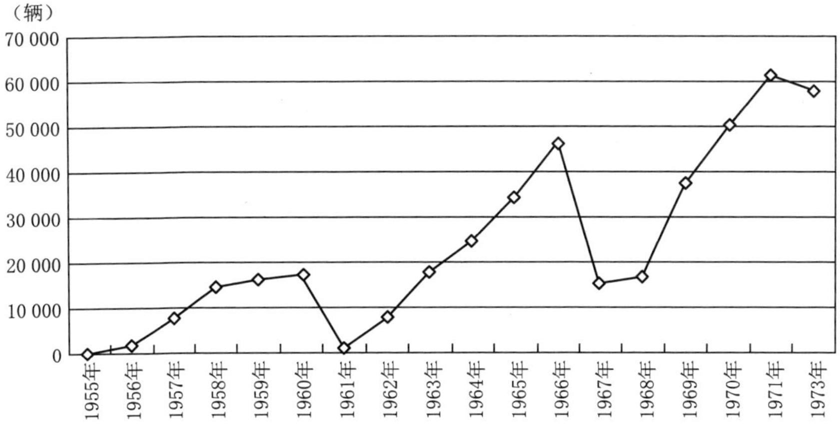

图 2-2 (1955—1973 年)一汽生产汽车总数

资料来源:根据表 2-4 整理而得。

图 2-2 比表 2-4 更清晰地展示了计划经济时期一汽的产量变化。我们从图 2-2 中可以看到,从 1955 年到 1960 年,一汽的产量经历了一个缓慢的增长过程,但 1961 年就突然跌至谷底,甚至还不如 1956 年创建之初的

水平，其原因自然是当时整个中国都进入了国民经济困难时期。1962 年以后，直到 1966 年为止，一汽的产量有所回升，而且增幅要大于 50 年代，这可以说是一汽发展较好的一段时间，其原因除了宏观经济的好转外，也包括 6 万辆扩散工程、试办托拉斯等。然而，1966 年“文革”爆发，对一汽的冲击迅速地体现在了 1967 年的产量大幅下滑上，并持续到 1968 年，1969 年虽有所恢复，也没有达到 1966 年的高度。此后，一汽的产量仍然有所回升，但如前文所述，这种产量的回升是以牺牲质量为代价的。因此，我们由图 2-2 可以总结，一汽在计划经济时期的发展是曲折崎岖的。

由于在计划经济时期企业的产品一般由国家包分配，所以不存在销售问题，也不必用利润指标去评判企业发展绩效。不过，与产量相对应的是，我们可以用产品质量来衡量企业的发展状况。为此，从《第一汽车厂历年资料汇集》中选取了解放牌汽车返修率作为评价一汽产品质量的指标。之所以选择解放牌汽车的数据，是因为该数据在各种产品的数据中最为完整，而且由表 2-4 可知，解放牌汽车构成了一汽产品绝对的主体。至于该项产品的历年返修率见图 2-3。

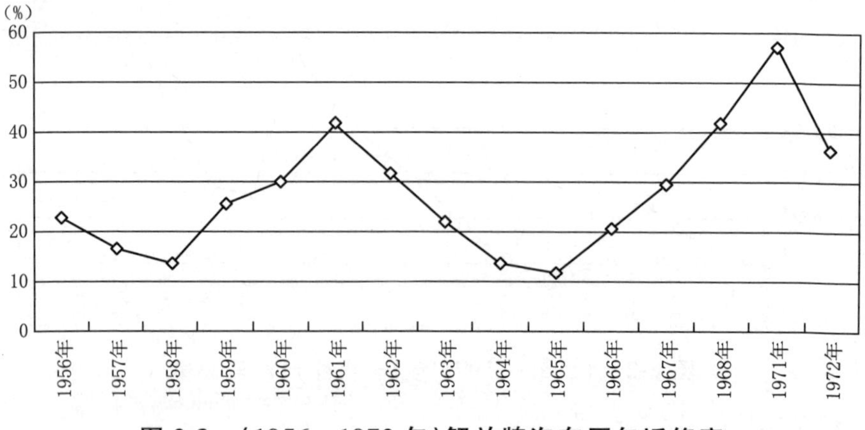

图 2-3 (1956—1972 年)解放牌汽车历年返修率

注：原资料缺乏 1969 年、1970 年数据。

资料来源：整理自《第一汽车厂历年资料汇集》，第 155—156 页。

根据资料，汽车返修率 = 汽车返修台数/汽车装配总台数 × 100%。

实际上，影响汽车返修的因素非常多，但质量因素无疑是相当重要的，因此，可以根据汽车返修率来推断产品的质量问题。我们从图 2-3 可以看到，从 1956 年到 1958 年，解放牌汽车的返修率有所降低，这表明产品质量有所提高，但从 1959 年到 1961 年，解放牌汽车的返修率又有大幅提升，这应该与“大跃进”时期的盲目生产不无关系。从 1962 年到 1965 年，解放牌汽车返修率又有所下降，这与当时一汽生产的好转是有关系的。此后，从 1966 年到 1971 年，解放牌汽车的返修率节节攀升，这自然是因为“文革”的冲击。因此，我们大致可以得出这样一个结论：在计划经济时期，当政治运动对一汽的冲击较小时，该厂产品质量就相对较高，反之，在政治运动盛行的时期，一汽产品质量的滑坡就比较大。

综上所述，通过考察产量与质量这两个要素，可以认为，在计划经济时期，一汽的发展绩效受政治运动的影响较大，这反过来证实了前文的判断：外部因素对一汽的早期发展有重大影响。而且，“大跃进”、“文革”等政治运动对于一汽发展所起到的影响基本上是负面的，因此，在“政治挂帅”的计划经济时期，一汽的发展绩效是不高的。

三、 计划经济时期一汽的产品研发

在计划经济时期，一汽的产品研制主要是仿制国外产品并加以改进，严格意义上说还算不上是“研发”(R&D)。不过，由于中国汽车工业起点过低，1978 年之前中国的汽车工业还相当幼稚，因此，将该时段内中国车企的产品研制都视为研发。对一汽来说，其产品研发主要包括三个品种：解放牌卡车、军用越野车、红旗牌轿车。

(一) 卡车研发：主打产品研发的迟缓

如前文所述，解放牌卡车是一汽在计划经济时期的主打产品。实际上，这款产品并非一汽的原创，而是来源于苏联的技术转移。苏联援助中国建设一汽时，选择的车型是斯大林汽车厂的吉斯-150 型 4 吨载重汽车，这就是解放牌卡车的原型。当时，斯大林汽车厂提供给中方吉斯-150 型的产品图纸，基本上就是将原产品图纸重描了一份，只是对车头和发动机罩上有俄文的地方作了中文处理。①由此可见，解放牌卡车最初就是苏联吉斯-150型载重汽车的翻版，是完全从苏联引进的产品。1953年下半年，斯大林汽车厂向中方提出，希望中方给4吨载重汽车取个牌名，以便在设计图纸上和车头的模子上都标上这一牌名，孟少农将苏方的这一要求转告给了国内。就这一问题，一机部的黄敬、段君毅、张逢时、汪道涵等几个人先起了几个名字，包括“解放”、“前进”、“胜利”等，最后通过毛泽东主席身边的人向他请示后，由毛主席亲自定下“解放”这一牌名。于是，国内给了孟少农以回复，并寄去了毛泽东所书“解放”二字的手体。斯大林汽车厂将这一字体放大后刻在一个镀铬的零件模子上，将这个零件镶在车头上。②因此，可以说，最初的解放牌卡车完全是苏联代中国设计的，一汽只是照着图纸仿造罢了。

在将吉斯-150型转化为解放牌的过程中，中国方面给解放牌取了CA10这一代号，实际上，CA也是整个一汽的工厂代号，后来被全面用于一汽产品的型号前。所谓“CA”，“C”既有长春的意思，也有中国的意思，“A”则是第一的意思，因此，“CA”就被用于指代一汽。CA10顺理成章地就是一汽的第一种产品。此后，CA10的变种就包括CA10B、CA10C等。

由于一汽最早的产品解放牌卡车系完全从苏联引进的产品，所以起初一汽连专门的产品开发部门都没有，只有一个设在技术处里的产品设计科，负责处理生产中出现的质量问题。直到1954年，一汽才把具有初步开发功能的设计试制处独立出来，后来改名为设计处，并一直延续到1980年与长春汽车研究所合并。③从机构设置来看，在一汽发展的早期阶段，其研发力量是很弱的。但这恰好是计划经济体制下的一大特点，即企业主要作为按图生产的制造工厂，而不负责技术研发。实际上，产品设计等研发(R&D)活动本来就是为了适应市场竞争而产生的，在计划经济体制下并

---

① 见华庆：《解放CA10系列的诞生与改进》，载中国第一汽车集团公司技术中心史志编纂室编：《研发者的足迹》，中国第一汽车集团公司技术中心史志编纂室2005年印，第230页。

② 见王第兰：《“解放”牌汽车的由来》，载全国政协文史和学习委员会编：《一汽创建发展历程》，第196—198页。

③ 见华庆：《解放CA10系列的诞生与改进》，载中国第一汽车集团公司技术中心史志编纂室编：《研发者的足迹》，第231页。

不需要。加上一汽全面移植了苏联技术，自主研发的动机更形削弱。

不过，有一汽员工认为："正因为苏联援建的内容中没有包含产品开发的内容，因此当生产调整完成，汽车产品下线后，所有后续的改进、发展工作，全部要由我们自己来规划和实施。"①这也就是说，在一汽具备制造解放牌卡车的基本能力后，就开始在产品改进层面进行研发工作。这些改进，首先是为了适应中国不同于苏联的特殊国情。尽管吉斯-150型载重车具有很强的适用性，但是，在中国的具体条件下，该车存在着"水箱开锅"、"驾驶室闷热"、"转向沉重"等使用缺陷，而这些缺陷是一汽必须想办法加以改进的。1956年，一汽设计处针对前述三大缺点，提出了一个"练兵设计"。顾名思义，"练兵设计"具有试验性质，主要目的也是为了训练中国自己的设计人员，因此，设计非常大胆，几乎不考虑现实生产的继承性。当时的第一方案型号被定为CA11A，得到尚在设计处工作的苏联专家的指导。该车型于1957年末试制出一台样车。而第二方案CA11B也设计出发动机和后桥等图纸，但未投入试制。②尽管这一"练兵设计"被认为是"一汽开发新产品的最初尝试"③，却没有立即进入生产层面。当时，针对吉斯-150型三大缺点的改进，主要还是以CA10为基础进行局部的改良。一汽通过增加水箱散热片数，以及使用六叶风扇等措施，解决了"水箱开锅"问题；通过采用可启风挡玻璃的方法，解决了"驾驶室闷热"问题；通过采用圆锥滚子止推轴承的办法，解决了"转向沉重"的问题。④可以说，吉斯-150型三大缺点的解决，主要是在原型车的零部件上进行小修改。1958年4月，一汽在CA10型发动机上用231型化油器取代了原来的K80型化油器，之后又进一步将231型化油器改进为231A2G型化油器，提高了发动机的功率和转数以及整车的最大车速。⑤经过这次改进后，CA10演化为CA10B，于1960年6月投产，这可以视为一汽对解放牌卡车进行二次创新的重要

① 见华庆：《解放CA10系列的诞生与改进》，载中国第一汽车集团公司技术中心史志编纂室编：《研发者的足迹》，第231页。

② 见华庆：《解放CA10系列的诞生与改进》，载中国第一汽车集团公司技术中心史志编纂室编：《研发者的足迹》，第233—234页。

③ 张兴业：《回顾一汽从引进苏联技术向自主发展的历程》，载全国政协文史和学习委员会编：《一汽创建发展历程》，第226页。

④⑤ 见一汽史志编纂室：《第一汽车制造厂厂志(1950—1986)》第1卷上册，第125页。

1958 年，一汽设计并试制出的 CA140 型卡车

一步。

其实，当引进并国产化吉斯-150 型不久后，中央领导就曾试图让一汽在其基础上自主开发新车型，也就是对解放牌进行“换型”。1958 年末，一汽设计并试制出 CA140 型 5 吨载货汽车，该车型突破了 CA10 总布置不变的限制，车身、发动机都作了彻底改动。不过，由于当时 CA10 车型投产才两年，还远未收回成本，在这种情况下进行大换型超越了国家的财力、物力条件，结果 CA140 只在样车上做了一些试验项目后就搁置起来。①尽管 CA140 未能取代 CA10，但该车型的设计与试制可以视为一汽在卡车领域真正自主研发的开端。1962 年，一汽再次启动 CA140 的开发，并于 1964 年试制出 3 辆样车，于 1965 年试制了 23 辆第二轮样车。在这一次研发过程中，一汽总结了前次开发的教训，调整了设计方针，从实际出发，保留可靠性较好的老产品总成，尽量减少工装的变动，以减少投入，降低换型的难度，最终采用所谓“三车一挂一发”方案，即采用新的车身、车架、车厢、悬挂和发动机，而保留原来 CA10B 的变速箱、双级减速后桥和铸造桥壳。1965 年试制的样车代号为 2E140，被分别发往新疆、云南、湖北、黑龙江、吉林的 5 个使用试验点试验，在试验点试验结果的基础上，1966 年又装出 6 台 4E140 定型样车，做了全部性能试验和西北、中南两地的使用试验，并进行了约三分之一总成的生产准备工作。②可以说，一汽对

① 见华庆：《解放 CA10 系列的诞生与改进》，载中国第一汽车集团公司技术中心史志编纂室编：《研发者的足迹》，第 234 页。

② 见华庆：《解放 CA10 系列的诞生与改进》，载中国第一汽车集团公司技术中心史志编纂室编：《研发者的足迹》，第 234—235 页。

CA140 的研制活动真正具有了研发的性质。只可惜，当时正好在兴建二汽，资金投入较大，中央遂决定暂停一汽的换型工作，并要求将为 CA140 所做的技术储备尽量移植到给二汽包建的产品上去。[①]如此一来，一汽的卡车研发再一次无果而终。不过，CA140 后来成为二汽研发 EQ140 型 5 吨载货汽车这一主打产品的蓝本，因此，一汽研发 CA140 的努力不仅没有付诸东流，反而为中国汽车工业的成长作出了重大贡献。

由于一汽未能凭借对 CA140 的研发成功换型，故在计划经济时代的大部分时间里，一汽在卡车领域主要还是生产 CA10B，其主打产品的研发是相当迟缓的。直到 70 年代，为了同二汽竞争，一汽才重新开始新的研发工作，试图开发载重 6 吨的卡车，并将型号定为 X140。然而，到了 1979 年至 1980 年间，一汽考虑到国家在二汽建设期间不会给一汽大量投资来换型，故又转而在 CA10B 的基础上研发 4.5 吨载货汽车，可惜最终亦未能定型投产。[②]从一汽对卡车这一主打产品的研发可见，在计划经济时代，中国汽车企业的产品研发工作受政府指令影响很大，而政府的资源投入决定着企业产品研发的成败与走向。这意味着，一旦政府抽走资源，企业的研发就会难以为继。同时，与生产成熟产品相比，研发新产品并不占有重要地位。这可以说是计划经济时期的鲜明特色了。

(二) 越野车研发:放弃自主研发路径

在计划经济时期，一汽对其第二重要之产品军用越野车的研发，也采取了与主打产品卡车研发的相同路径。就是说，一汽对越野车的研发主要也是在引进苏联产品的基础上加以改良。不过，与解放牌卡车相比，一汽对越野车的研发具有更大的自主性，据一汽员工称:“当时虽然获得了吉斯-157 型的设计图纸，但是 CA-30A 越野车并不是像许多人了解的那样完全按照吉斯-157 型生产的，而是重新确定的设计方案。”[③]因此，一汽对越

① 见华庆:《解放 CA10 系列的诞生与改进》，载中国第一汽车集团公司技术中心史志编纂室编:《研发者的足迹》，第 235—236 页。

② 见一汽史志编纂室:《第一汽车制造厂厂志(1950—1986)》第 1 卷上册，第 126 页。

③ 张兴业:《回顾一汽从引进苏联技术向自主发展的历程》，载全国政协文史和学习委员会编:《一汽创建发展历程》，第 226 页。

野车的研发虽然采取了与卡车研发相同的路径,但也出现了一定的变化。

一汽对于越野车的研发是政府出于国防需要而下达的任务。早在1956年7月,一汽领导就开始酝酿越野车的生产问题,根据苏联专家费司塔等人的建议,设计部门专门组织了调查组,对各军区已有的军用越野车展开调查,调查对象包括美国的GMC、斯蒂培克US-6型,苏联的吉斯-151型、吉斯-157型、嘎斯63型等军队在用车辆,根据这些车辆在国内的使用情况的反映来选择原始车型。①当时,调查组认为US-6型性能最好。为了使调查工作有一定深度,调查组还对各车型进行了越野性能试验,根据试验结果,调查组认为军用越野车三轴驱动的结构优于二轴驱动的结构,这就是后来一汽研发的越野车采取三轴驱动的由来。不过,尽管调查组肯定了美国车型的性能,但最终还是选择了苏联车型。1956年10月,孟少农要求一汽设计处编制产品发展规划,指出要"在利用CA10型车通用总成的基础上设计越野车",这实际上等于是选择了苏式技术路径。根据孟少农的指示,设计处对越野车的设计提出了两种方案:一个是自己设计的,定为CA31型,一个是仿制苏联的,定为CA30型。但如前所述,由于自己设计的方案也要利用CA10作为基础,这相当于还是在苏联的技术轨道里。后来,富侠在回忆中解释了选择苏联车型的原因:"一是帝国主义对我们采取包围与封锁的反动政策,在技术上卡我们,根本不会向我们提供越野车制造技术;二是那时一汽的载货汽车已引进苏联的吉斯-150型4吨载货汽车,而吉斯-151型越野车是苏联同

一汽制造的解放牌CA-30越野卡车

① 见华庆:《军用越野车CA30开发生产始末》,载中国第一汽车集团公司技术中心史志编纂室编:《研发者的足迹》,第240页。

一个厂生产的，我们的越野车如走仿制苏联的道路较为方便与经济。鉴于吉斯-151 型汽车的性能已较落后，苏联已在试制第二代吉斯-157 型越野车，我们如仿制吉斯-157 型越野车就能迎头赶上了。”[①]因此，一汽放弃仿制美国车型而选择苏联车型，既有地缘政治上的考虑，也是希望能依靠引进苏联的最新技术来迅速填平差距。

至于在自主设计和仿制苏联这两个方案中，最终选择后者，也是为了能尽快使越野车投产，以便交付部队使用。1956 年 12 月，一汽设计处的胡求真等人赴京，征求部、局对于一汽设计规划的指示并听取主要使用单位的意见。军委总参装备计划部部长万毅中将等表示支持一汽自主设计越野车，但对于该方案 1962 年的生产期感到太晚，表示如果生产 CA31 比 CA30 晚一年二载，还是希望生产 CA30。当时，吉斯-157 型在苏联已经通过试验定型，其零部件有 50%可与一汽的 CA10 互换，又能提前满足军委需求，故一机部决定等吉斯-157 型图纸到达后立即进行生产准备。不过，从史料来看，一汽并没有完全放弃自主设计的方案。1957 年 7 月，在厂技术会议上，仍然对是否生产吉斯-157 型越野车进行了讨论，形成《一汽对吉尔(斯)-157 越野车生产问题的意见》并上报一机部汽车工业管理局，认为“生产与不生产各有利弊，从设计观点及今后我厂车型发展方面，生产部件互换的经济方面来考虑，以不生产为好；从争取时间及锻炼工艺力量上考虑也可以生产”[②]。由此可见，直到一机部下达指示半年后，一汽还没有放弃自主设计的方案。不过，会后不久，吉斯-157 的图纸就到达一汽，一汽也就正式放弃了自主设计越野车的研发方案，转而生产吉斯-157 型也就是后来的 CA30 型军用越野车。从一汽放弃自主设计越野车的整个过程，我们可以看到，当时中国的汽车工业面临着自主研发周期长而国家对汽车需求迫切的矛盾，在资源有限的情形下，国家舍弃自主研发而选择引进现成技术，主要着眼于满足短期需要。这一点，与此后中国汽车工业引进西方技术的合资模式，实际上也是一致的。因此，中国汽车工业的发展，从一开始就是符合比较优势原则的。当然，值得注意的是，早在 20 世纪 50 年代，中国

①② 富侠：《开发军用越野车》，载全国政协文史和学习委员会编：《一汽创建发展历程》，第 263 页。

汽车工业的技术人员已经看到自主研发的优势，这一点相当可贵。

苏联图纸到达后，一汽对于越野车的研发就与对解放牌卡车的研发差不多了，不同之处在于，对越野车的仿制从一开始就做了一些自主改进，"主要是把那时已投入试制的CA10汽车改进型车头移植过来，将水箱罩和前翼子板联成一体，发动机罩改成大揭盖式"①。实际上，采用"大揭盖"式车头是"为了使外形和苏联的有所区别"②。这些细小的二次创新自然是建立在卡车制造能力的基础上的。1958年国庆前夕，第一台CA30样车试装完成，当时，考虑到吉斯-157型为苏联成熟产品，一汽对试制和部分生产准备工作采取了平行展开的方式，样车经过短期试验后就投入批量生产，并分发给部队，结果很快就因质量问题而于1962年上半年暂时停产。③为此，一汽和军队组成了联合试验组，以解决质量问题，最终改进了设计计划，涉及7项结构改进，包括：(1)驱动桥改用新设计的结构；(2)车头外形重新设计；(3)为改善发动机散热系统的冷却性能，水泵、风扇和护风圈都改进了设计；(4)消除供油系气阻，采用大排量的汽油泵；(5)轮胎中央充气装置自行设计；(6)增加暖风除霜装置；(7)增加起动加温装置。后来，除（5）、(7)两项在生产准备中遭遇困难没有实现外，其余5项

一汽在研发汽车时，虽然参考了当时的吉斯-157车型，但具有更大的自主性

① 富侠：《开发军用越野车》，载全国政协文史和学习委员会编：《一汽创建发展历程》，第264页。
② 过仲珏：《为开发CA30建功立业的年轻人》，载中国第一汽车集团公司技术中心史志编纂室编：《研发者的足迹》，第242页。
③ 见华庆：《军用越野车CA30开发生产始末》，载中国第一汽车集团公司技术中心史志编纂室编：《研发者的足迹》，第241页。

改进都被纳入新样车的试制,待结果满意后,于1963年第四季度投入批量生产。[①]值得注意的是,在这次改进中,一汽的技术人员纠正了苏联设计的错误,例如:"对分动箱易坏的缺陷,由底盘设计师田其铸、祝世和负责改进设计。他们经过计算,发现缺陷的原因是原苏联设计有错误。他们改变原来的二挡速比和更正原来的齿轮设计后,消除了这个缺陷。"[②]这可以说是一汽技术人员着手自主研发的重要体现,也从一个侧面说明了自主研发的意义。当然,此时的所谓自主研发主要是修补性的。改进后的新的越野车型号被定为CA-30A。我们可以看到,与解放牌卡车解决三大缺陷相同的是,一汽也依靠自己的力量对越野车原型的缺陷进行了修补,这种修补性设计可以说是计划经济时期一汽产品研发的重要内容。

起初,一汽没有专门的越野车生产车间,因此大多数单位把越野车零件插入解放牌卡车的生产线上生产,与解放牌形成"你下我上"的局面,这也是越野车质量难以保障的原因之一。1963年9月,国家计委同意了一汽越野车扩建工程并拨款3 000万元,1965年5月,越野车车间正式投产。[③]这时,一汽的CA-30A已较为稳定。此后,该车型长期大批量生产以供应军队,直到"文革"后期二汽的军用越野车正式投产,才被上级要求停产。

1967年以后,随着卡车自主研发工作的展开,一汽也对越野车进行了相应的改进,1967年将CA140卡车的顶置式发动机布置到CA-30A上,于1968年试制出样车,代号CA-30B。1970年,又将CA140的驾驶室装到CA-30B上,制出样车,型号为CA-30C。这两种车型越野载重均为3吨,其中,CA-30C还进行了批量使用试验,但由于CA140的流产,一汽越野车的换型也未能实现。[④]此外,1970年,一汽为适应部队需要,研发了CA230型0.8吨越野车,试制了40多辆,但因与南汽研发的1吨越野车相近而未继

---

① 见富侠:《开发军用越野车》,载全国政协文史和学习委员会编:《一汽创建发展历程》,第264页。

② 过仲珏:《为开发CA30建功立业的年轻人》,载中国第一汽车集团公司技术中心史志编纂室编:《研发者的足迹》,第247页。

③ 见胡传聿:《建设越野车车间》,载全国政协文史和学习委员会编:《一汽创建发展历程》,第265—266页。

④ 见华庆:《军用越野车CA30开发生产始末》,载中国第一汽车集团公司技术中心史志编纂室编:《研发者的足迹》,第241页。

续进行下去。[①]一汽放弃研发CA230，与该厂放弃研发X140一样，反映了计划经济体制下企业的研发活动不能真正自主，受到非经济因素的较大制约。

（三）轿车研发：错置的自主研发平台

尽管在计划经济时期，轿车制造对于一汽的整体生产来说，更像是一个点缀，但与卡车、越野车研发不同的是，一汽对轿车的研发具有更大的自主性，可以说是打造了一个自主研发的平台。不过，客观地说，与同时期日韩轿车制造的崛起相比，一汽的轿车研发是不甚成功的，其原因亦值得我们反思。

据时任一汽技术处副处长的史汝楫回忆，1957年春，一机部部长黄敬来到一汽，召集吴敬业、刘炳南、富侠等技术人员对一汽干轿车有没有可能、有没有把握进行讨论。一汽的技术人员根据当时企业的领导和技术力量，认为可以造轿车，先上普通型的小轿车，黄敬则主张先把产品开发出来，干多大规模以后再说。史汝楫回忆称："对我们搞技术的人来说，没有比搞新产品再感兴趣的事了。能够经我们手搞出中国的轿车来，是我们梦寐以求的事，从心里感到中国人被人瞧不起的时代已经过去了。"[②]1945年，史汝楫未满30岁就在美国福特汽车公司实习，学习轿车设计和制造技术，其具有创立自主汽车工业的想法与民国时代工程界的普遍愿望是一致的。而他能够参与到新中国轿车制造事业中来，也体现了历史的某种延续性，以及新中国不同于旧中国的发展汽车工业的魄力。另外，史汝楫的心情也反映了即使在全面移植苏式体系的时代，中国汽车工程技术人员仍然希望能够自主研发新产品。这种自主研发的期望与前文所述一汽对于引进苏联越野车的犹豫是相同的。

得到黄敬的支持后，一汽在厂长饶斌的亲自主持下，很快组织力量投入轿车设计的工作。由于中国汽车工业起点低，即使是自主研发轿车，也只能从仿制国外产品起步。但是，与相对被动地接受苏联卡车、越野车车型不同的是，自主研发意味着由一汽自己的技术人员去挑选所要仿制的轿车车型。

① 见一汽史志编纂室：《第一汽车制造厂厂志（1950—1986）》第1卷上册，第127页。

② 史汝楫：《毛主席坐上我们生产的小轿车》，载全国政协文史和学习委员会编：《一汽创建发展历程》，第247页。

当时，在国内能够找到的轿车样品很有限，一汽决定车身以法国的Simca公司的Vedetee为蓝本，而发动机以德国奔驰-190的发动机为蓝本。之所以如此混搭，是因为Vedetee的发动机为小排量的V-8发动机，对初次仿制的一汽技术人员来说难度太大。[①]选好原型后，一汽的仿制工作进展迅速，设计人员只用了几个月的时间就画出来上万张图纸，并造出不少模具。[②]这个工作完全具有自主研发的性质。在技术人员和工人的努力下，从1957年末到1958年5月，一汽的第一辆轿车CA-71就造出来了，取名为“东风”。东风牌轿车的车头上装了一条昂首的金龙，是为了体现民族风格。起初，东风牌轿车发动机罩前安装了汉语拼音“DONG FENG”，朱德看了后认为还是用汉字好，一汽就选用了苏东坡字帖上的“东

1958年5月，一汽的第一辆轿车CA-71被制造出来，并选用了东风二字作为品牌名称

① 见程正:《东风轿车开发始末》，载中国第一汽车集团公司技术中心史志编纂室编:《研发者的足迹》，第338页。

② 见史汝楫:《毛主席坐上我们生产的小轿车》，载全国政协文史和学习委员会编:《一汽创建发展历程》，第247页。

风”二字。此外，东风的后照灯采用了中国传统宫灯的形象，也是为了凸显民族风格，具有自主设计的意味。①

东风牌轿车造出来后，适逢当年召开党的八大二次会议，一汽将东风牌轿车送到北京，5月21日，毛泽东主席等中央领导在中南海后花园观看并乘坐了该车，毛泽东高兴地说：“好呀，好呀，坐上我们自己的小轿车了！”因此，自主研发轿车的意义与研制卡车、越野车不同，从一开始就包含着提高国家民族威望的成分，但这也影响到中国轿车工业后续的发展路径。值得一提的是，周恩来总理当时围着东风牌轿车看了一圈后，打开机器盖子，看了看发动机，问一汽人员：“这发动机是抄‘奔驰190’的，对吧！”史汝楫回答说：“是的。”周恩来说：“世界上的汽车都是互相抄的，但要抄得巧，得有些改变才行，原样照搬，人家会提出意见来的，比如发动机的气阀室盖就可以改改形状嘛。”②周恩来的评论，实际上指出了后发展国家在工业上追赶先进国家的必由之路。对于汽车这样的成熟技术产品，所谓自主研发，也不等于完全创造一种新机器，关键仍在于企业自己从设计到制造是否付出了真正的努力。③从这个意义上说，与直接从苏联引进卡车、越野车图纸仿制不同，一汽对于东风牌轿车的制造更加具有自主研发的意味，也通过自己选车型、画图纸、造模具而打造了一个自主研发平台。

造出第一台东风牌轿车后，一汽本来打算实现量产，并且已经开始用自制的土冲模生产了一批车身覆盖件，孰料国家考虑到须尽快解决中央领导乘坐国产汽车的问题，要求一汽集中力量研发高级轿车，遂停止了对东风牌轿车的开发。④东风牌轿车的停止研发是中国汽车工业的一个颇具悲

---

① 见程正：《东风轿车开发始末》，载中国第一汽车集团公司技术中心史志编纂室编：《研发者的足迹》，第338—339页。另据史汝楫回忆，提出以汉字“东风”代替拼音的是杨尚昆，后来使用的是从《人民日报》找到的毛泽东手迹。见史汝楫：《毛主席坐上我们生产的小轿车》，载全国政协文史和学习委员会编：《一汽创建发展历程》，第248页。

② 史汝楫：《毛主席坐上我们生产的小轿车》，载全国政协文史和学习委员会编：《一汽创建发展历程》，第249页。

③ 可以参考路风对“自主创新”的定义。见路风：《走向自主创新：寻求中国力量的源泉》，广西师范大学出版社2006年版。

④ 见程正：《东风轿车开发始末》，载中国第一汽车集团公司技术中心史志编纂室编：《研发者的足迹》，第339页。

剧意味的转折点。由于现代汽车工业主要是以制造供大众消费的普通轿车为主，一汽作为中国最具技术实力的汽车制造厂，放弃对普通轿车的研发，就等于中国汽车工业的发展偏离了世界主流。

克莱斯勒 C69 车型

据记载，早在 1958 年 4 月，也就是东风牌轿车尚未最终完成时，一汽已开始酝酿设计高级轿车。一汽以 1955 年美国克莱斯勒 C69 轿车为样车，动员全厂试制。在试制过程中，一汽充分利用了研发东风牌轿车所积累的技术经验，“车身设计按东风轿车设计程序，只有外形布置图，车身结构仍以东风轿车为蓝本，直接雕塑 1∶1 油泥模型”①。1958 年 7 月，仅用一个月的时间，一汽即成功试制高级轿车，车名定为红旗牌高级轿车。从此，中国汽车工业有了一个名号最响的民族品牌。实际上，可以说正是由于红旗牌轿车的试制成功，间接地导致了东风牌轿车的下马。由于红旗牌轿车是在短时间内试制成功的，图纸、文件都不齐全，于是，一汽于 1958 年 10 月重新进行了设计，并将其定名为 CA72 型红旗牌高级轿车。作为一款自主研发的车型，该车没有选择单一母本，而是博采众长，车身中部仍基本按克莱斯勒结构设计，车身前部则参考林肯 1957 年的车型结构设计，车身后部行李箱等则参考了 1957 年型卡特莱克车的结构设计。②可以说，红旗牌轿车的设计充分遵循了前述周恩来的指示，没有“原样照搬”。其实，即使是以仿制为主的东风牌轿车也没有完全照抄原型，但是，与东风牌轿车相比，红旗牌轿车的自主

① 吕彦斌：《红旗轿车产品设计综述》，载全国政协文史和学习委员会编：《一汽创建发展历程》，第 250 页。

② 见吕彦斌：《红旗轿车产品设计综述》，载全国政协文史和学习委员会编：《一汽创建发展历程》，第 251 页。

1958 年 7 月，一汽成功试制了高级轿车，定名为红旗牌

设计成分已经更为显著。因此，尽管红旗牌轿车作为奢侈品的高档轿车，其研发对于中国汽车工业的发展与世界接轨其实并没有太大帮助，然而，红旗牌轿车的研发仍然使一汽的轿车自主研发平台进一步完善。假如一汽能够利用这一自主研发平台转向生产“国民车”，中国汽车工业的发展可能会走上与日韩相近的道路。只可惜，历史不能假设，红旗牌轿车自诞生后，就一直作为高档奢侈品被生产着，难以起到带动整个产业发展的作用。

因此，尽管一汽研发红旗牌轿车是中国汽车工业的一段传奇，而且也许是我们提到民族汽车工业时最为自豪的事情，但是，从整个中国汽车工业的发展来说，红旗牌轿车的意义不应被高估。本书绪论曾引用学者吴金希的话：“1970 年，现代汽车的年产量才达到区区 4 000 多辆，到 1975 年，现代汽车的出口仍然为零。而今天，不仅在北京的街头，即使在美国、欧洲等发达国家市场，现代汽车已经几乎与日本汽车几大品牌平起平坐。而我们一汽、二汽和上海汽车从建国初就在造汽车……但是 60 多年过去了，有谁曾见过在国外大街上跑的‘红旗’轿车？”[①]在此，笔者要说的是，吴金希的问题就其本质——指中国汽车工业为何被韩国赶超——来说确实是一个犀利的问题，但若从字面上来看，这个问题是一个伪问题。因为，作为高

① 金麟洙编：《技术、学习与创新——来自新兴工业化经济体的经验》，译者序，第 3 页。

档奢侈品的“红旗”，根本就不是适合与作为大宗消费品的“现代”进行比较的对象。当丰田、本田、日产、现代、大宇等东亚群雄在努力研发供应广大国民消费的轿车时，我们的一汽研发的却是专供高层领导使用的高档轿车，这是两条完全不同的道路。而红旗牌轿车一旦被限定为特供领导的高级轿车，就无法真正产业化。以CA770红旗牌三排座高级轿车来说，该车型可谓红旗系列定型后最成熟的代表性车型，自1966年5月成功制成后，就长期作为各级政府的专车。然而，整个CA770一共也只生产过1 510辆，①如果将轿车视为大宗消费品，这一产量在规模上是没有多少意义的。

综上所述，在计划经济时期，一汽的产品研发活动是较弱的，其所谓研发以引进苏联产品并在其基础上加以改良为主。轿车研发本来是一汽最具希望的自主研发活动，并形成一个自主研发平台，然而，由于产品导向问题，这一自主研发平台却是错置的，其资源主要投入于政治性的高档轿车研发，而不是更具经济意义的普通轿车研发。这一自主研发平台的错置亦直接导致中国汽车工业与世界潮流的脱节。

小　　结

在中国汽车工业的发展史上，一汽绝对是浓墨重彩的一章，值得大书特书。正是有了一汽，中国的汽车工业才真正从构想变为实践，从萌芽开花结果。因此，一汽可以说是中国汽车工业具有实质意义的起点。而一汽在计划经济时代的早期发展，也可以视为中国汽车工业早期发展的一个缩影。

然而，对经济史研究来说，一汽早期发展历程更重要的意义在于，它代表了中国汽车工业发展历程中的一种重要模式：苏式体系移植模式。一汽是在苏联援建下建立起来的，因此，一汽的产品、技术皆来自苏联，这一点不言自明。但之所以提出“苏式体系”这个概念，是因为中国从苏联引进的不仅仅是具体的汽车车型和生产技术，更是一整套关于汽车工业的管理体

① 见吕彦斌：《红旗轿车产品设计综述》，载全国政协文史和学习委员会编：《一汽创建发展历程》，第252页。

制和运营机制，这些体制与机制和技术一起构成一个完整的生产方式，形成一种体系。而之所以说“移植”而不是单纯的“引进”，是因为一汽对于苏式体系的引入是原原本本的、全方位的。简单地说，一汽等于是在中国的土地上复制了一个苏联斯大林汽车厂。所以，一汽的创建与早期成长，体现的就是这样一种“苏式体系移植模式”。

从历史的角度看，苏式体系移植模式对于中国汽车工业发展所起到的作用是巨大的，正是因为采取了这种模式，中国才有可能在很短的时间内从无到有地建立起一个颇具规模的现代化汽车制造厂，从而具备最基本的汽车研发与制造能力。因此，苏式体系移植模式对于中国汽车工业作出了相当之贡献。进一步说，苏式体系移植模式是中国为了尽快弥补与先进国家在汽车工业上的差距而走的一条捷径，这种欲走捷径的心态与后来的合资模式是一致的。然而，苏式体系移植模式所移植的汽车制造技术与管理机制在世界上并非最先进的，这使得新中国汽车工业的起点不高。同时，大规模的全面移植技术，在一定程度上也抑制了中国汽车工业自主研发的活力，从长远来看，这对于中国汽车工业的健康发展是不利的。

第三章　苏式体系本土化模式：二汽的创建

在中国汽车工业早期发展史上，第二汽车制造厂（以下简称二汽）是堪与一汽比肩而立的大企业。与一汽一样，二汽的创建与发展也可以代表中国汽车工业发展进程中产生的一种独特的模式，笔者称其为“苏式体系本土化模式”。前文将一汽的发展模式总结为“苏式体系移植模式”，是指一汽依靠从苏联照搬一整套技术与管理体系建立而成。由于二汽的创建在很大程度上是对于一汽的复制，甚至是由一汽“包建”的，因此二汽诞生之初从根本上还是一整套苏式体系。只不过，与一汽从苏联直接移植技术与管理体系不同的是，二汽的苏式体系是由中国人自力更生打造的，因此是一种本土化的苏式体系。所以，笔者称二汽创建体现的模式为“苏式体系本土化模式”，该模式的意义在于，它体现了中国在大规模引进外来技术基

如今的东风汽车公司，原来的第二汽车制造厂，已是一家举足轻重的国际化汽车企业

础上消化吸收并进而自主发展汽车工业的努力。不过,受各种因素的影响,直到20世纪80年代初,二汽才真正步入正轨,所以在中国汽车工业的早期发展史上,二汽的重要性不如一汽,本书亦主要探讨二汽的创建历程,而不涉及其后续发展。值得一提的是,在正式开展二汽的建设之前,中国曾自主设计过重庆重型汽车厂,该厂规模虽不大,但作为从一汽模式到二汽模式之间的过渡环节,仍有必要作为本章的一节予以论述。

第一节　自行设计汽车厂的最初尝试

一般认为,在中国汽车工业发展史上,二汽是中国人第一次自行设计汽车厂的尝试。不过,根据陈祖涛的回忆,在建设二汽之前,中国已经开始尝试自行设计汽车工厂,包括1962年援建古巴汽车配件厂,以及1964年开始建设重庆重型汽车厂。这两次尝试,一个以流产告终,一个则规模不大,故并不广为人知,但是,它们为二汽的建设积累了宝贵的经验。因此,这两次尝试可以说是苏式体系本土化模式的萌芽。

一、援建古巴汽车配件厂的流产

一汽的创建基本上是在苏联的全方位援助下完成的,但如前文所述,一汽正式投产后,就已经开始一些自主性的探索,包括试图自行设计越野车,以及打造轿车生产平台等。不过,由于创建阶段苏联的影响过于强大,一汽在相当长一段时间内基本上还是在苏式技术与管理轨道中运行,虽不乏自主改造,但空间很有限。然而,随着中国社会主义建设的发展,中国的汽车工业也越来越需要突破旧模式,确立本土性与自主性。在这种情形下,20世纪60年代初援建古巴汽车配件厂就显示出不同寻常的意义了。

如果不是当事人陈祖涛的回忆,在一般行业史书上很难看到有关援建古巴汽车配件厂的记载,但是,陈祖涛本人对这段插曲是颇为看重的。后文的记述,将主要基于陈祖涛的回忆。①

① 见陈祖涛口述,欧阳敏撰写:《我的汽车生涯》,第103—106页。

1959年，卡斯特罗领导起义军推翻了古巴的独裁政府，建立革命政权。由于卡斯特罗选择了走社会主义道路，以苏联为首的社会主义阵营对古巴给予了大力支持，中国政府也不例外，除给予一般性经济援助外，还应古巴的要求，为其援建一个综合性的汽车配件厂。1960年11月30日，中古两国政府签订经济合作协定，确定从1961年至1965年，中国援助古巴建设24个成套项目，其中有5个项目属一机部汽车局归口，而以汽车局为总交货人。①尽管中国援建古巴的项目只是汽车配件厂，还不是真正意义上的汽车制造厂，但是，从接受苏联援建到援建古巴，这一历史性的转折还是体现了中国汽车工业的自主发展。具体而言，当时的援建方案为："一汽承建古巴活塞环厂、减震器厂；北汽承建汽油泵厂、汽车灯具厂；上海汽车电机厂承建点火系统配件厂，五个项目合建在一起，组成一个汽车配件联合企业。长春汽车工厂设计处统一归口，全面负责工厂设计。"②实际上，据陈祖涛回忆，由于援建古巴的汽车配件厂生产的是全套配件，所以，除了不组装整车外，该厂和整车厂也没有多大区别。③这就更显示出援建古巴对于中国汽车工业走向自主发展的里程碑意义。

在革命前，古巴的经济依附于美国，岛上跑的汽车全部是从美国进口的；革命后，古巴被美国封锁，无法进口零配件，汽车大量停驶，交通陷于瘫痪，经济濒临崩溃。因此，汽车配件对当时的古巴来说是非常急需的产品。于是，中国政府决定投资4 000万元人民币为古巴建汽车配件厂，援建组组长由一机部汽车局副局长兼总工程师胡亮担任，陈祖涛则出任援建总设计师。1962年初，胡亮与陈祖涛飞抵莫斯科，转道布拉格再飞往古巴首都哈瓦那。到达古巴后，为了给汽车配件厂选择，胡亮与陈祖涛跑遍古巴全境，经仔细论证，定下了厂址。汽车配件厂厂址定下后，胡亮与陈祖涛又回到国内，由长春汽车工厂设计处开始着手设计。根据中央要求，一汽是这次援建的包建厂，如同当年苏联斯大林汽车厂援建一汽一样，中国方面"按照当年苏联援建我们的那一套，从厂房、设备、工艺、工模卡具

①② 见张宝成：《一汽承担的五个援外项目》，载全国政协文史和学习委员会编：《一汽创建发展历程》，第336页。

③ 见陈祖涛口述，欧阳敏撰写：《我的汽车生涯》，第102页。

等逐一落实”[①]。从这个意义上说，援建古巴汽车配件厂是中国汽车工业在移植了苏式体系后，对该体系进行再复制与扩散的第一步，只不过，这一再复制并不在中国本土进行。据一汽方面的记载，1962 年 4 月，援建工作全面展开，该厂进行了产品设计和试制试验、工艺试验、非标准设备的制造，同时进行标准设备订货、工艺装备制造以及接待古巴实习生等工作。[②]尽管很难认为当时的对外援建活动是赢利性的，但是，通过对外援建，中国的汽车工业在技术上多了操练的机会，对于自身发展还是很有好处的。

不过，20 世纪 60 年代的社会主义阵营已经出现分裂，尤其是中国和苏联之间，分歧越来越大，也由此影响到中国和其他社会主义国家间的关系。最终，国家间的关系变化冲击到了中国对古巴汽车配件厂的援建。陈祖涛称：“当我们的设计成果出来，需要动土盖厂时，古巴却不要了。在中苏的争论中，它倒向苏联一边。”[③]另据记载，1966 年开始的“文革”影响到中古关系，援建工作暂停，已制成的设备做了处理。[④]因此，政治因素致使中国援建古巴汽车配件厂项目流产是毋庸置疑的。如此一来，援建古巴汽车配件厂就成为中国汽车工业早期发展史上的一段小小的插曲。但正如前文已经强调过的，这次援建使中国汽车工业在苏式体系的扩散过程中，从“学生”成为“师傅”，这一转变的象征性意义不容忽视，而且就实质意义来说，也为中国汽车工业今后的自主建设积累了经验，故应该视为一次具有积极意义的尝试。

二、 自主建设重庆重型汽车厂

重庆重型汽车厂，或者被称为四川重型军用越野车生产基地（当时重庆尚属于四川省），是我国在 20 世纪 60 年代前期自主建设的汽车工业项目。尽管重庆重型汽车厂规模不大，但由于该厂的兴建出于战备需要，而且选址于三线山区，所以可以视为创办二汽的一次演习。事实上，重庆重

---

①③ 陈祖涛口述，欧阳敏撰写：《我的汽车生涯》，第 106 页。

②④ 见张宝成：《一汽承担的五个援外项目》，载全国政协文史和学习委员会编：《一汽创建发展历程》，第 336 页。

型汽车厂的建设经验此后也确实被运用于二汽的建设中。因此，如果我们把二汽的创建视为一种模式，那么，重庆重型汽车厂的创办可谓该模式初具雏形。

（一）基于备战的创办及选址

重庆重型汽车厂的创办与“三线”建设是密不可分的。20 世纪 60 年代中期，中国的领导人认为国家安全环境十分险恶，各项经济建设也受此研判的影响。1964 年 4 月 25 日，总参谋部作战部提出了《关于国家经济建设如何防备敌人突然袭击的报告》，指出我国的工业过于集中，“仅 14 个 100 万人口以上的大城市就集中了约 60％的主要民用机械工业，50％的化学工业和 52％的国防工业”，因此，报告“建议由国务院组织一个专案小组，根据国家经济的可能情况，研究采取一些切实可行的积极措施，以防备敌人的突然袭击”[①]。8 月 12 日，毛泽东对报告批示：“此件很好，要精心研究，逐步实施。”8 月 19 日，李富春、薄一波、罗瑞卿作了关于落实毛泽东对国家经济建设如何防备敌人突然袭击问题批示的报告。该报告明确指出：“一切新的建设项目，不在第一线、特别是十五个一百万人口以上的大城市建设”，而且，“今后，一切新建项目不论在哪一线建设，都应贯彻执行分散、靠山、隐蔽的方针，不得集中在某几个城市或点”。[②]可以说，这份报告明确指出了三线建设的两大原则：其一，新的工厂必须避开建在东部沿海等发达的一线地区，而建立在内地三线；其二，在“三线”建设工厂时，厂房要分散、靠山、隐蔽，以避免遭受敌袭。实际上，二汽在创建时，正是以这两个原则作为最主要的选址及布局依据。不过，在二汽创建之前，重庆重型汽车厂已经先践行该原则了。

1962 年，解放军总参谋部曾提出过设计、制造重型越野车的要求。1964 年，越南战争升级，中国面临的国际形势更为紧张，军队急需大型的

---

① 《关于国家经济建设如何防备敌人突然袭击的报告》，载中共中央文献研究室编：《建国以来重要文献选编》第 19 册，第 113—114 页。

② 《李富春等关于落实毛泽东对国家经济建设如何防备敌人突然袭击问题批示的报告》，载中共中央文献研究室编：《建国以来重要文献选编》第 19 册，第 115—116 页。

越野车，重庆重型汽车厂也就是在这种形势下应运而生。可以说，该厂的创办动机乃基于备战。1964年10月，国务院决定将停建的宜宾高压电器厂改建为宜宾重型汽车制造厂，计划年产重型汽车1 050辆，其中8吨越野车400辆，12吨自卸车400辆，50吨牵引车200辆，25吨自卸车50辆。[①]其实，把汽车厂建在山城宜宾，已然比较隐蔽了，但仍然不符合“三线”建设的原则，故重型车厂须另选新址。1965年4月26日，一机部副部长白坚传达了国务院关于厂址的决定，要求在3个月内搬迁完毕。5月14日，一机部通知：“宜宾汽车厂现有厂址交他部利用，我部决定并商请国家计委同意，改在四川大足县龙水镇小村建设新厂，宜宾汽车厂应即抽调力量至大足新址现场进行筹建。今年所需基建投资亦由宜宾厂调转。”[②]不过，筹建人员在对东起北碚、南至自贡的十多处场地对比分析后，认为应另选厂址。

当时，选址工作由一机部汽车局副局长胡亮和长春汽车工厂设计处的陈祖涛负责，如前所述，此前援建古巴汽车配件厂也是由他们两人负责，由此可见，当时中国汽车工业的发展是不断积累经验前进的。根据中央要求，长春汽车工厂设计处派出了一批人到重庆附近进行选址工作，具体负责此事的陈祖涛最初选定了巴岳山附近的邮亭镇。当时，邮亭全镇只有百十户人家，经济落后，但是交通尚称便利，成渝铁路和成渝公路都从该镇穿过，距重庆100多公里，距成都200多公里，距大足县城30多公里，因此，陈祖涛从生产、物流、成本、运输等综合因素出发考虑，在“靠山”的前提下，尽可能选了一些相对较平的地方。他和长春汽车工厂设计处的技术人员白天在野外考察，晚上则在煤油灯下计算、绘图，等草图形成后，就向一机部部长段君毅、副部长白坚汇报。孰料，白坚看过草图后，对陈祖涛说：“你选的地方见山不靠山，重选。”[③]由此我们可以看到，当时中国汽车工业的建设工作已经开始以国防考虑为首要准绳了。

白坚的否定使陈祖涛不得不重新选址，于是把厂址“向山里挪”。岂知第二次选好厂址后，白坚又说：“靠山不进山，还不行。”陈祖涛只好将厂址

---

① 见《中国汽车工业史（1901—1990）》，第119页。

② 该书编审委员会：《中国汽车工业史（1901—1990）》，第119—120页。

③ 陈祖涛口述，欧阳敏撰写：《我的汽车生涯》，第110页。

选在巴岳山脚下的双路，厂址紧靠海拔500多米的大山，但白坚仍不满意，称："进山不进沟，还不行。"[①]另据记载，在选址双路前，胡亮和白坚等人一度同意将厂址定在邮亭高家店附近，1965年7月5日，宜宾汽车厂开始搬迁，仅用一个月的时间就将机器设备和物资搬至大足至荣昌一线的城镇中，8月，该厂更名为四川汽车制造厂。不过，由于高家店尚不够"靠山、隐蔽"，一机部才又要求该厂重新选址。[②]综合各方记载来看，放弃高家店正是为了"进沟"。从"见山"到"靠山"，再到"进山"，最后到"进沟"，白坚的要求可以说是最大限度地在执行"三线"建设关于"隐蔽"的原则。然而，工业生产有自身的规律，并非人的主观意志能够随意左右的。很显然，"进沟"就违背了工业生产的规律，是不符合经济原则的。但在"政治挂帅"的氛围下，陈祖涛无法直接违背中央关于"三线"建设的原则，只好采取了一个折中的方案：车间的小尾巴放在山沟里，而大头放在山沟外，因为年产1 000多辆大型越野车的总装车间无法摆在山沟里。对于这个方案，白坚看过后虽然不是十分满意，但囿于现实条件，也不好再说什么，于是就把厂址定下来了。孰料，国家建委还是不满意，又专门派了飞机从空中来看，只是在空中看也找不到更好的地方，才勉强通过。[③]1965年9月，一机部批准四川汽车制造厂的厂址定在大足县邮亭区双路公社龙星大队彭家院子一带。由于四川汽车制造厂延续至今的主体是重庆重型汽车厂，故仍称其为重庆重型汽车厂。

在重庆重型汽车厂的选址过程中，我们可以看到备战考虑起到了决定性的作用，以至于出现了几次重新选址，最后所选择的地点在经济上也不是最佳的。这与一汽的选址大不相同。而这一打上"三线"建设烙印的鲜明时代特色，也是此后二汽建厂选址时将要面对的同样的情形。

（二）重庆重型汽车厂的设计与早期发展

在重庆重型汽车厂建设之前，重庆及其周边地区已经有一定的汽车工

① 陈祖涛口述，欧阳敏撰写：《我的汽车生涯》，第110—111页。
② 见本书编审委员会：《中国汽车工业史（1901—1990）》，第120页。
③ 见陈祖涛口述，欧阳敏撰写：《我的汽车生涯》，第111页。

1966 年 6 月，第一辆红岩牌 EQ-260 重型卡车正式下线

业基础，其中包括从民国时期遗留下来的一些工厂（见表 2-1 和表 2-2），因此，重庆重型汽车厂的建设采取了“以新带老、新老结合”的方针。其中，新建厂为重庆汽车制造厂、重庆发动机厂、重庆油泵嘴厂，老厂为綦江齿轮厂、重庆汽车配件厂。双路的新建厂区作为总装厂。该厂全称为重庆重型汽车制造厂，又叫红岩汽车厂，其产品也就是闻名一时的红岩牌汽车。①因此，尽管重庆重型汽车厂是一个新建厂，但还是利用了一定的本土资源，这和一汽纯然从苏联移植整个体系是不一样的。

重庆重型汽车厂的厂址确定后，长春汽车工厂设计处西南设计室就和一机部第一设计院开始进行初步设计。1965 年 10 月开始进行三通一平施工，1966 年 3 月 11 日举行了工程开工典礼，整个工程采取“边建设，边生产”的方式进行，至 1967 年 3 月，土建工程基本完成，设备安装和调试工作也大体就绪，工厂具备了试生产条件。②由于是在“三线”山区建设，重庆

① 见陈祖涛口述，欧阳敏撰写：《我的汽车生涯》，第 111 页。
② 《中国汽车工业史（1901—1990）》，第 120 页。

重型汽车厂的创建过程条件非常艰苦。由于双路是一个小山村，无法给从全国各地涌入的建设者提供住房，而建厂指挥部的口号是“先生产后生活”，所以建设人员的生活条件相当简陋，一个40平方米左右的公社礼堂挤进了近200人。后来，人越来越多，小礼堂也挤不下，“于是利用当地丰富的毛竹，扎成‘人’字架，两边用竹席一挡，就是房子了。在地上铺上稻草，摆上行李就是床。有人创造性地在‘人’中间加了一‘横’，就变成二层楼了。再不够，就到老乡家的牛棚里，打扫一下，铺上稻草，周围撒上石灰，就是‘宿舍’”。在用水方面，建设人员“就和百姓的牛一起用稻田里的水，漱口、洗脸、洗衣、做饭都是它”。①可以说，重庆重型汽车厂的建设者们真正是为建厂作出了巨大的牺牲，而这种建设状态应该也是“三线”建设时期的一般情况。

在设计方面，负总责的陈祖涛通过援建古巴汽车配件厂等实践，已经形成自己的概念，对此前学到的苏联模式进行了革新。他后来回忆道：“苏联的厂综合性太强，我们在‘三线’建汽车厂应该要生产专业化、产品系列化，要加强产品的开发和研究能力。根据这个思路，我把这个厂设计成5个分厂，大足是总厂，发动机厂、配件厂和油泵油嘴厂在重庆，齿轮厂在綦江，这样形成一个大三角的布局，既能相对独立，又相互依存，符合中央备战的要求，又符合生产的科学规律。”②可以说，陈祖涛为了在备战和生产之间寻求平衡点，可谓用心良苦。而重庆重型汽车厂的相对专业化的设计，也体现了中国汽车工业工程技术人员突破苏联模式的自主性努力。

不过，由于当时中国的汽车工业还十分落后，对于重型汽车的技术尚未掌握，故在产品方面仍然走了一条引进与移植国外技术的道路。用陈祖涛的话说：“以我们自己的技术力量，建设重型汽车厂有难度，而且时间也紧，走捷径的办法就是从国外引进技术自己生产。”③由此可见，中国汽车工业从其早期发展阶段就形成了依赖引进技术“走捷径”的发展路径，这种“基因”使后来中国汽车工业由“自力更生”转向合资模式并不如表面上看

① 陈祖涛口述，欧阳敏撰写：《我的汽车生涯》，第112页。

② 陈祖涛口述，欧阳敏撰写：《我的汽车生涯》，第112—113页。

③ 陈祖涛口述，欧阳敏撰写：《我的汽车生涯》，第107页。

上去那么突然。然而，由于中国与苏联的关系在20世纪60年代已经发生变化，从苏联引进技术已不太可能。恰好此时法国的戴高乐将军退出北约，并和中国建立正式外交关系，于是，中国有了从法国引进重型汽车的可能性。最终，中国从法国引进了贝利埃公司的车型。1965年6月，中法双方签订协议。同时，中国又从西欧六国引进了主要的工艺设备78台。①这些技术与设备都被应用于重庆重型汽车厂。当然，在此后实际的生产制造过程中，对于原型车是有所改进的。

由于"边建设，边生产"，1966年6月，土建工程尚未完工时，在綦江齿轮厂已经装出2辆红岩牌CQ260重型越野车，至1966年底，共装出红岩CQ260型整车35辆，除一辆卖给天津发电设备厂外，其余都交给部队试用。②然而，与一汽相仿，受"文革"的干扰，在整个计划经济时代，重庆重型汽车厂的发展很不稳定。实际上，该厂是"文革"期间全国闻名的重灾区，武斗频繁，而且在武斗中动用了枪、炮乃至坦克，最厉害的一次武斗共打死了16人。为了稳定局势，周恩来总理不得不出面把武斗两派召集到北京做工作。在这种形势下，生产自然难以正常展开。1968年，该厂正式建成投产，生产汽车4辆，1970年39辆，1971年14辆，1972年26辆，1973年1辆，1974年93辆，1975年202辆。③这组数据清楚地表明，在"文革"期间，重庆重型汽车厂的发展受到了极大的干扰。

综上所述，重庆重型汽车厂是中国汽车工业从移植苏式体系到自主发展转折过程中的产物。在产品引进、工厂设计等方面，重庆重型汽车厂都已经突破了苏联模式，体现出一定的自主性。而这些自主探索都为此后的二汽建设直接积累了经验。不过，重庆重型汽车厂并未完全脱离苏式体系，也没有和一汽所体现的模式实现彻底的断裂。一方面，重庆重型汽车厂还是走了一条技术引进路线，虽然其技术源头不是苏联，但在本质上与一汽还是一致的；另一方面，在设计和建设过程中，中国工程技术人员虽然有意突破苏联模式，但他们的基本知识与经验仍然是从苏联学习到的，这

① 《中国汽车工业史(1901—1990)》，第118页。
② 《中国汽车工业史(1901—1990)》，第118—119页。
③ 见陈祖涛口述，欧阳敏撰写：《我的汽车生涯》，第111—112页。

就不可能从整体上与苏式体系决裂。这一点,在此后二汽的创建过程中,将会更为明显。另外,与一汽一样,重庆重型汽车厂的发展受外部因素尤其是政治因素的影响较大,在“文革”当中生产受到极大的干扰,这种时代特色,在此后二汽的建设与发展过程中也有所体现。

第二节 苏式体系本土化和二汽的创建

在中国汽车工业发展史上,二汽是长期以来唯一堪与一汽比肩而立的现代化大厂。如果说一汽是全盘移植了苏式体系,那么二汽则是该体系在中国本土化的结晶。二汽的建设使用了一汽创建与发展过程中积累起来的底子,其早期产品设计完全是由一汽提供的,其管理体制也没有脱离一汽的大框架,这就使二汽虽然是中国自力更生、自主发展的企业,但仍然可以视为苏式汽车工业体系在中国的一个变种。然而,与一汽完全移植型的苏式体系不同,作为本土化的产物,二汽从一开始就包含更多具有自主特色的中国元素,与苏联原型的偏离程度更大。

一、 二汽的早期创建计划及其夭折

二汽的建设经历过“三落三起”,颇为曲折。这里将二汽的前两次创建构想及其“下马”称为二汽的早期创建计划,并拟对两次夭折的始末作一番梳理。

据记载,中央提出创建二汽的构想非常早,1952 年底,毛泽东主席已经发出“要建设第二汽车厂”的指示。那时,一汽尚且处于酝酿之中,可见党中央对于发展中国汽车工业是有雄心和魄力的。陈祖涛认为,由于当时中国的汽车极为匮乏,对汽车的需求又极大,领导“没有多少经济建设的经验,对汽车厂建设的难度没有认识,简单地认为,汽车不够,就再建一个厂嘛”①,故他对于二汽的初次创建构想似持否定态度。不过,以汽车工业这种强调规模经济的产业来说,仅仅只有一个一汽是远远不够的,后来二汽虽然两次下马,但其中不乏偶然因素,不能以此否定 50 年代初的构想。在

① 陈祖涛口述,欧阳敏撰写:《我的汽车生涯》,第 130 页。

毛泽东作出指示后，1953年1月8日，一机部汽车局上报了《第二汽车厂建设说明》，拉开了二汽筹建工作的序幕，同年8月前后，在武汉成立了第二汽车制造厂筹备处，将湖北省委书记刘西尧调去当筹备处主任。①当时，中央决定由湖北包干建设二汽，因此从该省吸纳了不少干部参与筹建工作，其中就包括沙市市委书记黄正夏，后来，黄正夏成为二汽的重要领导。

之所以由湖北来建设二汽，是因为中央考虑到一汽在北方，就决定将二汽放在南方。从1953年开始，二汽筹备处就在武汉的横店、关山、青山和水果湖等地进行选址，制定总体布置方案，并参与了部、局同苏联专家组的谈判。②起初，筹备处看中的是黄陂横店，后来发现当地有血吸虫而放弃。后来，看中武昌的关山，但该处地质破碎，工业用水也存在困难，遂又放弃。而后，筹备组看中了武昌的青山，该地条件很好，水陆交通方便，生活供应也不成问题，于是基本确定厂址选在青山，并陆续展开各项准备工作。然而，同一时间，华中钢铁公司也就是后来的武汉钢铁公司也在选址，也选中青山，这就形成矛盾。分管此事的中南财经委员会副主任李先念对二汽筹备处的人员说："你这个汽车在哪个地方不能放，非要和人家钢铁公司争？人家钢铁公司需要大量的水运交通，光吃矿石就不得了，他们选地方难，你们不要争了，让给他们吧。"③于是，二汽筹备处只好放弃青山，最后就选在了武昌的东湖和沙湖之间，该地离青山不远，交通亦称便利。厂址选定后，筹备处制作了各种规划图，包括厂区规划、公路铁路的走向等蓝图。与一汽一样，二汽的初次创建规划选择了移植苏式体系的模式，计划由苏联高尔基汽车厂援建，基本车型为嘎斯型，生产能力方面，规划2.5吨载货汽车6万辆、军用车4万辆，并准备在第二步规划中增加伏尔加型轿车2—4万辆。④从这个规划可见，二汽的计划规模比一汽要大得多。

然而，正当二汽的筹建工作紧锣密鼓地进行时，参与二汽建设的一位苏联专家提出："你们将这么多新建的工厂都集中在武汉，将来万一发生战

---

①② 见东风汽车公司史志办公室：《第二汽车制造厂志(1969—1983)》，第5页。

③ 黄正夏口述，欧阳敏撰写：《艰难历程——黄正夏采访实录》，新华出版社2007年版，第15页。

④ 见黄正夏口述，欧阳敏撰写：《艰难历程——黄正夏采访实录》，第16页。

争，一颗炸弹就会造成巨大的损失。”[①]据黄正夏回忆，苏联专家的这一意见成为二汽命运的转折点。尽管当时远非“三线”建设时代那样将国防摆在优先地位，但在全国都在虚心向苏联学习的大氛围下，苏联专家的意见引起了中央的高度重视，并最终决定二汽必须迁址。不过，另据陈祖涛回忆，在苏联专家提出意见前，国家建委和一机部汽车局就曾提出“在武汉建设这么多项目，不利于防空”，加以苏联专家组的一个领导说：“你们搞建设要考虑战争因素。你们现在要建长江大桥，将来美国人一个原子弹，长江大桥就没有了，周围的其他东西也会没有了”，李富春副总理遂向中央报告了这一情况，于是有了二汽的改址。[②]总之，1955 年春，经周恩来、李富春等中央领导讨论后，国家建委、一机部和汽车局下文指出：“二汽厂址定在武汉，从经济条件讲，城市利用率大，投资较为节省；武汉位于全国中心，产品好销好运；但从国防条件看，武汉离海岸线约 800 公里，工厂比较集中，万一发生战争，正处于敌人的空袭圈内。武汉厂址介于沙湖与东湖之间，空中目标显著。”[③]根据这一指示，1955 年 4 月底，筹备处将选址工作的重心移到了四川成都。

据时任二汽筹备处厂外工程办公室副主任的黄灏回忆，为了重新选择厂址，筹备处组织了选厂工作组，到指定的陕西和四川两省考察。在陕西，选厂工作组考察了铜川、兴平和宝鸡。铜川因缺乏水源且已有铜矿而被否决，兴平、宝鸡虽有渭河供水，但地形不够开阔，不能满足汽车厂所需的面积，亦被否决。不过，后来，在兴平建立了高速柴油机厂，在宝鸡蔡家坡建立了重型汽车厂，这次为二汽选址而收集的考察资料还是派上了用场。陕西被否决后，选厂工作组在四川的绵阳、德阳、简阳和成都等 12 个市县进行了考察，写出了选址报告。最终，二汽新厂址选择的是成都郊区牛市口，因当时强调建厂要少占良田好地，故牛市口算是一个上乘的厂址，加上紧靠成都，十分便利。[④]1955 年 9 月 7 日，国家计委正式决定二汽厂址由武汉迁至成都东郊。[⑤]黄灏回忆称，1955 年下半年，筹备处就开始搜集牛市口的气象、水文、地质资

---

① 黄正夏口述，欧阳敏撰写：《艰难历程——黄正夏采访实录》，第 16 页。

② 见陈祖涛口述，欧阳敏撰写：《我的汽车生涯》，第 131 页。

③⑤ 见东风汽车公司史志办公室：《第二汽车制造厂志(1969—1983)》，第 5 页。

④ 见黄灏、蓝云：《行止录》，2004 年作者自印，第 67—68 页。

料，并着手厂区规划和生活区规划。黄灏本人负责厂区的规划设计，按照之前的武昌厂区平面布置图，再根据成都的地形地貌，绘制了厂区规划图，请苏联专家审查后，获得了好评。后来又进行了生活区规划设计。1956年，生活区的建设按计划开工，先建3栋宿舍楼，但到下半年，就传来二汽下马的消息。[①]1957年3月27日，一机部汽车局正式宣布二汽下马，同时下马的还有第二拖拉机厂，至此，二汽的首次筹建工作就结束了，筹备处即行解散，其人员被分配到一汽等其他单位。

二汽第一次下马的原因，被认为是"国内经济上实在难以承受"[②]。但是，据黄正夏所言，其实际原因在于，1956年左右，在"一五"计划鼓舞下，全国各省都提出建设"工业省"，国家资源僧多粥少，中央提出"反冒进"，二汽就被迫下马。然而，如果二汽选址武汉未经波折，则可能不会下马。他称："从放弃武汉到成都选址，前后达两年之久，如果我们抓紧了，是不是就可以避免1956年的下马呢？"他认为是可以的。同时，他称："对于这段历史，我曾问过当时主管此项工作的一机部六局（汽车局）局长张逢时同志，他说：'你们二汽的行动真快，集中得也快，解散得也快。你们要是稍微慢一点，也可能早就恢复了。当年那个专家的话，只是他个人的见解，你们到了成都后，苏联专为二汽设计服务的有一个代表团到武汉来，找不到你们二汽了，人家只好空手打道回府了。'"[③]这段少有人知的历史插曲表明，二汽的第一次下马绝非必然，在苏联已经派出二汽设计代表团的情形下，以当时中国的政治氛围，二汽的建设是有可能得以展开的。然而，由于二汽前期在选址上耗费太多时间，加以过分轻易地放弃了在武汉选定的厂址，阴差阳错之间，也就错失了创建的好时机，被迫下马。历史大势是存在着必然性的，但对于一些具体的事件来说，又充满偶然的变数，面对这些偶然性，事在人为非常重要。因此，二汽的第一次下马，虽然不乏国家遏制经济过热的必然性因素起作用，但相当程度上还是由偶然性因素左右的。

此后，到1958年6月下旬前后，二汽建设问题又重新提出来了。当时

---

① 见黄灏、蓝云：《行止录》，第68页。

② 陈祖涛口述，欧阳敏撰写：《我的汽车生涯》，第131页。

③ 黄正夏口述，欧阳敏撰写：《艰难历程——黄正夏采访实录》，第18页。

入朝志愿军要回国，在讨论一个师的安排问题时，毛泽东主席提出将他们调到江南建设第二汽车厂。李富春副总理说："长江流域就湖南没有大工厂，二汽就建在湖南吧！"并仿照苏联的做法，将汽车厂命名为"毛泽东汽车厂"。①于是，一机部汽车局又开始组织二汽选址工作。这一次二汽上马的负责人是一汽的党委副书记方劼，孟少农、陈祖涛皆参加了筹组工作，但是"这次的摊子比第一次要小多了"②。1959 年 9 月，一汽编制了二汽建设要点，提出建设规模为年产 5 吨载货汽车 7.9 万辆。③黄灏也参与了这次选址工作，据他回忆，1959 年春，他被派往湖南选址："按照上级指示，要选择在雪峰山以西地区，此前曾沿沅江踏勘到怀化，然后到涟源，这些地方都是山区，不宜建厂。我们这一次着重考察长沙市东北的榔梨市(实为长沙附近一镇——笔者注)和常德，这两个地方交通方便，地势平坦兼有水运之便，是理想的建厂地点，湖南省也很支持，成立了相应的工作班子。"④后来，经过反复研究和对比，厂址最后定在常德一个战争时期遗弃的飞机场。⑤1960 年 2 月 3 日，一机部六局向部里提出报告，称："二汽于 1957 年下马，我国已通知苏联取消这个项目。1958 年，中央又重新提出上马。同年冬和 1959 年春，我们在湖南进行了初步选址工作，我们倾向长江方案，故建议部尽速确定。"1960 年 4 月 9 日，一机部请求国家计委和建委审批二汽厂址。4 月 30 日，一机部批复了六局的报告。⑥当时，为了筹建二汽，还办了一个 800 人的青年工人培训班，而且有很多技术干部已经开始在一汽实习了。但据陈祖涛回忆，当这些工作有条不紊进行时，"突然宣布二汽不建了"，而且"当时没有多说原因"⑦。现在我们自然可以知道，二汽的第二次下马是因为当时我国正处于经济困难时期，"国家的经济和社会发展环境已经没有能力来建设这样一个汽车厂"⑧。于是，二汽只好第二次下马。

综观二汽的两次早期创建计划及其夭折，可以看到，新中国成立初期，

---

①⑥ 见东风汽车公司史志办公室：《第二汽车制造厂志(1969—1983)》，第 6 页。
② 黄正夏口述，欧阳敏撰写：《艰难历程——黄正夏采访实录》，第 18 页。
③ 见《中国汽车工业史(1901—1990)》，第 99 页。
④ 黄灏、蓝云：《行止录》，第 74 页。
⑤⑦ 见陈祖涛口述，欧阳敏撰写：《我的汽车生涯》，第 132 页。
⑧ 黄正夏口述，欧阳敏撰写：《艰难历程——黄正夏采访实录》，第 19 页。

创办现代化的大型汽车厂主要依靠举国体制投入资源，然而，一旦国家可动用的资源有限，也就会停止相关的建设活动。从这个意义上说，发展汽车工业对于当时的中国确实是缺乏比较优势的经济活动。不过，二汽的第一次下马与第二次下马，情形还是不太一样的，其中第一次下马多少是有些偶然的。但也正是从带有偶然性的第一次下马中，我们可以看到选址问题在二汽创建过程中起到关键的影响作用，这种作用在以后还会继续体现。

二、 二汽的正式上马及其选址问题

尽管二汽两次下马，但党和国家并未放弃建设第二个现代化汽车厂的设想。1964 年，在“三线”建设的大背景下，二汽的创建问题又进入中央领导人的视野。此后，二汽再度上马，而且这一次一直坚持了下来。在二汽的第三次也是正式的上马过程中，选址问题又成为头等大事。就历史的实际而言，上马和选址的过程是合二为一的，为了使相关问题的探讨更为清晰，笔者分别予以论述。

（一）基于备战的正式上马

二汽的第三次上马与前文提到过的重庆重型汽车厂一样，是基于备战需要而实现的，也是三线建设的一项具体工程。黄正夏总结二汽正式上马的原因称：“全国要准备打仗，汽车对于部队来说更为紧张，有很多部队出现‘有炮无车’的局面，部队要准备打仗，军车的需求缺口更大。中央下决心再建设一二个像一汽那样的大型综合汽车制造厂，二汽就是在这样的背景下第三次上马的。”[①]不过，也正因为二汽的正式创建是基于备战的理由，所以一开始它的定位就是生产商用车和军车，真正能带动汽车工业大发展的轿车又一次被忽略了。

1964 年，毛泽东主席在提出“三线”建设的意见时，又提到要建设第二汽车制造厂。随后，一机部部长段君毅指定饶斌、齐抗（原南京汽车厂厂长）负责筹建二汽。1965 年 4 月 10 日，一机部党组正式向党中央并周恩

① 黄正夏口述，欧阳敏撰写：《艰难历程——黄正夏采访实录》，第 59 页。

来总理写出报告，建议在“三五”计划期间在内地建立一个能生产1吨至8吨的各种载重汽车的中型汽车生产基地。7月16日，他们又向党中央并周恩来总理报送了《关于中型载重汽车生产基地——第二汽车厂的建设方案》。[①]1965年12月21日，经饶斌提议，报中央批准，当时因试办托拉斯而组建的中国汽车工业公司决定成立第二汽车厂筹备组，并任命了由饶斌、齐抗、李子政（一汽副厂长）、张庆梓（长春汽车研究所所长）、陈祖涛组成的五人领导小组。[②]同日，中国汽车工业公司发出了《关于成立第二汽车制造厂筹备处的通知》。当时，二汽的选址工作已经在同时进行，并由二次创建计划中的湖南又转回湖北，故二汽的建设再次由湖北省负责落实。1966年10月10日，中共湖北省委决定成立第二汽车制造厂筹备处临时党委，饶斌任书记，五人领导小组中的其余四人任临时党委成员。这样一来，二汽建设的核心层正式确立，各项筹备工作全面铺开。

1966年11月20日，二汽筹备处制定了《第二汽车制造厂建设方针十四条》，被认为是二汽建厂过程中的“第一个重大决策”[③]。应该说，作为特殊时代的产物，《十四条》中有些条目今天看来似乎不太合理，例如第十二条“不断革命”，但是，在这些政治化的口号下是不无合理内核的，不应简单否定。例如，第十二条“不断革命”的具体内容包括：“力争不断有所发现，有所发明，有所创造，有所前进。要树雄心，立壮志，敢于破旧立新，不断革主观世界的命，不断革新技术，不断改革不合理的规章制度。”[④]这其中，“革新技术”与“改革不合理的规章制度”从原则上讲，对于任何时代任何国家的企业都适用。因此，对于《十四条》要具体分析。整体来看，《第二汽车制造厂建设方针十四条》被分成五个大的部分，其大框架如下[⑤]：

（1）建设一支解放军式的革命化队伍。

第一条以解放军为榜样，建设一支非常无产阶级化、革命化、战斗化的队伍。

---

① 见东风汽车公司史志办公室：《第二汽车制造厂志（1969—1983）》，第6—7页。

② 见黄正夏口述，欧阳敏撰写：《艰难历程——黄正夏采访实录》，第59页。

③ 东风汽车公司史志办公室：《第二汽车制造厂志（1969—1983）》，第8页。

④ 东风汽车公司史志办公室：《第二汽车制造厂志（1969—1983）》，第503页。

⑤ 见东风汽车公司史志办公室：《第二汽车制造厂志（1969—1983）》，第495—504页。

(2) 建设一个大庆式的汽车工业基地。

第二条进行生产组织革命,创中国式的汽车工业发展新道路。

第三条进行产品设计革命,生产出世界上第一流的中国式汽车产品。

第四条进行工厂设计、土建设计和工艺设计革命,赶超世界先进技术水平。

第五条进行设备革命,走自己武装自己的道路。

第六条立足于战争,准备早打、大打。

(3) 建设一个大寨式的社会主义新农村。

第七条按照"城乡结合,工农结合,有利生产,方便生活"的原则,在建设一个大庆式的汽车工业基地的同时,还要建设一个大寨式的社会主义新农村。

(4) 办"抗大"式的学校。

第八条以"抗大"为榜样,继承和发扬"抗大"的优良传统,改革教育制度和教育方法,缩短学制,办抗大式的学校。

(5) 用革命化的方法进行建设。

第九条抓革命、促生产。

第十条自力更生,勤俭办企业。

第十一条信任群众,依靠群众,大搞群众运动。

第十二条不断革命。

第十三条集中优势兵力,打歼灭战。

第十四条基建工作实行一元化领导。

以上即为《第二汽车制造厂建设方针十四条》的"十四条"纲领。我们可以看到,在当时,"文化大革命"已经开始,所以不少条目也被打上了"文革"的烙印,如"抓革命、促生产"等。对于《十四条》,应该分两个层面看待。首先,《十四条》中有些条目确实过于政治化,不仅在今天看来不合时宜,在当时来说也未必合理,但是,这些条目的提出,又实实在在符合二汽当时所处的环境,具有某种无可奈何的"合理性"。例如,"建设一个大寨式的社会主义新农村"在正常情况下,对于一个汽车制造企业来说,都是不必要的建设目标,然而,由于当时已经确定二汽要在偏僻的山区进行建厂,对于这么一个大企业,其员工如何生活,是摆在企业决策者面前的一个大难题。因此,只有采取"工厂自办农场"的办法,"充分利用荒山、荒地,组织职工、家属、学生自办一些农副业生产基地，根据山区地少山多的特点，自办农场，以林、牧、渔为主”①。其实，假如二汽建在武汉、成都等大城市周边，交通便利，企业员工的生活问题就可以更好地解决，用不着专门去建设农村，但是，由于二汽最终选址于偏僻山区，就只能自己想办法通过各种途径满足食品供应了。因此，尽管从一般的经济逻辑出发，二汽“建设一个大寨式的社会主义新农村”的目标是不合理的，但在特殊的时空背景下，反而这一目标的提出才合乎逻辑。

其次，《第二汽车制造厂建设方针十四条》中有些条目是具有相当合理性的，符合汽车工业建设的一般规律。例如，第三条“产品设计革命”，强调“产品必须从我国的实际情况和方便用户出发，总结我国汽车工业的经验，自行设计并建立自己的汽车系列，且适合我国的自然条件（特别是亚热带、高原、多山、多雨等），产品要好用、好造、好修、省油，做到技术进步，材料立足于国内，坚固耐用，成本低廉”②。尽管设计“革命”的说法有些夸张，但是立足国情这一点是十分合理的。从前文可知，一汽引进苏联车型后，无论是卡车还是越野车，都存在着苏联原型车不适合中国使用环境的弊端，必须加以改良。所以，二汽从一开始就强调要设计“中国式汽车”是很有道理的，剥离那些政治话语之后，可以看到其实质性内容本身就是中国汽车工业发展经验的总结。此外，这里的“中国式汽车”如果不作过分引申，也是很合理的提法。我们都知道，长期以来，美国汽车工业的产品和日本汽车工业的产品就不太一样，由于美国有着相对充沛而且廉价的能源供给，美系车的耗油量一般要高于日系车。相反，在日本汽车工业成长时，由于日本资源有限，在设计上一般倾向于节能省油。可以说，“日本式汽车”与“美国式汽车”就是存在着差异。如果我们能够认可“日本式汽车”的存在，那么，对于二汽提出要设计“省油”的“中国式汽车”，就应该给予肯定。当然，在“文化大革命”“政治挂帅”的氛围中，二汽的“设计革命”在实践中取得怎样的绩效，那是另一回事。

---

① 东风汽车公司史志办公室：《第二汽车制造厂志（1969—1983）》，第501页。

② 东风汽车公司史志办公室：《第二汽车制造厂志（1969—1983）》，第498页。

此外,《第二汽车制造厂建设方针十四条》反复提到要生产出"世界上第一流"的产品、"赶超世界先进技术水平",这也是可取的。尽管这种口号在那个特定的时代背景下具有非理性的成分,但作为一种战略目标,这是落后国家的工业真正迈向自主创新所不可或缺的。事实上,以"赶超"为目标本身并不荒谬,日本、韩国的汽车工业都是这么走过来的,中国有什么不可以的呢?中国的问题在于,在那个年代,虽然我们有正确的目标,但没有采取正确的手段。当然,如同第二章在讨论红旗轿车的研发时谈到过的,中国汽车工业在计划经济时代没有将轿车作为战略目标,这本身就决定了我们与日韩虽几乎同时起步(比日本晚,但比韩国早),却不可能走上日韩式崛起道路。不过,不管怎样,二汽在建设方针中能够有赶超世界先进的雄心壮志,就已经体现了创新开拓这一企业家精神最基本的要素。因此,《第二汽车制造厂建设方针十四条》确实是值得肯定的战略纲领。

尤值一提的是,《第二汽车制造厂建设方针十四条》明确立足于备战,而这可以说是二汽第三次上马不同于前两次上马的鲜明特色。该方针称:"在产品上要执行'军民结合,先军后民,以军带民'的方针。在建厂过程中,通过新老基地结合,首先组织军用车的生产,满足备战的需要。"为了备战,二汽的建设须"抢时间,争速度"。在产品上,二汽要"和华东各厂统一产品系列化",在基建上则要"先集中力量建厂房",这样做是为了"在新基地尚未建成,而战争已经强加于我们的情况下,即可使沿海附近的汽车厂及配件厂迁入生产,使新基地成为战时打不垮、炸不烂的可靠汽车工业生产大后方"①。因此,可以说二汽在本质上是被构想为一个战时汽车生产基地的。为此,二汽的建设被要求在对空隐蔽上做到:"(1)尽最大努力不易为敌人判明是什么工厂;(2)不易找到要害部分;(3)尽可能利用死角摆厂,不易炸中;(4)万一炸中个别厂,要能做到迅速恢复,坚持生产,总之,要树立百年大计,备战第一的思想。"②这种"备战第一"的思想此后也将会影响到二汽创建阶段的方方面面。

总之,当二汽的创建第三次被提上议事日程后,中国汽车工业的从业

①② 东风汽车公司史志办公室:《第二汽车制造厂志(1969—1983)》,第500页。

者们为筹备该厂付出了巨大的努力。与前两次下马不同，这一次，在备战的压力下，二汽的创建活动相对顺利。这也再一次说明，以举国体制发展现代化的汽车工业，国家意志是否坚决至为关键。不过，尽管中央第三次创办第二汽车厂的意志没有动摇，在选址问题上，却因为“三线”建设的因素而颇多曲折，而选址也成为影响二汽第三次创建时期的最重要的问题。

（二）基于备战的厂址选择

与一汽不同，二汽的选址因为牵涉到更多的国防考虑，所以一直不是那么顺利。可以说，二汽第一次下马，在很大程度上就是因为选址耗时太久错过了建设时机，而当时之所以会出现选址问题，也就是因为苏联专家以国防为理由反对二汽定址武汉。1964 年后，“三线”建设如火如荼，国防因素在各新建工厂的选址考虑因素中更是拥有绝对优先权。前文提到的重庆重型汽车厂在选址问题上一直悬而不决，就是因为必须满足国防要求。在这一点上，同样基于备战需要而第三次上马的二汽，也遇到了一样的问题。

起初，当中央第三次提出创建二汽时，选址工作仍然围绕四川、湖南展开，这既符合“三线”建设的要求，也与前两次选址的结果有继承关系。1965 年 2 月起，饶斌和吴庆时、姜季炎等人到了四川的宜宾、泸州、内江、达县和贵州的贵阳、遵义、安顺等地选址，几乎在同一时间，齐抗和李学诗、韩云岭等人则到湖南的澧县、津市、石门、慈利、大庸等地选址。同年 7 月，由于川汉铁路线路的变化，齐抗的原班人马又到湖南详细查看了湘黔铁路沿线的涟源、新化、溆浦、怀化、吉首以及沅陵等地，8 月以后，陈祖涛也从重庆赶过来一起选址。①陈祖涛回忆：“我从有利生产、方便运输的角度考虑，提出厂址要在铁路、公路等交通沿线，要有能满足生产和生活的水源，我和吴庆时沿着他们走过的路线又重走了一遍。”由于当时强调工厂要“隐蔽”，陈祖涛还特意去湘西武陵山区的辰溪、泸溪、沅陵等地的山洞里看了

① 见黄正夏口述，欧阳敏撰写：《艰难历程——黄正夏采访实录》，第 59—60 页。

看，结果认为“二汽是机械加工型企业，设备成千上万，再大的洞也放不了，况且潮湿问题也解决不了”①。由此可见，对于过分强调备战的选址要求，工程技术人员是持反对意见的。正在此时，一机部部长段君毅得知中央决定修建从湖北襄樊到四川重庆的铁路，立刻建议二汽选址应当和国家要建设的铁路大动脉一起考虑，并专门向邓小平作了汇报，邓小平认为大型汽车厂从运输角度考虑应该靠近铁路，随即又向周恩来报告，周恩来表示同意并报告给了毛泽东。于是，经过党中央最高领导层的决策，二汽选址的重心就从四川、湖南移向了位于大巴山和秦岭交会处的湖北、陕西一带，并确定在鄂西北的山区选址。据陈祖涛回忆，当时的铁道部副部长彭明要为襄渝铁路选址，他从成都沿秦岭向南，陈祖涛则在陕西白河县与他会合，然后一起进入湖北，这样，二汽选的厂址就会始终和铁路在一起。②

经过踏勘，陈祖涛选中了郧阳一带，认为该处背靠大山，紧邻即将修建的襄渝铁路，大山深处有襄郧公路联通，又可以通过汉水获取水源。此后，

二汽在选址上曾经经历过多次变动，郧阳是当时的选择之一

① 见陈祖涛口述，欧阳敏撰写：《我的汽车生涯》，第140页。
② 见陈祖涛口述，欧阳敏撰写：《我的汽车生涯》，第141页。

陈祖涛等人又在鄂西北和陕南两地踏勘了十多个县，访问了八十多个部门和单位，搜集了铁路、公路、航运、地形、地质、水文、气象、灾异、水电、工农业等多方面的资料，经综合分析，将厂址初步定在郧阳的十堰，而当时的十堰只是一个有近百户居民的小镇子。[1]1966年1月，二汽选址小组将意见上报一机部。然而，4月，中央一位领导到湖北检查工作时，批评了十堰方案，而且对陈祖涛说："陈祖涛，你们怎么选的地方，我们的原则是要进大山，你这是大山吗？中央关于'三线'建设的精神你根本不了解。你们要再往大山里走，到秦岭那里去选厂。"此情此景，与重庆重型汽车厂选址时是何其相似！于是陈祖涛赶紧给在北京的饶斌打电话，饶斌立即从北京赶往湖北，与陈祖涛一起重新选址。他们遂向西穿过郧阳地区的竹山、竹溪，进入陕西境内，经安康直到汉阴。然而，秦岭深处的山区完全不适合大型汽车厂的布局，陈祖涛坚决不同意在深山中建厂，饶斌也表示赞同，于是他们一起回到郧阳老营，和齐抗商议后，还是按原计划向一机部汇报。[2]他们的

经过长时间的踏勘和多方考虑，第二汽车制造厂的厂址最终定在湖北十堰

1967年4月1日，二汽在十堰炉子沟正式举行了开工典礼

① 见陈祖涛口述，欧阳敏撰写：《我的汽车生涯》，第142页。
② 见陈祖涛口述，欧阳敏撰写：《我的汽车生涯》，第143—144页。

汇报方案得到了一机部和湖北省委的同意。1966 年 5 月 10 日，国家建委在北京召开会议，决定二汽厂址定在鄂西北的郧县十堰到陕西的旬阳一带。同年 6 月，一机部向党中央报告了二汽选址及建设的构想："根据小平同志指示和铁路修建计划，厂址拟选在鄂西北的郧县十堰到陕西的旬阳一带，所选地区长 85 公里，宽 30 公里，山区海拔 1 000 米左右，位于汉水以南，武当山北缘，东距老河口 130 多公里，西距安康 200 多公里，厂房拟分别建在该地区 40 多条高差 150 米左右的山沟里，能很好地隐蔽。即将建设的川汉铁路由此通过，水陆交通方便，以上厂址已经国家建委审查同意。建设规模年产汽车 10 万辆，远景发展规划 20 万辆。"①1966 年 10 月，由一机部牵头在郧阳老营召开了二汽选址现场会议，国家计委、建委、一机部、汽车局、各设计院、湖北省委、中南三线建设委员会及 30 多个设计单位的设计人员和二汽各专业厂的筹备人员共 500 多人参加了会议，会议由一机部副部长白坚主持，在会上，各方面的意见进行了交锋。

据参与会议的陈祖涛回忆，不少意见是非常"左"的，提出"二汽要进大山，进深沟，进山洞，车间与车间距离不小于 1 000 米，建筑群面积不超过 20 000 平方米，要炸不垮，打不烂"，这是当时最时髦的想法，然而，二汽筹备组和很多汽车厂的人对此持反对意见，双方在会上遂争得一塌糊涂。主持会议的白坚见此情形，大声说："清兵就要渡河了，你们还在议论纷纷。这个厂究竟还建不建？这次会议，一定要把厂址定下来。"陈祖涛认为，当时"文化大革命"已经开始，他们在会议上还传达了毛泽东的《我的一张大字报》（尽管传达后，大家都不明白究竟是怎么回事），政治嗅觉更敏锐的白坚的发言，意思很可能是"文化大革命"一起来，二汽很可能又会下马，形势紧张，一定要把二汽建起来。于是，会议决定由二汽建设五人领导小组拿决定性意见。当时，陈祖涛、饶斌、李子政等人都主张厂址定在十堰，但由于之前有领导批评过，故十堰方案要冒很大的风险。陈祖涛于是决定向孟少农征求意见，孟少农也同意十堰方案，而且告诉陈祖涛："你的方案是以总装为核心的蜘蛛网式的布局，这样讲，明白易懂，大家也容易接受。"陈祖

① 黄正夏口述，欧阳敏撰写：《艰难历程——黄正夏采访实录》，第 60 页。

涛接受了孟少农的建议，向会议介绍了选址十堰的意见，最终，十堰方案以占压倒性的优势获得了通过。这次会议整整开了20天，最后决定二汽建厂地址确定在十堰东起白浪，西抵堵河，北至刘家沟，南到枧堰沟，东西长20多公里，南北宽10多公里的地方，并决定于1967年4月1日开工。会议的决定以一机部的意见上报国家，1967年2月，一机部正式下文批准。[①]在这次会议上，争论的本质实际上还是国防考虑与经济考虑之间的冲突。其实，将厂址定在十堰已经是经济考虑让位于国防考虑了，但在当时的氛围下，这种让步在一些人看来显然是不够的，还不能完全符合"三线"建设的原则。此外，在这次会议之后形成的《第二汽车制造厂建设方针十四条》中，对于工厂的厂区布局也强调了"靠山、分散、隐蔽"的三线建设方针，并提出了防空方面的具体要求。这表明，尽管二汽按照技术人员的想法定址于十堰，但国防优先的考虑是贯彻始终的。

也正是因为在二汽选址问题上出现过较大的争论，所以，1967年、1968年在该问题上还出现过两次反复，被称为"厂址造反"。1967年，二汽的造反派"二汽革命造反大军"写信给李富春、谷牧和周恩来等中央领导，反对在十堰建厂，认为十堰的厂址是"小隐蔽大暴露"，不符合备战的要求。为此，国家建委和一机部经调查研究后，于1967年4月在十堰召开会议，肯定了二汽选址现场会议的决定。然而，造反派不服此决定，继续上书中央，又提出了一个所谓"东方案"，要求将厂址东移到襄樊或谷城，其理由包括"二汽布局太分散，建成也不能生产"、"二汽的进出通道只有一条老白公路，战时两头一炸二汽就憋死了"等，于是二汽选址"东西之争"再起，而在这一混乱的局面中，二汽建设被迫停工，不少建设人员也离开了二汽。孰料，"东西之争"尚未定论，又出现一个"南北之争"。当时，建设二汽的绝大多数人员是从一汽来的，这个"南北之争"是主张干脆撤销二汽，二汽筹备组应该撤回长春参加"文化大革命"。不得已，1968年6月，国家建委又组织计委、一机部、五机部、建工部、铁道部和武汉军区、湖北省政府再次到十堰等地实地考察，经比较研究，国家建委主任谢北一、一机部部长周子

① 见陈祖涛口述，欧阳敏撰写：《我的汽车生涯》，第146—147页。

健、湖北省革委会副主任张树成、武汉军区参谋长张显扬等人组成的考察组认为，二汽所选厂址符合战备要求，“基本不动，适当调整”，还是定在十堰。考察组回京后向李先念汇报了情况并报告给周恩来总理。[①]1968年11月19日，周恩来批示“二汽就在湖北郧县十堰地区建设”，这才平息了争论，使二汽的厂址最终得以确定。[②]从毛泽东指示二汽第三次上马，到此时厂址的选择最终确立，时间过去了近5年，可谓岁月蹉跎，而这也是那个特殊年代的无奈了。

除了大的厂址选择外，在具体的厂区布置方面，也是存在着争议的，尤其是围绕着“三线”建设的“靠山、分散、隐蔽”方针，有过很大的争论。1966年8月，一机部部长段君毅看了初定为厂址的山沟后，称工厂布置讲“靠山、分散、隐蔽”是必要的，但也要适当集中，像二汽这样的大厂要完全保密是困难的，要积极防空，不能都进洞，分散也要有个限度，要考虑仓库运输，要算经济账，应该按汽车生产工艺的要求一坨坨地布置专业厂。[③]后来，在进行具体的设计时，陈祖涛对于二汽的26个专业厂，根据地形，按照产品特点、工艺流程和相互关系，将其分成发动机、车桥、总装冲压和后方生产四大片区，采取总体分散、相对集中，依据公路和铁路走向，以总装为中心，按地形采取蜘蛛网式布置，把各个专业厂连接起来，最终形成如下布局：发动机厂和围绕发动机生产所需的制造发动机铸件的铸造一厂、化油器厂、轴瓦厂布置在十堰花果镇；车桥厂和围绕车桥生产所需的锻造厂、铸造二厂、传动轴厂和木材加工厂布置在十堰东端的茅箭堂；总装厂和车身、车架厂布置在十堰市的中心张湾；车轮厂和车厢厂按生产走向布置在铁路线边和销售部旁；后方片有刃量具厂、动力厂、设备修造厂、冲模厂、通用铸锻厂、热电厂和水厂，这些厂多根据地形就近布置。[④]总体来看，在二汽的厂区布置问题上，“大多数来自生产和设计工作岗位的工人、技术人员和领导干部坚持从实际出发，抵制了片面理解‘三

① 见陈祖涛口述，欧阳敏撰写：《我的汽车生涯》，第149—150页。

② 见黄正夏口述，欧阳敏撰写：《艰难历程——黄正夏采访实录》，第62页。

③⑤ 见《中国汽车工业史(1901—1990)》，第100页。

④ 见陈祖涛口述，欧阳敏撰写：《我的汽车生涯》，第148页。

线'建设方针的意见"[5]。

就在厂址选择仍在争论的时候,1966 年 11 月,二汽的设备修造厂已率先动工,拉开了二汽建设的帷幕。1967 年 4 月 1 日,二汽在十堰炉子沟正式举行了开工典礼,开始了施工建设。[1]当然,我们已经看到,由于在选址问题上还有所反复,因此二汽的施工进展是很慢的。直到 1968 年最终确定以十堰为厂址后,二汽的建设才开始步入正轨。1969 年 1 月,一机部和武汉军区受国务院委托,在二汽基地召开二汽建设现场会议,成立了第二汽车制造厂建设总指挥部,会后,经过半年之久的准备,十万建设大军陆续进入基地,9 月,二汽终于开始大规模施工建设。[2]因此,1969 年才被二汽官方定为其正式开端。

总而言之,与前文提到过的重庆重型汽车厂一样,二汽的厂址选址主要基于备战考虑,符合"三线"建设的一般特征。只是在备战的前提下,陈祖涛等工程技术人员在具体选择厂址时综合考虑到了经济因素。所以,即使二汽的厂址确定下来后,陈祖涛的心里也"并没有轻松多少",他想到的是:"把这么大的一个汽车厂放到这么一个大山里,我内心深处始终是有顾虑的。一个几万人的大企业,要吃、要喝、要生活,这是要在一穷二白的基础上建设一个社会啊,这些工作绝不亚于再建一个同等规模的厂。这样我们的建设成本就要大大增加,这一笔账谁来算呢?"[3]所以,选择十堰对陈祖涛来说,只能算是一种退而求其次的选择,而绝非最佳选择,甚至于,直到晚年,陈祖涛仍直白地说:"违背经济规律和科学规律,将二汽建在大山里,我内心深处始终是不赞成的。"[4]但是,在那样一个极端狂热的年代,能够选址在十堰而不是大山的更深处,已经算是二汽的万幸了。

三、二汽建设和苏式体系的本土化

二汽的建设被认为是自力更生的典范,即二汽完全是依靠中国人自己

---

① 见《中国汽车工业史(1901—1990)》,第 100 页。
② 见东风汽车公司史志办公室:《第二汽车制造厂志(1969—1983)》,第 8 页。
③ 见陈祖涛口述,欧阳敏撰写:《我的汽车生涯》,第 148 页。
④ 陈祖涛口述,欧阳敏撰写:《我的汽车生涯》,第 150 页。

的力量设计、建造的汽车厂。这一论断是正确的。不过,如果我们从理论的角度进行深层次的剖析,又会发现二汽虽然是中国人自主设计、建造的,但并不是凭空创造的,而是将当时中国汽车工业已经存在的苏式体系加以本土化。这一点,从一汽"包建"二汽就可以看得很清楚。因此,在将一汽的建设归纳为"苏式体系移植模式"的同时,将二汽的建设概括为"苏式体系本土化模式"。而苏联体系的原型从被全盘移植到中国,再到被中国人自己进行本土化,体现的是中国汽车工业的成长。

(一) 二汽的自力更生战略

与全面移植苏联模式的一汽不同,二汽采取了自力更生的战略。实际上,二汽的自力更生在很大程度上是迫不得已的。前文可以看到,二汽创建构想最初提出来的时候,仍然打算依靠苏联援建,苏联还为此组建了专家团。等到二汽第二次创建构想提出时,中苏关系已开始出现变化,但尚未完全恶化,从史料来看,二汽第二次上马也没有明确否定要寻求苏联的援助。况且,即使在中苏关系恶化后,中国建设重庆重型汽车厂时,还是采取了自主设计基本工程而从法国引进产品技术的方式,这表明当时中国汽车工业还不完全具备自主发展的能力。然而,与重型汽车不同,二汽所计划生产的载货汽车和军用汽车,已经由一汽打下了基础,这使得后来二汽正式上马以后,具有自力更生的可能性。当然,更为重要的是,在 20 世纪 60 年代中期,中国与美苏两大集团同时交恶,也只能完全依靠自己的力量发展汽车工业。

当时,毛泽东主席曾提出"关于打破洋框框,走自己工业发展道路"的指示,[①]在那个特殊的年代,这一最高指示自然具有统领一切的地位,也就成为二汽自力更生发展战略的指导性口号。不过,除了这一纲领性口号外,二汽的自力更生战略也是有着更为实质性的内涵的,并且体现于前文曾简单分析过的《第二汽车制造厂建设方针十四条》中。在《十四条》中,从第二条到第五条,都是对自力更生战略的具体诠释,涵盖了生产组织、产品

① 见东风汽车公司史志办公室:《第二汽车制造厂志(1969—1983)》,第 498 页。

设计、工厂设计、土建设计、工艺设计、设备制造等方面，以下分别予以论述。

首先，二汽的自力更生战略是要“进行生产组织革命”。如前文所述，全面复制苏联斯大林汽车厂的一汽是一个大型的全能厂，但是，二汽的建设要“改全能厂为专业厂”，即“以汽车总成（部件）和工艺为对象，设若干个专业厂，实行大、中、小相结合，以中、小为主的专业化生产。扩大各专业厂的职权，使之既是独立的生产单位，又是设计（包括产品、设备、工艺及工厂设计）试制和试验研究基地”①。这一点，在前文所述陈祖涛设计的二汽“蜘蛛网式布置”中已有所体现。此外，二汽“实行设计研究、试验试制和生产相结合。基地内不设脱离生产实践的研究、设计、试验机构。汽车研究所（包括产品设计与研究课题）和工厂设计处，除留少部分人进行综合规划和管理工作外，大部分人员都下放到各专业厂，以便实行‘三结合’”②。实际上，在正统的苏联体系中，生产和研究是分开的，所以一汽移植苏式体系，也照搬了这一模式。但二汽显然想有所改进。实际上，当陈祖涛设计重庆重型汽车厂时，已经有了这种想法，他称：“通过实践，在工厂的布局上，我已经形成了自己的概念。苏联的厂综合性太强，我们在‘三线’建汽车厂应该要生产专业化、产品系列化，要加强产品的开发和研究能力。”③二汽的“改全能厂为专业厂”，是陈祖涛这一自主设计思想的延续，也是二汽对于苏式体系的重要突破。此外，在管理体制上，与苏联推行的“一长制”不同，二汽要求：“以毛主席批示的‘鞍钢宪法’为准则，建立一套有利于发展社会主义经济的科学管理制度。放手发动群众，彻底批判工厂管理和技术领域中资本主义、修正主义影响，由工人、专业人员和领导干部三结合，通过实践，创造总结出一套符合毛泽东思想办企业的新的规章制度。”④这样一套话语，在今天看来自然是过于“政治挂帅”了，但在当时，这自然也是属于自力更生的自主探索。

其次，二汽的自力更生是要进行“产品设计革命”，补充一点前文未提及的内容。实际上，除了要设计“省油”、“好修”的“中国式汽车”外，二汽

①②④ 见东风汽车公司史志办公室：《第二汽车制造厂志（1969—1983）》，第 498 页。
③ 陈祖涛口述，欧阳敏撰写：《我的汽车生涯》，第 112 页。

还计划:“要用产品系列化的方法,解决大量生产与多品种需要的矛盾,也就是用较少级别的、在结构上和工艺方法上相近的总成,拼装出多种多样用途的汽车,适应国防建设和国民经济的需要。”[①]这一对产品系列化的强调,与前述陈祖涛的构想也是一致的。实际上,陈祖涛特别指出过苏式体系的弊端:“我是在苏联学习的,我知道他们汽车生产的原则:以少量级别的汽车品种满足国民经济多方面的需求。所以,无论是斯大林汽车厂、高尔基汽车厂还是莫斯科人汽车厂,基本上都是单一的产品,与多样化的货物运输要求有很大的矛盾。”[②]显然,二汽的“产品设计革命”,并非完全与苏联模式唱反调的意气之争,而确实是对苏联模式弊端的对症下药。

第三,二汽的自力更生战略表现在“进行工厂设计、土建设计和工艺设计革命”上,而这也是二汽自力更生的重要内容,包括几个层次。其一,二汽的工厂设计明确要求“彻底打破苏修框框,采取委托老厂包建、设计人员下楼出院、到包建厂参加设计的办法”。所谓“苏修框框”,当然是带有时代烙印的一种政治化的说法,但是,不带政治色彩与感情色彩地去看,这实际上是要求突破苏联模式。而为了达成这一目的,需要依托老厂,但这些老厂中不乏如一汽那样采取苏式体系者,所以还是苏联模式的一种嬗变。至于设计人员“下楼出院”,则是一种广泛的动员。其二,在土建设计与施工方面,要求“厂房设计要依山就势,就地安排。打破大方块,对称式的框框,不求整齐划一,消除厂房特征,达到‘靠山、分散、隐蔽’的要求”。所谓“大方块”、“对称式”,当然还是指的苏联式布局,而二汽为了三线建设的备战需要,对此自然是要革除的。同时,二汽的施工还被要求“广泛采用新技术、新结构、新工艺、新材料,做到因地制宜,就地取材,因材设计,就料加工”。这些语言就具有鲜明的本土化特色。其三,在工艺设计上,自力更生意味着全面调动国内一切可用的资源,即“广泛实行内外‘三结合’,在工厂内部,把勇于创新、勇于赶超的技术革新积极分子组织起来,大力开展群众性的技术协作活动;在工厂外,和全国有关的科研单位、工厂以及大专院校

---

① 东风汽车公司史志办公室:《第二汽车制造厂志(1969—1983)》,第 498 页。

② 陈祖涛口述,欧阳敏撰写:《我的汽车生涯》,第 157 页。

挂上钩,根据需要积极开展新技术中间试验,广泛采用'四新'(新技术、新工艺、新设备、新材料),用'聚宝'的方法,把'一汽'以及全国各方面已出现的赶超成果和正在攻关的先进技术,经过试验集中移植到'二汽'来"。实际上,所谓"聚宝",可以说是二汽自力更生最具实质性意义的内容,它意味着通过举国体制来调动各方面的资源建设二汽,其中占有重要地位的自然是一汽。因此,采用"聚宝"的方法通常被认为是二汽的自力更生建设能取得成功的重要原因。其四,二汽的自力更生总体上要求:"要立足于国内先进经验基础之上,与全国赶超世界先进技术水平的运动相配合。基地建成时,一定要略高于'一汽'同期的技术水平,略高于内地建设的基建水平。各专业厂先后投产时,生产力显示出非常活跃的形势,技术革新和技术革命运动蓬勃发展。"①二汽建设订出要"略高于"一汽的目标,既是因为此时中国汽车工业已经有了进步,也是希望自主建设的二汽能够胜过苏联援建的一汽,不乏爱国主义情绪包含其中。

最后,二汽的自力更生战略要求"进行设备革命,走自己武装自己的道路",而这一点与此前中国汽车工业的技术积累一脉相承。具体而言,"设备革命"是指:"'二汽'建设必须大量采用新设备,特别要广泛采用简易、高效、专用、组合的'四八'设备。这种设备是1958年大跃进以来,我国工人阶级在技术革新、技术革命运动中自己创造的,对于大量生产的汽车工业非常适用。在现有的基础上,加以总结鉴定,再加上标准化、通用化、系列化、自动化的整理提高工作,就可大量选用。这是一条自力更生、奋发图强、自己武装自己的革命道路。"②实际上,由于当时中国面临着美苏两大阵营的封锁,在设备上也只能"自己武装自己"。因此,二汽的25 000余台工艺设备,绝大部分是依靠国内机床、电气行业运用"聚宝"的方法设计和制造的,其中,包括关键设备1 150台,国外引进设备195台(条),自动线117条。③据统计,引进设备约占二汽设备总数的百分之一,占总投资的十分之一。④应该说

① 东风汽车公司史志办公室:《第二汽车制造厂志(1969—1983)》,第498—499页。
② 东风汽车公司史志办公室:《第二汽车制造厂志(1969—1983)》,第499页。
③ 见东风汽车公司史志办公室:《第二汽车制造厂志(1969—1983)》,第239页。
④ 见《中国汽车工业史(1901—1990)》,第110页。

进口设备的数量比重在二汽全部设备中是微乎其微的，这可以说是对“自力更生”的最好诠释。

综上所述，二汽的建设采取了自力更生的战略，即主要依靠中国人自己的力量创建企业，这就与依靠苏联的全面援助而建成的一汽形成了不同的发展模式。尽管二汽的自力更生在很大程度上是因为国际封锁而不得已为之的，但是，这条自力更生道路充分体现了中国发展汽车工业的自主性，具有重要的意义。而且，二汽的自力更生不等于闭关锁国、抱残守缺。如前所述，二汽进口设备的数量虽然微乎其微，但是进口设备的费用却占到投资总额的十分之一，这表明二汽对于先进技术的追求采取的是开放的态度。不过，二汽的自力更生并不意味着该企业是中国人自己凭空创造的“中国式汽车厂”，相反，苏联模式作为中国现代汽车工业的源头，通过一汽对二汽的“包建”，仍然以一种特殊的方式在神州大地上开枝散叶。因此，二汽的发展并不体现为一种全新的模式的创立。

（二）一汽包建二汽与苏式体系的植入

如前所述，一汽的自力更生战略包含“委托老厂包建”这一建设方式。陈祖涛在回忆中，谈到了采取包建方式的原委：“在一个大山里建二十几个专业厂谈何容易。再说，很多专业厂当时在全国都是第一个，没有借鉴，很难啊。27 个专业厂，我们哪里有那么多的技术人员？于是我们创造性地在全国开展了包建二汽专业厂的做法。一汽是二汽建设的主力，北京、上海、武汉、南京等地十几个企业也承担了二汽专业厂的包建任务。靠这个做法我们在 190 平方公里的范围，21 条山沟，共建了发动机、车架、车桥、传动轴、底盘、车厢、铸造等共 27 个专业厂。”①因此，由老厂包建二汽是解决当时资源瓶颈的有效方式。

由于一汽是在苏联的全方位援助下建成的，因此，在创建二汽前，中国实际上缺乏自行创办大型现代化汽车厂的经验。这就使得由老厂来协助建设新厂几乎成为一种必然的选择。而且，这种建设模式本身还是对苏联

---

① 陈祖涛口述，欧阳敏撰写：《我的汽车生涯》，第 160 页。

经验的一种运用。根据二汽厂志记载，在厂址选定之后，饶斌就总结了一汽由苏联斯大林汽车厂包建的经验，决定二汽走国内包建的道路，而包建单位要对二汽实行“四包”，即包设计、包生产准备、包人员培训、包生产调试。①由此可见，二汽委托老厂包建这一构想的源头还是苏联模式，只不过包建主体由苏联企业变为中国企业，是对苏联模式一种十分直接的本土化。由于当时中国汽车企业中最具实力的就是一汽，所以，1965 年 1 月，一汽成立了支援二汽办公室，1967 年，一汽又成立了以革委会主任于海荣、副主任刘守华为首的二汽建设办公室，全面指挥包建工作。②不过，二汽包建方案的形成实际上比单纯的一汽援建二汽要复杂得多，是牵涉到当时整个中国的汽车企业的大事。1965 年 8 月，饶斌、孟少农等人在上海进行调研，对南汇传动轴厂自力更生制造设备扩大生产的做法深受启发，萌发了小厂包建大厂的思路，并决定现在这个具有“自己武装自己”经验的企业试点并取得经验。1965 年 11 月，试点工作正式开始，南汇传动轴厂成立了 220 办公室专门负责包建工作。为了进行试点，还专门从长春汽车研究所和长春汽车工厂设计处抽调了 19 名技术人员，从武汉汽车配件厂借调了 30 名青年工人，参加南汇厂的包建试点，在产品设计人员的

建厂之初，二汽由于人才缺乏，不得已从一汽等大厂调集研发人员参与研发

① 见东风汽车公司史志办公室：《第二汽车制造厂志（1969—1983）》，第 69 页。
② 见《中国汽车工业史（1901—1990）》，第 107 页。

配合下，对传动轴的生产工艺、工艺装备、专用和非标准设备的选用、设计、制造等一系列问题进行了探索和试验。经过两个多月的试点后，得出的结论是“老厂可以包建新厂，小厂可以包建大厂，几个厂可以联合包建一个大厂”。同时，包建中应实行设计单位、制造单位、使用单位相结合，新建厂、包建厂、设计单位相结合，建设单位、施工单位、安装单位相结合，工人、技术人员、领导干部相结合。而且，这次试点还表明，由南汇厂这样的小厂包建二汽这样的大规模汽车生产厂，不能把包建小厂原来的小生产方式简单地移植到大厂，因此，在包建过程中，小厂自身也要不断进行技术改造，使其具备相应的生产试验手段和装备能力，才能真正包建好大厂。①

从时间上看，南汇试点晚于一汽成立支援二汽办公室，因此，可以认为，一开始，二汽建设的相关负责人只考虑了由一汽援建二汽这一最容易想到的路径。也就是说，由相对落后的小厂参与包建现代化大厂，是二汽自力更生战略的创造性的真正体现。1966 年 12 月，二汽包建方案最终确立，一机部和汽车局分别向汽车行业和上海第一机电工业局的有关企业下达了包建二汽的任务，具体如下：一汽包建发动机厂、车桥厂、底盘零件厂、车身厂、车架厂、车轮厂、车厢厂、锻造厂、铸造一厂、铸造二厂、总装厂等 11 个专业厂和热处理、电镀两个系统；上海地区的卫海铁工厂、黄河仪表厂、上海汽车配件厂、上海标准件厂分别包建钢板弹簧厂、仪表厂、水箱厂、标准件厂；南汇传动轴厂和上海汽车底盘厂共同包建传动轴厂；北京汽车厂包建化油器厂；武汉汽车配件厂包建轴瓦厂；南京汽车厂包建铸造一厂的球墨铸铁部分；二汽自建 6 个技术后方厂和 1 个木材加工厂。②由此可见，二汽的包建工作充分调动了全国汽车工业的力量。而且，按照黄正夏的说法，这种倾全国之力的包建还有一个额外的好处：“这种做法，是在适应‘文化大革命’和中国生产力现实水平的情况下产生的，如果集中在一个单位设计，造反派一冲，整个汽车厂就有‘黄’的危险。”③

---

① 见《中国汽车工业史(1901—1990)》，第 101—102 页。

② 见《中国汽车工业史(1901—1990)》，第 102 页。

③ 黄正夏口述，欧阳敏撰写：《艰难历程——黄正夏采访实录》，第 68 页。

尽管二汽的包建厂不只一汽一家，但是，“一汽包建的各专业厂水平最高、实力最强，成为整个二汽建设的主力和支柱”①。实际上，一汽包建的专业厂在数量上也是最多的，所以，可以认为，一汽是包建二汽的最重要的主体。而就在一汽包建二汽的过程中，一汽的苏式体系也随之植入二汽，成为苏式体系本土化的主要途径。

在包建过程中，一汽为二汽提供的首先是人才。根据一汽方面的记载，1965 年 10 月，该厂就调出了上百名干部参加二汽筹备工作。1966 年 6 月 7 日，根据一机部和中国汽车工业公司抽调三分之一技术、管理干部的指示，一汽把全厂所有管理干部、工程技术人员，依据专业配套、政治力量和技术力量合理配置的原则，分成三股，并把三股人员的名单全部交给二汽领导，由其任选一股。在抽调人员名单确定后，8 月 3 日，厂党委召开科以上党员领导干部会议，由党委书记赵学义亲自动员。当年，一汽共抽调技术、管理骨干 1 539 人，此后又调去一大批技术工人。到 1970 年，一汽共支援二汽 4 200 多人，为一汽建厂以来输出人员最多的一次。②不过，根据陈祖涛的回忆，实际的历史过程更为复杂。当时，汽车工业的技术人才十分紧俏，一汽对于人员输出也有自己的考虑。陈祖涛回忆道：“开始选址时，二汽筹备组就我们十几个人。十几个人选什么厂址？我们都是一汽出来的，于是向一汽的厂长刘守华要求支援。刘守华也很有意思，他眯着眼，一副若有所思的样子，也不说同意，也不说不同意，就是一言不发。我们很快就明白了，他不想给。说了几次，他总是顾左右而言他。这下我们急了，这时正好一机部的段君毅部长和其他几个部长在一汽蹲点，我们就找到他反映情况。段君毅一听就生气了，他马上在一汽的党委会上讲这个问题，他宣布，一汽将三级以上的工人、管理干部和技术干部分成三份，由二汽来挑一份。部长发话了，谁敢不照办。二汽‘五人小组’要我去挑，于是我心满意足地从人事部门认真地挑了 2 000 多人。”③由此可见，一汽对二汽的人才输出并非那么

---

① 《中国汽车工业史(1901—1990)》，第 107 页。

② 见冯云翔：《支援二汽建设》，载全国政协文史和学习委员会编：《一汽创建发展历程》，第 313 页。

③ 见陈祖涛口述，欧阳敏撰写：《我的汽车生涯》，第 151 页。

顺理成章,而这也表明,即使在计划经济体制下,国营企业也具有一定的自主性,可能会优先考虑自身发展,而企业之间也存在着一定的竞争关系。不过,"文革"开始后,一汽造反派夺权,刘守华被"靠边站",一汽的一部分老工人和技术干部在领导班子瘫痪、管理混乱的情况下自愿去了二汽。①这说明一汽的职工还是真心希望为中国汽车工业的建设出力的。

对一家汽车制造企业来说,产品最能体现其技术,而一汽包建二汽最突出的内容也是车型的让渡。由于产品的设计、试验与生产实际上承载着一整套技术体系,所以,一汽为二汽提供产品型号是二汽植入苏式体系最直接的方式,因为一汽所提供的产品的原型正是苏联产品。二汽的产品研发工作其实着手甚早,一开始也没有以一汽为主力,而是以南汽为中心组织华东地区 28 家企业联合进行的,一汽仅仅是在这个过程中提供了技术人员。1965 年 1 月,在长春召开的汽车工业技术政策和规划会议上,确定了二汽生产 1—8 吨载货汽车和 1—5 吨越野车系列产品,自主进行产品开发。1965 年 3 月,中国汽车工业公司再次召开会议,明确了二汽以从美国进口的万国、道奇两种载货汽车系列车型作为参考样车,先参照万国 S-162 型 3.5 吨载货汽车进行研制,由长春汽车研究所承担设计任务,以前述南京汽车厂和华东 28 家厂家作为试制力量。同年 6 月,从一汽抽调了部分领导和设计人员,同长春汽车研究所的技术人员一起成立了第七研究室,负责具体的设计工作。7 月初,长春汽车研究所和一汽抽调的设计人员陆续抵达南京,成立三吨半汽车试制办公室,和南汽设计科的人员一起进行产品设计、试制。②可以说,在这二汽产品研发的早期阶段,并没有进入苏联技术体系的轨道,一汽所提供的帮助也不是决定性的。实际上,当时陈祖涛等人曾构想成立一个"长江公司":"从十堰到武汉到南京沿汉水、长江布局,分别组织生产不同的车型。"③这个构想虽然并没有实现,但二汽创建之初对南方汽车工业已有基础的倚重亦由此可见。

然而,"文革"开始后,二汽的产品研发工作难以正常开展,从北方南下

---

① 见陈祖涛口述,欧阳敏撰写:《我的汽车生涯》,第 151 页。

② 见《中国汽车工业史(1901—1990)》,第 103 页。

③ 陈祖涛口述,欧阳敏撰写:《我的汽车生涯》,第 159 页。

的人员陆续从南京返回长春，设计工作遂又回到长春进行。①到1967年，二汽已先后试制出2吨军用越野车和3.5吨民用载货汽车。1968年初，2吨越野车“20Y”的样车被送往部队进行试验。②1968年7月26日至8月7日，一机部在京召开关于20Y的会议，总参装备部认为该车达到了部队提出的设计要求，但是也提出4点主要改进要求和6点次要意见。8月31日，一机部军管会生产指挥部根据总参同月28日的通知精神，下达通知，称“这种车有它的优点，如视线较好，车体较短，轻便机动，但驾驶室各部结构有许多问题，对操纵、维修、指挥、训练很不方便，强烈要求改进”，尤为重要的是，“总参、总后、国防科委和炮兵对部队同志提出的意见进行认真研究，也听取了设计人员的反映，一致认为应将牵引、载重能力由2吨提高到2.5吨，平头改为长头，并改进刹车、转向等结构”。这个通知被认为使二汽的产品设计发生了“根本性的变化”，其主要车型由2吨越野车变为2.5吨越野车，相应的民用载货车也由3.5吨改为5吨，整车及主要总成的结构都要作根本性的改变。③换言之，二汽的产品研发要推倒重来。

20世纪60年代，以万国S-162为原型车开发出来的
二汽第一款载重两吨的卡车20Y

这一艰巨的重任就被交给了新中国汽车工业的“长子”一汽。1968年11月7日，一机部军管会发出《关于加强第二汽车厂建设的组织领导和分工意见的通知》，决定在长春成立一机部建设二汽办事组，由周子健任组长，下设临时产品组，由一汽革委会副主任刘守华担任组长，成员主要是一

① 见《中国汽车工业史(1901—1990)》，第103页。
② 见《中国汽车工业史(1901—1990)》，第110页。
③ 见东风汽车公司史志办公室：《第二汽车制造厂志(1969—1983)》，第147页。

二汽在研发汽车时，曾重点参考了万国卡车 S-162 车型

汽的设计人员、从一汽调往二汽的设计人员以及长春汽车研究所的技术人员，共同以一汽为基地重新进行二汽产品的开发工作。①如此一来，一汽就通过为二汽研发新车型而将苏联技术植入了二汽。在越野车方面，1968 年 12 月 23 日，二汽临时产品组向一机部军管会提出《关于 2.5 吨越野车设计方案的报告》，并确定了整车参数及发动机、转向、制动、驾驶室、车厢、轮胎等基本结构与参数。次年 4 月，2.5 吨越野车 25Y 的 3 辆样车在一汽试制成功。1969 年 8 月，一机部军管会生产指挥部在京召开“红卫厂 2.5 吨军用越野车定型会议”，认为 25Y 的设计、试验基本成功，在对一些部件改进后即可定型投入生产准备。会议提出了 106 项改进意见，包括 13 项主要问题，针对这些问题，产品组进行了第二轮改进设计，于 1970 年 2 月 25 日在一汽试制出 25Y 定型车。②一方面，尽管 25Y 不完全出自苏联技术体系，但参与研发工作的一汽人员是在苏式体系下训练出来的技术人员，故在一定程度上，还是可以认为 25Y 体现了苏式技术对二汽的渗透。另一方面，一

二汽的 25Y 车型后来被命名为 EQ240

① 见冯云翔：《支援二汽建设》，载全国政协文史和学习委员会编：《一汽创建发展历程》，第 314 页。

② 见东风汽车公司史志办公室：《第二汽车制造厂志(1969—1983)》，第 147 页。

汽为二汽研发的5吨载货汽车则具有更纯正的苏联血统。在第二章中探讨一汽的卡车研发问题时已经提到过，一汽曾自主研发CA140，该车型正是提供给二汽的5吨载货汽车车型EQ140的原型。由于CA140虽然是自主研发，但并非完全自主设计，而是在苏式CA10的基础上加以衍生，故CA140实际上是一种中国本土化了的苏联车型，由它演变出的EQ140自然也在苏式技术体系之内。在开发EQ140的过程中，一机部曾明确指示，EQ140要保持CA140的主要优点，性能指标不亚于CA140，而从事二汽产品开发的设计人员都是研发CA140的人员，自然就把CA140的设计成果融合到EQ140中了。[①]1969年9月22日，第一轮5吨载货汽车的3辆样车在一汽被试制出来。当年12月，一汽还为二汽试制成功3.5吨越野车的5辆样车。[②]二汽的主打产品由一汽来负责研发与试制，这本身就说明了一汽对于二汽建设的巨大影响。当然，从理论上来说，更为重要的也许是，通过为二汽研发产品，一汽将苏联技术植入了二汽，使二汽在其早期发展阶段仍不过是苏联模式的一个变种，进一步说，整个中国汽车工业的早期发展都未能脱离苏式体系的轨道。

1969年9月15日，一机部和总后共同发出二汽产品定型会纪要，要求抓紧进行2.5吨越野车的生产准备，以保证1971年"七一"成批出车，至此，一汽包建二汽的工作就从工艺设计转入了生产准备和设备调试阶段。当年10月31日，一汽革委会发文部署，开展了一场确保二汽1971年"七一"出车、大干工装设备制造的生产突击活动。然而，那一年同样也是一汽大干六万辆的一年，两项任务不仅在生产上有矛盾，材料供应上也出现缺口。在得知这些困难后，一汽革委会主任于海荣当即表示：保证二汽"七一"出车这个决心不能动摇，万不得已可以牺牲解放牌保二汽。刘守华副主任也作出具体安排：凡是现生产用的材料，二汽工装、设备能用的都要用，千万不要耽误二汽工作。有了领导上的保障，加上承担任务的一汽15个专业厂和有关部门广泛发动群众，最终出色地完成了任务。[③]因此，可以

① 见冯云翔：《支援二汽建设》，载全国政协文史和学习委员会编：《一汽创建发展历程》，第314—315页。

② 见东风汽车公司史志办公室：《第二汽车制造厂志(1969—1983)》，第148页。

③ 见冯云翔：《支援二汽建设》，载全国政协文史和学习委员会编：《一汽创建发展历程》，第315页。

说，一汽是在宁可牺牲自我发展的觉悟下包建二汽的，这体现了社会主义举国体制的特色，也是二汽在特殊年代能够顺利建成的重要原因。

总而言之，一汽就如同一个孵化器，帮助新生的二汽破壳而出。因此，可以说，没有一汽就没有二汽。然而，我们可以看到这样一个产品演化的链条：吉斯-150（苏联斯大林汽车厂）—CA10（中国一汽）—CA140（中国一汽）—EQ140（中国二汽）……因此，通过一汽包建二汽，在中国人自力更生建设二汽的同时，苏式体系也得以扩散。换句话说，苏联技术的对华转移，其实是一个持续时间相当长的过程，只不过这种转移起初十分显眼，后来则以一种如同潜流的方式进行着。当然，在二汽建设时期，苏式体系在中国的扩散，已经不再是一汽建设时期那种大规模全方位的彻底移植了，相反，中国人对该体系内部方方面面的要素进行了适合中国国情的改造。从这个意义上说，二汽虽然通过一汽的包建直接传承了苏式体系，但并没有移植苏式体系，而是对苏式体系加以本土化，这是二汽与一汽在发展模式上的重大差异。

（三）二汽的早期管理体制

其实，二汽创建初期的管理体制与一汽的管理体制大同小异，属于典型的计划经济时代中国国营工业企业的管理体制。当然，有一点不同的是，一汽创立初期建立的管理体制几乎是直接从苏联移植到中国的，而二汽创建时，“文革”已经开始，故管理上更为混乱、更不规范，但抛开这一时代背景不说，二汽的管理体制大体上还是传承自一汽，以计划管理为中心。

在《第二汽车制造厂建设方针十四条》中，第二条指出“建设一个大庆式的工业基地”，并强调要在管理体制上“改全能厂为专业厂”，而这一纲领实际上就规定了二汽的管理体制。不过，“文革”开始后，企业管理的各项规章制度都受到批判，《十四条》提出的管理上的指导思想实际上很难贯彻。1972年12月，中共二汽临时委员会成立，党委将原按部队建制建立的团、营、连体制分别按工厂法则建立起31个处室，并配备干部，改变了建厂初期“大组套小组、上下一般粗”的机构设置形式。而这一工厂新体制建立后，随即开始了企业的恢复性整顿。1975年，第一个车型投产后，二汽开始把提高产品质量作为企业管理的重点，狠抓技术基础、基层建设、基本功训练（简称“三基”工作），重新建立起以岗位责任制为核心的规章制度。[①]这就是改革开放前二汽管理体制演变的大致脉络。我们可以看到，“文革”期间，二汽管理体制受外部政治因素影响较大，这一点与一汽一样。另一个与一汽相同的特征，则是在生产管理工作中对于计划性的重视。

在第二章中，我们已经看到，生产调度在一汽的计划管理中占据重要位置，对于二汽来说，也不例外。早在二汽筹建工作刚刚进行之时，就已经开始调集人员筹备建立生产调度组织了。1965 年 12 月，二汽筹备处成立后，下设生产口，主要任务是负责新产品试制工作，其下又设有北京调度组、长春调度组、武汉调度组、南京调度组。1968 年 11 月，二汽革委会撤销生产口，次年 2 月，革委会在下设的指挥组中设置调度组，1970 年，又将调度组按部队建制改名为作战组，下分计划和调度两个小组，但很快又把名字还原，只是两个小组未变。1973 年 1 月 3 日，二汽临时党委对企业管理体制进行变更，正式成立生产调度处，下设调度、计划、后方生产三个组，确定总厂生产调度处与专业厂调度科的两级管理体制。1974 年，二汽各组改为科级编制，前述调度、计划、后方生产三个组也改为三个科。1975 年，后方生产科划出，增设综合科，同时，调度科改称调度室。[②]以上即为改革开放前二汽生产调度机构设置变更的情形。

与一汽一样，二汽在生产管理中也比较注意组织均衡生产。据记载，5 吨载重车投产后，二汽就开始以计划为主组织生产，加强两级管理，逐步建立生产的期量标准，专业厂之间的零件、总成收发有固定交接期，生产中要求在制品储备、零件生产和总装配都编制日历进度计划，对专业厂进行旬均衡考核。到 1978 年底，二汽专业厂的旬均衡率已达到3∶3∶4。[③]不过，由于二汽创建时期恰逢“文革”，在大部分时间内，其生产组织活动并不理想。

综上所述，尽管在自力更生战略下，二汽建设十分强调与“苏修”的决裂，但在基本的管理体制上，二汽还是沿用了与一汽相近的制度，而一汽的管理体制移植自苏联，故二汽在管理体制上也没有完全突破苏联模式，仍

---

① 见东风汽车公司史志办公室：《第二汽车制造厂志（1969—1983）》，第 211 页。

② 见东风汽车公司史志办公室：《第二汽车制造厂志（1969—1983）》，第 131 页。

③ 见东风汽车公司史志办公室：《第二汽车制造厂志（1969—1983）》，第 134 页。

然走了一条将苏式体系本土化的道路。

第三节　二汽的建成投产与早期发展

相对于三年建成的一汽，二汽的创建可谓异常曲折。除了早期的两次下马以及选址波折外，二汽开始建设时，正赶上“文化大革命”，于是不可避免地受到冲击，拖滞了其发展。实际上，在建成投产后，由于要出“政治车”，二汽早期制造的产品在质量上是非常靠不住的。由于建成投产时间太晚，以及“政治挂帅”导致的管理混乱，在“文革”结束前，二汽的产量也很低。因此，在受“文革”冲击这一点上，二汽与一汽的命运倒是高度一致，都反映了中国汽车工业早期发展的艰辛。

一、二汽的建成投产与早期生产状况

20 世纪 60 年代末，二汽在简陋的工棚中研发汽车

由于二汽建在鄂西北偏僻山区，在开始厂房的大规模建设前，各种基础设施建设要首先进行。1969 年 1 月 15 日，开始架设丹东线和建设张湾变电站工程，湖北省电力厅设计院半个月就拿出了路线施工图，广东省电力厅输变电工程处，湖北省运输团，襄阳、郧阳电力处等单位和沿途近百个生产队的两万多名农民参加了工程施

工。经过各方努力,4 月 29 日,工程竣工后一次试送电成功。这为二汽的建设奠定了良好的基础。1969 年 9 月,二汽开始大规模施工建设,同时开工的项目计有:通用铸锻厂、设备修造厂、设备制造厂、刃量具厂、冲模厂、铸造一厂、锻造厂、化油器厂、仪表厂、机动处等单位的公路,专业厂际的供电、供水及支农工程。当年完成投资 4 052.9 万元,其中建筑安装1 200 万元、设备安装 685 台,共计 1 122 万元;开工面积 233 434 平方米,竣工面积 86 969 平方米;完成供水干管 13.5 公里,供电干线 24.9 公里。①

然而,1970 年,武汉军区政治委员刘丰在二汽根本不具备出车的条件下,强令二汽当年出车 500 辆,还要求 1971 年出车 3 000 辆,称之为“政治车”。刘丰的命令“把二汽刚刚出现的大好建设局面冲击一尽”②。对这一命令,二汽建设现场的广大领导干部、工程技术人员和工人群众进行了坚决的抵制,但是,在林彪的“军队中心论”影响下,在二汽执行“三支两军”任务的少数领导人进行了错误的指挥,为生产“政治车”而违背了经济建设的基本规律。③结果,二汽的正常基建被严重冲击,根本无法精心施工。1970 年 5 月 4 日起,二汽开展了“以设计革命为中心的建厂路线大会战”,8 月 25 日,又召开“干打垒”经验交流会,强调“边设计、边施工、边安装、边投产”的“四边”方针,提出“将干打垒推向施工的各个方面去”、“枪毙红砖,让干打垒开花、结果”等一系列口号。④“干打垒”对于二汽基建造成严重冲击,工程质量大幅下降。因此,在二汽受到军管的时期,其工程建设是被削弱了的,其生产的“政治车”自然也不合格。不过,客观地说,当时也正是因为有军队的支持,“各方面的建设力量及广大职工得以集中,一大批干部及工程技术人员亦获得较早解放”⑤。黄正夏就认为:“从当时二汽混乱的情况看,没有军代表的强制性管理,二汽的生产系统恐怕根本就无法组织起来。”⑥那时,饶斌已被一汽的造反派揪回长春批斗,二汽的军代表为了想办法把饶斌接回来领导二汽建设,就找到一汽的军代表,说:“饶斌原来是

① 东风汽车公司史志办公室:《第二汽车制造厂志(1969—1983)》,第 75—76 页。
②④ 东风汽车公司史志办公室:《第二汽车制造厂志(1969—1983)》,第 78 页。
③⑤ 东风汽车公司史志办公室:《第二汽车制造厂志(1969—1983)》,第 8 页。
⑥ 见黄正夏口述,欧阳敏撰写:《艰难历程——黄正夏采访实录》,第 64 页。

一汽的走资派，但他现在是我们二汽的走资派，你们已经批斗他好久了，现在应该将他交给我们二汽的革命群众批斗。”这样，二汽的军代表巧妙地将饶斌带回二汽工作。[1]因此，尽管二汽的军代表在二汽建设阶段犯过瞎指挥的错误，但也制止了造反派无法无天的行为，[2]为二汽维持了一定的秩序并保护了一批人才，在那个特殊的年代，二汽军管的这一贡献是必须肯定的。

1972 年，全国的形势有所变化，也影响到二汽。当年 12 月 27 日，中共湖北省委决定成立二汽临时党委，任命饶斌为临时党委第一书记兼革委会主任，随后，于 12 月 30 日撤销了二汽建设总指挥部，“三支两军”人员亦陆续返回部队。二汽临时党委成立后，抓了党的干部政策、知识分子政策的落实，纠正了一大批冤假错案，并按业务系统建立了工厂管理体制，使二汽建设开始走向正轨。1973 年 4 月，湖北省委召开了“二汽建设座谈会”，7 月，李先念等国务院领导两次接见饶斌等二汽负责人，并主持召开“二汽工程质量和加速建设问题座谈会”，专门研究解决 1970 年至 1972 年二汽

1975 年 7 月 1 日，二汽召开了“庆祝两吨半越野车生产能力建成投产大会”

---

①② 见黄正夏口述，欧阳敏撰写：《艰难历程——黄正夏采访实录》，第 65 页。

建设中出现的严重问题。1973 年后，在饶斌的积极倡导下，二汽建设现场创造了大会战、大检阅的群众路线的形式，加快了二汽建设。[1]1975 年 6 月 16 日，经过广大职工的长期艰苦奋战，二汽终于形成 2.5 吨越野车的生产能力，7 月 1 日，二汽召开了“庆祝两吨半越野车生产能力建成投产大会”，宣告二汽正式建成投产。

从 1964 年二汽第三次上马的构想正式提出，到 1975 年正式建成投产，二汽的创建花了近十年的时间，可谓命途多舛。这与一汽的三年建成形成鲜明的对比。可以说，二汽建设的拖沓，主要是受政治环境的干扰。同样，受外部环境因素的影响，在改革开放前，二汽虽然边建设边生产，但生产成绩一直不佳。表 3-1 反映了从 1974 年到 1978 年二汽历年主要产品、产量完成的情况：

表 3-1　1974—1978 年二汽历年主要产品、产量完成情况

年份	汽车(辆)			配件(万元)		商品发动机(台)	
	完成	其中		计划	完成	计划	完成
		2.5 吨越野车	5 吨载重车				
1974	58	58			167		
1975	1 502	1 502		942	258.60	250	250
1976	2 185	2 185		265	452.01	500	162
1977	1 452	1 402	50	377	513.40	50	50
1978	5 120	70	5 050	1 043	1 357.10	50	50

注：数据不包括试制任务。

资料来源：东风汽车公司史志办公室：《第二汽车制造厂志(1969—1983)》，第 134 页。

我们通过看表 3-1 可以知道，从 1974 年到 1976 年，尽管二汽已经有产品出产，但是其产量是很低的，这种局面直到 1978 年才稍有改变。而且，直到 1977 年，二汽生产的产品主要是军车，而不是一般民用的卡车，这种产品结构对于中国汽车工业的发展自然是不利的。

---

① 见东风汽车公司史志办公室：《第二汽车制造厂志(1969—1983)》，第 8—9 页。

因此，尽管二汽是中国计划经济时代少有的堪与一汽比肩的现代化汽车制造大企业，但是，在改革开放前，二汽实际的生产绩效是完全不能与一汽相提并论的，而这是由于二汽的基本建设被拖了太久，建成投产太晚造成的。所以，在中国汽车工业发展的早期阶段，二汽可谓将大部分时间花在了创建之上，这是非常可惜的。

二、“文化大革命”对二汽的冲击

提及“文革”对二汽的冲击，设计专家陈祖涛首先抱怨的就是“设计革命”。如前所述，在《第二汽车制造厂建设方针十四条》中曾经提高过“设计革命”，而且这是二汽自力更生发展战略的重要组成部分。然而，在“文革”时代，这个原本具有合理性的口号最后竟变成了一场闹剧。陈祖涛在回忆时，称造反派“对二汽的全局根本就不知道，或者是知之甚少。由于没有知识，也就不知道轻重，所以对我们的设计全面推翻，认为我们的设计‘贪大求洋’，不符合‘艰苦奋斗、自力更生’的要求，是‘修正主义的设计’，要彻底‘革命’，于是开始了‘设计革命’”，其结果是“二汽 20 多亿元建设资金被压缩成了 9 亿多元。他们完全不懂年产 10 万辆汽车的工厂车间需要什么样的工程条件，拿着玉石当玻璃，脱离实际不讲原则，对我们的设计凭着想象盲目挥刀乱砍，毫不心疼，把很多工艺设备、水、电、路、桥涵、防洪设施、动力、公用设施等都强行砍掉。我特别心疼的是把我们的后方研发基地全部砍了，大改了我

1970 年，二汽以手工拼凑出来的汽车在武汉参加了新中国成立 21 周年的庆祝游行

们的厂房设计”[①]。因此,所谓“设计革命”,最后是“革了设计的命”,结果造成很多严重的问题。例如,造反派把陈祖涛等人设计的供电变压器减小,结果造成车间里动力不足,频繁跳闸。[②]因此,“设计革命”这一战略目标的闹剧化十分典型地反映了“文革”对于二汽的干扰。

在“文革”对二汽的所有冲击中,出“政治车”又是格外的突出。根据黄正夏的回忆,1969 年 10 月,二汽的多数厂房还没建好,设备也没有到位,但接到了武汉军区领导的电话通知,要求二汽在 1970 年“五一”要生产 100 辆车,到“十一”要造出 500 辆车,并指出这是“林副统帅交下来的政治任务”,段君毅和齐抗为此专门赶到武汉与军区主要领导交涉,解释二汽尚不具备生产汽车的最基本的条件,经过一番争论,终于让军区将目标降为 100 辆。1970 年 10 月 1 日,二汽以手工拼凑出来的 21 辆汽车在武汉参加了新中国成立 21 周年的庆祝游行,由于担心出现问题,二汽专门派了几十名工人,带着修理工具,躲在主席台后面,随时准备紧急抢修。[③]按照常理,连生产者自己都没有信心的产品是不应该被制造出来的,但在那样一个特殊的年代,很多事情是无法用常理来衡量的。陈祖涛回忆,当二汽表示不具备出车条件时,武汉军区的领导竟说:“‘三线’建设不好,毛主席睡不着觉。为了让毛主席他老人家睡好觉,我们一定要早出车。这是政治任务,要出政治车。”二汽的军代表则说:“就是用牙啃,也要把车啃出来,这是死命令。”[④]这就是当时的“政治车”的实态。

为了出“政治车”,二汽不得不牺牲基建来边施工、边投产,这就使“干打垒”粉墨登场。所谓“干打垒”,是指农民为了节省水泥,将泥土、石灰、水泥、石子等混合在一起夯实做成墙,是一种节约水泥砖石的传统建房方法。[⑤]用陈祖涛的话说:“‘干打垒’这种农村特定条件下的产物,用来做个简易居住的房屋还勉强凑合,大生产的现代工业建筑采用‘干打垒’就变成荒唐的笑话了。”[⑥]遗憾的是,这一“荒唐的笑话”当时就在二汽真实地上演

---

① 陈祖涛口述,欧阳敏撰写:《我的汽车生涯》,第 165 页。

② 见陈祖涛口述,欧阳敏撰写:《我的汽车生涯》,第 166 页。

③⑤ 见黄正夏口述,欧阳敏撰写:《艰难历程——黄正夏采访实录》,第 63 页。

④ 陈祖涛口述,欧阳敏撰写:《我的汽车生涯》,第 169 页。

⑥ 陈祖涛口述,欧阳敏撰写:《我的汽车生涯》,第 167 页。

了。二汽的军管会在“反对修正主义”的口号下，对于二汽的厂房和宿舍都要求干打垒，要用干打垒全面代替钢筋水泥，甚至公然提出要“枪毙红砖”的奇怪口号。①自然，这样的厂房建筑是毫无质量保证的，也根本达不到现代工厂的要求。然而，在当时，“干打垒”又被“政治挂帅”给拔高了，直到后来纠正这一错误时仍阻力重重。1973年7月，李先念在北京主持召开“二汽质量问题座谈会”，在会上，陈祖涛等人报告了“干打垒”厂房给二汽建设带来了严重的问题，使车间根本无法生产，要想解决这一问题，陈祖涛认为：“唯一的办法就是推倒重来。”李先念表示：“有的可以留作仓库，有的可以推倒重建。”在李先念的支持下，陈祖涛等人迅速展开行动，首先重建了2万多平方米的总装车间。然而，这件事情很快就被王洪文知道了，他说：“二汽有人把‘干打垒’拆了，重新搞了一套厂房，这是对‘文化大革命’的否定。”所幸，也许是因为李先念的作用，王洪文后来并未抓住这一问题发难，陈祖涛等人也乘机迅速地把主要厂房的“干打垒”车间全部推倒，用红砖按标准重建。②由以上论述可见，“干打垒”给二汽建设带来的也是巨大的损失。

综上所述，“文化大革命”对二汽造成了巨大的冲击，直接影响到二汽的建设进度，也就拖累了二汽的早期发展。在今天看来，“政治车”、“干打垒”乃至被歪曲的“设计革命”都是十足的闹剧，但对中国汽车工业的早期发展来说，这更加像是一出悲剧。好在二汽的有识之士想方设法将“文革”的冲击控制在最小的程度，这才基本保证了二汽在“文革”还没结束时就能建成投产，这不失为那个昏暗时期的一抹亮色。

小　结

与一汽相比，在中国汽车工业的早期发展史上，二汽虽然也不失为精彩的篇章，但其重要程度略低。究其原因，二汽的创办颇多曲折，建成投产时间过晚，直到改革开放前夜仍未完全走上正轨，这就降低了其在中国汽

① 见黄正夏口述，欧阳敏撰写：《艰难历程——黄正夏采访实录》，第63页。
② 见陈祖涛口述，欧阳敏撰写：《我的汽车生涯》，第168页。

车工业发展早期阶段的重要性。然而，以国家耗费巨大人力、财力、物力建设这样一家现代化的大企业，却仅仅得到这样一个结果，不能不说是非常令人遗憾的。因此，二汽的历史实际上再一次向我们展示了“文革”那个特殊年代的政治是如何干扰中国工业发展的。

对于中国汽车工业的发展来说，二汽的一个重要意义在于其体现的“自力更生”精神，这种精神所蕴含的价值是不能单纯以经济绩效来衡量的。与全方位依靠苏联援助建设起来的一汽不同，二汽是中国人依靠自己的力量，自主设计并自行建造的。尽管在二汽正式创建之前，中国已经自行设计并创办了重庆重型汽车厂，为二汽的建设积累了宝贵的经验，但是，重庆重型汽车厂的规模是远远不能与二汽相提并论的，所以，二汽的建设仍不失为中国自主创建大型汽车企业的首次壮举。从这个角度看，二汽的创建对于中国汽车工业史来说，是一块真正的里程碑。

不过，我们是不能割裂历史的，二汽建设的自力更生，并不意味着与此前的传统断裂，尤其不代表与苏联模式的断裂。首先，二汽建设过程中采取的“包建”策略，实际上仍来自苏联斯大林汽车厂援建一汽的灵感，就这一基本建设模式来说，仍然沿袭了苏联的老路。其次，二汽早期最重要的产品之一 EQ140，是在一汽研发的 CA140 的基础上衍生出来的，而 CA140 是以 CA10 为平台开发的，CA10 则几乎完全是苏联吉斯-150 的翻版。这样一个“族谱”，可以让我们看到二汽的早期产品与苏联汽车工业有着

一汽自主研发的 CA140 型为二汽提供了原型车，制造出 EQ140 车型

直接的继承性。对一家汽车制造企业来说，产品是其灵魂，是技术的集中体现，二汽在产品上与苏联汽车的继承性，体现的也是在技术上依然沿着苏联的轨道运行。最后，二汽创建初期在管理体制上，除去军管等“文革”特色外，并没有实质性的变革，仍然采取了与一汽乃至大多数中国国营工业企业同样的管理制度，而这套制度是从苏联学来的。从这一点来说，二汽也没有从根本上突破苏联模式。综上所述，在建设方式、技术、管理等多个方面，二汽仍然保留了苏式体系，这是我们在看待二汽的“自力更生”时必须注意的基本事实。但是，与基本上只是单纯移植苏式体系的一汽不同，二汽的苏式体系已经是由中国人自己打造并进行了大量改造的，因此，二汽早期的发展模式体现的不仅仅是苏式体系在中国的扩散，更是苏式体系的本土化。进一步说，从一汽到二汽，我们看到的是中国汽车工业如何由引进一整套外来体系，到自己仿造这套外来体系，这才是一个技术转移的完整过程，而且也真正体现了中国汽车工业的成长。

当然，二汽虽然是可以与一汽相媲美的计划经济时期中国少有的大型汽车制造企业，但与一汽相同的是，二汽所生产的车型，不是军车就是卡车，这可以说是二汽的致命伤。前一章已经强调过，只有生产供应给广大国民使用的轿车才能真正推动一个后发展国家的汽车工业的崛起。很遗憾，在漫长的计划经济时期，一汽未能做到这一点，二汽则更是完全为备战服务，与轿车不沾边。这一战略性的错误是导致中国汽车工业长期不发达的最重要原因之一。不过，与中央投资建设的一汽、二汽不同，在计划经济时期，上海的汽车工业虽然只是属于地方国营工业系统，却成为中国几乎唯一的非高档轿车生产基地。而上海汽车工业在计划经济时期的发展，体现的是中国汽车工业早期发展史上的另一种模式。

第四章　渐进演化模式：上海汽车工业的早期发展

中国的汽车工业虽然是在新中国成立后才得到大规模发展的，但是正如第一章所述，在新中国成立前，中国已经有了一定的汽车制造活动，尤其是在上海等地涌现了一批汽车修理厂与汽车配件制造厂。新中国成立后，这些本土已有的汽车修配厂并没有消亡，而是进一步演化，逐渐形成一种具有自身特色的新模式，尤其以旧中国的工业中心上海最具代表性。与一汽和二汽来源于移植苏式体系不同的是，在改革开放前，上海汽车工业走的是一条渐进演化的道路。进一步说，上海汽车工业在其发展的早期阶段，呈现出本土传统产业“嫁接”现代工业技术的特征，可谓“土洋结合”。本章即拟以上海汽车工业为个案，探讨中国汽车工业早期发展史上的本土渐进演化模式。

第一节　上海汽车工业的渐进演化

在中国近代历史上，上海既是综合性的经济中心，也是首屈一指的工业中心，这使得上海在新中国成立前已经有了一定的工业基础。因此，与一汽所在的长春、二汽所在的十堰不同的是，上海的汽车工业并非从无到有建立的全新体系，而是走了一条渐进演化的道路。其实，汽车工业走了渐进演化道路的地区并非只有上海，但上海是最具有代表性的。

一、新中国成立初期上海汽车修配业的改造

上海在解放前已经存在着一定的汽车修理业和汽车配件制造业的基础，个别企业甚至具有一定的组装整车的能力，第一章对此已有介绍，此处不再重复。需要说明的只是，旧上海的汽车修配行业发展程度并不高，行

业以及单个企业的规模不大，技术能力也不强。

新中国成立后，在党和政府的领导下，上海原有的汽车修配业得到了改造。从1949年5月到1952年，在这三年经济恢复时期，上海汽车修配业完成了对旧官僚资本企业和国有企业的接收和改造，建立了新的国营企业，同时，还对民营企业实行了利用、限制和改造的政策，通过组织加工订货、统购包销，改变了民营小企业的分散无组织状态，使之走上健康发展道路。在“一五”期间，上海汽车修配业则积极贯彻党在过渡时期的总路线和总任务，从1954年到1955年，有组织、有计划、有步骤地进行对私改造，有20多家规模较大的民营企业率先实行了公私合营，1956年初，全行业实现公私合营。①至此，上海旧有的汽车修配业完成了改造，而这也是新中国成立后上海汽车工业渐进演化的第一个阶段。

在计划经济体制下，政府对工业的管理可谓无孔不入，因此，新中国成立后上海汽车工业的演化首先要涉及的是行业管理制度的建立。上海解放初期，中国人民解放军上海市军事管制委员会财政经济接管委员会设立了重工业接管处，对国民政府创办的国有企业以及部分旧官僚创办的企业进行了接收。因此，新中国成立后上海汽车工业中的新管理体制的建立与新国有企业的创立是同步进行的。（见表4-1）

表4-1　上海解放初期国营汽车企业的演变

旧企业名称	改组为新企业	备　　注
上海市公共交通公司修造厂	上海汽车发动机厂，上海客车厂	当时主要从事公共汽车的大修、零配件制造、旧件修复，有职工190余人。
利喊汽车公司	上海汽车厂	1950—1954年，中国交通电工器材公司先后将接管的美商哈克逊、马迪、美通、信通这4家洋行的部分职工和设备并入该厂。
行政院善后救济总署康定路仓库及物资局启明修理厂	华东汽车装修厂	起初为华东汽车装修一厂、二厂，1952年8月合并，后又改组为上海重型汽车厂。

资料来源：整理自《上海汽车工业史(1901—1990)》，第18—19页。

① 见《上海汽车工业史》编委会：《上海汽车工业史(1901—1990)》，第17页。

上述这儿家由旧国企和旧官僚资本企业改组的新国企，就构成新中国成立后上海汽车工业的骨干。1950 年 2 月，华东军政委员会工业部（简称华东工业部）成立，统管华东 6 省 1 市的工业生产，该部下设经理处，负责对国营工业企业全面领导，以及对民营企业组织加工订货。1952 年 10 月，中央级别的工业管理机构第一机械工业部（即一机部）成立，原华东工业部经理处的业务遂改由一机部上海办事处管理。而一机部上海办事处下设供销分局，供销分局又设有汽车工具科，有关汽车修配工业的工作，就由该科主管。1954 年 3 月，上海市重工业局成立，接管了一机部上海办事处负责的机械工业供销业务，关于汽车修配业的工作也转由该局业务处机械四科负责。1955 年 11 月，上海市重工业局为发展生产，加快对私改造，筹建了 8 个公司，其中就包括领导汽车零配件制造行业的上海市内燃机配件制造公司。①这样一家公司虽然名为“公司”，实际上也是计划经济时代上海的一个汽车工业管理机构。此外，1950 年 10 月 19 日，上海还成立了全国废旧汽车整修处理委员会华东分会（简称华东汽车整修委员会），由黄逸峰任主任，下设办公厅，管辖秘书科、总务科、财务室、人事科、机料处，机料处下设设计科、考工科、材料科以及华东汽车装修一厂、二厂和车辆保养队。这个华东汽车整修委员会的工作主要是整修和处理旧中国留来下的废旧车辆，至 1952 年 9 月底，累计整修汽车 1 596 辆。1952 年 11 月 1 日，该委员会改名为旧废汽车整修分处，直到将所有的废旧汽车整修和处理完毕。②可以说，这个整修废旧汽车的机构也反映了政府对于上海汽车修理业的介入。

除了建立新国营企业外，上海汽车修配业改造的重头戏尚包括对民族资本企业也就是民营企业的重组。当时，国家对民营企业实行加工订货的政策，有计划地引导私营工厂向专业分工方向发展。由于汽车零配件需求很大，新中国成立初期，上海民营汽配企业是获得了较大发展的。（见表 4-2）

---

① 见《上海汽车工业史（1901—1990）》，第 18 页。
② 见《上海汽车工业史（1901—1990）》，第 19—20 页。

表 4-2　新中国成立初期上海私营汽配企业的发展

年　份	户数	从业人员总数	总产值（万元）	其中增加订货（万元）	加工订货占总产值(%)
1952	228	3 824	167.69	79.35	47.3
1953	230	4 263	250.40	160.54	64.1
1954	222	3 581	207.76	150.96	72.6
1955—1956.6	197	2 617	91.83	62.25	67.8

资料来源:《上海汽车工业史(1901—1990)》,第 24 页。

我们从表 4-2 中可以看出来,新中国成立后,上海汽车修配业在 1953 年发展到巅峰,无论是户数、从业人员总数还是总产值,均达到最高水平。1954 年的各项数据稍低,但相差不远。只是到了 1955 年以后,各项数据才大幅下滑,不过,那是因为 1954 年后部分较大的私营厂逐渐步入公私合营,生产纳入国家计划轨道,不列入表中的统计。①然而,从加工订货所占总产值比例可见,政府订单对于上海汽车修配业的意义是很大的。至于公私合营问题,如前所述,首先是从 20 余家私营企业率先开始的,这些企业合并成 10 余家。(见表 4-3)

表 4-3　上海汽车配件制造业率先公私合营的企业

合营时间	厂　名	合营后厂名	继续改组后厂名
1954 年 1955 年	宝锠汽车材料制造厂 乐炳昌汽车材料制造厂 大众汽车机件制造厂	宝锠汽车材料制造厂	上海活塞厂
1954 年 1955 年	杨复兴机器制造厂 万里铁工厂 陆泰兴铁工厂 生生工具厂	杨复兴机器制造厂	上海汽车底盘厂
1954 年	郑兴泰汽车材料制造厂 大永丰机器厂 永泰铣牙厂	郑兴泰汽车材料制造厂	上海汽车齿轮厂,上海拖拉机齿轮厂
1954 年 1955 年 9 月	大中华汽车材料厂 大同交通器材厂 恒丰汽车材料厂	大中华汽车材料厂 上海活塞环厂	上海内燃机配件总厂

① 见《上海汽车工业史(1901—1990)》,第 24 页。

续表

合营时间	厂　名	合营后厂名	继续改组后厂名
1954 年 1955 年	中国机械工具厂 大连汽车材料厂 中华塑料厂 荣昌铣牙厂 贯一模铸厂	中国机械工具厂	上海第一汽车附件厂(其中贯一模铸厂 1957 年划出,单独建厂,名为上海压铸厂)
1954 年	上海震旦铁工厂	红卫消防机械厂	上海震旦消防设备总厂
1955 年	上海合作五金机器厂 科工制造厂	上海汽车配件工具制造厂	上海汽车配件厂
1955 年 6 月	王德记车行 远东 联业	新成汽车材料厂	小糸车灯有限公司
1955 年 9 月	自强内燃机配件厂 张裕机器厂 镕茂汽车材料厂 中工机械汽车器材厂 华阳汽车材料厂 益大钢板厂 大新中机器厂	上海轴承厂 上海合金轴瓦厂 中工交通器材厂 上海汽车轴瓦厂	上海轴瓦厂
1955 年	中国汽车材料厂	新生汽车材料厂	上海离合器厂

资料来源:《上海汽车工业史(1901—1990)》,第 25—26 页。

1956 年初,上海全市的公私合营进入高潮,汽车零配件制造业也成立了同业公会,与内燃机配件制造公司一起,于 1 月 20 日向市政府申请全行业公私合营。在合营申请得到批准后,上海市内燃机配件制造公司共有 290 家工厂,5 374 名职工,各类机床设备 3 789 台。①1957 年 6 月,全行业按照规模大小、生产技术好差的特点,采取以中心厂带卫星厂的办法,对 290 家工厂进行结构调整,形成由 34 家中心厂带 190 家卫星厂的格局。②

① 见《上海汽车工业史(1901—1990)》,第 30 页。
② 见《上海汽车工业志》编纂委员会:《上海汽车工业志》,第 3 页。

此后，一直到1963年为止，上海汽车行业先后又进行了3次产业结构调整，形成以主机配套为轴心、全行业专业协作生产的产业结构体系。1958年3月13日，上海市内燃机配件制造公司与上海市动力设备制造公司合并，定名为上海市动力机械制造公司，下辖292家工厂，经调整和改组，至1958年末减为204家，形成上海汽车装修厂（上海汽车厂前身）、上海农业机械制造厂（上海拖拉机厂前身）等一批骨干企业。1960年初，上海市动力机械制造公司改名为上海农业机械制造公司，归口产品为农业机械、轴承、弹簧、整台汽车、拖拉机及汽车拖拉机内燃机配件等，至1960年底，公司所属工厂为75家，职工人数达到18 494名。1961年至1964年，又进行了一次调整，这次调整没有涉及公司名称的变更，但基本建立了汽车、拖拉机专业协作生产体系，公司所属的82家工厂，大体上都实现了专业归口管理。[①]至此，旧中国遗留下来的上海汽车修配业的改造，才可谓告一段落。在此后相当长的一段时间内，上海汽车工业的发展都是以上海农业机械制造公司为轴心展开的。

从上述历史可见，近代上海的汽车修理业与汽车配件制造业在新中国成立后并没有消亡，而是得到进一步发展，并逐渐演化为新的汽车制造工业，这就是一种典型的本土旧有产业的渐进演化。而在整个计划经济时代，上海汽车工业都是循着这条渐进演化的轨道在发展，直到改革开放将这一轨道打断。

二、 计划经济时期上海汽车工业发展概述

在计划经济时期，上海汽车工业是沿着内在演化的轨迹向前发展的，既没有像一汽那样全盘移植苏式体系，也没有像二汽那样对苏式体系进行本土化，而是直接在近代中国自身汽车产业的基础上引入新技术而发展的。正因为如此，上海汽车工业在其早期发展阶段代表了中国汽车工业发展的一种独特的模式。

1957年，在上海内燃机配件制造公司已完成全行业公私合营的基础上，

① 见《上海汽车工业史(1901—1990)》，第33—35页。

于5月7日成立了试制三轮车工程办公室，开始尝试研制三轮汽车。地方志认为，试制三轮汽车“揭开了上海汽车工业制造整车的序幕”①。不过，在成功制造三轮汽车之前，上海汽车工业已经试制出了轻型越野车。完成该举措的是上海汽车装修厂。1956年，上海汽车装修厂在为上海邮电局改装一批铁皮封闭式邮件吉普车时，得知成都有一批报废的美式吉普车，就将它们买回来，经过拆装修配，装配成20余辆吉普车出售，深得

20世纪40年代末的美国威利斯CJ3车型

1957年9月16日，第一辆上海58吉普驶出工厂。该车虽然以20世纪40年代末进口的美国威利斯CJ3A为原型，但融入了很多中国的设计

① 《上海汽车工业志》，第3页。

1957 年 12 月,上海汽车装修厂试制成功的三轮汽车

用户欢迎。于是该厂厂长何介轩就提出了自造吉普车的构想,遂参照美国威利斯吉普车进行设计,利用“土法上马”自行制造吉普车。经过大量努力,1957 年 9 月 16 日,这家当时只有 289 人的企业成功制成了第一辆吉普车,该车“不同于美式吉普车,车头、车身都比一般吉普车宽阔,引擎的扭矩较大,时速 45 公里,车内设有 6 个座位,车身颜色为浅灰色,具有行车安全、座位舒适、耗油省等优点”①。上海汽车装修厂制造的吉普车被定名为 58 型越野车,于 1958 年投入小批生产,当年共生产 498 辆。后因该厂转向生产三轮汽车,吉普车于 1963 年停产,累计共生产 623 辆。②由于三轮汽车是 1957 年 12 月才试制成功的,所以,轻型越野车的制造才真正揭开了上海汽车工业制造整车的序幕。而从研制过程来看,上海汽车装修厂对越野车的制造是一种初级阶段的自主研发。

不同于轻型越野车,三轮汽车是上海汽车工业的一个较为成熟的产品,广泛适用于各地城乡。不过,这种汽车毕竟不算主流的汽车产品,而在当时的中国,四轮载货汽车更为重要,上海汽车工业也逐步开始研发这种主流产品。1958 年初,上海市交通运输局将试制 4 吨载重汽车的任务下达给隶属于该局的上海货车修理厂(1969 年划归上海市拖拉机汽车工业公司),同年 2 月,该厂成立了试制领导小组,开始研发载重汽车的准备工

① 《上海汽车工业史(1901—1990)》,第 37 页。
② 见《中国汽车工业史(1901—1990)》,第 50 页。

作。在设计上，该厂决定博采众长，发动机选用MK7万国牌汽车发动机为样机，变速系统选用道奇汽车的变速系统作为样本，转向系统采用德国伊法汽车作样本，又将各部件在原有结构的基础上加以改进，使整车各部件之间更趋合理。[①]这样一种设计思路，与一汽研制红旗轿车一样，没有采纳现成进口车型，具有自主研发的性质。车型确定后，领导小组多次召开技术性评论会，听取意见，然后由技术部门形成试制方案，提交厂职工代表大会审议通过，经过全厂职工51天的奋战，1958年5月22日终于试制成功第一辆4吨双排座载重汽车。1958年7月，4吨载重汽车投入小批量试生产，定型为SH-140型，品牌为交通牌。1960年，该车完成技术改进，实现了前后桥部件和易损件与一汽CA10零部件的通用。1961年，4吨载重汽车投入批量生产，改进后的车型被定型为SH-141型。[②]交通牌载货汽车体现了上海汽车工业不俗的技术实力。

1959年上海试制成功的猛狮牌载重汽车

黄河牌载重汽车的前身为上海试制成功的猛狮牌汽车

除4吨载货

① 见《上海汽车工业史(1901—1990)》，第44页。
② 见《上海汽车工业志》，第84—85页。

1961 年被定型为 SH141 的平头中型卡车

汽车外，1959 年，上海汽车装配厂成功试制了 2 辆 8 吨猛狮牌载重汽车，后将该车和技术图纸转给济南汽车厂生产，改名为黄河牌 8 吨载重汽车。①同时，上海汽车制造厂在生产三轮汽车的过程中，已经感到三轮汽车具有装载量过小、运程短、不适宜高速行驶等弊端，于是设想生产一种 1.5 吨 4 轮载货汽车，并于 1962 年参考日本王子牌 1.5 吨汽车，设计并试制出 2 辆样车，定名为 SH120 型轻型载货汽车。1963 年，上海市农业机械制造公司、长春汽车研究所、上海汽车厂等组成 1.5 吨 SH120 型汽车设计试制办公室，年底完成设计，于 1964 年通过一机部汽车局审查，至 1966 年试制出 3 辆样车，但直到 1968 年才基本定型，并改为 2 吨轻型载货汽车，定名为 SH130 型载货汽车。②这是上海汽车工业在主流产品上作出的重要努力。

SH130 的难产，与“文化大革命”的冲击有直接的关系。同一汽、二汽一样，“文革”这场政治运动也给上海汽车工业的发展造成了极大的困扰。1967 年 1 月以后，上海汽车工业的造反派“全面夺权”，党政领导被揪斗，生产指挥机构瘫痪，生产局面陷入一片混乱，而且造反派内战不止，也严重影响到生产的正常进行，直到 1969 年 11 月重新恢复党组织，1970 年 9 月建立党委，“文革”的各种干扰才逐步减少，但在造反派掺入领导班子的情况下，干扰和压力还是不断，要理直气壮抓生产存在不少困难。③不过，即使在“文革”期间，上海汽车工业仍未停止发展。1969 年 5 月，经上海市革

---

① 见《上海汽车工业史(1901—1990)》，第 46 页。

② 见《中国汽车工业史(1901—1990)》，第 51 页。

③ 见《上海汽车工业史(1901—1990)》，第 71 页。

命委员会批准，上海市农业机械制造公司改名为上海市拖拉机汽车工业公司，同时把原下属的轴承行业划出公司。①一直到“文革”结束，上海市拖拉机汽车工业公司都作为上海汽车工业的专门管理机构而运转着。除了前述载货汽车与轿车外，“文革”期间，上海汽车工业还在前述车型的基础上，发展出了 SH142 型 4 吨载重汽车、SH361 型 15 吨倾卸式重型汽车、SH380 型 32 吨矿用自卸载重汽车等。其中，SH142 型可以称得上是主打产品，年产量 1970 年为 1 242 辆，1974 年为 2 030 辆，1976 年则达到 2 200 辆。②与第三章所述二汽的历史相仿的是，在那个时代，备战需求也影响到了上海汽车工业的发展。根据档案显示，1969 年 12 月上海汽车制造厂革命委员会曾提出一个《2 吨载重汽车年产万台方案》，方案中写道：“毛主席教导我们：‘提高警惕，保卫祖国’，当前全国正在展开备战工作，使万一帝、修、反入侵我国时，叫它有来无回，葬身于人民战争的汪洋大海中。根据战备的需要，也为了同帝、修、反争时间，上级决定我厂生产 2 吨载重汽车，并要求于 1971 年达到年产万台（轿车 500—1 000 台）纲领。”③不过，这个方案是未能实现的。值得一提的是，与二汽的“自己武装自己”相同，上海汽车工业在发展过程中走了一条“坚持自我装备，实施技术改造”的道路。“四五”期间上海市汽车工业共完成投资 7 791.9 万元。1972 年 10 月，

图为上海牌 SH380 矿用自卸车

① 见《上海汽车工业史（1901—1990）》，第 66 页。

② 见《上海汽车工业史（1901—1990）》，第 76 页。

③ 上海汽车制造厂革命委员会：《2 吨载重汽车年产万台方案》，1969 年，上海市档案馆藏档 G18-1-19。

一机部下达5 000辆轿车扩建任务，上海汽车制造厂增加了车身冲压模具，实现了所有薄板零件的冲压成形，1973年建成轿车车身制造车间和装配车间，建成装焊流水线，配备了拼装台、点焊机，以及工艺装备和检测设备，1975年又建成2.6万平方米厂房，基本形成年产5 000辆轿车能力。同一时期，上海汽车齿轮厂、上海内燃机厂、汽车发动机厂和汽车底盘厂在上海科技大学及其他单位的协助下，制成一批专用设备及生产线，包括SH130、SH361和SH760的变速器壳体加工流水线等。通过这些努力，1980年上海汽车产量突破10 000辆大关，其中轿车就有5 300辆。[①]尽管与发达国家相比，这一成绩是不足道的，但对中国自己来说，上海汽车工业在计划经济时期可谓仍然取得了长足发展。

因此，我们可以看到，在计划经济时期，上海汽车工业在面临各种困难的情形下，仍然取得不错的发展成绩。总体来看，由于走了一条渐进演化的道路，上海汽车工业实际上是从汽车零件制造业发展为整车制造的。这与前述一汽、二汽一开始就从事引进车型的整车制造是不一样的。所以，中国汽车工业早期发展进程中的“上海模式”其实带有更多的自主性。然而，上海汽车工业的渐进演化并非完全依靠自身力量从近代遗产中孕育出现代工业，相反，对新技术的引进与“嫁接”是必不可少的。而这也是“上海模式”中的一个重要特征——“土洋结合”。

第二节　上海汽车工业的“土洋结合”

上海汽车工业的“土洋结合”是指一方面采取了一些本土化的简单技术，另一方面吸收了一些包括苏联技术在内的更为现代化的技术，从而形成一种独特的新旧技术混杂的技术模式。不过，这样一种“土洋结合”不仅仅是上海汽车工业的特色，而且是20世纪50年代后期整个中国汽车工业的一股潮流，反映了当时中国汽车工业遵循比较优势发展的实态。

① 见《中国汽车工业史(1901—1990)》，第131页。

一、中国汽车工业“土洋结合”运动的兴起

在中国汽车工业早期发展史上,“土洋结合”不仅是一种技术发展模式,更是一场运动。从经济史的视角来看,这场运动并非新中国成立后的一种突发奇想,而有着更深刻的历史根源。

学者彭南生认为,近代中国走了一条二元工业化道路,一条是引进外来技术的“移植型”道路,另一条是利用现代技术对传统工业进行改造的“嫁接型”道路。①新中国成立后,汽车工业实际上也走了一条既包含移植又包含嫁接的二元化道路,移植型的代表自然是一汽,嫁接型的代表便是上海汽车工业。实际上,新中国成立初期,移植型的汽车工厂只有一汽,北京、南京、武汉、天津等城市的汽车工业全部是嫁接型的,这些城市的汽车工业实际上是在旧中国既有格局上发展起来的,与从一张白纸上建立起来的引进型企业一汽大不相同。同时,在中国近代经济史研究中,彭南生还发现了近代中国工业存在着与二元工业化道路相对应的“石磨+蒸汽机”的技术模式,也就是手工工具与现代技术的融合。②笔者在考察中国汽车工业的历史时,发现在新中国成立初期的汽车工业中存在着相同的技术发展路径,也就是所谓“土洋结合”。因此,只要我们在研究经济史时放长视线,就会发现历史的这一延续性。

由于新中国汽车工业在创建过程中走了一条二元化道路,所以,这个产业的技术路径也呈现出二元化特征。从宏观上说,新中国汽车工业早期的技术路径就是“土洋结合”的:一方面,一汽全面引进了苏联汽车工业的现代技术模式,就是所谓“洋”;另一方面,上海等城市那些作坊式的“弄堂工厂”是在相当低的技术水准上掺杂使用现代技术的,这就是所谓“土”。这样一种“土洋结合”不能与底特律三巨头同日而语,甚至与当时也处在成长期的日本汽车工业有较大差距,但是,这样一个混杂的技术格局与新中国成立之初的百废待兴相当契合。这种“土洋结合”的技术路径恰好符合经济学上所谓的比较优势,是与当时中国底子薄、基础差的国情相吻合的,

---

① 见彭南生:《传承与变动:近代转型时期的城乡经济与社会》,湖北人民出版社2008年版,第182页。

② 见彭南生:《传承与变动:近代转型时期的城乡经济与社会》,第171页。

当然，对汽车工业来说，这一技术路径不完全合理。然而，到了1958年以后，从微观上说，中国的汽车工业也出现了技术上所谓的“土洋结合”。

1958年，中国掀起了“大跃进”运动，汽车工业亦被裹挟在这一时代洪流之中。当时，工业部门领域兴起了“大闹技术革命”，对这一问题，已有一些学者作了研究。[①]“大跃进”运动的错误及其某些荒谬性是不容置疑的，但作为当时影响到中国汽车工业技术路径的一种客观存在，对那段历史仍有必要进行考察。可以说，正是在“大跃进”中，中国汽车工业的技术路径在微观层面也出现了“土洋结合”，而且这种“土洋结合”在当时被总结为一种正确的经验，所以，它所造成的影响也就更大。1959年，主管全国汽车工业的第一机械工业部第六局编了一本《土洋结合组织成批量大量生产高速度发展汽车工业》的小册子，向全国介绍上海、南京、长春、北京等地汽车制造厂“大闹技术革命”的经验，可以说是官方公开对“土洋结合”的一种肯定。从这本宣传册的内容看，官方定义的“土洋结合”其实有如下几个层面：第一，“两条腿走路”，既发展技术引进工厂，又发展地方自办的简单技

上海科研人员研发汽车的场景

① 见朱云河、张太原：《技术革命与超英赶美——毛泽东所理解的技术革命及其发动原因》，《史学月刊》2012年第10期。

术小厂，其实也就是前面我们提到过的移植与嫁接并举，这是宏观层面的战略；第二，一方面引进苏联生产设备，一方面在因陋就简的条件下设计、制造简单的生产工具，即所谓“土设备”和“土工艺”，在技术装备上“土洋结合”；第三，在产品设计和开发上，既引进苏联的先进产品，又创造一些“土结构”，如木制大梁弹簧、竹制车厢和帆布驾驶室等，或者创造一些现代技术与传统技术杂交的产品，如在人力车上安装发动机的机器三轮车。[①]因此，所谓的“土洋结合”，很显然是一种因陋就简的技术策略，即希望通过在工艺、设备、产品等方面利用本土既有资源进行生产来弥补进行规模化生产所缺乏的资源。例如，由于当时中国缺乏大规模的冶金工业，不能为汽车制造提供充足的金属原料，工厂就想到了用竹木、皮革、纤维等代替车上金属部件的“土方法”。一方面资源存在大量缺口，另一方面政府希望“彻底改变我国汽车工业面貌，迅速解决产销矛盾”[②]，现实与政策目标之间的差距可以说是催生“土洋结合”模式的首要动因。

尽管“土洋结合”主要是上海等地渐进演化型汽车工业的技术发展模式，但这场运动实际上具有更广的涵盖范围，作为移植型大企业的一汽也被卷入其中。第二章专门探讨过“大跃进”时期一汽的“班产 250 辆”运动，其实，那场运动正是汽车工业“土洋结合”的一个典型。但除了“班产 250 辆”运动外，当时一汽研发的东风牌轿车也被视为“土洋结合”的一个案例。在制造东风牌轿车的轮辋与轮辐时，由于新产品试制周期短，不允许花较多时间来设计与制造拉伸与扩张成型装备，一汽为了加速制造时间，就考虑了一些“土法”，然而，这些包括“车削法”在内的方法“虽土，但对试制一二台汽车来说，第一争取了时间，第二节省了大批的工艺装备，同时，这种做法对设计要求来说，也没有矛盾的地方，因为通过试制考核轮辋强度（或刚性）无论在怎样的努力下，也不同于大量生产所采取的工艺方法而获得冲压板件表层金属组织”[③]。由此可见，所谓“土洋结合”，其诉求正是为了

---

① 见第一机械工业部第六局：《土洋结合组织成批量大量生产高速度发展汽车工业》，机械工业出版社 1959 年版，第 20—21 页。

② 第一机械工业部第六局：《土洋结合组织成批量大量生产高速度发展汽车工业》，第 20 页。

③ 第一机械工业部第六局：《土洋结合组织成批量大量生产高速度发展汽车工业》，第 80—81 页。

因陋就简地利用有限的资源“高速度”发展汽车工业。

不过，虽说一汽在“大跃进”时期确实也采取了一些“土洋结合”的举措，但是，这家当时中国唯一的现代化大车企，更多的还是在苏式体系下从事更为标准化的生产活动。“土洋结合”也就更多的只是渐进演化型汽车工业采取的技术模式。而在各地渐进演化型汽车工业中，上海最为典型。

二、上海汽车工业“土洋结合”技术模式概观

在“大跃进”的“土洋结合”热潮中，上海在当时是一个“土洋结合”的典型，尤其被认为善于利用“土”资源。在生产组织方面，上海“没有建立新厂，也没有给老厂很多投资来扩大生产，而是依靠老厂，充分利用原有企业生产能力，组织多厂协作来生产汽车”①。1957 年至 1958 年，上海相继试制成功越野车、三轮汽车、凤凰牌小轿车和载重汽车，无论其产量或质量如何，这种从无到有的突破还是体现了“土洋结合”的某些正面价值。

在设备方面，1958 年，上海汽车工业大搞简易机床，以克服购置先进机床遇到的困难。上海市动力机械制造公司下属各厂提出需要 2 251 台设备，通过订货计划可以满足 2 136 台，但截至 1958 年第三季度为止仅到货 790 台，只能满足产能需求的 35.1%，于是，公司召开了三次会议，“提出发动群众，自力更生采取土洋并举的方法自己武装自己，要求各单位不要把希望寄托在订货上，不当伸手派”②。经过各厂研究以后，有 18 个厂提出了自制设备 150 台的计划，随后公司又向非基建单位提出了同样的要求，所以在 11 月份统计时，各厂打算在年底前制造 503 台“土机床”，而 11 月以前就完成了 280 台，占计划数的 65%。因此，通过自制简易机床这一“土办法”，上海市动力机械制造公司及时地解决了生产上关键的设备问题，而且花费的资金比较少。这些简易机床制造出来的产品是否符合规范要求自然大可存疑，但在当时，自制“土设备”确实满足了上海汽车工业快速发展的需要。再如，汽车底盘上锻件的比重很大，有的零件如汽车后地

① 第一机械工业部第六局华东工作组：《上海市用多厂协作的办法组织汽车成批生产》，载第一机械工业部第六局：《土洋结合组织成批量大量生产高速度发展汽车工业》，第 49 页。

② 《上海市动力机械制造公司大搞简易机床的情况》，1958 年 12 月 15 日，上海市档案馆藏档 B116-1-37。

轴锻造较困难，要求有较大的锻锤，上海汽车底盘厂过去没有一台机动锻压设备，锻件加工最初是用手抡大锤的原始敲打方式，故无法锻造大型锻件。后来，该厂采用手拉锤，以 10 个工人分成两排，齐力拉动以钢丝绳吊起的大锤，一上一下锻打，虽较手工自由锻稍有改进，能锻大型锻件，但效率太低。由于缺乏购买锻机的资金，又为了完成生产计划，该厂工程师在手拉锤的基础上再改进，设计了一台机动落锤。这个落锤虽然以马达为动力，但结构很简单，导柱、支架、轴承、马达等都是用废物代替，整个设备只花了 800 多元，但解决了全厂的零件锻造问题。①上海汽车底盘厂的这一机动落锤，是一种典型的将手工工具与现代技术糅合在一起的技术。

实际上，以当时上海汽车工业的物质条件，如果不搞“土法上马”，是根本不可能完成整车制造的。例如，上海汽车装修厂在研制 58 型越野车时，为了解决技术装备的不足，该厂开展“技术革新”，造出了 20 台“背包”车床和一批落锤锻造设备。②当时，厂中部分职工对于制造整车缺乏信心，认为“这样厂生产汽车是不切合实际的，汽车只有正规的大厂才能生产”，但该厂领导“发动全厂职工，找窍门，挖潜力，用土办法制造各种零部件，大多数工人都抢做土模具，在短短时间内，就完成了几十套”③，基本保障了制造汽车的工具、设备供应。而且，该厂还广泛采取多厂协作的方式造车。例如，车辆大梁请江南造船厂协作，先冲压毛坯成型，再由上海汽车装修厂锻加工调整；后牙包壳由劳动局技校协作加工，再在厂内用无缝钢管焊接成后桥总成；发动机采用南京汽车厂的 M-20 型四缸 36.75kw(50PS)50 马力发动机加以改装；变速箱由上海郑兴泰汽车机件制造厂制造；钢板弹簧由卫海铁工厂制造；钢圈则用天津马铁钢圈。④通过运用这些“土法”，上海汽车装修厂终于造出了越野车，使上海汽车工业向整车制造迈出了第一步。此后，上海货车修理厂在制造载重汽车时，也采取了“土法上马”。该厂同样缺乏制造整车的经验和技术装备，为此，厂领导充分走群众路线，集中全

---

① 见第一机械工业部第六局华东工作组:《上海汽车底盘厂自制简易落锤，突破锻造设备不足的关键》，载第一机械工业部第六局:《土洋结合组织成批量大量生产高速度发展汽车工业》，第 126—128 页。

②④ 见《上海汽车工业史(1901—1990)》，第 37 页。

③ 第一机械工业部第六局华东工作组:《上海市用多厂协作的办法组织汽车成批生产》，载第一机械工业部第六局:《土洋结合组织成批量大量生产高速度发展汽车工业》，第 50 页。

厂职工智慧，在1958年先后召开12次技术研究“诸葛亮会”，摆了7次“擂台”，发动群众攻关，共提出396条合理化建议，制成和改进了207种工夹具。在试制过程中，发动机总成的制造最为困难，因为缸体毛坯壁薄，内部水道密布，而该厂缺乏技术资料，但木模师傅以实样进行反复检测，制成了全套模型和泥芯壳。由于铸造场地不足，工人们就利用现有厂房，将芦席棚抬高1米。在锻件方面遇到了加工底盘上的驱动桥壳的困难，厂内没有大型铸钢设备，就采用无缝钢管热锻成型，然后把两段拼焊，接成整体。在加工方面，因为对大型零件的加工缺乏大型机床，工人们就采用“蚂蚁啃骨头”的方法，以小机床加工大零件的操作方法，攻克关键。①运用这些“土办法”，上海货车修理厂终于成功造出载重汽车。从这两个例子可以看出，以当时上海汽车工业的技术条件，如果不搞“土法上马”，是无法造出整车的。

当然，既然是“土洋结合”，就不是只有“土办法”，“洋办法”也占有一席之地。实际上，这一点在上海汽车工业研制轿车时表现得较为明显。不过，总的来说，“土洋结合”从技术方法上重点还是在强调“土”。或者，从历史的实际来看，可以这样说，所谓“土洋结合”，在大多数情况下是指运用“土方法”制造汽车这一“洋产品”，而不是指同时并用“土方法”和“洋方法”，这是我们必须注意的。进一步说，尽管当时的宣传强调的是要“两条腿走路”，但实际上更加侧重于宣扬“土”而不是“洋”，这才是高层肯定“土洋结合”运动的真意。

毋庸置疑，上述“土洋结合”的技术模式会影响到汽车的性能与质量，对于这一点，当时的人其实看得很清楚，但选择这一模式多少是出于现实的无奈。例如，上海货车修理厂由于缺乏优质钢板，只好用木料来制造大梁和弹簧，厂方自身认识到了这样的技术方案会使汽车寿命变短，但认为“如果不这样代用，那就一辆车也出不来”②。因此，使用“土办法”不完全出于“大跃进”时期的政治狂热，也是面对资源约束的一种无奈选择，实际上，据研究，中国近代机械工业是出现过类似现象的。③因此，“土洋结合”

① 见《上海汽车工业史(1901—1990)》，第44—45页。

② 第一机械工业部第六局华东工作组：《上海货车修理厂用土办法组织汽车成批生产》，载第一机械工业部第六局：《土洋结合组织成批量大量生产高速度发展汽车工业》，第57页。

③ 见严鹏：《抗战前江南机械制造业对农村经济的辐射——以农灌溉为例》，《民国档案》2011年第3期。

可以说是工业基础落后的中国发展技术型产业时必然会出现的一种模式，只不过，"大跃进"时期的政治动员将这一模式无限放大并有所扭曲，遂导致很多负面后果。然而，在"大跃进"结束后，直到改革开放引进外资前，上海乃至中国汽车工业的技术路径基本上仍以"土洋结合"为特征，而且继续生产着"大跃进"时期试制成功的产品，这表明"土洋结合"的技术模式在中国汽车工业早期发展史上占有主流地位。

第三节　上海汽车工业的早期产品研发

前文在探讨上海汽车工业的早期发展时，已经涉及产品研发，包括研制越野车、载重汽车等。不过，在计划经济时代，上海汽车工业最具特色的产品，非三轮汽车和轿车莫属。而这两种产品恰恰最能体现上海汽车工业"土洋结合"技术模式的成败。因此，对这两种产品的研发过程进行专门探讨。

一、三轮汽车研发："土洋结合"的典范

在汽车发展史上，三轮汽车是一种特殊的汽车类型，因其小而易造且价格低廉，一度非常流行于发展中国家。例如，在日本的汽车工业尚未全面崛起前，这个日后的汽车制造强国也非常热衷于发展三轮汽车。据记载："在1948年日本政府制定的《汽车经济复兴生产计划》中，1949年汽车计划产量为75 960辆，小型三轮汽车24 000辆，占31.6%；1953年汽车计划总产量120 850辆，小型三轮汽车30 000辆，占24.8%。"[①]由此可见，直到20世纪50年代初，小型三轮汽车在日本还是很有市场的，因此，这种汽车是一种适合于东亚人口密集国家的适用技术。据此，1957年以后，上海汽车工业对三轮汽车的研制也可以认为是符合比较优势原理的。实际上，第一章已经论述过解放前天津曾成功仿制日本三轮汽车，但囿于当时特殊的环境，这一成功的仿制努力未能走向大规模生产，而新中国成立后

① 严鹏：《战略性工业化的曲折展开：中国机械工业的演化（1900—1957）》，华中师范大学2013年博士学位论文。

1958年的上海五一劳动节大游行，上海试制成功的吉普车和三轮汽车都参与其中

上海汽车工业的尝试就完全不同了。

上海汽车工业对三轮汽车的研制是一个“土洋结合”的过程，一方面，三轮汽车的原型来自日本，可以说是“洋”的部分；另一方面，三轮汽车非常适合中国的国情，研制过程中也采用了一些“土方法”，这又可以说是“土”的部分。1956年底，上海举行了日本工业展览会，展品中有6种车型的三轮汽车。当时，我国由于农业合作化的发展，城乡交通工具极为紧缺，因此，这种灵活方便的汽车引起了上海各有关部门的注意，在政府的支持下，先后有上海货车修理厂、上海宝山农机修配厂、上海汽车制造厂试制三轮汽车。后来，上海货车修理厂和宝山农机修配厂生产转向，真正形成三轮汽车批量生产能力的企业为上海汽车制造厂附属各厂。1957年4月，上海内燃机配件制造公司召开试制三轮汽车方案讨论会，写出申请报告，得到市局领导的支持和批准；同年5月6日，公司成立了三轮汽车工程办公室，以何安亭为主任，抽调相关工程技术人员，展开三轮汽车的设计和试制工作。1957年7月18日，上海市政府为了统一组织协调三轮汽车试制工作，成立了三轮汽车试制委员会，由18名委员组成，市计委副主任顾训方担任主任。该委员会的运作方式为：在内燃机配件公司内制造的各种配件，由公司三轮汽车工程办公室提出计划，在公司内协作解决，电器仪表等其他公司生产的配件，则由办公室提出计划后，再由试制委员会协调。①

当时，上海确定制造的三轮汽车为58-Ⅰ型和58-Ⅱ型。上海档案馆馆

① 见《上海汽车工业史(1901—1990)》，第38页。

藏《上海58Ⅰ型及Ⅱ型三轮汽车技术任务书》，对于三轮汽车的选型设计依据作了如下说明：(1)三轮汽车特别适合中国的国情，当时，“现有的轻型载重汽车大都在2.5吨以上，关于量少、批数多、周转率高的运输工作，更需要1吨至1.5吨的载重汽车。对一般设在狭小街道与里弄内的工厂、仓库尤为需要，经汽车管理局汽车拖拉机研究所的了解结果，日本三轮汽车在1956年进口1 543辆，1957年6月为止仅北京地区登记需要数量为5 000多辆”，因此，自主生产小型三轮汽车能满足社会经济发展的需求。(2)我国的道路等级不高，路面平常，所以车速一般要求不高，这也适合使用三轮汽车。(3)由于我国地大，情况较复杂，需要多品种产品，以适应不同的运输情况，因此，选择载重量为1吨的58-Ⅰ型和载重量为1.5吨的58-Ⅱ型两种型号进行研制，其中，“化油器由中国机械工具制造厂重行研究，以提高经济性能。其他部件则以仿制和改造为宜”。(4)汽车上所用材料全部为国产材料，以低碳钢、中碳钢、低碳铬钢为主，尽力避免用含镍合金钢，由于中碳钢板供应不足，某些部件仍需采用可锻铸铁。(5)该车型要求修理方便，驾驶员运行舒适，上下货方便，因此设计均为全浮式，有方向盘，前悬挂采用避震器，车厢三面可放下，以减少上下货时间，减少搬运时的疲劳。(6)简单朴素，美观大方，两种型号的汽车尽量做到零部件可以互换，节约黑色金属，降低成本，驾驶室顶篷采用帆布，其他部件在可能条件下采用塑胶件。①从《技术任务书》可见，上海在决定研制三轮汽车前，对车型的选择主要是从实际国情出发进行考虑，尤其注重简化结构、降低成本和用非金属材料替换金属材料。总之，该设计的主导方针为尽量节约资源。在大的设计方向决定后，上海就开始从进口汽车中挑选具体的型号作为样本加以仿制。当时，上海对国外同级载重汽车的资料进行总结和分析，认为“三轮汽车的生产在世界各国中，仅日本生产自250公斤至2 000公斤的汽车，资料不多”，而日本“所有三轮汽车的动力性能，均不如欧美的四轮汽车，车速一般不高在70公里/时，功率利用系数为11.8至17.4，扭力利用系数在2.60至3.04之间。这是因为要提高经济性的结果”，但这一

① 见《上海58Ⅰ型及Ⅱ型三轮汽车技术任务书》，上海市档案馆藏档B116-1-11。

点也非常适合中国。“日本的三轮汽车都是一缸二缸，油耗量自12公里/公升至21公里/公升，经济性是高的，结构也简单，制造成本可以低，对我国情况来说，是有重大意义的。”总之，日系三轮汽车“最适用于体积大重量轻的货物”①。最终，上海58-Ⅰ型三轮汽车选择以日本大发SDF-8型为基础加以改进，上海58-Ⅱ型则以日本巨人AA-11型为基础加以改进，并参考了马自达和大发RKO型号。为了降低成本，两者共型号除发动机变速箱大梁外，其余尽可能通用，使制造成本因批量增加而降低，同时减少工夹具的费用。②从整个设计及选型过程可见，上海汽车工业研制三轮汽车时，选择了适合于中国国情的进口技术，并对该进口技术又作了进一步的改进，使其更适合于国情。

在确定技术方案后，具体的设计工作从1957年7月上旬开始，至1958年1月15日结束。而从1957年10月下旬开始，发动机、变速箱、底盘、车身和总装配就由3家主机厂相继投入试制了，具体的分工为：上海内燃机配件厂试制发动机和变速箱、螺旋伞齿轮；上海汽车底盘配件厂试制底盘总成；上海汽车装配厂试制车身和负责总装。1957年12月10日，包括车架、后桥、悬挂制动系统在内的第一台汽车底盘试制成功。12月16日，第一台发动机试制成功。12月26日，第一辆三轮汽车总装完成。1958年7月，经鉴定后，上级机关同意58-Ⅰ型三轮汽车投入批量生产。1958年，该车型共生产258辆，1959年产量升至918辆。1960年，上海汽车装配厂制成65米长的12个工位半自动总装流水线，使年产量达到1 317辆，1963年则突破1 500辆。③值得一提的是，前文所述58型越野车的试制成功对于上海汽车工业试制三轮汽车也是一个鼓舞，使原本对制造整车没有信心的技术人员“转变了过去的看法，和工人结合起来共同克服新的困难”④。因此，研发三轮汽车也是当时上海汽车工业“土洋结合”运动的重要组成部分。

---

①② 见《上海58Ⅰ型及Ⅱ型三轮汽车技术任务书》，上海市档案馆藏档B116-1-11。

③ 见《上海汽车工业史(1901—1990)》，第39页。

④ 第一机械工业部第六局华东工作组：《上海市用多厂协作的办法组织汽车成批生产》，载第一机械工业部第六局：《土洋结合组织成批量大量生产高速度发展汽车工业》，第50页。

从性能上看，上海58-Ⅰ型三轮汽车载重1吨时最大车速56公里/小时，最远行驶里程189公里，最大牵引力550公斤，最大爬坡率21%，汽油消耗量每百公里10—13公升，制动距离8公尺。①从用途上看，当时我国中小城镇较多小型工厂，大部处于狭小街道里巷之内，当地方性工业日益发展后，在运输批量较多的情况下，对于轻型运输工具的需求较为迫切，58-Ⅰ型三轮汽车由于轴距短，转弯半径小，轮辙较狭，富有机动性和灵活性，很适合城市小型工厂使用。经适当改装后，该车型还可改变为城市救护车、小型消防车、机关企业交通车、儿童车等变型车。同时，从经济上看，和一般四轮载重汽车相比较，该车型对燃料和轮胎非常节省："每百公里的燃料消耗量极省的，每吨公里燃料费用只为大型载重汽车如嘎斯51型2.5吨载重汽车约47%。只有3个轮胎，轮胎消耗对运输成本而言，是占非常大的比重，3个轮胎的保养维护费用比4个轮胎的费用亦就节省，运输成本亦就低得多了。"②在财力有限、资源匮乏的计划经济时代，58-Ⅰ型三轮汽车的好处是显而易见的。因此，到1969年为止，该车累计生产18 954辆。1969年，该车型被上海汽车工业转让给上海市手工业局下属的上海铁床厂生产，自1970年投产至1989年停产，共生产11 399辆。③从质量上说，上海生产的三轮汽车也是合格的，北京交通局反映，该车利用率可达93%—97%。④作为四轮汽车的替代品，三轮汽车本身具有过渡性质，能够在产量和质量上取得上述成绩已属成功。

上海58-Ⅰ型三轮汽车的成功可以说是"土洋结合"技术模式发挥效力的一个典范。首先，从产品选择上说，三轮汽车适合当时中国的国情，因此，即使这种技术是一种从国外引进的"洋技术"，却具有与本地实际相契合的"土"特征。况且，在设计过程中，上海汽车企业对日系三轮汽车又做了进一步的改动，使其更能满足中国的需要。例如，该车车架"均按原来日本式未变动"，但万向节"采用开式万向节，2个十字节，与日本汽车一直用

---

① 见《上海58-Ⅰ型三轮汽车说明书》，1958年4月25日，上海市档案馆藏档B116-1-11。
② 《上海58-Ⅰ型三轮汽车在经济上的效果》，上海市档案馆藏档B116-1-11。
③ 见《上海汽车工业志》，第84页。
④ 见《关于上海市三轮卡生产规划调整的意见(草案)》，1963年1月11日，上海市档案馆藏档B116-1-164。

软橡胶节不同”，其原因在于，橡胶软节头虽然成本低，“但因国内无此种产品，且容易损坏，故不采用”。同时，该车化油器、汽油泵等也是在日本原型的基础上进行了改装设计，使用中国既有的产品，“以节约投资”①。因此，58-Ⅰ型三轮汽车在设计上就很适应中国原材料匮乏的国情特点。其次，由于三轮汽车实际上是一种低端技术，因此，以当时上海汽车工业的实力很容易生产制造。之前我们已经提到过，建国初期上海的汽车工业没有建立新厂，主要依靠老厂，而这些老厂的主体在旧中国都是一些手工作坊式的汽车配件制造厂，其技术能力之低可以想见。然而，三轮汽车结构简单，技术含量低，不需要太高的技术能力就可以制造，这正好适合上海的作坊式老厂生产。1969年后三轮汽车由汽车工业系统划归手工业系统，也可以证明该种汽车在技术上可由手工打造，不必依赖自动化大规模流水线生产。因此，上海58-Ⅰ型三轮汽车的“土洋结合”可以成功，在于该车型本身符合新中国成立初期的比较优势，在设计与生产上都选择了能够适应需求环境的合适技术。

但是，上海58-Ⅰ型三轮汽车的成功并不能保证“土洋结合”技术模式无往不胜，相反，在上海汽车工业制造轿车的早期阶段，“土洋结合”的技术路径被证明是不完全成功的。

二、轿车研发：“土洋结合”的不完全成功

与三轮汽车相比，轿车是上海汽车工业更为重视的产品，而且轿车才真正体现了现代汽车工业的实力。上海汽车工业在早期制造轿车时，同样依靠了“土洋结合”的技术模式，而且成功地进行了小批量生产。然而，1991年，上海本土制造的轿车最终下马，被并入上海大众这一合资项目，可以说，上海汽车工业自主研制轿车是失败的。如果说三轮汽车于1989年停产，是因为三轮汽车本身具有过渡性质，其停产就如同汽车取代马车那样，属于自然的淘汰，那么，上海本土轿车生产线被并入合资生产线，则属于生产效率竞争的结果，是中国汽车工业早期技术路径不适应现代汽车

① 《上海58-Ⅰ型及Ⅱ型三轮汽车技术任务书》，上海市档案馆藏档B116-1-11。

工业的表现。

1958 年 5 月，上海汽车装配厂在成功试制吉普车和三轮汽车的基础上，想试制轿车，经厂领导、工程技术人员和有经验的老工人共同研究选型，决定以华沙牌和顺风牌两种轿车为样车，各取所长，按实样进行仿制，底盘仿华沙牌，车身外形仿顺风牌。该车车身采用无大梁结构，发动机选用南京汽车厂的 M-20 型四缸发动机。经过全厂职工共同努力，1958 年 9 月 28 日，第一辆轿车试制成功，定名为“凤凰”。[①]据当事人回忆，在打造第一辆凤凰牌轿车时，“底盘上的金属零件在一般机床上加工而成，车身四门二盖，前后翼子板都依靠手工敲制，一只车顶工人师傅用榔头敲了 10 万次才敲成形，敲得工人师傅手都抬不起来”[②]。由此可见，凤凰牌轿车确实是“土法上马”，在很大程度上由手工劳动制造出来。因此，凤凰牌轿车的“土洋结合”中的“洋”体现在该车原型为进口产品，且档次较高，其“土”则体现于生产过程中主要采取传统技术手段。换言之，凤凰牌轿车是以“土办法”制造出来的“洋产品”。不过，第一辆凤凰牌轿车生产出来后，厂方考虑到华沙牌轿车为一般车型，让首长坐不气派，就在试制第二辆车时改以苏联吉姆牌轿车为样车，进行仿制。1959 年 1 月，第二辆轿车试制成功，仍以“凤凰”为标志。1959 年 2 月 15 日，第一辆凤凰牌轿车驶进了中南海，接受了周恩来总理的检阅与试乘。由于周总理指出该车存在着“水平问题”，1959 年上半年，第一机械工业部汽车局召开轿车会议，要求上海进行新一轮的轿车试制，以便向国庆十周年献礼。于是，在广泛研究和征求各方意见后，上海汽车装配厂决定以西德 1956 年生产的奔驰 220S 型轿车为样车重新试制。[③]由此可见，与满足低端需求的三轮汽车不同，凤凰牌轿车的定位为高端需求，然而，在这一领域，中国汽车工业恰恰极为缺乏技术、资本等各种比较优势。当时，第一机械工业部的苏联顾问到上海视察后，曾说：“看来根据你们的条件造玩具汽车还比较合适，即使我们苏联工业比较发

---

① 见《上海汽车工业史(1901—1990)》，第 40 页。

② 何介轩：《草窝里飞出金凤凰》，载政协上海市委员会文史资料委员会等编：《上海汽车工业五十年 1955—2005》上卷，上海市政协文史资料编辑部 2008 年印，第 47 页。

③ 见《上海汽车工业史(1901—1990)》，第 40—41 页。

随着1958年9月28日凤凰牌轿车试制成功，上海汽车工业
轿车制造实现了零的突破

达，还不敢选奔驰产品为蓝本。”①但是，上海厂的领导不为所动，坚持以奔驰轿车为样车进行仿制。这一点倒是十足地体现了自主研发的精神，是非常值得肯定的。

在重新开始试制后，上海厂的技术人员和工人依旧采取了用“土办法”攻克难关的技术路径。上海汽车底盘厂承担前后悬挂和转向机等18个总成的制造任务，由于循环球式转向机的转向蜗杆精度要求非常高，为了消除齿轮传动的积累误差，该厂自制了用精密蜗杆直接传动的专机，并以此来造蜗杆，克服了转向机制造的困难，只花了7个月的时间，就完成了全部总成试制。上海内燃机配件厂承担的6缸发动机精密度要求也很高，该厂的样机试造出来以后，在试车中达不到功率的要求，经反复研究，摸索出相位角度规律，成功革新了刻度盘，使整机功率等指标达到设计要求。上海郑兴泰汽车机件厂则对螺旋伞齿轮反复进行理论研究、参数计算，结合操作，终于试制成功。上海汽车装配厂的工人则自行设计制造了车身焊接拼

① 《上海汽车工业史(1901—1990)》，第42页。

装台，攻克了车身焊接精度的难关，用了不到5个月的时间，完成了车身试制和总装。[①]可以说，上海汽车工业研制凤凰牌轿车的技术路径是典型的“土洋结合”模式。在各方努力之下，1959年9月28日，第二轮试制的发动机成功制造出来了，9月30日，以奔驰为蓝本的凤凰牌轿车组装完成，当即参加了国庆节游行，接受了上海市领导的检阅。1960年，上海共生产了12辆凤凰牌轿车。此后，由于三年自然灾害与国民经济的严重困难，1961年，因经费中断，轿车被迫停产。

必须指出的是，在凤凰牌轿车研发过程中，尽管主要采取的是“土法上马”，但也仍然有一定的“洋技术”渗透其中，而这个“洋技术”主要指的是苏联专家提出的技术建议。例如，1959年5月11日，在凤凰牌轿车第二轮试制过程中，苏联专家彼得连科参观完生产现场后，提出了一系列技术建议，包括前元宝梁的试验方法、门铰链用AK-20问题、水流槽问题、底盘焊接问题等。针对这些问题，苏联专家提出的建议相当具体而有针对性。例如，针对前元宝梁的试验方法，苏联专家指出：“你们现在整个元宝梁是气焊的很好，因为采用电弧焊以后容易发生退火现象，同时对元宝梁的材料要进行化学分析鉴定成分并不困难，只要剪下一块就可以，用毕再焊上去。你们现在用的材料钢-20是可以的，但必须分析是否会有其他成分，至于材料厚度不能太薄也不能太厚，应该与原车一样可稍厚一些但不能太厚，厚了浪费材料。这个零件目前不必试验，因为手工敲出的总不能标准，但必须注意：(1)材料必须如钢-20之类。(2)工作件必须符合标准。(3)在焊接时应用气焊，并应尽量减少间隙，间隙的标准是比材料厚度小，焊缝应该比零件的表面高，低进去是不行的。”[②]再如底盘焊接问题，苏联专家认为：“奔驰底盘是点焊的很好，同时又有平均的间隙如在15—20公厘，我们如在焊接中间隙过大即使用填料也不能很好的密封，应该间隙小些再用填料就不妨事。目前这里的工具恐怕有困难，不能焊接到像奔驰一样，因此还

① 见何介轩：《草窝里飞出金凤凰》，载政协上海市委员会文史资料委员会等编：《上海汽车工业五十年1955—2005》上卷，第49页。

② 《苏联专家彼得连科关于凤凰轿车生产建议》，1959年5月11日，上海市档案馆藏档B116-1-49。

是用电焊但要求间隙尽可能地小，奔驰的填料可能是用毛毡一类东西但代价较贵，是否有其他的代用品厂里可以想一些办法，因为轿车中的隔音材料很重要同时也可以防尘密封。”①这些具体的技术建议对于凤凰牌轿车的研发当具有非常实际的帮助。

除了具体的技术建议外，苏联专家在设计等方面对上海方面研发凤凰牌轿车也提出了一些建议，例如，苏联专家对上海厂的人员说：“我现在看了你们的这个后灯与车身不大配称，可能现在没有实地装上去，提的意见不具体，但我看弧度应该加厚，角也是太尖了，没有这样尖的必要，至于车身内部的布置如坐垫靠背都应该照奔驰的，因为他们的布置都是经过计算很合适的，也适宜于一般人的身材高度，因此没有更动必要，顶盖也没有必要加高，加高了就不太好看，奔驰的座位斜度也很合适，我们应该照他们的否则贸然改动斜度要影响座位的布置，顶盖上的加强筋强度应特别注意，也不能放在容易碰到头的地方，同时也应该特别注意车身各部分的连接角度，应该多看看奔驰的连接角度，他们都有一定的根据。”②实际上，这个建议对于中国方面改动奔驰原型车的某些设计提出了婉转的批评，在当时恐怕不一定会被接受。但这至少说明，在凤凰牌轿车的研发过程中，还是有吸收“洋”意见的渠道的。只不过，与“土办法”相比，“洋意见”不占主流。

1963年，国民经济开始好转，上级领导决定恢复凤凰牌轿车的小批量生产。当年5月27日，上海市第一机电工业局向市人委宋季文副市长、计委陶植副主任报送了《凤凰牌轿车试制规划》。《凤凰牌轿车试制规划》强调了上海汽车工业恢复轿车研制工作的意义：“轿车的生产在我国还是一个薄弱环节，品种及数量都非常缺少。当前国内仅有的轿车中部分已达报废阶段，而需要方面又日益增加。因之，每年还不得不向国外进口一定数量来满足需要。上海试制的凤凰牌轿车，从性能来看，目前还是比较好的。同时上海是一个综合性城市，对轿车试制和生产，较全国其他地区具备更

①② 《苏联专家彼得连科关于凤凰轿车生产建议》，1959年5月11日，上海市档案馆藏档B116-1-49。

多的有利条件，因此我们认为上海地区继续试制凤凰牌轿车是符合投资少、收效快和充分利用上海工业基地的原则的。”[①]7 月 5 日，陶植副主任召开了专门会议，在会上指示上海市第一机电工业局将规划内需修改部分从速更正并上报。[②]8 月 23 日，上海市计委下达了〔63〕沪经计马工二字第1217 号文，原则上同意凤凰牌轿车试制规划，要求上海汽车厂、内燃机配件厂、底盘厂等厂抓紧进行凤凰牌轿车的试制工作，从 1963 年起至 1964 年进行整顿技术文件，补充工艺装备，完成样品试制 10 台，1965 年开始进行小批试制。[③]当时，上海市汽车工业各厂隶属于新组建的上海市农业机械制造公司，公司于 8 月 21 日成立了凤凰牌轿车试制及生产准备技术领导小组，10 月 8 日制定了《“凤凰”轿车 1963—1964 年试制规划》。1964 年，凤凰牌轿车的生产被上海汽车工业确立为重点项目，各主机厂先后从三轮汽车及其他生产线上抽调了技术人员、技术工人，都成立了专门车间或工段，加强了试制力量；同时调整充实了试制领导小组分工负责，并对技术质量、工艺装备、生产能力、关键设备进行了分析、排队、摸底，本着充分挖掘本厂潜力、集中力量搞好凤凰牌轿车试制生产工作。在此期间，公司也多次召开各主机厂厂长会议，明确凤凰牌轿车生产试制任务应放在第一线，必须用集中力量打歼灭战的方式来保证任务的完成，并抽调人员专门搞凤凰牌轿车试制的工作，同时将公司内各可调的技术工人抽调到凤凰牌轿车生产厂。[④]实际上，凤凰牌轿车的研制甚至“利用了三轮卡车基建投资的部分到货设备”[⑤]。由此可见上海汽车工业对于轿车生产的重视是远远超过三轮汽车的。在不懈努力之下，1963 年凤凰牌轿车共生产了 10 辆，1964 年，凤凰牌改名为上海牌，开始小批量生产，1966 年生产了 202 辆。[⑥]此后，到 1991 年停产时为止，上海牌轿车共生产了 77 041 辆。[⑦]

---

① 《凤凰牌轿车试制规划》，1963 年，上海市档案馆藏档 B116-1-163。

② 见《呈报修正凤凰牌轿车试制计划附件由》，1963 年 7 月 21 日，上海市档案馆藏档 B116-1-163。

③ 见《〔63〕沪经计马工二字第 1217 号文》，1963 年 8 月 23 日，上海市档案馆藏档 B116-1-163。

④ 见《“凤凰”轿车 64 年试制规划（草案）》，1964 年 1 月 26 日，上海市档案馆藏档 B116-1-191。

⑤ 《年产凤凰轿车 1 000 辆的规划方案》，1964 年，上海市档案馆藏档 B116-1-191。

⑥ 见何介轩：《草窝里飞出金凤凰》，载政协上海市委员会文史资料委员会等编：《上海汽车工业五十年 1955—2005》上卷，第 51 页。

⑦ 见《上海汽车工业志》，第 81 页。

上海牌 SH760A 车型

从生产技术来看，1963 年上海汽车工业恢复制造轿车时，仍保留了大量手工制作。据档案记载，上海牌轿车“车身和车身零件，计有拷制件 623 项，金加工件 405 项，压铸件 23 项，锻铸件 48 项，外协件 328 项……工作量最大者为拷制件，一方面采取冲压，一方面采取手工拷制”，“车身大部分是手工拷制出来的”①。因此，上海汽车工业在早期生产轿车时，技术路径仍然是“土洋结合”的。实际上，我们应该肯定这一“土洋结合”技术模式对

① 《1965 年凤凰轿车措施方案》，1964 年 9 月，上海市档案馆藏档 B116-1-254。

于上海轿车制造的促进作用。毕竟,如果不是因为采取了“土洋结合”的技术路径,在20世纪50年代末资源极度匮乏的情况下,上海汽车工业是不可能试制成功轿车这一完全缺乏比较优势的高档产品的。而且,尽管以现代汽车工业的规模为标准去衡量,上海牌轿车的年产量少得可怜,但在相当长的时间内,这一车型还是填补了中国汽车工业的空白,在国民经济和社会发展等方面也发挥了一定作用。因此,对“土洋结合”模式全面否定是不太客观的。然而,与低端产品三轮汽车不同,轿车毕竟是一种高端产品,而且其本质属性要求大规模批量化生产,这才是现代汽车工业的特征。从这个意义上说,上海牌轿车的制造一直未能完全演进至现代形态,还保留着相当多的传统痕迹,这就使该车型缺乏市场竞争力,最终败于合资项目。我们可以看到,在几十年间,上海牌轿车一共生产了77 041辆,但上海大众桑塔纳轿车的年生产能力可以达到20万辆,两相比较,上海牌轿车的下马可以说是毫无悬念的。而上海牌轿车的下马,也可以说是宣告了“土洋结合”技术路径的终结。

从整个中国汽车工业的发展来说,上海汽车工业早期依靠“土洋结合”技术路径制造轿车的不完全成功,意味着整个中国汽车工业在计划经济时代的失败。正如前两章中曾反复强调,只有大规模生产面向广大国民的轿车才能够提升一国汽车工业的水平,可惜,在计划经济时代,一汽、二汽均不以轿车作为主要产品。一汽虽然生产红旗牌轿车,但红旗属于高档轿车,具有奢侈品而非大众消费品性质,对于汽车工业的意义有限。在改革开放前,上海可以说是中国唯一生产中低档轿车的地方。[①]当然,上海牌轿车也并非供应寻常百姓家,主要还是一种“官车”,但比起红旗牌轿车来,显然具有更大的大众消费品属性。从这个角度说,如果上海牌轿车可以成功从“土洋结合”转型为纯现代化生产,或许可以为中国汽车工业极早地开辟一片天地。遗憾的是,历史不容假设,因此,上海汽车工业所代表的本土渐进演化模式最终还是要让位于合资模式。

---

① 见陈祖涛口述,欧阳敏撰写:《我的汽车生涯》,第129页。

小　结

与一汽、二汽这种通过引进国外先进技术建立起来的全新大型现代化汽车企业不同的是，上海汽车工业是近代留下来的作坊式“弄堂工厂”逐渐发展壮大的，具有更强的本土印记。而且，一汽与二汽从一开始就是作为具有完整生产环节的整车制造厂而被创建的，上海汽车工业则是从汽车修理厂和汽车零配件制造厂逐步过渡到整车制造的。因此，上海汽车工业的发展可谓形成了一种“本土渐进演化模式”。如果说二汽与一汽同源于苏式体系，具有亲缘关系，差异尚不那么大，那么，上海汽车工业从类型上看可以说是非常不同的了。而上海汽车工业所代表的本土渐进演化模式，在中国汽车工业早期发展史上，从地域分布上看，具有更加一般化的意义。进一步说，上海汽车工业相对于一汽、二汽来说，采取了一条更加本土化的技术发展路径，这就是所谓“土洋结合”。

从整体上说，新中国成立后，汽车工业中一度兴起的“土洋结合”运动，连一汽都没有置身事外，上海汽车工业不过是其最具代表性者。这一“土洋结合”模式具有典型的落后国家工业化的特征，在很大程度上是近代中国工业“石磨＋蒸汽机”技术模式的延续，体现了传统技术尤其是手工业成分与现代工业技术的混合并存。从宏观上看，中国汽车工业的“土洋结合”是指技术引进型新工厂一汽与旧中国遗留下来的汽车修配厂并存，其中，上海的作坊式汽车配件制造厂是旧中国遗产的典型代表。从微观上看，“土洋结合”表现为企业在设计与制造过程中，既利用进口技术，又采用一些“土办法”。上海汽车工业在微观上也是“土洋结合”的典型。但是，这种“土洋结合”的技术路径具有复杂的后果。一方面，在研制三轮汽车这种技术含量低的低端产品时，“土洋结合”模式可谓完全成功，有效弥补了新中国成立初期各种资源的不足，生产出了适合国情的产品。另一方面，在研制轿车这种技术含量高、用户层次也较高的高端产品时，“土洋结合”模式只能保证产品样品的试制成功和小批量生产，却无法实现真正的规模经济。然而，现代汽车工业的本质特征之一正是规模经济，因此，“土洋结合”

模式在发展轿车生产时是不成功的。也正是因为“土洋结合”技术路径的不成功，才使得中国汽车工业引进外资具备了极大的合理性，由此树立了中国汽车工业延续至今的新范式。

进一步说，我们可以看到，如果上海汽车工业的本土渐进演化模式可以代表中国汽车工业早期发展的一般模式，则中国汽车工业的早期发展实际上是遵循经济学的比较优势原则的，并没有采取一些学者所认为的赶超战略。在“土洋结合”运动中，中央的确是希望中国汽车工业能够大发展，但是，在具体做法上，“土洋结合”却并不意味着采取最现代化的手段或者引进先进的新式技术，相反，“土洋结合”更加强调的是适应既有资源约束，这不就等于是遵循比较优势吗？而这样一种对资源比较优势的适应与遵循，是无法如日韩汽车工业那样实现后发崛起的。

第五章 中国汽车工业散布型格局的形成

一汽、二汽和上海汽车工业在中国汽车工业早期发展史上占有最重要的地位，然而，中国汽车工业的早期发展绝非只有这三家的故事。相反，新中国成立后，尤其是“大跃进”和“三五”期间，中国汽车工业曾经“遍地开花”，分布于大江南北。笔者将这一现象称为中国汽车工业的散布型格局。而这种“遍地开花”也直接造成此后中国汽车工业集中度不高的结构性弊病，负面影响至今犹在。但从另一方面说，尽管计划经济时期中国的汽车工业“遍地开花”，其发展模式却相对简单，绝大部分为本土渐进演化模式，一小部分为兼具本土渐进演化色彩的苏式体系本土化模式，至于苏式体系移植模式，则只有一汽成为绝响。本章将首先概述中国汽车工业“遍地开花”的基本态势，然后择取南京、北京、济南等几处略具规模的汽车生产基地进行专门剖析。

第一节 中国汽车工业早期的“遍地开花”

新中国成立后，汽车工业的“遍地开花”现象曾反复出现，并不局限于1978年之前。不过，从本书研究的时段来看，在中国汽车工业早期发展史上，主要有过两次“遍地开花”，一是“大跃进”时期，二是“三五”期间。

一、“大跃进”时期的“遍地开花”

第二章指出，新中国成立初期，中央政府一度有意利用旧中国遗留下来的汽车修理业与汽车零配件制造业作为基础，来发展新的汽车制造工业，只是后来由于获得了苏联的技术援助，这一方案才告终止。但是，正如

第四章中提到过的那样，上海等地的旧中国遗留下来的汽车修理业与汽车零配件制造业并没有消亡，而是继续发展，逐渐地也演化出整车制造能力，形成有别于整体移植苏式体系的更为本土化的发展模式，成为与一汽并立的汽车工业基地。而这一“土洋结合”的发展，与“大跃进”是密不可分的。

新中国成立以后，对于汽车的需求量很大，尤其是在物资运输与国防方面，因此，在中央领导人看来，仅仅只有一个一汽是远远不够的，于是这就有了第三章提到的二汽的初次上马。但是，在当时的中国，建设一家二汽这样的大规模汽车制造企业，与创立一汽一样，需要耗费大量人力、财力、物力，而且这种大厂的建设周期较长，在中央领导人看来，显然缓不济急。因此，就在谋划创建二汽这一大厂的同时，中央对于地方政府创立地方性的汽车工业也持鼓励态度。于是，从 1957 年起，一些省市就开始尝试制造汽车。①

此后，“大跃进”运动于 1958 年开始，各地制造汽车的热情更为高涨，地方政府创办汽车工业的运动如火如荼。据统计，“大跃进”运动开始后，“仅仅几个月内除西藏和宁夏外，各省、自治区、直辖市有上百个厂点，制造出各类汽车达 200 余种”②。这样一个数量当然

1958 年，南京汽车制造厂试制成功的
第一辆国产跃进牌轻型卡车

①② 见《中国汽车工业史(1901—1990)》，第 47 页。

是惊人的。而次年一机部第六局在总结时，称 1958 年是中国汽车工业“大发展的一年”，并形容为“百花齐放，万马奔腾，红旗遍地，卫星满天”①。在今天看来，这种“卫星满天”当然不是什么值得骄傲的事情，但在当时，这种景象被认为是中国汽车工业取得发展的重要表现。对中央政府来说，“遍地开花”之所以值得鼓励，是因为这种局面使得“汽车生产改变了过去‘独家经营’的局面”，而且这个新局面“标志着我国汽车工业已经完成了‘从无到有’的历程，正步入‘从少到多’高速度向前发展的新阶段”②。今天我们已经知道，这个所谓“从少到多”的判断是过分乐观了。不过，从这个判断中也可以看出当时的中央政府急切地想改变只有一汽这一家企业从事整车制造的格局。

根据“大跃进”时期的总结报告，我们可以看到，当时中国汽车工业的“遍地开花”具体表现在出现了四种类型的企业同时并举的局面，即：“除原有的一个苏联帮助设计建成的大厂——第一汽车制造厂外，又迅速形成三类汽车厂。一类是由基础较好规模较大的汽车配件厂扩建或改建而成的汽车制造厂；另一类是由规模较小、条件较差的汽车配件厂、修理厂升级的汽车制造厂；还有一类是由国内设计筹建的新厂。”③这里需要指出的是，当时“由国内设计筹建的新厂”绝非二汽等正规化、现代化的大厂，主要也是一些小企业。而在这四类厂中，比较重要的是第二类与第三类，即“以由老厂改造、小厂升级的两类厂比重最大，占全部汽车制造厂的 80%以上”，而且“这些厂虽然规模较小些，但投资较少，能在短时间内成批生产汽车”④。可以说，这两类厂的发展模式是典型的本土渐进演化模式。至于该种模式能取得成功的原因，当时的管理部门已经总结了两点：(1)具有一定的技术基础：“这两类厂能够迅速发展成为汽车生产厂的有利条件之一，就是他们在长期的制配或修理过程中，熟悉各种类型的汽车，积累了丰富的修配经验，所以一旦造起汽车来，轻车熟路，事半功倍，能够多用土法，迅速掌握汽车生产技术，并由试制迅速转入成批生产”；(2)广泛开展分工协

① 第一机械工业部第六局：《土洋结合组织成批量大量生产高速度发展汽车工业》，序言。

② 第一机械工业部第六局：《土洋结合组织成批量大量生产高速度发展汽车工业》，第 13 页。

③④ 第一机械工业部第六局：《土洋结合组织成批量大量生产高速度发展汽车工业》，第 14 页。

作:“如上海市动力机械公司所组织的汽车生产,是以四个厂为主组织协作,通过这四个厂再组织第二次协作,协作厂多至200多个”①。其实,这也就是第四章分析过的“土洋结合”的嫁接型道路的某种优势。因此,“大跃进”时期中国汽车工业的“遍地开花”,也可以说是在政治鼓动这一外力的推动下,令当时中国的汽车修理业和汽车零配件制造业引入现代技术,升级为具有整车制造能力的汽车工业。

1961年生产的BJ210越野车

据陈祖涛回忆,当时身处汽车工厂设计部门的他也和同事们搞了一个“土洋结合”的“跃进”:“像苏联建设一汽那样搞,我们搞不了,我们只能按照我们自己的实力,搞一些土洋结合的小企业群,上级也要求我们用土办法生产汽车,这就是所谓的‘土、洋、群’。”②陈祖涛搞“土、洋、群”的试点在沈阳,以当地一家较大的汽车修配厂为基础,设计了一个年产3 000辆的汽车厂。在设计时,陈祖涛等技术人员确实想了不少“土办法”。例如,生产汽车的大梁需要用3 000吨的压床将5毫米的钢板一次冲压成型,但这种洋设备显然不是一家汽车修配厂所能具有的,于是,技术人员就在一起商量解决办法。据陈祖涛回忆:“一个技术员说:不就是压吗? 我们用200吨的千斤顶代替压床,一段一段压。我一下子找到灵感,把几个千斤顶固定在一起,然后用同步系统启动,将钢板顶进凹模里,不就行了吗。大家一听都认为可行,一试,成功了。”③用相同的思路,在制造发动机时,陈祖涛

① 第一机械工业部第六局:《土洋结合组织成批量大量生产高速度发展汽车工业》,第14—15页。

②③ 陈祖涛口述,欧阳敏撰写:《我的汽车生涯》,第125页。

他们在地面上用“冲天炉”熔化铁水直接浇铸，等毛坯出来后，就用普通的刨床、铣床、钻床来代替发动机专用设备进行加工。而在加工齿轮时，他们“学习食品厂做月饼的办法，把齿轮钢坯加热，然后放到另一个齿轮上挤压，经过多次压模成型，然后再用手工去毛刺、打磨”，而其结果竟也不错：“这样做出来的齿轮虽然比不上洋设备生产出来的质量，但装上车也能跑。”①就这样，陈祖涛等人在沈阳花了近两年的时间，完成了汽车厂的全套设计，而该厂后来成了沈阳汽车工业发展的基础。从这一点来看，“大跃进”时期中国汽车工业的“遍地开花”还是结出了果实的。而且，陈祖涛等人的经验在当时已经起到示范性的作用，在各地被推广。

基于上述某些成功的案例，尤其是汽车制造厂在数量上的增长，“大跃进”初期关于发展汽车工业的官方结论是：“在加紧建设新汽车厂的同时，还必须充分利用原有的汽车配件厂、修配厂和修理厂的基础，走多厂协作的道路。汽车修配件厂、修理厂普及全国各地，数以百计，如用以发展成为汽车制造厂将十分可观，只有这样坚决贯彻大中小企业并举的方针，才能高速地发展我国的汽车工业。”②实际上，这相当于是对“遍地开花”的肯定和支持，也就无怪乎除西藏和宁夏外，各地各级地方政府都大力创办汽车制造厂。由此自然导致中国汽车工业表面上的大扩散，初步形成一种散布型格局。

在“遍地开花”的汽车工业中，我们可以将云南这个汽车工业并不发达的省份视为一个多少具有代表性的个案来分析。1958 年，在“大跃进”的热潮中，云南的公路汽车运输运力不足，为此，云南省交通运输局掀起了大造挂车、大搞挂车运输、实行汽车列车化的群众运动，当年就制造了 4 吨挂车 621 辆，到年底全省共新制挂车 1 703 辆。同时，该省的一些汽车修配厂也开始尝试造车。昆明汽车修配厂、昆明市汽车修理厂以及隶属于昆明军区后勤部的四〇三厂都加入造车的行列中，也确实试制出了一些汽车，如昆明汽车修配厂仿照美国万国 KS-6 型货车，试制了一辆定名为“红旗

① 陈祖涛口述，欧阳敏撰写：《我的汽车生涯》，第 126 页。

② 第一机械工业部第六局：《土洋结合组织成批量大量生产高速度发展汽车工业》，第 15 页。

牌”的4吨货车，昆明市汽车修理厂则成功试制了一辆5人座小轿车。此外，一批改装车也兴起并取得了成功。例如，昆明汽车修配厂用小道奇改装的长途客车，就是在该时期内完成了木制车厢向金属车厢的过渡，后来长期作为云南省长途客车的主要来源。①可以说，云南汽车修配业向汽车制造业升级的努力，在“大跃进”时期代表了工业基础不发达地区的普遍情况，而这也是“遍地开花”的一般样态。

然而，利用本土渐进演化模式来促成汽车工业的“遍地开花”，其内在的技术支撑只可能是“土洋结合”的技术路径，尤其是倚重于“土法上马”。但是这样一来就会出现各种不合理的现象。例如，洛阳汽车修理厂“只有7台机床，在没有工程师，没有图纸的情况下，也设计制造出洛阳牌载重汽车”；杭州和安徽“都用竹制成拖车车厢”，上海货车修理厂甚至“制成木头大梁和弹簧的汽车”②。陈祖涛在回忆这段历史时，使用了“过犹不及”进行评价。他认为一些“按照正常生产不允许的办法”的确造出了“虽然质量不稳定，寿命不够长，油耗高，污染严重，但能够跑的汽车”，这是“有历史功绩的”，因为“当时国家经济建设急需汽车，但我们一年就只能生产不到2万辆汽车，到国外买，我们又没有那么多钱，在这个时候，自己动手克服困难，利用土办法生产一些汽车解决经济建设的急需是可以的”，然而，全国“一哄而上”，却导致“很多地方由于条件不具备而盲目、强行上汽车厂，结果造成了极大的浪费”③。应该说，陈祖涛的评价是客观公允的。实际上，1959年，全国共生产各类汽车16 000辆，其中一汽生产了14 922辆，其余众多企业仅生产1 100辆。④因此，尽管“遍地开花”被寄予了极大的希望，最终也没有能够超越客观规律，无法从根本上突破一汽“独家经营”的大格局。

因此，进入60年代以后，汽车行业经过“关、停、并、转”的结构性调整，只保留了一些技术和设备条件较好的汽车生产厂点，到1963年，只剩下汽车制造厂18家，改装车厂45家。⑤以云南来说，前述昆明汽车修配厂、昆

① 见云南省汽车工业行业办公室：《云南汽车工业史》，第56—61页。
② 第一机械工业部第六局：《土洋结合组织成批量大量生产高速度发展汽车工业》，第14—19页。
③ 陈祖涛口述，欧阳敏撰写：《我的汽车生涯》，第127页。
④⑤ 见《中国汽车工业史(1901—1990)》，第47页。

明市汽车修理厂等企业试制的车型就没有正式投产，这些企业也未能成功升级为汽车制造厂，还是继续从事汽车修配工作，其在造车热潮中试制的产品“只是作为高级工艺样品或节日礼品保留在当代人美好的回忆中”①。云南的情形很具有代表性。就这一结果来看，中国汽车工业的第一次“遍地开花”未能达到其推动者的预期目的。当然，从汽车工业的发展规律来看，这未必不是一件好事。同时，我们也要看到，相比于“遍地开花”之前，中国汽车工业确实有了实质性的扩张，在一汽之外形成了南京、上海、北京和济南这所谓四大新生产基地。这一点，对中国汽车工业的早期发展来说，是应该肯定的。

二、“三五”期间的“遍地开花”

在中国汽车工业发展史上，“三五”期间是第二个高潮。当时，汽车的供求矛盾仍未解决，因此，在中央倡导的“发挥中央和地方两个积极性”、“建立完整的国民经济体系”等方针的推动下，从1969年下半年起，全国各省、自治区、直辖市除西藏外，纷纷以“大会战”的形式组织汽车生产，到1970年、1971年两年，各地再度掀起造车高潮，一时之间，全国的汽车整车生产厂点又增至100余个。据统计，当时仅江西省就有14家汽车厂。此后，直到改革开放前，各地造车热情不减，到1976年末，汽车企业总数达到1 950个，其中整车厂53家，专用车、改装车厂166家，到1980年，全国的汽车生产厂家仍达73家。②因此，可以说，“三五”期间中国汽车工业才真正实现了“遍地开花”。当然，这样一种“遍地开花”，既体现了中国汽车工业的成长壮大，也与第一次“遍地开花”一样，存在着不合理的成分。

1963年以后，我国在一汽之外逐渐形成了四大新的汽车生产基地，即南京、上海、北京和济南。在中国汽车工业第二次“遍地开花”时期，这四大生产基地也获得进一步的发展。除了这四大基地外，在“三五”期间，天津、沈阳和武汉等地汽车工业也在第二次“遍地开花”时取得进步。

---

① 云南省汽车工业行业办公室：《云南汽车工业史》，第61页。

② 见《中国汽车工业史(1901—1990)》，第138—139页。

1965 年生产的 BJ212

在第一章中，我们已经知道，天津汽车修配总厂曾造出 60 辆仿日本大发牌三轮汽车，应该说，天津汽车工业的起点是很不错的，与上海一样适合走本土渐进演化模式的发展道路。然而，在“大跃进”的“遍地开花”时期，天津汽车工业虽也试制过载货汽车和轿车，但没有形成生产能力。直到 1965 年初，天津市才确定将汽车作为工业主攻方向，并成立了汽车大会战领导小组，拉开天津市组织汽车生产的序幕。而在此前的一年，天津已经将该市内燃机配件公司的 6 个厂、二轻局的 19 个厂和交通局的 3 个厂合并为天津市汽车工业公司。当时，天津汽车工业生产的车型原型主要都是北京、上海等地汽车工业的产品。例如，1964 年，一机部汽车局考虑到北京 210C 吉普车已定型，可利用其主要总成发展 10 座小客车，就将这个任务交给了天津电车修造厂，同时责成长春汽车研究所派人参与研发，并利用了 1964 年由苏联嘎斯-69 底盘改装的 10 座小客车作为参考样车，还参考了德国大众和法国雷诺面包车的结构。1965 年 9 月，第一辆样车试制成功，定名为 TK620S 型，后改名为 TJ620 型。1975 年，天津客车厂又开始研制新车型 TJ621，其车身造型、底盘总布置参照日本丰田客车，采用了独立悬架前桥、真空助力器等新结构，于 1978 年 2 月试制出第一辆样车。至于前面提到过的 1965 年的汽车会战，一开始则主要是研制 1 吨载货汽车。当年 4 月，天津市农业机械厂仿造上海式三轮汽车试制出 TJ120 轻型载货汽车，俗称“三轮改四轮”。同月，天津市又决定韩家墅汽车修配厂接产北汽 BJ210C 吉普车，型号改为 TJ210C 型。1968 年，该厂改名为天津市汽车制造厂。1972 年 9 月，一机部还曾向天津汽车制造厂下达试制 TJ740 型轿车的任务，由长春汽车研究所、天津农机研究所和天津汽车制造厂共同设计，参考丰田轿车进行汽车和车身模具设计，于 1973 年 4 月制成样车一辆，但直到 1978 年 6 月，该型轿车一共只造出 63 辆样车，最终下马。①从以上论述可见，天津市的汽车工业与上海汽车工业一样，也走了一条由修配厂升级为整车制造厂的道路。只不过，天津汽车工业的技术水平更为落后，需要从北京和上海引进车型，而且在整个计划经济时代其生产能力始终很有限。

前文曾述及陈祖涛于"大跃进"时期在沈阳发展"土、洋、群"，协助当地汽车修配厂发展成为汽车制造厂，为沈阳汽车工业打下了基础。实际上，1958 年，沈阳确实开始生产 2.5 吨巨龙牌载货汽车，而该车型的原型是苏联嘎斯-51 型，这个技术来源可能与留苏的陈祖涛参与其事不无关系。巨龙牌汽车一直生产到 1970 年，累计生产 8 555 辆，这个数量在地方汽车工业中还是相当可观的。从 1969 年下半年开始，辽宁省组织了汽车会战，到 1975 年为止，先后试制出辽宁一号到辽宁五号，有中型、轻型、重型汽车和轻型越野车在内的不同类型的汽车。在这些车型中，仅以辽宁二号为例对其兴衰略加描述。1969 年，沈阳市组织了汽车会战，沈阳汽车齿轮厂按照南京汽车厂跃进牌汽车图纸试制出了辽宁二号，然后将这一车型交给沈阳汽车制造厂（简称沈汽），由沈汽对驾驶室作了改进，使主要的技术参数与该厂的巨龙牌相同，同时组织了由 44 家零部件厂构成的配套网络。1971 年，辽宁二号投入批量生产，当年就生产了 700 辆，1973 年则生产了 1 300 辆。不过，当年一机部派遣张兴业、孟少农等 4 人组成的汽车调查组去沈阳调查后，建议沈汽转产较为先进的 BJ130 型 2 吨载货汽车，同年 9 月，经辽宁省、一机部同意，沈阳市决定按年产 5 000 辆规模生产 130 型汽车。1974 年，沈汽按照 BJ130 型图纸开始试制，只自行设计了驾驶室，于当年 3 月造出 3 辆样车，定名为 SY132 型，至 1977 年末，累计生产了 1 376 辆。②

① 见《中国汽车工业史（1901—1990）》，第 140—142 页。

② 见《中国汽车工业史（1901—1990）》，第 142—143 页。

由此可见，沈阳汽车工业也走了一条由修配业升级为整车制造业的渐进演化道路。而且，与天津汽车工业一样，沈阳汽车工业在车型上也不断接受南汽、北汽等先进地区的产品，这反映了其技术水平稍弱于几个老基地。

在中南地区，武汉也成为一个较为重要的汽车生产基地。1965 年，中共中央中南局决定在武汉市汽车修造总厂（原长虹汽车修配厂）仿南汽跃进牌制造 2.5 吨载货汽车，并组织 57 家企业为其配套，同时投资 800 万元按年产 2 000 辆的规模进行技术改造，当年年底就试制出 10 辆武汉牌 WH130 型样车，第二年成立武汉市汽车工业公司，工厂也改名为中南汽车制造厂，1971 年生产 WH130 型汽车 2 017 辆，1974 年投资 300 万元，按年产 5 000 辆的能力改造，次年生产汽车 4 211 辆。1970 年，武汉也进行了汽车会战，该市的武汉长江汽车制造厂试制出 WH211 轻型越野车，1972 年实现了年产 1 000 辆的目标，但 1979 年也只生产了 1 415 辆。[①]值得一提的是，武汉市的专用汽车制造业发展较为出色，涌现了一批典型企业。例如，汉阳特种汽车制造厂即在国内具有领先地位。汉阳特种汽车制造厂建于张之洞所办湖北枪炮厂（即后来的汉阳兵工厂）的旧址，新中国成立后，该地最初为解放军第七五四工厂。1958 年 12 月，七五四工厂迁走，1959 年，武汉市汉阳区政府将区属汉阳机床厂、汉阳金属结构厂等几家小厂和原汉阳机器厂三分之一的人员、设备与资金合并组建成汉阳通用机器厂，1960 年改名为国营汉阳机器厂，1961 年，武汉起重机厂并入该厂。1962 年，该厂首次承担改装生产 53 鱼类运输车的任务并于 1963 年取得成功，立即得到国家扶持，获得投资以进行技术改造。1964 年 10 月，该厂划归中国汽车工业公司管理，1965 年 4 月更名为汉阳汽车制配厂，正式进入汽车行业，成为我国最早的专用汽车定点生产企业之一，最后于 1983 年改名为汉阳特种汽车制造厂。与一般车企不同的是，汉阳特种汽车制造厂是以生产军用特种汽车见长的，如导弹运输车、舟桥车、飞机拖车等。[②]但不管怎么说，在“遍地开花”时期，汉阳特种汽车制造厂也是中国汽车工业

---

① 见《中国汽车工业史(1901—1990)》，第 143 页。

② 见汉阳专用汽车研究所：《中国专用汽车工业史》，第 288—291 页。

在地域上大扩散的一部分。不过，整体来说，在计划经济时代，武汉虽也是中国重要的汽车工业生产基地，但并不算特别突出。

除上述工业底子好的地区形成了新的汽车生产基地外，一些工业基础原本较差的地区，也在第二次"遍地开花"中发展起了自己的汽车制造业。我们仍以云南为例。1966 年，云南掀起了第二次造车热潮。当年年初，为了改善昆明市的交通运输，淘汰落后的马车和板车等运输工具，昆明市组建了由市交通局、重工局、轻工局、手管局抽调人员组成的"昆明市上海-130 型汽车试制办公室"，设在市交通机械厂（后来的公共汽车公司大修厂）内。在昆明机床厂、重机厂、云南汽车修配厂等 35 家企业的配合下，1967 年 10 月，终于成功地仿制了上海-130 型轻型载货汽车。不过，由于"文革"的冲击，造车工作停止，直到 1968 年底才重启，到 1969 年止，共生产样车 15 辆，命名为"昆明牌"轻型货车。昆明牌汽车的试制是云南第二次造车热潮的先导。1969 年党的九大召开后，云南省坚定了自己造车的决心，展开了一场全省性的汽车大会战，规定由云南林业机械厂、云南内燃机厂和云南汽车配件厂同时试制汽车，哪家先造出来就批准哪家升级为汽车制造企业，结果基础较好的云南汽车配件厂脱颖而出，于 1969 年 6 月底试制出第一辆仿 CA-10B 型 4 吨载货汽车，在进行了一些改动设计后定名为昆明牌 KM-140 型。云南省汽车配件厂之所以能迅速仿制出一汽的产品，是因为该厂长期配合修车，对一汽产品的总成及零部件大多数都能制作。而 KM-140 型的成功，使云南省革委会决定"大干快上"造汽车，1970 年提出了"一厂一件，百厂成线"的方案，组织 70 多家企业为云南汽车配件厂配套，协作生产 KM-140 型汽车，当年就造出汽车 1 032 辆。1972 年 4 月 1 日，云南汽车配件厂正式更名为云南汽车厂。而除了云南汽车厂外，自 1969 年起，云南还相继有 9 家企业进行了汽车试制活动。不过，这 9 家企业只有 3 家取得了成功，将汽车制造活动坚持到了改革开放之后，其余企业在改革开放前即停止了造车。①因此，云南汽车工业的第二次"遍地开花"虽然仍不尽成功，但与第一次"遍地开花"相比，已算进步巨大。云南方

① 见云南省汽车工业行业办公室：《云南汽车工业史》，第 67—79 页。

面的官方总结称，“三五”期间的第二次造车热“虽然仍同样出现了一哄而上的情况，全省造车的企业有八九家之多，但毕竟是一次成功的探索，使汽车制造终于挣脱了修配行业的襁褓、脱颖而出，并一直保留下来，为开创云南的汽车工业奠定了基础”①。这个总结，对于大多数和云南相似的工业欠发达地区汽车工业的第二次“遍地开花”来说，也是适用的。

综上所述，在“三五”期间，中国汽车工业迎来了第二次“遍地开花”的发展时期，形成了天津、沈阳、武汉等新的汽车生产基地，一些工业落后地区如云南的汽车修配业也终于升级为汽车制造业。因此，也可以说，这一次的“遍地开花”结出了更丰硕的果实。然而，无论是天津、沈阳还是武汉，其汽车生产的规模都是不大的，完全不具有汽车工业所应有的规模经济。这三处稍大一点的基地尚且如此，全国其余地方就更不必说了。例如，还是以云南来说，直到1979年，云南省最大的车企云南汽车厂“产量却始终保持在起步时的水平，而且成本反呈上升的趋势，最低的1973年，单车成本为16 141元，最高的1976年的单车成本为19 914元。这与‘一汽’产的解放牌单车成本10 000元相比，几乎高一倍”②。很显然，“遍地开花”的中国汽车工业无论从局部来看还是从整体来看都是缺乏汽车工业应有的规模经济优势的。所以，“三五”期间中国汽车工业的“遍地开花”尽管结出了更丰硕的果实，但在此后中国汽车工业迈向正轨时，这一高度分散的布局却被证明是一种难以下咽的苦果。

第二节　几处略具规模的汽车生产基地

在计划经济时代，中国的汽车工业两度“遍地开花”，各地所形成的地方性汽车工业一般而言规模甚小。不过，也有几处例外。这几处地方形成了略具规模而拥有一定技术实力的汽车生产基地，它们是上海、南京与北京。由于第四章专门剖析过上海，本章仅对南京与北京作一介绍。另外，

① 云南省汽车工业行业办公室：《云南汽车工业史》，第66页。
② 云南省汽车工业行业办公室：《云南汽车工业史》，第73页。

中国三汽的雏形，也就是重型汽车制造厂，其生产基地散布于山东、重庆与陕西，本节亦一并予以介绍。

一、起步较早的南京汽车工业

新中国成立后，在地方性汽车工业中，南京是起步较早的，发展也一直相对领先。到1966年时，南京是全国第二大的汽车厂。①由此可见，南京汽车工业在中国汽车工业早期发展史上，占有重要地位。

南京汽车工业是以南京汽车制造厂（简称南汽）为中心的，而南汽是从修配厂发展起来的，其发展属于很典型的本土渐进演化模式。不过，与上海汽车工业不同的是，南汽的前身不完全是国民党政权企业和旧民营企业，而是以中共军队的汽车修配厂为主体。1946年底，华东野战军取得了鲁南战役的重大胜利，全歼敌整编第二十六师、第一快速纵队，缴获了大批坦克、火炮和汽车等重型装备，为了适应战争的需要，1947年3月18日在山东临沂以东地区成立三野特种纵队，于3月27日在临沂成立中国人民解放军华东野战军特种纵队修理厂，负责收集重型战利品，修配车、炮等装备，这就是南汽的前身，在当时被称为"一担挑"工厂。该特种纵队修理厂成立后，随军流动服务，1949年7月，随军迁到南京，接收了原国民党联合勤务总司令部运输署供应司401汽车修理厂，筹备成立三野特种纵队修配总厂。该厂陆续从上海、南京等地招聘了部分技术人员和技工，于1950年1月2日正式组建成立三野特纵修配总厂，下设制配、修车、修炮、皮革4个分厂和光学车间。②

据南汽厂志记载，从1950年到1957年，南汽的管理体制多次变化，三次改变隶属关系，工厂三分三合，产品也多变。比较重要的一次变化是，1953年8月，由三野特纵修配总厂修车分厂改组的中国人民解放军汽车修配第三厂，被划归一机部汽车工业局领导，更名为南京汽车制配厂，管理体制由军工转为国营企业，生产正式纳入国家计划，这被认为是该厂历史

① 见陈祖涛口述，欧阳敏撰写：《我的汽车生涯》，第128页。

② 见南京汽车制造厂：《南汽厂志（1947—1985）》，第6—7页。

上的一个重要转折点。在这次改组以前，从1951年开始，该厂已经参与试制摩托车，并于1952年6月获得成功，实现了由修配到制造的转折。①据行业史记载，1955年，南京汽车制配厂开始仿制苏联的胜利牌轿车，采用了四缸最大功率37千瓦(50马力)NJ050型汽油发动机，1956年投产。②不过，这一史实在20世纪80年代修的厂志中没有反映，很可能属于昙花一现的零星仿制。1955年至1956年，南汽更重要的发展体现在两个方面：一是1955年为了解放台湾而奉命仿制苏式操舟机和M-20发动机(即050型发动机)，并于1956年投入批量生产，当然，值得一提的是，M-20发动机在苏联确实用于胜利牌轿车；二是于1956年7月一度准备改名为“南京拖拉机厂”，以适应农业合作化高潮的到来。③不过，该厂终究没有转型去制造拖拉机，但其制造的050型发动机被确认为是主要产品却给了该厂重要的发展契机。实际上，当时南京汽车制配厂成为我国第一个制造汽车用汽油发动机的厂家，而利用生产发动机的优势，1957年该厂即开始酝酿制造汽车作为方向产品，并向上级提出了生产汽车的建议。④由此，我们看到，南汽也是从零部件制造开始向整车制造升级的，但该厂最初生产的产品是发动机这一核心部件，这给了该厂很大的优势，也是后来该厂能长期在国内保持领先地位的重要原因。

1958年6月10日，南京汽车制造厂成立时挂厂牌的场景

1957年5月，一机部汽车局组织汽车拖拉机研究所(即长春汽车研究所)与南京汽车制配厂联合研发轻型载货汽车，由汽车拖拉机研究所设计，

---

①③ 见南京汽车制造厂:《南汽厂志(1947—1985)》，第7页。

② 见《中国汽车工业史(1901—1990)》，第47—48页。

④ 见南京汽车制造厂:《南汽厂志(1947—1985)》，第75页。

南汽试制。该车型即CN120型，于1958年制成了第一轮样车，但由于此后南汽转向试制2.5吨载货汽车，CN120型的投产被搁置下来。①实际上，对南汽来说，研发2.5吨载货汽车才是其迈向汽车制造历程中一个具有决定性意义的转折点。1957年10月，一机部汽车局决定了由南汽仿制苏联嘎斯-51型2.5吨载货汽车，并提供了图纸资料。根据这一决定，南汽确定了"以制造发动机为主与专业厂相结合，采取广泛协作，组织汽车生产"的方针，从研究仿制070型发动机着手，以发动机、驾驶室和车架为主，开展广泛协作，组织配套生产。②其实，中央安排南汽制造2.5吨载货汽车与第三章所述二汽的第一次下马有着直接关系。据黄正夏回忆，二汽第一次下马后，筹备人员各奔东西，"唯一保留下来的是，我们将苏联方面交给我们的'嘎斯'基本型(2.5吨载货车)的图纸交给了南京汽车厂"③。因此，南汽对2.5吨载货汽车的试制实际上是国家为了应对二汽下马而作出的一个

1958年3月15日，第一批三辆跃进牌130型汽车报喜途中

① 见《中国汽车工业史(1901—1990)》，第48页。
② 见南京汽车制造厂：《南汽厂志(1947—1985)》，第8页。
③ 黄正夏口述，欧阳敏撰写：《艰难历程——黄正夏采访实录》，第18页。

替代性安排。这也表明，在当时的中国，汽车工业的本土渐进演化模式比苏式体系移植模式（二汽第一次上马时本来计划由苏联援建）更加节省资源，也更加符合中国的比较优势。而在南汽仿制嘎斯-51时，也充分体现了渐进演化模式的特色，采取了"土洋结合"的方法。例如，在制造驾驶室时，困难很大，因为缺乏大型冲压设备，无法按照苏联图纸压制，南汽的技术人员遂采取拆零拼装的办法，设计成帆布、木板、铁皮三种材质的驾驶室供制造选用，大梁采用以钢板焊成压模，下模以垫块调整的方法，在250吨油压机分成3段压制成功。①正是由于采取了这些"土办法"，技术条件在当时尚很简陋的南京汽车制配厂于1958年3月10日制成了第一辆NJ130型2.5吨载重汽车，被一机部命名为"跃进"牌。同年6月10日，南京汽车制配厂也正式升级为南京汽车制造厂。跃进牌载货汽车也就此成为与一汽解放牌载货汽车并驾齐驱的中国计划经济时期主要的载货汽车品牌。

在成功研发了跃进牌载货汽车后，与一汽以及上海汽车工业一样，南汽经历了"大跃进"、"文革"等政治运动的冲击，在曲折中向前发展。1958年，南汽开始研制NJ230型越野车，以满足部队用车需要，这是南汽继跃进牌汽车之后的又一主要生产方向。不过，1959年南汽试制出的62辆越野车的结构和性能没有达到使用要求。1962年，一机部正式下达任务，要求南汽按照嘎斯-63型汽车试制NJ230型越野车。经参考苏联样车和产品图纸后，南汽于1963年6月和9月分别完成两轮样车试制，最终于1966年投产，当年生产2 000辆，成为南汽的第二个基本车型。②这一案例倒是表明，尽管南汽的发展属于本土渐进演化模式，但由于技术起点较低，还是不得不借助苏联技术，而这种对苏联技术的依赖也是中国汽车工业发展早期阶段的实际状况。1964年，南汽还为二汽试制了20Y三轴2吨越野车和3.5吨载重汽车，不过，该型载重汽车后来移交给了广东，成为红卫牌汽车。③而从前文可知，沈阳、武汉等地的汽车工业实际上都曾从南汽引进过基本车型，因此，南汽在中国汽车工业早期发展史中的地位是很高的。

---

① 见南京汽车制造厂：《南汽厂志（1947—1985）》，第75页。

② 见《中国汽车工业史（1901—1990）》，第49页。

③ 见南京汽车制造厂：《南汽厂志（1947—1985）》，第9页。

在“文革”发生前的数年间，经过调整与改造，南汽的发展势头不错。(见图 5-1)

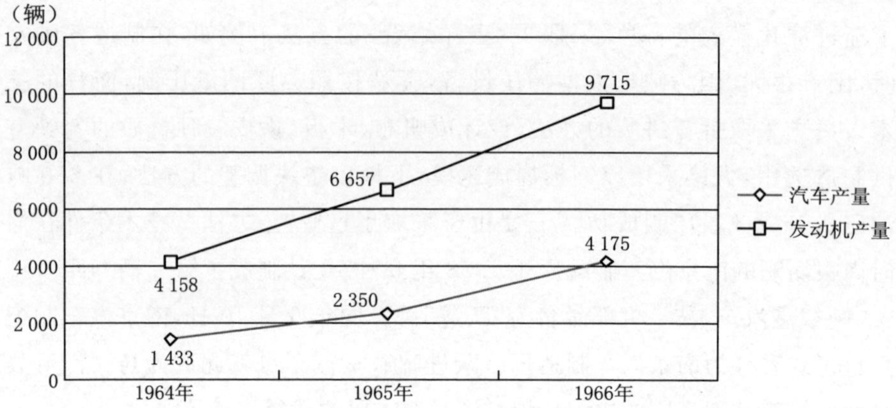

图 5-1 “文革”前南汽的产量增长(1964—1966 年)

资料来源：南京汽车制造厂：《南汽厂志(1947—1985)》，第 76—77 页。

我们从图 5-1 中可见，从 1964 年到 1966 年，南汽的汽车产量与发动机产量均呈较大幅度的增长态势。可以说，这个发展势头是非常好的。但是，“文革”开始后，南汽也受到冲击，1967 年的汽车产量急剧下跌至 989 辆，远低于 1964 年的产量，可见所受冲击之大。直到 1969 年后，南汽的产量才有了回升。①而在“文革”期间，南汽的产品研发主要是在主打产品 NJ130 型载货汽车和 NJ230 型越野车的基础上，进行产品设计和改进。该厂通过改进钢板弹簧和其他相应零件，将 NJ130 型变型为 NJ134 型 3 吨载货汽车，后又通过装用柴油机而将之变型为 NJ135 型柴油车。越野车方面，则除了继续改进 NJ230 型外，还参照美国通用 T214WC52 型越野车、北京 212 轻型越野车和长春汽车研究所研制的 0.8 吨军用指挥车等车型，设计出 NJ220 型长头驾驶室 1 吨级越野车，后又应部队要求开发出 221 型平头驾驶室车型。②这些可以说是“文革”期间南汽在产品研发方面的主要成绩。

① 见南京汽车制造厂：《南汽厂志(1947—1985)》，第 77 页。
② 见《中国汽车工业史(1901—1990)》，第 128—129 页。

总而言之，在改革开放前，南京汽车工业凭借南京汽车制造厂的发展，而在全国汽车工业的大格局中占有重要地位。从历史来看，南汽起步较早，而且虽然其发展隶属于本土渐进演化模式，但该厂利用苏联的发动机及2.5吨汽车技术奠定了技术基础，因此能比其他渐进演化模式地区领先。从这一点来看，中国汽车工业在早期发展进程中，虽然本土模式与移植模式并行不悖，但以技术引进为内核的移植模式还是占据优势地位，并不断以各种方式向本土模式渗透。不过，与上海汽车工业不一样的是，南汽虽同为本土渐进演化模式，但打上的苏式体系的烙印更多，无论从技术来源还是产品选择方面，都更加靠拢一汽。这使得南汽在本土渐进演化模式中，其本土性不如上海汽车工业。

1958年南汽工人在露天装配汽车的场景

二、 北京汽车工业的早期发展

在近代中国历史上，古都北京的经济并不十分发达，工业发展水平也很低，尤其是国民政府迁都南京后，北京被改为北平，经济更是一落千丈。新中国定都于北京，在很大程度上使北京的工业化有了转机，北京的汽车工业也在全国汽车工业中取得一定的领先地位。

北京在解放前主要是一座消费城市，到解放时为止“只有为数不多的、厂房设备极其简陋的修理工厂和军械修理所，根本谈不上什么机器制造”①。

① 中国人民大学工业经济系:《北京工业史料》，北京出版社1960年版，第195页。

不过，正如我们在前文中看到的那样，对中国汽车工业的发展来说，修理工厂是不应被轻视的。实际上，北京的汽车工业也正是在修配行业的基础上渐进演化而来的。而近代北京作为政治性消费城市的特性反而有利于其汽车工业的成长。一般认为，汽车进入中国是 1901 年匈牙利人李恩时将汽车带入上海，[①]然而，1902 年，北京就有了第一辆汽车，而这辆汽车是袁世凯从国外买来献给慈禧太后的礼物。当然，由于司机无法按照慈禧太后的圣谕跪着驾驶，慈禧太后也不愿意屈尊乘坐。不过，1909 年以后，一批清朝官员已开始陆续置备汽车，辛亥革命后的 1913 年，北京就出现了小轿车出租行。据统计，1932 年，北京市内有自用汽车 1 700 余辆、经营汽车 500 余辆、内城汽车行 56 家、长途汽车行 24 家。[②]因此，近代的北京虽然不是工业城市，但汽车并不少。而这些汽车也使北京的汽车修配行业应运而生。1933 年，北平的中国人所开汽车修理厂或修理行共 13 家，部分汽车运输业也兼营汽车修理，还有一批被称为“挟包”的修车人走街串巷，上门修理汽车。此外，军政机关也办有汽车修理厂。在汽车配件制造方面，起初主要是由洋行经营，一些外商洋行既销售汽车又供应配件，由于价格较贵，后来一些官办和私营的汽车修理厂增设了汽车零部件制造部门，开始加工生产简单的零配件。[③]因此，近代北京汽车业发展的特点是，由政治城市的特性带来汽车保有量的增长，随之产生的汽车修理需求滋生了汽车修配业。

新中国成立后，北京重新成为首都，上述特点得到强化，汽车的数量和修理需求均逐步扩大。到 1952 年 4 月，北京共有国营汽车修理厂 3 个(不含中央国家机关和军队的修理厂)，私营修理厂十余个。但这些厂的修理能力很低，小厂每月只能修一两辆汽车，大厂也不过能修十几辆，远远不能满足日益增长的社会修车需求。因此，1952 年 3 月起，北京就开始整合各汽车修理厂，同年 7 月 1 日成立了北京市汽车修配厂，组建了修理部和制

① 见《中国汽车工业史(1901—1990)》，第 3 页。

② 见北京市地方志编纂委员会：《北京志・汽车工业志・机车车辆工业志》，北京出版社 2003 年版，第 5—6 页。

③ 见北京市地方志编纂委员会：《北京志・汽车工业志・机车车辆工业志》，第 6 页。

1958 年 6 月 20 日，北京第一汽车附件厂改名为北京汽车制造厂

造部两个生产组织。1953 年，北京市汽车修配厂按产品方向改造扩建 6 个车间，从 1954 年开始，在城市的边沿地带，先后建成卡车分厂、柴油机分厂和专修使馆车辆的东郊保养站。至 1956 年，北京汽车修配厂已拥有 3 个独立核算的分厂，分别负责座车、柴油车和卡车的修理。与此同时，1953 年，国家决定在北京创建一座汽车配件厂，为计划中兴建的一汽和洛阳第一拖拉机制造厂配套。这一北京汽车附件厂与北京汽车配件厂合并改名为一机部汽车局第一汽车附件厂，后又改名为北京第一汽车附件厂，新厂于 1955 年 8 月动工，1957 年 7 月竣工投产。①北京第一汽车附件厂此后成为北京汽车工业由修配向制造升级的核心企业。而从这整个过程看，建国初期北京汽车工业的发展实际上延续并强化了近代的消费需求拉动特征。

与中国大部分地区的本土渐进演化型汽车工业基地一样，北京汽车工业的发展在客观上得益于“大跃进”。正是在“大跃进”的热潮中，1958 年春，北京第一汽车附件厂决定以德国大众公司的甲壳虫紧凑型轿车为蓝

① 见北京市地方志编纂委员会:《北京志 · 汽车工业志 · 机车车辆工业志》，第 6 页。

1958 年生产的北京井冈山牌轿车

本，与清华大学合作进行设计、制造，由清华大学汽车试验室完成设计，当年 6 月 20 日北京第一汽车附件厂制出样车，命名为井冈山牌。当天，一机部汽车局局长张逢时就在庆祝大会上宣布北京第一汽车附件厂改名为北京汽车制造厂（简称北汽）。[①]由此，与上海、南京一样，北京汽车工业也从零配件制造业完成了升级。在这一过程中，自然仍然少不了“土洋结合”的技术路径。例如，当时，由于试制的井冈山牌轿车产量小，时间又紧，根本来不及设计和制造专用设备和工具，一位钳工老师傅就根据过去的经验，创造了用简单的胎模来分段压制的方法，解决了这一关键问题，使得企业能够很快投入生产。[②]实际上，可以说“土洋结合”是本土渐进演化模式中汽车修配业升级为汽车制造业必然采取的技术方法。而北京第一汽车附件厂能够以配件制造企业涉足整车制造，离不开“大跃进”时期汽车工业“遍地开花”的政治鼓动。

不过，北汽转向整车制造后，并不是一帆风顺的。北汽一共造出了 30 辆井冈山牌汽车，但后来考虑到车型未经鉴定，制造技术难度较大，未投入批量生产。这表明“土洋结合”在当时也遇到了限制。1958 年 7 月，北汽又参照美国别克（Buick）轿车试制高级轿车，并于 1959 年 9 月造出 7 辆，定

① 见《中国汽车工业史（1901—1990）》，第 53 页。

② 见第一机械工业部第六局：《北京汽车制造厂“井冈山”小轿车的钢圈是怎样制造的》，载第一机械工业部第六局：《土洋结合组织成批量大量生产高速度发展汽车工业》，第 73 页。

名为北京牌，其中有2辆为敞篷检阅车。不过，由于资金和技术力量不足，加上当时一汽已研发红旗牌高级轿车，北汽遂停止了对高级轿车的研制。①可以说，北汽虽以制造轿车建厂，但正式建厂后，对于轿车生产的尝试却遭遇了很大的挫折。后来，在意外地引入苏联技术后，北汽的汽车制造始步入正轨。1959年，苏联派出5人专家小组到中国海南岛试验伏尔加轿车，顺道参观了北汽，并把伏尔加轿车的全套图纸留给了北汽，当年11月，北汽按照图纸试制轿车，1960年4月试制成功，定名为东方红牌轿车，并小批试生产了106辆。②可以说，试制东方红牌轿车是北汽的一个转机，而从中亦可见苏联技术的引入对当时中国汽车工业尤其是本土渐进演化模式具有重要意义。

然而，北汽并未走上大规模生产轿车的道路。1960年12月，中央军委呈请李富春副总理，建议北汽增加军用轻型越野车也就是吉普车的生产，次年1月，一机部汽车局提出了初步方案，并与总参和国防科委磋商，决定利用东方红牌轿车的主要总成自行设计军事指挥车，兼顾轻型火炮牵引、防化、通讯等使用功能。1961年，长春汽车研究所派员参加了方案论证和汽车设计，6月，北汽制出第一辆BJ210型越野车的模型汽车，送副总参谋长张爱萍审定；7月，北汽确定了机动性好、重量轻、操作灵活、结构简单、使用可靠、易于维护、

1964年生产的BJ211越野车

① 见《中国汽车工业史(1901—1990)》，第53页。
② 见北京市地方志编纂委员会：《北京志·汽车工业志·机车车辆工业志》，第7页。

有较大地区适用性等设计要求，从5种设计方案中选出了采用非独立悬架结构的BJ210C型方案。1962年，北汽设计并试制出2辆样车，后经改进又试制出2辆样车。1963年3月，BJ210C型通过了一机部组织的技术鉴定，被定名为北京牌。北京牌越野车的主要总成60%以上都可以和东方红牌轿车通用，故北汽可以充分利用原来的轿车基础生产越野车。①后来，根据部队领导的意见，北汽对越野车不断进行改进，先后试制出BJ211与BJ212两种车型。1965年12月，第一辆BJ212型轻型越野车完成了两万公里道路试验，1966年5月5日，国务院军工产品定型委员会正式批准BJ212型越野车定型。②从此，BJ212型越野车成为北汽的主打产品之一。

总的来看，北汽前期的发展是比较曲折的，没有像南汽或上海汽车工业那样迅速形成专业生产方向。陈祖涛即指出："北京的零部件生产比较发达，如北京内燃机厂、北京齿轮厂、北京第一汽车附件厂等，所以它什么都想做，小轿车、吉普、卡车都做过，但都因资金和技术力量不足而无法进行下去，后来按照中央军委要求试制军用轻型越野吉普。"③陈祖涛的这个说法有一点不准确，实际上，试制军用轻型越野吉普时，北京第一汽车附件厂早已改称北京汽车制造厂多年，而北京内燃机厂、北京齿轮厂都是在试办托拉斯时期为配合北汽生产军用越野车而成型的。北京内燃机厂原为北京农业机械厂，最初的产品是为拖拉机配套的柴油机，1965年10月始改称北京内燃机总厂，生产车用汽油机。而北京汽车齿轮厂则是1960年在北京汽车制造分厂的基础上建立的，于1965年4月成功试制BJ212型汽车的变速器和分动器。④所以，北汽的主要产品长期不明确的确是事实，而且也确实是由中央军委为其确定了生产军用轻型越野车的大方向，但陈祖涛的回忆在表述上有误。不过，陈祖涛也为我们提供了"文革"前夕北京汽车工业生产基地最终形成的重要线索，据他回忆："由于北京的汽车配件厂比较多，从经济生产角度考虑，我建议在北京将其相对集中、整合，搞一个汽车生

① 见《中国汽车工业史(1901—1990)》，第53—54页。
② 见北京市地方志编纂委员会:《北京志·汽车工业志·机车车辆工业志》，第7—8页。
③ 陈祖涛口述，欧阳敏撰写:《我的汽车生涯》，第129页。
④ 见《中国汽车工业史(1901—1990)》，第54—55页。

产‘一条街’。一机部汽车局对这个提议看法很不一致，在争论没有什么结果的情况下，我给当时的国家计委主任李富春和经委主任薄一波写信谈了我的看法，主要的意见是：在北京搞汽车一条街，可以充分利用北京现有的宝贵的汽车生产基地和难得的技术人才，经过整合资源，很快形成汽车生产能力，做到投资少，见效快。很快两位副总理的批示下来了，同意我的意见。在当时，他们是中国工业的最高领导了，他们同意了，大家的意见也就统一了。北京由此整合了汽车资源，具有了较强的汽车工业基础。”①因此，北京最终成为一个汽车工业生产基地，与陈祖涛的推动有着密切关系，而北京汽车工业基地的特色一般也被认为是具有较强的配套零部件生产基础。不过，非常遗憾的是，北汽后来也放弃了轿车制造，而以军用越野车制造为主要方向，正如笔者已反复强调，这对于中国汽车工业的整体发展来说，当然是不利的。

根据北京地方志、行业史的记载，“文革”以后，北汽除了扩大产能外，似无大的突破。而除了北汽外，北京尚有制造轻型载货汽车的北京市二里沟汽车制造厂（后又改称北京第二汽车制造厂），该厂由北京市汽车修理公司第二修理厂改名而成，1966 年 4 月成功试制了 BJ130 型轻型载货汽车。此外，北京通用机械厂 1970 年试制了 20 吨矿用自卸汽车，后该厂发展为北京重型汽车制造厂。②实际上，北京汽车工业转向载货汽车生产，是因为 1965 年北京市在“三五”计划中提出了“马车不进城”的设想，希望通过生产轻型载货汽车来代替马车运货，以改变首都运输落后的面貌，因此，副市长万里向市交通运输局提出试制轻型载货汽车的要求，而由交通运输局将试制任务分配给北京市汽车修理公司第二修理厂（也被称为北京市汽车修配厂二分厂，简称汽修二厂）。③由此可见，在计划经济时代，政府的决策对汽车工业的发展方向有决定性影响。为了完成任务，北京市汽修二厂先后到北汽等厂调研，并解剖了 1 辆 1.5 吨丰田之花货车，又参考了上海 SH120 型样车的设计资料，最终完成设计并试制成功。④

① 陈祖涛口述，欧阳敏撰写：《我的汽车生涯》，第 129 页。
② 见北京市地方志编纂委员会：《北京志·汽车工业志·机车车辆工业志》，第 8—9 页。
③ 见北京市地方志编纂委员会：《北京志·汽车工业志·机车车辆工业志》，第 100—101 页。
④ 见北京市地方志编纂委员会：《北京志·汽车工业志·机车车辆工业志》，第 101 页。

值得一提的是，1973 年 8 月，北京市汽车工业公司成立，使北京市汽车工业进一步向专业化发展。该公司成立前后，对分属于北京各区县和市级其他管理部门生产汽车、内燃机配套件的工厂进行了调查研究，按照组织起来、合理分工、发展专业化协作、逐步提高本地区自配率的要求，拟定了归口管理的企业名单和相应的管理办法。1974 年，北京市汽车工业公司确定了分三批归口管理 35 个企业，还确定了 76 个产品的归口管理企业。随着企业产品结构的变化和工业改组，归口企业和产品不断调整，同时新建了一些归口管理企业。一大批专业和兼产的企业实行按行业归口管理后，汽车零配件生产成为全行业的组成部分，提高了北京汽车工业零部件的地区自配率，归口企业也得到了较快发展。①实际上，陈祖涛关于北京“汽车一条街”的设想在改革开放前已初步实现。

总体来看，在计划经济时代，北京的汽车工业拥有较强的实力，尤其体现于零配件制造能力。不过，由于北京汽车工业的主打产品为军用轻型越野车，这在一定程度上限制了其发展。在研发能力等方面，北京汽车工业相较南京和上海要弱一些。

三、 重型汽车生产基地的分散发展

中国的重型汽车生产基地分布于山东、四川（重庆）与陕西，可谓是对于汽车工业散布型格局的最好诠释。第三章第一节已经论述了重庆重型汽车厂的创建，之所以如此行文谋篇，是因为重庆重型汽车厂作为苏式体系本土化模式的萌芽，为此后中国自主创建二汽打下了基础。但是，如果从整个中国重型汽车工业的发展来看，一开始还是以本土渐进演化模式为主导。因此，中国重型汽车生产基地的形成过程，实际上呈现出本土渐进演化模式与苏式体系本土化模式相互交织、互相渗透的景象。

中国的重型汽车制造始于济南，而济南汽车工业的发展是纯粹以本土渐进演化模式起步的，其受“大跃进”的催生以及技术上的“土洋结合”等特征，与南京、北京等地并无不同。济南汽车工业的主体济南汽车制造

① 见北京市地方志编纂委员会：《北京志·汽车工业志·机车车辆工业志》，第 10 页。

厂原为1935年6月国民政府山东省建设厅公路局开办的济南车机厂，其主要任务是汽车的保养与修理。1948年9月，该厂被中国人民解放军华东军政委员会兵站部接管，改组为华东汽车制配总厂。1949年，该厂解除军管，移交给山东省交通器材公司，1950年又归属于山东省交通厅，改名为济南汽车修配厂。该厂于1951年开始生产发动机配件，1953年转产汽车底盘系列配件。1954年，济南汽车修配厂被移交给一机部汽车局，改名为济南汽车配件厂。[①]济南汽车配件厂的这一历史渊源，与南汽有些相似。在“大跃进”时期汽车工业的“遍地开花”中，济南汽车配件厂也没有置身潮流之外。1958年4月27日，济南汽车配件厂参照苏联嘎斯-69型汽车试制出了黄河牌JN220型越野车，当年共生产29辆。1958年8月28日，济南汽车配件厂由济南市人民政府命名为济南汽车制造厂（简称济汽），归属于一机部。由此，济南汽车工业也实现了由修理和零配件制造到整车制造的升级。1958年10月，济南汽车制造厂仿照匈牙利却贝尔D420汽车，试制出3辆红旗牌5吨载货汽车，同年12月又参照苏联嘎斯-51型试制出黄河牌JN130型2.5吨载货汽车。[②]可以说，济南汽车制造厂的进步是相当快的。

1959年，一机部汽车局召集全国有试制能力的厂家，在北京召开试制汽车的车型分工规格会议。会上，汽车局决定由济汽制造重型汽车并下达了新产品的试制计划。在长春汽车研究所的协助下，济汽在众多进口车型中选择了捷克斯洛伐克的斯柯达SKODA706RT型8吨重型汽车作为原型车。1960年4月15日，济汽试制重型汽车成功，将其命名为黄河牌JN150型，该车型总体结构设计基本上与SKODA706RT相同，但考虑到当时中国的经济技术和济汽的实际条件，在设计过程中对轮胎、发动机和驾驶室等都作了更改，此后在生产过程中也陆续作了不少改进。[③]1960年5月4日，毛泽东主席在济南珍珠泉展览会上参观了这辆样车，当年济汽共生产

---

① 见徐仁根主编：《中国发展全书：重汽集团卷》，第2页。

② 见《中国汽车工业史（1901—1990）》，第55页。

③ 见徐仁根主编：《中国发展全书：重汽集团卷》，第2页。在查阅文献时，发现倪桂祥、渠云雷所著《从“黄河”到斯太尔》（山东人民出版社2006年版）的相关记载与《中国发展全书：重汽集团卷》基本相同，故本书只参考成书较早的《中国发展全书：重汽集团卷》。两书均有一处将SKODA706RT误写为SKODA796RT，笔者特予更正。

济汽研发的中国重汽黄河牌 JN252 型

20 辆 JN150 型重型车。济汽的成绩是很可观的。不过，或许是因为技术起点太低而制造过程时间太短，第一批 JN150 在青岛—济南之间做往返 1 000 公里行驶试验时，途中 6 次故障停车，暴露出转向沉重、离合器抖动等多处设计问题。于是，济汽赶紧安排改进设计，并加紧批量生产准备，同时，1961 年和 1962 年，长春汽车研究所也派人到济汽协助工装设计和产品定型试验。到 1963 年底，济汽共制出工装 2 185 套、专用设备 30 余台，攻克关键技术 621 项，保证了第二批试制产品的质量要求。经试验，1963 年 10 月 17 日，JN150 型汽车通过了一机部的鉴定，批准该产品定型，当年即生产了 30 辆。①这样，中国重型汽车的第一款基本车型 JN150 就开始投入生产与应用了。

从 1960 年到 1990 年，济汽共生产 10 万辆左右的 JN150 型汽车，占国产重型汽车总量的 70％以上。②同时，在改革开放前，济汽除了对 JN150 型汽车进行改进外，还研发了 JN252 型越野车。③因此，可以说济南是名副其实的重型汽车生产基地。实际上，在相当长的时间里，济南是中国唯一的重型汽车生产基地。④然而，无论是经济建设还是国防备战，中国都对重型汽车有着迫切的需求，单单一个济南汽车制造厂是远远不够的，这就有了重庆重型汽车厂和陕西汽车制造厂的创建。

① 见《中国汽车工业史(1901—1990)》，第 55—56 页。
② 见徐仁根主编：《中国发展全书：重汽集团卷》，第 3 页。
③ 见徐仁根主编：《中国发展全书：重汽集团卷》，第 13—15 页。
④ 见陈祖涛口述，欧阳敏撰写：《我的汽车生涯》，第 129 页。

关于重庆重型汽车厂的创立及其早期发展，第三章第一节已有详述，此处从略。总的来看，重庆重型汽车厂的建设已经开始采取苏式体系本土化模式，在引进法国产品技术的同时，在消化苏联模式基础上进行了自主工厂设计，但也还是利用了一些重庆当地已有的老修理厂、配件制造厂的基础，因此也掺杂着本土渐进演化模式的特征。

就在建设重庆重型汽车厂的同时，国家也开始着手创建陕西重型汽车生产基地，而且同样是作为"三线"建设的一部分。1965 年，当时的中国汽车工业公司和国家三线建设委员会派人在陕西进行了踏勘、选址，将重型越野车的工厂厂址初步定在宝鸡一带。1966 年，北京新都暖气机械厂仿照捷克太脱拉型汽车试制出 5 吨越野汽车，同年 2 月，一机部决定将该厂生产越野车及汽车配件的设备、人员迁往陕西，建设 5 吨越野车生产基地。1967 年 7 月，国家计委批准同意了该方案，同时确定工厂的生产纲领为年产 5 吨越野汽车 500 辆。1967 年，一机部汽车局的康志荣等 3 人组成了陕西汽车制造厂筹备组，开始做建厂前的准备工作，但到了 1968 年 2 月，一机部又决定新都暖气机械厂不内迁，在陕西另建新厂，并另组筹备处，当年 8 月，国家计委还决定将建厂规模调整为年产 5 吨越野汽车 1 000 辆、柴油发动机1 500 台，产品由工厂自行设计试制，厂址选在距宝鸡 50 公里、距西安 150 公里的岐山县渭河南岸麦李西沟。①

在陕西汽车制造厂筹建的同时，二汽的创建工作也如火如荼地进行着，因此，二汽的建设方式也能被拿来应用于陕西汽车制造厂的筹建。换句话说，陕西汽车制造厂的创建可以被部分地归类于苏式体系本土化模式，其最大特征就是由老厂"包建"新厂。但是，之所以只能说是部分地可以被归类为苏式体系本土化模式，是因为包建陕西汽车制造厂的主体企业北汽并非纯粹的苏系血统。1968 年 6 月 15 日，一机部汽车局发出《关于陕西汽车厂包建筹建单位的通知》，通告规定陕西汽车制造厂由北汽为主包建，包建内容包括新产品设计、试制、工厂设计、基建安装、生产准备、人员配备和培训、调整生产等全部建设工作。同时，该通知还确定了以南汽

① 见《中国汽车工业史(1901—1990)》，第 122 页。

为主，由南汽和杭州汽车发动机厂共同包建陕西汽车厂的发动机车间，另由北京齿轮厂包建陕西汽车齿轮厂，为陕西汽车厂配套。1968 年 10 月，北汽厂建设办公室、南京汽车分公司发动机厂陕汽包建组、长春汽车工厂设计处三家联合提出陕西汽车厂初步设计，获一机部批准后，建厂工作正式开始。[①]

实际上，与二汽相似的是，在基建工作开始前，陕西汽车制造厂的产品设计工作就已经由负责包建的企业着手进行了。1968 年 5 月，北汽在设计科成立了 5 吨越野车设计组，由赵乃林任组长。6 月，设计组和国防科委十二院共同组成调查组，调研部队越野车的使用情况和要求，8 月开始设计，参考部队当时使用的苏联乌拉尔 375、法国 GBC8MT、小戴高乐、萨维母和捷克的太脱拉等进口越野车，根据部队的要求并考虑当时国内的技术和工艺水平，确定了整车设计方案。该方案充分利用了国内汽车工业已有的技术力量，选用杭州发动机厂的 6130 型柴油机，并由南汽进行新发动机的设计、试制；委托北京汽车齿轮厂设计试制变速器、分动器及后桥主被动齿轮；参考黄河牌汽车的结构设计气液式双片离合器，采用黄河牌传动轴、万向节和单管路气制动。同时，该方案也充分参考了进口越野车的设计，前桥在太脱拉 138 的基础上作了部分修改，中后桥则参考乌拉尔的结构，并在长春汽车研究所的协助下设计出贯通桥，转向器则参考法国 GBC 结构。最后，该方案还应部队要求设计了中央充气装置和自锁式差速器。[②]因此，与引进法国产品技术的重庆重型汽车厂不同的是，陕西汽车制造厂的产品设计走了一条自主研发的道路。

不过，由于北汽和南汽都是生产轻型汽车的企业，对设计重型汽车缺乏经验，因此，陕西汽车制造厂主打产品的试制颇为曲折，耗时很久。1968 年 12 月 30 日，第一辆越野车样车 SX250 型试制成功，由部队与法国 GBC8MT 和苏联乌拉尔 375 型汽车做了对比试验，认为主要性能可以满足部队的战术要求，但是车辆高、大、重，发动机冒烟，加速性不好，必须加

① 见徐仁根主编：《中国发展全书：重汽集团卷》，第 9 页。
② 见《中国汽车工业史（1901—1990）》，第 122 页。

以改进。于是试制企业进行了第二轮改进设计，将重点放在减轻自重方面，但又出现了主体零件强度弱，导致可靠性差，零件损坏较多，此外，驾驶室造型也变得复杂，结果不令人满意。1970年8月，陕西汽车厂开始了第三轮设计，1970年9月按照新方案开始试制，年底装出一辆样车，但投入15 000公里试车后，又暴露了不少新问题。这样，1971年7月，孟少农调到陕西汽车厂担任革委会副主任，领导设计工作，他提出了"严试验、缓定型"、"试验要充分暴露薄弱环节"的方针。此后，在孟少农领导下，开始了第四轮改进设计，试制过程中零件严格按照设计要求加工，克服加工质量不好引起的早期损坏。1973年12月，第四轮样车试制成功，经试验后，表明其整车参数和主要性能均达到了设计任务书的要求。1974年12月27日，该车批准定型，正式命名为延安牌250型越野车。①至此，经过近六年的努力，陕西汽车制造厂终于有了自己的主打产品。

1974年12月27日定型的延安牌250型越野车

与主打产品研发过程的曲折相同，陕西汽车制造厂的基本工程建设也耗时甚久。1969年9月，陕西汽车制造厂建设工程动工，由于受"文革"干扰，直到1977年底才基本建成，整个工程质量较差，遗留和增补工程项目一直不断。而且，与二汽一样，陕西汽车制造厂也采取了"边设计、边施工、边安装、边生产"以及"先生产后生活"的做法，并强行推广了一些不成熟的

① 见徐仁根主编:《中国发展全书:重汽集团卷》,第10—11页。

"先进结构",结果造成一些难以弥补的损失。[1]直到1978年3月14日,一机部才正式批准陕西汽车制造厂验收投产。因此,在本篇的研究时段范围内,陕西汽车制造厂可谓一直处在创建过程中,甚至还谈不上初期的发展。

综上所述,在中国汽车工业发展的早期阶段,重型汽车的生产形成济南、重庆与宝鸡这三个分散开来的基地。大体来说,济南汽车制造厂对于重型汽车的生产,走的是一条与南京、北京、上海等地汽车工业相同的本土渐进演化型道路,是在"大跃进"的鼓动下由地方的汽车修配业升级为整车制造业。与之不同的是,重庆与陕西的重型汽车制造基地是由中央投资建设的,因此都具有苏式体系本土化模式的色彩。只不过,重庆重型汽车厂的产品主要是从法国直接引进的,而且也利用了重庆本地已有的汽车修配业基础,陕西汽车制造厂则与二汽相似,系由国内老厂包建,在产品方面进行了自主研发。不过,与由一汽包建的二汽不同的是,陕西汽车制造厂的主要包建厂北汽并非由苏式体系衍生而来,所以这又使陕西汽车制造厂多了一层本土渐进演化模式的底色。因此,中国的重型汽车生产基地的形成,实际上体现了几种主要发展模式的相互交融与渗透。不过,由于各重型汽车生产基地彼此在地域上相隔甚远,这对于中国重型汽车工业日后的整合与发展是不利的。

小　结

中国汽车工业的产业集中度不高是一直被各方所诟病的,这一集中度不高实际上就是一种散布型的地理分布格局。然而,中国汽车工业的散布型格局并非始于改革开放后,而是从20世纪50年代末就开始形成。在"大跃进"时期,国家提出了"遍地开花"的汽车工业发展政策,而"遍地开花"这个词可以说是最生动、最传神地描述了中国汽车工业的散布型格局。而且,除了"大跃进"时期外,在改革开放前,中国汽车工业还有一次"三五"时期的"遍地开花"。从程度上看,第二次"遍地开花"要比第一次"遍地开花"结出了更多的果实。只可惜,这些果实不仅仅是"硕果",也包含着"苦

① 见《中国汽车工业史(1901—1990)》,第124页。

果”——可以说，今天中国汽车工业的产业集中度不高，与该产业发展早期的“遍地开花”有着直接的因果关系。

其实，中国是一个地域辽阔的大国，靠举国投资建设一汽、二汽等一两个大厂显然远远不能满足各地交通运输、经济建设对于汽车的需求，这是中国汽车工业“遍地开花”出现的一个客观原因。而且，客观地来看历史，我们会发现中国有不少汽车生产基地崛起于“大跃进”时期，包括上海、南京、北京等地，这些城市的汽车修理业或者汽车配件制造业转向整车制造业，几乎都是被“大跃进”的政治热潮推动的结果。而这些城市汽车修配业升级的实现，都离不开第四章中曾重点剖析过的“土洋结合”的技术路径。进一步说，中国汽车工业在其早期发展阶段，是以本土渐进演化模式为主流的。这一点，也与中国工业底子薄的国情相符合，遵循了经济学上的比较优势原则。

不过，正如我们在第四章中已经分析过的那样，依赖“土洋结合”的本土渐进演化模式只能取得不完全成功，具有过渡性质，但能否真正完成向现代汽车制造的过渡是高度不确定性的。至少，从中国汽车工业的早期发展历史来看，尚缺乏真正完全成功的案例。此外，即使依靠“土洋结合”的方法升级产业，能够成功发展出整车制造的地区也只是上海、南京等少数工业基础本身较好的地区，类似云南那样底子薄的地区，就算发展出了汽车制造业，也是缺乏规模经济的，因而长期亏损严重。这也正是“遍地开花”的散布型格局制约中国汽车工业发展的重要表现。因此，我们可以说，对中国这个大国来说，汽车工业从少数地区的扩散是势所必然，但是，当这种扩散违反规模经济原则以“遍地开花”的形式呈现出来后，对中国汽车工业的长远发展就绝非福音了。

结论　中国汽车工业早期发展的启示

本篇回顾了从1920年到1978年的中国汽车工业的早期发展历程，总结了改革开放前中国汽车工业所演化出的三种主要的发展模式，并分析了中国汽车工业散布型格局的形成，而这一切历史的演变，都影响到此后中国汽车工业的发展路径，并且对今天不无启示。在本篇的最后，拟对1920年至1978年中国汽车工业的早期发展作一番归纳总结，谈一谈历史对于现实的可能性的启发。

一、国家嵌入产业的演化路径

回顾中国汽车工业的早期发展史，我们可以发现一条明显的国家嵌入产业的演化路径。实际上，这可以说是贯穿1920年至1978年间中国汽车工业发展史的一条主线，直到今天也仍然以某种方式继续存在着。一些研究者认为，国家嵌入产业有助于后发展国家新兴产业的成长，证诸中国汽车工业的早期演化，这一结论可以成立。但是，相关研究者未能指出的是，国家嵌入产业的具体方式与程度不同，产生的演化结果也可能不同，其绩效则不仅是正面的，也可能是负面的。

汽车工业属于机械工业内部的一个行业，因此，与中国机械工业相同的是，中国汽车工业在近代萌芽时也存在着国家引导和市场诱发两条路径。不过，在近代中国机械工业各行业中，汽车工业的发展水平尤其低。检索历史，我们会发现近代中国投身汽车制造的民营企业屈指可数，较突出者仅试制汽车发动机的新中工程公司一家而已，大量民营企业分布于汽车修理及汽车配件制造行业中。然而，即使在汽车修理业与配件制造业中，我们也会发现官办企业或国营企业更具规模。民营企业的参与程度在某种意义上是一个行业市场化程度的标杆，由此可见，近代中国汽车工业受市场激励的程度是很小的。究其原因，汽车属于技术复杂的高端机械产品，后发展国家如中国缺乏技术，要发展此种产业十分困难，加上近代中国可以自由地从国外进口技术水准更高因而更有市场销路的汽车，本国企业从事汽车制造的动机自然会被抑制。这样一来，中国汽车工业在1949年之前的欠发展，与整个机械工业的欠发展一样，受困于市场比较优势对后进国家幼稚产业的束缚。只不过，在机械工业各门类中，汽车工业将这一困境诠释得更加彻底罢了。同时，1949年前，即使在本就相对低端的中国汽车零配件业中，技术上更为低端的修理业也比层次稍高的制造业更加繁荣，这又印证了自由市场会导致后发展国家的高端产业趋于低端化的推论。从这个意义上说，近代中国汽车工业发展进程中实质上的欠发展，确实是“战略性工业化”理论的又一例证。①当然，无论是奉系军阀对汽车制造的投入，还是国民政府兴办汽车工业的计划，都可以视为国家或政府在市场束缚情形下对产业的嵌入，是国家权力克服广义“市场失灵”的尝试。可惜的是，在近代中国，由于政府自身问题丛生，国家对于汽车工业的嵌入整体而言是失败的。

然则，还是根据“战略性工业化”理论，我们可以很自然地推论，在1949年后，随着新政权国家能力的强化，国家将更有效地嵌入汽车工业，并推动产业发展。事实亦正是如此。1949年后，在计划经济体制下，国家全面嵌入经济，汽车工业自不能例外。而且，以新中国成立初期中国汽车工业主流的发展模式苏式体系移植模式来说，更是非举国之力不能成功。一方面，完整地从苏联复制一个汽车制造厂，即使在今天，类似的大交易一般也需要国家出面，在当时的中国，则更是私人资本不可想望的大手笔；另一方面，以极短的时间在几乎毫无基础的城市建成一汽这样的大厂，需要调动整个中国的人力、物力，也只能由国家来组织协调。因此，一汽的建设是国家嵌入汽车工业的典型。而二汽的建设，在某种程度上又是对一汽的

① 见严鹏：《战略性工业化的曲折展开：中国机械工业的演化(1900—1957)》，华中师范大学2013年博士学位论文。

复制，也少不了国家的主导。至于上海等地的渐进演化模式，具有更多本土色彩，但也不是在市场环境下演化的，而是由地方政府充当了企业的创办者和管理者。不可否认的是，正是有了国家的强力介入，中国才在短时期内几乎从无到有地建立起了一个汽车工业体系，而不是仅有零星的厂家。自然，同样是国家嵌入产业的演化路径，1949 年之前后绩效不同，取决于国家组织及国家能力的不同。

但是，与"战略性工业化"理论不同的是，本篇不仅看到国家嵌入产业的积极面，亦看到其消极面，而这种消极面，主要是国家嵌入产业的方式与程度带来的。如果说 1949 年之前国家嵌入汽车工业的失败，主要症结在于嵌入程度较浅，缺乏实质性的调动资源能力，那么，1949 年后的问题则在于嵌入程度过深。在计划经济体制下，国家取代了市场，这固然从理论上消解了市场比较优势对新兴幼稚产业的桎梏，但也连带丧失了市场调配资源的灵活性与创造性。更重要的是，国家对市场的取代并不意味着比较优势瓶颈自动地消解，只不过，国家有了顺应还是超越比较优势的更大的决定权而已。在国家全面嵌入经济的情形下，国家通过资源的投向，既可以扶持某个行业打破比较优势的束缚，也可以听任某个行业继续受制于比较优势。换言之，产业是否能迈上赶超式发展之路，取决于国家的重视程度和资源倾注力度，也就是取决于具体的产业政策。因此，国家嵌入产业并不必然意味着赶超路径或者"战略性工业化"的生成，相反，国家即使嵌入产业，也完全可能采取遵循比较优势的发展路径。以中国汽车工业来说，在新中国成立之初，就一汽的建设方式而言，国家确实采取了赶超策略，但是，整体上来看，1978 年之前中国政府对汽车工业还是施行了比较优势战略。

二、 以技术引进为主导的发展

当前，围绕中国汽车工业发展问题的一个重要争论是，中国汽车工业究竟应该继续延续目前主流的合资模式，还是走自主创新之路？在这一争论之中，不少论者以改革开放前的中国汽车工业在"自力更生"下的低效为论据，认为中国汽车工业只有高度开放尤其是引入外资才能获得发展。然而，本篇已经表明，这种观点存在着对于历史的误读。实际上，中国汽车工业从20世纪20年代开始，就一直走的是一条以技术引进为主导的发展路线，即使在20世纪60年代中国汽车工业依靠自力更生求发展的最为“封闭”的时期，也没有完全切断技术引进的渠道，更何况那时中国汽车工业与外部世界切断联系乃迫不得已，并不完全是中国人尤其是汽车工业工程技术人员的本意。从某种意义上说，对外开放从中国汽车工业诞生之日起就是该产业的“基因”之一，人为地去制造对外开放与自力更生（自主创新）的对立，无助于中国汽车工业的崛起。

对于中国这个工业上的后发展国家来说，汽车是纯粹的舶来品，汽车制造技术也不得不从国外引进，这一基本事实就决定了自诞生之日起，在相当长的时间内，中国汽车工业都只能先从外部引进技术，然后通过消化技术求得自主发展。我们可以看到，20世纪20年代东北军阀开始制造汽车时，就采取了仿制的路径，而且其制造活动在很大程度上就是对进口零件的组装。后来南京国民政府也有过与跨国公司创办合资企业发展汽车工业的方案，而其方案的内核与今天中国汽车工业的合资模式是十分接近的。尽管出于经济民族主义与国家安全的考虑，国民政府对于与外资合作多少是心有不甘的，民国工程界人士也有不少人对引入外资持怀疑和警惕态度，但是，当时的中国发展汽车工业的起点太低，不引进技术绝无可能，而外资的引入和技术的引进往往很难切割。故而，中国汽车工业作为一个后发展国家的新兴产业，想不采取某种程度的开放性的姿态都是不可能的。只不过，近代中国政治动荡，政府和工程界即使有各种计划和构想，最终也很难付诸实践，故直到新中国成立前，中国也只存在一定的汽车修理业和汽车配件制造业，以及少量的汽车组装厂，而缺乏严格意义上的汽车制造企业。

新中国成立后，中国的汽车工业有了实质性发展，并分化为三种发展模式：苏式体系移植模式，苏式体系本土化模式，以及本土渐进演化模式。在这三种模式中，从企业数量上看，本土渐进演化模式无疑占有最主要的地位，但从左右产业演化路径的角度看，以技术引进为内涵的苏式体系移植模式才具有决定性的意义。尽管苏式体系移植模式只是片面地对苏联与其他社会主义国家一边倒地开放，但我们不能否定其开放性，而且要看到当时的片面开放是因为受到了西方资本主义国家集团的敌视与封锁，在很大程度上乃不得已而为之。实际上，如前文所述，只要一有机会，哪怕是在“文革”时期，中国也会主动从西方资本主义国家引进汽车制造的先进技术。因此，具有开放性色彩的苏式体系移植模式对中国汽车工业的发展意义重大：一方面，苏式体系本土化模式是直接从苏式体系移植模式衍生出来的，另一方面，苏式体系移植模式又对本土渐进演化模式有着不可或缺的重要影响。本土渐进演化模式的特色即在于旧中国已经存在的汽车修理厂和汽车配件制造厂升级成为汽车制造厂，而这一升级往往在两个方面依赖苏式体系移植模式：首先，本土汽车修配业选择仿制的汽车车型往往要么是由苏联直接提供的，要么是由仿制苏联车型的一汽提供的，这使得本土旧有汽车修配业在技术上仍然进入了苏式体系的轨道。其次，在工厂设计、产品设计以及产品试制过程中，本土汽车修造业也往往利用了苏联式技术解决关键问题，而这些苏联式技术除了直接从苏联引进外，在很大程度上靠的是一汽的技术扩散。因此，可以说，苏式体系移植模式推动了本土渐进演化模式的发展。这就充分说明了在改革开放前，中国汽车工业发展实际上建立在技术引进的基础上，是一种以技术引进为主导的发展。

此外，尽管以二汽为代表的苏式体系本土化模式更能体现中国汽车工业早期发展过程中的“自力更生”，但这种自力更生也不意味着完全封闭。一方面，二汽的部分关键设备实际上还是从国外进口的，而且是从资本主义国家进口的，这充分体现了当时中国领导人的务实性；另一方面，二汽虽然是中国人自主设计并创建的，但它主要是由一汽“包建”的，这就使得它在很大程度上还是按苏式体系复制的。实际上，追根溯源，如果不是因为客观困难导致的提前下马，二汽本来也会采取苏式体系移植模式，这种模式才是建国初期中共中央领导人所最青睐的。进一步说，在苏式体系本土化模式的萌芽期，也就是自主设计重庆重型汽车厂时期，该厂主打产品的原型却是从资本主义国家法国引进的，这说明自力更生也不等于排外。可以说，中国汽车工业早期发展的三种模式，全部都具有技术引进这一基本要素，只是程度有深有浅罢了。

因此，将自力更生视为对外开放的对立面有失偏颇，将自力更生视为技术引进的对立面更是对中国汽车工业发展史的误读。进一步说，中国汽车工业在自力更生时期的发展的低效，抛开“文革”等政治冲击不说，最主要的原因反而与对技术引进的依赖有着直接关系。所谓发展的低效，体现在产品研发上，用行业内流行的话语说，就是一汽等大厂的“几十年一贯制”，而所谓“几十年一贯制”，是指一汽等企业在建国初期引进了苏联的基本车型后，直到改革开放前基本上没有大的改进。但是，这种“几十年一贯制”不是自力更生造成的，而是计划经济体制的僵化造成的，而且恰恰源于一种对引进技术的依赖心理。用陈祖涛的话说，中国汽车工业的“几十年一贯制”的问题“是从娘胎里带来的”，是因为“苏联的汽车厂都没有研发机构”，所以“他们在援建我们的时候，也是按照他们的模式来给我们建设”，现代化的产品研发机制“并不是说他们有不给我们，他们自己也没有”①。中国汽车工业的问题就在于，自从一汽移植了这一套研发能力相对欠缺的苏式体系后，在相当长的时间内对这套体系缺乏实质性的突破，而由于缺乏市场经济体制下的竞争压力，企业也很难从内部突破这套体系。尽管一些地方性汽车工业基地采取了“土洋结合”的路径，想走中国自己的道路，但如前文所述，这些地方性汽车工业基地所体现的本土渐进演化模式与一汽所代表的苏式体系移植模式相比，只能居于从属地位，故对于整个产业的发展不具有决定性意义。况且，大多数情况下的“土洋结合”只能解决从修配到制造的问题，离现代先进生产技术的距离比苏式体系更为遥远。因此，一方面是苏式体系移植模式很难从内部突破，一方面这种模式在中国汽车工业早期发展史上又占有支配性地位，故而整个中国汽车工业在改革开放前也就很难摆脱对于苏联技术轨道的依赖，难以追赶世界汽车工业发展的先进水平。

综上所述，中国汽车工业自诞生之日起，直到改革开放前，一直以技术引进为其发展的基本内涵，即使在特殊时期曾经对外“封闭”，也属于迫不得已而为之，并且从未严格意义上完全“封闭”过。进一步说，我们真正应

① 陈祖涛口述，欧阳敏撰写：《我的汽车生涯》，第 91 页。

该检讨的，恰恰不是被封锁环境下的自力更生，而是计划经济体制下对于技术引进的依赖。而且，如果我们真正具有历史感，就会发现从20世纪20年代中国汽车工业萌芽之初，一直到新中国成立初期汽车制造业的真正建立，乃至于“三线”建设时期创立重型汽车厂，从国外引进技术从来都是中国人发展汽车工业最基本的手段之一，这就使得我们对于中国汽车工业在改革开放后迅速转向合资模式不会觉得那么突兀。实际上，合资模式与苏式体系移植模式在形式上有相似之处，在内核上更有相通之处，这种历史结构的延续性是我们必须正视的，也有待于经济史研究者今后更深入的探讨。

三、比较优势战略而非赶超道路

一般认为，中国的汽车工业在计划经济时代走了一条赶超道路，超越了资源的限制，因此绩效不佳，直到改革开放后选择合资模式，才符合了资源禀赋的比较优势，从而获得了真正的大发展。但是，这也是一种对历史的误读。实际上，在前文中，笔者就已经反复强调，与同时期的日韩相比，中国的汽车工业与其说走了一条赶超道路，不如说整体上还是遵循了比较优势，而这也正是中国汽车工业在早期发展阶段不能如日韩那样崛起的重要原因。

应该说，自从新中国成立后，就通过优先发展重工业而走了一条赶超型工业化道路，如果我们把汽车工业算作重工业的一种，那新中国汽车工业的发展当然也属于赶超型。更何况自“大跃进”以后，尤其在“文革”时期，中国发展汽车工业的过程中也确实提出了鲜明的赶超口号，这一点，在第三章论述二汽的创建时，我们可以看得很清楚。从这些层面来看，中国汽车工业在计划经济时代走的是赶超道路似乎是没有疑义的。然而，只要我们对历史的细节给予更多的关注，并真正进行理论上的分析，就会发现中国汽车工业在其发展的早期阶段，不仅没有实质性地进行赶超，反而采取了事实上的比较优势战略，而这一点又可以分为微观和宏观两个层面。

首先，在微观的技术层面上，中国汽车工业在计划经济时代普遍采取了“土洋结合”的技术路径，而这一路径更强调的是“土方法”，是为了迎合资源禀赋的比较优势，与现代化的汽车制造技术并不相合，也就难以谈什么赶超了。什么是比较优势战略呢？就是一国经济的发展要和它的资源结构相符合，选择“适用技术”而不是一味地追求“先进技术”。在新中国成立初期，中国的资源结构对于发展汽车工业是非常不利的，尤其因为基础工业的落后而导致汽车制造材料的匮乏，最基本的钢铁等金属材料都供不应求，因此，发展汽车工业从整体资源构成角度看确实是缺乏比较优势的。但是，面对相同资源结构的日本和韩国，在执意发展汽车工业的同时，也大力发展现代金属冶炼工业，实实在在地进行着赶超，中国则寻求“两条腿走路”，一方面发展现代钢铁工业，一方面也试图通过一些“土办法”解决资源困境。而这些“土办法”，不是赶超式地追求现代金属冶炼工业技术，而是在非金属资源中寻求对于金属材料的替代品。例如，在“大跃进”时期，以“土洋结合”之名，中国甚至出现了用木材、竹子等材料代替钢铁材料造汽车的事例。于是，很明显的是，面对金属材料的匮乏，假如进一步寻求先进的金属材料，那就是超越资源比较优势的赶超；假如干脆放弃金属材料，而选择相对更为丰富的木头、竹子等材料替代金属材料，这就契合了资源的比较优势。所以，采取“土洋结合”技术路径的中国汽车工业更倾向于什么战略就不言而喻了。抛开“大跃进”时期的违反科学规律的荒唐做法不说，从20世纪50年代末期开始，中国汽车工业就一直在尝试选择“适用技术”而非仅仅追求“先进技术”，这实际上正是资源禀赋比较优势对汽车工业技术路径的塑造。反过来，从汽车工业的角度说，也正是采取了遵循比较优势的技术战略。因此，在微观的技术层面，中国汽车工业在计划经济时期一直在探索契合本国资源禀赋结构的道路，而不是如日韩那样以引进最先进技术来追赶国际前沿。实际上，假如中国汽车工业没有探索这样一条符合资源禀赋比较优势的道路，“遍地开花”也是不可能实现的。

其次，更为重要的是，在宏观的发展方向层面，中国汽车工业自诞生之初就一直遵循着中国的资源比较优势在发展，并未从根本上偏离国情。从世界范围来看，后发展国家在发展汽车工业之初，都是侧重于发展卡车而非轿车的，这是因为卡车具有满足货物运输的经济功能与满足军事运输的国防功能，而轿车更多的是上层社会的代步工具，对社会普遍贫穷的后发展国家来说，是十足的奢侈品。因此，无论是俄罗斯（以及后来的苏联），还是日本、韩国，在发展汽车工业的早期都是先大规模造卡车而后才造轿车的，这一发展方向也是符合后发展国家的比较优势的。作为后发展国家的一员，中国也不例外。我们可以看到，民国时期中国工程界对于发展自主汽车工业的鼓吹与设想，主要是基于卡车而非轿车，即使是各级政府和部分民营企业试造汽车的活动，主要也是制造卡车、三轮汽车和公交车等，而不是制造轿车。新中国成立后更不必说，一汽、二汽这两个现代化大车企在其早期发展阶段主要制造卡车、越野军车，地方上各个层次的汽车企业如南汽、北汽、云南汽车厂等主要也是制造载货汽车和越野车。一汽虽然研发了红旗牌高级轿车，但该车型是产量极为有限的奢侈品。上海汽车工业虽然制造的是普通轿车，而且产量相对而言较大，但在计划经济时期的中国，这些轿车主要也是供领导干部乘坐，进入不了寻常百姓家，况且，如果与国际上的大车企相比较，上海汽车工业的轿车产量也可以说是微不足道的。凡此种种，都说明中国的汽车工业自诞生时期开始，直到改革开放前，在发展方向上都遵循了人多地少、经济发展落后的比较优势，以满足货物运输和军事运输为首要功能。然而，轿车才是汽车工业的皇冠，只有发展作为大宗消费品的轿车，一国汽车工业才有可能真正崛起，而这正是努力制造国民轿车的日韩所走的道路。如果说在早期阶段就开始倾注力量制造普通轿车的日韩才真正超越了资源结构的束缚，走了一条赶超道路，那么，中国汽车工业在其发展的早期阶段专注于制造更符合资源结构的卡车、越野车，也就只能说是选择了比较优势战略了。而两种战略所带来的不同的结果，我们已经可以看得很清楚了。

综上所述，在中国汽车工业发展的早期阶段，并没有如日韩那样以制造普通轿车为核心走一条赶超道路，而是选择了发展卡车与军车的更加符合资源比较优势的战略。当然，之所以会出现这种差异，在很大程度上，是因为中国长期实行计划经济体制，优先满足的是生产建设和国防建设需要，普通居民的个人消费受到压抑，乘坐轿车甚至被视为资产阶级腐朽风气而受到批判，在这种体制与氛围下，普通轿车制造自然无从谈起，由此带来的，当然是整个汽车工业的低层次发展了。因此，当我们今天仍然在争论中国汽车工业的战略选择时，我们要看到仅仅满足当下资源结构的比较优势战略，很可能隐藏着拖累产业长期发展的陷阱。

四、以史为鉴

研究历史可以对现实带来启示，以史为鉴，我们才能更好地眺望未来。从20世纪20年代中国汽车工业的萌芽开始，直到1978年改革开放前，中国汽车工业走过的风雨历程，有成功，也有失败，但放在世界范围来看，总的来说是不够成功的。纵向上比较，我国的汽车工业确实不断在进步着，尤其是经历了从无到有的突破；但是，横向上比较，改革开放前，中国的汽车工业却始终未能赶超世界先进，甚至被一度比我们落后的韩国赶超，因此，即使从纵向上看，我国的汽车工业长期以来也只是实现了从无到有，而未能实现从小到大。今天，中国汽车工业的规模在世界上已经首屈一指，但是还没有实现从大到强，而这一点也是和中国汽车工业早期的欠发展有直接关系的。

那么，我们能从历史中得到什么启示呢？首先，中国汽车工业要想从大到强，就必须摆脱对技术引进的过度依赖，切实地从事自主创新。在过去，技术引进使中国汽车工业实现了从无到有的突破，改革开放后的合资模式更使中国汽车工业实现了由小到大，但是，因为缺乏自主掌握的核心技术，中国汽车工业目前大而不强。在中国汽车工业发展的早期阶段，该产业就过分依赖从国外引进车型加以仿制，这与当前的合资模式在产品研发上是非常接近的，也就导致了创新能力的低下。其次，中国汽车工业在早期发展阶段过分遵循资源结构的比较优势，在发展方向上缺乏前瞻性，只将汽车视为生产资料和国防装备，这固然与当时中国的国情相符合，但却无法发挥汽车作为大宗消费品工业带动经济发展的功能，产业自身亦无从升级。反观东邻日韩，却超越了国情的限制走了一条赶超道路，成功转型成为汽车工业强国。今天，世界汽车工业在“第三次工业革命”的冲击下，正掀起新能源汽车发展的浪潮，这正是中国汽车工业实现“弯道超车”的战略机遇期，在这样一种新形势下，如果我们还是囿于比较优势战略的成见，恐怕又会重蹈中国汽车工业早期发展不成功的覆辙。这些，大概就是历史留给现实的教益吧。

参考文献

一、档案

重工业部:《汽车工业建设计划草案》,1950 年,北京市档案馆藏档 002-026-00039。

商学研究室:《吾国现在及战后亟宜与美国福特汽车公司合办汽车工厂之建议》,1945 年,上海市档案馆藏档 Q453-1-143。

中国农业机械公司文件,1945 年,上海市档案馆藏档 Q453-1-193。

上海汽车制造厂革命委员会:《2 吨载重汽车年产万台方案》,1969 年,上海市档案馆藏档 G18-1-19。

《上海市动力机械制造公司大搞简易机床的情况》,1958 年 12 月 15 日,上海市档案馆藏档 B116-1-37。

《上海 58 Ⅰ型及Ⅱ型三轮汽车技术任务书》,上海市档案馆藏档 B116-1-11。

《上海 58-Ⅰ型三轮汽车说明书》,1958 年 4 月 25 日,上海市档案馆藏档 B116-1-11。

《上海 58-Ⅰ型三轮汽车在经济上的效果》,上海市档案馆藏档 B116-1-11。

《关于上海市三轮卡生产规划调整的意见(草案)》,1963 年 1 月 11 日,上海市档案馆藏档 B116-1-164。

《苏联专家彼得连科关于凤凰轿车生产建议》,1959 年 5 月 11 日,上海市档案馆藏档 B116-1-49。

《凤凰牌轿车试制规划》,1963 年,上海市档案馆藏档 B116-1-163。

《呈报修正凤凰牌轿车试制计划附件》,1963 年 7 月 21 日,上海市档案馆藏档 B116-1-163。

《〔63〕沪经计马工二字第 1217 号文》，1963 年 8 月 23 日，上海市档案馆藏档 B116-1-163。

《“凤凰”轿车 64 年试制规划（草案）》，1964 年 1 月 26 日，上海市档案馆藏档 B116-1-191。

《年产凤凰轿车 1 000 辆的规划方案》，1964 年，上海市档案馆藏档 B116-1-191。

《1965 年凤凰轿车措施方案》，1964 年 9 月，上海市档案馆藏档 B116-1-254。

杨寿标：《上海市电车制造业调查报告》，1931 年，上海社会科学院藏中国经济统计研究所档案 04-070。

二、企业史志

一汽史志编纂室：《第一汽车制造厂厂志（1950—1986）》，吉林科学技术出版社 1991 年版。

东风汽车公司史志办公室：《第二汽车制造厂志（1969—1983）》，东风汽车公司史志办公室 2001 年印。

南京汽车制造厂：《南汽厂志（1947—1985）》，南京汽车制造厂 1985 年印。

本书编纂委员会：《上海汽车工业志》，上海社会科学院出版社 1999 年版。

北京市地方志编纂委员会：《北京志・汽车工业志・机车车辆工业志》，北京出版社 2003 年版。

本书编审委员会：《中国汽车工业史（1901—1990）》，人民交通出版社 1996 年版。

本书编委会：《中国轻型汽车工业史（1949—1989）》，机械工业出版社 1995 年版。

本书编审委员会：《中国汽车工业专业史（1901—1990）》，人民交通出版社 1996 年版。

本书编审委员会:《中国汽车工业质量史(1950—1991)》,吉林科学技术出版社1995年版。

本书编委会:《中国汽车发动机工业史》,吉林科学技术出版社1996年版。

汉阳专用汽车研究所:《中国专用汽车工业史》,汉阳专用汽车研究所1994年印。

徐仁根主编:《中国发展全书:重汽集团卷》,红旗出版社1997年版。

云南省汽车工业行业办公室:《云南汽车工业史》,云南人民出版社1995年版。

本书编委会:《上海汽车工业史(1901—1990)》,上海人民出版社1992年版。

三、资料汇编与内部资料

中国第二历史档案馆编:《中华民国史档案资料汇编》第5辑第1编"财政经济"(五),江苏古籍出版社1994年版。

曾赛丰、曹有鹏编:《湖南民国经济史料选刊》,湖南人民出版社2009年版。

上海市工商行政管理局等:《上海民族机器工业》,中华书局1979年版。

中共中央文献研究室编:《建国以来重要文献选编》,中央文献出版社2011年版。

第一汽车制造厂热处理车间:《班产250总结》,1959年5月印。

王英烈:《以党的基本路线为纲狠抓企业管理,提高产品质量》,第一汽车制造厂1972年印。

中共第一汽车制造厂越野车分厂委员会:《搞好工艺整顿,提高产品质量》,第一汽车制造厂1972年印。

汽车工厂设计处工艺室整理:《第一汽车厂历年资料汇集》,第一汽车制造厂1975年印。

中国第一汽车集团公司技术中心史志编纂室编:《研发者的足迹》,中国第一汽车集团公司技术中心史志编纂室2005年印。

中国人民大学工业经济系:《北京工业史料》,北京出版社1960年版。

四、近代报刊

《申报》、《东方杂志》、《交大季刊》、《工业中心》、《国论》、《交通建设》、《经济建设季刊》、《新中华》、《中国工业》、《汽车世界》、《世界交通月刊》、《国立清华大学工程学报》、《科学与技术》。

五、著作

路风,封凯栋:《发展我国自主知识产权汽车工业的政策选择》,北京大学出版社2005年版。

路风:《走向自主创新:寻求中国力量的源泉》,广西师范大学出版社2006年版。

唐杰等:《中国汽车产业自主创新战略》,科学出版社2009年版。

张柏春访问整理:《民国时期机电技术》,湖南教育出版社2009年版。

刘志迎等:《中国轿车产业发展——基于产业组织理论的研究》,合肥工业大学出版社2005年版。

张柏春等:《苏联技术向中国的转移(1949—1966)》,山东教育出版社2004年版。

贾新光:《被世界改变的机器:金融风暴下的全球汽车工业重构》,机械工业出版社2009年版。

山崎修嗣编:《中国汽车产业》,李东军等译,中国商业出版社2010年版。

《汽车商业评论》杂志:《盛世危局——中国汽车产业的关键时刻》,科学出版社2011年版。

林毅夫等:《中国的奇迹:发展战略与经济改革》,上海三联书店1999年版。

张占斌:《比较优势:中国汽车产业的政策、模式、战略》,清华大学出版社2004年版。

贾新光:《大洗牌:中国汽车谁主沉浮》,机械工业出版社 2010 年版。

林毅夫:《新结构经济学:反思经济发展与政策的理论框架》,苏剑译,北京大学出版社 2012 年版。

迈克尔·波特:《国家竞争优势》,李明轩等译,华夏出版社 2002 年版。

克利斯·弗里曼、罗克·苏特:《工业创新经济学》,华宏勋等译,北京大学出版社 2004 年版。

金麟洙:《从模仿到创新——韩国技术学习的动力》,刘小梅等译,新华出版社 1998 年版。

金麟洙编:《技术、学习与创新——来自新兴工业化经济体的经验》,吴金希等译,知识产权出版社 2011 年版。

《孙中山选集》,人民出版社 1981 年版。

黄叔培:《自动车工程》,商务印书馆 1937 年版。

陈家彬主编:《孟少农纪念文集》,吉林科学技术出版社 2005 年版。

朱天飚:《比较政治经济学》,北京大学出版社 2006 年版。

钟敬文主编:《中国民俗史》(民国卷),人民出版社 2008 年版。

余少川:《中国机械工业的拓荒者王守竞》,云南大学出版社 1999 年版。

军训部:《汽车构造概论讲义》,陆军机械化学校印刷所 1941 年印。

朱羲农、朱保训编纂:《湖南实业志》,湖南人民出版社 2008 年版。

欧阳昌宇编著:《乌鸦洞的奇迹》,贵州人民出版社 1999 年版。

陈祖涛口述,欧阳敏撰写:《我的汽车生涯》,人民出版社 2005 年版。

全国政协文史和学习委员会编:《一汽创建发展历程》,中国文史出版社 2007 年版。

王亚志回忆,沈志华、李丹慧整理:《彭德怀军事参谋的回忆:1950 年代中苏军事关系见证》,复旦大学出版社 2009 年版。

刘人伟:《永恒的记忆——苏联专家基列夫的中国情结》,世界知识出版社 2010 年版。

沈志华:《苏联专家在中国(1948—1960)》,新华出版社 2009 年版。

中国第一汽车集团公司编:《风华正茂的岁月:在莫斯科李哈乔夫汽车厂实习的日子》,人民出版社 2002 年版。

萧功秦:《中国的大转型:从发展政治学看中国变革》,新星出版社2008年版。

佐藤正明:《丰田领导者》,王茁等译,清华大学出版社2010年版。

大野耐一:《丰田生产方式》,谢克俭等译,中国铁道出版社2006年版。

黄正夏口述,欧阳敏撰写:《艰难历程——黄正夏采访实录》,新华出版社2007年版。

黄灏、蓝云:《行止录》,作者2004年自印。

彭南生:《传承与变动:近代转型时期的城乡经济与社会》,湖北人民出版社2008年版。

第一机械工业部第六局:《土洋结合组织成批量大量生产高速度发展汽车工业》,机械工业出版社1959年版。

政协上海市委员会文史资料委员会等编:《上海汽车工业五十年(1955—2005)》上卷,上海市政协文史资料编辑部2008年印。

倪桂祥、渠云雷:《从"黄河"到斯太尔》,山东人民出版社2006年版。

Eric Harwit: *China's Automobile Industry: Policies, Problems, and Prospects*, New York: M.E.Sharpe, Inc., 1995.

Eric Thun: *Changing Lanes in China: Foreign Direct Investment, Local Governments, and Auto Sector Development*, New York: Cambridge University Press, 2008.

Gregory T. Chin: *China's Automotive Modernization: The Party-State and Multinational Corporations*, Hampshire: Palgrave Macmillan, 2010.

G. E. Anderson: *Designated Drivers: How China Plans to Dominate the Global Auto Industry*, Singapore: John Wiley & Sons Singapore Pte. Ltd., 2012.

六、论文

关晓武:《国民政府时期的汽车制造与研究》,《内蒙古师范大学学报》(自然科学汉文版)2006年第4期。

张柏春:《上海新中工程公司仿制汽车发动机技术的初步考察》,《中国科技史料》1991年第4期。

李永钧:《中国汽车工业50年回顾(一)》,《上海汽车》2003年第5期。

董志凯:《优先发展重工业是新中国的必然选择》,《高校理论战线》2009年第10期。

武力:《中国工业化道路选择的历史分析》,《教学与研究》2004年第4期。

黄叔培:《世界自动车事业概观》,《交大季刊》1933年第12期。

伍无畏:《中国汽车工业概况及其自给计划》,《工业中心》1934年第5期。

柳克聪:《国防中之汽车制造问题》,《国论》1936年第1期。

王树芳:《目前汽车配件之制造与发展战后自动车工业之计划》,《交通建设》1943年第3期。

王树芳:《战后之汽车制造工业》,《经济建设季刊》1943年第4期。

王树芳:《我国之汽车工业》,《新中华》1944年第8期。

何乃民:《汽车工业十年计划续论》,《东方杂志》1943年第20号。

胡乾善:《建树我国汽车工业刍议》,《中国工业》1945年第31期。

龚学遂、柳克聪:《建立我国汽车工业刍议》,《世界交通月刊》1948年第12期。

孟庆基:《建立中国汽车工业的初步计划》,《国立清华大学工程学报》1948年第1期。

沈忱:《汽车和民生》,《汽车世界》1949年第4期。

史久荣:《中国公路行驶车辆之需要与资源牌货车之设计及其成绩》,《资源委员会公报》1941年第1卷第3期。

佚名:《中央汽车配件制造厂近讯》,《科学与技术》1943年第1期。

朱云河、张太原:《技术革命与超英赶美——毛泽东所理解的技术革命及其发动原因》,《史学月刊》2012年第10期。

严鹏:《抗战前江南机械制造业对农村经济的辐射——以农灌溉为例》,《民国档案》2011年第3期。

严鹏:《战略性工业化的曲折展开:中国机械工业的演化(1900—1957)》,华中师范大学2013年博士学位论文。

下　篇

中国汽车工业的成长

——以轿车行业为中心

（1978—2008 年）

绪论　市场、国家与产业发展

汽车工业是现代社会最重要的工业部门之一。经济学家罗斯托将现代经济增长划分为五个阶段:传统社会—起飞前提条件—起飞—走向成熟—大众高消费阶段,其中,大众高消费阶段的特点是“资源越来越倾向于被引导到耐用消费品的生产和大众化服务的普及”,而“在历史上,决定性的因素是便宜的大众化汽车——它对人民生活和社会预期产生了革命性的经济和社会影响”[①]。因此,汽车的普及是现代发达社会的重要标志。在1973年,西欧就实现了汽车的普及化。第二次世界大战结束后,用了不到25年的时间,德国的汽车数从50万辆增加到1 700万辆,法国则从150万辆增加到1 450万辆。而世界第一的美国,其汽车数量当时更是超过了1亿辆。[②]当然,此处所指的汽车主要是指轿车,其普及化指的也是私家车数量的增长。

目前,中国是世界第一的汽车生产大国,也是世界第一的汽车消费大国。汽车工业已经成为中国名副其实的支柱产业之一。然而,中国汽车工业的成长是相当晚近的历史现象,其轿车行业的发展更可以认为是改革开放的产物。在本书的上篇《中国汽车工业的早期发展(1920—1978年)》中,笔者已经探讨了中国汽车工业的萌芽、产生与早期发展情况。在下篇中,笔者拟接续该项研究,进一步探讨1978—2008年中国汽车工业成长的历程,并继续在经济史的研究框架下分析若干理论问题。

---

① 罗斯托:《经济增长的阶段:非共产党宣言》,郭熙保等译,中国社会科学出版社2001年版,第11页。

② 杰弗里·弗里登:《20世纪全球资本主义的兴衰》,杨宇光等译,上海人民出版社2017年版,第259页。

一、学术前史

今天的中国已是世界第一汽车产销大国，汽车工业也成了带动国民经济发展的支柱产业之一。然而，仅仅在30年前，中国的汽车工业规模还小得可怜，更难以想象轿车这一耐用消费品会在国民中大量普及，因此，中国汽车工业的发展可以说是"中国模式"的一个缩影，[①]也因此引发了国际学术界的大量关注。笔者此前研究了中国汽车工业从诞生至改革开放前的发展历程，剖析了产业发展过程中产生的若干模式，可以说是目前对中国汽车工业史尚不多见的整体性研究。然而，必须看到的是，国际学术界早已对中国的汽车工业从历史角度展开过研究，其中若干成果在理论建构上也为人称道，但相关研究亦多探讨的是改革开放后的当代史。为了进一步研究中国汽车工业史，笔者拟对海外研究中国汽车工业史的成果做一梳理。笔者发现，这些成果除纯粹史实介绍性的论著外，都聚焦于产业发展过程中市场与政府的关系，而这种理论兴趣应该是从经济史角度研究中国汽车工业可以采纳的重要视角。

（一）胪列基本事件的官修史书

目前，国内学术界对于中国汽车工业发展史的研究还不多见，相关文献主要为汽车行业自己编纂的官修史志，其中最重要的是《中国汽车工业史(1901—1990)》与《中国汽车工业史(1991—2010)》。

《中国汽车工业史(1901—1990)》于1988年开始提议编纂，由中国汽车工业联合会组织力量编写，到1996年正式出版，是第一部系统反映中国汽车工业发展历程的史书。该书的性质决定了它不可能是一本学术著作，它只是记录了中国汽车工业发展过程中的较为重要的历史事件等。值得注意的是该书对于中国汽车工业发展史的阶段划分，这种阶段划分反映了一定的历史意识。该书将1901—1949年视为一个阶段，即"新中国成立前的汽车业"，此时中国虽然有了一些制造汽车的尝试，但还没有真正意义上的汽车

① 学术界对是否存在"中国模式"、什么是"中国模式"尚存在争议，笔者此处仅表明"中国模式"是海内外学术界探讨的重要话题。相关研究的梳理与学术争议，可参见丁学良：《辩论中国模式》，社会科学文献出版社2011年版。

工业。1950—1965 年为第二阶段，即“中国汽车工业的初创”，其核心内容为第一汽车制造厂（简称一汽）的建设，和南京、上海、北京、济南这 4 个新汽车生产基地的形成。第三个阶段是 1966—1980 年，被称为“中国汽车工业的成长”，重心为第二汽车制造厂（简称二汽）的建设，和川、陕两个军用越野汽车基地的建设，此外，全国不少省市皆组织了汽车生产，如天津、沈阳、武汉等。第四个阶段是 1981—1990 年“中国汽车工业进入全面发展时期”，汽车工业开始贯彻改革开放方针，轿车工业开始起步，其他类型的汽车生产亦蓬勃发展。①这四个阶段的划分，实际上并没有很严格地与中国汽车工业的发展历程相对应。实际上，该书也并未对于时段划分给出明确的理由加以说明。例如，该书认为 1981—1990 年为中国汽车工业进入全面发展的时期，但 1981 年并无显著的标志性事件，反倒是 1979 年中国汽车工业开始实行对外开放政策，寻求引进技术与合资经营。②因此，《中国汽车工业史（1901—1990）》的时段划分并不严谨，这是其缺乏学术深度的一个体现。

作为续书，《中国汽车工业史（1991—2010）》整体上延续了前书的风格。不过，该书已经明确意识到“在史书的写作上，历史分期是一个非常复杂和困难的问题”，而该书认为在自己所处理的时间段内：“从总体上看，以 2001 年中国加入世界贸易组织（WTO）

30 年前，中国的汽车工业规模小得可怜，难以想象轿车会得到大量普及。这是 2007 年深圳国际车展的盛况

① 本书编审委员会：《中国汽车工业史（1901—1990）》，人民交通出版社 1996 年版。
② 本书编审委员会：《中国汽车工业史（1901—1990）》，第 170 页。

为界，中国汽车工业最近20年的发展历史可分为两个时期：前一个10年，即从1991年到2000年，是中国汽车工业扩大开放、加快发展、合资合作与自主品牌全面勃兴的时期；后一个10年，即从2001年到2010年，是中国汽车工业全面融入世界汽车工业体系、汽车产销量迅速跃居全球第一的全面腾飞时期。”[①]然而，该书并未能清楚地揭示加入WTO这一重大历史事件是如何具体地影响到中国汽车工业的发展的。这使得上述判断的合理性不可避免地令人生疑。此外，该书在细分阶段上系以国家的五年计划（规划）为标准，将1991—2010年的中国汽车工业史分为四个阶段，并表示：“从汽车工业最近20年的发展过程来看，国家的各个五年计划（规划）在关键的节点上都发挥了重要的指导作用，具有历史分期的标志性意义。”[②]鉴于在中国特殊的政治经济体制下，国家的宏观规划确实全方位地影响着社会经济生活，以国家计划（规划）作为细分阶段的标准，具有一定的合理性。不过，这一标准几乎适合于给所有的行业进行历史分期，无法反映中国汽车工业自身的发展特点。

尽管存在着种种不足，但是，《中国汽车工业史（1901—1990）》与《中国汽车工业史（1991—2010）》以粗线条的方式梳理了中国汽车工业发展的脉络，使读者能对中国汽车工业发展史的大致轮廓得到一个较为清晰的认知。因此，这两部官修史书可以构成学者研究改革开放以来中国汽车工业发展史的基础与参考资料。此外，《中国汽车工业史（1991—2010）》对于21世纪以来中国汽车工业的发展有一个基本的判断：“进入21世纪以来，我国汽车产业高速发展，形成了多品种、全系列的各类整车和零部件生产及配套体系，产业集中度不断提高，产品技术水平明显提升，已经成为世界汽车生产大国。以2009年中国汽车工业产销量登顶全球第一为标志，中国汽车工业无可争议地完成了从小到大的转变。”[③]事实上，“从小到大的转变”确实是改革开放以来中国汽车工业演化的最基本的内涵，任何学理

①② 中国汽车工业协会、中国汽车工业咨询委员会主编：《中国汽车工业史（1991—2010）》，机械工业出版社2014年版，第3页。

③ 中国汽车工业协会、中国汽车工业咨询委员会主编：《中国汽车工业史（1991—2010）》，第347页。

30年前中国的汽车技术和现在的汽车技术相比差距难以想象

上的探讨和分析都必须建立在考据这一历史事实的基础上。从这个角度说,官修史书实际上已经作了学术研究所需要的前期准备工作。不过,站在经济史研究的立场上,可以提出的问题是:中国汽车工业是如何实现“从小到大的转变”的?中国汽车工业“从小到大的转变”具有何种意义?中国汽车工业“从小到大的转变”在世界工业史上是否具有普遍性?……这些问题,有赖于以理论为指导的分析研究。

(二)为现实服务的商业史视角

从世界工业史的角度看,汽车工业已经是一种历史悠久的传统制造业了,但是中国汽车工业的起步落后世界先进国家超过半个世纪以上,所以其历史相对短促,引起国内外历史学者的关注也非常少。海外研究中国汽车工业史的著述可以说直到20世纪80年代才开始真正出现,而且主要采取的是一种为现实服务的商业史视角。

商业史(Business History)在西方是一门专业学科,与国内学者更为熟悉的经济史(Economic History)有较大区别。作为学科的经济史在我国目前被归于理论经济学,这一点与西方不少国家是一致的。但商业史有所不同,它实际上属于管理学,一般来说也是商学院而非经济学院设置的课程。标准的商业史论著,主要是以典型企业发展与经营的历史作为个案进行分析,总结企业管理的经验与规律。当然,标准商业史论著的这一研究目的与研究方式,从广义上来说,还是应该被归于经济史研究的一种类别的。不过,与理论色彩及基础研究色彩更浓的经济史相比,标准商业史论著在学理上的门槛实际上要低得多,不少论著甚至只采取纯粹故事性的叙述来呈现历史,这与目前强调分析性与理论性的各经济史研究主流范式大异其趣。进一步说,一些具有影响力的商业史著述的作者甚至也不是纯学院派的学者。个中原因也不难理解,毕竟,隶属于商学院的商业史研究,终究不是立足于纯学理探讨,而是要为现实服务的。但是,在企业史等领域内,商业史作者贡献的成果往往弥补了经济史学者所不及关注的空白。中国汽车工业史正是这么一个领域。

提到海外中国汽车工业史研究,最早的著作当属吉姆·曼恩(Jim Mann)的《北京吉普:西方商业在中国的个案研究》(*Beijing Jeep: A Case Study of Western Business in China*)。严格来说,《北京吉普:西方商业在中国的个案研究》不属于经济史研究著作,但这本书确实可被归于前文所述意义上的商业史著作,其影响力亦持续至今。吉姆·曼恩是美国《洛杉矶时报》于1984年至1987年派驻北京的总编辑,1989年又曾一度返回中国从事新闻报道。吉姆·曼恩驻华期间,中国大陆的改革开放是吸引全世界目光的一个焦点,中国汽车工业也一改过去计划经济体制下的自力更生发展模式,开始采取合资模式这一直到今天仍在中国汽车工业中居于主流地位的发展模式。但是,万事开头难,体制改革的破冰之旅尤其不易。当时,美国汽车公司(American Motors Corporation,简称AMC)与北京汽车制造厂组建了合资公司北京吉普,作为中国汽车工业最早的合资企业,一度光彩夺目,但因为种种问题,最终成为一个在20世纪80年代末看来不太成功的商业案例。作为记者的吉姆·曼恩自然不会放过北京吉普这一中国改革开放的典型样本作为创作题材。1989年,《北京吉普:西方商业在中国的个案研究》出版,并成为畅销书,被译为日文,直到近些年来仍被西方财经媒体奉为商业史经典,影响力可见一斑。

较早进入中国市场的吉普品牌,曾经有一段时间品牌名称成了越野车的代名词

《北京吉普:西方商业在中国的个案研究》受到推崇并非基于学术原因,该书事实上也欠缺管理学理论,只是按时间顺序叙述了中美双方组建北京吉普这一合资公司的过程,并通过对美方人员的采访揭露了合资公司内部的种种矛盾。然而,由于在改革开放初期,中外企业之间不仅存在着体制差异,也存在着文化差异,故合资模式需要大量磨合,无法轻易成功。从某种意义上说,北京吉普的不成功,实际上也是先驱者为整个中国汽车工业合资模式所交的学费。由于吉姆·曼恩对合资公司内部的文化冲突刻画甚详,兼以具有"中国通"的身份,《北京吉普:西方商业在中国的个案研究》遂成为部分外资企业眼中的在华经商指南,此种实用主义功能是该书受热捧的要因之一。不过,客观地说,从历史研究的角度看,也正由于吉姆·曼恩对于历史事实的相对详尽的叙述,该书既可以说符合商业史的研究典范,也不失为一部叙事体的当代史著作。受限于创作者身份,《北京吉普:西方商业在中国的个案研究》基本采取的是美方视角,这对于研究一家合资公司来说,自然是有所欠缺的。但透过美方管理人员的眼睛,我们可以看到改革开放初期中国传统国营企业的体制问题和管理问题如何不适应于现代企业管理模式。例如,中国员工根据旧有习惯,在办公室窗户上

从 20 世纪 80 年代到现在，车型的款式和技术的更新已经发生了天翻地覆的变化

贴上报纸，以便不受打扰地趴在办公桌上睡觉，即使美方管理人员要求所有办公室窗户必须保持敞亮，依旧会不时发现有窗户被糊上报纸。[①]类似这样的细节在书中俯拾皆是，既增强了该书的可读性，也展示了鲜活的历史。同时，在大历史的层面上，吉姆·曼恩也分析了改革初期中国汽车工业官员的生产技术导向和美国汽车企业的市场营销导向之间的冲突，揭示了中国政府学习先进技术和美国车企只想利用中国生产要素低成本之间的矛盾，为北京吉普的不成功给出了相应的解释。因此，《北京吉普：西方商业在中国的个案研究》虽非学院派著作，但从史学色彩和理论色彩两方面看，仍然称得上是海外研究中国汽车工业史的开山之作。而且，该书准确地把握了企业与政府的关系这一中国经济体制改革的核心内容，已具有简单的理论思考。

值得一提的是，随着合资模式成为中国汽车工业的主流发展模式，基于外方视角的海外商业史著述也逐渐多了起来。不过，此类著作多为当事人的个人回忆录。如亲历了上海大众创业历程的德方高管马丁·波斯特(Martin Posth)著有《上海 1000 天：德国大众结缘中国传奇》(*1000 TAGE*

① Jim Mann: *Beijing Jeep: A Case Study of Western Business in China*, Boulder: Westview Press, 1997, p.128.

in SHANGHAI),[①]在中国创办了汽车零件制造龙头企业亚新科公司的杰克·潘考斯基(Jack Perkowski)撰有《我在中国打造百亿事业》(*Managing the Dragon—How I'm Building a Billio-Dollar Business in China*)。[②]以学术研究的标准衡量,此类著作自然更多地只能被视为史料。近些年来,专注于亚洲汽车市场的香港投资咨询公司唐恩公司(Dunne & Company Ltd)的主席米迦勒·唐恩(Michael J. Dunne)出版了《美国轮子中国路:通用汽车在中国的故事》(*American Wheels Chinese Roads: The Story of General Motors in China*),主要内容为美国通用汽车公司在中国的发展历程,也是一部标准的叙述性商业史著作。[③]当然,由唐恩的身份不难猜到,他的著作也是为外商来华做生意提供背景性信息的。事实上,前述潘考斯基著作的台湾中译本,直接加了个英文原本所无的副标题"理解中国模式,经商无往不利",其揭示的主旨亦极为鲜明。可以预测,随着中国汽车工业与汽车市场的不断成长,此类为现实服务的商业史著述仍将不断涌现。

(三) 具有历史感的产业研究著作

当代史研究的一大困境是,离我们太近的历史,因为其本身可能处于未完成的状态,故研究者不容易准确判断并得出结论。《北京吉普:西方商业在中国的个案研究》虽被捧为经典,但吉姆·曼恩在1989年初版中对中国发展市场经济的悲观预测,已经被他自己于1996年补写的尾声所修正了。而随着时间推移,更具学术色彩的论著也诞生了。1995年,美国学者埃里克·哈维特(Eric Harwit)出版了《中国汽车工业:政策、问题与前瞻》(*China's Automobile Industry: Policies, Problems, and Prospects*)。从书名可见,这本书也是服务于现实的应用型研究,不过,从内容看,该书作为研究中国汽车工业的开创性英文文献之一,在很大程度上勾勒了中国汽车工业发展史。

---

① 马丁·波斯特:《上海1000天:德国大众结缘中国传奇》,项玮译,中信出版社2008年版。

② 杰克·潘考斯基:《我在中国打造百亿事业》,黄逸华译,远流出版事业股份有限公司2010年版。

③ Michael J. Dunne: *American Wheels Chinese Roads: The Story of General Motors in China*, Singapore: John Wiley & Sons(Asia) Pte. Ltd., 2011.

《中国汽车工业：政策、问题与前瞻》共有8章。第一章"官僚政策与中国汽车工业"具有总论性质，提出了待解答的理论问题："什么样的机构和政治领导人参与塑造了政策过程？他们的动机是什么？"同时强调："对研究中国而言，汽车工业是有用的案例，因为它同时包含国内与对外经济的决策过程。"①由此可见，哈维特没有单纯地立足于研究中国汽车工业本身，而是以中国汽车工业为案例，尝试剖析中国的政治经济体制的特性。这当然是西方社会科学研究的基本模式，即以具体经验事实的研究来探讨案例背后更宏大的理论问题。这也表明《中国汽车工业：政策、问题与前瞻》已超越简单的商业史书写，真正开始进入具有学理性的专业研究领域。而该书虽然探讨的是汽车工业这样一个经济事物，在理论上所关注的焦点却是国家政策这一政治现象，可以说具有政治经济学的理路。由于哈维特进行研究的时代，中国的社会主义市场经济改革还处于初步探索阶段，汽车工业的市场化改革也未全面铺开，故将政府视为最重要的变量加以分析也是理所当然。

与历史研究有直接关系的是，《中国汽车工业：政策、问题与前瞻》的第二章为"中国汽车工业的历史与政策发展：1949—1993"。这一章以政策发展为主线，梳理了1949—1993年中国汽车工业的发展历程，也可以说是英文学术文献中对中国汽车工业史最早展开的研究之一。哈维特认为，中华人民共和国立国之初就认识到了汽车工业在战略与经济上的重要性，因此，尽管困难重重，各种条件均感欠缺，中国政府还是毅然决定发展汽车工业。出于意识形态等因素，在毛泽东时代，轿车并不被支持，只占生产总量的1%，中国汽车工业主要制造卡车等，这与发达国家自20世纪60年代后轿车产量占比60%至90%形成鲜明对比。尽管总产量低下，但在毛泽东时代，中国的汽车生产还是遍地开花。②毛泽东时代的中国汽车工厂因此呈现出"小而全"的特征，但改革开放后的新领导人认为汽车工厂应该实现专业化与分工合作。到20世纪80年代中期，为了解决进口难

① Eric Harwit: *China's Automobile Industry: Policies, Problems, and Prospects*, New York: M. E. Sharpe, Inc., 1995, p.7.

② Eric Harwit: *China's Automobile Industry: Policies, Problems, and Prospects*, p.21.

题，中国终于开始将注意力由生产重型卡车转向轻型卡车，并开始在国内生产轿车。[①]在对中国汽车工业历史进行梳理时，哈维特尤其注意中国汽车生产的地理布局问题，认为20世纪50年代与60年代的政策造成了汽车制造遍布于全国，而这对改革年代的汽车工业发展有较大影响。[②]因此，历史在哈维特的研究框架中，显然具有一种路径依赖的作用。

哈维特著作的第三章为"汽车政策的结构与个别领导人"，专门分析中国汽车工业政策的制定与实施问题。而在接下来的4章中，哈维特分别探讨了4个汽车企业的个案，包括北京吉普、上海大众、广州标致与熊猫汽车(Panda Motors)。这些案例都属于合资车企，其中，北京吉普如前所述不算成功，广州标致以失败告终，熊猫汽车则属于雷声大雨点小，根本没有建起来，唯有上海大众取得了成功。哈维特认为，上海大众的成功与当时的上海市领导朱镕基的支持有密切关系，正是朱镕基扫清了上海的官僚体制路障，使城市经济走向繁荣。[③]在第八章"测量中国的经济与政治进步"中，哈维特试着对中国汽车工业的历史发展给出一些结论，其中很明显的一个结论是："在所有的政策中，不管怎么说，邀请外国企业投资中国汽车工业的决策是一个好的决定。"[④]这也可以说是哈维特对占中国汽车工业主流地位的合资模式的一个定论。

整体而言，《中国汽车工业：政策、问题与前瞻》是一部产业经济研究专著，但是，该书不仅单辟一章梳理中国汽车工业的历史，而且由于采取了案例研究方法，注重从经验事实中推导结论，因此，全书本身具有极强的历史感，如同一部研究当代产业史的著作。另外，在今天看来，哈维特书中所专门剖析的案例，如广州标致、熊猫汽车，早已如明日黄花，知之者甚少。故哈维特的书，又仿佛记录了一段中国汽车工业的历史。

与哈维特著作类似的研究成果尚有日本学者山崎修嗣编的《中国汽车产业》。[⑤]《中国汽车产业》严格来说是一份调研报告，但由于同样采取了案

---

① Eric Harwit: *China's Automobile Industry: Policies, Problems, and Prospects*, p.29.

② Eric Harwit: *China's Automobile Industry: Policies, Problems, and Prospects*, p.37.

③ Eric Harwit: *China's Automobile Industry: Policies, Problems, and Prospects*, p.113.

④ Eric Harwit: *China's Automobile Industry: Policies, Problems, and Prospects*, p.160.

⑤ 山崎修嗣编：《中国汽车产业》，李东军译，中国商业出版社2010年版。

例研究方法，故部分章节亦极具历史感，对中国汽车工业发展史的某些侧面进行了描述与分析，如中国引进丰田生产方式的过程、上汽的自主创新历程，等等。事实上，主编者山崎修嗣本人的研究方向就包括经济史，这就不难理解《中国汽车产业》为何会有浓郁的历史色彩了。由于中国汽车工业史尚缺乏专业历史学家的研究，故该书相关内容在目前也起到了记录历史及分析历史的作用。然而，只能以产业研究著作来补充或替代经济史著作的现状，实际上也表明了对中国汽车工业展开真正的历史研究是极为迫切的课题。

（四）政治经济学路径下的历史分析

2007 年，一位澳大利亚作者在他的著作中宣称，在未来的 5 年到 10 年间，中国的汽车出口将淹没全世界，以其低成本优势摧毁西方的汽车制造业。[①]然而，这一预言落空了。在该书出版后不到 5 年的时间，中国的确成了全球第一大汽车生产国，但是，直到 10 年后的今天，中国的汽车出口仍然非常有限，其巨大的产能主要满足的是同样具有世界第一规模的国内消费市场。如果参照日本与韩国这两个东亚后发展国家的工业化轨迹，则中国的汽车工业似乎确实应该如其他“中国制造”那样横扫全球市场，一如日韩汽车工业曾走过的道路。这大概也是前述澳大利亚作者预言的重要经验依据。然而，尽管同为东亚国家，尽管表面上有相似的发展轨迹，但中国汽车工业的发展模式实际上与日韩相当不同，这就导致了套用日韩历史经验的预言注定落空。探究不同国家产业发展的不同路径及其模式，是政治经济学的重要任务。进入 21 世纪后，随着中国汽车工业的成长，海外政治经济学研究者亦将目光投向了该产业。与产业研究著作相似的是，政治经济学路径下的中国汽车工业研究，同样大规模地采用了历史分析的方法，并成为介乎政治经济学与经济史之间的研究成果。

英国学者谭益力(Eric Thun)于 2006 年出版了《中国变车道：外商直接投资、地方政府与汽车工业发展》(*Changing Lanes in China*: *Foreign Direct*

---

① Kevin Baker: *Economic Tsunami*: *China's Car Industry Will Sweep Away Western Car Makers*, NSW: Rosenberg, 2007, p.35.

Investment, Local Governments, and Auto Sector Development)，堪称政治经济学路径的典型研究。谭书共有 4 个部分。第一部分为“导论”，分 2 章，第一章“地方政府，外商直接投资与工业发展”，第二章“来自中央的视角”。谭益力认为，中国面临着经典的后发展问题，虽然在改革开放之初是一个穷国，但并不缺乏雄心壮志。然而，政治经济学界基于日韩经验总结的发展型国家(developmental state)理论，尽管对学者们影响巨大，却并不适用于中国。因为中国在改革开放时面对着与日韩不同的国际形势，一个新背景是生产链全球化程度的加深，所以，与具有保护主义和更纯粹民族工业特色的日韩汽车工业不同的是，外资在中国汽车工业发展中占据中心地位。①可以说，谭益力对中国汽车工业乃至中国改革开放后的发展模式具有深刻洞见，没有像前述那位澳大利亚作者那样，仅仅因为中国与日韩同属于东亚国家，就认为中国工业会尾随日韩模式。而谭益力的中国特殊性的观点，挑战了在西方政治经济学界流行的学说，理论上已具有新意。进一步说，中国的国土规模与日韩全然不在一个量级上，所以谭益力特别重视中国内部的区域差异性，不将中国汽车工业作为笼统的整体去研究。在重视地方差异这一点上，哈维特的著作已开先河，但谭益力的理论对话意图要明确得多，他对以民族国家(nation-sate)为单位的发展型国家理论进行了改造，使之更适于分析中国汽车工业的实际历史发展。在谭益力看来，中国汽车工业在改革开放后的发展史表明，企业居于工业发展进程的中心，但地方政治经济制度会塑造工业发展进程并将其整合进全球经济，从而影响到企业的表现。在企业层级上，各个地方政府日益成为工业发展的代理人，但各个地方的制度差异性并非一成不变的，同时，地方政府仍需要适应中央政府定下的国家政策的框架。②这是谭益力的基本结论。

为了论证上述结论，谭书的第二部分为“在一个保护市场上的发展”，用了 4 章的篇幅，剖析了 3 组个案。第三章“汽车部门的协调发展”主要论述了中央政府协调全国汽车工业有序发展的早期努力，认为中央政策成效

① Eric Thun: *Changing Lanes in China: Foreign Direct Investment, Local Governments, and Auto Sector Development*, Cambridge: Cambridge University Press, 2008, pp.4—7.

② Eric Thun: *Changing Lanes in China: Foreign Direct Investment, Local Governments, and Auto Sector Development*, pp.8—10.

的局限性正是地方政府的机会。[①]第四章“上海：一个地方性发展型国家”将上海的地方政府比喻为日韩式发展型国家，创造了“地方性发展型国家”(local developmental state)这么一个新的理论概念，认为上海市政府在计划经济体制下形成的为国家服务的计划能力，在改革开放后转变为了为地方经济发展服务的能力，并给了地方企业所需的支持，促成了上海汽车工业的崛起。第五章“北京和广州：自由放任的地方政府”，以改革开放初期合资模式相对不成功的北京和广州作为一个类型，认为当地地方政府对经济发展采取更为自由放任的态度，在汽车工业之外尚有其他选择，不似上海实施了积极的产业政策，因此两地在改革开放早期阶段并未有效地打造汽车生产基地。第六章“长春和武汉：由企业主导的地方”则将一汽、二汽(东风)这两家央企所在的长春和武汉视为一个类型，认为央企高管往往与地方政府官员平级，故地方政府难以影响央企，央企在早期也不重视在地方培育本地供应商，因此，与掌控地方国企的上海不同，长春和武汉虽然为央企所在地，但汽车工业在改革开放早期反而乏力。因此，谭益力实际上将21世纪前的中国汽车工业划分为了3种类型或模式，每一种的发展绩效在很大程度上都取决于地方政府干预产业的行政能力。重视政治对于经济发展的作用，自然是政治经济学研究路径的核心之一。而案例研究的方法，又使谭书风格同样趋近于经济史论著。

谭书的第三部分为“全球一体化加深”，第七章“全球一体化与产业升级的挑战”、第八章“增长、转型与政府管理的挑战”以中国汽车工业结束封闭市场为背景，讨论了第二部分所举3种模式在中国市场扩大开放的新的历史时期的变革，以及地方政府行为的变化。不过，由于该阶段内容去作者著书时代未远，第三部分的历史色彩远不如第二部分，经验材料较少。

谭书的第四部分为“结论”，仅有第九章“全球经济中的地方制度”，再次强调中国具有地方模式的多样性，并再次指出中央政府虽创造了政策框架，但地方政治经济制度塑造了企业在这个框架中成长的能力。进一步说，地方经济的制度特质更为重要，地方政府也应该利用各地的制度比较

① Eric Thun: *Changing Lanes in China: Foreign Direct Investment, Local Governments, and Auto Sector Development*, p.97.

优势，并寻求更加具有差异性的产业政策，这种差异性应该被视为实力的源泉。其结果，中国汽车工业的发展战略不会导向一个骄傲自满的国家级冠军企业，或者出现放之四海而皆准的单一模式，相反，在长期演化中，中国的汽车工业发展战略可能会更加多样化。①

《中国变车道：外商直接投资、地方政府与汽车工业发展》是一本对研究方法极为看重的学术专著，附录中甚至专门有对研究方法的讨论。而从整体来看，该书的特点在于遵循了政治经济学研究的基本规范，重视剖析政府与产业发展的关系，且在案例研究中引入了历史分析。与之相似的是，加拿大学者格雷戈里·秦(Gregory T. Chin)于2010年出版的《中国汽车工业现代化：党国与跨国公司》(*China's Automotive Modernization: The Party-State and Multinational Corporations*)亦着力于政治经济学分析，意在回答两个问题：其一，中国政府实施与外资相关的产业政策的能力如何？其二，这种政策是否改变了跨国公司的行为？②秦对中国汽车工业的发展给予了积极评价，无论是中国政府的作为，还是跨国公司的重要性，都在结论中得到了肯定，而且他对于培育一批国家冠军企业持积极态度，尽管他认为中国经验是难以复制的。③在具体行文中，秦书既勾勒了中国汽车工业产业政策的变迁史，又剖析了上海大众、上海通用、奇瑞、吉利等个案，亦有相当程度的历史分析。

2012年，一位在加州大学洛杉矶分校取得政治学博士学位的财经专家安德森(G. E. Anderson)出版了《指定的驾驶者：中国如何计划统治全球汽车工业》(*Designated Drivers: How China Plans to Dominate the Global Auto Industry*)，可以说是涉及中国汽车工业史的最新海外研究成果。尽管书名耸人听闻，不乏“中国威胁论”的影子，但整本书还是有一定的学术功底，对中国汽车工业的发展史与发展现状有较清晰的介绍。值得注意的是，政治经济学在美国是被划分在政治学名下的学科，故取得了政治学博

① Eric Thun: *Changing Lanes in China: Foreign Direct Investment, Local Governments, and Auto Sector Development*, pp.291—292.

② Gregory T. Chin: *China's Automotive Modernization: The Party-State and Multinational Corporations*, Hampshire: Palgrave Macmillan, 2010, p.2.

③ Gregory T. Chin: *China's Automotive Modernization: The Party-State and Multinational Corporations*, pp.230—235.

士学位的安德森虽然研究的是一个产业的发展问题，却极为注重剖析政府对产业施加的作用，可谓与谭益力等人一脉相承。《指定的驾驶者：中国如何计划统治全球汽车工业》具有简单明了的结构：第一章“打造国家冠军”、第二章“体系”、第三章“政策”、第四章“合资企业”、第五章“自主品牌”、第六章“合并者”、第七章“邻居们”、第八章“结论”，各章内容一目了然，可以说对中国汽车工业进行了全景式扫描。而对于每一章的撰写，安德森基本上也采取了叙述历史演变进程的方法，故仍可视为政治经济学路径下的历史分析，只不过其理论色彩与建模功底要远远弱于谭益力和格雷戈里·秦。与不少海外研究者与作家不同的是，安德森对合资模式下的技术引进并未一味唱赞歌，而是客观指出该模式的弊端：“当你能从竞争对手手中拿到技术时，创新就变得不那么重要了。”①这种观点的变化，实际上与21世纪中国国内学术界与舆论界对汽车工业合资模式的批判及对自主创新模式的呼吁步调一致。安德森对中国汽车工业的发展前景持乐观态度，尽管他认为这对于外资意味着威胁。但他同时表示：“对外资跨国车企来说，一个好消息是，只要中国继续严重依赖国企，外国人就总有他们的地位。中国人，不管怎么说，还是需要老外的技术——目前来说是这样。”②这句话是全书的结语，反映了安德森认为中国的国有车企在合资模式下丧失了技术创新的动力。相对于哈维特、谭益力等早期研究者，安德森对于中国汽车工业的合资模式，进行了更为客观中立的分析。

综上所述，近十年来，海外研究者从政治经济学角度出发研究中国汽车工业的成果多了起来，由于相关成果均进行了历史脉络的梳理，且采取注重经验事实的案例研究方法，故皆可视为中国汽车工业史研究的成果。鉴于海外学界的中国研究往往属于区域研究的一种，具有非学科专业化的特征，可以想见，政治经济学路径下的历史分析，仍将继续成为海外研究中国汽车工业史成果的重要分支。

---

① G. E. Anderson: *Designated Drivers: How China Plans to Dominate the Global Auto Industry*, Singapore: John Wiley & Sons Singapore Pte. Ltd., 2012, p.19.

② G. E. Anderson: *Designated Drivers: How China Plans to Dominate the Global Auto Industry*, p.263.

二、借鉴与创新

梳理学术前史，我们已经看到，真正从历史角度对中国汽车工业展开学术研究的著述数量并不多，而且，具有研究色彩的文献主要集中于海外作者的论著。但是，数量有限的相关论著，对于我们进一步研究中国汽车工业的历史，具有明显的值得借鉴之处。

汽车工业在中国仍是一种相对年轻的产业，所以，鲜有历史学者对该产业展开研究，这一点无分中外。但是，假如我们放宽历史著述的标准，就会发现，海内外仍有一批研究中国汽车工业史或与之相关的成果，这些成果尤其集中于海外。细数起来，目前海外研究中国汽车工业史的成果，主要包括面向市场的商业史著述、具有历史感与历史色彩的产业研究著作，以及运用了历史分析方法的政治经济学著作。

海外研究中国汽车工业史的成果，可以给予我们的借鉴之处主要包括：(1)以理论研究统摄历史叙述。除去学术程度深浅不一的商业史著述外，无论是产业研究还是政治经济学研究，相关成果均有理论上的诉求，通常仅将中国汽车工业的历史视为一个用以理解更大的理论问题的案例。这种鲜明的问题意识和积极从事理论建构的治学取向，是我们研究中国汽车工业史可以学习的，由此可避免陷入就事论事及单纯堆砌史料的陷阱中。(2)注意政府的作用及市场与国家的关系对产业发展的影响。汽车工业的发展及其历史，属于经济领域的问题及经济史研究的对象，但是，目前海外的相关研究成果，均未从单纯的经济角度出发分析中国汽车工业的发展史，而是将视线投向了各级政府的行为，试图从市场与国家关系的角度展开研究。应该说，相关研究成果的目光是极为精准的。因为中国长期实行计划经济，政府的全面干预经济早已形成具有路径依赖性的制度遗产，影响着今天的中国产业发展。而中国改革开放后也没有照搬西方经验，走的是具有中国特色的社会主义市场经济道路，政府在所谓“中国模式”中的作用仍然是巨大的。因此，将政府行为视为主要变量之一，分析市场与国家的关系，仍然是今后研究中国汽车工业史的重要课题。(3)强调中国汽车工业内部的模式多样性。中国是一个大国，计划经济时代中国的汽车工业曾“遍地开花”，其中不少汽车生产基地在改革开放后得到了延续，并形成具有地方特色的新的汽车生产基地。海外研究成果基本上都注意到了这一点，而且试图比较中国汽车工业内部的不同模式，这也是今后的研究中值得借鉴的。

当然，目前所见之海外研究中国汽车工业史的成果也有一些不足之处。最大的问题在于，目前学界终究未从真正的史学立场出发展开研究，这导致了视野的偏颇以及部分重要题材的缺失。此外，能够深入到重点企业内部进行深度分析的论著仍然是不多见的。

因此，本篇在前人基础上继续开展研究的创新之处主要包括：(1)从经济史研究的跨学科角度出发，将历史事实的还原与对历史现象的理论分析结合起来。目前，国内的官修史书主要还是胪列中国汽车工业发展史的重要事件，但其记述是相对简略的，也缺乏理论的分析，无法有效论证其部分观点。经济史研究是历史学与经济学的交叉学科，还原历史事实是最基础的工作，在此基础上，对历史现象提出问题，并通过合理的分析来解答问题，才符合经济史的学科主旨。故笔者希望从事更为翔实的历史事实还原工作，并在此基础上通过理论分析，从经济机理与产业演化机制的角度回答中国汽车工业如何实现从小到大的转变这一历史问题。(2)尽可能地运用档案等原始史料展开研究。史料是史学的基础，也是还原历史事实的前提。当然，研究改革开放以来的历史，在原始史料的获取上存在着很大的困难，一些原始档案或者未到开放年限，或者因其并未收藏于一般档案馆而难以查阅。因此，笔者只是尽可能地搜集并运用相关原始档案，如保存于上海市档案馆的1970年代末至1980年代初的关于汽车工业的档案。除了档案外，笔者还将广泛运用各种年鉴、回忆录以及企业内部资料等。其中，企业内部资料在笔者看来，可以对档案起到一定程度的替代作用。而这种对于原始史料的挖掘，在过去的研究中尚不多见。(3)将经济史研究的结论引向对于政治经济学理论的反思与建构。从目前梳理学术前史的情况看，具有研究色彩的文献主要集中于从市场、国家与产业发展的关系着手，来探讨中国汽车工业的历史，或者更准确地说，一些研究成果系以汽车工业作为个案或载体，来探讨中国改革开放过程中的市场、国家与产业发展间的关系。由于汽车工业自身具有作为耐用消费品产业的特殊性，它也确实适合拿来进行相关的理论探讨。而与前人研究相比，笔者的创新之处在于，将更加突出研究的经济史色彩，真正使历史研究成为反思政治经济学理论的工具，并最终在结论部分尝试重新建构理论。

在上篇《中国汽车工业的早期发展（1920—1978年）》中，笔者试图回答的问题之一是，中国汽车工业缘何缺乏以本土品牌为体现的竞争优势？实际上，尽管这一问题的结构性根源可以追溯至1978年前，但要真正回答该问题，还是要从1978年以后中国汽车工业的发展历程中寻找直接原因与具体原因。而这一问题，与中国汽车工业究竟是如何实现由小到大之转变的问题，其实是一体两面，反映了中国汽车工业发展不同于日韩等国的独有特点甚或特殊模式，即中国汽车工业主要是在外资主导下成长的，因之具有自主品牌乏力等"大而不强"的基本特征。这一特征在1978年前中国汽车工业的演化路径中已埋下伏笔，但其真正形成，仍是随着1978年以后的历史之展开而逐渐显现的。因此，与上篇相接续，下篇将继续探讨中国汽车工业的演化机制问题。

汽车工业涵盖门类众多，其中，最具重要性的是轿车行业，因为只有私家使用的轿车最符合耐用消费品特征，从而能够成为现代经济发达社会的标志。因此，笔者在对于中国汽车工业史的后续性研究中，将不再持整体性视角，而是将研究聚焦于轿车行业。事实上，中国的轿车工业主要也是1978年以后才发展起来的。然而，以轿车行业为中心展开研究，并不意味着只研究轿车行业。因为中国的汽车企业多为综合性车企，产品涵盖面广，对企业来说，轿车生产往往只是其整体生产经营活动的一部分或一个环节而已，即使这是最重要的部分，但它仍然必须被置于企业的整体发展框架下。因此，只研究轿车行业，不能够完整地反映一些汽车企业的演变历程，更无法真正反映中国汽车工业的发展特点和演化机制。所以，笔者在研究中将主要围绕轿车行业展开分析，但不会完全局限于只研究轿车行业，这是必须加以说明的。

在研究时段上，笔者选择1978—2008这三十年作为讨论的时间阶段。选择1978年作为开端，不仅仅是为了接续上篇《中国汽车工业的早期发展（1920—1978年）》，更为重要的是，从1978年开始的改革开放，重新塑造了中国的工业化路径，也深刻地改变了中国汽车工业的演化路径，是一个具有转折意义的时间节点，尽管这一时间节点更多的只是一种具有标志性意义的符号，真正的具体的政策转向或产业变革，有着更为细微的时间节点。然而，在复杂的经济系统中，一个产业或一个行业的演变不是孤立的现象，对于中国这种国家强势的政治经济体制来说，产业演化更是容易受到外部宏观环境和非经济因素的影响，这使得1978年适合作为中国汽车工业成长的一个新起点。而以2008年作为研究的时间下限，是因为2008年的全球金融危机对于国际政治经济体系的影响极为剧烈，也连带波及了中国汽车工业的发展，在一定程度上使世界汽车工业的演化偏离了此前的轨道。由于在金融危机爆发前，中国汽车工业实际上已经实现了由小到大的历史性转变，故将研究视线集中于国际金融危机爆发前，可以排除危机作为突发事件的干扰，使分析的变量简化，从而在不必担心结论受影响的前提下更为方便地总结中国汽车工业由小变大的演化机制。事实上，2008年以后的十年间，中国汽车工业的发展仍然体现为体量与规模的扩张，可谓由大而更大，但在出口、自主品牌发展等通常认为“由大变强”的指标上，尚无整体性的显著突破。这样一来，将研究的时间下限划至2008年，既能够有效地分析中国汽车工业从小到大的转变的基本原因，也能够由此概括中国汽车工业发展的结构性特征，又能够避开对于2008年以后部分新的影响因素的探讨，使这一本质上仍属于初步分析的研究不至于因铺展过甚而丧失理论探讨的焦点。

三、研究框架

作为一项经济史研究，笔者无意对于中国汽车工业自1978年至2008年的历史进行面面俱到的描述，也无意仅仅按时序陈述中国汽车工业发展的基本历史事实。这样的工作，在两本官修史书中已经基本完成，尽管其最终成品是粗线条的。笔者的思路是，一方面以时间顺序来安排篇章结构，力图展现中国汽车工业自改革开放以来的发展脉络；另一方面主要采取专题式探讨，即通过特定的理论聚焦，来选择合适的个案，进行指向特定问题的深度分析，以此来满足经济史研究的历史与理论之结合。而各专题研究将不一定严格限制于相关时段范围内，在时间上限与下限两方面都有可能突破，从而更好地对某一问题进行完整的探讨与分析。在这一思路下，本篇的研究框架如下：

第一章“中国汽车工业的早期产业政策(1978—1993年)”。本章将梳理1978—1994年中国汽车工业的早期产业政策,其特点为改变过去长期奉行的自力更生政策,开始向引进国外技术并合资办厂转变,但同时仍然保留有相当的计划经济成分,对市场采取限制进入的态度,尤其严格控制轿车的生产线,这在一定程度上束缚了轿车行业的规模与竞争力。除对政策的探讨外,本章还将对1978—1994年中国汽车工业的发展进行整体性的论述,尤其重视分析1978年以前“遍地开花”的产业格局是如何继承与延续下来的。

第二章“中国汽车工业合资模式的形成:以上海为中心”。中国汽车工业合资模式在早期已形成多中心格局,其中上海可以说是最重要的基地之一。上海的重要意义在于,在计划经济时代,上海是中国少有的轿车生产基地之一,但合资模式意味着此前的工业积累将被放弃,这一转变过程值得细致刻画。本章将重点分析在合资企业冲击下,上海本土轿车生产项目走向终结的历史命运。本章还将分析上海桑塔纳项目的国产化进程。

第三章“产业政策的确立与合资模式主导化(1994—2003年)”。本章将梳理1994年以后中国汽车工业政策的演变,而以一般认为自主创新政策登台的2004年作为下限。在这一时段内,中国的汽车工业产业政策有所调整,总体上的发展特征则是合资模式对外资的依附程度加深,而在一个相对受保护的市场上,轿车成为重要的奢侈性消费品,享受政策得以进入行业的企业具有某种程度的垄断性。然而,中国的汽车工业尤其是轿车行业,并未如政策制定者的预期那样自主成长壮大,合资模式成为中国汽车工业的主导模式。

第四章“中国汽车工业央企的蜕变:以一汽为中心”。央企在中国汽车工业中占有举足轻重的地位,它既背负了计划经济时代的传统,又在市场化改革时代完成了大转型,其过程值得专门研究,本章拟以一汽为中心深入探讨这一类型的中国车企。从历史进程看,一汽经历了由生产卡车到生产轿车的战略大转型,而在转型过程中,一汽也出现了选择合资模式作为主导模式的发展模式变更。

第五章“市场化、产业政策与自主创新模式(2004—2008年)”。从20世纪90年代末开始,奇瑞、吉利等一批自主品牌企业以市场化的姿态,突

国内车市从最开始的选择有限，到后来的新车型
密集上市，让人感叹中国汽车产业的发展历程

破旧产业政策的限制，进入汽车尤其是轿车生产领域，推动了中国汽车工业自主创新模式的形成。2004年新的汽车工业产业政策对自主的强调可以说是与时代氛围有密切关系。然而，自主创新模式与合资模式相比，实力仍然很弱，尽管对合资模式构成了压力，甚至激发出了“合资自主”这一怪异的产物，但总体上自主品牌还是只能在合资模式的缝隙中生长。本章还将以轿车行业为中心，刻画中国汽车工业快速发展的轨迹，从市场、企业、政策等方面分析其由小变大的原因，但也通过对于中国汽车出口的长时程考察，分析中国汽车工业实际竞争力的虚弱，并指出其原因在于合资模式主导下车企的动机问题。

结论部分将对中国汽车工业1978—2008年的发展历程进行总结，并从理论角度分析中国汽车工业尤其是轿车行业由小到大转变的原因，探讨中国汽车工业迄今未实现“由大变强”的结构性因素，并提出若干政策建议。

第一章　中国汽车工业的早期产业政策（1978—1993年）

尽管汽车很早就被引入中国，在民国时期，中国人也开始尝试制造汽车，并取得零星成就，但直到1949年后，中国的汽车工业才开始真正得到发展。在计划经济体制下，中国的汽车工业形成了三种发展模式：以一汽为代表的苏式体系移植模式，以二汽为代表的苏式体系本土化模式，以上海汽车工业为代表的本土渐进演化模式。这三种模式共同的特点在于均建立在技术引进的基础上，全部都具有技术引进这一基本要素，只是程度有深有浅。因此，改革开放前的中国汽车工业的发展，本质上是一种以技术引进为主导的发展。但是，在特殊的政治经济环境里，中国汽车工业又不得不自力更生，缺乏持续的技术引进渠道，只能在20世纪50年代初次引进技术的基础上进行简单调整。然而，这一封闭环境里的汽车工业的生产能力是十分低下的。改革开放给了中国汽车工业新的发展契机，而尽管计划经济体制逐渐被社会主义市场经济体制所取代，但强势的国家权力仍然在很大程度上主导着产业发展，其体现则为各种形式的产业政策。

第一节　中国汽车工业产业政策的雏形

产业政策在政治经济学里有较为严格的界定，一般指通过国家干预而促进特定产业发展的政策。在计划经济时代，汽车工业并非是中国政府考虑的重点产业，也就不存在严格意义上的产业政策。这一点，直到改革开放之初仍然有所延续。只是在汽车行业自身的努力下，以及随着宏观经济环境的转变，汽车工业才被纳入国家的专门性政策考量，并于1994年迎来了第一部正式的产业政策。在1994年之前,国家出台的关于汽车与汽车工业的各项政策,还只能视为中国汽车工业产业政策的雏形。而汽车工业产业政策的最终出台,又与汽车工业管理体制的变革有密切关系。

一、 与汽车工业相关的政策

严格意义上的产业政策必须具有扶植特定产业发展的功能,因此,改革开放以后,在相当一段时间内,中国其实是缺乏汽车工业产业政策的。然而,由于汽车是一种特殊的物资,在计划经济体制下,政府对汽车具有高度的管控性。中国的改革开放是渐进性改革,在由计划体制向市场经济的转型过程中,过渡时间相对较长,具有计划体制色彩的经济管理方式存在的时间也较长,这使得改革开放早期的不少政策仍然着眼于对物资的管控。但是,这些具有计划色彩的政策,因其明确指向了汽车,仍然可以视为中国汽车工业产业政策的雏形。

1981年4月4日,国家计委、国家经委、国家机械工业委颁布了《控制汽车生产、进口和改进分配办法的暂行规定》,直接涉及汽车工业。实际上,这是一个在计划经济体制下为了平衡资源利用从而保障计划性的政策。《规定》解释了政策出台的理由:“我国的石油生产,目前由于采储失调,后备资源又接替不上,近期内很难维持现有生产水平,还要适当调低。在这种情况下,

20世纪70年代中期,召开全国人民代表大会时难得一见的轿车壮观场景

对各种用油机具的生产和进口,必须严格控制,以减少油品的消耗。汽车是消耗油品较多的动力机具之一。1980 年,一方面由于基本建设规模缩减等原因运量减少,年底已封存载重汽车 15 万辆;另一方面汽车生产又突破计划,实际完成 22 万辆,超过计划 12.4 万辆的 77.4%。各地区、各部门还在计划外进口汽车 2 万多辆。”①很显然,这种局面给计划经济体制和整个国家的宏观经济造成了压力,因此,国家计委等部委要采取措施来扭转局面。事实上,计划经济体制最主要的特征就是存在着普遍的短缺现象,而这种短缺现象环环相扣,影响到整个国民经济。石油的短缺影响到汽车的使用,汽车无油可用影响到汽车生产,汽车生产的短缺进一步拖滞交通运输的发展。但是,由于生产领域短缺的结构性,一旦放开生产,也会带来资源的无效利用与浪费。例如,假如汽车无节制生产,最终还是会面临无油可用的困境,而用于生产汽车的资源本来或许可以用于石油生产。从这一点出发考虑,就不难理解为何在计划经济体制下,政府要出台限制汽车生产的政策,从根本上说,这是生产力低下而资源流通体制不畅造成的。

具体来说,该《规定》提出的措施包括 6 条,最重要的是“加强计划管理”,其要求:“从 1981 年起,各企业必须严格按国家计划组织汽车和改装车的生产,未经国家计委批准,任何企业都不得超计划生产。对现有汽车生产厂,根据调整的精神,按油耗、质量、价格等条件,分为三类,一类是各方面条件较好的汽车生产重点工厂,要优先安排生产;二类是从长远看,生产条件不具备,车型质量也不好的,但要有一二年过渡,通过调整改组和专业化协作等办法才有条件继续生产的;三类是质量不好,油耗高,亏损严重,没有发展前途的,应关停并转。具体方案由国家机械工业委员会拟订。”与此同时,“为了有效地控制汽车的生产和进口,从 1981 年起,实行汽车一联付款、一联领取牌照、一联供油的汽车供应证制度。汽车应尽量分配到具体使用单位,减少中转环节。必须由经营单位中转时,凭合同另附第一联的副联,发经营单位,作为付款凭证,但只能中转一次。汽车供应证

① 中华人民共和国国家经济贸易委员会编:《中国工业五十年》第 6 部上卷,中国经济出版社 2000 年版,第 140 页。

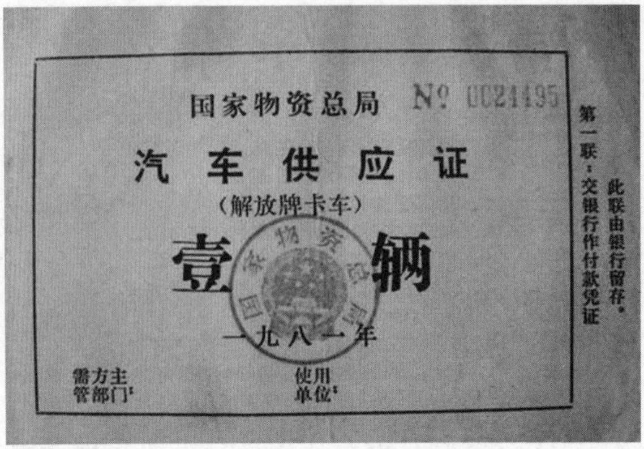

1981年国家物资总局印发的汽车供应证

由国家计委制订,委托国家物资总局统一印制,分别发给有关部门。没有汽车供应证,银行不得付款,商业部门不发供油证,公安、交通部门不发给牌照。上述有关单位,每年对发放的汽车供应证、供油证和牌照,要进行核对。如发现数量不符合的,应进行检查,对不执行上述规定的单位或个人,要查明原因给予纪律处分。"①这就是所谓加强计划管理的具体内容,其总的原则就是限制,无论是汽车的生产还是进口,都被施加了各种限制。

由于当时在计划管理之外还存在着市场调节,所以《规定》的第2项举措为:"市场调节必须接受国家计划的指导和执行国家有关规定。接受来料加工、协作生产,必须按国家规定的数量,由一机部负责组织。要择优安排,有利竞争。收料、收费标准要合理,由一机部拟订具体办法,经国家机械工业委员会批准执行。"第3项举措则特别强调了轿车的特殊性:"小汽车(包括小轿车、吉普车、旅行车、工具车,下同)和大轿车是国家统一管理的专项控制商品,所有机关、团体、企业购买小汽车和大轿车,除有汽车供应证外,还需按照国家规定,持有社会集团购买证才能购买。"②这一举措很明显地表明,中国政府早已认识到轿车在汽车中具有特殊性,因而其管控更为严格。这为此后的产业政策也埋下了伏笔。

不过,最具有产业政策意味的举措还是第4项:"严格控制进口汽车。为了保护国内汽车工业,各部门、各地区进口汽车,必须按照国务院国发[1981]6号文件办理审批手续,对小汽车的进口,更应严加控制,有特殊需要时必须报国家机械工业委员会审批。未经批准,一律不发汽车

① 中华人民共和国国家经济贸易委员会编:《中国工业五十年》第6部上卷,第140—141页。
② 中华人民共和国国家经济贸易委员会编:《中国工业五十年》第6部上卷,第141页。

供应证。”[①]对于市场经济国家来说，产业政策之本意本就在于保护与扶植国内产业，使其具有与外国产品竞争的实力。因此，《规定》虽然不是真正的产业政策，但提出通过控制进口汽车来保护国内汽车工业的举措，已经具有产业政策的性质了。

至于举措的第5项与第6项，则显然是计划经济体制的一部分，分别为：“改进汽车的分配、调拨管理工作。列入国家分配计划的汽车，仍由国家物资总局分配。分配办法，要根据财政分级管理后的新情况进行调整，原则上应按供应渠道分配，取消过去条条戴帽下达的做法，克服汽车分配和资金来源不一致的矛盾。今后国家分配给各部门、各地区的载重汽车应主要用于更新，淘汰耗油高的老旧汽车。汽车（包括小汽车）的更新办法按计综[1980]666号文的规定，凭‘更新汽车技术鉴定表’办理，国家不另发汽车供应证。”以及：“各种展销会、交易会，各级物资系统的公司，各部门的供销机构，都不得议价倒卖汽车，不得重复收取管理费。”[②]

值得一提的是，该《规定》还附有《汽车供应证发放办法》，其条款具有鲜明的计划经济色彩。如第三条规定：“国家计划内分配的汽车供应证，由国家物资总局发给使用单位的主管部门和地区。如发生订货合同少于生产任务时，国家物资总局应在全年订货会议结束一个月后，将汽车供应证转交一机部，然后组织企业自销。经批准在国家计划指导下，进行市场调节增加生产的汽车，供应证发给一机部、国防工办和地方。经供需双方同意，不能履行合同的汽车，由生产厂负责及时清理，分别报告一机部和国家物资总局，国家计划内分配的，需方将汽车供应证退国家物资总局；市场调节的退一机部，地方任务退有关省、市、自治区计委。”[③]这一汽车供应证的发放办法，实际上也反映了在计划体制下汽车的生产与分配流程。总体而言，在20世纪80年代初，中国的汽车生产还高度受国家管控，不由企业自主，而汽车在中国社会也仍然是一种紧俏的短缺物资。

但是，透过《规定》的用意及其举措，我们可以推测的是，当时一定存在

---

①②③ 中华人民共和国国家经济贸易委员会编：《中国工业五十年》第6部上卷，第141页。

着《规定》所禁止的现象，如汽车生产突破计划、汽车进口突破计划等。因此，国家出台的相关政策，更多的是对计划体制正常运转的一种补救。而所谓计划外生产，实际上体现了企业开始出现的市场主体自觉性。

根据笔者所查到的档案，1982 年 4 月 26 日，国家计委与国家经委曾下发《关于汽车生产情况的通报》提出："在安排今年汽车生产计划时，根据去年国务院节能三号指令精神，根据油料平衡紧张及汽车库存较多的情况，压缩了汽车生产厂点，调减了汽车生产指标，并于今年 1 月 3 日由国家计委、国家经委、国家机械委发文，对今年实行汽车生产供应证办法作了补充规定，要求严格按国家计划发放生产供应证。"①不过，从两个月的执行情况来看，"一些地区、部门和企业，出现不按国家计划生产的情况。一是有些地区和部门在国家计划外盲目扩大生产厂点。1982 年国家计划生产汽车 15 万辆，定点企业共 39 个。据不完全统计，全国目前正在生产、试制汽车的厂点还有 100 多家。许多地区和企业来人来文要求追加或增列国家生产计划指标，总数近 5 万辆。而第一汽车厂等骨干企业，按照国家计划规定生产的汽车，由于订货不足，造成积压。二是盲目发展中、轻型柴油汽车。近几年来，柴油供应日趋紧张，去年供应量比前年减少了 116 万吨，今年又比去年减少 180 万吨。为此，近期内不宜发展载重 6 吨以下的柴油汽车。但一些地区要求增加生产的 5 万辆汽车中，大部分是中小吨位的柴油车。有的单位还将已有的汽油车改装为柴油车。列入国家计划的 39 个生产厂中，有 20 多个厂为了打开销路，也将汽油车改装为柴油车。"国家计委认为："上述问题如不适当解决，将给国民经济带来不良后果：(1)直接影响国家重点骨干企业汽油车的生产，甚至造成产品积压；(2)给汽车工业的进一步调整改组和专业化生产带来更大困难；(3)加剧柴油的供需矛盾，影响农业用油和农业生产；(4)影响专业运输部门的汽车不能充分发挥作用；(5)影响用第二汽车厂东风牌汽车和第一汽车厂改型后的解放牌汽油车更新现有能耗高的旧汽车的步伐。"因此，"为了制止目前这种盲目发展汽车生产的倾向"，国家计委发出新的通知，包括：(1)"重申今年 1 月 3 日国家

① 《国家计划委员会计机[1982]310 号》，1982 年 4 月 26 日，上海市档案馆藏档 B1-9-660。

计委、国家经委、国家机械委计机(1982)05号文件关于1982年实行汽车生产供应证办法的补充规定，严格根据国家确定的汽车生产计划组织生产和发放供应证。凡没有列入国家计划和没有生产供应证的，一律不得安排生产和承接订货。各地区和有关部门要认真执行生产供应证办法中的有关规定，不得在生产供应证上附加其他条件或采取各种形式的封锁政策”。(2)“今年国家确定的汽车生产计划指标不要突破”。(3)“近期内要控制中轻型柴油汽车的生产”。(4)“为了节约能源……积极支持各单位用第二汽车厂的东风牌汽车、第一汽车厂改进后的解放牌汽车，更新现有老旧汽车”。(5)“为了大力支持农业生产，要充分发挥交通运输部门运输工具的潜力，组织好农业物资季节性的运输”。[①]由此可见，国家政策在实际执行过程中并没有被完全贯彻。值得一提的是，笔者所见档案原件上还有一条批注:“应严格限制汽车进口。”可见当时按计划定点生产汽车的厂家，承受的压力既来自国内突破计划的厂家，又来自进口汽车。

汽车与交通运输有密切关系，因此，汽车工业的相关政策会影响到交通运输，交通运输政策也会影响到汽车工业。从宽泛的意义上说，存在着一种汽车工业相关政策，即除了直接针对汽车工业发展的政策外，还有一些政策会间接影响到汽车工业。这类政策虽非产业政策，但对产业的发展往往具有深远影响，理应一并考察。

1985年4月2日，国务院颁布了《车辆购置附加费征收办法》，共21条。该办法第一条说明:“公路是为全社会服务的基础设施。为加快公路建设，以满足社会经济发展和人民生活水平提高对公路交通日益增长的需要，决定设置车辆购置附加费，作为公路建设专用的一项资金来源，特制定本办法。”[②]事实上，车辆购置附加费直接影响到车辆购买者与消费者，在市场经济条件下，也就直接影响到需求侧了，而需求侧的变动必定反过来影响供给侧，也就是汽车生产商。当然，1985年的中国还不是一个市场经济体，但相关规定对汽车生产仍会产生潜在的影响。该办法的第五条规定

① 《国家计划委员会计机[1982]310号》，1982年4月26日，上海市档案馆藏档B1-9-660。

② 中华人民共和国国家经济贸易委员会编:《中国工业五十年》第7部上卷，第183页。

了车辆购置附加费的征收范围，包括："（一）国内生产和组装（包括各种形式的中外合资和外资企业生产和组装的，下同）并在国内销售和使用的大、小客车、通用型载货汽车、越野车、客货两用汽车、摩托车（二轮、三轮）、牵引车、半挂牵引车以及其他运输车（如厢式车、集装箱车、自卸汽车、液罐车、粉状粒状物散装车、冷冻车、保温车、牲畜车、邮政车等）和挂车、半挂车、特种挂车等。（二）国外进口的（新的和曾使用过的）前款所列车辆。"在征收方式上，"国内生产或组装的车辆，其车辆购置附加费由生产厂或组装厂代征，以车辆的实际销售价格为计费依据。组装自用的车辆向所在地交通部门缴纳车辆购置附加费，参照同类车辆的当地价格计费。国内生产和组装的车辆购置附加费费率均为10％。"而"国外进口的车辆，其车辆购置附加费由海关代征，以计算增值税后的计费组合价格（即到岸价格＋关税＋增值税）为计费依据，费率为15％"。①该办法也规定了免征对象："（一）设有固定装置的非运输用车辆。（二）外国驻华使领馆自用车辆，联合国所属驻华机构和国际金融组织自用车辆。（三）其他经交通部、财政部批准免征购置附加费的车辆。"②

《车辆购置附加费征收办法》的颁布，无疑抬高了汽车的价格，对汽车工业来说，其影响要看市场环境是供不应求还是供过于求。而在1985年的中国，由于价格体系和市场机制尚不健全，这种影响不完全具有市场经济条件下的意义。但是，值得注意的是，在征收费率方面，对国产汽车的购置附加费费率设为10％，对进口汽车的费率则设置为15％，显然也具有保护国内汽车工业的倾向性，从而使该办法也打上了产业政策的烙印。

1988年1月26日由交通部颁布的《汽车货物运输规则》同样牵涉到汽车。该规则共84条，其要旨在于"加强汽车货物运输的组织管理，明确承运人和托运人的权利、义务，维护正常的运输秩序"。③其中，直接与汽车有关的是第二节"货运车辆"，包括两条。第九条："运输经营者应当根据承运货物的需要，提供经济适用的车辆。特种货物、零担货物、集装箱等运输车

①② 中华人民共和国国家经济贸易委员会编：《中国工业五十年》第7部上卷，第183页。
③ 中华人民共和国国家经济贸易委员会编：《中国工业五十年》第7部上卷，第224页。

辆，应符合专项规定。”第十条：“货运车辆必须经车辆管理部门审验合格，技术状况良好，车辆完整清洁，并配备必要的工具。”[①]这两项规定涉及汽车的质量问题，但与汽车厂商的直接关系不大。因此，《汽车货物运输规则》在汽车工业相关产业政策中，属于影响较弱者。

随着时间的推移，中央部委出台的政策也越来越多地指向汽车工业本身。1989 年，国家计委发布了《关于加强小轿车销售管理的意见》[②]，一方面延续了计划经济体制下对轿车这种特殊商品的管控，另一方面也明确形成了促进汽车工业发展的产业政策。该《意见》的发布是为了“治理经济环境，整顿经济秩序，达到治乱和理顺的目的”，具有鲜明的时代背景。《意见》的具体内容可以分为三个方面：

首先，《意见》直接对小轿车的销售提出了加强管理的意见，既包括清理整顿小轿车的销售点，又包括明确小轿车销售点的业务范围。按照规定，清理整顿后的小轿车的销售点为各省、自治区、直辖市及计划单列市的机电设备公司、中国汽车贸易总公司及其华北、东北、华东、中南、西南、西北汽车贸易中心和实行产品销售管理的生产企业，即北京吉普汽车有限公司、北京汽车工业联合公司、天津汽车工业公司、第一汽车制造厂、上海汽车拖拉机工业联营公司、广州轻型汽车供销公司、第二汽车制造厂、中国金燕汽车船舶工业公司。对上述销售点，以国家工商行政管理局（以下简称“国家工商局”）为主，会同物资部、中汽联重新核定后，由国家工商局颁发准许经营小轿车的营业执照。各销售点不得搞联营，也不许设分点。其他单位一律不准销售小汽车。在业务范围方面，在国家工商局核准的销售点中，除中国汽车贸易总公司及其所属的华北、东北、华东、中南、西南、西北汽车贸易中心可以搞批发业务外，其余销售点只能把小轿车直接销售给最终用户。北京吉普汽车有限公司、北京汽车工业联合公司、天津汽车工业公司、第一汽车制造厂、上海汽车拖拉机工业联营公司、广州轻型汽车供销公司、第二汽车制造厂和中国金燕汽车船舶工业公司只能把自己生产的产

① 中华人民共和国国家经济贸易委员会编：《中国工业五十年》第 7 部上卷，第 225 页。
② 中华人民共和国国家经济贸易委员会编：《中国工业五十年》第 7 部上卷，第 848—849 页。

品直接销售给最终用户或委托其他销售点销售。上述销售点，只能把小轿车销售给持有社会集团购买审批证明的用户。各地车辆监管部门一律凭核准的小轿车销售点的发票及社会集团购买的审批证明，办理小轿车牌照的发放手续。①从这些规定可以看到，当时的小轿车仍然是受到严格管控的物资，其销售并没有完全放开市场化，小轿车的批发销售尤其受到限制。

其次，《意见》对小轿车的价格管理做了详细的规定，而且试图利用价格政策促进轿车工业的发展。《意见》规定的价格管理的总的原则是，以国家物价局为主，会同物资部、中汽联逐一制订小轿车每种车型的出厂价格和全国统一的销售价格（含进口小轿车的销售价格）。制订价格时，应照顾各地区和生产企业的利益。为保证生产企业有积累和发展的后劲，可考虑在实际制造成本的基础上，按照合理的利润和销售税确定出厂价；合资企业的定价办法，按合同有关规定办理。在制订全国统一销售价格时，要考虑到经营费用、横向配套发展基金、车辆购置附加费和特别税等。各销售点应严格执行国家统一定价，各地不得再收取各种名目的附加费。横向配套费由生产企业代收，其中50%留给地方作为横向配套发展基金，另外50%统一上交国家，由国家计委会同中汽联统筹作为扶植全国轿车工业的横向配套发展基金。②国家将所收费用的一部分作为扶植轿车工业的横向配套发展基金，便是鲜明的产业政策了。更为明确的产业政策则为"调整关税税率，促进轿车国产化"："要继续执行国务院已批准的中外合资企业的优惠税率（以50%税率计征）。国家已经定点的第一汽车制造厂、天津微型汽车厂可比照中外合资企业享受50%的优惠税率。为促进国产化，散件进口按国产化进度实行级差关税，其征收办法由海关总署、国家计委、物资部、国家物价局和中汽联共同制订。凡享受促进国产化优惠税率的生产企业，应按国家批准的项目规划，制订出经有关主管部门认可的国产化计划，报海关总署核定后，才能在分年度进口关键零部件时，享受优惠税率。实现的国产化率（国产化零部件价格占整车价格的比例）达不到计划要求的，应相应补交差额部分的税款。"③《意见》中的关税政策，直接服务

①② 中华人民共和国国家经济贸易委员会编：《中国工业五十年》第7部上卷，第848页。
③ 中华人民共和国国家经济贸易委员会编：《中国工业五十年》第7部上卷，第849页。

据有关统计，1985 年仅仅是皇冠轿车的进口量就达到 17 000 辆以上，
成为国内公务车市场的主力车型之一

于小轿车的国产化，而当时中国小轿车的国产化，已经开始由合资企业主导，采取从散件组装到自己制造的路径，所以关税政策主要指向的是进口关键零部件的税率，试图通过让相关车企降低零部件采购成本，来激励企业国产化的积极性。不过，对于无法完成国产化计划的情况，《意见》也提出了惩罚的举措。

此外，《意见》还要求征收小轿车特别税，规定对进口整车、进口组装车和国产车一律征收小轿车特别税。征收金额按不同车种分不同档次。征收标准如下：(1)小轿车：进口整车每辆为 4 万元(东欧、苏联进口整车每辆 2 万元)，进口散件组装车每辆 1.5—2 万元，国产车每辆 1 万元。(2)吉普车：进口整车每辆为 3.5 万元，进口散件组装车和北京切诺基每辆 1—1.5 万元，国产车每辆 5 000 元。特别税由销售点代征，并按规定上交中央财政。特别税的征收金额，视市场销售情况，由国家计委牵头每年核定、调整 1—2 次。[①]我们可以看到，小轿车特别税的征收内外有别，国产车的征收金

① 中华人民共和国国家经济贸易委员会编：《中国工业五十年》第 7 部上卷，第 849 页。

额要低于进口车和组装车，这显然也是为了扶植国产轿车工业的发展，具有产业政策的意味。

最后，《意见》还对管理方面做了规定。一方面，《意见》要求加强小轿车的产销管理，指令性计划，视年度外汇、原材料情况和国家专项任务的需要情况，由国家计委逐年核定，其产品由国家分配、调拨，由上述销售点销售；指导性计划及由企业自筹原材料和外汇安排生产的小轿车，由有销售权的企业销售或委托其他销售点销售。另一方面，《意见》要求加强对销售点的管理，以国家工商局为主，组织有关单位，每半年对核定批准的销售点的工作进行一次检查，如有不执行上述通知者，取消其销售资格。同时，还规定加强小轿车销售管理的工作在国务院统一领导下，由国家计委负责协调。具体销售管理办法，由国家计委会同物资部、国家物价局、公安部、国家工商局和中汽联等有关部门制定。该《意见》从 1989 年 2 月 1 日起执行，由国家计委负责解释。①

《关于加强小轿车销售管理的意见》仍然是计划经济指令与市场经济调节并行阶段的政策，其出发点仍然是将小轿车视为一种特殊物资加以严格的管控，但是，《意见》明确通过关税税率等手段来扶植国产轿车的生产，已经属于产业政策的范畴了。而该《意见》的发布，本身意味着国家对于小轿车这一特殊汽车产品的高度重视。

除上述政策外，在改革开放的早期，国家还出台了一些直接与汽车生产和使用相关的政策。例如，1987 年 9 月 9 日，国家工商局、中国汽车工业联合会发布了《关于加强拼装汽车管理的通知》②，称："近来，一些企业违反规定拼装、出售汽车，严重损害了用户利益，给交通安全带来隐患。"因此，"为加强对汽车生产和销售活动的管理，制止拼装汽车的活动"。该通知要求各生产汽车企业必须具备一定条件方可进行汽车生产和销售活动，这些条件包括：(1)生产汽车的企业，必须按规定报经主管部门批准并列入国家年度汽车生产企业目录及产品目录内，方准生产；销售汽车的单位，必

① 中华人民共和国国家经济贸易委员会编：《中国工业五十年》第 7 部上卷，第 849 页。

② 中华人民共和国国家经济贸易委员会编：《中国工业五十年》第 7 部上卷，第 843—844 页。

须经省、自治区、直辖市主管部门批准，并由工商行政管理机关核发经营企业的营业执照后，方可经营。(2)汽车产品所使用的商标，不得与他人的汽车注册商标相同或近似，更不得假冒他人注册商标。企业生产汽车使用他人注册商标时，必须经商标注册人许可，依法签订商标使用许可合同，并报送有关工商行政管理机关备案。被许可人生产的汽车，质量必须达到商标注册人生产的同类型车的质量水平。(3)列入国家年度汽车生产企业目录及产品目录内的汽车生产企业，按照汽车归口管理的规定，基本车型须经中国汽车工业联合会鉴定批准；在已鉴定的汽车产品基础上的变型车、专用车，须经国务院有关部门或省、自治区、直辖市汽车工业主管部门鉴定批准，并报中国汽车工业联合会备案。(4)凡属国家年度汽车生产企业目录及产品目录以外的汽车产品都必须经过中国汽车工业联合会质量监督检验中心(所)检验合格，持有中国汽车工业联合会开具的证明，交通管理部门才能为用户办理核发牌照的手续，方准予销售。对于违反上述(3)、(4)两项规定生产的汽车或以各种不同类型零部件擅自组装的汽车均属于“拼装汽车”，擅自组装的一、二、三类底盘也按“拼装汽车”对待。该《通知》还规定：“已将‘拼装汽车’出售的，其非法收入应予没收并处以销货额10%的罚款，售出的汽车能追回的应予以追回，由卖方将货款退回买主，并负责将追回的汽车拆解；对尚未出售的拼装汽车，每辆车处以1 000元的罚款，并责令拼装单位将汽车就地拆解，其合格的零部件可作汽车维修之用，不允许再行拼装，违者加重处理。对倒卖拼装汽车的，没收其非法所得，并处以销货额10%的罚款。售出的车辆能追回的应予追回，由拼装单位将货款退回买主，车辆交有关部门收购和拆解，收购款退给拼装单位。”[①]该项政策对于交通安全有着重要意义，对汽车工业来说，则仍然牵涉到生产与销售两方面的管控。

再如，1990年6月25日，国家计委发布了《关于加强老旧汽车报废更新工作的通知》。该《通知》首先阐述了汽车报废更新工作的意义：“汽车的更新改造，是国民经济技术改造的重要内容之一，它对促进我国汽车工业

---

① 中华人民共和国国家经济贸易委员会编：《中国工业五十年》第7部上卷，第844页。

的发展，节约能源，发展交通运输事业，减少交通事故隐患，增加废钢铁的回收，减轻对环境的污染，提高社会经济效益都具有重要意义。国家对这项工作十分重视，1980年以来，曾多次做过布置，各地区、各部门做了大量的工作，也取得了一定的成效。据不完全统计，1986—1989年四年间共报废更新汽车43万辆。但是，由于受各种条件的制约，汽车报废更新的进度还不够快。根据最近国务院总理办公会议要求，对'旧汽车更新，要作为一项配合汽车生产和节约能源的措施，强制一部分小汽车、卡车按一定标准更新。请公安部认真配合，更新的汽车要确实不再使用，做到换车不增车'的指示精神，为了加速老旧汽车报废更新工作的步伐，加强对旧车市场的管理，做好报废汽车的回收工作，现就有关问题通知如下"①。为了加快更新步伐，对报废后购车的单位，持报废证明，一年内可以享受相关优惠，包括"对购车资金确有困难的企业，银行按有关规定给予贷款；国营企业允许在所得税前还贷，还贷款期限可放宽到三年"，以及"更新的汽车继续保证供油"等。②

总的来说，尽管在整个20世纪80年代，中国都缺乏直接的汽车工业产业政策，但政府颁布了一批与汽车工业相关的政策，涉及汽车的生产与销售。由于体制改革的渐进性，这些政策不可避免还带有计划经济的色彩。不过，在一些汽车工业相关的政策里，中国政府已经有明确的意识要通过相关政策手段扶植本国汽车工业的发展，这就使中国汽车工业产业政策的雏形开始出现。

二、汽车工业管理体制的变革

政策的制定与实施依赖于一定的管理机构去推行。改革开放以后，中国汽车工业相关政策的出台，与汽车工业管理体制的变革，是同步进行的。

在计划经济体制下，中国的汽车工业是由第一机械工业部（简称一机部）下设的专业局进行管理的。1980年2月，国家机械工业委员会成立了

① 中华人民共和国国家经济贸易委员会编：《中国工业五十年》第7部上卷，第829—830页。

② 中华人民共和国国家经济贸易委员会编：《中国工业五十年》第7部上卷，第830页。

以饶斌为组长，范慕韩、冯克为副组长的汽车工业小组，调查研究汽车工业情况，制定了《全国汽车工业调整改组方案（试行）》。1981 年 3 月，国家机械委将汽车工业小组改为汽车行业调整规划协调小组，实施汽车工业调整改组，组建以工业城市、工业基地为依托，以同类车型的骨干企业为基础的东风、南京、解放、重型、京津冀、上海 6 个汽车工业联营公司，同时筹建中国汽车工业公司。①这一主管部门管理体制的变迁，是与市场化的改革大趋势相符合的。

1981 年 12 月 31 日，国务院以国发[1981]182 号文件批准了《关于成立中国汽车工业公司的报告》。该《报告》起因于“我国的汽车工业，建国以后有了较大发展，但产品落后，科研薄弱；管理多头，重复建设；生产批量小，专业化程度低”，故需要“迅速改变这种落后面貌”。该《报告》共分 4 个部分。第一部分“公司的性质和任务”，明确：(1)公司是遵守国家政策、法令并在国家统一计划指导下，独立从事生产经营业务和核算的经济实体。公司按工贸结合、产销结合、进出口结合、科研和生产结合的方针以及责任、权利、利益一致的原则组建和进行经营管理。具有法人资格。(2)公司在国家计划、物资、财政、信贷、基建、劳资、外贸等诸方面单独立户，并与国家各有关部门直接建立经济业务关系。(3)公司保证完成国家计划和上缴税利任务，对国家负经济、法律责任；负责编制全公司的中、长期发展规划、调整改组和企业技术改造方案，并组织实施；不断改善企业管理，提高经济效益，以节能为中心改进产品技术性能，发展系列新产品，以满足社会对各类汽车不断增长的需要，并逐步进入国际市场；负责培养汽车行业技术、经济管理人员，做好职工的教育和管理工作。②我们可以看到，中国汽车工业公司的设计方案是成立一个独立的“经济实体”，这是与体制改革的运用经济手段管理工业的宗旨相一致的。

该《报告》的第二部分为“管理的范围和联合形式”，包括：(1)公司统一领导所属各汽车工业联营公司、汽车附配件联营公司，直属工厂及科研情

① 本书编审委员会：《中国汽车工业史(1901—1990)》，第 257 页。
② 中华人民共和国国家经济贸易委员会编：《中国工业五十年》第 6 部下卷，第 2206 页。

报、工厂设计、院校等单位，负责组织所属联营公司、工厂从事科研、生产、销售、技术服务和进出口的经营管理业务。(2)按照专业化协作的要求和生产的需要，发展各种形式的经济联合，把企业合理地组织起来。企业参加公司，当前采取以下三种形式：第一种，实行"供产销、人财物"六统一的紧密联合，改变现行隶属关系，由公司直接领导。第二种，实行"供产销"三统一的不同程度的松散联合，并逐步从松散走向紧密。企业的隶属关系和财政渠道暂不改变，但产品发展、调整改组应纳入公司的统一规划。在科研和技术改造费用上，企业原来的主管部门应予支持。实行这两种联合的联营公司里，需有几个隶属于中国汽车工业公司的骨干工厂为基础。其具体实施步骤、企业的划转工作和经济利益分配办法，在公司成立后，与有关部门和省、自治区、直辖市协商确定。第三种，由各联营公司同有关部门、地方的汽车行业企业实行某一方面的联合或合营(如合作生产、补偿贸易、组织联销、资金入股等)。这些企业以合同或协议形式与联营公司发生联系。①很显然，中国汽车工业公司是在已有的汽车企业之上，设立了一个新的以经济实体形式运作的管理机构。

该《报告》的第三部分为"组织机构"，其设想为：(1)公司实行管理委员会领导下总经理负责制。管委会审定公司及所属企事业单位的重大经营方针、发展规划、产供销计划、重要契约以及公司预算、决算、分配方案和建设投资等重大问题。管委会设主任1人，副主任若干人。(2)公司设总经理1人，副总经理若干人。总经理执行管委会的决议，指挥日常生产经营活动。(3)公司本着精简和讲究效能的原则设置办事机构，干部人数暂定200人，属企业编制。公司设在北京。(4)公司成立后，撤销一机部汽车总局。②从体制上来说，最为重要的改革无疑就是成立公司而撤销专业管理局。

该《报告》的第四部分为"经营管理"，条款颇为细致。总的原则是，公司与所属各联营公司实行分权制，各级分别实行责任、权利、利益相结合的原则，建立各级经济责任制。具体而言，则为：(1)公司是国家统一领导下

---

①② 中华人民共和国国家经济贸易委员会编：《中国工业五十年》第6部下卷，第2207页。

的独立计划单位。负责编制年度生产计划，报国家批准后实施。所需统配、部管物资和配套产品的分配供应，随生产计划安排。在新的办法未制定前，原有供应渠道，协作关系暂不改变。属地方平衡分配的物资，仍按原来办法供应。(2)根据“改变封闭的、少渠道、多环节的商品流通体系，建立多渠道、少环节、开放的商品流通市场”的原则，公司组织各联营公司、企业做好销售、技术服务、质量反馈等工作。(3)公司制订科研、新产品研制，新工艺等技术发展规划和技术改造方案，并建立项目审定责任制度。大中型技术改造项目、技术引进、与国外合资和合作生产项目，按国家规定的审批程序办理。小型技术改造项目和零星措施项目，分别由公司、联营公司和工厂审定。(4)公司负责产品品种和生产组织的调整工作。对参加松散联合企业的调整，要征求有关地区(部门)的意见。(5)公司统一规划组织所属企业经营进出口业务，并建立相应的外贸机构。组织所属联营公司、企业同国外进行技术交流、洽谈出口贸易和签订合同(协议)，办理对外邀请、派员出国考察与培训和组织技术服务，公司要组织好引进技术的吸收消化，按照计划保证实施进度和经济效果。(6)公司逐步实行按行业全额利润留成办法。企业实行哪一种盈亏责任制，由公司与财政部根据企业的具体情况商定。汽车行业的固定资产折旧率要根据不同企业的情况适当提高。其他如科研发展基金，公司内部互相协作的产品和劳务的减免税等问题，也应解决。①从方案看，中国汽车工业公司无疑相当于一个中国若干汽车企业联营体的总部，并承担了过去政府专业局的职能。该方案基本上得到了落实。

1982 年 5 月，经国务院批准，中国汽车工业公司(简称中汽公司)在北京成立，同时撤销一机部汽车总局。在国家统一计划的指导下，中汽公司以各联营企业为主体，是独立经营的经济实体。同时，受国家委托，中汽公司还肩负着管理汽车行业的长远规划、产品发展、生产计划等方面的使命，研究并提出有关汽车工业的方针、政策、法规和标准，提请国家决策。事实上，中汽公司在国家计划中单独立户，相当于国务院直属局级，行政归口机械工业部领导。②因此，中汽公司的性质颇为特殊，既具有经济实体的色

① 中华人民共和国国家经济贸易委员会编:《中国工业五十年》第 6 部下卷，第 2207—2208 页。
② 本书编审委员会:《中国汽车工业史(1901—1990)》，第 257 页。

彩，但同时也保留了行政管理机构的部分职能，颇为典型地反映了中国由计划经济体制向市场经济转型的过渡性。

中汽公司实行的是董事会领导下的总经理负责制，首届董事会由各联营公司和主要企业的负责人，主要使用部门代表，有关的技术、经济专家共29人组成，任期为3年。首届董事长为饶斌，副董事长刘守华，总经理为李刚，总工程师系陈祖涛。公司成立后，相继组建下属的中国汽车零部件工业联营公司、中国汽车工业销售服务公司、中国汽车工业进出口公司、中国汽车工业物资供应公司和中国汽车工业投资开发公司。[①]对中汽公司来说，董事长饶斌可谓其灵魂人物。

饶斌是中国汽车工业的奠基人之一，直接领导建成了第一、第二汽车制造厂等大型汽车工业基地，1979年调到一机部，任副部长，并分管汽车轴承局，后担任一机部部长。据原国家机械工业部部长何光远回忆，1982年4月，一机部、农机部、仪表总局、成套总局合并时，成立了一个由4个单位的6位领导组成的领导小组，负责确定机构设置和人员调配，饶斌任组长。正当饶斌带领领导小组为新组成的部门筹备时，国务院主管领导召集小组成员开会，宣布"周建南同志将担任未来的机械工业部部长，饶斌同志去筹建中国汽车工业公司，任董事长，中汽公司是正部级单位"。然而，等到公司正式成立，在京西宾馆召开成立大会时，有关领导又在大会上说："公司就是公司嘛，公司就不定级别了。"[②]这已经预示了该公司此后地位的不确定性。然而，饶斌没有表露出任何抵触的情绪，而是完全服从组织的决定。据陈清泰回忆，饶斌曾说："中国的汽车工业若达不到年产100万辆，我真是死不瞑目。"[③]这是一位以中国汽车工业大局为重的干部。1982年5月5日，在中汽公司首届董事会第一次会议上，饶斌指出公司的历史任务为：(1)改革管理体制，把公司办成企业性质的经济实体，结束单纯用行政办法管理企业的历史。学会用科学的管理技术和经济办法管理企业，

① 本书编审委员会：《中国汽车工业史(1901—1990)》，第257页。

② 何光远：《忍辱负重 奋斗一生》，本书编委会编：《中国汽车工业建设杰出的奠基人和开拓者：饶斌同志诞辰100周年纪念文集》，北京理工大学出版社2013年，第4—6页。

③ 陈清泰：《饶斌，一位极富人格魅力的好领导》，本书编委会编：《中国汽车工业建设杰出的奠基人和开拓者：饶斌同志诞辰100周年纪念文集》，第8页。

事事注重经济效益，时时注意为用户服务。(2)改革企业机构，结束汽车行业分散、重复、“小而全”小生产格局的历史。推动企业联合、改组、改造，走专业化大生产的道路。(3)改革不利于产品发展的制度，结束汽车产品几十年一贯制、踏步不前的历史。要掌握现代化产品设计、试验、研究的科学方法，搞好产品升级换代，实现产品“三个一代”，并围绕这个目标进行技术改造，不断改进提高产品水平，使部分产品进入国际市场。(4)改革生产组织形式，结束单一品种生产的历史。实现系列化多品种生产，以扩大服务领域，适应用户多方面的需要。(5)改革企业内部管理结构，结束企业只抓生产和工艺，不抓产品研究发展和销售服务的历史。要建立健全“三套机构”，学会“三套本领”。(6)改革汽车产品结构，适应交通运输结构的变化，结束汽车工业缺重少轻的历史。改变汽车产品的构成比例，积极发展各种专用汽车，更好地为国民经济各部门服务。①这些任务很明显仍然具有政府管理职能的色彩。

从1982年到1987年，饶斌前三年半任中汽公司董事长兼中共党组书记，后一年半任中共中央顾问委员会委员。据李刚回忆，这五年中，在饶斌的领导下，中国汽车工业取得的进步包括：(1)第二次打破条块分割，大规模调整了汽车工业的产业结构。中国汽车工业的第一次大调整是20世纪60年代的试办托拉斯，然而由于“文革”的爆发而终止。第二次大调整的规模更大，横跨27个省市和10个产业部门，以骨干汽车厂为核心，把占全行业产值80%的291家企业和45万职工组成7个联营公司。全国散乱的73家汽车整车制造厂调整为37家，其余改造成为汽车改装厂、专用车厂、总成厂。(2)第一次启动了全行业、全系列汽车产品的改型换代，改造了产品结构。(3)创新企业和产业的管理体制。李刚称：“饶斌同志提出要探索一条能使国有企业的微观搞活，全行业的宏观调控搞好，全面振兴国有经济的路子。为此，我们拟定了中汽公司、各联营公司和工厂企业的三级管理体制，各联营公司的组建由以产品为龙头，由松散、紧密联营准备逐渐走向合股的联营；各联营公司的直属企业全面实现了递增利润包干；一、二汽

① 中国汽车工业公司编：《中国汽车工业年鉴1983》，机械工业出版社1984年，第10页。

两个厂实行了计划单列，为全部企业走上经营实体做好了准备。”同时，中汽公司开创和拓宽了行业管理业务，为行业的自律管理和沟通国家对行业的计划、政策、法律、行政调控创造了条件。如争取到10％的企业对产品的自销权；为加强汽车舆论宣传和新闻媒体建设，创建了《中国汽车报》；为加强行业综合技术管理，创建了中国汽车工业天津技术研究中心；为加强行业经营信息管理，创建了信息、微波通讯网；为加强行业汽车人才培育，接收了武汉工学院，整顿了6所企业办大学、各级中专和技工学校，形成行业的在职教育网络等。①

不过，最为重要的是，在饶斌的努力下，中汽公司为提高汽车工业的地位而开展了各项工作，进而影响到国家政策。饶斌对于中国汽车工业的判断是具有战略眼光的，中汽公司刚成立时，饶斌就提出中汽公司的主要任务是解决中国汽车工业“缺重少轻”的问题。所谓“缺重少轻”，是指当时中国的汽车工业既缺乏重型汽车的生产能力，又缺乏对轻型汽车的大量生产。在1984年的北戴河会议上，饶斌又提出中国汽车工业的重心应从生产卡车为主转到生产轿车为主上来。中国汽车工业总公司原董事长蔡诗晴回忆称：“在我看来，饶斌同志思维非常清晰，他知道若没有轿车工业，就不能更快地提高中国汽车工业的技术水平、管理水平和经营水平，就不能适应国民经济发展的要求和满足人民生活消费的需要。这是中国汽车工业一个很重要的指导思想。”②在计划经济时代，中国汽车工业遵循比较优势，长期发展卡车以满足货物运输的经济需求和军事运输的国防需求。③饶斌提出要从生产卡车为主转向生产轿车为主，是对中国汽车工业战略方向的重新规划。

为了给本行业争取地位和资源，饶斌领导下的中汽公司向中央全会建议，要把汽车制造业作为重要的支柱产业。据吴法成回忆，中汽公司成立后，从1982年到1983年，共召开4次董事会，逐步明确了汽车工业大发展

① 李刚：《最后五年的拼搏——纪念饶斌同志逝世十周年》，本书编委会编：《中国汽车工业建设杰出的奠基人和开拓者：饶斌同志诞辰100周年纪念文集》，第9—10页。

② 蔡诗晴：《饶斌同志有超前的战略思维》，本书编委会编：《中国汽车工业建设杰出的奠基人和开拓者：饶斌同志诞辰100周年纪念文集》，第23页。

③ 关云平：《中国汽车工业的早期发展（1920—1978）》，第237页。

的战略。在第四次董事会上，公司讨论和明确了汽车工业发展的战略目标、战略重点和战略部署，提出80年代汽车新产品形成能力全面起步和发展汽车零部件工业是重中之重的问题。①而据李刚回忆，在1985年7月送交党的十二届四中全会的《中共中央关于制定国民经济和社会发展第七个五年计划的建议》第五次讨论稿中，已经规定食品、服装、耐用消费品和建筑四个行业为支柱产业。在当年7—9月份的内部讨论酝酿会上，由于中汽公司的反映和要求，和以邓小平、胡耀邦等为首的党中央的支持，在9月份第八稿中终于加入了"根据加快交通运输建设的要求，要把汽车制造业作为重要的支柱产业，争取有一个较大的发展"一段话。9月16日该稿得到四中全会的通过，并提交给党代表大会讨论。在9月23日经过中共全国党代表大会热烈讨论后，认为上述前三个行业作为支柱产业不妥，只能是重点发展，而突出地把建筑业和汽车制造业作为支柱产业保留了下来。②于是，在《中华人民共和国国民经济和社会发展第七个五年计划》中，是这样表述的："围绕加快交通运输业发展的需要，努力扩大运输设备的生产。把汽车制造业作为重要的支柱产业。1990年生产各种汽车56万辆，主要车型的技术性能达到工业发达国家八十年代初水平。"③可以认为，中汽公司具有强烈的行业本位意识，也切切实实在为本行业争取利益。

事实上，从中汽公司创立之初，饶斌就领导该公司从各个方面试图突破传统计划体制。1982年，在"封车节油""以油定产"等计划经济、消极平衡思想的指导下，当年汽车计划产量由1980年的实际年产量22.2万辆下降到8万辆，在"汽车运力大于运量"的错误估计下，就是到1985年也不过安排生产20万辆，导致全行业面临停产整顿，人心厌战，情绪消沉，改革热情消退。但是，在这种形势下，饶斌并不气馁，他毅然提出"要提高汽车运

① 吴法成：《对饶斌同志开拓中国汽车工业振兴之路的回顾》，本书编委会编：《中国汽车工业建设杰出的奠基人和开拓者：饶斌同志诞辰100周年纪念文集》，第142—143页。

② 李刚：《最后五年的拼搏——纪念饶斌同志逝世十周年》，本书编委会编：《中国汽车工业建设杰出的奠基人和开拓者：饶斌同志诞辰100周年纪念文集》，第11页。

③ 全国人大财政经济委员会办公室、国家发展和改革委员会发展规划司编：《建国以来国民经济和社会发展五年计划重要文件汇编》，中国民主法制出版社2008年，第349页。

输在交通运输中的地位”，主张改造老车型，淘汰废旧车，要“节油增产”“节材增产”“节能增产”，要自筹材料增产。饶斌提出，生产什么车，生产多少车，要“着眼于用户和市场”，而不是为计划而生产。饶斌的观点，最终得到了国务院的原则支持，同意汽车工业“只要有市场、有销路，当然允许生产，不要限制”。此后，中汽公司不但年年增产，1985 年生产了 44.3 万辆，相当于原计划产量的 2.2 倍，而且利润税金、销售额同步增长，直属企业无一亏损，在近 300 家联营企业中，亏损企业由 26 家减少至 7 家。①

然而，在体制改革过程中，各种矛盾也无可避免。据李刚回忆，1984 年，有些领导批评饶斌“你们中汽公司搞垄断，中央直属企业是你们的亲儿子，地方企业是干儿子，你们有亲、疏之分”，饶斌听了十分惊讶。因为从公司成立之日起，饶斌就极力主张：“汽车工业的振兴和改革，要全行业一盘棋，全国一盘棋，不要一省、一市一盘棋，也不要一个厂、一个联营公司一盘棋。”他认为中国汽车工业的底子太薄，主张不仅要组建联营公司，还要组织联营公司间的联合与有偿协作。②然而，饶斌所受到的批评，反映了相关的矛盾是存在的。但中汽公司所面临的更大的问题还是其性质问题。李刚回忆：“1984 年 7 月，当我们满腔热情地把成立公司两年来的成果和根据薄一波同志的嘱咐要把中汽公司建成实体的方案向国务院汇报时，得到的指示却是：‘有人不同意你们搞成实体，还是搞成虚体吧！’当时，我和饶斌同志感到非常突然，当天我们在北戴河海滨疗养院通宵未眠，苦思不得其解，也不知道我们犯了什么错误，也不知道两年间上级政策为什么变得这么快，更不知道如何向中汽公司的职工交代。”③1984 年，当时的国务院领导就提出：“今后全国性的大公司不再搞，已成立的除个别总公司外，都不要搞成高度集中的经济实体。中汽公司要搞好行业规划、行业管理、包括搞好服务、提供信息、制订技术政策，以及对中、小型企业进行进出口业

① 李刚：《最后五年的拼搏——纪念饶斌同志逝世十周年》，本书编委会编：《中国汽车工业建设杰出的奠基人和开拓者：饶斌同志诞辰 100 周年纪念文集》，第 11—12 页。

② 李刚：《最后五年的拼搏——纪念饶斌同志逝世十周年》，本书编委会编：《中国汽车工业建设杰出的奠基人和开拓者：饶斌同志诞辰 100 周年纪念文集》，第 14—15 页。

③ 李刚：《最后五年的拼搏——纪念饶斌同志逝世十周年》，本书编委会编：《中国汽车工业建设杰出的奠基人和开拓者：饶斌同志诞辰 100 周年纪念文集》，第 15 页。

务服务和代理。中汽公司要给一汽、二汽等骨干企业很大的自主权，让他们放手发展，一、二汽基本上要在国家计委单独立户。”①而饶斌对李刚也只能表示：“反正全国和汽车工业的体制改革还要搞下去，不是我们搞，就是别人搞。中汽既然把它叫做公司就得搞实体。我们把一、二汽的羽翼搞丰满了，让他们飞吧！国家留给我们多少企业，我们就把它们搞好！至于流通领域的业务还很多，那也需要组织实体，我们还是大有可为的，回去后要好好组织一下。”②不过，在体制改革的大潮中，中汽公司原本所具有的政治地位是持续弱化的。

1985年5月30日，国家计委、国家经委、国家体改委、机械工业部联合下发了《关于汽车工业发展规划和管理体制改革若干问题的通知》，明确指出：“进一步扩大企业自主权，增强企业活力，这是汽车工业体制改革的中心环节”。为此，中汽公司要进行权力下放：“首先，中汽公司要在宏观规划指导下，把企业利用自筹资金进行技术改造，扩大再生产的自主权以及微观经济活动的自主经营决策权下放给联营公司和企业，真正做到企业有权选择灵活多样的经营方式；有权在总体发展规划经国家批准后，安排具体的技术改造和基本建设，有权在保证完成国家计划的前提下，根据实际情况安排自己的产供销活动；有权按国家有关规定，自主支配自留资金；有权依照规定采用合适的劳动工资奖励形式和干部选聘办法，以及自行确定企业内部机构设置和人员配备；有权在国家允许范围内根据市场变化和竞争需要，确定计划外产品的价格；有权用自销产品和超计划留成，允许用自销的产品与外单位进行协作，调剂物资余缺，或用自有资金向材料生产厂投资，取得所需要的原材料等等。”放权之后，“直属企业下放给联营公司直接领导，中汽公司主管的联营公司，企事业单位（包括一汽、二汽）的主要干部任免，仍由中汽公司负责”。③而中汽公司被要求“逐步办成企业性的联合开发服务公司”，即“不搞高度集中的经济实体”，其主要

① 本书编审委员会：《中国汽车工业史（1901—1990）》，第257页。

② 李刚：《最后五年的拼搏——纪念饶斌同志逝世十周年》，本书编委会编：《中国汽车工业建设杰出的奠基人和开拓者：饶斌同志诞辰100周年纪念文集》，第16页。

③ 中国汽车工业联合会编：《中国汽车工业年鉴1988》，机械工业出版社1989年，第33—34页。

职能是："在国家方针政策指导下做好统筹规划、综合平衡、开发经营、监督服务、组织协调工作。着重经营好为全行业服务的进出口公司、销售服务公司、材料供应公司、投资开发公司和技术情报咨询公司。"①这种虚化的结果，使中汽公司在很大程度上丧失了原有的对整个汽车工业的行政管理职能。

到了 1986 年 10 月 8 日，国务院领导在机械部和兵器部机构改革的请示报告上批示："中汽公司要撤销，可以搞成行业协会。"1987 年 5 月，中汽公司在《关于组建中国汽车工业联合会的报告》中称，联合会"是全国汽车(含摩托车)行业企事业单位自愿参加的联合组织"，与中汽公司相比，其性质、作用都应有显著变化："(一)由过去高度集中、独立经营的经济实体，转变为本行业企事业单位自愿参加的联合组织，在企业和政府之间起桥梁和纽带作用。(二)由过去主要依靠隶属关系和行政手段对企业进行直接管理，转变为通过服务对行业实行指导和间接管理，起协调、服务作用。(三)由过去行使一部分政府决策的行政职能，转变为给政府决策提供咨询、建议，起参谋作用。"其主要任务则包括："(一)调查国内外汽车工业发展方向，向国家提供汽车工业发展战略和发展规划的建议。(二)研究、反映企事业单位的意见和要求，提供信息、咨询、人才培养等服务。(三)组织起草汽车行业的法规、标准，按照国家授权发放生产许可证，并对产品质量实施监督。(四)协调汽车行业的生产、建设、科技、技术引进、进出口以及国际技术经济交流合作等工作。(五)国家授权的其他职能。"②经国务院批准，1987 年 6 月 25 日，中国汽车工业联合会(简称中汽联)成立，同时撤销中汽公司。中汽联挂靠在国家机械电子工业部，根据国家授权和委托，对全国汽车行业行使必要的行业管理职能，继续保持原中汽公司的计划渠道，在国家计划中单列户头，与国务院各部门和各省、自治区、直辖市直接建立业务联系。中汽联首批会员单位有 346 个，首届会员代表 132 名，代表 120 个单位，理事长为陈祖涛。

---

① 中国汽车工业联合会编：《中国汽车工业年鉴 1988》，第 34 页。

② 中国汽车工业联合会编：《中国汽车工业年鉴 1988》，第 36—37 页。

然而,经过一年多的试办,有关人士围绕中汽联的性质、任务和作用产生了各种看法,汽车行业的生产分散、重复建设等问题也没有得到明显的改善。1989 年 12 月 3 日,机械电子工业部向国务院上报《关于组建中国汽车工业总公司的请示》报告,次年 1 月 23 日国务院批复同意,2 月 11 日中国汽车工业总公司(简称中汽总公司)在北京成立。中汽总公司是管理汽车工业直属企事业单位的经济实体,对全国汽车(含摩托车)工业行使行业管理职能。该公司在国家计划中实行单列,享受副部级待遇,与各地区、各部门直接建立业务联系。[①]公司实行总经理负责制,任命蔡诗晴为总经理。而中汽联作为汽车工业行业协会,国务院认为可作为试点继续保留,但不再承担行业管理职能。1990 年 2 月 14 日,中汽联改组为中国汽车工业协会,协会不以营利为目的,不受部门、地区和所有制限制,是社会团体法人,协助中汽总公司搞好行业管理。[②]

笔者认为,改革开放初期,中国汽车工业的管理体制就确立了去行政化的大方向,并采取了组建行业公司的举措。但是,从中汽公司撤销到中汽总公司创立的反复,反映了管理体制的改革仍在摸索试验之中,并没有成熟的方案,也未能解决行业发展的某些问题。究其原因,改革的大方向是给企业放权,使各车企成为真正有自我决策权的经济实体,但是,国家对于汽车工业的统一规划又包含着对于生产分散、重复建设等问题的担忧,希望对车企的自由发展施加约束,而这两者是存在着冲突性的。因此,中国汽车工业管理体制的改革,仍将继续探索。

第二节　改革开放后中国汽车工业的早期发展

改革开放以后,随着管理体制的改革,以及相关政策的出台,中国汽车工业在 1994 年以前已经取得一定的发展。由于中国汽车工业直到 1994 年才有了正式的产业政策,故 1994 年可以视为一个重要的时间节点,此前

① 中国汽车工业总公司编:《中国汽车工业年鉴(1991)》,吉林科学技术出版社 1991 年,第 26 页。

② 本书编审委员会:《中国汽车工业史(1901—1990)》,第 258 页。

20世纪80年代末，三菱帕杰罗被进口到国内，其设计和性能惊艳了市场

中国汽车工业的发展在改革开放时代仍属于早期阶段。在这一阶段里，对整个产业来说，最重要的发展包括合资模式开始形成，以及散布型格局的延续。这些发展，实际上是中国汽车工业结构性特征在改革开放新的时代背景下的逻辑延伸。然而，确立轿车工业的发展目标，是真正的新变化。

一、 汽车工业合资模式开始形成

在1978年以前，尽管中国汽车工业不得不在被封锁的状态下自力更生，但其实从源头和本质上看，中国汽车工业走的是以技术引进为主导的发展道路。笔者曾将新中国成立以后汽车工业的演化路径分为3种模式：以一汽为代表的苏式体系移植模式，以二汽为代表的苏式体系本土化模式，以及以上海、北京等地汽车工业为代表的本土渐进演化模式。毋庸置疑，苏式体系移植模式就是大规模的技术与制度引进，而苏式体系本土化模式也是建立在前者的基础上，本质上仍以技术引进为底色。至于本土渐进演化模式，也有赖于苏式体系移植模式的技术扩散。①但更为重要的或许是，技术引进一直是中国政府相关部门与领导发展汽车工业的思路。

① 关云平：《中国汽车工业的早期发展(1920—1978)》，第232—235页。

1983年5月5日，北京吉普汽车有限公司合资经营
总合同及章程在人民大会堂正式签署

因此，改革开放之初，中国就积极向外寻求汽车工业技术引进的来源。也是在技术引进的基础上，与外国车企合作、合资造汽车的方案能够浮出水面。1979年3月，中国汽车工业的元老饶斌就亲自率领重型汽车和轿车两个团组，统一行动，分头出国考察。第一次行程为欧、美、日，遍访了13家位列全球汽车产销前茅的工厂。10个月后，饶斌再次率领重型汽车和轿车两个团组，缩小了出访目标，根据上次出访结果，有重点地探讨合作可能和合作模式，选定济南重型汽车厂与奥地利斯太尔汽车厂、上海汽车公司与德国大众汽车公司进行一对一谈判，回国后经国务院主管部门的同意，与两家外商进行商务谈判。①所以，技术引进的方针思路是中国汽车工业走向合资模式的基础，而其根源从一汽全面移植苏联汽车工厂就已经埋下伏笔了。

不过，真正的合资模式的开端却是从北京汽车工业发轫的。1979年

① 顾尧天：《聚宝——忆饶斌同志的领导艺术》，本书编委会编：《中国汽车工业建设杰出的奠基人和开拓者：饶斌同志诞辰100周年纪念文集》，第33页。

图为北京吉普汽车有限公司的切诺基车型生产线

春，美籍华人沈坚白带来当时的美国汽车公司（AMC）愿意同中国合作生产汽车的信息，美国汽车公司提供的车型为切诺基CJ系列4轮驱动轿车。一机部汽车总局和北京市政府认为可以利用该公司的资金、技术和管理经验，推动北京汽车工业的发展，促进中国汽车产品尽早进入国际市场。2月21日，一机部和北京市提出《关于北京汽车制造厂和美国汽车公司合资经营吉普车公司的报告》，3月3日国务院副总理余秋里和李先念等6位领导批复“原则同意”。经过反复协商，1983年2月，中汽公司总工程师陈祖涛、北京市经委主任张健民率团访美，与美国汽车公司签署合资合营备忘录。5月5日，两家企业在北京签署合资经营北京吉普汽车有限公司（简称北京吉普）总合同及章程，合同有效期20年，1983年6月1日起生效。[①]签约之后的12天内，美国汽车公司的股票涨了40%，每股从7.5美元涨到10.5美元。[②]可以说，当时市场对于中国的首家合资车企还是抱着很大的信心和乐观预期的。据后来出任了北京吉普公司副总经理的赵乃林回忆，之所以第一家合资车企出现在北京，原因是：“因为工厂规模适中，年产量才15 000辆车。当时饶斌就说，一汽、二汽太大，十几万人的厂搞合资太难，小的呢又不成气候，北京吉普属于刚好，而且五脏俱全。美国吉普，是著名产品，与北汽产品门当户对，而且是美方主动找上门来，拿这个公司做试验，是最

① 本书编审委员会：《中国汽车工业史（1901—1990）》，第223页。
② Jim Mann: *Beijing Jeep: A Case Study of Western Business in China*, p.93.

合适的了。"①

北京吉普汽车有限公司于1984年1月15日开业，公司开始注册资本为5 103万美元，其中，中方以厂房、设备和流动资金作价入股，占全部资本的68.65%，美方以现金和技术作价入股，占全部资本的31.35%。1985年该公司从美国引进切诺基轿车新产品，当年进行CKD工程技术改造，并生产出262辆切诺基轿车。为尽快形成批量和国产化，并应用切诺基技术，改进北京汽车制造厂原有的BJ212越野汽车，公司从1986年开始启动"七五"技术改造。1987年8月，美国汽车公司被克莱斯勒汽车公司兼并，美方股东变为克莱斯勒。到1990年，公司注册资本增为5 673万美元，其中美方股本增至38.25%，中方股本相应变更为61.75%。②值得一提的是，在最初的谈判中，最困难的地方在于美方提出的技术入股。按照双方的注册资金比例，美方提出美方的专利技术与工业产权以800万美元价值入股，对此，中方提出中方的BJ212越野车也应作价入股，但美方不同意，因其认为BJ212吉普谈不上技术水平，不能以技术入股。美方提出，如果中方将BJ212作价800万美元的话，美方的技术入股就作价1 600万美元。双方在这个问题上互不相让，谈判进入胶着状态。饶斌和北京市领导反复研究，考虑到合资公司的经营成本，经过协商和请示，决定中方放弃BJ212技术入股，中美双方终于达成共识。③由此可见，合资企业从一开始就包含合资双方的矛盾，需要协调解决。

北京吉普汽车有限公司实行的是董事会领导下的总经理负责制，第一任董事长为吴忠良，两位副董事长分别由中美双方派员出任，第一任总经理为美国人麦克·格雷格尔，副总经理为赵乃林。④这种人事安排体现了

① 赵乃林：《汽车工业改革开放的开拓者》，本书编委会编：《中国汽车工业建设杰出的奠基人和开拓者：饶斌同志诞辰100周年纪念文集》，第200页。

② 北京市地方志编纂委员会：《北京志·工业卷·汽车工业志　机车车辆工业志》，北京出版社2003年，第26页。

③ 北京汽车集团有限公司：《中国汽车工业对外合资合作之路的开拓者》，本书编委会编：《中国汽车工业建设杰出的奠基人和开拓者：饶斌同志诞辰100周年纪念文集》，第243页。

④ 本书编审委员会：《中国汽车工业史（1901—1990）》，第224页。

合资企业的协调性。然而，随着美方管理人员来到工厂，合资企业出现了管理文化上的冲突。美方管理人员抱怨中国员工不重视时间，他们总是希望中方人员动作更快，更为警觉，然而，他们觉得“时间对他们（中国员工）完全不重要”。从理论上说，中国工厂一天的工作时间开始于上午八时半，结束于下午五时半，但是实际上，生产工作开始得更迟，因漫长的午餐时间而中断，又比规定时间早一个或半个小时结束。①而且，作为中国最早的合资企业之一，北京吉普汽车有限公司的部分中国工人的观念也没有转变，他们视美方为剥削者。在组装线上，中国工人抱怨美国汽车工人1个小时被支付12美元，这对于中国工人来说是非常高的。他们比较了美国的指标和他们自己的工资，在北京吉普，平均工资仅为每个月200元人民币或54美元。然而，美方管理人员则更在意工厂缺乏安全措施以及工作纪律缺失，他们认为中国的工人们缺乏管理，他们发现，如果中国工人不想干某件事，地球上没有什么可以让他们去干。②此外，美方管理人员还发现工厂里有2台电脑，但它们被放置于保持清洁无尘的空调房里，从未被频繁使用，而电脑房的员工并不意外地被发现是中方企业领导的亲戚。③毫无疑问，这种管理上的文化冲突，提高了企业运营的成本。

然而，在更大的战略层面上，中美双方也存在着冲突。中方希望的是，通过合资办厂，引进先进技术和最新车型，尽快形成中国自己的制造能力，并出口换汇。实际上，据原北京汽车工业联合公司总经理郑焕明回忆，饶斌对于合资问题的目的的认识很明确，一再强调：“我关心的是技术，是二代车。”④但是，美方发现，可以依靠北京汽车制造厂生产的旧车型BJ212赚钱，而美方为了赚钱，不想换新车型。同时，美方也不认为中国有能力出口汽车。美方管理者认为中国没有资金和能力新建一个供出口的吉普车厂，而中国造的切诺基太贵了，兼以中国生产的零部件又贵又差，这都使美

---

① Jim Mann: *Beijing Jeep: A Case Study of Western Business in China*, p.199.

② Jim Mann: *Beijing Jeep: A Case Study of Western Business in China*, pp.200—201.

③ Jim Mann: *Beijing Jeep: A Case Study of Western Business in China*, p.204.

④ 郑焕明：《在合资谈判中他最关心的是能换回技术》，本书编委会编：《中国汽车工业建设杰出的奠基人和开拓者：饶斌同志诞辰100周年纪念文集》，第195页。

方对于在中国生产汽车出口缺乏兴趣。[1]在一份备忘录中，美方管理人员写道："我主要的前提是中国想要现代化它的汽车工业，而当他们感到他们有了自主技术和诀窍以后，他们会以一种或另一种形式抛弃我们……这将在五到七年内发生。我相信我们的战略应该是认识到我们只有五到七年的时间赚钱，而我们应该主要通过 CKD 和提供零件的方式赚钱，北京吉普对我们的贡献将很有限……"在此心态下，北京吉普的美方合资者只想在短期内赚钱。[2]这自然会引发中美双方的矛盾与冲突。可以说，北京吉普暴露了合资模式的一个结构性弊病，即市场换技术战略的不易实现，而这涉及作为合资一方的外资的利益与心态。

从车型上看，北京吉普公司原拟以美国汽车公司的 CJ 系列汽车为基础，采用联合设计的方式，开发中国的第二代轻型越野车。这也是饶斌所说的"二代车"。但是，1983 年，美国汽车公司将 XJ 系列越野车正式投产，这款多用途四轮驱动乘用车兼有越野车和轿车的功能，被命名为"切诺基"。1984 年，国务院副总理陈慕华访美，应邀参观了美国汽车公司，在众多展品中一眼就看中了最新的 XJ 切诺基。陈慕华了解到，北京吉普公司原定合作生产的 CJ 系列已经投放市场 4 年多，这意味着北汽引进的是一款即将淘汰的产品。陈慕华回国后对北汽领导说："你们与美方合作的产品马上就要淘汰了，你们为什么不引进他们刚刚投产的 XJ 切诺基?"得到这一消息，北汽马上组织人员到美国考察，在看到切诺基后，向美方提出，协议规定，合资企业生产的产品要与美国汽车公司同步，因此，中方要求放弃 CJ 系列，改为生产 XJ 系列。美方不愿意将这款最新的年度车交给中方，理由是这款车技术含量高，中方目前没有能力生产这款车型。但中方坚持要求与美方同步生产，最后美方提出，先用 CKD 方式由中方组装，以此为起点，逐步实现国产化，在掌握了这款车的技术后，再逐步过渡到自己生产。[3]然而，

---

① Jim Mann: *Beijing Jeep: A Case Study of Western Business in China*, pp.228—231.

② Jim Mann: *Beijing Jeep: A Case Study of Western Business in China*, p.232.

③ 北京汽车集团有限公司:《中国汽车工业对外合资合作之路的开拓者》，本书编委会编:《中国汽车工业建设杰出的奠基人和开拓者:饶斌同志诞辰 100 周年纪念文集》，第 244 页。

如前所述,美方对于转让新技术给中国,并无真心实意。而在中方内部,也有人反对引进切诺基,理由有两条:"一是CKD组装丢掉了二代越野车的自主开发权,这个自主开发权当然是合资企业的自主,不是中方单独的自主开发;二是引来了切诺基,就把自己的东西全废了。"①此后的事实表明,对于合资模式的这种担忧是不无道理的。

1986年上半年,因为中国政府调整散件进口政策,北京吉普公司来不及适应形势变化,一度停产,后在中国政府的支持下,经中美双方协商,使问题得到合理解决。②总而言之,尽管不乏磕磕绊绊,但从北京吉普公司开始,中国汽车工业产生了合资模式这种新的发展模式,并将成为此后该产业长期的主导模式。

二、汽车生产散布型格局的延续

在"大跃进"和"三五"期间,中国汽车工业曾经"遍地开花",遍布于大江南北,形成一种散布型格局,导致中国汽车工业集中度不高。③这种散布型格局在改革开放以后得到了延续。

改革开放以后,中国汽车的总体产量是增长的。从1978年到1993年,各类汽车产量以及汽车总产量的数据,可以从表1-1看到。

表1-1　中国汽车产量(1978—1993年)　　单位:辆

年份	载货汽车	客车	轿车	总计
1978	125 073		2 640	149 062
1979	154 086		4 152	185 700
1980	183 853		5 418	222 288
1981	148 247		3 428	175 645
1982	164 330		4 030	196 304

① 郑焕明:《在合资谈判中他最关心的是能换回技术》,本书编委会编:《中国汽车工业建设杰出的奠基人和开拓者:饶斌同志诞辰100周年纪念文集》,第196页。

② 本书编审委员会:《中国汽车工业史(1901—1990)》,第224页。

③ 关云平:《中国汽车工业的早期发展(1920—1978)》,第201页。

续表

年份	载货汽车	客车	轿车	总计
1983	199 363	6 211	6 046	239 886
1984	265 194	6 990	6 010	316 367
1985	351 003	11 897	5 207	443 377
1986	218 863	9 189	12 297	372 753
1987	299 356	20 461	29 865	472 538
1988	364 000	50 922	36 798	646 951
1989	342 835	47 639	28 820	586 936
1990	269 098	23 148	42 409	509 242
1991	452 023	175 742	81 055	708 820
1992	626 414	272 582	162 725	1 061 721
1993	774 868	292 213	229 697	1 296 778

资料来源：中国汽车报社编：《中国汽车工业全纪录(1949—2004)》，中国汽车报社2005年，第287—288页。

在改革开放初期，中国汽车工业产量的持续增长，是由各个车企实现的，而这些车企分布于全国不同的地域。从产量来说，表1-2反映了1985—1993年不同地区的汽车生产数量：

表1-2　分地区汽车产量(1985—1993年)　　单位：辆

地　区	1985年	1986年	1987年	1988年	1989年	1990年	1991年	1992年	1993年
北　京	50 064	59 553	73 721	90 377	85 362	88 215	109 661	139 680	129 672
天　津	20 787	21 542	30 166	45 262	39 326	26 963	44 694	75 715	108 052
河　北	9 358	2 097	2 987	6 608	5 098	8 483	16 775	37 601	28 149
山　西	1 463	217	205	620	461	372	684	1 141	1 439
内蒙古		39	1		40	25	141	160	179
辽　宁	32 730	29 550	38 633	57 167	49 308	24 104	41 700	60 762	51 756
吉　林	97 674	67 038	71 700	98 685	84 178	73 272	92 068	144 946	177 359
黑龙江	9 493	6 998	13 449	25 682	13 332	5 402	10 420	15 842	17 150

续表

地　区	1985 年	1986 年	1987 年	1988 年	1989 年	1990 年	1991 年	1992 年	1993 年
上　海	12 165	15 147	20 144	26 080	24 801	28 315	44 448	69 953	102 921
江　苏	24 474	22 323	31 392	41 502	40 120	46 291	64 046	101 008	121 712
浙　江	8 104	5 699	7 269	10 109	9 136	4 565	6 760	11 446	19 269
安　徽	8 224	2 765	3 851	6 385	4 739	2 837	5 340	11 086	23 858
福　建	2 351	1 645	1 201	3 550	1 401	842	1 795	3 407	3 949
江　西	6 641	5 319	8 074	11 289	9 994	9 711	14 422	25 301	38 678
山　东	15 517	10 611	8 667	14 528	13 525	9 917	11 583	17 344	19 621
河　南	3 691	994	1 126	3 938	3 304	3 037	3 332	7 670	12 924
湖　北	94 485	90 981	110 985	126 665	126 701	113 252		150 935	191 394
湖　南	6 061	1 880	2 657	8 643	4 980	3 464	8 940	21 913	16 048
广　东	5 706	6 255	4 834	9 734	9 110	8 303	21 036	28 574	33 504
广　西	7 706	5 587	12 712	14 550	13 774	14 303	23 445	37 210	52 023
海　南									3 244
重　庆		6 099	9 004						
四　川	16 901	10 292	15 853	27 893	27 924	27 423	39 905	65 647	93 465
贵　州		197	127	330	1 759	1 477	3 467	7 511	8 605
云　南	5 455	3 762	8 175	11 579	11 703	6 294		18 556	27 645
西　藏									
陕　西	1 825	717	2 300	3 535	5 317	1 826	4 862	7 486	12 864
甘　肃		43	308		2			12	116
青　海	2 502	1 502	200	2 240	1 631	549	521	788	
宁　夏									907
新　疆								27	38

资料来源：中国汽车报社编：《中国汽车工业全纪录（1949—2004）》，第 298—301 页。

数据显示，在研究所考察的阶段内，吉林、湖北的汽车产量相对来说处在前列，领先于其他地区，这与一汽、二汽两家大厂分别设在这两个省有直接关系。北京、天津的汽车产量也不低。而长期以来作为中国重要的汽车生产基地的上海，产量并不突出。反倒是广西、四川等地区的汽车产量颇可观。而海南、西藏、西北等地区的汽车工业明显缺失，甚至是一片空白，这在中国汽车工业散布型的格局之下，被反衬得更加显眼。总的来看，中国大部分行政区域都有汽车生产，但在散布之中，也有相对的集中，而其集中主要取决于当地的汽车企业的规模。

在另一方面，各地区同一时间段内对于汽车工业的投资，如表 1-3 所示。

表 1-3　地区汽车工业年投资额分布(1985—1990 年)

单位：万元

地　区	1985 年	1986 年	1987 年	1988 年	1989 年	1990 年
北　京	13 296	15 439	21 389	27 164	29 275	40 066
天　津	6 865	5 202	21 103	8 400	7 822	4 322
河　北	4 642	5 468	4 837	6 467	8 919	9 015
山　西	2 023	887	866	1 080	1 248	1 891
内蒙古	950	783	456	919	1 101	1 085
辽　宁	23 379	18 192	23 861	35 083	27 149	21 269
吉　林	21 156	28 593	61 988	53 302	43 295	45 211
黑龙江	7 252	4 297	6 379	14 046	8 382	4 558
上　海	6 983	12 453	16 780	48 271	52 436	57 061
江　苏	15 217	9 529	16 156	31 339	26 521	32 797
浙　江	5 828	5 213	7 938	6 745	6 623	6 441
安　徽	3 247	2 240	2 835	3 389	3 826	3 726
福　建	4 615	1 636	1 628	2 473	2 649	2 246
江　西	4 741	5 920	7 247	8 421	6 395	5 664
山　东	11 348	10 216	15 999	13 368	15 479	25 292
河　南	2 123	1 213	2 274	6 922	9 277	7 144
湖　北	32 227	32 400	39 023	50 076	43 816	46 329
湖　南	9 065	10 390	9 435	13 984	13 852	16 005

续表

地　区	1985 年	1986 年	1987 年	1988 年	1989 年	1990 年
广　东	3 596	2 121	6 882	19 365	11 402	13 979
广　西	2 309	3 278	5 384	6 255	8 760	8 614
海　南					10	27
重　庆	13 094	15 785	13 787			
四　川	18 555	21 161	19 716	31 609	26 067	36 323
贵　州	2 012	1 236	2 854	3 985	3 020	3 275
云　南	2 258	2 107	3 274	4 617	4 197	6 936
西　藏						
陕　西	3 268	5 900	8 304	12 603	13 587	9 852
甘　肃	2 213	1 247	897	1 121	1 067	1 622
青　海	1 601	1 367	1 502	603	860	613
宁　夏	1 185	30	12	99	90	82
新　疆	2 396	968	898	1 189	1 739	1 512

资料来源：中国汽车报社编：《中国汽车工业全纪录(1949—2004)》，第 316—319 页。

总体来看，比较表 1-2 与表 1-3，我们可以发现，两组数据大体具有吻合性，即投资最多的地区，也是汽车产量最高的地区，在这一点上，吉林和湖北的表现是极为明显的。但是，实际情况更为复杂。因为对汽车工业的投资与整车制造是有区别的，所以一些不生产汽车整车的地区也会有对于汽车工业的投资，这并不奇怪。同时，如果我们比较广东和广西就会发现，广东汽车工业的投资额一般来说要高于同年份的广西，但广西汽车的产量却基本要高于同年份的广东。究其原因，当与具体的产品的技术含量等有很大的关系。不过，我们能够得到的总体印象是，除海南、西藏外，中国大部分地区对于汽车工业都有投资，无论其投资内容是什么，汽车工业的散布型格局还是存在的。

三、 政策转向与轿车工业的起步

改革开放以后，对于中国汽车工业来说，最重要的变化是轿车工业开始起步，而这一变化是真正结构性的突破，建立在整个产业发展思路转换的基础之上。

由于轿车是私人代步工具，具有明显的等级消费性，因此，在政治化的特殊时代里，中国政府不可能鼓励轿车行业的发展。进一步说，在中国发展轿车工业，除了相关的经济社会土壤要具备外，具有强大干预力量的政府转变思维和价值观是非常重要的条件。从 1980 年开始，中国轿车进口量逐年增加，当年进口轿车 19 570 辆，远超 1979 年的 667 辆，用汇 2 亿多美元，引起了社会各界的关注。①现实的新情况使发展轿车工业开始进入国家决策层的视野。图 1-1 为 1954—1990 年中国的轿车生产量和进口量。

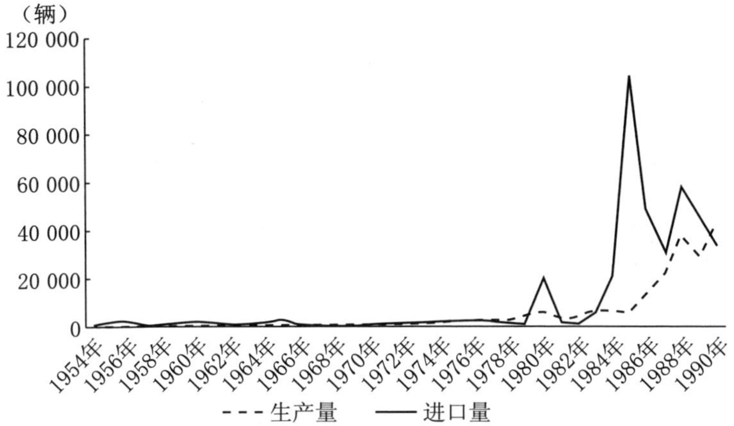

图 1-1　中国的轿车生产量和进口量(1954—1990 年)

资料来源：整理自本书编审委员会：《中国汽车工业史(1901—1990)》，第 258 页。

我们可以看到，1982 年以后，中国的轿车进口急剧增长，而且在 1990 年以前要高于轿车生产的数量，这意味着中国的汽车工业的生产能力无法满足客观的市场需求。因此，尽管国家三令五申控制汽车尤其是轿车的进口，但是，从 1987 年到 1990 年，每年进口轿车仍然保持在 3 万辆以上，而从 1981 年到 1990 年的十年间共进口轿车 351 042 辆，相当

① 本书编审委员会：《中国汽车工业史(1901—1990)》，第 221 页。

1983 年的上海牌轿车 SH760 型

于同期国产轿车 165 910 辆的 2.12 倍，累计用汇近 30 亿美元。[1]这种现实，促使发展轿车工业被提上议程。

于是，从 1983 年开始，中国社会就掀起了“要不要发展轿车工业”等问题的讨论，北京、广州、上海、天津等地也在积极筹划轿车项目。而在中央层面，1984 年 7 月 27 日，国务院领导召集各有关方面领导座谈汽车工业发展问题，重点讨论轿车工业发展。同年 8 月 11 日，在北戴河召开的中央财经领导小组会议上，再次讨论了汽车工业发展尤其是轿车工业发展问题，这是形成中国发展轿车战略决策中的一次重要会议。会后下发的会议纪要指出，随着国民经济发展，轿车的需要量也会很大，如出租车不但城市需要，中小城镇和经济发达地区的农村也很需要，家庭私人用车也会逐渐增多。汽车工业的规划和发展要考虑到这种趋势，组织专业化、大批量生产或进口一些散装件在国内组装，以缓和供需矛盾。近期不发展成本高的高级轿车，要大力发展质量好、成本低的中档以下的经济型用车。1985 年 12 月 3 日，胡耀邦、胡启立在中南海接见中汽公司董事长李刚等人，就轿车进入家庭、轿车价格、轿车生产等问题交换了意见，认为随着经济的发展、人民生活的提高，私人购买小轿车的时代终究会到来，轿车工业发展应列入“七五”规划。[2]我们可以看到，在几年的时间里，中国政府的最高决策层对于轿车工业，已经形成了必须发展该项工业以适应新的社会环境的认识。

①② 本书编审委员会：《中国汽车工业史（1901—1990）》，第 222 页。

实际上，在对外开放的形势下，一些外国车企也参与到了中国轿车工业发展的讨论中。例如，1986年，日本的日产汽车公司（简称日产）提交了《关于中国发展轿车工业的初步建议》，日产

1984 年日本进口的第六代公爵，是国内曝光率很高的高档轿车之一

董事吉野达夫在建议书的前言中称："1986 年 6 月下旬，日产汽车公司小组曾就中国汽车工业发展提出了若干建议，随后以荒川喜男董事长为团长的日产小组访问了中国，同中国国家经济委员会技术经济研究所所长何世耕先生和中方小组进行了讨论。当时的意向是想就中国的轿车选型、厂址位置进行研究，于是以日产公司所提供的资料为基础，结合日产在国外多年的生产经验编制成了扶植中国轿车工业的初步设想，作为 6 月份已向中方提出的若干建议的补充材料。7 月末，以何世耕所长为团长的一行 3 人访日，双方又利用这一机会进行了共同商讨，深表谢意。"①该《建议》共有 4 章，分别为第一章"车辆尺寸及经济性"、第二章"车辆生产计划"、第三章"外汇平衡与出口"和第四章"结束语"。在对中国轿车生产的建议中，日产公司认为"重要问题是要有成本观念，要从设备投资小，市场需求大，能够获得良好规模效益的零部件开始"，具体建议为："中国可以依靠现有工业生产轮胎、玻璃、蓄电池等适用性较高的零部件，不断发展强化，保证质量，

① 日产汽车公司：《关于中国发展轿车工业的初步建议》，刘英海译，国家机械工业委员会第九设计研究院 1986 年，前言。

提高产量，首先实现国产化。”[①]可以说，该《建议》是建立在比较优势原则的基础上的。在出口问题上，《建议》直言：“考虑到目前中国的技术水平、原材料等因素，在开始阶段，要使产品质量、成本、交货期赶上国际水平从而大量出口是有一定的困难。只能等将来随着质量的提高，具备国际竞赛能力之后，再逐步扩大出口。”[②]这给当时希望通过发展本国轿车工业来出口换汇的中国政府泼了盆冷水。在最后，《建议》自然是不忘为日产公司做宣传：“战后，日本各公司开展了同欧洲厂家进行技术合作生产轿车。日产同英国奥斯汀公司合作，在短期内生产出了在性能和技术方面具有国际水平的轿车。尤其是在维持零件精度、加工、检查、降低成本等各项技术方面取得了很多经验。”[③]笔者认为，从技术角度看，日产公司提出的建议是建立在扎实的分析基础上的，但无可讳言，该建议的导向性十分明显。而在对外开放的大背景下，外资或外国车企，对于中国轿车工业发展战略决策的参与，具有某种必然性。

1987 年 5 月 25 日至 29 日，国务院决策咨询协调小组在湖北十堰召开了“中国汽车工业发展战略讨论会”，经过会议讨论，认为中国汽车工业已经处在重要的战略抉择时刻，汽车工业的现状与国内外的经济形势显得很不适应。具体体现在：(1)国内汽车需求与供应能力的矛盾日益尖锐。汽车工业承受着巨大的需求压力，不仅数量上供不应求，而且“缺重、少轻，轿车近乎空白”的产品结构，也远不适应已经发生变化的需求结构。这一状况的直接后果是大量地进口汽车，而且数量越来越大。到 1986 年进口汽车已占国内同期产量的 1/3 强，使用的外汇相当于新中国成立以来我国汽车工业投资总额的 3 倍多，用这笔资金可以建设一座具有年产 130 万辆汽车生产能力的工厂。(2)我国汽车工业与世界汽车工业的差距扩大。我国汽车工业起步不算晚，而目前各主要指标同世界各国相比在扩大。我国人口占世界 1/5，国土面积约占世界 1/14，国民生产总值约占世界 3%，而汽

---

① 日产汽车公司：《关于中国发展轿车工业的初步建议》，第 22—23 页。
② 日产汽车公司：《关于中国发展轿车工业的初步建议》，第 47 页。
③ 日产汽车公司：《关于中国发展轿车工业的初步建议》，第 50 页。

车的产量和保有量不到世界总数的1%。尤其是轿车保有率，世界平均千人保有量为78辆，我国只有0.5辆。(3)当前我国正在经历“第三次汽车热”的冲击。在我国汽车工业发展史上，1958年、1970年曾先后出现过两次大办汽车热。从1983年开始，各地又兴起新的大办汽车的热潮。造成这种状况，客观上是由于汽车供不应求，但也因主观上对汽车工业发展的规律性缺乏正确认识，急于求成，各自为战，缺乏有力的宏观规划协调措施，致使汽车工业的发展受到阻碍。①因此，会议认为对发展汽车工业作出战略决策已迫在眉睫。

会议讨论了汽车工业发展战略的几个问题，在“发展模式”问题上，提出中国汽车工业应采取“自主开放型”的发展模式，其中特别强调“建设重点逐步转移到轿车工业和零部件工业上”：“今后十几年内，要对老骨干企业进行技术改造、改建、扩建，分期分批建成几个大型现代化的轻型货车、重型货车企业，在解决‘缺重、少轻’的同时，把建设的重点逐步转移到轿车生产上来。发展轿车工业也必须从建立我国自己的汽车零部件体系做起，只有提高零部件的水平，才能保证轿车的水平。”此外，“轿车的发展与普及”也被作为一个专门的战略问题提出来：“我国轿车产量很少，预计今后我国轿车需求量将较快地增长，2000年后逐步进入普及时期，根据我国轿车的生产能力和使用条件，对于购买轿车应给予正确引导，使轿车的使用和普及同我国经济发展水平、消费结构及轿车的使用条件、生产能力大体适应。发展轿车，从战略角度看，只要发展适度，措施跟上，随着城市交通政策的调整，将有利于城市向更合理的布局发展，有利于提高城市道路交通设施的建设标准，促进城市运行机构提高效率，有利于改善落后的单一构成的城市公共交通，促使交通体系建立多元的客运结构。”②

在对策层面上，会议提出的措施导向了产业政策的制定和实施。会议构想的产业政策具有保护主义性质，提出：“严格控制进口汽车，以CKD方式组装汽车的企业要加速国产化的进程。在抓紧建设轿车的生产基地的

① 中国汽车工业联合会编：《中国汽车工业年鉴1988》，第3页。
② 中国汽车工业联合会编：《中国汽车工业年鉴1988》，第4—5页。

同时，充分发挥现有轿车厂的生产能力，满足国庆40周年及1990年举办亚运会对轿车的需求。要允许企业'以产抵进'，向用户收取一定比例外汇，用以偿还贷款、支付外债利息、外资利润和引进技术费用。"同时强调在市场需求一侧发力："开拓和发展国内汽车市场。随着汽车销售量的上升，建立新型的销售体制，简化购车手续，健全保险制度和零部件销售网点。要探索我国经济发展和人民消费结构的变化，调整消费政策，同国产汽车能力、汽车使用条件相适应，适度引导私人对轿车的需求，这不仅有利于汽车工业的发展，也有利于回笼货币，促进经济的良性循环。"①而在措施中，专门有一条"尽快审定汽车工业中长期发展规划和确定轿车工厂建设项目"："汽车工业的建厂周期和产品开发周期长达6、7年甚至更多一些，在做好前期工作的基础上，'七五'后两年应着手建设，'八五'期间先形成年产30万辆轿车的规模，'九五'期间再新增年产30万辆轿车的能力。要依托一汽、二汽这两个企业集团，从实际出发，认真研究，尽可能利用包括军工企业在内的现有工业基础。要根据企业的产品开发能力、资金筹集能力、经营管理能力、市场开拓能力和新厂建设能力进行比较，运用招标评比的方法择优定点。建设轿车工厂要一次规划，总体设计，争取早一点批量出车，早一点受益。"②这一建设方针具有强烈的自上而下的统一规划性。事实上，会议也确实建议成立国务院振兴汽车工业协调小组，并称："汽车工业将是国民经济中的一个支柱产业，牵连面广，相关产业多，需要有一个超脱的高层次机构来组织协调。为此，建议成立振兴汽车工业协调小组，由国务院各综合部门包括计委、经委、科委、机械委、财政部、物价局、国家银行、若干与汽车工业相关的专业部以及汽车工业联合会的负责人员组成。"③

与此同时，国家科委轿车发展研究论证组拿出了题为《发展轿车工业促进经济振兴》的报告。报告称"轿车紧缺已构成较严重的经济社会问题"，除了供求关系不平衡以外，还站在计划经济体制惯有的立场上认为：

---

① 中国汽车工业联合会编：《中国汽车工业年鉴1988》，第5—6页。
②③ 中国汽车工业联合会编：《中国汽车工业年鉴1988》，第6页。

“由于市场需求的刺激，一些企业集团以及地方、部门都在积极准备发展轿车生产，如果任其发展，将会形成分散投资、重复设点的被动局面，对我国国民经济的发展是极为不利的。”①报告论证了轿车工业在国民经济中的重要地位和作用，并称：“从现在开始，我国将逐步进入经济起飞阶段，如果能够抓住时机正确决策，及时健康地发展轿车工业，汽车工业很有可能成为我国重要的带头行业，有力地带动冶金、化工、石油、机械、玻璃、橡胶、电子等相关工业的发展，同时促进道路、城市建设以及第三产业的发展，成为我国经济增长的重要组成部分。”具体而言，轿车工业的突出的现实意义包括：(1)促进我国产业结构向合理化方向转变，因轿车工业属于高层次大批量生产的制造工业，若能及时发展具有国际竞争力的轿车工业，可使我国的制造业水平提高一个等级，并可带动相关产品的升级换代，改变我国的出口产品结构；(2)有助于替代进口，形成出口创汇产业；(3)有助于回笼货币。同时，发展轿车工业有助于发展交通运输事业。②

从发展轿车工业的可能性来说，报告分析，一方面，我国对轿车需求将出现大幅度增长；另一方面，我国已初步具备支撑轿车工业起步的基本条件。这些条件包括：(1)钢材，生产普通轿车，需用钢材600余种，但每辆车耗钢只1吨左右，即便达到年产轿车100万辆的水平，耗用钢材也仅100万吨，用钢数量并不大。(2)油品，目前我国原油年产量1.3亿吨，年加工量9 035万吨，年产车用汽油1 500万吨，预计2000年可基本满足1 300—1 500万辆汽车(包括轿车在内)的需要。(3)道路，道路的发展与车辆的增加是相辅相成的。轿车的发展对道路提出了更高的要求，可以通过向轿车用户征收费用为道路建设筹集资金，这种“以车养路”的办法是许多国家的成功经验。(4)城市建设，从现在起，就要在城市规划和建设中考虑轿车的使用和发展，采取有力措施加快市政建设。(5)现有汽车工业与机械工业，经过30年努力，我国已形成了以中型货车为主的汽车工业基础。但是，货车生产与轿车生产相比，无论在生产批量还是技术水平上，都相差一个等

① 中国汽车工业联合会编：《中国汽车工业年鉴1988》，第7页。
② 中国汽车工业联合会编：《中国汽车工业年鉴1988》，第7—8页。

级，我国现有的汽车工业不可能直接转入轿车生产。机械工业在我国虽属长线产业，但制造轿车所需的大量专用设备还有差距，标准件、基础件的质量和精度、生产批量等也还不能适应轿车生产的要求。总之，我国目前的机械制造业对轿车工业的支撑是有限的，必须进行适当的技术改造，才能支持轿车工业的发展。①从报告的分析来看，笔者认为，报告对于钢材、油品的供给条件是较为乐观的，至少，当时中国的钢材和原油生产从产量上能够满足报告对于轿车产量的预期，但对于道路、城市建设，报告实际上并不认为条件成熟，而是指出了改进的方向。至于最为直接的条件，也就是既有的机械工业尤其是汽车工业基础，报告给出了否定性的意见，这也预示了此后中国轿车工业的发展路径。

对于发展轿车工业基本方针的设想，报告认为要遵循世界轿车工业百年历史形成的发展规律和特点。报告指出，轿车工业的特点是“大量生产”：“一般认为，普通轿车组装工厂的经济规模要达到年产20—30万辆。而轿车零部件工厂的经济规模要在50—100万件之间，有些零部件的经济批量要达到1 000万件以上水平。一个轿车生产企业必须拥有3个系列的轿车产品，才能发挥包括大部分零部件在内的全产品规模经济效益。因此，企业的经济规模最好达到年产100万辆。”轿车工业的这一特点又导致“专业化、自动化、高投资、技术密集和相对劳动密集等特点”，进而构成了“较高的资金和技术壁垒”，因此，发展中国家“应当在适当保护市场的条件下发展自己的轿车工业”。②在这种原则性认知下，报告认为中国轿车工业的发展应遵循的原则包括：(1)国家应把轿车作为带动国民经济发展的主导产业，给予重点扶植。当前，应以尽快形成年产20—30万辆轿车的能力起步，到20世纪末力争形成年产80—100万辆轿车的工业生产能力。(2)研究制定全国统一的轿车工业发展政策与规划。(3)集中全国力量，首先形成年产20—30万辆轿车的生产能力。我国现有载货汽车企业集团、地方和部门的有关企业都还不具备独自承担轿车工业发展的资金能力、技术能力

① 中国汽车工业联合会编：《中国汽车工业年鉴1988》，第8—9页。
② 中国汽车工业联合会编：《中国汽车工业年鉴1988》，第9页。

和工业基础，只有实行全国统一政策和规划，把全国的资金和技术力量集中起来加以合理配置，才有可能突破发展轿车生产的资金和技术壁垒。(4)面向国内、国际两个市场，高起点地发展轿车工业。目前，世界性的汽车生产组织格局已经形成，各国各大公司几乎都盯住世界市场，进行产销经营。我国轿车工业的发展，只能以国内市场为依托，以国际市场为目标，发挥后发优势，直接采用国际先进技术，逐步建立具有国际竞争力的轿车工业。(5)鼓励轿车零部件相对独立，并适度超前发展。零部件工业生产比较适合发展中国家的经济技术水平，国际市场相对宽松。另外，零部件的经济规模一般均大于整车，在我国轿车工业尚未达到经济规模以前，必须积极打入国际市场，形成有进有出的零部件生产体系，促进我国的轿车工业顺利发展。(6)引进先进技术，强化自我开发，形成自行开发设计能力。(7)新建企业与改造现有企业相结合，实现有限资源的最佳配置。(8)坚持独立自主原则，积极引进外资，采取多种渠道引进技术。(9)应首先发展发动机排量1—2升的普通型轿车。这一档次的轿车，在目前占全世界轿车产量的70%以上，国际市场容量较大。首先发展这一档次的轿车，也符合我国的基本国情(包括购买能力、道路条件、技术水平等)。在此基础上，逐步扩大为3种系列产品，并搞好多种变型车的生产，扩大覆盖面，适应各层次的需求。①

至于具体的政策建议，报告则提出了5点当前需要采取的措施：(1)把发展轿车工业列入“七五”期间的国家计划建设项目；(2)在搞活企业的前提下，明确行业行政管理机构，搞好行业管理。当前，要把大家从事轿车生产的积极性引导到国家统一规划，集中建设，充分发挥各自优势的轨道上来；还应采用颁发生产许可证的办法，对整车装配和发动机、变速箱生产等关键新建项目进行审批；(3)对轿车进口实行集中管理。今后应把进口轿车业务集中到一个外贸机构办理。在进口轿车的同时，引进必要的技术，促进我国轿车工业的发展；(4)鼓励以产抵进，节约外汇应按一定比留作利用外资还本付息使用；(5)组建以投资经营为主的轿车工业开发

① 中国汽车工业联合会编：《中国汽车工业年鉴1988》，第9—10页。

公司。建议组建一个在国家单独立户的金融型实体，对轿车工业的投资实行经营承包。该公司受国家委托，承担经济责任，在国家计划指导下，对轿车工业发展进行资金统筹，集中投资。同时，应采用多种联营、合作方式，在自愿加入的基础上，积极吸引企业集团、地方、部门入股经营，以现有大企业集团为基础，调动各方面的积极性，力求做到资金和其他资源的合理使用。①

整体来看，《发展轿车工业　促进经济振兴》有力地论证了中国发展轿车工业的必要性与紧迫性，以及发展轿车工业的可能性。从报告提出的政策建议看，该报告的建议还是在计划经济框架下提出的对策，而这也是因为当时计划经济体制确实是与市场经济并行的。报告具有强调国家统一规划管理，从源头上提升产业集中度，以及将相关行政权力集中于中央等色彩，这固然也是与高度集中的计划经济体制相匹配的，但在另一方面，也基于专家们对轿车工业资本—技术密集型特点和规模经济特点的基本认识。可以说，在对轿车工业发展特点的上述基本认知前提下，导出提升产业集中度的政策建议，是必然的逻辑。

1987 年 5 月，中汽公司董事长李刚也谈到了轿车工业发展的战略问题，其要点包括：(1)选择恰当的生产规模，“从可能上来看，我国轿车工业包括吉普车工业，当前底子薄，没有一个大量生产的基础，要在 2000 年达到 1 000 万辆的保有量，无论在资金、技术、时间等各方面看都是很不容易完成的数字，但这可以作为我们的最高目标。我认为，300 万辆的数字可以作为我们的最低目标”。(2)统一产品政策，“要选实用、经济、廉价的车型，发动机排量应在 1.3—2.2 升之间，车长 3.7—4.7 米之间，分成小型、中型及大型三种基本型(相当于日本分类的小型车至普通车，美国分类的 B 型至 D 型车)”，同时“尽量做到三种车型之间和我们已引进的车型零部件之间的标准化、系列化、通用化设计”。(3)统筹资金，“以政府政策性拨款及贷款为基础，吸收国外金融贷款和企业自筹相结合，统一分配使用，统一考核，统一还款，成立融资机构”。(4)统一规划，“包括统一分工布点、统

① 中国汽车工业联合会编：《中国汽车工业年鉴 1988》，第 10—11 页。

一引进、统一组织消化、吸收、创新的国产化工作”。[①]李刚的看法，体现了原中央产业管理部门的观点，在统一规划性上，与《发展轿车工业　促进经济振兴》的看法一致。

总而言之，1987年的讨论基本上明确了中国轿车工业的战略发展方向。当年8月12日，由国务院副总理姚依林主持在北戴河召开会议，听取中汽公司的汇报，会上明确轿车工业定点为上海、一汽、二汽三家，在车型及发动机档次上三家要分开，由此形成了中国建设3个大型轿车基地的决策。1988年12月14日，国务院发出通知，重申除已经国务院批准的轿车生产点外，不再安排新的轿车生产点。除一汽、二汽、上海外，又新增了天津、北京、广州这3个生产点，前三者重点抓零部件生产及相关工业，加速提供轿车国产化水平，后三者对进口的汽车散件实行差别税率，以促进国产化进程。1989年3月，国家颁布了《产业政策要点》，已经批准的轿车项目被列为国家重点支持项目。[②]至此，中国政府可以说是正式完成了政策转向，明确要大力发展轿车工业，而且，从政策层面上形成了建设“三大（一汽、二汽、上海）三小（天津、北京、广州）”轿车生产基地的格局。而只有在国家政策转向的前提下，中国的轿车工业才谈得上开始起步。

小　结

在1994年中国正式出台汽车工业产业政策之前，中国是没有严格意义上的汽车工业产业政策的。但是，中央政府出台的汽车工业相关政策却直接或间接地影响到了汽车工业的发展。而且，在一些相关政策中，实际上已经具备了产业政策的要素，所以，在1994年之前，中国的汽车工业产业政策已具雏形。中国汽车工业相关政策的出台意味着汽车工业地位的提升，这离不开行使行业管理职能的中汽公司的努力。但是，去行政化的管理体制改革并没有找到最合适的形式或模式，而在从计划经济到市场经

① 中国汽车工业联合会编：《中国汽车工业年鉴1988》，第30—31页。

② 本书编审委员会：《中国汽车工业史（1901—1990）》，第223页。

济转型的渐进过程中，计划经济思维与计划经济手段的继续存在，也影响到了汽车工业发展战略的制定和相关政策的导向性。可以说，在1994年之前，中国汽车工业还处在继续摸索的过程中。然而，一些新的变化也出现了。首先，在过去的3种主要模式之外，中国汽车工业开始出现合资模式这第四种发展模式。其次，更为重要的是，国家决策层开始重视轿车工业，而这是中国发展汽车工业的一次重大的政策转向，是中国汽车工业真正开始成长的前提与起点。

第二章　中国汽车工业合资模式的形成：以上海为中心

新中国成立后，上海逐渐发展成为汽车制造的一个基地。与全盘移植苏联体系的一汽不同的是，上海汽车工业的起点低得多，主要是依靠近乎手工作坊的近代遗留工厂以“土洋结合”的方式发展起来的。因此，笔者称上海汽车工业的早期发展模式为本土渐进演化模式。①然而，这一模式在计划经济体制下较为成功，上海发展成为中国为数不多的几个可以生产轿车的汽车制造基地之一。然而，改革开放后，上海也成为率先发展合资模式的地区之一，而合资模式最终淘汰了本土渐进演化模式。尽管北京吉普公司是中国汽车工业合资模式的开端，但早期合资模式最为成功的案例却在上海。故以上海为中心进行考察，可以更好地分析中国汽车工业合资模式的形成。

第一节　上海轿车工业的模式转换

1957 年之后，上海汽车产业实现了由修到造的升级，并依靠“土洋结合”的技术模式发展成为中国为数不多的轿车生产基地之一。改革开放后，上海一方面继续生产本土品牌的轿车，另一方面则与德国大众集团创办合资企业，出现了轿车工业中两种模式并行的局面。最终，合资模式取代了原有的本土渐进演化模式，上海轿车工业实现了模式转换。

一、上海汽车工业自制轿车的努力

从 1958 年开始，上海汽车工业就尝试自制轿车，到 1964 年，已能小批

① 关云平：《中国汽车工业的早期发展（1920—1978）》，第 199 页。

红旗轿车、本茨(奔驰)600型、吉尔117型是当时国内的三大高级轿车,其中红旗770型是红旗系列中的经典车型,共生产了1510辆

量生产上海牌轿车。①与此同时,上海汽车工业也开始拓展轿车的品种类型,这就有了此后的“771”轿车的试制。据1978年上海市拖拉机汽车工业公司(简称拖汽公司)的报告:“关于‘771’轿车的试制,要追溯到1965年,当时试制出了‘751’型敞篷汽车(即检阅车),一般反映较好,同时,有关方面提出要求,试制一种小于红旗轿车,大于上海760轿车的中级轿车,以适应外事活动等方面的需要,所以,在‘文化大革命’前就先后试制了‘762’‘763’等样车,但由于我们缺乏车身设计的经验,以及没有适当的发动机配套,未能取得成功而搁了下来,一直到了1970年,我们又分析了有关方面(外交部、国管局等)的意见和国外轿车车型情况,感到轿车车型等级一般分为三级,即:高

本茨(奔驰)600型发动机的马力在220匹以上

① 关云平:《中国汽车工业的早期发展(1920—1978)》,第193—197页。

级轿车,如我国的红旗,西德的'本茨600',苏联的'吉尔117',发动机马力在220匹以上;中级车,供部长及大使一级领导干部使用,如西德的'本茨450',

图为苏联的吉尔117型高级轿车

苏联的海鸥等,发动机马力在180左右;还有一级是普通车,俗称公务用车,发动机马力在100左右。除上述三种外,另有一种叫轻型或小型车,即家庭用车,发动机马力是比较小的。从我国情况而言,红旗轿车是国家领导人一级的用车,上海760轿车为普通轿车,中间缺了一档中级车,因而决定试制'771'轿车,一机部于1972年以72 496新产品正式下达任务。"当时,上海市拖汽公司的设想是:"'771'轿车马力为180,比红旗轿车(220—250马力)小,比上海760轿车(90马力)大。"[①]因此,

1975年,行驶在上海街头的上海牌760型轿车

① 《(78)沪拖汽革第7号》,1978年2月16日,上海市档案馆藏档B116-2-136。

进入 20 世纪 70 年代后，上海一方面继续生产普通型的上海牌轿车，另一方面开始试制“771”中档轿车。

尽管上海是近代中国工业最发达的地区，但新中国成立后，国家对于重工业的投资主要集中于东北与内地，上海的汽车工业基础薄弱，由一批小企业构成。在开始试制“771”轿车时，上海汽车工业系统生产汽车品种有 SH380(32 吨载货汽车)、SH361(15 吨载货汽车)、SH141(4 吨载货汽车)、SH130(2 吨载货汽车)、SH760(轿车)、SH211(越野车)6 种，1967—1972 年的 6 年中，共生产上述汽车 22 529 辆，平均每年出车 3 756 辆。从 1957 年到 1972 年的 16 年中，上海汽车工业共完成生产总值 70.8 亿元，上缴利润 16 亿元。1972 年，上海汽车工业系统生产汽车的骨干厂有汽车、汽车发动机、汽车齿轮、汽车底盘、第二汽车底盘、货车 6 个主机厂，共有职工 8 677 人，拥有设备 3 554 台，占地面积 48.7 万平方米，建筑面积 21.4 万平方米，固定资产 8 184 万元，当年全员劳动生产率为 20 319 元。在技术改造方面，“仅汽车行业的 6 个主机厂，二年来共搞成了专用机床 594 台，形成生产线 17 条，其中有加工轿车转回器壳和 2 吨汽车变速箱体的二条自动线。全公司 2 年来共搞成高效专机 2 106 台，组成生产线 59 条，其中自动线、半自动线 17 条。虽然专机搞得还不多，水平也不高，但已初步反映出经济效果，尝到了些甜头。如 2 吨变速箱体，过去 8 个人花 131 分钟加工 1 只；现在自动线上只需 2 个人花 5 分钟就加工好 1 只，达到班产 2 万只以上，工效提高 60 多倍”。因此，到 1972 年，其年生产能力约为 2 吨载货汽车 5 000 台，4 吨载货汽车 1 500 台，轿车 1 000 台，32 吨载货汽车 80 台，15 吨载货汽车 300 台。①客观地说，1972 年上海汽车工业的生产能力是较低的。

上海拖汽公司自己也认识到了存在的问题，即“上海汽车工业长期处于停顿状态。因此，可以说没有真正形成批量生产的能力，生产方式非常落后，只相当于国外 40 年代水平”。在工艺方面，存在的问题包括：“目前金加工基本上是一人一台机、一把刀的加工方式。因此，仍处于‘三多二

① 《上海汽车工业发展设想(草案)》，1973 年，上海市档案馆藏档 B116-2-95。

低'(即人多、机床多、占地多,产量低、劳动生产率低)的局面。6个汽车主机厂8 677人,生产6种车型,年产量为5 038辆,平均每人每年生产0.58辆,比一汽、北汽、南汽等先进企业都落后,比国外先进水平差距更大";"锻件大部分是自由锻和胎膜锻,锻件肥头大耳,切削余量很大,同时大型锻件不能自给,目前还是靠外省市协作";"铸件也由于批量不大,自动化程度不高,基本上处于手工造型局面"。"我们的汽车在采用新工艺、新材料方面差距也较大。如每辆车应用的塑料件重量来比较,日本30公斤/车,美国45.4公斤/车,而我们只有6—7公斤/车。粉末冶金件也是如此。美国9—11.35公斤(100—120件)/车,而上海牌轿车3公斤(32件)/车。至于应用其他少无切削工艺,我们也只处于开始阶段。"在产品的"三化"(标准化、系列化、通用化)方面,"从国外多品种系列化专业大量生产的情况来看,我公司只生产六种车型,品种不能算多,但是在六种车型没有系列化、通用化(除2吨和211越野车的发动机通用外,其余没有一个主要总成或主要零件通用)的情况下,六种车型又显的多,搞高效专机和自动化就感到很困难"。在技术后方方面,"我公司有专业技术后方厂4个,这4个小厂占地面积16 312平方米,建筑总面积13 210平方米,而且分布在12个地方……不能形成相应的生产能力"。在产品及生产工艺的科学实验方面,"公司十几年来没有建立试验机构,也没有专门的道路试验场。因此产品存在不少质量问题,而且解决的不快"。①这些问题实际上使上海牌轿车的产能提升和"771"轿车的试制都面临很大的困难。

1973年3月21日,上海汽车制造厂在其1973—1980年发展规划中提到,该厂1972年底全厂总人数为1 432人,其中生产工人为1 166人(包括艺徒),全厂设备总数为513台,其中大型设备15台(包括250吨以上的压机5台),全厂固定资产总额为1 370万元(其中:建筑物570万元,设备754万元,辅助设备43万元),"目前(3月份)共划分7个车间(配件金加工车间、2吨车身和总装车身、冲压车间、轿车车身车间、轿车总装车间、试制车间、后方车间),设12个组室(组织、武保、政宣、技术、检验、生产、供销、

① 《上海汽车工业发展设想(草案)》,1973年,上海市档案馆藏档B116-2-95。

财务、劳资、基动、后勤、办公室)”。在轿车生产方面,“为适应形势发展对轿车需要的增长,于1971年上级将属市建工系统的混凝土厂(洛浦路)划归我厂,拟专作轿车生产之用”。而该厂对于轿车发展的规划是:“1973年内形成2 000辆的生产能力,1974年出车2 000辆;1975年达到年产5 000辆的生产能力;1976—1980年达到年产10 000辆以上的能力。”然而,该厂也坦言存在着“工艺十分落后,手工操作较多,劳动生产率很低”的问题。①

1973年6月30日,上海拖汽公司向市革委会工交组、市机电一局提交了《为形成上海牌轿车2000辆生产能力的情况报告》,里面反映了当时上海牌轿车生产的情况。《报告》称“今年来,有了新的发展,1—5月份,共完成350辆,比去年同期增长127.3%,预计上半年可完成440辆,形势是好的。看来今年完成1 000辆轿车经过努力是可以达到的”,而“明年轿车要搞到2 000辆,生产技术准备工作量是相当大的,必须在1973年内完成各种专用机床215台和三条生产线;制造各种模具949副,其中改型模具490副;解决非标准刀量刃具1 474件和标准刀量刃具1 951副的需要;落实毛坯件78种150件,落实外协配套件(涉及197个厂650余种,有困难的34个厂)”。但是,当时存在的困难不少,其中包括:(1)机床设备供应紧张,“到目前为止,估计必需的215台专机和三条生产线,年内可完成185台三条线,另有20台左右专机因设计跟不上,看来完成有困难。其中,去年安排到机床公司的14台,有10台如不抓紧,今年可能完不成(十机床厂7台,六机床厂2台,电焊机厂1台),这些机床都是明年必需的”。(2)模具改型困难,“949副模具中,490副改型模具是个重点,大型模具是个关键。明年要生产2 000辆轿车必须是改型的,因为原有的老模子已不能再使用了……估计年内汽车厂、钢模厂尚有31副改型模具完成有困难。另外,去年安排到上海开关厂的14副改型模具,如不抓紧,年内完成也有困难。初步分析,这些问题主要是抓得不紧,设计力量不足,模具较大,缺乏大型机床

① 上海汽车制造厂革委会:《关于我厂汽车生产发展的规划(1973—1980年)》,1973年3月21日,上海市档案馆藏档B116-2-95。

和起重设备”。(3)铸锻件供应紧张,“铸铁、铸钢、锻件和有色铸件,在能力上困难仍然是很大的,特别是铸钢件更为紧张,因为上拖厂铸钢车间担负着全公司的铸钢件任务,现已不相适应,明年这个问题就更为突出”。(4)配套供应跟不上,“关于外协件问题,局外多数协作厂对明年要供应 2 000 辆的配件,思想上没有准备和打算”。①由此可见,上海牌轿车产能扩大面临的瓶颈主要是设备与外协件的供应难以得到充分保障,而这涉及政府的投资与整个上海工业产业链的发育。

上海牌高级轿车 771 型正在路上试车

在生产上海牌轿车的同时,“771”轿车的试制也同步展开。与生产上海牌轿车一样,“771”轿车的试制工作也需要设备与原料等资源的调拨,以及外协单位的配合。例如,1973 年 12 月 6 日,上海汽车制造厂向上海拖汽公司提出申请木材:“1973 年由市革会工交组和上级局、公司布置,我厂在春节前要设计试制 SH771 中级小轿车 2—3 辆的任务。目前整车设计及外形业已初步确定,大部分部件均已进入了全面紧张的试制过程中。接着为了增制 M1∶1 车身外覆盖件另外图并为以后设计制造大型车身外覆盖件模具提供依据,必须及时制作 M1∶1 主模型,据此特向上级申请一等

① 《(73)沪拖汽革字第 2 号》,1973 年 6 月 30 日,上海市档案馆藏档 B116-2-95。

材椴木 100 m^3。”①再如，同年 9 月 25 日，该厂向公司提出：“兹因我厂军工产品 SH770 及新产品 SH771 二种轿车上的冷气设备，需要用无级变速开关，我厂已与上海陶瓷电器厂联系过，该厂已同意试制，有关技术要求与该厂当面协商确定。为此报请公司并转请上海电器公司布置上海陶瓷电器厂立即进行试制。”②当时，上级领导额外分配给上海汽车制造厂 100 名艺徒，指定用以充实试制力量，这在人力上给了试制工作极大的支持，但是，该厂指出：“我厂原来的试制力量基础很差，设备简陋，连一台车床也没有，难以胜任今后日益增多的试制、试验任务”，因此需要 12 台设备共 90 800 元。③在模具制造上，上海汽车制造厂面临的情况是：“每年制造能力为大小模具 350 副，但一种新轿车需要模具近 3 000 副和拼装台 100 多只。按照这个模具制造能力，即使不维修模具也要 9 年左右才能发展一个新轿车。”雪上加霜的是：“从明年开始模具外协也将遇到困难。最近钢模厂已通知我厂从明年起 1 吨以上的模具不再承担；底盘厂也提出明年将自己制造越野车的模子，不能再承担协作任务；上海开关厂也表示今后无法再承接外协模具。所以今后大中模具将难于外协。如果不采取必要的措施，则 771 轿车在明年定型后，也不能很快成批生产。”④“771”轿车试制工作与上海牌轿车产能扩大遇到的瓶颈是相同的。

1974 年 1 月，上海拖汽公司对上海牌轿车的计划是：“今年计划 1 300 辆，600 辆为老的，700 辆为改型的，从 5 月份起生产改型的轿车。”对“771”轿车则计划试制生产 5 辆。⑤1974 年 7 月，第三轮 SH771 轿车（即“771”轿车）试制样车出来后，经上海市委领导审查，认为外形基本上可以，并提出了一些改进意见。该车的空调设备，系参考日本进口样机进行改型、设计、试制。空调设备的主机、膨胀阀由上海制冷设备厂承担；恒温控制器由恒温控制器厂承担；节流器由交通电器厂承担；冷凝器、蒸发器由

① 《上海汽车制造厂革命委员会(73)革技字第 30 号》，1973 年 12 月 6 日，上海市档案馆藏档 G18-2-99。
② 《上海汽车制造厂(73)革技字第 23 号》，1973 年 9 月 25 日，上海市档案馆藏档 G18-2-99。
③ 《上海汽车制造厂(73)革技字第 32 号》，1973 年 12 月 17 日，上海市档案馆藏档 G18-2-99。
④ 《上海汽车制造厂(73)革技字第 31 号》，1973 年 12 月 14 日，上海市档案馆藏档 G18-2-99。
⑤ 《(74)沪拖汽革字第 1 号》，1974 年 1 月 28 日，上海市档案馆藏档 B116-3-696。

上海汽车配件厂承担；双联轴承、薄壳滚针轴承等分别由中国轴承厂、红星轴承厂在原有的基础上改进、提高；空调设备的试制由上海汽车厂、上海制冷设备厂负责技术交底和成套。[①]因此，“771”轿车的试制依靠的也是整个上海工业体系的大协作。1974 年，上海汽车制造厂先后二批试制了 4 辆第三轮 SH771 轿车，第三轮的设计比前二轮在车身外形上有较大的改进，长、宽、高都作了适当的缩小，为了满足 180 公里/小时高速性能的要求，在高度方面比 SH770 上海牌轿车压低了约 150 毫米，腰线也降低了 20 毫米。其中，后二辆车配装了 8V95 发动机，比原 8V90 发动机性能大有改善，噪音小，低速性能好。但存在的问题则有：“1.整车行驶时后部悬挂有较严重的冲击鼓声噪音。2.车身外覆盖件曲线不顺，内骨架冲压工艺性尚需研究改进。3.门与门框密封面制造工艺要求高，目前试制的均有漏水现象，还要作适当改进。4.内饰布置工艺落后，不够精致。5.发动机的马力和转速尚未达到原设计 180—190 马力/4 600 转分指标（目前是 170 马力/4 000 转分），液压挺杆容易失效，水泵寿命短。6.变速箱倒挡难挂，第一轴轴承噪音大。7. 750-14 尼龙轮胎侧刚度差，操纵性能不够好，不适应高速使用要求。8.前后座位不舒服，乘员头上空间不富裕，尤其驾驶操作时容易疲劳。9.车门门锁不可靠。”[②]这些问题当与上海汽车制造厂的技术水平有直接关系。1975 年 5 月，该厂对于次年小批量生产“771”轿车的初步打算是，“先用土法上马，然后逐步加以完善”，然而“因为大部分是手工拷制，而且无法流水生产”，所以“初步研究，在明年生产 50 辆左右还有可能，但也要作很大的努力”[③]。

与任何新产品的研发一样，“771”轿车的试制需要大量的资金投入，而上海汽车制造厂在这方面也面临一些困难。1975 年 12 月，该厂向上海拖汽公司申请“771”轿车的试制费用时称：“我厂正在进行新产品 SH771 第三轮 4 台中最后 2 台的试制，有关费用在以前年度曾陆续拨来计 300 258.88 元，但

① 《一机革(74)技字第 323 号》，1974 年 7 月 17 日，上海市档案馆藏档 G18-2-99。

② 上海汽车制造厂革委会：《关于 SH771 轿车 75 年改进设计和试制工作打算的情况汇报》，1975 年 1 月 18 日，上海市档案馆藏档 G18-2-99。

③ 上海汽车制造厂革命委员会：《明年小批量生产 771 的初步打算》，1975 年 5 月，上海市档案馆藏档 G18-2-99。

到11月底止，已发生材料人工费用计817 499.53元，尚缺517 240.65元。希望上级公司尽快解决资金问题，速将SH771试制费用解入我厂专用基金户（40250103安亭办事处）。”①1976年4月，该厂又向上海市机电一局反映：“1976年1—2月份又发生191 563.77元。除去上级拨款275 258.88元，尚缺744 042.43元。”②为了缓解压力，1976年3月，上海拖汽公司曾考虑“缩短战线，合理调整”，具体来说，“目前最突出的重点是尽快把771轿车搞上去，现在和轿车在力量上直接有矛盾的是2吨卡车。因此我们意见……上海汽车厂将来（3年至5年）2吨卡车停产，专门生产轿车。”③12月30日，上海拖汽公司对上海汽车制造厂等单位布置1977年SH771轿车小批投产的通知时称：“1972年一机部正式下达SH771上海牌轿车的试制任务，已先后进行了5轮试制，出了十余辆样车，其中有2辆样车作过25 000公里道路试验，目前主要的总成部件都基本定型，大多数性能指标达到了设计要求，为了进一步考虑其性能和可靠性，以及广泛听取用户单位的意见，故决定明年小批量投产30辆，五一节前出12辆，国庆节前出10辆，四季度再出8辆，有关总成件的配套由各主机厂与配套厂自行衔接。”④这在事实上表明，“771”轿车的试制进度落后于计划，小批投产被推迟了。

然而，1977年，“771”轿车仍未实现小批量投产。当年，“771”轿车试制工作的主要成绩是“质量攻关和小批生产能力的形成”，一方面，“汽发厂自行设计的8V95发动机，已出2台样机，经初步试验，性能指标达到设计要求……漏油问题已基本得到解决”；另一方面，“汽车厂成立了近90人的771生产车间……为车身小批生产打下了基础”。但是，小批量生产仍然处在“准备工作”阶段。⑤1978年2月，上海拖汽公司在给市委的请示报告中，谈到“771”轿车试制时这样说：“经过了四、五轮的试制，渐趋完善，所以在去年就抓了制造车身的全套206件的主模型（由高级木材制成的车身模型，作为制造冲压模具和检验的依据和标准，制造这一模型共花了

① 上海汽车制造厂：《(75)革技字第24号》，1975年12月17日，上海市档案馆藏档G18-2-99。
② 上海汽车制造厂：《(76)革财字第1号》，1976年4月7日，上海市档案馆藏档G18-2-99。
③ 《(76)沪拖汽革字第1号》，1976年3月16日，上海市档案馆藏档B116-3-705。
④ 《(76)沪拖汽革生字第32号》，1976年12月30日，上海市档案馆藏档G18-2-40。
⑤ 《(78)沪拖汽革技字第3号》，1978年1月24日，上海市档案馆藏档G18-2-99。

14 400 工人工和 30 万元钱)和一部分工艺装备,为小批生产做了一些准备,同时对样车也进行了 25 000 公里的路试,通过试验总的感到性能是可以的,但是……要达到定型的要求,还有一定差距……如部分零件的可靠性和寿命,以及总布置要作些改进等,采取措施以后,再作 50 000 公里的道路试验,从而考核验证,使其达到设计定型的要求。”而对于轿车生产问题,上海拖汽公司表示“工作的重点是狠抓现生产车型(760)型的质量整顿,使其恢复和超过历史最好水平”,并提出:“初步设想今后生产中级和普通级一个系列两种车型,在生产数量上以普通级车为主,在保证质量的基础上,形成大批量生产。中级车要具有良好的性能,可供出口和驻外使馆之用,其生产数量根据需要而定。同时,要求两种车有一定数量和比例的通用件,以利于组织生产。这一工作,我们意见可以自力更生设计试制,也可以‘洋为中用’采取技术引进的办法,请领导审定。”[1]笔者认为,该报告总的基调是对“771”轿车的试制进度持保守态度的,而尤其值得注意的是,报告提出了“技术引进”这一全新的思路。到了 5 月 19 日,上海汽车制造厂发出了《为 771 部分模具暂缓生产的通知》:“根据拖汽公司指示精神,我厂试制的 771 上海牌轿车暂定为科研项目,继续进行试制,但不作批量生产。为此委托贵厂加工的部分 771 模具暂缓制造(项目附后),封存保管,所发生的费用由我厂负责承担,已备的材料请尽量利用以减少损失。恳请大力协助为盼。”[2]5 月 22 日,上海拖汽公司发出了《关于加紧研制 771 轿车的通知》。尽管出现了“加紧研制”这样的字眼,但通知明确了“771”轿车只是“一个科研项目”,而且“现有 12 辆试制半成品,要以改进性能和可靠性为主要目标,不作为计划任务”[3]。尽管“771”轿车还在继续试制,但作为“科研项目”,已经宣告了这款轿车在工业生产上没有前途了。

从历史的角度来总结,上海汽车工业试制“771”轿车是失败的。究其原因,生产技术的落后难辞其咎。直到 1977 年,上海汽车工业在生产上的问题仍然是制造工艺落后,后方力量跟不上:“目前上海汽车工业在制造工

① 《(78)沪拖汽革第 7 号》,1978 年 2 月 16 日,上海市档案馆藏档 B116-2-136。
② 上海汽车制造厂:《(78)革技字第 17 号》,1978 年 5 月 19 日,上海市档案馆藏档 G18-2-99。
③ 《(78)沪拖汽革技字第 40 号》,1978 年 5 月 22 日,上海市档案馆藏档 G18-2-99。

艺方面，基本上还是处在机械加手工的生产方式，自动化、半自动化程度低。例如车身制造工艺上，由于模具制造能力有限，模具配不了套，一般只有成形模，没有切边和冲孔模，因而大都靠手工来进行，有些零件甚至还没有模具，全靠手工拷制。在机械加工方面多数还是用通用机床加工，基本上还处于一人、一刀、一机、一件的状况，生产效率低，加工工时大。少无切削件应用得也少。”①这与 1973 年的生产瓶颈几乎是一样的。而试制新轿车耗费的成本居高不下，已经引发了矛盾。1978 年 9 月，中国人民银行嘉定县支行向上海市计委反映上海汽车制造厂“到 1978 年 7 月底止实际账面发生费用 406 万元(不包括协作件未付款)，除去下拨试制费 80 万元，销售样车 2 辆收入 4 万元，超支达 322 万元”，并声称：“今后企业不得再挤占、挪用流动资金和银行贷款，企业已经超支部分，年内不及时归垫，银行将停止发放新的贷款，并相应收回被挪用的这部分银行贷款。”②当年底，上海汽车制造厂向上海拖汽公司报告称：“771 轿车第 5 轮试制，自 1976 年 11 月开始至 1978 年 12 月底止，先后即将完成 11 台(1977 年完成 6 台，1978 年完成 5 台)，估计到 1978 年 12 月底共发生费用达 3 445 776.94 元。另外 1—4 轮 771 轿车试制费超支 567 045.06 元，两项合计共垫付试制费 4 012 822 元。”③对于当时的上海市来说，“771”轿车试制的投入与产出比是不划算的，将该项目转为科研项目，从经济角度来看是可以理解的。

二、 合资模式发端：上海大众的创立

就在实质性决定停止试制“771”轿车的同时，1978 年 5 月，上海拖汽公司提出《关于上海牌轿车一万辆规划的报告》，计划投资 3 511 万元，形成年产万辆的生产能力。当年 7 月，国务院批准国家计委、经委和外贸部联合上报的《关于开展对外加工装配业务的报告》，《报告》提出引进 3 条汽

① 上海市拖拉机汽车工业公司：《1977—1985 年规划(草案)》，1977 年 6 月，上海市档案馆藏档 B116-2-128。

② 《嘉银信(78)字第 28 号》，1978 年 9 月 28 日，上海市档案馆藏档 G18-2-99。

③ 上海汽车制造厂：《(78)革财字第 5 号》，1978 年 12 月 6 日，上海市档案馆藏档 G18-2-99。

车装配线，其中的轿车装配线拟放在上海，以改造上海的轿车工业。[①]当年10月，上海市机电一局向上海市委的报告中这样写道："为了发展上海汽车工业，扩大出口业务，一机部和上海市曾联合向国务院报告，要求引进轿车制造技术，改造上海轿车厂。李副主席、余副总理已批示，同意在实行返销的前提下引进，可同外商探询。为此，一机部已向法国雷诺汽车公司、雪铁龙汽车公司和西德大众汽车公司发出了邀请电……李副主席指示：如返销确实有困难，合营也可以考虑。因此电文中写明：'如贵方有兴趣，我们将欢迎贵公司来华就合作方式等问题进一步商谈。'目前法国雪铁龙汽车公司向我驻法商务参赞表示愿以比帮助罗马尼亚建造汽车厂更为灵活的方式帮助中国建造汽车厂（罗马尼亚汽车厂是罗马尼亚投资65%，雪铁龙投资35%，产品返销一半）。雷诺汽车公司访华代表团回去后已经寄来了轿车资料，并要求在11月份再次来华洽谈。西德大众汽车公司与我驻西德一秘叶毅同志会晤后写信给一机部杨鉴副部长，表示愿意在轿车方面进行合作。本月6日又来电，打算在11月10日左右来华，并要求代办入境签证手续。此外，美国通用汽车公司已派出了以董事长墨菲为团长由16人组成的代表团，于本月21日到北京商谈轿车和重型车问题。加拿大美籍华商对中国机械设备出口公司说美国生产道奇、顺风牌等汽车的克莱斯勒汽车公司也愿意和我合作。"[②]这是当年的进展情况。

事实上，将轿车项目放到上海是有争议的。汽车行业内有人认为，应该"大厂搞小车，小厂搞大车"，轿车技术含量高，不适合放在当时汽车工业连南京都比不上的上海。但是，在中央层面，一机部副部长饶斌非常看好上海，认为上海科技力量强，国家过去交给上海机械行业的任务，都得到了很好的完成，所谓"干不了的就找上海"。[③]而在此后上海汽车工业走合资道路的过程中，饶斌一直给予了大力的支持。1982年5月，曾有材料散发到中央领导处，其说："轿车是高档消费品，不是急需，搞这样的项目不符合

---

① 本书编审委员会：《中国汽车工业史（1901—1990）》，第225页。

② 《沪一机委（78）24号》，1978年10月19日，上海市档案馆藏档B246-3-553。

③ 陆幸生：《世界是圆的：上海汽车工业三十年》，上海汽车工业（集团）总公司2009年，第13—14页。

国情。而且这个项目是德方稳得利，我方稳亏损，所以同西德合资办轿车厂是不适宜的，要求撤销这个项目。”中央领导看了材料转批给饶斌：“请有关主管机关过细研究。”饶斌把这个情况转告给上海市委并邀集相关方面座谈、讨论和研究，最终认为该项目对加速上海牌轿车换型，对提高轿车工业的技术水平，对减少轿车进口是必要的，应该继续进行。饶斌便亲自写信给中央领导做了详细说明，使项目得以继续进行。①没有来自中央层面的支持力量，在改革开放之初的环境下，仅凭上海拖汽公司一家地方企业，是很难推动轿车合资生产这种国家级大项目的。

在对于合作伙伴的选择上，上海拖汽公司秉持的基本原则是：“对方能转让具有国际先进水平的车型、工艺技术和管理经验；对方有较强的经济实力，在国际上有较好合作信誉；合营企业产品能向亚太地区和世界各地出口等。”②在谈判过程中，美国通用认为上海条件太差，对建设全能的轿车工业缺乏信心，建议合资企业只生产部分零部件，其余由国外进口在上海总装，产品在国内销售，这不符合中方引进完整的轿车技术改造上海轿车工业的要求，故谈了三轮就终止了。日本日产公司提出的方案是将下马的一种B级轿车转让给中国，但中方对下马落后的车型不感兴趣，而日方提出的新车型新技术的方案，要价高不可攀，产品也不出口，故谈了三轮也停止了。法国雪铁龙公司提出的方案除投资估算忽高忽低相差甚巨外，提供的车型也有问题，一种是即将下马的中级轿车，一种是新上市的两厢式小型车，不适合作国内公务用车，故谈判到1984年初终止。法国雷诺汽车公司也因提供的车型不符合中方要求而出局。唯独德国大众汽车公司的条件基本上满足中方的各种诉求。③大众公司看中的是中国市场的巨大潜力。据大众集团总裁卡尔·哈恩(Carl H. Hahn)回忆：“我认为迅速进入这个在我看来——正如我也一再公开强调的——世界上前途最大的市场，是一个重要的战略目标。无论是中国当时的汽车普及程度还远远落后于

① 蒋涛：《上海大众合营项目的历史轨迹》，政协上海市委员会文史资料委员会等编：《上海汽车工业五十年 1955—2005》上卷，上海市政协文史资料编辑部2008年，第105页。

②③ 仇克：《六年谈判》，政协上海市委员会文史资料委员会等编：《上海汽车工业五十年 1955—2005》上卷，第111页。

1984 年 10 月 10 日，上汽大众合营合同签字仪式在人民大会堂举行

尼日利亚(每 2 500 个居民才有一辆轿车)，还是人均的低收入，都不能阻碍我的决定……我们看到中国存在一个国内市场，长期下去它将发展为世界上最大的市场，而且要比大洋对面的美国市场规模更大。只要中国能达到 1980 年葡萄牙的汽车密度(那是西欧最低的)，这个国家的轿车数就达 1.3 亿辆。依靠它的规模带来的成本优势，中国最终将发展为战略上最重要的大众汽车产地，会出口到亚太地区，有一天也会出口到美国。"①由于大众公司抱有这种积极的态度，谈判有了很好的基础。在车型的选择上，大众公司 1981 年提供的桑塔纳令中方非常满意，因为该车型"外形朴实大方，适宜于作为公务用车，也可以作为商务用车和旅游出租用车"，而且是 1982 年才上市的最新车型，设计与性能也非常好。值得一提的是，中方在车型选择过程中会以上海牌轿车作为一个参照系，如考虑桑塔纳轿车车厢内部尺寸"比上海牌还略大"，或"它的整车重量比上海牌轻 520 公斤。它的发动机很先进，再加上车身轻，所以它的油耗较低，只有上海牌的 70%"②。这种比较，预示了后来在桑塔纳轿车与上海牌轿车之间的取舍。

① 卡尔·哈恩：《从学徒到总裁：卡尔·哈恩在大众汽车的 40 年》，朱刘华译，上海远东出版社 2011 年版，第 118—119 页。

② 翁建新：《桑塔纳轿车车型的成功选择》，政协上海市委员会文史资料委员会等编：《上海汽车工业五十年 1955—2005》上卷，第 120 页。

1978年11月，国家计委副主任顾明向邓小平请示：“轿车项目可不可以搞中外合资经营”，邓小平说：“可以，不但轿车可以，重型汽车也可以嘛”，还讲了中外合资经营六大好处。①这就明确了轿车引进项目的基本形式。而在选定大众公司作为合资对象后，具体的谈判过程曲折而艰辛。毕竟，在进行合资谈判时，中国甚至没有合资方面的法律。而1979年开始谈判时，恰逢中国进行经济调整，大部分项目要下马，轿车项目也存在终止的风险。这时发挥了关键作用的是饶斌。饶斌在一机部党组扩大会议的报告上表示，在国外参观了很多生产轿车的企业，也看到一些技术研究中心，感到中国和国外差距实在太大，只有引进技术，认认真真学习，才能缩短差距，把中国的轿车工业搞上去，才能挡住轿车进口，“所以这个项目不能下，要上，而且要快上”②。于是，谈判得以继续下去。1982年6月，中德双方签署了100辆桑塔纳轿车组装协议和购货合同，商定组装所需焊接、涂装、总装等装备的订货制造和人员培训计划，草拟合资经营基础协议草案。1983年4月11日以散件装出第一辆桑塔纳轿车。③可以说，当时的中德谈判采取了边试组装边谈合资经营的方式，这种方式带有试验性的色彩，其目的是为了检验中德双方能否在工作中好好相处，也检验中国工人是否有

1985年3月21日，上海大众汽车有限公司正式成立

① 陆幸生：《世界是圆的：上海汽车工业三十年》，第26页。
② 陆幸生：《世界是圆的：上海汽车工业三十年》，第31页。
③ 本书编审委员会：《中国汽车工业史（1901—1990）》，第226页。

足够的技术水平。①然而，轿车组装成功，谈判却迟迟未见突破。从中方来说，谈判拖沓的重要原因在于中央许多部门对上海这个项目持怀疑态度，外汇与资金等问题迟迟无法落实。转机出现在 1984 年 7 月。据曾任上海汽车工业（集团）总公司董事长的陈祥麟回忆，当时，“突然在一次汇报过程中，国家计委的同志转变态度，提出可以研究一下，给人的感觉是似乎有些突破。后来才知道，中央领导人已有批示，起了很大作用。批示的大致内容是：这样一个两三万辆的项目，即使失败了也没有什么问题。意思是轿车这个项目可以一试。是小平同志下了决心”②。有了来自中央的坚

80 年代的桑塔纳车型生产线

1983 年，第一辆国产桑塔纳下线，中国汽车工业走向合资生产之路

① 马丁·波斯特：《上海 1000 天：德国大众结缘中国传奇》，项玮译，中信出版社 2008 年版，第 38 页。

② 陆幸生：《世界是圆的：上海汽车工业三十年》，第 44—45 页。

定支持，接下来的谈判就较为顺利了。1984年10月10日，中德双方签署上海大众汽车有限公司（简称上海大众）合营合同。1985年3月21日，上海大众汽车有限公司正式成立。

1984年签署的合营合同规定上海大众固定资产总投资3.87亿元人民币，注册资本1.6亿元，中德各占50%，中方的50%中，上海拖汽公司占25%，中汽公司占10%，中国银行上海信托咨询公司占15%。[①]陈祥麟在后来的访谈中解释了中方资本的来源及其意义："这个大众轿车项目，国家同意放在上海了，我们上海要拿出钱来投资啊。但是我们财力很有限，我们把原有的生产上海牌轿车的厂房、设备等等不动产全部折算进去，可以算作中方投资额度里面的25%。那还有另外一半的25%哪里来呢？简单地说，中汽总公司（实为中汽公司，下同）当时的董事长饶斌，对上海比较看好，认为上海各方面的条件不错，搞技术配套是强项，同意中汽总公司拿出10%来帮助我们。再讲，中国总汽车公司这块牌子是国家级的，人家德国人看上去，这10%是个'国家保证'……我们找到中国银行上海分行，要求贷款支持。上海分行也就拿出了15%，都是美金……这些美金对我们引进国外的设备帮助很大。这样一来，德国方面也就比较放心了，他们认为一是有中汽总公司支持，二是中国银行上海分行有了外汇资金保证。"[②]因此，合资企业中方的资金来源与构成，从本质上反映了上海引进轿车项目，是一个得到了从中央行业管理机构到地方金融部门等各方面支持的系统工程。仅靠上海拖汽公司这一直接的生产经营主体，是没有力量与德国大众合资的。

然而，上海大众成立后，面临着重重困难。大众公司派来的德方总经理马丁·波斯特（Martin Posth）回忆，他1985年11月第一次到安亭也就是上海大众工厂所在地后："有那么一刻我呼吸停止：目不转睛地盯着眼前这些落伍的厂房，脑子一片空白。难道这些遍地尘土的简棚陋屋，就是一家汽车制造厂？就是在这种地方，大众要联合中国人一起造车？然而，望

① 本书编审委员会：《中国汽车工业史（1901—1990）》，第226页。

② 陆幸生：《世界是圆的：上海汽车工业三十年》，第6页。

一眼公司的招牌，证实了我的确没有走错地方。我站在上海拖拉机汽车总公司，即上海拖汽总公司的一家工厂前，这是家中国的国营企业，而狼堡的大众集团刚与这家企业签订了合资合同。”波斯特看到“大量的金属废料散乱地堆放在厂区地面上”，“窗户漏风。那条满是沙土、未经夯实的道路从厂区中央穿过”，他感到：“这根本无法想象，某日如何从这样衰败的厂房，生产出来哪怕只有那么一辆我们可以勉强认可的轿车。”①后来，波斯特写道：“我们并不像哈恩博士所言，从零开始，而是从负数起步。”②波斯特抱怨了中国基础设施的落后：“电是紧缺物资：要么是给办公室开暖气炉，要么是给油漆车间开烘房，只能选用其一。我们当然是决定让自己受冻来保证汽车生产。”③上海大众中方总经理张昌谋的回忆佐证了这一点：“用电用油的指标，在我们大众厂，初期是一点都没有的。”陈祥麟亦回忆：“在1984年10月10日签合同之后，仍有许多问题没有落实。最主要的是三个问题：建设规模、外汇额度、贷款额度，这三个问题悬而未决，成为‘三个不落实’。”④由此可见，波斯特并未夸大其词。

从中方的角度看，上海大众并非完全白手起家，在上海拖汽公司的股份中，以前生产上海牌轿车的厂房、设备是给了上海大众的。然而，对新成立的合资企业来说，这些资产用处甚微。进一步说，上海牌轿车与桑塔纳的并行生产，也引发了一系列矛盾。而两种车型竞争的背后，实际上是中国汽车工业发展模式的竞争。

三、 国产化压力与轿车工业模式更替

上海大众的建设能力为年产上海桑塔纳轿车2万辆，后又调整为3万辆，发动机产能为10万台，大众公司接受返销短发动机8万台，并从上海购买14万美元模具，以实现外汇平衡。1985年1月，上海市经委召开首次安亭地区总体规划会议，提出10年后将安亭地区建成年产30万辆轿车

① 马丁·波斯特：《上海1000天：德国大众结缘中国传奇》，第3—4页。
② 马丁·波斯特：《上海1000天：德国大众结缘中国传奇》，第39页。
③ 马丁·波斯特：《上海1000天：德国大众结缘中国传奇》，第45页。
④ 陆幸生：《世界是圆的：上海汽车工业三十年》，第70—71页。

的现代化汽车城。7月，时任上海市市长江泽民和市委、市政府领导视察上海大众时，重申轿车项目主攻方向不变，30万辆目标不变。[①]对上海大众来说，实现目标的核心在于桑塔纳国产化率的提升。波斯特这样表述该项任务："提高所谓的国内生产份额，亦即逐步提高所有在中国生产的配套件，以期在合作的第7年达到80%—90%的国内生产比例。"[②]事实上，国产化是中国政府采取合资模式发展轿车工业所追求的最重要的目标之一，因为在合资模式下，国产化率的提升才意味着真正实现了技术转移。于是，桑塔纳的国产化成为驱使上海大众以及整个上海轿车工业发展的巨大压力。

然而，上海汽车工业薄弱的基础使桑塔纳国产化并不容易。1987年，波斯特陪同哈恩造访一汽时，深受触动："在考察生产情况的时候，我们吃惊地认识到这样一个事实，即一汽的生产技术水平已经到达了何种高度！此情此景，让外国人认为的中国人不可能自行研发或生产汽车的看法烟消云散。"[③]这种惊讶源自与上海汽车工业的对比。与全盘移植苏联流水线工厂的一汽相比，几乎从弄堂作坊发展起来的上海汽车工业

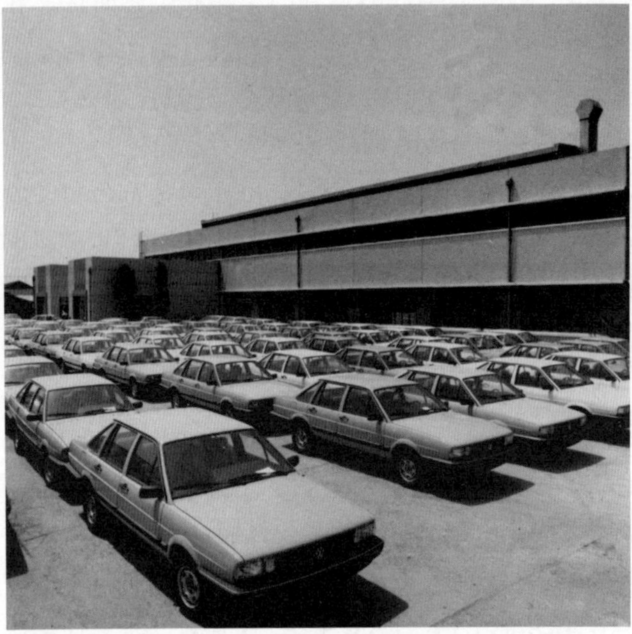

20世纪80年代，上海大众汽车有限公司总装车间装配的一批上海桑塔纳轿车即将出厂

① 本书编审委员会:《中国汽车工业史(1901—1990)》,第226页。
② 马丁·波斯特:《上海1000天:德国大众结缘中国传奇》,第11页。
③ 马丁·波斯特:《上海1000天:德国大众结缘中国传奇》,第96—97页。

的基础确实太差了。而上海大众成立之初与上海牌轿车在相邻的空间里共同生产，也令波斯特不满。他写道："要是巡视一遍工厂，可以看见一片异乎寻常的景象——两家企业紧挨并存……这是一种天壤之别：厂房的一端以祖父辈们的手工作坊方式压制或油漆'上海牌'的零件；与此同时，另一端却应用电子控制设备大工业化地生产桑塔纳。"于是，德方向中方施压："一个屋檐下两家工厂？这可不行。上海拖汽总公司必须连同员工一起搬走，而且要马上搬走。"不过，未能如波斯特所愿的是，上海牌轿车的生产线拖了一年多才真正搬迁。[①]实际上，根据中德双方的协议，上海汽车制造厂必须在18个月内从老基地迁出，将12万平方米的建筑让给上海大众，然而，实际的困难却很多。其中很大一个问题是如何妥善安置未进合资企业的上海汽车制造厂职工。经多方研究，上海拖汽公司决定和嘉定县政府联合成立上海汽车联营厂，继续生产上海牌轿车整车。当时的考虑是："上海牌轿车当时市场需求尚旺；同时上整车可以以老养新，为发展桑车(桑塔纳)提供资金、人力及其他生产资源的支持。也有利于一批与之配套的配件厂，提高这些厂的经济效益，总之有利于上海轿车工业的发展。"最初，上级仅同意联营厂生产轿车车身，但考虑到迅速为上海大众让地的动迁需要，最终同意了上整车。[②]1986年3月，搬迁工作顺利完成，而在前

最早实现国产的是三厢桑塔纳轿车，图为该车系列之一

① 马丁·波斯特：《上海1000天：德国大众结缘中国传奇》，第37页。

② 徐春涛：《上海汽车厂迁建联营纪实》，政协上海市委员会文史资料委员会等编：《上海汽车工业五十年1955—2005》上卷，第148—150页。

一年的搬迁过程中，嘉定的主体厂房旁边搭建了一个简易总装车间，安装装配线，于12月10日组装成功第一辆上海牌轿车，到年底共装配50辆，实现了当年搬迁当年生产出整车的目标。①至此，上海轿车工业进入了上海牌轿车生产与桑塔纳国产化并行的历史阶段。

毋庸置疑，德国的轿车生产技术是先进的。事实上，在1984年协议签订前的组装阶段，CKD装配小组的上海工人已经感受到了这一点。在后来的采访中，CKD装配小组组长陈守谦说："我们对上海牌轿车很熟悉，认为上海牌已经是很了不起的车子了，但根本不知道桑塔纳要怎么做。德国零件的叫法、编号方法，都跟原来不一样，明明这个零件摆在眼前，我却不认识。装在什么地方、怎么装，更是另外一个问题了。所以，尽管我们都是熟练工，但对德国零件的认识，都需要时间来熟悉和了解。"负责发动机预装的蔡学智说："后来就清爽了，德国零件是用9位数来排的。前三个数字是车型，中间三个是零件大组、总称，后三个是具体的颜色和形状。德国讲究规则，开始我们不知道，后来了解了，就很方便。"但是，工艺员郑步云坦言："德国车型是先进的，但我们用的是落后的装配手段，真是步步有难题……装好的第一辆车，'发动不出'。我觉得是电瓶问题。轿车蓄电池分两种，一种是使用前要充电的，还有一种不需要；工艺卡片上也没有标明，我们按照习惯就先充电了。后来晓得，弄错了……人家不充电已是惯例，而我们不知道，还想当然。立刻，再拆一只运输箱子，拿出一只新的蓄电池来装上去，车子启动成功。"而这些工人谈到桑塔纳的性能，众口一词的回答是："刚刚装好，一看，就觉得它轻巧，而且美观。桑塔纳底盘低，坐上去像贴着地面开一样。上海牌跟它比起来，真是又木又笨又重。上海牌每百公里耗油总在十二三升，从上海加满油出发开到无锡，中途一定要加油。桑塔纳百公里行驶耗油在七八升以内，甚至更低。"②这种对桑塔纳轿车和上海牌轿车的比较，在很大程度上预示了两者之后的命运。

在具体的生产过程中，德国的先进技术与管理经验，在合资企业内展

---

① 徐春涛：《上海汽车厂迁建联营纪实》，政协上海市委员会文史资料委员会等编：《上海汽车工业五十年1955—2005》上卷，第154页。

② 陆幸生：《世界是圆的：上海汽车工业三十年》，第77—79页。

示给了中方。波斯特在回忆录中津津乐道的是，在定期清洗漆槽时，德方人员发现，为了改善导电性能，油漆里掺入了汞，而含汞的有毒蒸汽会危害设备操作人员的健康。德方人员“第一次感到必须态度坚决，绝不退让”，因此，德方技术人员向中方同事介绍了不使用汞也能解决问题的方法，即在漆槽里增加铜制导电轨，可以达到与掺汞相同的效果。德方技术副总经理保尔在回顾这段历史时称：“那是日常经营活动中关键技术传授的典型案例。”[①]此前，上海牌轿车上油漆是在车间上面用大行车将部件吊起来，开到指定地方，那个地上摆着很大的油漆桶，行车把要油漆的部件降下去，放到桶里浸一浸，过段时间再吊起来，让部件上的油漆晾干，如此重复几次，就用行车运到另一个地方烘干。上海大众一开始也保留了这套简陋的油漆线。但德方坚持要买一条价值1亿多元的喷漆生产线。经过德国人反复催办，张昌谋去北京找饶斌，饶斌对这个项目“很认可，很支持”，张昌谋回上海才敢签购买设备的字。[②]

除了技术的引入外，德方也将管理制度与企业文化移植到上海大众。例如，中国国企吃“大锅饭”的薪酬制度导致“具有政治觉悟的扫地阿姨和高素质的工程师赚得一样多”，令波斯特感到不满，他引进了一套新的按劳取酬的制度。这套制度的基本内容是：“每个人都认识到，他是以是否完成了上级确定的产量和达到了所要求的质量来获得薪酬的。如果达到，那一切顺利。如果以更高产量超出了额定计划，那便会到期支付一笔奖金……如果实际生产的汽车比计划数少，那么钱也就给得少——而且是针对个人，从单纯的装配工到经理层，生产部门如同管理部门。只计算‘合格’汽车；‘返修车’即那些没有达到质量要求的部分，视作未被生产。”刚开始，中方人员对德方的制度改革提议“毫无热情”，波斯特不得不引用政治权威的话语施压：“上海市市长江泽民同志曾对我们说过，我们应该打破‘铁饭碗’。”最终，1986年5月，新制度在上海大众得以实施，并立即起到作用，波斯特称：“中国人造车的速度似乎突然之间达到了世界冠军水平。显然，

① 马丁·波斯特：《上海1000天：德国大众结缘中国传奇》，第40页。
② 陆幸生：《世界是圆的：上海汽车工业三十年》，第67—69页。

每一名员工都很快明白了这样一个事实,即他是我们这个整体的一分子……每个发现缺陷的人都会立即反馈信息:注意,这里有些不对劲——由此中国人养成了一种整体的、互相关联的质量意识。"①又如,上海大众第一任党委书记兼工会主席唐炜延回忆:"过去,在上海汽车厂时,生产中出现了一些次品我们总不舍得丢掉,而是修理一下再用或是降价作为次品配件出售,总想为企业挽回一点经济损失。可是德方人员对待这个问题的态度完全不同,看到次品,他们总是把它全部砸碎,让你无法再加以利用。开始我们都十分心疼,但是经过德方人员对质量第一和品牌意识的反复宣传,终于让中方员工逐渐接受了他们的质量理念。"②

唐炜延还认为在上海大众的初创阶段,他从德国人那里学到了重法制、重规范的理念。他回忆,有一次他要求波斯特改善夏天职工的劳动保护条件,波斯特答应了他,正当他准备离开时,波斯特说:"唐先生,今天我满足了你的要求,但你忘了让我签字。要知道,即使我今天答应了你更多的要求,只要我没有签字,明天我完全可以赖掉。我知道你们中国人讲信用,口头答应的事不会赖掉,但你与德国人打交道,只有让他签下字来,他才不会赖掉。"他又说:"我们送大批员工去德国培训,实际上,我们每天都在进行培训。刚才我就给你进行了一次培训。"唐炜延后来写道:"波斯特的这句话深深印进了我的脑海里。正是基于这一理念,我们认真学习了德国大众经验,包括完整的企业管理制度和工作规范,还签订了上海市企业里的第一份集体劳动合同,从法律上保障了企业劳动者的利益。"③所谓"我们每天都在进行培训",形象地反映了合资企业中的外方企业文化在中国的渗透过程。

不过,桑塔纳的国产化进程比预期要缓慢很多,这是由于上海汽车工业乃至整个中国相关工业的制造能力确实无法满足将进口零部件迅速国产化的要求。接任张昌谋的王荣钧后来回忆:"上海大众桑塔纳的发动机要进口,国内有些厂家说,发动机生产线我们自己可以做,进口太贵了,这个舆论一出来,意味着谁签字买进口生产线,谁就是卖国。当时德国人一

---

① 马丁·波斯特:《上海1000天:德国大众结缘中国传奇》,第131—133页。

②③ 唐炜延:《上海大众初创时期中德文化的碰撞和融合》,政协上海市委员会文史资料委员会等编:《上海汽车工业五十年1955—2005》上卷,第146页。

直在催，大众进度已经慢下来了，这样要拖到哪一年，这延误的责任谁来负？"于是，他请来一汽、二汽的专家，让他们审查现有的国产工艺设备是否符合要求，然后，再让德国发动机厂厂长向专家作进口工艺设备的介绍。王荣钧在专家会议上说："我们中国专家都在这里了，大家来审查这个设计，有三条要求：一、如果用国内设备，必须保证设备的精度，设备精度是用来保证产品质量的。二、要保证设备的可靠性。设备开动率是保证产量的，不能老是要修。三、保证设备的交货期。上级对我们是有施工期限的，不能等时间到了，设备还没有来。如果就这三条能满足要求，我完全赞成定购国产设备。但是，如果国产设备达不到要求，各位说了话的专家，是不是要负责任？"结果，专家基本同意德国大众的原设计，同意进口相应设备。[①]而王荣钧对国产化的看法是："国产化前提是：必须保证达到进口零部件的质量标准。那个时候，中国配套工业技术水平，比欧洲、日本或美国要落后 30 年。在我任职期间，国内那些配套商生产的是卡车零部件，而不是轿车的。我们需要根本的改变，不仅在零件的设计上，也在工艺上。刚开始，国内没有一家配套商有能力为桑塔纳生产一个零件。"[②]饶斌到上海调研后也认识到"轿车零部件的国产化工作几乎是从零开始"，说道："看来零部件国产化难度比想象得大，但还是宜早抓起来。"[③]

由于国产化难度大，当时有人产生了畏难和抱怨的情绪。王荣钧回忆："于是有传言说德国人故意刁难我们，不愿意我们搞国产化；还有的说国产化太难，建议搞个过渡标准。"这些传言的影响很大，为此，饶斌专门让王荣钧进京汇报情况。王荣钧说，上海大众的产品理应达到德国标准，"为什么我们要放低标准呢？"他直击要害："如果为了国产化而降低产品质量标准，那么我们原来的上海牌轿车就是百分之百国产化的，为什么还要引进桑塔纳呢？"饶斌听完后，赞同王荣钧的意见。[④]因此，上海大众的国产化

① 陆幸生：《世界是圆的：上海汽车工业三十年》，第 92 页。

② 陆幸生：《世界是圆的：上海汽车工业三十年》，第 96 页。

③ 陈光祖：《怀念绕厂长》，本书编委会编：《中国汽车工业建设杰出的奠基人和开拓者：饶斌同志诞辰 100 周年纪念文集》，第 150 页。

④ 王荣钧：《饶斌同志永远是我的良师益友》，本书编委会编：《中国汽车工业建设杰出的奠基人和开拓者：饶斌同志诞辰 100 周年纪念文集》，第 168 页。

态度是坚定的。但实际的困难如陆吉安所言:“一是资金上的突出困难……一系列与之相配套的市政改造工程如道路、供水、三废处理、通讯、供电等等都需要大量资金的投入。所需外汇更是严重短缺。上海大众每年进口CKD的大量外汇没有着落,而横向配套零部件企业的外汇缺口更大。二是对国产化配套问题认识上的差异……对为上海牌轿车配套的零部件厂又缺乏正确的、符合实际的评估,这就使中方有些同志对国产化配套工作的严肃性与艰苦性认识不足。而德方则认为我们根本没有能力为桑塔纳轿车提供配套零部件,国产化必须从零开始。双方认识上反差这么大,形成了国产化配套工作起步之初的矛盾焦点。”①这些困难造成最初几年桑塔纳轿车国产化停滞不前的局面。

桑塔纳轿车国产化进展缓慢引发了政府的关切。1986年、1987年,受国务院副总理姚依林委托,朱镕基先后带领中央各部、委、办的有关领导到上海调研桑塔纳国产化的问题。1986年9月,上海市计委牵头组成上海市桑塔纳轿车横向国产化领导小组和下属协调办公室,主管配套国产化工作。市政府明确对配套国产化采取特殊优惠政策,配套国产化计划列为指令性任务下达。②1987年12月24日,已经被任命为上海市委副书记的朱镕基在“上海—桑塔纳”轿车国产化工作会议上发表了讲话。在讲话中,朱镕基提到了桑塔纳国产化的意义:“轿车的国产化是一个非常重大的项目,现在每年我们得花几亿美元来进口轿车及散件,如果不加快国产化,这种进口有扩大的趋势。”从国家财政角度看:“发展轿车工业应建立在我们自己生产的零部件基础上,不能靠散件组装,因为我们花不起外汇。这不是上海一地的问题,而是全国性的问题。”③然后,从上海地区利益的角度出发,朱镕基谈到了桑塔纳国产化工作的迫切性:“在今年以前,喇叭、天线、轮胎等的国产化率只有2.7%,今年虽已达到12.6%,但总的看来还是低。北京吉普国产化率是17.8%,不仅经过鉴定,而且已停止向美国采购,这是

---

① 陆吉安:《桑塔纳轿车国产化工作回眸》,政协上海市委员会文史资料委员会等编:《上海汽车工业五十年 1955—2005》上卷,第195页。

② 本书编审委员会:《中国汽车工业史(1901—1990)》,第227页。

③ 本书编辑组编:《朱镕基上海讲话实录》,人民出版社2013年版,第3,5页。

扎扎实实的国产化。而上海12.6%的国产化率还没有完全采用到汽车上去，只停止采购6%，还须努一把力。我感到上海的同志要有危机感，我们没时间了，只有三年，三年内如果达不到85%的国产化率，就有关门的可能。我不是危言耸听，因为'桑塔纳'车型有弱点，高不高、低不低，公务用车标准太低，私人用车标准太高。价格也没有竞争力，每辆CKD进口要花9 500美元，卖出去要1.69万美元，太贵了。现在完全是靠行政干预，停止进口其他小轿车来维持'桑塔纳'，这样才供不应求。"[①]朱镕基反复强调"对上海来说，喘息时间也只有三年了"，因为国家没有外汇，不可能无限制地搞CKD，所以，桑塔纳的国产化"只有破釜沉舟，背水一战"[②]。可以说，朱镕基的讲话起到了督战的作用，给了上海极大的压力来加速桑塔纳的国产化进程。

在施加压力的同时，政府也给了上海大众以实际的政策支持。陆吉安回忆："这些政策包括：人民银行从1988年起的三年内，每年给上海市增加专项贷款额度1.3亿元，全国有121个项目纳入桑塔纳轿车国产化的'一条龙'规划，计划总投资7.8亿元，用汇近1亿美元等，缓解了承担零部件国产化的企业改造所需人民币资金与外汇资金的紧张局面。"[③]上海市也在1986年筹措发展轿车专项基金，解了燃眉之急。陆吉安回忆，这项国产化基金是从1986年四季度开始向全国收取，直到1994年2月份停止。收取情况为："(1)1986年四季度，桑塔纳轿车每辆收2万元。上海牌轿车计划内每辆收0.3万元、计划外每辆收1.8万元。(2)1987年7月1日起调整为，桑塔纳轿车收取外汇额度的、每辆收0.3万元，不收取外汇额度的、每辆收2.3万元。上海牌轿车则不变。(3)1988年底，桑塔纳轿车调整为每辆一律收2.8万元。(4)从1989年开始，桑塔纳轿车每辆收2.8万元，其中50%上缴中央。(5)1994年2月份，国家明令取消收取轿车国产化基金。"[④]

---

① 本书编辑组编：《朱镕基上海讲话实录》，第5页。

② 本书编辑组编：《朱镕基上海讲话实录》，第6页。

③ 陆吉安：《桑塔纳轿车国产化工作回眸》，政协上海市委员会文史资料委员会等编：《上海汽车工业五十年1955—2005》上卷，第195页。

④ 陆吉安：《桑塔纳轿车国产化工作回眸》，政协上海市委员会文史资料委员会等编：《上海汽车工业五十年1955—2005》上卷，第201页。

可以说，轿车国产化基金是上海市采取的直接的筹措资金手段。在8年内，共收取国产化基金74.6亿元，加上存贷利息等的收入总计约24亿元，实际本息总计（包括中央资金在内）约为100亿元。陆吉安感慨："这100亿元是我们实现国产化的命根子。如果没有这笔钱，哪来这么多的改造资金，实现国产化也就是一句空话。有了这笔钱，可以带动银行信贷、带动各主管部门投资、带动各企业自筹资金。我粗略估算，有了这个100亿元的国产化基金，就有了筹措约400亿元资金的能力。这就保证了在当时国家银根十分紧张的情况下，我们有能力对零部件企业进行改造，进行扶持和支持。"[①]可以说，上海市政府利用当时桑塔纳轿车受行政保护的垄断性市场地位，强制对消费者收取了额外的费用，再以此来投资国产化，实际上采取了一种地方政府级别的产业政策。

上海市政府的政策行之有效，加上各方面的配合，桑塔纳的国产化率1989年达到了31.04%，1990年则达到了60.09%。[②]然而，这与朱镕基在1987年提出的85%的国产化率还是有较大差距的。因此，上海大众乃至整个上海市的汽车工业仍然承受着较大压力。在这种背景下，1991年10月，上海做出重大战略决策，为了"抢时间、争速度、上规模"，下马了已有30多年历史的上海牌轿车，将上海汽车制造厂并入上海大众，以加快形成桑塔纳20万辆的生产能力。[③]事实上，这意味着合资模式彻底取代了本土渐进演化模式，成为上海汽车工业的主导发展模式。当时，上海牌轿车的生产以中国汽车工业的水准看还是颇成功的。搬到嘉定后，1986年初，上海汽车制造厂试制成功改进的SH760B(SH7231)轿车，在改进中应用了桑塔纳的国产化技术，改进了转向、制动、电气等系统及车身尾部外观。上海发动机厂则改进了680Q发动机的冷却、电气、传动等系统的11种零部件，最大功率由66千瓦(90马力)提升至74千瓦(100马力)，称682Q型。改进后的上海牌SH760B型轿车在动力性、可靠性、经济性、操纵稳定性、

---

① 陆吉安：《桑塔纳轿车国产化工作回眸》，政协上海市委员会文史资料委员会等编：《上海汽车工业五十年1955—2005》上卷，第202页。

② 本书编审委员会：《中国汽车工业史(1901—1990)》，第227页。

③ 何介轩：《草窝里飞出金凤凰》，政协上海市委员会文史资料委员会等编：《上海汽车工业五十年1955—2005》上卷，第51页。

电器操作性能等性能上以及局部外观上，都有很大提高，1987 年底投入批量生产。[①]至 1990 年底，上海牌轿车累计生产了 24 500 辆，完成产值 8.8 亿元，创利 1.4 亿元，从 1987 年起还每年集资 1 亿多元，支持桑塔纳零部件国产化。因此，上海牌轿车的下马又被称为“壮士断腕”。[②]

其实，对上海汽车工业来说，在其发展的历史上，曾经屡次做出类似的战略抉择，以确保将有限的资源能集中于具有发展潜力的产品上，而这种策略与汽车工业资本密集型的属性是相适应的。上海汽车制造厂最后一任厂长蒋志伟很清楚这一点，称：“汽车行业是高投入高产出的行业。没有投资，就没有装备，也就没有了规模和质量。投资力度不够，强度不集中，建设周期拖长，也就没有投资效益。兼并上海汽车厂，其目的是为了增强上海大众综合生产能力。上海汽车制造厂占地 17 万平方米，原有厂房与部分设备经过技术改造能迅速形成新的生产能力。兼并是一条捷径。当初为了尽快建成桑塔纳项目，上海毅然停掉了 4 吨载重车、轻型车、32 吨载重矿用车、三轮车、手扶拖拉机等诸多产品，把 90%的资金集中投在桑塔纳项目上。”[③]因此，上海牌轿车下马为桑塔纳让道，其实符合上海汽车工业一贯的投资逻辑。1991 年 11 月 25 日，蒋志伟在上海汽车制造厂的总装车间，主持了最后一辆上海牌轿车的下线仪式。上海轿车工业至此完成了模式更替，合资模式占据了完全的主导地位。

第二节　上海轿车工业合资模式的巩固

1991 年上海牌轿车的下马标志着合资模式成为上海轿车工业乃至整个上海汽车工业的主导发展模式。在整个 20 世纪 90 年代，合资模式在上海轿车工业得到了巩固，体现在两个方面，其一为桑塔纳国产化的推进，其二则为新合资企业的建立。

---

① 本书编审委员会：《中国汽车工业史(1901—1990)》，第 232 页。

② 徐春涛：《上海汽车厂迁建联营纪实》，政协上海市委员会文史资料委员会等编：《上海汽车工业五十年 1955—2005》上卷，第 155 页。

③ 蒋志伟：《上海大众二期工程建设纪实》，政协上海市委员会文史资料委员会等编：《上海汽车工业五十年 1955—2005》上卷，第 157 页。

一、桑塔纳轿车国产化的推进

1988年，上海大众一厂总装车间建成投产

在国产化基金和其他资金的支持下，桑塔纳国产化进程尽管不如预期计划，但尚属顺利。桑塔纳轿车共有零部件1968项，其中，上海大众自制件376项，外协配套件1592项。到1993年统计，桑塔纳轿车国产化的定点分布为：上海大众占18.4%，上海市占53.3%，航空航天系统的企业占12.3%，中汽总公司所属企业占8.8%，苏浙两省占2.1%，全国其他地区占5.1%。1993年，桑塔纳零部件的实际供货情况如表2-1所示。

表2-1　桑塔纳轿车零部件国产化初期定点分布与1993年底实际供货情况

类　别	定点国产化率(%)	1993年国产化率(%)	完成率(%)
上海大众纵向	18.4	18.4	100
上海市配套	53.3	47.5	89
航天航空配套	12.3	8.9	72
中汽总公司配套	8.8	4.2	47.7
苏浙两省配套	2.1	1.9	90
全国其他地区配套	5.1	0.3	5.9

资料来源：陆吉安：《桑塔纳轿车国产化工作回眸》，政协上海市委员会文史资料委员会等编：《上海汽车工业五十年1955—2005》上卷，第198页。

通过分析可知，上海大众纵向、上海市及苏浙两省配套成功率高达 90% 左右。全国其他地区实际配套国产化落实程度较差，其原因据认为是“与国产化基金相配套的资金不落实，无法形成生产能力；对桑车国产化的决心、信心不足，对本企业的经济效益存在疑虑”①。由此也形成了桑塔纳零部件生产向上海及周边地区的集聚。

20 世纪 80 年代的“普桑”，价格让人觉得高不可攀，却也让人羡慕不已

在桑塔纳国产化推进的同时，1990 年 1 月 26 日，经上海市人民政府批准，上海汽车拖拉机联营公司（原上海拖汽公司）更名为上海汽车工业总公司（简称上汽）。在设计徽记时，公司徽记确定由表示汽车方向盘的“S”和公司英文全称缩写字母“SAIC”组成。方向盘保留了当时桑塔纳轿车方向盘的基本特征，意在表示上海汽车工业总公司以具有 20 世纪 80 年代国际先进水平的轿车为主导产品，是中国汽车行业轿车生产三大基地之一。②这一用心，体现了上汽全力发展桑塔纳的决心。而在零部件国产化过程中，合资模式也得到扩展，也就是说，为了更好地国产化，成立了更多的合资企业。

① 陆吉安：《桑塔纳轿车国产化工作回眸》，政协上海市委员会文史资料委员会等编：《上海汽车工业五十年 1955—2005》上卷，第 199 页。

② 李积荣：《SAIC 徽记与旗帜设计的回忆》，政协上海市委员会文史资料委员会等编：《上海汽车工业五十年 1955—2005》上卷，第 213 页。

陆吉安回忆了合资模式随着零部件国产化而扩展的过程。桑塔纳的密封条项目一开始定点在贵州省航空系统的企业，但其产品总是过不了上海大众的标准关，小批量认可通过了，大批量供货就不行。这成为当时陆吉安的心病，因为密封件占的国产化率高、消耗外汇多，随着今后轿车品种的增加，对密封件的需求肯定会更大，如果没有自己的配套产品是不堪设想的。然而，贵州的定点厂仅引进了配套密封件的后道工序，前道混胶配方工艺没有引进。引进的技术不配套，主要是项目耗资巨大、集资困难，贵州企业怕背上经济包袱，而同时他们又一再强调自己有能力解决，这样一等就是数年，除了少数部件配上外，主要配件年年被拒于上海大众门外。到了1994年，陆吉安不得不考虑采用建立合资企业的办法来解决这个技术专利的问题。但这个过程也是一波三折。据他回忆："从计划经济的角度划分，密封件制造业属于上海化工系统。我主动建议并与化工局商谈，由上汽公司和化工局联合起来为一方，选择外商，共同创建合资企业。开始工作进行得比较顺利，也得到化工局的人力支持，但在即将签约前、最后协商出资问题时，产生了矛盾。化工局方面表示没有钱，只能出力。我提出，资金困难，我们可以提供，待开业三年后再返回，但遭到拒绝。不得已，我在各方压力下，决定由上汽公司单独与外商签订合资协议，并在青浦建厂。"①就这样，上汽公司实际上开启了桑塔纳的新一轮国产化工作。而在这一轮国产化工作中，联合汽车电子公司、采埃孚转向机公司、汽车制动系统公司等一批合资企业先后成立。

实际上，早在20世纪80年代，零部件企业的合资化进程就已经开始。在当时的上海汽车工业系统内，成立于1964年的上海汽车传动轴厂是一家专门生产汽车传动轴的企业。随着中国的改革开放，从1984年第二季度起，美国通用公司、英国BRD公司等国外企业纷纷派人来该厂进行有关十字万向节的出口洽谈。1984年4月，德国GKN公司第一次与上海汽车传动轴厂接触，但双方未谈拢。到了7月上旬，GKN通过上海大众发传真

① 陆吉安：《桑塔纳轿车国产化工作回眸》，政协上海市委员会文史资料委员会等编：《上海汽车工业五十年 1955—2005》上卷，第200—201页。

给上海汽车传动轴厂，继续洽谈。1985 年 4 月，GKN 再次派人到上海汽车传动轴厂，除了谈出口万向节事宜外，还首次表达了合作意愿。据上海汽车传动轴厂当时的领导方松筠回忆，他和技术科长林端“不假思索”地表示可以合作，并询问合作方式，“（德方人员）说：以我们 GKN 的先进加工技术，生产先进产品等速万向节总成。说着，他把 VL/RC 产品的总图拿出来给我们看，并说，此产品目前是为上海大众桑塔纳配套的，采用的是前轮驱动，左右前轮上各装一根”。显然，为桑塔纳配套打动了方松筠。而德方人员说的合作方案是：“我们 GKN 把这目前最新的生产技术、产品图纸等卖给贵方做投资，你们以同等价值的钱投入，赚得利润，按投资比例分成，你们以外币（DM）汇到德国 GKN 公司。或你们以出口十字万向节总成、虎克式传动轴总成、零件等价值作抵。”于是，双方进行了频繁而深入的谈判。1988 年 3 月 25 日，双方签约，确定合资公司名称为上海纳铁福传动轴有限公司（简称纳铁福），合资总资产 4 260 万德国马克，相当于人民币 8 349.6 万元，出资比例，中外双方各 50%，其中上汽公司（此时尚未改名称）35%、交通银行 5%、国家轻纺投资公司 10%、德国 GKN25%、德国投资与开发有限公司 25%，合资年限为 25 年。技术转让方面，通过合资，公司引进先进技术，生产 RC/VL 等速万向节总成产品，为上海大众、长春奥迪配套，同时 GKN 帮助纳铁福改造虎克式传动轴和十字万向节总成生产，提高公司的生产能力，加速出口，达到外汇平衡。[1]可以说，上海纳铁福传动轴有限公司的创立，是外资主动介入的结果，其目的是为了给上海大众配套，在客观上具有桑塔纳零部件生产国产化的效果。

从 1989 年到 1997 年，纳铁福经历了四期投资，第一期总投资 9 754 万元，第二期总投资 1 218 万元，第三期总投资 10 589 万元，第四期总投资 39 760 万元。在第一期投资中，由于经济实力有限，纳铁福引进了部分二手生产设备，设备较陈旧，技术不先进，测量手段不齐全，维修和调试也很麻烦。到了第二期，公司采取了自选设备、外方参与的方式，抵制二手设

① 方松筠：《上海纳铁福成为中国第一家汽车零部件合资企业》，政协上海市委员会文史资料委员会等编：《上海汽车工业五十年 1955—2005》上卷，第 257—261 页。

备，多选用国产设备。新设备的添置使纳铁福的等速传动轴产量和质量适应了国内轿车发展需求，特别是对上海大众提供了必需的配套产品。第三期投资纳铁福大力采用高新技术装备，着重引进了美国、德国和奥地利等国著名机床厂商生产的先进专用设备，同时引进了日本的先进热处理设备。至1995年底，公司生产的万向节传动轴国内市场占有率为70%，桑塔纳传动轴的国产化率也由合资初期的全部组装件上升到92%。[①]可以认为，桑塔纳传动轴的国产化率提升，与配套企业的投资规模扩大是成正比的。从投资的内涵看，主要内容为先进设备的购买。当然，人员素质的提升也很重要，而合资企业在这一方面的特点，用纳铁福总经理南阳的话说："（纳铁福公司）提供给员工最大的而且是最多的机会就是让员工边学边干，让他们一上手就可以干起来。他们有很多可以学习的东西，还可以去德国GKN公司参观学习。"[②]

与之不同的是，联合汽车电子公司的成立是中方主动进行战略决策的结果。汽油发动机管理系统（简称电喷，英文缩写为EMS）是国际上20世纪70年代末、80年代初发展、完善起来的机电一体化高新技术产品，其主要优点是最大限度地减少汽车尾气排放污染，降低油耗和提高发动机的动力性。当时，中国相关方面的考虑是，电喷技术难度高、投资大、涉及面广，不宜分散和重复建设，必须联合起来集中力量、资金，引进一套电喷系统技术，建立一套电喷生产体系，因此，1992年中汽总公司组织有关厂家成立了专项工作小组，与国内外相关厂家进行了广泛接触。1993年底，根据朱镕基副总理的意见，决定将该项目放在上海，并由占出资额50%的上汽牵头筹建工作。1994年，中国成立项目考察组，赴美国、德国分别对福特、博世和西门子三家企业进行了考察，初步选择了博世作为合作对象，并决定合资公司的名字为联合汽车电子有限公司，中德股比为50%对50%，合资公司的董事长与总经理由中方人员出任。1995年，联合汽车电子有限公司正式成立，1997年11月，项目建成

① 陆吉安主编：《先行一步——桑塔纳轿车国产化案例集》，上海财经大学出版社1999年版，第39—43页。

② 陆吉安主编：《先行一步——桑塔纳轿车国产化案例集》，第60页。

投产。[1]实际上，我们可以看到，联合汽车电子有限公司是一个由中央政府直接关怀的承载国家意志的大项目，但因其被放在上海，自然对上海汽车工业的发展更为有利。

上海采埃孚转向机有限公司(简称上海采埃孚)则是1994年由上汽与德国ZF齿轮集团共同投资组建的，总投资4 000万美元，中方占49%，德方占51%，批准生产纲领为30万台转向机、10万套阀组出口的能力。1996年7月1日，上海采埃孚正式投产，生产的第一批机械转向机和组装的巴西SKD动力转向机向上海大众供货。到1997年底，公司已形成年产30万台转向机的生产能力。作为一家外资占比更多的合资企业，上海采埃孚的发展，毫无疑问也是由高投资驱动下的设备与产品引进来推动的。不过，在具体的生产过程中，也存在着必须本土化的问题。例如，公司从德国引进过一台自动校直机，在设备试制过程中，由于种种原因，德方专家束手无策，校直机迟迟无法投入使用。为此，公司组织了一批由工程技术人员、管理人员、操作人员组成的攻关小组，先后解决了四大难题，使这台机器投入了生产，并达到了压缩工时70%的优异成果。[2]因此，合资企业的发展还是必须依靠本地员工的努力。

在桑塔纳国产化的过程中，其实有一批原上海汽车工业系统的老企业发挥了重要作用。例如，占桑塔纳轿车国产化率9.96%的变速箱项目，是由为上海牌轿车生产变速箱的上海汽车齿轮厂拿下的。据曾任该厂党委书记的沈如镜回忆："1986年8、9月份，有消息说桑车变速箱国产化项目有可能优先给上海的军工厂(军转民)或沪东造船厂。我们上海汽车齿轮厂虽然生产上海牌轿车的变速箱已有十几年历史，但当时如果不能给桑车配套，或是没有别的新任务，一旦停止生产上海牌轿车，那么上海汽车齿轮厂也就走到了尽头，全厂上下充满了危机感。强烈的生存本能迫使我们早在1986年初就悄悄采购了一台桑车变速箱，并组织了精兵强将进行测

---

① 陈廷越:《联合汽车电子——中国最大的汽车零部件项目》，政协上海市委员会文史资料委员会等编:《上海汽车工业五十年 1955—2005》上卷，第280—285页。

② 上海汽车工业(集团)总公司编:《腾飞——纪念上海汽车工业改革开放20年》，上海科技教育出版社1998年版，第257页。

绘……然而传闻犹如晴天霹雳，难道煮熟的鸭子要飞了？”于是，上海汽车齿轮厂主动向拖汽公司详尽汇报了为桑塔纳变速箱所作的前期工作，表示了志在必得的决心。公司领导表示支持，并邀请上海大众德方执行经理保尔来厂参观。为迎接保尔，上海汽车齿轮厂精心准备，赢得了保尔的好感。他对该厂表示：“桑车变速箱国产化巴西需要三年，我看你们只要两年足够了！”就这样，桑塔纳变速箱国产化项目还是放到了上海汽车齿轮厂。① 1987年下半年，上海拖汽公司以850万马克引进德国生产变速器的二手设备，力促上海汽车齿轮厂变速器尽快投产。该厂决定自己派人去德国拆，以期学到更多的设备知识并培养人才。1988年11月，全部二手设备进厂。1989年7月，全部二手设备调试结束，而且保证能加工出合格的产品。为了加快对二手设备的验收，该厂向巴西采购了部分毛坯，如壳体、壳盖、长轴等。10月15日，3台桑塔纳变速箱样机在该厂下线。而从样机下线到正式向上海大众批量供货，该厂仅仅用了13个月的时间。②从这一过程看，引进德国二手设备仍然是桑塔纳变速箱国产化的关键所在。

1991—1993年，为了实现规模生产，确保年产10万台，上海汽车齿轮厂着重抓了两个关键环节：一是建立全厂质量保证体系，一改以往传统的质量管理，确保产品质量；二是要求全厂所有的加工班组自下而上地自报自己的生产潜力。很快，全厂各班组的弱点都暴露出来了：热处理加工、壳体加工、螺伞加工总装合格率、后盖加工等等都存在着不同的问题。厂里立即对症下药，对所有存在的问题，有的投入资金，有的投入设备，一个一个迅速解决，彻底消除隐患。例如，在检查维修壳体加工线时，工厂成立了最好的技术小组停产8天测绘分析，终于发现和消灭了故障，使之良好运行。在一系列强化措施的保证下，该厂1993年实现了生产10万台变速箱的任务。③因此，桑塔纳轿车变速箱国产化率的提升，可以说是引进先进设备和强化生产管理双重作用的结果。

---

① 沈如镜：《桑车变速箱的国产化》，政协上海市委员会文史资料委员会等编：《上海汽车工业五十年 1955—2005》上卷，第239—240页。

② 沈如镜：《桑车变速箱的国产化》，政协上海市委员会文史资料委员会等编：《上海汽车工业五十年 1955—2005》上卷，第240—243页。

③ 陆吉安主编：《先行一步——桑塔纳轿车国产化案例集》，第10—11页。

桑塔纳活塞的国产化也是由老厂承担的，而负责该项目的上海活塞厂的历史可追溯至1912年成立的从事汽车修配业的宝锠行。1987年8月，上海活塞厂与德国活塞制造企业KS公司签约，引进活塞制造技术与关键设备，而上海拖汽公司将该厂的技术改造项目列为总公司“八五”技术改造重点工程，总投资1.2亿元。这是上海活塞厂踏上桑塔纳活塞国产化的起点。实际上，在引进技术前，该厂内部存在着两种意见的争议，一种意见认为应该走自力更生的道路，依靠自身的技术力量，通过革新和改进，使产品质量达到配套要求；另一种意见认为，必须走技术引进的道路，一则组织自身技术力量攻克难题有失败的风险，二则引进可以使企业在尽可能短的时间内掌握活塞生产的先进技术，使产品质量标准达到桑塔纳配套的要求。双方激烈交锋，争执不下，为了进一步论证，上海活塞厂决定根据桑塔纳配套活塞图样，自行试制了部分样品，将样品与桑塔纳配套标准进行对比。经过测试，企业领导认识到国外的先进技术并非高不可攀，但也认识到企业现有技术与桑塔纳配套产品的质量要求之间还存在着明显差距，依靠企业自身技术力量在短期内难以缩小差距。当时，国内外铝合金活塞制造技术及检测手段的差距如表2-2所示。

表2-2　国内外铝合金活塞制造与检测的差距(20世纪80年代)

项　目	国　　内	国　　外
铸造技术	重力铸造，手工拆模，铸件与浇冒口重量比1∶1.3—1.5，内在质量波动大	重力铸造，机械拆模，自动控温程序冷却，铸件与浇冒口重量比1∶0.3—0.5，内在质量稳定
裙部加工	磨削，椭圆柱形面，油耗12公升/百公里	车削，中凸—变椭圆形面，棱形表面，油耗9公升/百公里
检测技术	通用常规量具，手工检测，精确度低	专用电子自动检测精确度高
活塞寿命	2 000—3 000小时，15—20万公里	6 000小时，40万公里

资料来源：陆吉安主编：《先行一步——桑塔纳轿车国产化案例集》，第212页。

巨大且难以短期缩小的差距使上海活塞厂最终选择了技术引进，这就有了与KS公司即科尔本施密特公司的合作。而早期合作的内容为引进包括软件和硬件在内的较为完整的年产50万字活塞的生产线。整个项目自

1987 年批准实施，1990 年正式投产。①

与纳铁福、上海汽车齿轮厂一样，进入 90 年代以后，上海活塞厂为了桑塔纳国产化也继续进行了后续的投资与技术引进，不断扩大规模。尤为可贵的是，上海活塞厂推动了原、辅料和工艺装备的国产化。实际上，上海活塞厂自 1987 年至 1994 年，技术引进费用累计达 1 300 多万美元，从引进内容看，三次引进只是数量扩展，属重复引进，而从引进费用看，由于价格和汇率的变动呈日趋增加态势，高额的固定资产投资使产品成本居高不下，对日后的竞争非常不利。这促使上海活塞厂开始探索装备的国产化。在上汽领导的支持下，该厂联合上海交通大学进行合作研究和技术攻关，首先进行了 JDZ-1 型活塞浇铸机的国产化试验，并于 1994 年取得成功。此后，以产学合作的方式，在三年间，研制成功了 6 种 10 台套活塞制造关键设备。②从产品的国产化到装备的国产化，上海活塞厂充实了桑塔纳轿车国产化的内涵。

1997 年 8 月 1 日，上海活塞厂与老合作伙伴德国 KS 公司联合成立了中外合资上海科尔本施密特活塞有限公司。合资公司注册资本 2 200 万美元，中方以原上海活塞厂已有设备作价入股，超出 1 100 万美元的部分由合资企业购入，德方则以现汇投入，这部分资金将主要用于合资企业向德方购买先进技术和机械设备。合资企业的股份构成为，上海汽车有限公司占比 50%，德国 KS 公司占比 35%，德国投资与开发有限公司占比 15%。上海活塞厂之所以选择合资模式，是因为其决策层考虑到仿造型的国产化只是低层次的国产化，外方允许中方模仿的技术一般都是自己已经不用的技术，而即使外方提供中方允许模仿的技术是他们仍在使用的技术，等中方经过一段时间实现国产化时，提供技术的外方技术又大踏步向前发展了。因此，上海活塞厂“必须超越低层次的国产化，必须形成自己独立的产品开发能力”，而该厂决策层认为通过合资可以“引进国外更先进的技术，继续跟踪并消化吸收”，并可以“建立较强的资本实力，并借助外方的

① 陆吉安主编：《先行一步——桑塔纳轿车国产化案例集》，第 211—215 页。
② 陆吉安主编：《先行一步——桑塔纳轿车国产化案例集》，第 223—225 页。

技术力量，建立起合资企业的技术开发中心”，最终“逐步形成独立的技术开发能力”。①基于对合资作用的理解与预期，上海活塞厂作出了合资的战略决策，而这也是合资模式在上海汽车工业中扩展的一般逻辑。

通过这几个典型案例可以看到，桑塔纳轿车国产化的推进，本质上就是设备引进基础上的投资规模的扩大，而这带来了合资模式在上海汽车工业中的扩散与深化。

二、 合资模式扩展：上海通用的成立

在上海汽车工业推进桑塔纳轿车国产化的同时，合资模式也在中国汽车工业中扩散，合资轿车企业纷纷建立，这也影响到了上汽，使上汽在德国大众之外，开始寻找新的合作对象建立合资企业，这就有了上海通用的成立。上海通用的成立意味着合资模式在上海汽车工业中真正的扩展。

1991 年以后，一方面，桑塔纳轿车国产化在继续推进；另一方面，上海大众二期工程也开始建设。此外，原上海汽车厂的厂区要改建成年产 9 万辆整车的上海大众二厂，这也是上海牌轿车下马让道的直接目的所在。在装备上，上海大众二期工程的主要设备都是进口的，如德国舒勒公司、埃尔福特公司的大型压机，美国 ABB 公司的轿车涂装生产线，德国申克公司的转鼓试验台、前轮定位仪，日

新一代轿车桑塔纳 2000 在 1995 年顺利下线后，迅速成为了市场的宠儿

① 陆吉安主编：《先行一步——桑塔纳轿车国产化案例集》，第 228—229 页。

1999 年和 2000 年，上海大众基于普通版桑塔纳推出了 99 新秀和世纪新秀两款车型，进行了大量的技术升级，再次得到车市的追捧

本富士公司的模具，日本平松机械公司的焊接设备，英国汉敦公司的油漆返修线等。因此，上海大众二期工程是真正的大手笔，在 1993 年底被列为上海市 1994 年的“工业一号工程”。[①]更为重要的，则是上海桑塔纳 2000 型轿车的开发。关于这次新车型开发，曾任上海大众汽车有限公司产品工程部经理的张觉慧是这么认识的：“从大背景看，到了九十年代初，市场上要求上海大众推出新品的呼声愈来愈高，作为中国最大的轿车生产厂家，回应呼声责无旁贷；另一方面，经过 B2 桑塔纳的引进与国产化，我们自身的素质也有了较大的提高，许多青年设计人员已不甘于单纯的‘国产化’，而高层领导也有此意向，方方面面不谋而合，汇成了一个强而有力的声音：尽快推出新品。”不过，所谓的新品开发，实际上还是以巴西大众 1991 年已投产上市的斯普鲁斯（SPRUCE）为原型进行的改进。[②]

① 蒋志伟：《上海大众二期工程建设纪实》，政协上海市委员会文史资料委员会等编：《上海汽车工业五十年 1955—2005》上卷，第 160—161 页。

② 张觉慧：《忆上海桑塔纳 2000 型轿车联合开发》，政协上海市委员会文史资料委员会等编：《上海汽车工业五十年 1955—2005》上卷，第 164 页。

不过，在合资模式之下，有此种种进展，可以说上海轿车工业的发展成绩斐然。

然而，这时的上汽总裁陆吉安已经开始思考下一步的战略了。他想到了四个方面的问题："一、德国大众公司在中国已建立了第二个合资企业，两个合资企业产品分工也略见端倪，上海大众仅生产B级车型的桑塔纳，而技术含量较高的奥迪轿车全部定在一汽-大众，使今后我们的产品延伸只能往下走。考虑到当时的中国还没有充分开放，经济还处于发展的起步阶段，轿车进入家庭还是老百姓梦寐以求之物，这一变化就不得不引起我们的关注和思考：为什么他们要在中国找两个合作伙伴？二、我们对产品（整车及零部件）技术开发能力几乎等于零，由于种种原因，我们既没有这方面完整的理论知识、更缺乏实践经验。若不解决这个问题，我们根本称不上是一个名副其实的、合格的汽车公司，也愧对中国三大汽车公司之一的称号，更无法在国际上有立足之地。三、桑车国产化战略目标是达到了，但从深层次看，技术含量高的关键零部件仍未突破德国大众认可标准的壁垒，如发动机的缸体铸件、车身门的密封条等。有些较复杂的零部件在中国还处于空白状态，如轿车制动系统的关键部件、面大量广的电子产品等。有些零部件，虽然已经实现了国产化，但质量不稳定，用户常有抱怨，如发动机及起动电机等。这些问题，是影响今后发展的一个潜在的困难。四、国产化零部件成本过高，除了由于生产批量少的客观因素外，其主要因素是相当一部分工装模具、毛坯件要从国外进口、价格昂贵，再加上投产初期产品的合格率较低，企业总体的管理水平、劳动生产率、工艺水平均落后于国外。这些问题不解决，已实现国产化的零部件优势也难以持久。"①可以说，陆吉安是非常有危机意识的。

而据上汽副总裁胡茂元回忆称："从大局看，中德合作是双赢的，但磕磕碰碰的事情还是不少的。陆吉安说过：我是什么董事长，这个董事长就

① 陆吉安：《我们选择了通用汽车公司作为上汽的第二个整车合作伙伴》，政协上海市委员会文史资料委员会等编：《上海汽车工业五十年 1955—2005》下卷，第116—117页。

等于小组长，就是开会时候召集，也没有拍板权，技术在别人手里，受别人控制。所以，我们内部当时有个'理论'：不能在一棵树上吊死。另外，一汽已经在生产奥迪，所以，上汽要找第二棵树，但又不能是奥迪。"①这既揭露了在早期的合资模式下中国车企缺乏实质性技术以及自主决策权的实态，又表明上汽领导层是不甘于如此受制于德国人的。这就使拓宽合资伙伴的范围成为必然选择。

因此，从 1994 年开始，陆吉安就认为要寻找上汽的第二个整车合作伙伴，在产品上要形成从小到大的系列化，更重要的是能承担整车尤其是车身的产品开发提供支援和帮助。为此，当年春节刚过，他就先后访问了韩国大宇、日本马自达、美国通用和福特，以不能非常公开的方式探讨整车合作的可能。韩国大宇向上汽推荐的是该公司的国民车，排量在 1 升以下，价格便宜，但不符合上汽的要求。日本马自达的产品基本符合要求，但该

1997 年 3 月 25 日，上汽和美国通用汽车公司在北京人民大会堂
正式签约成立合资企业上海通用

① 陆幸生：《世界是圆的：上海汽车工业三十年》，第 165—166 页。

公司当时正面临严重的经济困难，双方很难深谈。比较起来，美国的两家车企较适合进行深入谈判。而这时上汽也对外提出了项目建设的九点指导原则，其主要内容是：新建一个中外合资企业，双方股权各占50%；生产纲领第一期年产10—15万辆中高级轿车（包括发动机，后期包括MPV轿车）；工厂建在浦东，建厂时间在1996年；1998年建成投产，起步国产化率为50%；实行外汇总体平衡；同时建立一个合资的技术开发中心，首期目标是车身开发等。①

1997年6月12日，上海通用汽车有限公司和泛亚汽车技术中心有限公司在浦东金桥出口加工区正式奠基

经过洽谈，上汽选择了通用。胡茂元回忆："谈的时候，我们也有自己的想法，以中高档起步，兼顾到未来的MPV。大家当时对中高档轿车到底有多少市场还是有担心的，兼顾MPV生产平台，这样使用的范围就更广了，使我们项目以后的经济效益更好。通用给的车型，就是别克和后来的GL8，福特就是金牛和风星，它是当年美国最畅销的一部车。当时，通用在技术合作和引进费用上略微好一点。另外，当时考虑，中高档轿车主要是给官员坐的，车最好要庄重点。别克的车比较适合，而福特的车给官方用太时髦了。"②而通用所具有的"略微好一点"的优势，陆吉安在回忆中提到了，分别是："1.对零部件国产化方面的支持；2.技术开发有具体的

① 陆吉安：《我们选择了通用汽车公司作为上汽的第二个整车合作伙伴》，政协上海市委员会文史资料委员会等编：《上海汽车工业五十年 1955—2005》下卷，第119页。
② 陆幸生：《世界是圆的：上海汽车工业三十年》，第166页。

行动方案;3.CKD材料进口价格;4.技术转让条件。”[1]此时的上汽,在经过了与德国大众的合资后,已经更有自己的想法了。

尽管这时中国的经济体制改革已经进一步深化,但国家有些部门对这个项目还存在不同意见,上汽不得不花大量精力和时间向相关部委汇报情况、沟通思想,以争取支持。陆吉安回忆称:“我们坚持做工作,执着地申辩项目的主要优势”,其声称的“优势”包括:“1.我们已经建立起零部件体系,可以对新项目实行等效替代。国产化工作可由新的合资企业负责、起步国产化率较高。这对国家坚持改革开放的政策、对上海浦东的开发、对已承担桑车国产化项目的零部件企业是有利的。2.上海有充足的资金,不需要中央任何资金的支持。当时我们预计,横向的配套资金需要100亿人民币(包括流动资金),纵向的整车与发动机项目约需10亿美元,技术开发中心首期投资3 500万美元。以上注册资金共需8亿美元,总投资约需13亿美元(包括流动资金),折合人民币为108亿元。从注册资金看,利用外资占31%、上汽筹资占51%、银行贷款为18%(其中一部分为外国银行贷款)。3.各方均同意组建中外合资的技术开发中心,为新建立的合资企业以及上汽集团、美国通用汽车公司提供产品开发服务。这在中国汽车行业是第一个尝试的合资开发项目。首期目标为车身开发,合同成立后4—5年具备轿车车身开发能力,并将四项核心科技能力纳入合资企业技术引进的工作范畴。这四项能力是:变速箱与发动机标定与布置;底盘调整;车身工程;内饰工程。同时明确,若合资企业自筹资金进行产品技术的研究开发,其成果归合资企业所有;若合资一方投资产品技术的研究开发,其成果归合资的投资方所有。上海也将成为美国通用汽车公司亚太地区的产品技术研发中心。”[2]

1995年4月,国务院同意了上汽的计划,当年10月30日,上汽与通用

---

① 陆吉安:《我们选择了通用汽车公司作为上汽的第二个整车合作伙伴》,政协上海市委员会文史资料委员会等编:《上海汽车工业五十年 1955—2005》下卷,第121页。

② 陆吉安:《我们选择了通用汽车公司作为上汽的第二个整车合作伙伴》,政协上海市委员会文史资料委员会等编:《上海汽车工业五十年 1955—2005》下卷,第120—121页。

进行了基础性协议的签署仪式。1997 年 3 月 25 日，双方在北京人民大会堂正式签约，国务院总理李鹏和美国副总统戈尔出席了签字仪式。上海市委、市政府把上海通用项目列为 1998 年上海市一号工程。①1997 年 6 月 12 日，上海通用汽车有限公司（简称上海通用）和泛亚汽车技术中心有限公司在浦东金桥出口加工区正式奠基，总投资 15.7 亿美元，为当时中美最大的合作项目。其中，上海通用投资 15.2 亿美元，泛亚汽车技术中心投资 5 000 万美元，中外双方股比均为 50%。1998 年 12 月 17 日，上海通用第一辆别克新世纪轿车下线，投产首年，上海通用就实现销售额 52 亿美元，利润 1.64 亿美元。1999 年 4 月，上海通用的别克轿车开始正式批量生产。1999 年 12 月 17 日，第一辆别克 GL8 商务旅行车在上海通用下线，填补了国产 MPV 市场的空白。②上海通用这一新的合资车企的建立，使合资模式在

1998 年，上海通用第一款车型别克新世纪轿车正式下线，从建厂到第一台车下线仅用了 23 个月

1999 年 12 月 17 日，第一辆别克 GL8 商务旅行车在上海通用汽车有限公司下线，填补了国产 MPV 市场的空白

① 胡茂元：《上海通用的 4S 合作理念和“上海速度”》，政协上海市委员会文史资料委员会等编：《上海汽车工业五十年 1955—2005》下卷，第 127 页。

② 中国汽车工业协会、中国汽车工业咨询委员会主编：《中国汽车工业史（1991—2010）》，第 108 页。

上海轿车工业中真正得到了巩固。

小　结

上海是改革开放后中国汽车工业最早实践合资模式的地区之一，由于其合资项目为轿车生产，故其意义远超过创立时间更早的北京吉普。由于长期以来上海就是中国在计划经济体制下最大的轿车生产基地，上海汽车工业合资模式的形成实质上是一场革命性的模式更替。在与德国大众合资生产轿车前，上海汽车工业通过自主研发的方式生产了普通型的上海牌轿车，并尝试研制中档的“771”轿车，而这两者皆属于本土渐进演化模式的典型。但是，轿车工业属于资本与技术双密集型的高投入产业，上海汽车工业在计划经济体制下，既缺乏充裕的资金注入，又缺乏足够先进的技术，导致上海牌轿车的产量长期无法提升，也导致“771”轿车的研制进度一直无法满足计划要求。正是这种现实制约，使合资模式令上海汽车工业的决策者看到了解决资金与技术瓶颈的前景，于是，模式的更替有了极强的潜在可能性。但真正促使模式更替的还是合资模式初期阶段的种种困难，尤其是政府施加的国产化压力，使上海汽车工业不得不集中资源来发展桑塔纳轿车。而资源的集中使用又恰恰符合轿车工业对于资本高投入的需求，于是，合资模式取代本土渐进演化模式，也就成为历史的必然。

然而，合资模式的巩固事实上也并非易事。在中国汽车工业发展史上，合资模式在其成立初期，其实是非常脆弱的，北京吉普的风波以及广州汽车工业合资模式的早期挫折都证实了这一点。上海汽车工业能够巩固合资模式，一方面是因为决策层进行了明确的战略抉择，另一方面则是因为采取了产业政策促进桑塔纳轿车的国产化。而在桑塔纳轿车国产化提升的过程中，合资模式在上海汽车零部件工业中的扩散，使该模式有了深厚的基础。同时，上汽对于上海大众的不满，以及另外筹建了上海通用，也扩大了合资企业的数量，真正使合资模式得到了巩固。

第三章　产业政策的确立与合资模式主导化（1994—2003年）

1994年7月，国务院正式颁布《汽车工业产业政策》，这是中国第一部汽车工业产业政策。因此，1994年对于中国汽车工业而言具有里程碑意义。但实际上，早在《汽车工业产业政策》颁布前，国家就已经开始实施与汽车工业有关的产业政策了，《汽车工业产业政策》的出台可谓水到渠成。对于中国汽车工业来说，从1994年到2003年是轿车工业的缓慢成长期，其最大的特征莫过于合资模式开始主导整个行业。换言之，在该时段内，合资模式在中国轿车行业里出现了急速的扩散。然而，在合资模式之下，中国的轿车工业很难称得上自主成长。

第一节　中国汽车工业产业政策的出台

在第一章，笔者已经指出，改革开放以后，中国政府就逐渐出台了一些和汽车工业相关的政策，这种政策中有一部分实际上构成了汽车工业产业政策的雏形。而在1994年正式的汽车工业产业政策出台前，中国汽车工业已经开始受一些综合性产业政策的影响，而对于产业政策的言论则提供了理解中国汽车工业发展的思想史侧面。

一、汽车工业产业政策出台的前奏

在1994年之前，中国政府已经出台了一些和汽车工业有关的政策，而且对汽车工业的发展有比较明确的构想。

1990年，国务院发布了《关于当前产业政策要点的决定》，中汽总公司作为汽车工业事实上的行业管理机构，制定了《汽车行业贯彻执行国家产业政策实施办法》，并于1990年7月8日下发。在《实施办法》中，中汽总公司列举的基本原则为：(1)坚持全国统一，发挥整体优势；(2)必须遵循汽车工业发展规律，而这个规律主要是"规模经济"，因此，必须"集中全国的有限资源，实现优化配置"；(3)坚持结构调整，实现协调发展；(4)贯彻治理整顿方针，搞好分步实施。[①]这些原则总的特点就是集中，既包括资源的集中，也包括管理权的集中。而在当前产业政策实施要点上，《实施办法》划分了产品政策要点、技术和装备要点、进出口发展要点，以及零部件和相关工业发展要点这四个方面。以轿车来说，要求是："轿车的发展方向是按规模经济组织生产的先进产品，重点是中级以下的普及型轿车。轿车工业必须按国家统一安排发展，禁止同级产品重复布点，各地区部门和企业一律不得擅自安排轿车生产点。无论限上限下，轿车的技术改造和基本建设项目必须由国家批准。当前支持国务院已批准的轿车生产基地的建设，现有轿车生产点主要是在现有基础上加速国产化，发展变型车，组织多品种生产，降低成本。"[②]很显然，这是一种限制性的政策。而在实施保障政策的部分，比较重要的是"进一步明确汽车工业的产业重要地位"，并提出："我国汽车工业的战略地位应在国家产业政策中明确，在'八五'和未来十年中给予必要的政策倾斜，这也是产业政策有效实施的重要条件。"[③]因此，中汽总公司一方面要落实与贯彻国家的产业政策，一方面也为汽车工业争取更多的政策支持。而争取更多的政策支持，显然是希望促成专门的汽车工业产业政策出台。

1992年1月14日，国务院副总理朱镕基在听取汽车工业工作会议准备情况汇报后，在对作为行业管理机构的中汽总公司的讲话中强调了两个问题。首先，朱镕基指出："要在汽车工业工作会议上给大家一个信号，现在汽车工业必须严格地进行总量控制。目前，点布得太多，规模太大。现在是'轿

① 中国汽车工业总公司办公厅编：《1992年全国汽车工业工作会议文件汇编》，1992年2月，第101—102页。

② 中国汽车工业总公司办公厅编：《1992年全国汽车工业工作会议文件汇编》，第103页。

③ 中国汽车工业总公司办公厅编：《1992年全国汽车工业工作会议文件汇编》，第106页。

车热’、‘轻型汽车热’。这个信息不发出去，还在那里上项目，还在那里膨胀，还想把效益押在这个上面，将来要吃大亏。”究其原因，市场有限。朱镕基说：“小汽车进家庭，恐怕近期也不容易，现在大家渴望的是有一套房子，有钱恐怕还是要先买房子。个体户买汽车的可能性大一点，但那能买多少？国内市场一下子不可能有太大的增长。国外市场，出口谈何容易。”①第二个问题则涉及调整结构。朱镕基说：“我想目前能做到的有以下几点：第一，宣布停止再铺新摊子，我看这就是宏观调控。我们是计划经济和市场调节相结合的国家，这样宣布还是有效的……第二，发布信息。中汽总公司应该很好地研究国内外市场动态，要很好地研究国内外市场动态，要很好地研究信息，提供情报，以及将来的市场预测，这也是宏观调控……第三，限额以上项目一定要经过审批，要执行国务院的决定，按审批程序办。限额以下的技改项目，我在技术进步工作会议上已经宣布了，你们不要去审批，也管不了。行业主管部门要集中力量保重点，不要撒胡椒面。目前，要集中力量搞大批量生产。你们的钱要全部放在重点上，比如，很快地把6万辆依维柯搞出来，不就把‘轻型车热’刹住了吗！小轿车也是这样，无非是一个桑塔纳，一个一汽，一个二汽，还有三个小的嘛，他们搞上去了就可以控制进口，减少进口，当然，

20世纪90年代初期，日本进口的丰田佳美轿车和本田雅阁轿车在中国备受瞩目

① 中国汽车工业总公司办公厅编：《1992年全国汽车工业工作会议文件汇编》，第13页。

规模和进度还是要根据市场趋势，一下子都上去了，销不出去也不行。”①朱镕基的讲话已经明确了，汽车工业与当时的宏观经济调控有密切关系，总的思路还是限制，而这正如朱镕基所言，是因为当时中国的经济体制还保留着计划经济的部分。

有了朱镕基定的基调，在1992年1月21日全国汽车工业工作会议上，中汽总公司总经理蔡诗晴作报告时，就指出当年汽车工业系统的主要工作为：(1)大力调整结构，其中包括全力扶持企业集团和重点骨干企业，尽快实现专业化、大生产；加速零部件向高起点、大批量、专业化发展；继续搞好轻型车的结构调整；加强宏观管理；加强汽车产品价格管理；(2)搞好国有大中型企业；(3)搞好生产经营，努力提高经济效益；(4)把技术开发、技术引进和技术改造结合起来，推进企业技术进步；(5)要高度重视和进一步做好质量工作；(6)加强人才培养和教育，提高职工队伍素质；(7)进一步深化改革，扩大对外开放；(8)加强社会主义精神文明建设。②很显然，这些工作目标有虚有实，最为重要的应该还是大力调整结构，而这也是直接和行业管理相关的政策性工作。

值得一提的是，在中汽总公司1992年印发的《1992年全国汽车工业工作会议文件汇编》中有一篇《〈关贸总协定〉介绍》和一篇《国际汽车工业发展趋势》。很显然，中国争取“复关”即扩大市场开放的前景，引起了汽车行业的关注。而在中汽总公司信息司高级工程师周亿俭撰写的《国际汽车工业发展趋势》中，有这样一段话：“面对现实，我们既不能急于求成，也不应气馁，既要客观，又要主动。日本的经验为我们提供了一个很好的榜样。日本的人口密集，资源贫乏，但日本并不为之所困。如果按照西方经济学家李嘉图的‘比较生产费用理论’，那末日本就不可能取得今天的成就。相反地，日本巧妙地运用了李斯特‘动态比较费用理论’的观点，使汽车工业以至整个国民经济取得了举世瞩目的成就。在对待我国的国情问题上，也应采取辩证、能动的态度。”③该文所称许的日本的产业政策及其思想渊源

---

① 中国汽车工业总公司办公厅编：《1992年全国汽车工业工作会议文件汇编》，第14—15页。
② 中国汽车工业总公司办公厅编：《1992年全国汽车工业工作会议文件汇编》，第41—61页。
③ 中国汽车工业总公司办公厅编：《1992年全国汽车工业工作会议文件汇编》，第84页。

李斯特学说，是一种通过国家干预来保护幼稚产业的思想与实践，由此可见其思想倾向。而这篇文章应该能反映汽车行业对于产业政策一般性的态度，即希望国家能够对汽车工业采取保护政策。

总而言之，在1994年正式的汽车工业产业政策出台之前，无论在政策上，还是思想上，已经对汽车工业的产业政策有了足够多的铺垫，专门的汽车工业产业政策可谓呼之欲出了。

二、 1994年的汽车工业产业政策

1994年3月12日，国务院同意国家计委会同国家经贸委、机械部等有关部门制定的《汽车工业产业政策》并印发。在通知中，国务院阐明了该项产业政策的意义："汽车工业是党的十四大确定的我国国民经济的支柱产业，对新时期我国经济发展具有重要影响。我国的汽车工业正处于起步和发展阶段，其现状难以满足国民经济发展的需要，为了尽快解决散乱问题，实现规模经济，促进产业结构合理化，进一步增强企业开发能力，提高产品质量、技术装备水平和国际竞争力，国家制定《汽车工业产业政策》势在必行。通过实施《汽车工业产业政策》，使我国汽车工业在本世纪末打下坚实的基础，力争到2010年成为国民经济的支柱产业，并带动其他相关产业迅速发展。"因此，"国务院有关部门要根据《汽车工业产业政策》的基本原则，抓紧研究制定相应的实施细则和配套政策，尽快组织实施。各省、自治区、直辖市人民政府要根据本地区的实际，认真贯彻落实本通知精神，避免出现新的'汽车热'，促进我国汽车工业健康发展。"①此时，国家实施汽车工业产业政策的思路，还是着眼于提升产业集中度以实现规模经济，而这与此前各种讨论与相关政策的思路一脉相承。

《汽车工业产业政策》共有13章。第一章"政策目标和产品发展重点"开宗明义第一条为："国家引导汽车工业企业充分运用国内外资金，努力扩展和开拓国内国际市场，采取大批量多品种生产方式发展。2000年汽车总产量要满足国内市场90%以上的需要，轿车产量要达到总产量一半以

① 中华人民共和国国家经济贸易委员会编：《中国工业五十年》第8部上卷，第990页。

上，并基本满足进入家庭的需要；摩托车产量基本满足国内需要，并有一定数量出口。”这就明确了产业政策是由国家引导企业发展。第二条为：“国家将促进汽车工业投资的集中和产业的重组，重点解决生产厂点多、投资分散；审批项目乱；重复引进低水平产品；定点厂建设及国产化速度慢（即散、乱、低、慢）的问题。其分期目标是：在‘八五’期间，重点扶植国家已批准的整车和零部件项目尽快建成投产，为下一步加快发展我国汽车工业创造条件；在本世纪内，支持2—3家汽车生产企业（企业集团）迅速成为具有相当实力的大型企业，6—7家汽车生产企业（企业集团）成为国内的骨干企业，8—10家摩托车生产企业成为面向国内外两个市场的重点企业。初步确立少厂点、大批量生产体制和少数大型企业间有序竞争的市场结构，使同一类（按QC/T59—93行业标准分类）汽车产品产量居国内前三家企业的销售量在国内市场占有率达到70%以上。与此同时，引导大型企业与骨干企业实行‘强强联合’，在2010年以前形成3—4家具有一定国际竞争力的大型汽车企业集团和3—4家大型摩托车企业集团，实现自主开发、自主生产、自主销售、自主发展，参与国际竞争。”这一条的意思还是在强调要提升产业集中度以实现规模经济。第三条就是“产品发展重点”，其中包括：“1.汽车零部件：轿车关键零部件；2.载客车（M类）：经济型轿车、大中型客车专用底盘；3.载货车（N类）：专用汽车、新型发动机；4.摩托车（L类）：发动机；5.工艺装备：模具；6.基础件：铸、锻毛坯件。”①产品发展重点的思路还是突出零部件的制造。

第二章“产品认证”有第四条“国家依法对汽车产品（含摩托车）的安全、污染控制和节能实施管理”；第五条“国家依据技术法规对汽车产品（含摩托车）实施国际上通行的认证制度，未经认证合格的产品，不得销售、进口和使用”；第六条“汽车工业企业必须按照‘汽车产品型式认证制度’的要求，提出认证申请。负责实施汽车产品认证的机构向认证合格的产品颁发认证证书和认证标志，并发布目录，公安部门据此办理新车注册”；第七条“汽车工业企业对认证合格后的产品，因设计、制造出现的问题仍负有全部责任”。②

①② 中华人民共和国国家经济贸易委员会编：《中国工业五十年》第8部上卷，第991页。

如今被称为“老三样”的桑塔纳、捷达、富康，在20世纪90年代初期是
中国汽车市场璀璨夺目的明星，也是轿车消费市场的方向标。
图为桑塔纳轿车第100 000辆下线

第三章“产业组织政策”涉及具体的提升产业集中度的手段。第八条仍在阐述意义：“汽车产业组织调整的目的是促进汽车工业的企业集团化，产品系列化，生产专业化；有效地利用我国汽车工业已有的基础，充分调动中央、地方和企业多方面的积极性；避免低效率的盲目竞争，优化产业组织结构。”第九条“国家鼓励汽车工业企业通过资产合并、兼并和股份制等形式发展跨部门、跨地区的企业集团，结合国有企业产权制度改革，加快企业公司制改造，建立现代企业制度。”第十条涉及政府支持的对象，即“国家将对具有独立的产品、技术开发能力和一定生产规模及市场占有率的汽车、摩托车及其零部件生产企业或企业集团，重点予以支持”。而这些受重点支持的企业或企业集团在1995年底前应具备的条件及发展目标是：“1.年产汽车30万辆以上的生产规模，年销售量达到20万辆以上，用于技术开发的资金不低于年销售额3%的，国家支持其向年产规模60万辆以上的目标发展。2.年产汽车15万辆以上的生产规模，年销售量达到10万辆以上，用于技术开发的资金不低于年销售额2.5%的，国家支持其向年产规模30万辆以上的目标发展。3.年产汽车10万辆以上的生产规模，年销售量达到8万辆以上，用于技术开发的资金不低于年销售额2%的，国家支持其向年产规模20万辆以上的目标发展。4.年产2万辆重型汽车的生产规模，年销售量达到1.5万辆以上，用于技术开发的资金不低于年销售额2%的，国家支持其产品更新并向适度规模的目标发展。5.年产1 500辆大、中型客车或客车底盘的生产规模，年销售量达到1 000辆以上，用于技术开发的资金不低于年销售额2%的，国家支持其向适度规模目标发展。6.轿车关键零部件在同类产品国内市场占有率25%以上的或属国内空白的、亟待发展的产品(目录待定)，国家支持其向经济规模的目标发展。7.摩托车产品销售量在国内市场占有率达到10%以上的，国家支持其进一步扩大产量并增加品种。"第十一条解释了上述政策适用的对象："企业或企业集团的生产规模和销售量是指系列产品的数量，计算口径包括母公司及其所属全资子公司、控股公司和中外合资子公司。"①

对于符合第十条条件的企业，重要的是第十二条规定："从1996年起，以新建或改、扩建等形式发展本产业政策第三条所列产品时，经国家批准，可享受以下政策：1.固定资产投资方向调节税为零税率。2.优先安排其股票和债券的发行与上市。3.银行在贷款上给予积极支持。4.在利用外资计划中优先安排利用境外资金。5.经济型轿车、轿车关键零部件和模具、铸锻项目，适当安排政策性贷款。6.企业集团内的财务公司，经国家有关部门批准，可扩大其业务经营范围。"这些可谓实实在在的优惠与好处。而具有补充性的第十三条则再度强调了规模经济原则："国家新批准的整车、发动机项目(含中外合资、合作项目)原则上按以下规模建设：1.发动机排量在1 600 cc以下的轿车项目，不低于年产15万辆。2.轻型货车项目不低于年产10万辆。3.轻型客车项目不低于年产5万辆。4.重型货车项目不低于年产1万辆。5.发动机排量在150 cc以下的摩托车项目，不低于年产20万辆。6.排量在2 500 cc以下的车用汽油发动机项目，不低于年

① 中华人民共和国国家经济贸易委员会编：《中国工业五十年》第8部上卷，第991—992页。

"老三样"之一的捷达轿车试生产下线

产 15 万台。7.排量在 3 500 cc 以下的车用柴油发动机项目，不低于年产 10 万台。"①

第四章"产业技术政策"针对的是汽车工业技术发展问题，这也可以说是一个核心问题。第十四条提出总的原则："国家鼓励并支持汽车工业企业建立自己的产品开发和科研机构，通过消化吸收国外技术，形成独立的产品开发能力。对于企业集团之间联合开发重大科研项目，国家在科研开发资金上给予支持。"第十五条具有很强的前瞻性："国家鼓励推广使用汽车电子技术及新工艺、新材料，生产节能和低污染的汽车产品，研究开发新型燃料和新型动力的汽车。"第十六条"汽车工业企业的项目建设要保证其产品的先进性，对原有产品的改进和自我开发的产品要达到国际 90 年代初期水平，引进技术的产品要达到国际 90 年代同期水平"。第十七条对燃料进行了规定："总质量不超过 3.5 吨的载客车和载货车在 2000 年前要逐

① 中华人民共和国国家经济贸易委员会编：《中国工业五十年》第 8 部上卷，第 992 页。

步采用90号以上汽油作为燃料；总质量不超过2吨的载客车全部采用无铅汽油；总质量超过5吨的载客车和载货车2000年后主要采用柴油作为燃料。”第十八条涉及试验与检验：“国家支持建设国家级汽车、摩托车和重点零部件研究、试验、检测机构，以承担制定标准、产品认证及进出口商品检验等任务。”而其思路仍然是集中建设。第十九条为：“国家鼓励汽车工业企业与外国企业合资、合作建立技术研究开发公司。”第二十条涉及生产设备与生产方式的现代化：“国家鼓励汽车工业企业采用现代电子技术及柔性加工设备，在线自动检测设备，有针对性地选用自动化设备，提高人均装备率和装备技术水平。”①

与第四章相同，第五章“投资、融资政策”的指向性也很具体。第二十一条规定总的原则“国家鼓励汽车工业企业利用多种渠道筹集发展资金”。第二十二条又涉及集中性原则：“国家引导具有技术和管理优势的企业或企业集团与具有良好的投资环境和资金优势的地方相结合，按照国家统一规划，发展汽车工业重点产品。”第二十三条“汽车工业重点产品的投资项目，经国务院批准，可按股份制方式筹资”。第二十四条“国家将制定相应的政策，鼓励跨地区、跨部门进行投资，维护投资方的合法权益”。第二十五条“在条件具备时，经国家有关部门批准，可以建立汽车行业的非银行金融机构”。第二十六条“经国务院批准，汽车工业企业可申请进行国家债务资本化的试点”。②我们可以看到，投资、融资政策有不少探索性或试验性的表述，这与整个中国的经济体制改革进程也是相一致的。

第六章“利用外资政策”格外重要，因为它涉及此时已经形成并正在成长的合资模式。第二十七条确立原则：“国家鼓励汽车工业企业利用外资发展我国的汽车工业。”第二十八条具体规定：“汽车工业企业在直接利用外资时，要选择同时符合下列条件的外国（或地区）企业作为合资、合作的对象之一。1.拥有独自的产品专利权和商标权。2.具有产品开发技术和制造技术，其生产的产品技术指标符合所在国（或地区）的现行法规。3.拥有独立的国际销售渠道（或网络）。4.具有足够的融资能力。”第二十九条

① 中华人民共和国国家经济贸易委员会编：《中国工业五十年》第8部上卷，第992页。
② 中华人民共和国国家经济贸易委员会编：《中国工业五十年》第8部上卷，第992—993页。

是对外资的限制:“外国(或地区)企业同一类整车产品不得在中国建立两家以上的合资、合作企业。”第三十条“汽车工业企业拥有先进的产品技术和制造技术的,国家支持其直接利用境外金融资本或间接利用外资进行发展”。第三十一条对合资企业有直接规定:“中外合资、合作的汽车工业生产企业,必须同时满足下列条件方可建立:1.企业内部建立技术研究开发机构。该机构具备换代产品的主要开发能力。2.生产具有国际90年代技术水平的产品。3.合资企业应以本企业生产的产品出口为主要途径,自行解决外汇平衡。4.合资企业在选用零部件时,国产零部件应同等优先。”第三十二条规定:“生产汽车、摩托车整车和发动机产品的中外合资、合作企业的中方所占股份比例不得低于50%。”这是为了确保中方对合资企业的主导权。第三十三条规定:“停止审批以任何贸易方式经营翻新、拆解进口旧汽车和摩托车业务的项目。已批准的项目合同不再延长,建立严格的临管措施,保证翻新的汽车、摩托车或拆解的零部件全部外销。”①

第七章“进口管理政策”和第八章“出口管理政策”涉及产业政策一般要面对的国际竞争问题。在进口政策方面,中国政府确实表达了保护本国幼稚汽车工业的态度。第三十四条称:“在我国汽车工业还不具备国际竞争能力时,国家对进口汽车、摩托车及关键总成仍采取必要的管理措施。”第三十五条则称:“根据我国汽车工业发展状况,适时降低汽车、摩托车进口的关税税率,调整单列产品税率的结构。”这无疑是为了迎合“复关”的

“老三样”之一的富康轿车第一代车型下线

① 中华人民共和国国家经济贸易委员会编:《中国工业五十年》第8部上卷,第993页。

大背景，但也为保护主义即不降低关税税率提供了法理依据，因为“发展状况”和“适时”是可以灵活解释的。第三十六条规定“国家指定大连新港、天津新港、上海港、黄埔港4个沿海港口和满洲里、深圳(皇岗)2个陆地口岸为整车进口口岸，这些口岸可设立进口整车专营码头或进口车保税仓库。其他口岸不得设立进口整车专营码头或进口车保税仓库。”第三十七条“除外交、政府双边协议规定，以及本产业政策第四十四条规定外，所有进口汽车、摩托车一律照章纳税”。第三十八条亦涉及对汽车进口的管控：“根据市场需求，每年进口汽车数量与品种必须与国家汽车生产计划相衔接，报经国务院批准后进行采购。国家禁止以贸易方式和接受捐赠方式进口旧汽车和旧摩托车。”①这种限制进口的管控自然也是为了保护本国汽车工业的生产。而在出口方面，自然是采取鼓励态度的，第三十九条称：“国家鼓励汽车工业企业努力扩大出口，参与国际竞争。汽车工业企业应把扩大出口参与国际竞争作为企业的发展目标。”第四十条涉及出口的方式，鼓励中国企业走出去：“国家鼓励汽车工业企业在条件具备时，在国外建立合资、合作、独资生产企业和产品出口售后服务中心。”第四十一条规定：“达到下列条件的企业，国家鼓励其扩大出口产品规模，并在贷款、利用外资等方面优先予以支持。”②此处不引述具体条件，但可以看到政府是有实际支持力度的。

第九章“国产化政策”又是与合资模式直接相关的。第四十二条规定：“汽车工业企业在引进产品制造技术后，必须进行产品国产化工作。引进技术产品的国产化进度，作为国家支持其发展第二车型的条件之一。”第四十三条规定：“汽车工业企业不得以半散件(SKD)和全散件(CKD)方式进口散件组装生产。”第四十四条规定：“国家根据汽车工业产品的国产化率，制定进口关税的优惠税率。凡达到下列国产化标准的，可享受不同的优惠税率：1.引进M类整车技术的产品国产化率达到40%、60%、80%。2.引进N类、L类整车技术的产品国产化率达到50%、70%、90%。3.引进汽车、摩托车总成及关键零部件技术的产品国产化率达到50%、70%、90%。”③尽

①② 中华人民共和国国家经济贸易委员会编：《中国工业五十年》第8部上卷，第993页。
③ 中华人民共和国国家经济贸易委员会编：《中国工业五十年》第8部上卷，第994页。

管只有3条，但对于国产化工作的规定却比较全面了，而且具有引导性。

第十章“消费与价格政策”从需求侧着手。第四十五条“国家鼓励使用节能和低污染汽车产品”。第四十六条与第四十七条结合在一起。前者规定：“逐步改变以行政机关、团体、事业单位及国有企业为主的公款购买、使用小汽车的消费结构。”后者规定：“国家鼓励个人购买汽车，并将根据汽车工业的发展和市场消费结构的变化适时制定具体政策。”这两条对于改变中国汽车消费的结构进而改变汽车生产的结构意义重大，而这一政策主要针对的是轿车。第四十八条是对第四十七条的补充：“任何地方和部门不得用行政和经济手段干预个人购买和使用正当来源的汽车，应采取积极措施在牌照管理、停车场、加油站、驾驶培训学校等设施和制度方面予以支持和保障。”第四十九条反映了经济体制改革的渐进性及轿车的特殊性：“汽车工业企业根据市场需求自行确定其生产的民用汽车产品价格，但对小轿车暂时实行国家指导性价格。”第五十条则涉及市场化改革所必然涉及的汽车销售问题：“鼓励汽车工业企业按照国际上通行的原则和模式自行建立产品销售系统和售后服务系统。”①

第十一章“相关工业和社会保障政策”涉及的是与汽车工业相关的各项政策。产业政策考虑到了汽车工业的发展需要其他部门的支持，第五十一条称：“根据汽车工业2000年发展规划纲要的要求，冶金、石化、机械、电子、轻工、纺织、建材等部门应在金属材料、机械设备、汽车电子、橡胶、工程塑料、纺织品、玻璃等方面统筹规划，积极支持汽车工业的发展。”第五十二条为：“铁路、交通、邮电、电力、环保等部门要采取有力措施，与汽车工业企业密切联系，做好配套服务工作，支持汽车这一支柱产业的发展。”同时，汽车工业的发展也带来社会管理发展的需求。第五十三条为：“对于规划新建和改造的住宅区、商业区、宾馆饭店、办公楼、公共设施和文化娱乐场所等，必须考虑足够的停车场地。”第五十四条为：“根据本地区社会汽车保有量的增长趋势，逐步规划加油站的布局并进行建设；城市道路建设的改扩建工程要作为城市规划的重要任务，抓紧予以实施。”第五十五条

① 中华人民共和国国家经济贸易委员会编：《中国工业五十年》第8部上卷，第994页。

则要求："从1995年度学年起，小学要将交通知识教育列入教学内容，强化交通意识。"①汽车普及化对于整个中国社会的影响，在产业政策中已经估计到了，并进行了相应的安排。

第十二章"产业政策、规划与项目管理"涉及的是产业政策实施的主体与相关问题。第五十六条称："国家通过汽车工业产业政策和规划指导汽车工业发展。各地方、各部门要根据国务院发布的汽车工业产业政策和发展规划支持汽车工业的发展。"其中，第五十八条又一次提到了"1995年底前，国家不再批准新的轿车、轻型车整车项目"。

第十三章"其他"则照例在第六十一条也就是最后一条宣布："本产业政策自发布之日起实施，并由国家计划委员会负责解释。"②

从具体的条文可见，1994年的《汽车工业产业政策》涉及汽车工业发展的方方面面。不过，我们可以看到的是，历史存在着很强的延续性，《汽车工业产业政策》并非横空出世，而是水到渠成。实际上，无论是对于提升汽车工业产业集中度以实现规模经济的目标，还是采取关税保护等具体的政策手段，在1994年之前已经被实践或被讨论。可以说，《汽车工业产业政策》只是对此前的相关实践与讨论的文本集结而已。然而，尽管《汽车工业产业政策》在实质内容上不具备创新性，但其地位不容小觑。首先，《汽车工业产业政策》将此前零散的政策与主张进行了系统的整理并公布出来，真正形成了具有明确指导性的产业政策，在实践层面有强大的示范与引导效力。其次，此前中国政府已经开始推行产业政策，《汽车工业产业政策》的出台意味着汽车工业有了自己专门的产业政策，这是不多见的，表明汽车工业作为支柱工业的重要地位真正得到了国家的认可，而在中国的政治经济体制之下，这种被国家赋予的重要性也就意味着更多资源倾注的可能性。因此，1994年《汽车工业产业政策》的出台对中国汽车工业来说，是一个里程碑。

不过，必须看到的是，1994年中国的经济体制改革才刚准备进入一个

① 中华人民共和国国家经济贸易委员会编：《中国工业五十年》第8部上卷，第994页。
② 中华人民共和国国家经济贸易委员会编：《中国工业五十年》第8部上卷，第994—995页。

新的阶段，因此，无论在实践中还是在思想上，计划经济的因素都大量保留，这一点在《汽车工业产业政策》中也得到了体现。所以，笔者认为，1994年的《汽车工业产业政策》还具有很强的过渡性色彩，计划性要多于市场性。因此，随着市场化改革的深入，汽车工业产业政策在落实过程中遇到种种矛盾，也就不足为奇了。

第二节　中国汽车工业合资模式的主导化

在20世纪80年代，中国汽车工业开始出现合资模式，并逐渐壮大。但是，我们检索历史会看到，在早期阶段，合资模式并未体现出人们预期中的先进性，失败的案例与经受的挫折都不难发现。即使如上海汽车工业，其合资模式的巩固也是在巨大的压力下实现的。然而，进入90年代之后，合资模式在中国汽车工业尤其是轿车行业里似乎有某种“遍地开花”之势，不断扩展。如此一来，在21世纪之前，中国汽车工业就完成了合资模式的主导化，而这种主导化的实现，与限制性的产业政策不无关系。

一、“三大三小”中的合资模式

必须看到的是，合资模式在中国汽车工业里不止存在于轿车行业中。不过，由于轿车逐渐被确定为汽车工业的战略重点，而且轿车生产的基础更差，因此，轿车行业或一般乘用车行业里的合资模式更引人注目，也更有分析与探讨的价值。

在20世纪80年代末，国家对于轿车工业发展的战略是定点“三大三小”，即3个大基地与3个作为补充的小基地，而这“三大三小”大部分都采取了合资模式来发展轿车生产。前文已论述的上海大众和北京吉普分别属于“三大”与“三小”中的一员。“三大”中的另外两家即一汽与二汽。一汽与二汽是当时中国真正具有现代化水准的大型汽车制造厂，这一点从德国人波斯特对一汽与上海拖汽公司的比较中就能看出。一汽在计划经济时代以生产红旗牌高档轿车闻名，但产量少的红旗牌显然不符合轿车作为大宗耐用消费品的定位，不具有真正的经济意义。因此，改革开放以后，一汽的轿车生产实际上是重新起步的，而且走了合资之路，1989 年开始组装德国大众公司的奥迪轿车，1990 年 11 月 20 日与大众公司签署合资合营合同。①与一汽相比，因“三线”建设而处在十堰深山中的二汽的发展条件要差很多。1986 年 3 月，波斯特与张昌谋等人去了一趟二汽，他在回忆录中写下的感受是：“我们听说这是‘中国最先进的汽车厂’，这是一个政府高级代表告诉我们的，据说那个厂里已经使用电脑了。事实上，二汽确实配备了新的电脑，但它们统统都被闲置在一边，因为无人会用。在十堰那些大山里，没有一个可以教员工如何使用电脑的人。类似的还有那个中方考虑有可能配套我们发动机生产的铸造车间，事实上无法满足我们的要求。”②当时，美国的克莱斯勒公司在考虑与二汽在武汉建合营厂的事，向波斯特咨询，波斯特说：“我们每天在上海……面临涉及我们德方员工及其要求的难题。在将就或者至少适应中国的住房和生活条件方面，美国人或许会有比我们德方职工更大的困难。倘若还要将这些加诸一个位于中国大陆腹地省份的省会城市武汉，或者是更为糟糕的十堰，必须清楚的一点是，没有一个员工会自愿前往。”③因此，出于备战考虑而建的二汽，在改革开放时代面临着地缘上的天然困境。不过，二汽与法国雪铁龙公司的谈判还算顺利，1990 年 12 月 20 日双方在法国巴黎签约，创办合资企业。合资企业取名神龙汽车有限公司（简称神龙公司），公司总部及总装厂设在武汉，机加工厂设在二汽襄樊厂区。神龙公司一期工程总投资 40 亿元人民币，其中外汇 5 亿美元，注册资本占总投资的三分之一，其中二汽占 70%，雪铁龙占 30%，另外三分之二来自法国政府向中国政府提供的 23 亿法国法郎混合贷款。神龙公司一期工程目标为年产 15 万辆排量 1.3—1.6 升的 C 级轿车，即雪铁龙公司 1991 年投放市场的 ZX 最新产品，神龙生产时命名为富康牌轿车。④

实际上，二汽作为计划经济时代以军车生产为主的企业，在改革开放

① 本书编审委员会：《中国汽车工业史（1901—1990）》，第 229—230 页。
② 马丁・波斯特：《上海 1000 天：德国大众结缘中国传奇》，第 90 页。
③ 马丁・波斯特：《上海 1000 天：德国大众结缘中国传奇》，第 91 页。
④ 本书编审委员会：《中国汽车工业史（1901—1990）》，第 231 页。

后要转向轿车生产需要付出巨大的努力。但二汽对于发展轿车的态度是非常积极的。1985年至1986年，二汽领导集体研究制定"三级跳"发展战略时，将轿车列为第三级跳目标。1986年9月23日，二汽向国务院呈报《第二汽车制造厂开展普通型轿车前期工作报告》。10月31日，国家计委在给二汽的批复中指出："'七五'期间首先做好前期工作。为此国家计委已会同国家科委、经委组成发展普及型轿车前期研究工作专题小组。在研究中，我们将充分考虑你厂生产普及型轿车的意见和要求，搞好统筹规划。"①当时，二汽全厂上下对于发展轿车生产都充满热情。1987年5月，二汽科学技术委员会出了一期《轿车专题文集》的专题资料文集，"前言"中写道："在中国经济、社会发生变革的时期，中国汽车工业向何处去，已成为汽车行业，乃至全国关注的重要问题之一，其中谈论最多的则是我国是否及早发展轿车工业。二汽职工也都十分关心此事。""前言"从需求和供给两个层面的现状论述了发展轿车工业的重要性，指出："从我国目前轿车生产来看，1986年全国共生产各类轿车一万一千多辆，而这几年进口的轿车比国产车要多几倍到十几倍，外汇大量流失；但是，如果不进口轿车，抑制自然增长的需求，对经济发展也不利。综上所述，尽早尽快发展轿车工业势在必行。二汽职工愿为振兴轿车工业而贡献自己的力量，本文集则是这种愿望的反映。"文集中包含的主要文章有《马自达公司轿车开发与生产（考察纪实）》《可行性研究与轿车发展项目》《轿车驱动方式的探讨》《中国2000年前乘用汽车的需求预测——比较经济法》《略论影响轿车生产成本的几个因素》等。《马自达公司轿车开发与生产（考察纪实）》介绍了马自达公司的防府工厂，称其设计思路是力求人和机器在协调的环境中工作，最后称："年产24万辆的轿车工厂是日本各汽车公司采用的标准'模块'。马自达公司在美国新建的轿车厂也采用防府工厂的模式，只是自动化程度更高，焊接线采用320个机器人。我们在建设轿车厂时，防府工厂的经验值得研究借鉴。"②用意可以说是十分明显了。《可行性研究与轿车发展项

① 本书编审委员会：《中国汽车工业史（1901—1990）》，第230页。

② 李良伯：《马自达公司轿车开发与生产（考察纪实）》，《轿车专题文集》，第二汽车制造厂科学技术委员会1987年5月，第8—9页。

目》则称："二汽轿车项目前期研究工作，本着先粗后细、由浅入深的方法，已经进行了一年多的时间"，对该项工作提出了几点建议。①可以说，《轿车专题文集》很好地反映了二汽决心发展轿车项目的热烈氛围。

1987年5月的"中国汽车工业发展战略研讨会"正是在二汽的推动下于十堰召开的。5月27日，二汽厂长陈清泰作了《振兴我国轿车工业的重要抉择》的发言。在发言的第一部分，陈清泰明确提出："在我国卡车生产已有相当基础的今天，应迅速作出正确判断，使汽车工业的发展重点有计划地实现向轿车工业的战略转移，及早确定轿车在汽车工业中的战略地位，制定发展轿车的战略目标。"②在市场目标的抉择上，陈清泰表示："以国内市场为目标的进口替代战略，近期是稳妥的，但远期有风险；以国际市场为目标，国内市场为后盾的双市场型出口导向战略是积极的，但起步比较困难。我们认为，两种方案都是可行的，如何选择主要依据条件、形势而定。"③在发

1990年12月20日，二汽和法国雪铁龙公司在法国巴黎签约，
1992年神龙汽车有限公司正式宣告成立

① 马康生：《可行性研究与轿车发展项目》，《轿车专题文集》，第13页。
② 本书编辑部：《东风志(1984—2007)》下卷，《东风汽车公司志》编辑部2012年，第860页。
③ 本书编辑部：《东风志(1984—2007)》下卷，第861页。

展模式的抉择问题上，陈清泰比较了“封闭型模式”“依赖型模式”与“自主开放型模式”，他认为：“无论是合资办厂还是技术引进，在一些基本的工作环节上都要遵循自主开放的原则。把合资办厂与依赖外国相提并论是不正确的，实际上联合开发、合资办厂搞得好不会沦为依赖型企业，而引进技术、自主建厂并不能保证走向自主型企业。关键是必须一开始就建立掌握汽车生产的现代化经营管理、掌握汽车开发技术这一确保自主、自立的基础。”①这一观点实际上肯定了合资模式，也为二汽采取合资模式埋下了伏笔。在依托力量的抉择上，陈清泰则毫不掩饰为二汽争取利益了，他称：“比较合理而可行的做法是在国家强有力的产业政策支持下，在行业规划指导下，以骨干汽车生产厂为主体，建设两、三个轿车工业集团。”②这一主张，一方面为二汽这一骨干汽车生产厂鼓呼，另一方面也回绝了“聚全国资金和技术为一家……建设一个轿车项目”这一实际上由中汽公司所持的观点。最后，在筹资方式和经营主体的抉择问题上，陈清泰认为方式可以多样，主体是生产性企业。③这实际上又是在为二汽争取更大的自主权。总而言之，陈清泰的发言实际上是对二汽发展轿车战略的一种巧妙的表达，也预示了此后二汽采取合资模式来发展轿车生产的道路。

此后，在当年 8 月的北戴河会议上，陈清泰又做了汇报，会后下发了《关于研究第二汽车制造厂发展轿车生产问题的会议纪要》，同意二汽发展普通型轿车，肯定了二汽提出的“联合开发、合资办厂、出口导向、进口替代”的建设方针。④在得到了国家的批准后，二汽就忙于与世界上各知名汽车厂商洽谈，最后选择了雪铁龙作为合作伙伴，于是有了 1990 年在巴黎的签约与 1992 年神龙公司的正式宣布成立。

“三小”中，广州与北京一样走了合资模式的道路。改革之初，广州汽车制造厂生产的红卫牌货车由于质量欠佳，无法与一汽和二汽的产品竞争，1979 年不得不停产下马，急于走出困境的厂长张伯华大胆提出了生产

---

① 本书编辑部：《东风志（1984—2007）》下卷，第 862—863 页。
② 本书编辑部：《东风志（1984—2007）》下卷，第 863 页。
③ 本书编辑部：《东风志（1984—2007）》下卷，第 865 页。
④ 本书编辑部：《东风志（1984—2007）》上卷，第 60 页。

轿车的设想。在香港商人何子栋的牵线搭桥和广东省汽车办公室的大力支持下，该厂与法国标致汽车公司就年产15万辆轻型卡车项目达成一致。为了使国家批准广州与标致的汽车项目，当时的广州市市长叶选平乃至广东省省长梁灵光都亲自出面，向国家有关部门汇报，希望上级给予支持。1985年初，叶选平进京找到中汽公司总经理陈祖涛，要求他同意给广州批一个汽车项目。据陈祖涛回忆，他没有马上答应，于是叶选平生气地说："我这个项目只有1万辆，又不是什么大项目，还要开会研究？我们广东长期处于国防一线，几十年来，国家没有什么项目投入。现在改革开放，全国都在发展，广东经济底子薄，那么困难，现在我们自己想办法找项目，又不要你们拿一分钱，你还这样卡我们，真是太让人难以理解了。"陈祖涛考虑到从全国汽车工业全面布局考虑，也应该在南边布点，于是签了"同意建设此项目"。①1985年3月，国家计委批准同意广州汽车厂(占股46%)、中国国际信托投资公司(占股20%)与法国标致汽车公司(占股22%)、巴黎银行(占股4%)、国际金融公司(占股8%)建立合营企业，生产标致公司的504、505两大系列6个品种的汽车。其中，标致504系列为轻型货车和客货两用车，505系列为旅行轿车、普通型和豪华型轿车。1985年3月，中法双方签署合同，组建广州标致汽车公司(简称广州标致)，总投资6.07亿法国法郎，注册资本2.4亿法郎。1986年10月，第一辆标致505SW8旅行车组装下线。从1988年到1990年，广州标致公司累计生产汽车19 769辆。②

在"三大三小"中，天津夏利是唯一没有采取合资模式而只是引进技术的。1983年，天津市汽车工业公司上报的《微型载重汽车、微型旅行车设计、制造技术及生产线关键设备仪器技术引进项目建议书》中，提及日本大发公司生产的850系列微型客货汽车所用CD型汽油机的生产线，通过加大缸径到76毫米，可以成为CB型三缸汽油机，而CB型机可以装在装载量800公斤的载货汽车和夏利(CHARADE)轿车上，建议在引进850系列微型汽车的同时，引进夏利轿车样车。1986年1月，天津市计委同意天津

① 姚斌华：《逐梦传奇　广汽二十年》，广东人民出版社2017年，第9—10页。

② 本书编审委员会：《中国汽车工业史(1901—1990)》，第225页。

市汽车工业公司引进夏利轿车产品和制造技术，3月，天津市汽车工业公司与日本大发工业公司签署《夏利轿车许可证合同》，当年进口散件组装夏利轿车60辆。1988年天津市微型汽车厂成立。1987年夏利轿车装车100辆，1990年达到2 920辆，国产化率则由1987年的11.2%提高到1990年的40.74%。①从产量上看，天津夏利早期的生产能力是不高的。

总而言之，在中国政府决定发展轿车工业后，初期划定的"三大三小"6家企业中，除天津夏利通过引进技术来造车外，其余5家企业都成立了合资企业，在合资模式下发展轿车工业。然而，合资模式在早期是遇到了一些挫折的。

二、 轿车工业合资模式的早期挫折

尽管从理论上说，合资模式对于中国发展轿车工业来说具有资本与技术上的优势，但这种模式并非无往不胜，在中国轿车工业起步阶段，该模式曾遭遇重大的挫折。

最初的挫折来自最早的合资企业北京吉普公司，尽管北京吉普公司生产的并不是严格意义上的轿车，但作为"三大三小"的一员，其产品又是乘用车，仍然是有代表性的。1986年，由于中美双方的矛盾，酿成了震惊中外的"吉普风波"，并一度威胁到合资模式的生命。如本篇第一章所述，北京吉普不太切合实际地引进了切诺基车型，然而，切诺基初期的投产是建立在CKD基础上的，国产化率比较低。进口CKD散件需要大量外汇，而当时因大量进口轿车而几乎耗尽外汇储备的中国政府采取了严格控制进口散件组装轿车的政策，由此影响到依靠CKD方式生产切诺基的北京吉普公司。此外，北京吉普公司成立时，政府就要求公司做到外汇平衡。但是，北京吉普公司组装的切诺基投产未久，其出售对象也是国内用户，产品没有出口，收不到外汇，非但如此，CKD散件进口还要大量消耗外汇，这就根本无法实现外汇平衡。因此，北京吉普公司遇到了政策限制。1985年，继北京吉普公司首批订货720辆切诺基散件后，按照生产进程，美方陆续

① 本书编审委员会：《中国汽车工业史(1901—1990)》，第227—228页。

将1 008套散件发送到码头，准备10月12日装船起运。由于没有外汇额度，北京吉普公司连散件进口的许可证都没有拿到，银行就不发给付款信用证。因为没有付款信用证，美方拒绝货物装船发送，北京吉普公司的供应链于是中断，工厂的组装线只能停下来。在交涉无果后，美国汽车公司董事会单方面决定停止资本投入，停止技术转让，停止技术培训，撤回在北京吉普公司的美国人。而且，美方公开宣称："中国人不适合搞合资。"这就给北京吉普公司乃至中国政府造成极为被动的局面，也引起了高层领导的关注。胡耀邦在一份内参上批示："这件事要从维护我国对外关系的决策和信誉的高度来对待，请经委帮助解决。已合资企业不要轻易使之倒闭。"经中央部委出面协调，风波总算平息。①然而，透过风波，可以看到的是，合资模式在诞生初期，一方面面临着国产化进展缓慢的内部困难，另一方面处于一个不平稳的宏观经济环境中，两者的矛盾因当时的国家政策而被放大，加上中外初次合作难免有隔阂，就使合资模式在发展过程中隐患与风险频生。

事实上，北京吉普公司选择的车型确实存在问题。1995年，北京吉普公司的产量达到了82 000多辆，其中只有2万辆切诺基，而北京2020吉普却有6万多辆。且切诺基产品亏损，而北京吉普系列产品的纯利润高达3.5亿元。②这是市场检验的结果。因此，车型的选择对于合资企业来说，有着重大意义，这一点在合资模式形成初期，显得尤为重要。

合资模式早期的另一重大挫折，则是广州标致的失败。广州标致成立后，曾有过一段非常好的时光。1986年，公司的首款车型广州标致505SW8旅行车问世，正好赶上当时公检法系统的用车需求，当年生产的900多辆车销售一空。1989年9月，广州标致投产了505SX轿车，在当时轿车供给严重不足的市场上同样热卖。1991年，广州标致在国内轿车市场的占有率达到16%，可谓成绩斐然。然而，1992年，由于大环境的变化，广州标致505系列车型销量开始下滑，但公司对此警惕不足。而且，由于

① 北京汽车史话编委会：《北京汽车史话（集团卷）》，北汽集团2014年，第140—143页。

② 北京汽车史话编委会：《北京汽车史话（集团卷）》，第138页。

广州标致很多零部件长期依赖进口，法方无心推动国产化，导致公司日益面对高成本、低销量的矛盾。1994 年，汽车工业产业政策出台，对整车 40%的国产化率要求使大量依靠进口零部件生产的广州标致被课以高额的零部件进口关税，致使标致轿车受到沉重打击。1994 年，广州标致销量大幅度下降，库存量达到 8 000 多辆。到 1997 年，广州标致年销量不足 1 000 辆，累计亏损 29.6 亿元。同年，合资企业的广州方以 1 法郎的价格买断法国标致公司在广州标致公司的 22%股权，从而结束了广州标致公司的历史。[①]可以说，与遭遇风波的北京吉普公司不同的是，广州标致公司彻底失败了。而在国家以政策给予“三大三小”特殊地位的时代里，广州标致公司的失败是极为显眼的，也暴露了合资模式的一些问题。

1998 年 11 月 11 日，广州市人民政府汽车工业办公室对市委、市政府做了一个整体汇报《关于认真贯彻省市领导指示精神加快我市汽车工业发展的报告》，总结了广州标致（报告中简称广标）失败的八大经验教训：第一，“具有同等的股比和权益及义务是经济合作的前提和基础，这是选择合作伙伴的首要条件。原广标的股东太多而且股比分配不合理，法标（法国标致公司）虽是产品技术的提供者，但只占股 22%，广标搞好了，他们得不到较多的利益，广标搞坏了，他们也不用承担什么责任与风险”。第二，“配备一个懂业务的强有力的领导班子是企业取得成功的关键。在很长一段时间里，原广标的总经理都是由法标派任的，他们都缺乏在中国管理汽车生产、销售的实践经验，而我方管理人员又未能起到应有的作用，在一些大的原则问题上表现得过于依赖和软弱”。第三，“具备一支高素质的人才队伍是企业生存和发展的重要条件。原广标已经培养了一支汽车工业的人才队伍，但高层次的技术骨干和管理骨干仍然比较缺乏”。第四，“在中外合营企业里，中方人员一定要统一思想，团结一致，敢于保护中方乃至合营企业的合法权益”。第五，“引进先进的技术，一定要坚持滚动发展的原则。其实，我们引进生产标致 505 轿车初期，505 轿车也是有一定的先进性的，

① 中国汽车工业协会、中国汽车工业咨询委员会主编：《中国汽车工业史（1991—2010）》，第 52—53 页。

但由于我们没有产品的改进权,505 轿车自在广标投产以来也没有实质的改进,10 多年来仍然是老样子,这样必然落后”。第六,“引进技术要同时引进先进的适合我国国情的管理经验和方法。这是确保合作成功的重要手段。法标是世界著名的汽车公司,其本身的企业管理也有先进和成功之处,但我们没能掌握他们的先进管理经验和方法”。第七,“要建立富有竞争力的销售网络和高效周到的售后服务网络。销售网络不好和售后服务跟不上是广标及其产品缺乏竞争力的重要原因之一”。第八,“在大力推进产品国产化时要严格执行产品的技术标准和质量标准。不能因为国产化而降低产品的技术水平和质量标准。”①

综合来看,广州市汽车工业办公室总结的八点教训,尽管都是广州标致公司失败的原因,但放在合资模式的大背景下考察,其实具有一定的普遍性。例如,从缺乏自主权和技术开发能力这一点说,广州标致面临的问题与上海大众和北京吉普是一致的。不同之处应该在于,上海汽车工业有一个更强有力的中方领导班子,不仅能够坚持原则,而且在上海市政府的支持下,能够运用地方级的产业政策大力推进国产化,从而化解了 1994 年国家汽车工业产业政策在国产化率问题上给予的压力。因此,广州标致暴露的问题其实带有合资模式形成初期的通病,但不同地方的企业应对不同,结果也就成败殊途了。

三、合资模式在汽车工业中的扩散

尽管合资模式遭遇了风波与挫折,但它还是在中国汽车工业尤其是轿车行业里得到扩散。

自然,“三大三小”中的“三大”车企,充当着先锋。上汽走在了拓展合资模式的最前列,在德国大众之外,又与美国通用合资成立了上海通用,其过程已在本篇第二章分析。一汽的合资模式深化,则将在下一章分析。故此处仅介绍“三大”中的二汽的情况。

1992 年 3 月 20 日,第二汽车制造厂即二汽正式更名为东风汽车公司

---

① 姚斌华:《逐梦传奇　广汽二十年》,第 14—16 页。

（简称东风公司）。此时，尽管东风公司与法国合资，在武汉建有神龙公司，但该项目也是一波三折，直到1998年才全部建成，而此时上海大众桑塔纳和天津夏利在市场上已经确立优势，一汽-大众的捷达轿车也过了爬坡期，上海通用别克轿车则即将下线，神龙公司可谓腹背受敌。①从某种意义上说，神龙公司与广州标致一样，是合资模式早期挫折的一个表现，只不过广州标致彻底失败，而神龙公司奋力突围。据曾任东风总工程师的宋延光称，神龙公司遇到困难的原因在于："神龙轿车项目一期建设规模是15万辆/年，一次性投入规模相对比较大，建设期间又赶上人民币贬值，汇率风险又进一步放大了投资规模，进而使建设资金中贷款比重进一步加大，整个投资资金结构进一步扭曲，财务利息负担进一步加重。由于国产化需要有个过程，导致投资初期进口零部件的数量较大，在产品开拓市场很艰难的情况下，尽管企业通过管理、技术等措施努力降低成本，上述因素又使产品成本控制十分困难，车卖得很艰难，单车产品成本难以通过销量来摊薄，形成恶性循环……"②不过，好在神龙公司全力求生存。在渠道建设方面，神龙公司实施"金字塔工程"，建立从大区延伸到省级经理部、大中小城市的不同层次经销商直至用户的"金字塔"式销售网络。到1999年，在全国建立了9个销售大区、2个分公司、31个省级

1992年，被称呼了23年的第二汽车制造厂即
二汽正式更名为东风汽车公司

① 中国汽车工业协会、中国汽车工业咨询委员会主编：《中国汽车工业史（1991—2010）》，第114页。

② 葛帮宁：《东风》，中国工人出版社2017年，第287—288页。

进入21世纪时，富康牌轿车早已成为车市的宠儿

经理部和443家遍布全国的销售渠道。该公司还善于抓住突发事件进行宣传。1998年7月，武汉暴雨、渍水，许多车辆熄火，但作为武汉市出租车主力的一万多辆富康轿车却安然无恙；1999年，北京一位富康车主以160公里/小时的速度撞向路中央一堆未及时铲走的渣土上，虽然车几近报废，但司机和3名乘车人毫发无损。这两件事经过媒体广泛传播，为富康牌轿车做了很好的宣传。在国家的支持下，2000年，神龙公司实现了扭亏为盈。①

2002年9月19日，东风汽车公司与日产公司在北京正式签署50年长期全面合作协议

不过，东风公司在合资模式上更大的拓展是与日产公司的主体合资。此前，东风公司曾引进日产蓝鸟轿车技术以及雷诺商用车发动机技术，而日产和雷诺在1999年建立了

① 中国汽车工业协会、中国汽车工业咨询委员会主编：《中国汽车工业史（1991—2010）》，第114—115页。

战略联盟合作伙伴关系，因此，东风与日产之间早有联系。2001 年 7 月 6 日，国务院副总理吴邦国和国家有关部委对东风与日产将业已展开的经济型轿

实现国产的风神蓝鸟车型不仅显示出了高档次，
也显示出了科技感

车项目提升为全面战略合作表示明确支持。此后，双方就实施战略重组的计划进行商谈。2002 年 9 月 19 日，东风公司总经理苗圩与日产公司总裁卡洛斯·戈恩在北京正式签署 50 年长期全面合作协议，依据协议，双方建设初期注册资本金 167 亿元，东风公司以 80％的存量资产、业务作为出资纳入到合资公司中来，日产以现金出资，股比为 50∶50，充分利用东风公司存量资产，同时利用外资改造国企老基地。[①]2003 年 2 月 14 日，国家经委根据国务院领导的批示《国经贸产业(2003 年)114 号》行文，正式批复东风公司战略重组实施方案。4 月 29 日，国家商务部对东风与日产的合资合同正式批复，同意成立合资公司。根据合同，东风是日产的唯一合作伙伴，日产不再与中国任何第二家企业合作生产汽车，这被认为避免了出现像大众分别与一汽、上汽两家合作的状况，使日产全力以赴发展与东风的合作事业，而使东风在资金、技术上得到日产更多的支持。[②]这是当时中国最大的汽车合资项目，引发了广泛关注。据苗圩回忆："当时跟日产合资时，东风内部出奇地一致，没有听到那么多反对声音，但是在社会上，反对的声音相当大。"但苗圩的考虑就是："当时考虑，趁着我们还没有加入

① 本书编辑部：《东风志(1984—2007)》上卷，第 62—64 页。
② 本书编辑部：《东风志(1984—2007)》上卷，第 65 页。

WTO,还没有全放开之前,趁着我们这个(在中国造汽车)门票还比较值钱的前提下,能不能搞一个大范围的合资?除了神龙以外,除了那些非汽车主业需要分离的以外,其他的全部去合资,引进资金,引进技术,提升管理水平,打造一家具有国际竞争力的新东风,就这么一个思路。”①

在国家经委《关于东风汽车公司与日产自动车株式会社战略重组实施方案的批复》中,我们可以看到方案的一些细节。国家经委“同意将东风汽车有限公司更名为东风汽车工业投资有限公司(以下简称东风投资公司),赋予其投资公司性质,允许其对外累计投资额超过其净资产的50%。同意东风投资公司以其汽车、汽车零部件及装备等核心业务相关部分的资产及拥有的股权(具体股权见附件)和经审计的进入合资范围企业的2002年度的净利润作为出资,日产公司以等额现金出资,共同组建合资公司,双方各持股50%。合资公司沿用东风汽车有限公司名称,总投资为250.6亿元,其中,注册资本暂定171亿元……其他资金来源为,少数股东投资5亿元,合资公司利润留成59.3亿元,合资公司贷款15.3亿元;合资期限50年,注册地为武汉市。”②这一条是最为关键的,因为它在整个公司层面保留了东风的品牌,尤其是商用车沿用“东风”品牌。当然,乘用车保留的是日产的品牌。

1999年,在广州本田(后来更名为广汽本田)实现国产的雅阁,是日本本田雅阁车型的第六代产品

东风与日产的大合资扭转了其在“三大”中的颓势,而“三小”也在

① 葛帮宁:《东风》,第249页。
② 本书编辑部:《东风志(1984—2007)》下卷,第912页。

合资上接连发力。广州标致的失败给了广州汽车工业极大的打击，但其更换合作伙伴的消息传出后，引起了全球汽车巨头的关注。最终，日本的本田汽车公司参与了广汽合资企业的重组。出于对广州标致失败的反思，广汽与本田组建的整车合资企业，各持股50%。1998年，广州本田汽车有限公司成立。[①]到2004年，广汽又与丰田合资，广州丰田汽车有限公司成立(2008年更名为广汽丰田汽车有限公司)。[②]实际上，广汽与本田合资时，双方曾有君子协议："所有本田要发展都在广州，广州也不选其他。"但是，2001年，本田会长亲自找到广汽领导，说想和东风在武汉搞一个新项目，而不想把鸡蛋都放在一个篮子里的广汽领导也顺势答应，并选择了本田的老对头丰田。当时，广汽领导的想法就是："我们开放的信念不能动摇，一直要坚持走下去，所以还是要寻求与世界上大的汽车公司合作，不能只有广州本田，一个广州本田不足以支撑广汽跟别的地方竞争。"[③]这种想法，和上汽在大众之外选择通用的思路是一致的。

2006年，在广州丰田(后来更名为广汽丰田)
国产下线的第一款车型凯美瑞

"三小"中的天津原本是没有采取合资模式的，不过，其夏利轿车的技术来自日本大发，而丰田是大发的股东，故丰田实际上成为夏利项目的间接参与者。在20世纪90年代末的中国市场上，夏利是仅次于桑塔纳的畅

---

① 中国汽车工业协会、中国汽车工业咨询委员会主编：《中国汽车工业史(1991—2010)》，第111页。
② 中国汽车工业协会、中国汽车工业咨询委员会主编：《中国汽车工业史(1991—2010)》，第167页。
③ 姚斌华：《逐梦传奇 广汽二十年》，第77—78页。

销车，这引起了丰田的关注。本来丰田是无意与中国企业合作生产汽车的，但随着中国汽车市场加速启动，丰田的态度也开始变得积极起来。丰田为争夺中国市场，制定了“三级跳”的计划：90年代初以前，卖进口车的时代为“助跑”阶段；从1994年开始，按照中国汽车工业产业政策的要求，打好零部件配套基础，为“起跳”阶段；而最终的“落地”阶段是获得中国主管部门批准，在中国成立一家轿车生产企业。天津夏利与大发的渊源自然是丰田考量的因素之一。1997年9月，天汽提出与丰田建立合资轿车生产厂的项目建议书，2000年5月，项目获批。当年7月，夏利股份公司与丰田的合资公司天津丰田汽车有限公司奠基。①这既是全球最大的汽车企业丰田在中国生产轿车的开始，又是合资模式在“三大三小”的全面铺开。

“三小”中的北京虽然最早开启合资模式，但北京吉普公司的产品严格来说毕竟不是轿车。然而，北京汽车工业在切诺基之外，还是想制造真正的轿车，但在20世纪90年代，却一直未能如愿。1992年，韩国现代汽车公司（简称韩国现代）主动提出与北汽合作生产轿车，但该方案遭到国家计委和主管部门的反对。李岚清副总理明确对韩国现代的郑世永

2002年，北京现代成立后投产的起步车型索纳塔，是韩国现代的重点车型之一

① 中国汽车工业协会、中国汽车工业咨询委员会主编：《中国汽车工业史（1991—2010）》，第113页。

社长讲:与北汽进行整车合资合作不可以,如果合作生产零部件还可以,但是要有一定比例外销。然而,韩国现代是希望进行整车合作的,故未能与北汽合资。1993年,北京吉普公司在总公司的支持下,正式提出上轿车,恰好这时美国克莱斯勒有款轿车产品准备转产,双方遂进行接洽,但最后因主管部门的反对而无果。到1997年,北京市又希望同海南海马汽车厂商谈合作生产海马轿车,但因该车质量问题且无法解决北京生产轿车的资质问题,项目没有结果。1998年初,北汽又开始寻找同法国雷诺汽车公司的合作,然而当时雷诺在湖北已经有一个塔菲克客车的合作项目,湖北省的领导认为雷诺与北汽的合作会影响湖北的项目,通过中央部委施压,北汽又停止了与雷诺的合作。[①]经过一系列波折,2001年10月,北京市委书记贾庆林在北京会见了韩国现代会长郑梦九,揭开了北京汽车与韩国现代合作的序幕。2002年10月,合资企业北京现代汽车有限公司(简称北京现代)正式开业。北京现代注册资本为18亿元,中韩双方各占50%股本,起步产品为索纳塔(Sonata)、伊兰特(Elantra)两个系列车型。[②]2002年4月,吴邦国副总理在会见郑梦九时,提到了中国政府支持中韩合资这一项目的理由,其一是"欢迎和支持韩国现代汽车参与北京汽车工业的结构调整",称"我们为什么提出入门费和债务、职工安置等问题,都是从调整重组这个角度来考虑的";其二则是考虑"韩国现代汽车与北京汽车工业的战略重组,可以带动中国汽车工业的发展",因为中国的汽车市场"现在已经变成比较现实的市场了"。[③]因此,我们看到,即使到了21世纪初,对于汽车工业中大型合资项目的考虑,仍然具有国家战略性。

总体而言,到了20世纪90年代后期,合资模式在中国汽车工业中开始加速扩展,除"三大三小"外,也多了一些其他的项目。合资模式扩展的结果,就是中国的汽车品牌几乎为外资品牌主导。表3-1为21世纪初中国轿车的外资品牌谱系。

---

① 北京汽车史话编委会:《北京汽车史话(集团卷)》,第209—214页。

② 中国汽车工业协会、中国汽车工业咨询委员会主编:《中国汽车工业史(1991—2010)》,第169—170页。

③ 北京汽车史话编委会:《北京汽车史话(集团卷)》,第226页。

表 3-1　中国轿车的外资品牌谱系(2004 年前)

品牌属性	生产企业	主品牌名称
日系	天津一汽丰田	威驰
		花冠
		皇冠
	一汽海马	福美来
	一汽轿车	马自达 6
	东风日产	风神
		蓝鸟
		阳光
		天籁
		颐达
		骐达
	长安铃木	奥拓
		羚羊
		雨燕
	广州本田	雅阁
		飞度
	广州丰田	佳美
	东南汽车	东南菱帅
韩系	东风悦达起亚	普莱特
		千里马
		远舰
		赛拉图
	北京现代	索纳塔
		伊兰特
		御翔

续表

品牌属性	生产企业	主品牌名称
德系	上海大众	桑塔纳
		帕萨特 B5
		POLO
		GOL
	一汽-大众	捷达
		高尔夫
		宝来
		开迪
		奥迪
	华晨宝马	宝马
法系	神龙汽车	爱丽舍
		毕加索
		赛纳
		标致 307
意系	南京菲亚特	派力奥
		西耶那
美系	上海通用	别克
		雪佛兰
		凯迪拉克
	长安福特	嘉年华
		蒙迪欧
		福克斯

资料来源：中国汽车报社编：《中国汽车工业全纪录(1949—2004)》，第272页。

表3-1很清晰地反映了2004年前中国已经建立的轿车合资企业及其主品牌。此处的外资品牌是指由中外合资生产企业中外方带入中国的轿

车产品品牌，外方拥有该品牌的完全知识产权。而如此多的合资企业，以及如此多的外资品牌，反映的是合资模式在21世纪初已经主导了中国的轿车工业。

笔者认为，合资模式能够最终主导中国的轿车行业，原因很多。从个案角度看，本篇第二章实际上已经分析了合资模式取代中国汽车工业原有发展模式的基本原因。见微知著，上海汽车工业里合资模式主导化的机制，应该也反映了全国范围里合资模式不断扩展的基本逻辑。简言之，汽车工业尤其轿车工业是需要高投入的产业，而中国轿车工业发展的水准太低，具有引进资金与技术的基本需求，合资模式在给予外资车企市场回报的同时，期待能够诱使外资车企用资金和技术来回馈，从而迅速提升中国轿车工业的发展水平。这些理念及其在实践中的成功的一面，是合资模式得以在20世纪末的中国迅速推开的重要原因。而这种成功，一方面来自上海桑塔纳的示范效应，另一方面在深层次上则因为中国的汽车消费市场确实慢慢启动了，外资车企看到了赚钱发财的前景。除此之外，不可否认的是，1994年的汽车工业产业政策，一方面限制了对轿车工业的投资，另一方面又人为抬高了轿车行业的进入门槛，由此产生的结果，就是只有借助外资的雄厚实力才能满足产业政策对规模经济的要求，这就加速了合资模式的扩张。

但是，我们从第二章上海的案例也可以看到，即使发展较为成功的合资模式也存在着其固有的缺陷，那就是自主开发汽车的技术能力，并不被早期的合资企业所掌握，由此，中国政府期望通过合资模式来实现先进技术转移的政策目标，在20世纪末是未能实现的。

不过，在合资模式逐渐扩张的过程中，中国汽车工业的体量确实在变大。图3-1为1994—2002年间中国轿车产量与进口量的比较。

我们可以看到，一方面，中国轿车的产量持续提升，而且有加速提升的趋势；另一方面，轿车进口量则基本呈下降之势，即或有所回升，总量上也无法与本土产量相比。当然，影响轿车进口量的因素很多，在存在着产业政策的条件下，并不能简单地认为出现了生产上的进口替代现象。但是，

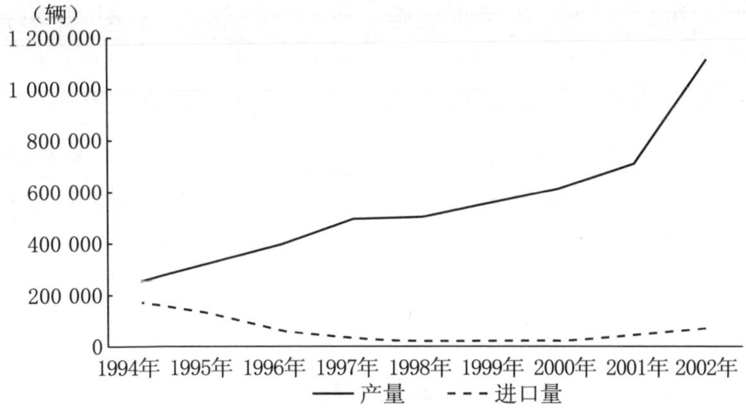

图 3-1　中国轿车的产量与进口量(1994—2002 年)

资料来源:整理自本书编辑部:《中国汽车工业年鉴 2003》,《中国汽车工业年鉴》编辑部 2003 年,第 23、26 页。

国产轿车逐渐扩大供给并占有更广阔的国内市场,则是毋庸置疑的,而这在客观上肯定会替代掉相应的进口轿车的市场。从这个角度看,中国轿车工业在产业政策实施之后,是有所发展的。

而图 3-2 则告诉我们,在 1994—2002 年间,不止轿车,整个中国的汽车产量都有巨大的增长。

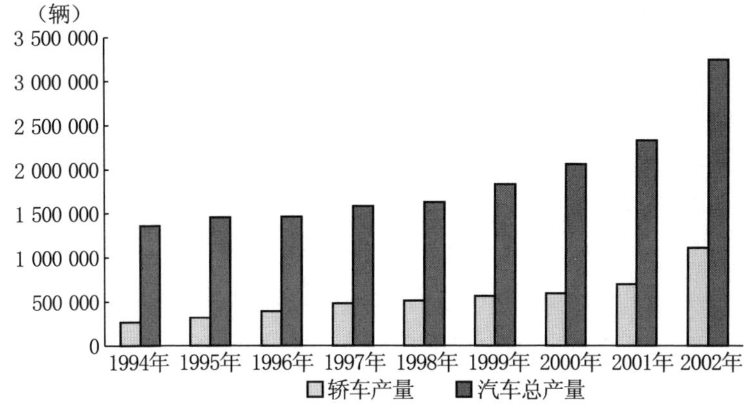

图 3-2　中国的轿车产量与汽车总产量(1994—2002 年)

资料来源:整理自本书编辑部:《中国汽车工业年鉴 2003》,第 23 页。

因此，在汽车工业产业政策实施之后，中国的汽车工业的体量确实变大了，而轿车工业也出现了稳定发展的势头。当然，我们可以看到的是，尽管轿车位于中国汽车工业的核心，但从产量看，它还远远不是中国汽车工业的主体。换言之，中国汽车工业在 20 世纪 90 年代的成长是整体性的。在这一历史进程中，合资模式变成了中国汽车工业的主导模式。但是，不少合资企业都是在 20 世纪 90 年代末和 21 世纪初才建成的，故其产能的真正发挥要到 21 世纪后才能看到。

小　结

1994 年，中国政府制定并发布了第一个正式的汽车工业产业政策，意味着汽车工业作为支柱工业的地位得到了中央政府真正的确认。但是，从内容上看，该产业政策的思路在此前早已被充分讨论，其部分实际性的措施也被实践过，延续性是非常强的。而在计划经济体制没有彻底革除的大背景下，该产业政策也保留着一些计划经济要素，对汽车工业尤其轿车工业的发展，采取了以限制来提高集中度的思路。在这一政策背景下，高投入成为中国汽车工业发展的基本逻辑，这就给了合资模式以扩展的机会。但合资模式在中国汽车工业中的主导化进程并非一帆风顺，只是到了 20 世纪末才出现加速趋势。

第四章　中国汽车工业央企的蜕变：以一汽为中心

在中国汽车工业中，一汽具有无与伦比的重要地位与意义。[①]目前，中国的汽车企业，基本可以分为央企、地方国企与民营企业三大类型，其中，央企便是一汽与东风。与上汽等地方国企相比，央企的历史起点、政治地位与可以获得的资源，都很不一样，其发展也就有自身的特点。然而，从大趋势看，无论是由生产卡车为主到生产轿车为主，还是积极拥抱合资模式，央企的演化过程与上汽等地方国企是具有一致性的。因此，本章将以一汽作为个案，分析中国汽车工业央企在改革开放后的蜕变。

第一节　重新创业：改革开放后的一汽

对一汽来说，改革开放意味着企业的重新创业。整体而言，改革开放以来一汽的发展史可以划分为两个阶段，在 1987 年以前，一汽大体上还是在传统的轨道上继续前进，1987 年作出"上轿车"的重大战略决策后，一汽开始实现从卡车制造厂向轿车生产企业的转型，真正演化为现代化的汽车制造企业。在经济体制改革的大潮下，一汽也进行着自身的企业制度改革，并逐渐发展成为具有规模优势的大型企业集团。

一、二次创业：改革初期的换型改造

改革开放初期，一汽作为中国最大的汽车生产企业，面临着很大的压

① 在历史发展进程中，一汽的具体名称随着时代变迁而迭有更变。为行文简便且便于读者流畅阅读起见，笔者将主要使用"一汽"这一约定俗成的简称，只在必要时使用其全称。

图为红旗 CA750F 车型

力，最大的问题在于其产品的落后，而产品落后与整个企业的老化有直接关系。

一汽的企业老化体现在各个方面。从产品看，一汽生产的解放牌 CA10 型 4 吨载重汽车，是引进苏联 20 世纪 40 年代的产品，虽然进行过上千项改进，解决了转向沉重、水箱开锅、驾驶室闷热等缺陷，对油耗过高和发动机功率不足也进行了挖潜改进，但从根本上说，没有解决老解放牌汽车外形陈旧、油耗偏高、司机驾驶条件差、车速低、自重大、大修里程少等本质上的缺陷，适应不了社会新的需求。从生产工艺和设备来说，虽然也经过不断地改进和更新，但没有从根本上改变一汽总的工艺水平落后和设备陈旧的本质缺陷，有些已经直接影响到产品质量。例如，铸造不少还是振动造型，型砂处理和制芯工艺落后，生产出来的铸件精度和光洁度都不够理想；锻造多年来还是采用以蒸汽锻锤为主，锻件精度差，能耗高，工人劳动强度大；冲压设备 55% 以上是建厂初期的设备，仍在超役使用，保证不了冲压件的精度；基本依靠手工上下料，劳动强度大，不安全，等等。从生产管理水平上看，也不适应从生产型企业转变为经营管理型企业的改革要求。此外，一汽还有很多从建厂以来就没有完全解决的历史欠账，如“三废”（废水、废渣、废气）没有得到很好的治理，对环境的污染没有很好地解决，职工宿舍和其他福利设施、职工教育等设施也很不足，等等。①企业的老化给一汽带来了很大的压力。从产品老化上说，社会上流

① 李治国：《一汽的换型改造是历史赋予的光荣使命》，全国政协文史和学习委员会编：《一汽创建发展历程》，中国文史出版社 2007 年，第 404 页。

传着这样的论调:“我们都解放了两次,‘解放’还是老车型。”“一汽不争气,几十年一贯制!”[1]因此,产品换型和技术改造成为一汽迫切的需求。

一汽 CA141 的生产线比以往更加先进,技术和工艺水平也得到了大幅改进

1980—1981 年,一汽两次上报产品换型和工厂改造方案。1981 年 12 月,国务院批准了一汽换型改造方案。1982 年 7 月,国家经委批准了一汽换型改造初步设计,被一汽人称为“二次创业”的换型改造开始了。这次换型改造的任务是要使换型新产品 CA141 型 5 吨载重汽车如期于 1986 年前完成生产准备,1987 年投入生产,同时要广泛采用新技术、新工艺、新设备、新的生产管理方式,达到“三上一提高”(上质量、上水平、上品种、提高经济效益)的目的,使老厂焕发青春,适应四化建设的需要。换型改造的方针是以节能为中心,在原基础上推陈出新,采用成熟可靠的先进技术和工艺,提高汽车性能,降低油耗,节约材料,实现产品换型和工厂改造。产品换型要不停产,不扩大生产能力,即生产纲领按年产 6.8 万辆,加上 5%的备品为 7.14 万辆的生产能力进行扩初设计,充分利用现有厂房和设备,严格控制新增生产面积。在经济合理的前提下,积极组织联营,实行专业化生产。换型改造的主要内容,一是产品方面,新型 CA141 载重汽车要克服老解放车固有的缺点,载重量由 4 吨提高到 5 吨,发动机由侧置气门改为顶置气门,使功率从原来的 90 匹马力提高到 135 匹马力,油耗也有较大降低,在主要性能和经济指标方面,达到或接近国外同类产品的水平;二是工厂改造方面,要采用一些先进的工

① 王少辛主编:《第二次创业》,第一汽车制造厂文协 1986 年,第 2 页。

为了提升车辆应付复杂路况的能力，CA141 在海南的试车场各种破坏性路面进行测试

艺设备，改造更新一些老的工艺和装备，有重点地引进一些成熟可靠和适用的国外先进技术。总之，经过改造以后，一汽所采用的新技术、新工艺、新设备，将使 CA141 新车产品达到 20 世纪 80 年代初期的水平。与此同时，由于投资所限，仍合理地保留了一部分老设备、老工艺，等“七五”期间逐步更新改造。[①]因此，一汽的换型改造就是一次老国企的自我革新。

一汽的换型改造分为两个阶段。第一阶段为技术准备阶段，即从 1980 年开始新产品设计，试装出第一台样机开始，直至 1983 年 7 月 15 日止；第二阶段为实施阶段，即从 1983 年 7 月 15 日到 1986 年底。实施过程又分为 3 个阶段：1983 年 7 月 15 日至 1984 年 7 月 15 日，主要任务是工艺装备设计进入高潮，制造普遍展开，土建施工全面铺开，外厂的协作产品和一汽对外扩散产品全部完成定点定厂工作，搬迁任务基本完成，按计划完成设备订货，与换型有关的引进项目全部落实；1984 年 7 月 15 日至 1985 年 7 月 15 日，基本完成发动机的换型改造工作，包括设备、工装的制造和调试，达到开始小批量试生产的条件，并装到 CA15L 车上进行试验；1985 年 7 月 15 日至 1986 年 7 月 15 日，为基本完成 CA141 整

① 李治国：《一汽的换型改造是历史赋予的光荣使命》，全国政协文史和学习委员会编：《一汽创建发展历程》，第 405—407 页。

车的换改工作阶段。开始CA141整车的小批量试生产，与换型有关的厂内外设备和工装基本制造完毕，并完成线外调试，做好1986年第四季度CA15老车型停产后，发动机厂的老线拆除、新线安装调试，为1987年元旦CA141新车正式转产做好准备。至此，换型改造任务基本完成。[①]

一汽采用新技术、新工艺、新设备，使CA141新车产品达到80年代初期的水平

据CA141汽车主管设计师田其铸回忆，他是1980年7月17日被任命为车型设计师的，经组织部分设计人员走访一些用户后，10月开始了方案设计工作。田其铸回忆道："在方案设计过程中，我发现原设计任务书过于迁就对老产品的传承，例如要求新车轮距、轴距及车架的长度与老解放CA10B相同，传动、转向系统也没有多大改变，而且没有考虑选装柴油机。这样的方案固然可以节省换型改造的费用和时间，但是从技术上看起点过低，尽管当时我国尚未提出实行市场经济体制，国内汽车业仍是卖方市场，老解放供不应求，国家还大量进口汽车，但我已预感到在不久的将来我们将面临市场竞争的巨大压力。"因此，他提出了一个新的方案，主要内容有："选装6110A、6102D和6102BQ6柴油机；采用膜片弹簧式单片离合器；采用同步器变速箱；选装单级后桥；采用循环球转向机；采用等宽车架，改变轮距和轴距；采用新前轴等。"1981年，新的方案基本获得通过。[②]

① 李治国：《一汽的换型改造是历史赋予的光荣使命》，全国政协文史和学习委员会编：《一汽创建发展历程》，第407页。

② 田其铸：《解放换代车CA141开发的回忆》，全国政协文史和学习委员会编：《一汽创建发展历程》，第411—412页。

新设计方案使一汽的解放牌卡车换型能够真正打破“几十年一贯制”。据统计，在换型中，以前全盘从苏联引进的总数 4 046 种的零部件，有 78.2% 重新进行了设计、试制和试验。①零部件的大规模重新设计是换型的直接体现。

一汽的换型改造工程浩繁，整个工程的规模和工程量不亚于建设一个与原一汽同等规模的新厂。为了换型，一汽生产建筑面积和扩建改建面积共 20.7 万平方米，装备方面有 24 870 种工艺装备、1 847 台非标设备、168 台组合机床全部自行设计，大部分自己制造，设备安装调试共 11 574 台，比建厂时增加了 48%。在换型改造中，一汽共建成新生产线 79 条，改造老生产线 124 条，主要项目包括：由 86 台设备、9 条自动线组成的汽缸体生产线；由 5 条自动线、74 台设备组成的缸盖加工生产线；由英国海登公司联合设计、具有 80 年代先进水平的车头驾驶室阴极电泳油漆线等。换型改造共有土建工程 64 项，新建扩建工业建筑面积 135 528 平方米，改造老厂房 71 240 平方米。②因此，换型改造对一汽来说，是一次大规模的投资。表 4-1 为一汽换型改造与建厂时期工作量比较。

表 4-1　一汽换型改造与建厂时期工作量比较

	建厂时期（第一次创业）	换型改造时期（第二次创业）
产　　品	全盘由苏联引进	完全由一汽自主开发
投　　资	6 亿元（包括生活设施），全部由国家拨款	4.3 亿元（不包括设备更新、基建材料提价和生活设施），主要靠自筹和贷款
生产建筑面积	38 万平方米	13.4 万平方米（不包括老厂房改造面积 7.1 万平方米）
装备设计与制造	20 324 套，主要由苏联和国内有关厂提供	29 920 套工装、1 800 台非标设备，全部自行设计，工装绝大部分自制，非标全部自制

① 中国第一汽车集团公司编：《一汽创业五十年（1953—2003）》，中国第一汽车集团公司 2003 年，第 281 页。

② 中国第一汽车集团公司编：《一汽创业五十年（1953—2003）》，第 281—282 页。

续表

	建厂时期(第一次创业)	换型改造时期(第二次创业)
设备安装与调试	7 800 台(苏联指导,专业单位安装)	9 834 台(其中新设备 5 242 台,老设备搬迁 4 592 台,主要由一汽自行承担)
达产速度	投产 9 年达到设计生产能力年产 3 万辆	投产 1 年内达到设计生产能力年产 6.8 万辆
特　　点	一条战线:建厂	三条战线:换型、现生产和"七五"前期准备

资料来源:国务院经济技术社会发展研究中心技改调研组编:《一汽在改革开放时期的技术改造》,中国财政经济出版社 1988 年,第 138 页。

投资需要资金。面对社会上"几十年一贯制"的嘲讽,一汽人曾不无委屈地写道:"然而,几十年一贯制到底是谁之过?自打'解放'投产不久,一汽人就开始筹谋换型,在极为困难的条件下,先后开发出 75 种车型、38 种发动机型。但是钱呢!'统收统支'、'统购包销',不仅挤干拿尽了企业的全部收益,也收缴了企业家们的权力和积极性。不管企业盈利有多大,花一个小钱也得报告申请。这样的体制,将 12 个换型方案,统统化为纸上谈兵。"①事实上,计划经济体制确实对一汽这样的企业发展构成了束缚。因此,改革开放带来了转机。1983 年 1 月,国家经委和财政部为支持一汽自筹资金搞换型改造,批准一汽为实行利润递增包干的试点单位,并给了一系列的优惠政策。首先,利润递增包干,是在 1982 年上缴利润 1.37 亿元的基础上,每年递增 2.5%,其余全部留给企业,让企业自筹资金搞改造。于是,在 1983 年到 1986 年的 4 年中,一汽自筹利润达 4.06 亿元,其中 2.3 亿元用于扩建和技术改造。其次,实行特殊的折旧政策,1982 年的折旧率为 5%,从 1983 年开始每年提高 1%,到 1985 年达到 8%以后保持不变。按原来文件规定折旧基金中有 30%要分别上缴给中汽公司、一机部和国家经委的 4 500 万元返给一汽留用,4 年中一共留用折旧基金 2.2 亿元。最后,给予贷款支持,根据一汽技术改造的需要和企业自筹资金的可能,对

① 王少辛主编:《第二次创业》,第 2 页。

资金不足部分,国家优先给予贷款加以支持。在一汽换型改造的困难时期,中央各部门曾以各种方式和途径给一汽扩建技改贷款共2.65亿元。据统计,换型后的1987年与1988年两年的自筹生产发展基金分别为1.46亿元与2.34亿元,已经超过贷款额的40%。按此计算,一汽大体上是用4年又5个月的自筹资金完成了3年换型改造任务。①因此,体制改革解决了一汽换型改造面临的资金短缺问题。

一汽的换型改造是成功的。1987年5月至7月,国务院经济技术社会发展研究中心技术经济组和吉林省经济与技术研究中心,对一汽进行了蹲点调研。在调研报告中,对于一汽换型的新产品CA141汽车,是这样评价的:"根据反复试验、用户评价、国家鉴定和外国汽车公司试验后得到的结论,从'老解放'(CA10)到'新解放'(CA141),产品水平向前跨越了30年……大量数据证明,CA141车已全面达到或超过产品设计任务书的各项技术指标。现在,已有3万多辆CA141车在全国各地经受实际使用考验。据进一步的抽查和用户反映表明,CA141结构先进、性能优良、质量可靠、售后服务好。在最近的三次国际招标中,一汽的CA141车以其优于其他竞争者的价格性能比,连续三次中标。"②而调研组通过一汽得出的普遍结论或许更有意义。调研组运用投入产出分析,制作了全国汽车工业及一汽投入产出表,笔者摘取其1978年以后的部分数据如表4-2所示。

表4-2　全国汽车工业及一汽投入产出表　　单位:亿元

年份	全国汽车工业		一　汽	
	投资	产值	投资	产值
1978	48.4	521.8	8.2	123.2
1979	52.7	596.0	8.3	132.7
1980	56.8	684.4	8.5	143.0
1981	60.6	756.6	8.9	152.6

① 中国第一汽车集团公司编:《一汽创业五十年(1953—2003)》,第274—275页。
② 国务院经济技术社会发展研究中心技改调研组编:《一汽在改革开放时期的技术改造》,第7—8页。

续表

年份	全国汽车工业		一　汽	
	投资	产值	投资	产值
1982	64.7	843.6	9.1	162.2
1983	70.2	904.0	9.6	173.1
1984	79.6	1 128.5	10.4	180.4
1985	101.0	1 363.8	12.1	201.2

资料来源：国务院经济技术社会发展研究中心技改调研组编：《一汽在改革开放时期的技术改造》，第 248 页。

经过计算，调研组得出的结论是："对于一汽投入的资金稍有增长，就会引起产值的急剧增长，即少许增量就会创造出巨大的经济效益，表现出投资就获利、投小资获大利的特点。"而且，他们看到："一汽的投入产出变化率高于全国汽车工业投入产出变化率。"①因此，他们对于发展中国汽车工业的政策建议是："一汽在中国汽车行业里确实是有基础、有实力的骨干企业，投入同样的资金，能产生更大的经济效益，具有最短的投资回收期；同样的生产规模，它可以少于其他企业的投资——这就是老企业存量的潜力，也是对老企业进行改造的重要所在。"②这实际上一方面表明汽车工业的发展需要更多的投资，另一方面也明确指出了一汽这样有基础的老企业更适合重点投资。这一结论背后的政策含义是比较明显的。

总而言之，换型改造是一汽在改革开放初期的中心工作，本身也是经济体制改革的一部分。但是，换型涉及的产品仍是载货汽车，其反映的发展路径没有本质上的改变。因此，从长期的历史性视野来看，换型改造只是一汽改革开放后弥补历史欠账的初步发展，是一汽改革开放后演变的第一阶段，从发展模式上并没有本质性的突破。

① 国务院经济技术社会发展研究中心技改调研组编：《一汽在改革开放时期的技术改造》，第 249、251 页。

② 国务院经济技术社会发展研究中心技改调研组编：《一汽在改革开放时期的技术改造》，第 251 页。

二、蜕变：一汽的大型集团化之路

对一汽来说，改革开放后真正的蜕变，起始于换型改造之后的轿车生产计划，而轿车生产最终又与合资模式的引入相伴随。这方面的内容笔者将在下一节专门分析，此处先概述改革开放后一汽发展的大势。

与所有国企一样，改革开放后的一汽也存在着自身的改革问题，而最直观的改变首先是组织结构的变迁。1978 年 7 月，“第一汽车制造厂革命委员会”结束，一汽启用原“第一汽车制造厂”印章，这标志着一个特殊时代的彻底结束。1980 年 7 月，一汽开始推进横向经济联合工作，9 月成立了解放汽车系列产品联营公司。1982 年 12 月，又成立了以一汽为主体的解放汽车工业联营公司。该联营公司与一汽属于一套管理机构、两块牌子，实行厂办联营，继续保留第一汽车制造厂名称。1984 年，一汽根据自身发展需要，将所属的专业生产分厂管理体制，全部转变为工厂制管理体制。当年，一汽有职能管理部门 34 个，专业厂 25 个。1986 年 10 月，解放汽车工业联营公司更名为解放汽车工业企业联营公司。1992 年 6 月，国务院同意解放汽车工业企业联营公司更名为中国第一汽车（集团）公司，同时注销解放汽车工业企业联营公司。同年 7 月，国家工商行政管理局确定企业名称为“中国第一汽车集团”，简称“一汽集团”，集团核心企业名称为“中国第一汽车集团公司”，其从属名称为“第一汽车制造厂”。从 1992 年到 2002 年的十年间，中国第一汽车集团公司组建后，陆续将一批专业生产厂进行公司化改造。1998 年将部分零部件厂进行整合，成立富奥汽车零部件有限公司，将铸造一厂、铸造二厂、精铸厂、铸模厂进行优化重组，成立一汽铸造有限公司。2000 年将客车底盘厂、无锡客车厂、大连客车厂组建成立一汽客车有限公司。2002 年将总装配厂、底盘厂、车身厂、变速箱厂、青岛汽车厂、大连柴油机厂、无锡柴油机厂、贸易总公司等组建一汽解放汽车有限公司，2003 年 12 月发动机厂整建制划入。通过公司化体制改革，一汽在生产组织结构上由单一工厂体制，实现了向公司化体制的改变。为适应公司化体制的管理需求，一汽也对职能管理机构进行了调整。到 2002 年，一汽集团公司有职能部门 18 个，其中行政职能部门 12 个，党群部门 6 个。[①]此后，到

① 本书编辑部：《中国一汽志（1987—2011）》，中国第一汽车集团公司 2013 年，第 111—112 页。

2011年，一汽集团公司以从事主营业务的整车及关键零部件企业的全部资产和股权作为出资、一汽资产经营管理有限公司以现金出资，于当年6月注册成立中国第一汽车股份有限公司，在此之前的时间里，一汽没有经历过大的体制变化了。

在体制变革之外，一汽的规模扩张是非常显著的，而这与一汽改革开放后的集团化战略有关。1982—1985年，一汽主要以生产技术服务协作形式与其他企业联合，按照专业化分工的原则，以生产协作、产品配套，建立起跨地区、跨部门、多层次、多形式的经营联合。1986—1992年，一汽围绕上轻型车、轿车发展的需要，突破了原来的隶属关系、所有制性质、财税渠道"三不变"的松散联合形式，主要采取国有资产无偿划转、有偿兼并、资产重组等方式，实行人、财、物、产、供、销紧密联营的形式，将部分联营企业的产权关系明确为全资子公司、控股子公司、参股公司，建立起以产权关系为纽带的公司制的企业组织形式，为组建企业集团探索了道路。而从1992年一汽集团成立后，则按照建立现代企业制度和产权制度的要求，采取以产权关系为纽带的资产重组、兼并收购等资本运作形式，一部分联营企业被其他企业兼并重组，另一部分企业在市场竞争中退出。①1993年7月3日，国家国有资产管理局正式授权一汽统一经营一汽集团的全部国有资产。一汽集团通过无偿划拨、有偿转让、收购股权等多种规范化的资金联结纽带，同成员单位建立包括全资子公司、控股子公司和参股公司等母子公司关系，联营公司时期的松散、半紧密、紧密联合形式不复存在。②在国家国有资产管理局《关于授权第一汽车集团公司统一经营第一汽车集团国有资产的批复》中，强调授权经营后，"中国第一汽车集团公司要根据实际生产经营的需要，逐步进行公司化改造。集团公司(母公司)应依据产权关系通过董事会决定或按持股份额参与决定子公司(子企业)的投资决策、战略规划、人事任免、收益分配、审计监督，并合理界定集团公司与子公司(子企业)之间的集权与分权关系，实行资产统一经营，处理好集团内成员

---

① 本书编辑部:《中国一汽志(1987—2011)》,第136页。
② 本书编辑部:《中国一汽志(1987—2011)》,第172页。

企业间的利益关系，合理调整集团的产品结构和企业组织结构，发挥集团优势，提高国有资产的营运效益，实现资本增值”①。当时，中国第一汽车集团的全资、控股子公司（企业）共有14家，集团公司持股比例100%的有6家，持股75%的1家，持股60%的3家，持股55%的1家，持股53.8%的1家，持股50%的2家。集团的参股子公司（企业）共12家，集团公司持股比例从38.85%到1%不等。②1993年8月，一汽对无锡柴油机厂的兼并较典型地体现了这次重组的状况。根据国家国有资产管理局的批复，“中国第一汽车集团公司以承担债券债务方式接收无锡柴油机厂的全部资产，按1992年末账面资产总额21 254万元（未经评估），其中国有资产总额为7 728万元划拨。同时，应如数增加中国第一汽车集团公司国有资产总额，相应减少江苏省无锡市国有资产总额。兼并后无锡柴油机厂作为一起集团公司直属专业厂，并更名为‘中国第一汽车集团公司无锡柴油机厂’，由中国第一汽车集团公司进行资产一体化经营，并抓紧对无锡柴油机厂进行财产清查”③。类似的兼并进一步壮大了一汽集团的规模。在联营方面，自1982年联营公司成立至1987年，参加联营单位为101户。此后，参加联营的企业不断增加，但也有退出者，到2002年，一汽集团联营单位共计128户。④

一汽的对外扩张扩大了规模，但是在兼并过程中也出现了一些由于经验不足而导致事先没有估计到的问题，尤其是一些企业由于经营不善出现了严重亏损，直接损害了一汽集团的利益。因此，从1999年开始，一汽本着有进有退的原则，对集团内部历史形成的不良资产，采取了调整补救的收缩政策。例如，在兼并沈阳金杯股票的过程中，由于工作做得不细，收购后才发现该厂有极大的亏损，债台高筑，经营困难。尤其是该公司下属的金客公司，控股权在别的公司手里，应当分到的利润都拿不回来。因此，从

① 中国第一汽车集团公司史志编纂室编：《中国第一汽车集团公司年鉴(1995)》，吉林科学技术出版社1995年，第12页。

② 中国第一汽车集团公司史志编纂室编：《中国第一汽车集团公司年鉴(1995)》，第12—13页。

③ 中国第一汽车集团公司史志编纂室编：《中国第一汽车集团公司年鉴(1995)》，第13页。

④ 本书编辑部：《中国一汽志(1987—2011)》，第138—143页。

2001年起，一汽通过出让股票的方式，退出控股权，只保留持有金杯公司总股本4.5%的股票，成为参股单位。而对于一汽占有18%股权的参股企业新疆专用汽车厂，待其2000年被新疆广汇有限公司兼并后，一汽只保留5%的股权，兼并新疆专用汽车厂所欠一汽的5 320.7万元由广汇集团分3年偿还。而成都汽车厂被并入一汽后，连年亏损，资不抵债，一汽决定让其破产，并由青岛汽车厂收购其可利用的厂房设备，作为西部地区中重型车的组装基地。①也可以说，进入21世纪后，一汽实际上放缓了其以兼并为方式的规模扩张的步伐。不过，2002年与天津汽车工业集团有限公司(简称天汽)的联合重组，不失为一汽扩张的重要一步。

作为"三大三小"中"三小"的一员，天汽在中国汽车工业的地位举足轻重。经过多年积累，到21世纪初天汽拥有21个全资子公司、29个中外合资公司和一个上市公司，具备年产23万辆汽车、27万台发动机和1万台拖拉机的生产能力。天汽集团旗下的夏利汽车股份有限公司成立于1997年，具备15万辆经济型轿车生产能力。2000年，该公司与日本丰田公司合资成立了天津丰田汽车有限公司。2002年6月14日，一汽与天汽签署联合重组协议，协议规定：天汽集团公司将其持有的天津汽车夏利汽车股份有限公司的84.97%股权中的60%，即夏利公司总股本的50.98%的股份转让给一汽，重组后天汽集团占33.99%股份，社会公开募集15.03%，与此同时，天汽集团公司还将其下属生产微型车的华利公司拥有的75%的中方股权全部一次性转让给一汽。在这次联合重组过程中，一汽总结吸取以往兼并工作尤其是收购沈阳金杯的教训，没有把整个天汽集团的资产进行划拨或购买，没有对整个集团实行控股，而只是对天汽集团属下的优质资产天津夏利和天津华利两个汽车整车厂实行收购与控股，并承担其巨额债务。②这表明一汽的扩张已更为成熟，而这是在市场经济中锻炼出来的。

从1987年到2002年，一汽的产量与利润如表4-3所示。

---

① 冯云翔：《体制改革过程中的企业兼并与资产联合》，全国政协文史和学习委员会编：《一汽创建发展历程》，第616页。

② 本书编辑部：《中国一汽志(1987—2011)》，第195—196页。

表 4-3　一汽的产量与利润(1987—2002 年)

年份	产量(辆)	利润(万元)
1987	62 038	21 593
1988	80 840	38 010
1989	76 451	32 292
1990	69 358	11 091
1991	83 467	11 108
1992	136 726	80 186
1993	163 621	90 101
1994	178 299	70 461
1995	182 258	66 441
1996	204 743	41 012
1997	174 279	28 751
1998	168 351	21 570
1999	192 677	45 626
2000	212 682	78 910
2001	256 941	92 217
2002	336 242	139 478

说明:以上数据统计范围为全资子公司,另含一汽轿车股份有限公司。

资料来源:中国第一汽车集团公司档案馆编:《第一汽车年鉴 2003》,中国第一汽车集团公司 2003 年,第 336 页。

通过数据,我们可以看到,一汽的产量是处于增长态势的,但是,在 20 世纪 90 年代中后期,一度出现波动,与之相应的,则是利润的下滑。不过,从总的趋势看,一汽的体量与规模是在扩张的。而表 4-3 的数据还只是一汽的全资子公司与一汽轿车股份有限公司的数据,如从整个集团来看,规模当更大。

总而言之,改革开放以后,一汽的规模有了很大的扩张,真正成为一家大型企业集团。一汽扩张的动机,除了企业自身的战略考虑外,与国家产业政策对规模与集中度的兴趣应该也有密切关系。事实上,国家汽车工业产业政策的出台，本身有一汽、东风等大型国企在背后的参与和推动，产业政策反映大型国企的偏好，或大型国企执行产业政策，是互相促进的一个过程。但是，一汽在扩张过程中曾产生的教训，也说明简单的规模扩张并非提升企业竞争力的良方。

第二节　轿车生产与合资模式的生成

对一汽而言，改革开放后最大的变革，一是从生产卡车向生产轿车转型，二是引入了合资模式，而这两者又是紧密联系的同一过程。可以说，合资模式在央企一汽中的扩展，是其能主导中国汽车工业发展模式的重要原因。

一、从生产卡车向生产轿车的战略转型

在1978年前，一汽以生产红旗牌轿车为骄傲。然而，对于整个中国汽车工业来说，红旗牌轿车的意义不应被高估。究其原因，这是一种专供高层领导使用的高档轿车，无法真正产业化，而轿车对于现代汽车工业乃至整个国民经济的意义必须在于其规模化，也就是大宗耐用消费品化。①因此，如果从产业角度衡量，在轿车生产上，计划经济时代里的一汽的地位甚至不如技术要差很多的上海汽车工业。也正因为如此，改革开放以后，当发展轿车工业开始提上国家汽车工业发展战略议程时，一汽实际上面临着很不利的地位，而且必须实现战略转型才能真正进入轿车领域。

一汽的不利地位体现在，当1987年决定在十堰召开"中国汽车工业发展战略讨论会"前，从有关部委传出的消息认为一汽刚刚完成解放牌汽车的换型改造，已无余力上轿车项目，国家应当像当年建设一汽、二汽那样，集中全国力量，建设一个符合规模经济的轿车厂。②然而，如前文所述，当时的二汽对这种方案就很排斥，一汽自然也不愿意失去自主生产轿车的机遇。因此，在"中国汽车工业发展战略讨论会"上，一汽厂长耿昭杰作题

① 关云平：《中国汽车工业的早期发展(1920—1978)》，第124页。

② 冯云翔：《中国轿车工业发展的一次战略研讨会》，全国政协文史和学习委员会编：《一汽创建发展历程》，第494页。

为《对发展我国轿车工业的几点意见》的发言，列举了一汽发展轿车工业的六大优势，即："一是具有 29 年生产轿车的历史和实践，积累了开发和制造轿车的经验；二是具有全国最大的汽车研究所、汽车工厂设计院，集中了一批从事多年轿车开发工作的技术队伍和装备设计力量；三是具有比较强大的技术后方，经历了三年换型改造的实际考验和锻炼，掌握了自主改造老厂、包建新基地的技术和能力；四是具有自筹资金的优势，用自筹资金完成换型改造任务；五是具有'轻轿结合'的优势，一汽在建设轻型车基地中，已经从美国克莱斯勒公司引进轻轿通用的 488 发动机，发展轿车所用的铸件毛坯、车轮、化油器、散热器等零部件都结合上轻型车作了规划布点，统一安排；六是一汽为上中级轿车已经开始了产品开发和研制工作。"耿昭杰进一步针对中国轿车工业的起步问题，提出了"从中高级轿车起步，轻轿结合，挡住进口，一次规划，分期实施，最终达到 30 万辆经济规模"的发展战略。而他结合一汽的实际提出了分两步走的建议，第一步结合上轻型车，引进国外技术，改造红旗轿车生产阵地，形成 3 万辆中高级轿车的生产能力，第二步再选择国外合作伙伴，建设符合规模经济的轿车生产基地。①尽管与二汽陈清泰所提方案不同，但耿昭杰的发言也在为一汽争取发展轿车工业的资质。会议的结果符合一汽、二汽的期待，两家企业都被明确作为优先发展轿车生产的重点单位，最终于当年 8 月进入"三大"阵营。由此可见，在国家决定发展轿车工业之初，在计划经济有限布点的条件约束下，企业的主观能动性对于争取政策十分重要。

在红旗 CA750 车型基础上加长的红旗 CA760 车型

① 冯云翔：《中国轿车工业发展的一次战略研讨会》，全国政协文史和学习委员会编：《一汽创建发展历程》，第 495—496 页。

不过，以一汽和二汽在中国汽车工业中的地位来说，其诉求得到满足的几率是很大的。

耿昭杰提到的引进克莱斯勒发动机，是指20世纪80年代初，一汽组织资深技术人员对国外诸多发动机厂进行考察后，选择了克莱斯勒的直列4缸、缸径88毫米发动机。该发动机曾帮助克莱斯勒公司度过石油危机。而由于美国石油短缺得到缓解，市场对大排量发动机的轿车需求回升，克莱斯勒公司准备将3条生产线中的1条拆除并出售。1985年，耿昭杰率团赴美与克莱斯勒公司进行了意向性谈判。1987年5月，一汽与克莱斯勒公司草签合同，引进2.0升发动机产品和制造技术以及2.2升发动机的部分生产制造设备。①由于该型发动机既可用于轿车，也可用于轻型车，所以这为一汽向轿车生产的转型创造了便利条件以及向政府争取支持的理由。1987年6月，一汽派工厂设计学习考察团赴墨西哥和美国的工厂实习，并了解所购设备情况，带回部分资料。7月，一汽与克莱斯勒达成引进轻型发动机产品、制造技术和二手设备合同。通过这次合作，一汽以相当于新设备20%的价格，引进了具有15万台年产能力的轻型发动机厂，在一汽发展资金十分拮据的情况下，是个难得的机遇。②当然，该型发动机对于一汽转向轿车生产的意义也是十分巨大的。

1987年7月21日，一汽向国家计委上报了《第一汽车制造厂从年产三万辆先导厂入手建设十五万辆轿车工程项目建议书》，国家计委于8月14日批准同意。审批意见指出："在'七五'期间，除了加速实现上海桑塔纳轿车、北京吉普车的国产化，分别建成三万辆和两万辆的生产能力外，拟再利用第一汽车制造厂生产红旗轿车的现有厂房、设备和技术力量，利用已引进美国克莱斯勒的发动机和正在建设的轻型卡车、中型卡车的潜力，适当加以改造，生产中级和中高级轿车。这种做法不仅投资省，而且上得快，是在近期内尽快把我国轿车工业搞上去，避免大量进口的一项有力措施。"③

① 本书编辑部：《中国一汽志（1987—2011）》，第160页。
② 本书编辑部：《中国一汽志（1987—2011）》，第161页。
③ 中国第一汽车集团公司：《中国第一汽车集团公司年鉴（1993）》，吉林科学技术出版社1993年，第13—14页。

国家支持一汽轿车项目的意图很明确，就是为了实现进口替代。值得注意的是，一汽提出的方案，是要用红旗牌轿车的生产基础来制造引进的轿车车型。与桑塔纳替换上海牌一样，这就暗含了模式更替的可能性。不过，一汽的方案并没有完全放弃红旗牌轿车，而是提出：“产品选型：利用已引进美国克莱斯勒 1.8、2.2、2.5 升发动机产品系列技术，购买该公司道奇 600 轿车车身模具和焊装夹具等工具，加以改造。开发中级、中高级红旗轿车系列产品（红旗 180 至红旗 250，以及红旗 580 国宾车），这个车型系列是适合我国公务和商务用车实际需要的。”①因此，红旗牌轿车将与引进车型并存。而该项目第一期的建设资金，审批规划为：“需新增固定资产投资两亿五千七百万元（含外汇额度两千五百万美元），其中工商银行贷款一亿三千万元，企业自筹一亿两千七百万元。技术引进所需外汇两千五百万美元，尽量由企业筹措，具体安排在可行性报告中确定。1988 年至 1991 年 4 年计划生产轿车 8 000 辆，国产化率 4 年平均不低于 75%。这部分外汇可允许企业在销售时向用户收取部分外汇解决，收取外汇额度可按进口部件成本计算，但 4 年平均不得超过售价的 25%。”②由于一汽在换型改造中已有自筹资金的成功经验，故其先导工程计划，在资金上也被期待尽量由其自筹。

20 世纪 90 年代，红旗车型在原奥迪 100 车型的技术上推出了红旗 CA7220 车型

当国家将一汽纳入“三

①② 中国第一汽车集团公司：《中国第一汽车集团公司年鉴（1993）》，第 14 页。

大”后不久，1987年9月18日，一汽轿车厂召开了3万辆先导工程起步动员大会，一汽的轿车3万辆先导工程正式启动。这一先导工程的车型选择颇具戏剧性。起初，因为一汽从美国引进了轻型发动机生产线，美方也允诺在提供整车技术和二手模具方面给予优惠，故一汽最初考虑的车型是与发动机相配的道奇600车型。1987年9月22日，一汽派出赴美谈判的代表团，然而，美方得知中国政府已同意引进道奇技术的消息后误认为胜券在握，在谈判中表现得漫不经心。当时，一汽派出了4位厂级干部出席，美方主谈的只是国际部亚太地区负责人，双方的谈判阵容很不协调，而谈判终因美方提出的技术转让费报价太高和工装模具的转让时间不能确认而告吹。①然而，到了10月初，德国大众的董事长哈恩造访一汽，使一汽的车型选择计划开始偏离预定轨道。据哈恩回忆，当时正在度假的他是通过别人偶然听说一汽有生产轿车的计划后，就立即给耿昭杰写了一封信，24小时内他就收到了一汽的访问邀请。哈恩这样叙述他与一汽的谈判：“我们的谈判持续到凌晨一点。我在开场白时建议在‘国产化领域’合作。我们特别对一家生产奥迪100的合资企业感兴趣。我强调，为此我们可以尽快以优惠价格从南非提供奥迪100的成套模具。结束时我们也讨论了生产高尔夫的可能性，中方对此同样表示出了兴趣……和上海大众的谈判持续了将近6年，这受到了一汽领导层的猛烈批评。这种时间跨度对长春来说实在太长了。毕竟他们同克莱斯勒已经快要签合同了。我答应，如果能够合作，在5个月内就能签署所有合同，这让我们的会谈伙伴大为惊愕。”而且对于一汽已经引进的克莱斯勒发动机，哈恩也有所表态：“我让耿厂长放心，告诉他，他提到的设备一定是克莱斯勒以许可证方式制造的大众汽车4缸发动机的旧型号，它也完全适合我们的汽车。”②如此一来，德美双方的态度与条件形成了极大的对比。而在1个月后，大众公司通知一汽，他们把克莱斯勒的发动机放入了奥迪100车型中，请一汽派团前往验收。据团长林敢为回忆，代表团经过考察，都倾向于选择和大众公司合作生产奥迪

---

① 林敢为：《正确的决策　艰难的道路——从奥迪三万辆先导工程到十五万辆轿车基地建设的回顾》，全国政协文史和学习委员会编：《一汽创建发展历程》，第505—506页。

② 卡尔·哈恩：《从学徒到总裁：卡尔·哈恩在大众汽车的40年》，第132—133页。

100 轿车，理由是：(1)在产品上，奥迪 100 的车身设计要比道奇 600 领先一代，无论是外部尺寸还是内部空间均较大，有利于乘坐舒适，且奥迪 100 在世界市场上知名度高于道奇 600；(2)大众公司提供了较好的条件，有合作的诚意；(3)奥迪 100 与上海桑塔纳轿车有良好的通用性，从全局看有利于两种车型的国产化和将来备件的供应；(4)奥迪 100/200 可作为系列化产品生产，奥迪 100 是中高档轿车，可作为政府官员的公务用车，奥迪 200 是高档轿车，可作为中央领导用车。①于是，一汽于 1988 年初与大众公司达成协议，一汽以 SKD 和 CKD 方式生产奥迪 100C3GP 轿车，并逐步国产化。②一汽的 3 万辆先导工程就确定了以奥迪轿车作为生产的车型。

1988 年 3 月 15 日，一汽党委书记李玉堂在一汽集团第八次党代会的工作报告中，全面总结了第二次创业的历史成就，并提出一汽第三次创业的战略目标："从现在开始用十几年的时间，把一汽建设成为初具国际竞争实力的民族汽车工业集团。"在这个过程中，要实现 3 个具有战略意义的重大转变：一是在产品结构上完成从卡车向轻型车，特别是向轿车的转变；二是在企业结构上完成从单纯的工厂体制向集团体制的转变；三是在市场目标上完成从国内市场向国内、国际两个市场的转变。报告特别强调，发展轿车生产是第三次创业的重点，在当前全国各地都在上轿车的严峻形势下，要在全体党员和职工中树立"以快取胜"的思想，增强上轿车的紧迫感，充分利用国家扶植政策，加快轿车的发展速度。③因此，从生产卡车向生产轿车的转型，被一汽领导层明确提升到了企业最高层级的战略。1988 年 5 月 16 日，国家计委在《关于第一汽车制造厂轿车先导工程可行性研究报告的批复》中，同意了一汽对此前方案的调整，如引进奥迪作为主导车型，以及"为了不影响红旗 630 型旅游车和红旗国宾车的生产，根据咨询公司的评估意见，同意在一汽二厂区新建油漆和装配车间；利用车架厂的厂房作为轿车冲压、焊装车间；调整和充实工厂原有电镀能力，不再新建电镀车

① 林敢为：《正确的决策　艰难的道路——从奥迪三万辆先导工程到十五万辆轿车基地建设的回顾》，全国政协文史和学习委员会编：《一汽创建发展历程》，第 506 页。

② 本书编辑部：《中国一汽志(1987—2011)》，第 162 页。

③ 本书编辑部：《中国一汽志(1987—2011)》，第 163 页。

间;新建底盘零件车间”。在散件装配及销售方面,国家计委的批复意见是:“1988 年至 1990 年三年装配轿车 12 500 辆,需进口部分的关键零部件,可视同合资企业按离岸价收取 50%关税,在保证质量的前提下,三年平均国产化率不得低于 50%,进口散件所需外汇可允许企业以人民币销售整车,购买调剂外汇,或报经外汇管理部门批准,向用户收取部分外汇解决;收取外汇额度可按进口部件成本计算,进口散件计划在年度中落实,所需外汇由企业自筹。”对于与国产化问题密切相关的协作配套,批复意见称:“一汽集团内企业轿车配套所需投资,纳入轿车零部件国产化一条龙计划,所需贷款在年度技术改造专项贷款中解决,所需外汇争取利用联邦德国政府贷款解决。其余外协件要结合全国汽车零部件规划,尽量利用军工、地方、汽车零部件公司、北京吉普车和上海桑塔纳轿车零部件的布点企业统一安排,要尽快落实建设资金,和轿车项目同步建设,保证实现国产化计划。”①获得国家批准后,7 月 15 日,一汽在二厂区开动员大会,东西两厂区同时开工建设。

在动员大会上,厂长耿昭杰在讲话中指出:“一汽即将进入大批量生产轿车的时代。用生产卡车的技术、知识和经验是生产不出合格的轿车的。从现在起,无论是厂长还是工人,都要像建厂初期那样,自觉投身到学习热潮中来,在轿车工程的建设中,把自身素质大大提高一步。”会后不久,以一汽厂级领导李中康为首的一汽驻奥迪公司办事处成立,至 1992 年 6 月,先后派出 48 批 487 名实习生赴德,平均每人实习两周。为了普及轿车知识,从 1989 年 7 月起,一汽还利用周日,举办厂、处级干部轿车知识讲座,同时还在干部中开展学习活动,在车间组织主任培训、生产班组长轮训、生产一线工人的岗位培训等。②这些活动真正将一汽从卡车生产向轿车生产的转型战略落到了实处。进入 90 年代,一汽与大众合资后,轿车生产真正铺开,一汽集团公司常务副总经理陆林奎曾发表题为《把一汽的总体科技水平从卡车时代推进到轿车时代》的讲话,谈心得体会时,称“许多轿车上采

① 中国第一汽车集团公司:《中国第一汽车集团公司年鉴(1993)》,第 15—16 页。
② 本书编辑部:《中国一汽志(1987—2011)》,第 165 页。

用的结构卡车没有，许多轿车上运用的技术卡车没有，即使是轿车、卡车都有的零部件，其工艺水平，精度要求也都有天壤之别”，而这一现实需求使合资模式具备了合理性：“我们没有大批量生产现代化轿车的经验和技术能力，这不是妄自菲薄而是现实，如果不是引进奥迪整车技术，很难想象3万辆先导工程会建设到今天的程度；如果不与德国大众公司合资建设15万辆高尔夫轿车基地，我们目前将很难突破技术上和资金上的障碍，这个项目就很难确立，更不可能在合资期内得到国外发展着的动态技术。”①因此，一汽从生产卡车向生产轿车的转型，一步一步也导向了合资模式的引入。

一汽的3万辆轿车先导工程，从1988年开始建设，到1996年基本结束，总概算从1988年的2.88亿元，调整到1998年的6.25亿元。截至1997年底，累计生产奥迪轿车和自主开发的红旗系列轿车123 294辆，国产化率分别达到82%和93%，满足了国内中高档公务用车的要求。②林敢为这样评价该工程：“一汽是在一个特殊的历史时期上轿车的。当时一汽刚刚结束中型车的换型改造，轻型车的生产准备已进入高潮，资金显得格外紧张，就是要用3万辆轿车先导工程滚利的办法筹集资金。”③因此，该工程对于一汽的战略转型来说，确实具有先导意义。而就在该工程实施的同时，合资模式的引入，更为迅猛地改变了一汽进入轿车行业的路径。

二、红旗轿车的命运：一汽轿车生产的模式更替

耿昭杰曾称一汽的轿车发展采取的是双轨制的做法，即“一条是通过合资引进外国先进产品技术，建成了15万辆轿车生产基地，拉平了国内与国外轿车水平，但产品的品牌掌握在外国人手里；另一条通过引进奥迪轿车的产品和制造技术，改造老红旗轿车阵地，自主开发、生产新的红旗轿车，这条道路走得很艰难，但保留了自己的‘红旗’品牌”④。笔者认为，尽

---

① 中国第一汽车集团公司：《中国第一汽车集团公司年鉴(1993)》，第53—54页。

② 本书编辑部：《中国一汽志(1987—2011)》，第164页。

③ 林敢为：《正确的决策　艰难的道路——从奥迪三万辆先导工程到十五万辆轿车基地建设的回顾》，全国政协文史和学习委员会编：《一汽创建发展历程》，第507页。

④ 耿昭杰：《江总书记关怀一汽轿车事业》，全国政协文史和学习委员会编：《一汽创建发展历程》，第472页。

管红旗品牌得到了保留，但一汽的轿车事业，从总体来看是以合资模式为主导的，故称一汽的轿车生产发生过一场模式更替并不为过。而由于所谓双轨制的保留，一汽轿车生产的模式更替，从历史脉络上看，有着颇为复杂的演化轨迹。

2000 年，红旗品牌推出了红旗世纪星车型

尽管一汽认为其发展轿车工业采取的是双轨制，但从一开始，红旗牌轿车的地位就非常不确定。至少，从 3 万辆轿车先导工程的构想来看，是要利用红旗牌轿车的生产基地来为奥迪轿车的组装服务，这实际上是把红旗轿车置于了一种次要的与从属的地位。其实，在与大众公司合作前，一汽曾考虑过利用奔驰轿车改造红旗轿车的合作方案，而且从 1988 年 3 月到 1989 年 4 月，利用进口散件组装过 828 辆奔驰轿车。①但是，由于种种原因，一汽未能与奔驰合作。而与奔驰公司合作不成，在某种程度上也促成了一汽与大众公司的深度合作。据曾任一汽轿车厂总工程师的智百年回忆："组装奔驰进口散件过程中，我们就认识到，它的产品水平和焊接工艺，不但比大众公司高，而且比奥迪还要高。因此你看，我们找日本，日本人不干；找美国，美国人不干；找奔驰，这么高的活干不了，这时大众公司投怀送抱，当然立即拍板成交。"②这是对一汽与大众公司迅速走向合资的一个解释，本质上说，就是双方各有需求，而且双方确实通过 3 万辆轿车先导工程打下了合作的基础。当然，抛开选择大众公司这一具体合资对象不论，一汽对于选择合资模式的考虑，用耿昭杰提出的 3 条原则可以说明其动机：

① 本书编辑部：《中国一汽志(1987—2011)》，第 524—525 页。
② 葛帮宁：《红旗》，中国工人出版社 2016 年，第 301 页。

“第一条，出于各自的战略需求，双方都有合作的愿望。第二条，对方必须是世界一流的轿车大公司，有高技术供我们学习。第三条，对方必须有现成的主导产品作为合资合同产品，能立即拿来投入生产、销售。”① 换言之，一汽走向合资之路，考虑的主要还是引进技术，以及迅速进入轿车市场。

其实，一汽方面在改革开放之初的1980年曾考虑过在红旗轿车的基础上开发国民急需的两排座中档车，1984年造出了两排座红旗CA750车，又在此基础上造出紧凑型三排座红旗CA760样车。而经过对用户的调研，一汽轿车厂又确定了CA750F中档车。1986年，CA750F开发试制完成，但受进口风潮影响被迫停止。用智百年的话说：“到1985年前后，红旗就再也经营不下去，因为进口车越来越多，当年全国进口轿车25万辆。这时已不容你再慢慢开发。”②而曾任一汽轿车厂副厂长的赫世跃亦表示：“由于红旗是政策性亏损，所以卖一辆赔一辆。北戴河会议时，主要领导说，你们赔钱就别做了。当然，还有说红旗油耗太高的。其实这都不是理由，我们做过研究，实际是买进口车的高潮影响了我们自己做轿车。”③不管出于何种原因，考虑到当时一汽在换型改造后确实资金紧张，而合资生产轿车的模式已开始引入中国，一汽是否能被国家批准作为轿车生产基地却悬而未决，种种现实压力使红旗轿车在一汽内部被边缘化，也就具有必然性了。

利用红旗轿车生产的基础实施3万辆轿车先导项目的同时，一汽与大众公司的合作亦在深化，而这在很大程度上确实出于德方的积极主动。1989年，一汽向国家计委上报了《第一汽车制造厂与西德大众汽车公司合资建设十五万辆轿车厂可行性研究报告》，国家计委将其转给中国汽车工业联合会研究，9月23日，中国汽车工业联合会在其回复意见中称：“可行性研究报告体现了国家对一汽轿车项目的要求，是可行的，建议国家予以批准……鉴于当前一汽面临资金和新老产品统筹安排的困难，建议国家对

---

① 葛帮宁：《红旗》，第298页。
② 葛帮宁：《红旗》，第296页。
③ 葛帮宁：《红旗》，第191页。

一汽轿车项目给予政策上的支持。”中国汽车工业联合会在意见中赞同合资企业的产品选型：“我们认为合资企业选用高尔夫轿车系列(含变型车吉塔)产品能适应国内外对普通级轿车的要求，并有较强的出口竞争能力。”而对于合资对象的选择，中国汽车工业联合会认为：“自1988年以来，一汽与西德大众公司就发展长期合作进行了接触，确定采取合资方式建设十五万辆普通级轿车项目的方案是在奥迪轿车采取技术转让的基础上逐步发展形成的。”这确实道出了一汽选择与大众公司合资的直接原因。而对于国家所关心的零部件配套和国产化问题，中国汽车工业联合会写道：“由于高尔夫轿车的国产化有奥迪轿车先导工程作为基础，一汽集团的零部件厂已形成一定的配套能力，由于高尔夫、奥迪、桑塔纳同属大众公司的产品，高尔夫轿车的零部件有相当一部分可以利用奥迪和桑塔纳轿车的配套厂，这些都有利于加速高尔夫轿车国产化进程。”①我们可以看到，一汽走向与大众公司的合资，在两者长期合作的基础上，在合资模式已经兴起的大背景下，可谓势所必然。

1990年2月9日，国家计委同意了一汽与大众公司合资的项目。1991年2月6日，一汽-大众汽车有限公司(简称一汽-大众)正式成立，耿昭杰任董事长，德国大众的施密特任副董事长，林敢为任总经理。在国家计委1991年4月26日印发的《关于一汽-大众汽车有限公司十五万辆轿车建设项目初步设计的要点批复》中，同意项目总投资为42.701亿元(含8.86亿德国马克)，资金来源为：(1)注册资本16.8亿元，其中一汽占60%，为10.08亿元，大众占40%，为6.72亿元。(2)贷款22.866 7亿元，其中国内建设贷款3.357亿元，流动资金贷款1.877 2亿元；国外贷款3.9亿美元(折合人民币17.453 7亿元)，由中国银行全额担保并负责筹集。(3)企业内部积累投入3.034 3亿元。《批复》同意人员初步定为8 313人，核定各种设备总数为5 169台(条、套)，其中工艺设备2 831台(条、套)。在5 169台(条、套)设备中，除利用一汽以实物形式投入的奥迪冲压线及已进口的威斯摩兰的设备外，新增4 554台(条、套)，其中需进口各种设备827

① 中国第一汽车集团公司：《中国第一汽车集团公司年鉴(1993)》，第16—18页。

1991年2月6日，一汽-大众汽车有限公司宣告成立

台(条、套)。[①]8月24日，一汽-大众正式开工建设。

前述国家计委《批复》中提到的威斯摩兰的设备是一汽当时重点引进的项目。德国大众公司在美国威斯摩兰原有一个已停产的轿车厂准备出售。一汽了解后召开了一次高端会议，在会上决定买下威斯摩兰的整个工厂，用来生产老型的捷达轿车。据林敢为回忆："会议决定，这个消息不能走漏，派代表团也不能大，说我们买这些旧设备，只是想从中间选一点东西，改造现在的厂，无意干那个旧产品。"于是一汽派了林敢为和李光荣两个人赴德谈判。经过一番不乏传奇经历的谈判，一汽用进口14 500台汽车的代价拿下了威斯摩兰厂的主要设备，派了100多人去美国，用一年半的时间把占地62万平方米的工厂里的主要设备全部拆下来运回一汽。林敢为认为这次引进是非常值得的，他后来写道："一汽-大众的总装线和焊装线，大部分是威斯摩兰厂的主要设备，那个焊装线仍然是全国自动化程

① 中国第一汽车集团公司:《中国第一汽车集团公司年鉴(1993)》,第19—20页。

度最高的，当时就有72个机械人。”[①]而对于一汽来说，除了获得先进设备外，选择生产捷达车型也是非常重要的战略。

一汽-大众成立后，一汽与大众集团旗下的奥迪公司合资也开始进入一汽领导层的视野。从一汽方面的考虑来说，以许可证生产的方式引进生产奥迪牌轿车，难以继续生产奥迪公司的最新产品。因此，在与德方多次协商后，决定让奥迪公司入股一汽-大众。[②]1993年4月23日，国家计委下达了《关于将一汽奥迪轿车从许可证生产扩大为合资经营项目建议书的批复》，在合资方式及主要建设内容部分，称："一汽与大众奥迪公司可建立一个在已有的一汽-大众汽车有限公司董事会领导下的生产奥迪产品的合资公司(即在一个董事会之下设两个合资公司)。两个合资公司的合同及章程原则一致，仅作部分补充和修订。合资公司的总装车间、涂装车间和装焊车间要利用一汽东、西厂区的现有设施，可作必要的补充。项目的重点是在西厂区新建V6发动机的生产车间和必要的配套库房。"对注册资本及投资则批复道："项目估算总投资为十三亿五千万元。合资企业注册资本为总投资的40%，在注册资本中一汽出资占60%，以现有资产投入；大众奥迪公司出资占40%，以现金等投入。注册资本以外的投资国家安排二亿元企业债券，不足部分由合资公司自行筹措解决。"[③]1995年11月13日，一汽、大众、奥迪三方在北京签署将奥迪轿车纳入一汽-大众生产的合同；合同规定，从1996年开始，奥迪公司将从大众公司所持的40%的一汽-大众股份中获取10%的股份，成为一汽-大众的第三家股东。[④]至此，一汽轿车生产的合资模式基本形成。

与上海大众一样，一汽-大众成立后，也面临企业文化的调适问题。为应对这一挑战，1992年1月10日，耿昭杰在集团公司党委召开的八届十次全委(扩大)会议上提出了"两个全心全意"的建设方针。他指出：加快轿车十五万辆基地的建设步伐，是合资企业中外员工与一汽全体职工的共同

---

① 林敢为：《正确的决策　艰难的道路——从奥迪三万辆先导工程到十五万辆轿车基地建设的回顾》，全国政协文史和学习委员会编：《一汽创建发展历程》，第535—537页。

②④ 本书编辑部：《中国一汽志(1987—2011)》，第528页。

③ 中国第一汽车集团公司史志编纂室编：《中国第一汽车集团公司年鉴(1995)》，第10页。

利益，它不仅关系到合资企业的生存发展，而且关系到一汽的根本利益；合资公司要利用合资的优势，在自己加倍努力的同时，珍惜背靠一汽的优势，全心全意依靠一汽，把这个特有的优势用好，力争走在国内其他轿车企业的前面；一汽也要把办好合资公司，加快工程建设进度作为自己的事情，全心全意支持合资公司参与国内外的激烈竞争。在这“两个全心全意”中，当前的主要矛盾在于一汽要全心全意地支持，必须把15万辆轿车工程作为自己的事业，主动积极地支持它的建设。①因此，与上汽放弃上海牌轿车而全力支持桑塔纳轿车的发展一样，选择了合资模式的一汽，在合资模式起步之初，也力图将资源倾斜至合资企业，用原有母体的资源扶持合资企业发展壮大。事实上，考虑到广州标致失败所体现出的合资模式诞生初期的脆弱性，这一模式要想在中国汽车工业中站稳脚跟，必须受到较大力度的支持。一汽对一汽-大众的支持体现在诸多方面。据合资工作办公室的领导回忆，一汽“为确保一汽-大众的顺利建设，不得不压缩其他方面的开支与投资，甚至作出某些牺牲”。而为了一汽-大众的产品早日进入市场，一汽也给了极大的支持：“一汽-大众是在1991年9月1日正式开工的，12月5日第一批捷达轿车就在当时的一汽二轿厂装配线上下线。二轿厂为了支持一汽-大众，克服了在同一生产线上装两种完全不同轿车的困难，甚至影响自身的产量，保证了捷达车以最快的速度推向市场，从而赢得了宝贵的时间。”②可以说，一汽确实全心全意地支持了合资模式的确立。

与上汽一样，为了实现国家提出的国产化的产业政策目标，一汽也建立了一批轿车零部件合资企业。具有代表性的企业，如一汽杰克塞尔汽车空调有限公司、联合铝制散热器有限公司、塔奥金环汽车制品有限公司、凯尔海斯公司、辽阳克索汽车弹簧有限公司、一汽光洋转向装置有限公司等。③轿车零部件的生产是整车国产化的基础，也是合资模式巩固的根基。

---

① 韩玉麟、秦世安：《建设一汽-大众中的“两个全心全意”》，全国政协文史和学习委员会编：《一汽创建发展历程》，第571—572页。

② 韩玉麟、秦世安：《建设一汽-大众中的“两个全心全意”》，全国政协文史和学习委员会编：《一汽创建发展历程》，第572页。

③ 陈继信：《一批轿车零部件合资企业的组建》，全国政协文史和学习委员会编：《一汽创建发展历程》，第587—588页。

一汽-大众成立后，靠着一汽全心全意的支持，不久就发挥出了合资模式所具有的高投入优势，迅速成长壮大。不过，随着中国汽车工业格局的改变，一汽-大众也曾经面临困境。图 4-1 为一汽-大众 1992—2007 年的销量。

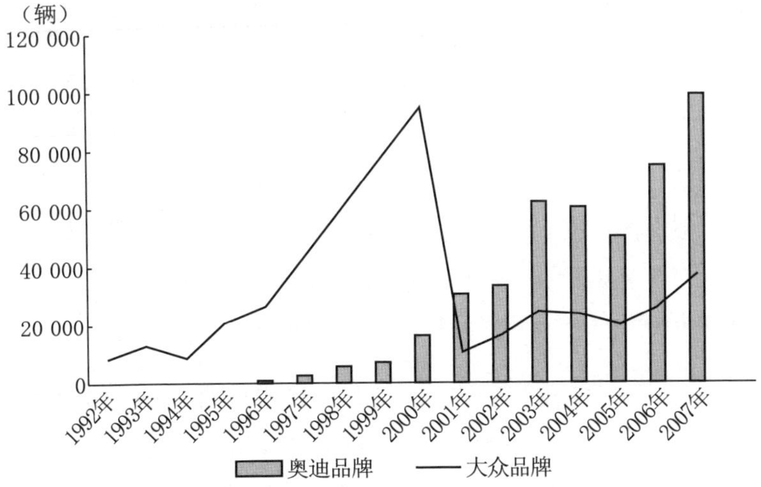

图 4-1　一汽-大众的销量(1992—2007 年)

资料来源：本书编辑部：《中国一汽志(1987—2011)》，第 530 页。

很明显的是，在 21 世纪前，一汽-大众的大众品牌轿车的销量急速增长，但在 21 世纪初迅速跌落。而奥迪品牌轿车的销量则在波动中较稳增长。当然，销量变化背后反映的是企业经营的具体问题。但整体来看，一汽-大众还是处在发展中的。从 1992 年到 1994 年，该公司一直处于亏损状态中，但从 1995 年开始，一汽-大众可谓步入正轨，其到 2008 年为止的利润如图 4-2 所示。

与销量的变动一致的是，进入 21 世纪后，一汽-大众的利润一度急剧下滑。但是，从长期趋势看，在整个 20 世纪 90 年代，一汽-大众的利润上升很快，这证明该公司当时是很赚钱的。而在 2007 年以后，一汽-大众的利润又再度急剧回升，这表明公司的经营有了改善。而不管从销量还是从利润来看，一汽-大众都体现出了成长性，即使陷入困境时也没有彻底失败，从而也就巩固了合资模式在一汽的地位。

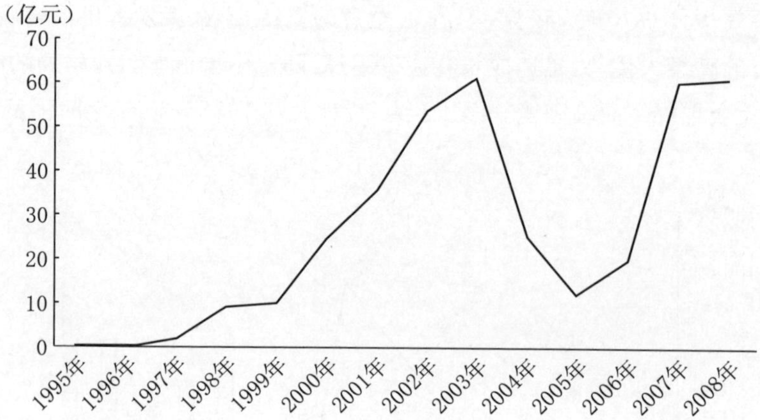

图 4-2　一汽-大众的利润(1995—2008 年)

资料来源：本书编辑部：《中国一汽志(1987—2011)》，第 530 页。

在一汽-大众不断成长时，双轨制中的红旗牌轿车则可谓艰难求存。1992 年元旦，一汽轿车厂一分为二，红旗牌轿车亦分为“大红旗”和“小红旗”。第一轿车厂生产的“大红旗”仍然是供检阅等用的高端车，而第二轿车厂生产的“小红旗”实际上就是奥迪轿车的国产化。1994 年 12 月，耿昭杰等访美，与福特公司合作，讨论以联合设计的方式帮助改造“大红旗”，1995 年确定了在林肯城市牌轿车的平台上设计“大红旗”的原则，1998 年 11 月 10 日新型“大红旗”CA7460 轿车正式下线。2002 年 3 月，一汽与美国福特公司联合开发的顶级豪华轿车红旗旗舰正式投放市场。①因此，“大红旗”虽然保留了自主品牌与自主制造，但在开发设计上引入了外力。而这一点也成为“大红旗”的软肋。根据一汽的官方总结：“这款车投放市场后，却没有得到预期的市场回报。到 2005 年，累计生产 224 辆。没有打开市场的原因是多方面的，主要是一汽具有独立知识产权的产品却没有掌握核心技术，没有自己满意的国产化率；整车外形因循福特林肯城市 98，造成自主产品形象不足。”②这个总结颇为中肯。值得一提的是，第一轿车厂成立之初就必须自谋出路，面向市场先后开发了 3 种型号的皮卡车，开发了

① 本书编辑部：《中国一汽志(1987—2011)》，第 188 页。
② 本书编辑部：《中国一汽志(1987—2011)》，第 535 页。

CA7221 型轿车与加长型轿车，其中，加长型轿车一炮打响，供不应求，使第一轿车厂 1995 年首次出现盈利，全年实现利润 2 248 万元。接着，该厂又开发了运钞车、殡仪车，“市场需要什么，就干什么”。[1]这种为了求生存而从事非主业生产的艰辛，受到全心全意支持的一汽大众自然是没有经历过的。

2002 年 3 月，一汽与美国福特公司联合开发的
顶级豪华轿车红旗旗舰正式投放市场

由于“大红旗”面向的市场有限，“小红旗”或许更能代表红旗牌轿车的命运。“小红旗”的研制与奥迪轿车的国产化是同一过程，启动于 1993 年。1994 年底，一汽成功地通过了国家海关总署对奥迪轿车 62% 国产化率的验收工作。随着奥迪白车身 9 大总成和车身下部全部实现国产化，进口的冲压件全面停止供应，第二轿车厂又进行了白车身 198 种冲压件的总成焊制工作，保证了奥迪轿车生产的顺利进行，为“小红旗”顺利投产奠定了基础。[2]实际上，“小红旗”可以说就是奥迪轿车的车身装上 488 发动机，再匹配从德国引进的 016 变速器，便被认为不再是原来的奥迪车，而被定名为红旗 CA7220 轿车。[3]这种设计与制造方式，使社会上产生了对“小红旗”是奥迪“翻版”“插旗”的多种议论。因此，一汽又开发了全新的“小红旗”，在 2000 年推向市场时被定名为“红旗世纪星”。“红旗世纪星”在设计上完全摆脱了奥迪 100 轿车外形的影子，并在整车造型设计中运用自主尾流计算

---

① 中国第一汽车集团公司编：《一汽创业五十年（1953—2003）》，第 369 页。

② 田冠军：《从“奥迪”到“小红旗”》，全国政协文史和学习委员会编：《一汽创建发展历程》，第 564—565 页。

③ 本书编辑部：《中国一汽志（1987—2011）》，第 180 页。

分析技术，考核了空气阻力的影响，达到了高水平的空气动力特性。[①]据统计，从1988年试装第一台奥迪轿车到1997年底，一汽实际生产轿车123 294辆，其中奥迪轿车95 502辆，“小红旗”轿车27 792辆。[②]从产量和市场来看，“小红旗”是比不上奥迪的，这也反映了对一汽的轿车生产来说，合资模式才具有真正的主导性。

第三节　丰田在一汽：合资企业与生产方式

在一汽的合资伙伴中，日本丰田公司是颇为特殊的。20世纪后半期，丰田公司发展出了一套特殊的生产模式，在生产效率和市场竞争中打败了世界汽车工业的霸主底特律三巨头，令世界为之惊叹。这套被称为“丰田生产方式”的精益生产模式，早在改革开放之初就被一汽认知，并积极加以引入。与丰田合资后，推广丰田生产方式对一汽而言更是顺理成章。

一、一汽与丰田公司的合资

关于一汽寻求大众公司之外的合资伙伴的动机，一汽官方是如此阐释的：“进入21世纪后，一汽与德国大众公司的合作已取得明显成果，但也面临着产品缺少A0/A00、B级车、SUV等乘用车产品，主要生产基地局限东北地区等问题。国内另外两家竞争企业，一家有日产、雪铁龙两个合作伙伴，另一家牵手大众、通用，在生产布局、产品格局和发展势头上对一汽在国内汽车行业地位构成威胁。面对这种情况，一汽通过寻找合作伙伴来发展自己是当时最有效的途径。”[③]由此可见，合资模式具有传导性。即一旦某一家中国车企通过其内部合资模式的扩展而取得市场优势地位后，其他中国车企会起而效仿，于是，合资模式在整个中国汽车工业中就会扩散。

---

① 赵立荣：《“红旗世纪星”的诞生》，全国政协文史和学习委员会编：《一汽创建发展历程》，第672—674页。

② 中国第一汽车集团公司编：《一汽创业五十年(1953—2003)》，第364—365页。

③ 本书编辑部：《中国一汽志(1987—2011)》，第536页。

一汽与丰田公司的接触起初并不顺利，因为丰田将海外市场的重点放在北美，对中国市场的长远发展缺乏信心。经过一汽方面的努力，2001年，丰田副社长白水宏典代表丰田回复一汽，只要一汽成功重组夏利，丰田就可以与一汽合作，并表示将拿出陆地巡洋舰、皇冠、花冠3款轿车作为合作的车型。等到一汽重组完天汽后的2002年8月29日，一汽与丰田在北京签署了合资合作框架协议，拉开了双方合作的序幕。2003年4月，一汽与丰田在东京签署了关于陆地巡洋舰、霸道、皇冠车型的技术许可合同和关于引进花冠车型的意向书。[1] 2003年9月11日，天津一汽丰田汽车有限公司（简称天津一汽

2004年2月，天津一汽丰田旗下第二款轿车花冠上市，这是丰田汽车全球性的一款战略车型

2005年，天津一汽丰田旗下高档豪华车皇冠上市，这款车在中国高端豪华车市场长期占据了重要地位

---

① 本书编辑部：《中国一汽志（1987—2011）》，第536页。

丰田)正式成立。该公司前身为天津丰田汽车有限公司,在新成立的公司中,中国第一汽车集团公司出资20%,天津一汽夏利股份有限公司出资30%,丰田汽车公司出资40%,丰田汽车(中国)投资有限公司出资10%,公司注册资金增加到4亿803万美元。①2002年10月8日,天津一汽丰田首款轿车威驰下线,2004年2月第二款轿车花冠上市。2005年3月21日,天津一汽丰田第二工厂落成,皇冠轿车下线。②因此,一汽与丰田的合资,是通过一汽重组天汽为纽带实现的。

与丰田合作后,按一汽的说法,一汽集团内部成立了一个一汽丰田体系。最初,该体系只有天津一个整车工厂和3100名员工,到2011年,已发展成为集整车、动力总成产品为一身的天津、长春、成都等三大基地,6家核心合资公司,2万多名员工。这6家核心合资公司为一汽丰田销售有限公司、天津一汽丰田汽车有限公司、四川一汽丰田汽车有限公司、四川一汽丰田有限公司长春丰越公司、天津一汽丰田发动机有限公司、一汽丰田(长春)发动机有限公司。在一汽集团内部,一汽丰田体系的销量占到总销量的20%,如表4-4所示。

表4-4 一汽丰田体系销量一览表(2003—2011年)

年份	丰田体系销量(万辆)	一汽集团销量(万辆)	贡献度(%)
2003	5.3	90.2	6
2004	8.3	100.7	8
2005	15.1	104.7	14
2006	22.4	116.6	19
2007	28.7	143.6	20
2008	37.1	153.3	24
2009	42.3	194.5	22
2010	50.0	255.8	20
2011	53.7	262.4	20

资料来源:本书编辑部:《中国一汽志(1987—2011)》,第541页。

而从2003年到2005年,集团对一汽丰田体系累计初始投资23亿元,

① 中国第一汽车集团公司档案馆编:《第一汽车年鉴2004》,中国第一汽车集团公司2004年,第90—91页。

② 本书编辑部:《中国一汽志(1987—2011)》,第536—538页。

到2011年总资产已滚动发展超过500亿元，累计实现利润超过460亿元，到2010年已经回报集团现金分红超过140亿元。表4-5为一汽丰田体系实现利润一览表。

表4-5　一汽丰田体系实现利润一览表(2003—2010年)

年份	丰田体系利润额(万元)	一汽集团分红(万元)
2003	10.3	2.0
2004	11.5	1.2
2005	20.3	9.6
2006	32.9	17.7
2007	48.5	20.1
2008	68.9	29.4
2009	71.1	27.8
2010	100.5	36.0
累计	364.0	148.3

资料来源：本书编辑部：《中国一汽志(1987—2011)》，第542页。

由于一汽-大众在进入21世纪后的发展有所波动，利润曾大幅下滑，故一汽丰田体系稳步增长的利润对于一汽集团的贡献是十分突出的。而在一汽看来，一汽丰田体系还具有额外的价值，即从2004年开始，通过零部件、制造装备、衍生经济等领域对集团关联企业实施了有效的拉动，2009年整体年拉动首超100亿元，截至2011年累计拉动总量超过了700亿元，如表4-6所示。

表4-6　一汽丰田体系拉动情况一览表(2004—2010年)

年份	拉动领域(亿元)			合计(亿元)
	零部件	装备制造	衍生经济	
2004	8.6	0.6	28.9	38.1
2005	29.8	1.9	25.9	57.6
2006	47.2	2.9	24.5	74.6
2007	58.1	1.4	20.9	80.4

续表

年份	拉动领域(亿元)			合计(亿元)
	零部件	装备制造	衍生经济	
2008	66.4	2.0	21.6	90.0
2009	85.0	0.5	23.3	108.8
2010	119.5	1.4	5.9	126.8
合计	414.6	10.7	151.0	—

资料来源:本书编辑部:《中国一汽志(1987—2011)》,第542页。

此外,丰田的某些技术对一汽的研发也有贡献,如表4-7所示。

表4-7 丰田体系对一汽研发能力的贡献

来源	合作产品	对一汽的贡献
TMC	红旗HQ3	P4基础平台/活用资源(丰源)
DMC	D82A	AV9基础平台/活用资源(吉汽/二发/长齿等)
TMC	A系列发动机	弥补TA1成熟前集团在1.3—1.5 L排量上的空白
DMC	D82A动力总成	可为吉汽和夏利的自主产品配套

资料来源:本书编辑部:《中国一汽志(1987—2011)》,第544页。

一汽轿车曾经依靠马自达6一款车型,在中高级车市的竞争中赢得了消费者的青睐

因此,一汽丰田体系对于一汽的贡献是多方面的。而这种贡献,自然是一汽巩固合资模式的重要理由。

此外,有必要提及的是,2002年3月9

日，一汽轿车公司与福特旗下的马自达公司达成合作协议，引进马自达6项目。2003年，马自达6在一汽开始批量生产。2003年底，一汽又以马自达6轿车平台资源为开发基础，开发自主产品C301车型，2006年产品上市，命名为“奔腾B70”轿车。①尽管没有采取直接的合资模式，但一汽与马自达的合作，仍然是一种非自主生产轿车的行为，与合资模式具有共同的特征。

二、一汽引入丰田生产方式

在世界汽车工业史上，丰田公司创造的丰田生产方式（Toyota Production System，简称TPS），在早期也称为准时化（JIY）生产方式，具有革命性的意义，在20世纪后期也得到了广泛的推崇。这种生产方式最初于1948年在丰田公司创立，于20世纪50年代和60年代在丰田公司得到发展，并于70年代和80年代扩散到日本其他企业。丰田生产方式要求工人通过水平相关的互动来协调生产流程，使用看板管理法，由工人发令决定和提供何时何地需要的半成品，以应对整个市场对各种类型汽车的多样化需求，而在各种小批量产品中分摊固定资本。②丰田生产方式具有巨大的效率优势，并随着丰田公司的崛起而得到传播。

一汽学习丰田生产方式的时间很早。1978年5月，一汽组成由厂长刘守华为首的20人的赴日考察团，历时半年，考察了多家日本汽车企业，对丰田公司开展的TPS进行了深入学习和探讨。③在日本，刘守华等人直观地感受到TPS的先进性：“通过全面质量管理的普及，产品缺陷率已降低到千分之一的水平，正向百万分之一的目标迈进。同时，保证质量的思想和行动已经深入到每个职工。在丰田当零件不合格时工人有权停止装配线。从产品开发到企业管理都纳入质量保证体系中。他们的生产组织严细，运作准时，能在几条装配线上一天组装上万辆汽车，可以细分成七八

① 本书编辑部：《中国一汽志（1987—2011）》，第546页。

② 威廉·拉佐尼克：《车间的竞争优势》，徐华等译，中国人民大学出版社2007年版，第304—305页。

③ 本书编辑部：《中国一汽志（1987—2011）》，第838页。

千个品种。依靠'看板'的衔接,井井有条地进行着多品种混合流水线生产;处处制定低消耗、低成本、低储备、少人化、专业化、多任务、多工序操作的各种程序和标准,以提高劳动生产率和资金利用率。考核设备的'可动率'、'稼动率',加强设备的预防性检修(TPM 点检),制定设备精度指数标准,以保证不间断地稳定生产。"[①]因此,考察团回国后,把带回来的《丰田生产方式》《丰田现场管理》等书突击翻译出来,分发到一汽的各职能处和专业厂以供学习。[②]而 TPS,亦由此在一汽中开始推广。

通过推行 TPS,一汽的生产管理水平明显提高。1981 年 6 月,日本丰田生产方式创始人大野耐一等一行 4 人,应邀来一汽协助推广 TPS,选择底盘分厂轴承座生产线和发动机厂第二速齿轮生产线为样板,通过合理调整设备平面布置,设置车床自动停车装置,实行多机床、多工位操作、严格按节拍组织生产、工序在制品只准 1 个,建成中国最早的两条"吆噫咚"生产线(即同步节拍生产线或"一个流"生产线)。推行新的生产方式后,6 台设备由 5 人操作改由 1 人操作,工序在制品由 110 件降到 8 件,工件不落地,避免重复搬运和磕碰划伤,严格贯彻工艺,防止粗制滥造,设备故障和工具非正常消耗大大降低。截至 1985 年底,一汽生产系统推行 TPS 管理方式取得明显成果,19 个基本生产厂均实行看板取送货,占全部零件的 94%,14 个协作厂直送工位的零件 146 种,全厂普遍建立并实行均衡生产保证体系,使汽车总成装配班均衡率连续 19 个月达到 100%。全厂有 10 条生产线 180 种零件实行看板生产。总之,TPS 的应用推广,为 1986 年一汽的换型改造创造了条件。[③]

1991 年,一汽在变速箱厂推行"准时化生产",当年 3 月,变速箱厂开始全面推行 TPS,用"拉动式"组织企业的生产活动,使一汽推行 TPS 出现新局面。1992 年变速箱厂有 50 条生产线达到"准时化"验收标准,29 条生

---

① 刘守华、李刚:《赴日本研修带动技术改造》,全国政协文史和学习委员会编:《一汽创建发展历程》,第 370 页。

② 刘守华、李刚:《赴日本研修带动技术改造》,全国政协文史和学习委员会编:《一汽创建发展历程》,第 371 页。

③ 本书编辑部:《中国一汽志(1987—2011)》,第 838—839 页。

产线实现看板管理。[1]该厂推行TPS一年多后，在制品流动资金从700万元降到300万元，一次装配合格率由80%上升到92%，废次品率降低35%，设备停机台时减少80%，产品品种由1种增为18种。[2]该厂副厂长马文兴指出，该厂形成了5个系统化的管理体系：(1)以生产工人为主体，生产要素一体化的生产组织，改变了生产工人停机去找人，领工装，找机修人员，找技术员等做法，各方面的辅助生产人员、服务人员、职能管理人员都按准时化服务的标准，主动为生产工人提供服务，使生产工人始终处于创造附加价值的过程中，这种生产组织使生产能力大幅度提高。(2)充分发挥时间效应的劳动组织。生产线实现一人多工序操作，贯彻标准作业，让有限的作业时间发挥更大的效益，劳动生产率大幅度提高，与传统方式相比，少用468名生产工人。(3)准时均衡化的物流组织。全面采用看板控制生产和在制品流传，使生产过程全面达到同步均衡，并实现了生产线"一个流"生产。该厂的"一个流"生产由于加工工序、检查工序、搬运工序三者合一，达到真正的加工一件、检查一件、合格一件向下传送一件的高度的流水。由于看板的使用，生产线之间实现了"库存补充"式物流。在装配线上实现了配套装载、配套运送、配套清洗。这一切都大大提高了生产的节奏性、同步性，实现了强制性地暴露生产中的问题，迫使各类人员迅速地解决生产上出现的问题。生产均衡性由班均衡向小时均衡过渡，废品率大大下降。做到了资金占用下降，生产消耗下降，投入产出效益不断提高，1元的生产资金可以创造30—40元的价值，是行业平均水平的10倍左右。(4)以车间主任为首的现场组织。将生产组织的重点放在现场，充分发挥车间主任的作用，优化现场协调机制，缩短了处理问题的路线、时间，转变了现场管理的观念，使生产中的人际关系达到协调、和谐。现场"5S"管理、定置管理的推行，创造了整洁、舒适、催人向上的优良环境，使现场成为一个良性运转，实现投入产出有机转换，能发挥创造性的基地。(5)现场信息管理体系。强调现场的信息管理，强调了现

① 本书编辑部：《中国一汽志(1987—2011)》，第839页。
② 中国第一汽车集团公司：《中国第一汽车集团公司年鉴(1993)》，第86页。

场原始记录的合理性、完整性，强调现场信息与计算机的联结，在力所能及的情况下，积极采用自动信息显示。注重目视管理，使信息目视化，问题明显化。通过信息流的优化来有效地控制、指挥生产，保证生产优质、高效、低耗、均衡、安全地进行。①可以说，变速箱厂是一个成功的试点。表4-8为1991—1992年变速箱厂推行TPS成效统计表。

表4-8　一汽变速箱厂1991—1992年推行TPS成效表

项　目	单位	1991年	1992年
变速箱产量	当辆	83 811	109 033
劳动生产率	台/人	47	65
责任废品率	%	0.88	0.59
各种消耗	元/当辆	92.69	86.97
定额流动资金周转	天	12.04	6.25

资料来源：本书编辑部：《中国一汽志(1987—2011)》，第840页。

从1992年下半年到2002年，一汽推行TPS的主要内容是推行精益生产方式。1992年6月，厂长耿昭杰在厂报发表《推行精益生产方式迫在眉睫》一文，号召全厂学习和推广精益生产方式，认为这是市场经济条件下振兴一汽的必由之路。②一汽集团成立后，耿昭杰还发表了《在第三次创业中全面推行精益生产方式》，提出："一汽推行精益生产方式，从1978年到现在已有15年了。刚开始的几年还是不错的，起步早，但后来步子慢了，甚至停顿了下来，最近又开始启动了。"他认为，一汽推行精益生产方式"总的看来收效甚微"的原因是"很多观念上还没有真正革命"。他说："我们过去对丰田生产方式理解不是很全面、很深的。一说丰田生产方式，就是一个流、看板生产、减少在制品。但是精益生产方式到底是什么？我看要抓住精益生产方式的精髓，抓住了就会有利于改变你的观念。那么什么是精髓？我领会，就是要彻底消灭无效劳动和浪费，提高劳动生产率，最大限度满足市场多元化的需要。"具体到一汽，他指出："我们一汽也在臃肿肥胖起

① 中国第一汽车集团公司：《中国第一汽车集团公司年鉴(1993)》，第87—88页。

② 本书编辑部：《中国一汽志(1987—2011)》，第840页。

来，搞精益生产方式，通俗形象地说就要在全厂来一个减肥运动。”他进一步指出：“我们起初在推行精益生产方式时，在具体方法上推行的比较多，抓了一些点，但没有从全局上，从总体上来推行精益生产方式……精益生产方式是一个完整的体系，涉及观念问题，机构问题，体制问题，涉及企业的方方面面。”[①]因此，耿昭杰其实是希望通过推行 TPS 来推动整个一汽的企业体制改革。而一汽集团副董事长李治国则指出了推行 TPS 实际上意味着一汽在摆脱从苏联全盘移植过来的生产模式：“这种生产管理方式(TPS)被一汽引进厂后，通过生产厂长和生产技术调度部门在全厂范围内组织学习、消化，结合一汽实际情况推广之后，使一汽的生产管理发生了具有历史意义的突变，一步跨越了几十年。”而一汽所跨越的，自然是“这个厂在 50 年代初从苏联全盘引进”的生产管理模式。[②]因此，如果说与外企合资是一汽宏观上的发展模式变革，那么，引进并推行 TPS 则是一汽微观层面生产管理模式的变革。

在一汽深入推行精益生产方式的过程中，由过去以生产制造系统为重点，向产品开发、生产准备、经营计划、制造成本、协作配套、销售服务等各个管理系统延伸、拓展，要求方方面面形成合力，齐头并进。[③]而到了一汽 2002 年与丰田公司开始合作后，推行 TPS 也就到了一个新的阶段。

2002 年，一汽轿车公司在“以精益思想为主线抓管理”的思路指导下，抓住一汽与丰田开展合作的契机，邀请丰田公司 TPS 专家组到红旗轿车生产现场，深入进行了现场管理诊断。当年 7 月，丰田公司 TPS 专家对红旗生产的 4 大工艺和物流进行了现场指导，促进了轿车公司深入学习 TPS，在丰田专家指导下进行了为期 2 个月的现场改善，取得了一批成果。为了更好地学习和推进 TPS，公司组织了由刘树华副总经理带队、各部长和车间主任参加的学习团去丰田工厂现场参观，找到差距，这批人也成为轿车公司学习和推行 TPS 的骨干力量。2003 年轿车公司进一步推广并深

---

① 中国第一汽车集团公司史志编纂室编：《中国第一汽车集团公司年鉴(1995)》，第 21—24 页。

② 中国第一汽车集团公司史志编纂室编：《中国第一汽车集团公司年鉴(1995)》，第 34—35 页。

③ 本书编辑部：《中国一汽志(1987—2011)》，第 841 页。

化TPS,大力开展现地现物改善,通过标准化作业、工艺优化、物流改善和品质向上等方法,强化了生产、物流、质量和工艺等多方面的管理基础,缩短了各车间的生产节拍,提高了劳动生产率,使两个品牌的产能快速大幅度提高,尽最大可能满足了市场需要。例如,一轿厂产能超常规高速增长,由原来年产3 000多辆提高到20 000辆以上,马自达6产出后产能快速提升,使公司的产销量几乎实现翻番。①具体来说,例如,红旗焊装车间学习准时化生产理念,推行一个流生产,减少中间再制品储备和工序转移的浪费。在水盒子班进行试点改善后,人员由原来的26人减少到18人,工作地面积由原来的1 044平方米减少到797平方米,节省的面积被用来做培训阵地,省下来的人员则支援马自达6生产。涂装车间在丰田专家的指导下,找到了影响油漆质量的主要缺陷是脏点太多、打磨修饰量大,据此,该车间把学习和推行TPS集中在实现现场清洁改善上。车间培训每个员工对清洁度对涂装影响的认识,新工人要先从清洁工做起,每道工序每个员工都树立清洁的理念。为了改善环境,车间在门口增加水垫,车间内增设1 700多个水盒吸尘,对主要的喷涂、修饰和储存线,设置增效防尘棚680延米。采取局部加湿管理,使洁净度、湿度由原来30%提高到50%,喷房湿度由原来50%提高到80%。还改善了中涂打磨房,将原来的与喷漆房相关联改为分开并搬到二楼,防止了交叉污染,改善效果明显。对设备内部清洁度实行标准化管理,并引入专业保洁公司保洁。这样,车身油漆后脏点由原来的376点降低到50点左右,并持续改善。质保部通过TPS学习,增强了品质管理意识,对检查流程进行改善,实现了流程再造,加强了对性能项的检查控制,优化了检查程序。例如,整车检查由104工位调整到84至104工位,检查项由原来的87项增加到691项,增加了8倍。②凡此种种,均表明轿车公司是在车间层面落实推行TPS,真正地改善现场管理。

因此,一汽轿车公司2003年红旗产品质量明显提高,明仕和世纪星两

① 中国第一汽车集团公司档案馆编:《第一汽车年鉴2004》,中国第一汽车集团公司2004年,第152页。

② 中国第一汽车集团公司档案馆编:《第一汽车年鉴2004》,第153页。

种车型单台缺陷频次，年末较年初下降分别为71.2%和67.6%。表4-9反映了劳动生产率的变化。

表4-9　一汽轿车公司2003年劳动生产率变化

车　　间	年初(台/人月)	年末(台/人月)	提高比率
东区焊装	0.231	0.441	90.9%
西区焊装	0.303	0.758	151%
直属涂装	0.563	0.592	5.2%
直属总装	0.263	0.467	77.6%
一轿总装	0.209	0.441	111%

资料来源：中国第一汽车集团公司档案馆编：《第一汽车年鉴2004》，第153页。

而车间和部门的改善成果则如表4-10所示。

表4-10　一汽轿车公司2003年车间和部门改善成果

项　　目	工艺优化		人员优化(人)	减少在制品
	减少走动距离(米)	节约面积(平方米)		
直属总装	251	643	31	100个总成
直属涂装	284	200	32	10台车身
直属西焊	73	200	10	10台车身
直属东焊	549	535	96	1 041件
一轿厂	—	—	31	40台车身
质保部	6 700米/天	—	—	—
采购部	—	960	32	45辆份储备

资料来源：中国第一汽车集团公司档案馆编：《第一汽车年鉴2004》，第153页。

2004年，轿车公司以推行"5S"为切入点开展现场点改善，建立以公司一把手为组长的推进组，从宣传教育入手，编制《现场"5S"管理程序》《现场"5S"管理标准》，全年节约成本1 297.6万元。2005年，公司各生产线、各车间开展自主改善，节约成本4 376.6万元。2007年之后，轿车公司运用TPS理念，结合实际完善现有体系，形成轿车公司特有的生产管理体系(HPS)，截至2009年底，实施改善近3万项，节约成本3.24亿元，节约面积1.3万平方米，整车工时降低1.252小时。在1条生产线上实现4种车型的混流生产，总装车间全面实现顺序供货、顺序配货、SPS等多种物流配送方式，充分体现精益物流思想，有力保证了生产准时化。[①]从这一结果来看，一汽轿车公司在直接从丰田专家那里学习了TPS后的一系列改善，是有成效的。

当然，除了轿车公司外，整个一汽集团实际上分层次全面推行了TPS。2004年初，一汽集团公司下发推进TPS工作指导性意见。2005年，一汽集团公司通过全面考察集团各单位TPS推进的基础管理和要素运用情况，决定将集团TPS推进分为4个层级，各有侧重，全面推进。这其中，与丰田公司有直接关系的长春丰越公司、天津一汽丰田、四川一汽丰田等一汽丰田体系事业体为第一层次，在丰田体系下持续改善，同时作为集团公司运用TPS理念、工具和方法的学习阵地，培养人才，输出经验。轿车公司、夏利公司为第二层次，重点从“点的改善”向标准化和流程化扩展深化，实现职能体系互动，能够输出经验和方法。解放公司和吉林汽车公司为第三个层次，第四个层次则为其他公司。[②]通过这一举措，丰田生产方式在一汽得到了更大力度的推广，而这既与一汽和丰田的合资有直接关系，又是这种合资模式的一个体现。

小　结

一汽在中国汽车工业发展史上有着举足轻重的地位。事实上，中国汽车工业作为一个真正的产业的起源发端于一汽，并以一汽为载体发展出了苏式体系全盘移植模式，而该模式又成为孵化了计划经济时代其他模式的母体。然而，尽管自主制造了红旗牌高级轿车，但一汽自建立以后，主要是

① 本书编辑部：《中国一汽志(1987—2011)》，第844页。
② 本书编辑部：《中国一汽志(1987—2011)》，第846页。

作为一家卡车生产厂而存在的，并不符合现代汽车工业发展真正的主流趋势。因此，改革开放后，一汽必须转型。改革开放初期的换型改造作为一汽的二次创业，仍然是旧模式的延续，而从 1987 年开始向生产轿车的战略转型，才真正表明一汽进入到一个新时代。作为央企，一汽能够得到比地方国企上汽更多的资源，但是，在生产轿车的演化路径上，一汽与上汽却颇多相似之处。首先，由于实际上缺乏以现代化方式生产轿车的经验，一汽也不得不通过引进国外技术来制造轿车，而这就为进一步接纳合资模式创造了条件。其次，为了集中有限的资源全力保证轿车项目的顺利推进，一汽也进行了倾斜资源给合资企业的战略选择，而其自主品牌的轿车生产则被事实上边缘化了。这两点与上汽是相似的，只不过，上汽对于上海牌轿车的放弃更为彻底，而一汽仍然保留了红旗品牌。于是，与上汽一致的是，一汽为了发展轿车生产，拥抱了合资模式，而合资模式最终成为一汽轿车生产的主导模式，替换掉了原有的模式。改革开放之初，一汽就开始自觉地引进丰田生产方式，从而改变了创立初期的苏联生产模式，与丰田公司合资后，一汽推行丰田生产方式就变得更为直接了。而丰田生产方式的推行，也成为改革开放后一汽发展模式更替的重要内容。总而言之，合资模式在一汽的创生与巩固，遵循着与上汽相同的逻辑机制。而作为中国举足轻重的央企，一汽完成了合资模式的主导化以后，也就意味着中国的轿车行业在很大程度上被合资模式主导了。

第五章　市场化、产业政策与自主创新模式（2004—2008年）

在整个20世纪90年代，合资模式逐渐成为中国汽车工业尤其是轿车行业的主导模式，并取代了改革开放前中国汽车工业已有的模式。这一演化结果的出现，与1994年汽车工业产业政策对产业集中度和规模经济的追求有密切关系。一方面，1994年汽车工业产业政策强化了中国汽车企业高强度的投资动机，从而给了引入合资模式的理由；另一方面，该产业政策非市场化的限制，压抑了潜在的汽车工业进入者，从而又巩固了既有的合资模式。但是，随着市场化改革的深入，中国汽车工业也开始形成自主创新模式这一新的发展模式。只不过，与合资模式比较起来，自主创新模式的实力尚不强，不居于主导地位。

第一节　自主创新：新模式的形成

中国汽车工业的自主创新模式来源于市场，是市场经济的产物。在20世纪90年代，随着国民经济的发展，中国的汽车尤其是轿车的消费日益壮大，这给了一些主体以进入轿车行业的诱导，这些主体既包括纯粹的民间资本，也包括被排除在“三大三小”之外的地方政府。具有企业家精神的市场主体以实践打破了旧产业政策的限制，这又激起了思想界、学术界对于自主创新的呼吁，两者相结合，共同推动了自主创新模式的形成。

一、市场化与自主品牌的兴起

自主创新模式依托于自主品牌，中国汽车工业的早期自主品牌不少，但在轿车行业里，最重要的早期自主品牌当属奇瑞与吉利。

1999 年 12 月 18 日，在芜湖生产的奇瑞第一辆轿车下线

奇瑞是安徽省芜湖市的地方国企。在20世纪90年代初，芜湖只有2家微型客车生产企业，一家是芜湖特种车辆厂，后改名安徽通宝汽车制造有限公司，一家叫华阳汽车。两家企业规模虽小，工艺也落后，但依靠零敲碎打，一年造几百辆车就能创造上亿元的产值，这引起了当地领导的注意。于是，1993年，芜湖市开始实施自己的造车计划。1995年，芜湖市有关领导在考察欧洲汽车工业期间，得知福特汽车英国公司即将出售一条CVH发动机生产线，决定抓住机会。由于当时国家对轿车项目严格限制，该项目只能低调进行，内部代号“951”，意即“九五”期间安徽省第一号工程。原一汽-大众车间主任尹同耀被芜湖方面挖来，具体负责项目实施。1997年3月，奇瑞汽车的前身安徽汽车零部件工业公司成立，由安徽省和芜湖市下属的5家公司共同出资，注册资本17.52亿元。此后，芜湖市轿车项目工程建设全面启动。1997年3月18日，发动机工厂动工，当年10月建成。1998年3月，包括冲压、焊接、涂装、总装4大工艺的整车厂动工兴建，1999年12月18日，芜湖生产的第一辆轿车下线。这款车的发动机技术来自福特，车身设计借鉴了大众汽车子公司西班牙亚特汽车公司的紧凑型轿车图雷特，并充分利用了桑塔纳、捷达等引进车型国产化过程中发展起来的配套资源。这款新车被命名为奇瑞风云，由于不具备轿车生产资质，不能公开在市场上销售。2000年，在安徽省和芜湖市两级政府的帮助下，奇瑞被指定为芜湖的出租行业用车，在当地上牌照。同年，为了获得轿车生产资质，在国家经贸委的协调下，奇瑞汽车进行了加入上汽

集团的谈判。2001年，奇瑞轿车正式上市，当年便以单一品种销售汽车2.8万辆，销售收入20亿元，2002年销售轿车5万辆，销售收入40亿元。①

奇瑞的名字是在与上汽的合作中确立的。2000年12月24日，上汽与芜湖市建设投资有限公司（简称芜湖投资）和芜湖经济技术开发区建设总公司三方在上海签订了《国有资产划转协议》，约定将芜湖两家单位所持有的安徽汽车零部件有限公司的13.58%和6.42%权益，无偿转让给上汽集团，并将安徽汽车零部件有限公司更名为上汽集团奇瑞汽车有限公司（简称上汽奇瑞）。2001年，上汽奇瑞引进更多投资者，并进行重组，其中上汽集团占股20%，上汽奇瑞进入上汽集团，其整车产品以上汽集团的名义申请国家产品目录，就这样，奇瑞得到了轿车整车生产和销售的资格。②至2003年3月，上汽奇瑞已全部完成一、二期投资建设，占地面积130多万平方米，形成年产40万台发动机和30万辆整车的生产能力。同年4月1日，上汽奇瑞公司三期工程正式破土动工。③也就在当年，上汽集团接受了安徽省提出的收回股权的建议，将其持有的上汽奇瑞20%的股权全部无偿转让给芜湖投资。2004年11月1日，上汽奇瑞正式更名为奇瑞汽车有限公司。④奇瑞作为自主品牌的创立史，至此告一段落。

吉利的兴起则更具传奇性。吉利是由浙江台州的民营企业家李书福创办的。在改革开放之初，李书福靠做冰箱配件起家，积累了资本。⑤1993年，李书福在一次参观的过程中觉得制造摩托车的工艺简单，利润巨大，便进入摩托车制造行业。1996年5月，吉利集团有限公司成立。当时，尽管中国的轿车销量还处在数十万辆的水平，但李书福意识到了这个市场巨大的潜力，下定决心进入轿车行业。最初，李书福靠1亿元自有资金和包括他自己在内的4名技术人员起步，1997年用买来的零部件组装出一辆外

① 中国汽车工业协会、中国汽车工业咨询委员会主编：《中国汽车工业史（1991—2010）》，第127页。

②④ 中国汽车工业协会、中国汽车工业咨询委员会主编：《中国汽车工业史（1991—2010）》，第189页。

③ 中国汽车工业协会、中国汽车工业咨询委员会主编：《中国汽车工业史（1991—2010）》，第183页。

⑤ 郑作时：《汽车"疯子"李书福》，中信出版社2007年版，第12页。

形似奔驰、底盘似红旗的轿车。此后，吉利利用全球富余的汽车制造资源和国有小型汽车企业破产倒闭的机遇来发展自己。受产业政策限制，吉利必须解决生产资质问题。1997 年，吉利分两步收购了四川德阳监狱汽车厂的全部股份，将其重组为四川吉利波音汽车有限公司，后改名为吉利汽车制造有限公司，将工厂从德阳监狱搬迁至浙江临海。此次收购后，吉利拿到了微型客车生产资质。1998 年 8 月，吉利汽车首款产品豪情 6360 下线，它虽然是一款两厢轿车，却不得不打着微型客车的名号上市销售。2001 年，吉利与兵器工业系统的江南汽车实业公司在湖南湘潭合资成立了江南吉利汽车制造公司，其中吉利出资 2 400 万元，持股 49%，由于江南汽车实业公司曾是奥拓的生产厂家之一，拥有轿车生产资质，因此，吉利终于取得了轿车生产的资格。①

1996 年吉利集团总部原址

1997 年，成立不久的吉利集团用买来的零部件组装出一辆外形似奔驰、底盘似红旗的轿车

① 中国汽车工业协会、中国汽车工业咨询委员会主编：《中国汽车工业史（1991—2010）》，第 129 页。

吉利的创立，是企业家精神的产物。李书福曾有句名言："造汽车有什么难的，不就是摩托车再加两个轮子吗?"后来他又说过"汽车不就是四个轮子加两张沙发吗?"而对于创新，李书福说："什么叫创新，就是人家都反对你而你还坚持去做。如果你和大家的观点一致，那还叫创新吗?"[①]正是这种企业家精神所必备的勇气驱使他进入到在政府眼中投入门槛极高的轿车行业。1999年12月，国务院副总理曾培炎到吉利视察，李书福在汇报中谈到了自己生产汽车的梦想，曾培炎没有否定，只是比较婉转地提出了自己的意见："汽车是一个国家综合实力的体现，是高人才、高技术产业的体现，作为民营企业，你想搞汽车，这是不容易的。"而李书福回答说："我觉得汽车不就是四个轮子、几个沙发吗？可以让我们去做一些探索，用民营企业的机制，就像当年造摩托车一样，外界也都说我们不行，但我们造了全中国第一个踏板式摩托车，很成功！现在大家都学着造。我们还搞了很多个第一，建材上的铝板，也是全国第一，装修在家里非常漂亮。我们要是成功了，可以为国家探索一条汽车发展的道路，如果我们失败了，也不要国家的钱，我们都是自己的投资。"曾培炎好言相劝："你也不容易，赚了这点儿钱到最后都打水漂了，也挺可惜的。"李书福脱口而出："这样，你能不能给我一次失败的机会，让我们尝试一下!"曾培炎听到这里不免动容："我不反对你们造汽车。"[②]在这件事情上，李书福的企业家精神展现得淋漓尽致。

从更大的层面看，李书福所体现的企业家精神，实际上是当时中国市场经济发展后必然的产物。中国的轿车消费市场正在形成，受产业政策支持的大型国有汽车企业，依托合资模式，在这个市场上赚取着高额利润，而且由于产业政策对于行业准入的限制而形成了事实上的垄断地位，本身就与市场经济的潮流相违背。而市场经济的本质，是一种包含试错机制的自发演化，所以，李书福的出现及其行为，是中国市场化改革所催生的。而这也表明，在市场经济进一步发展的形势下，本质上沿袭了计划经济思路的1994年汽车工业产业政策及其诱导的中国轿车工业发展模式，一定会受

① 郑作时:《汽车"疯子"李书福》，第71、149页。

② 王千马等:《新制造时代:李书福与吉利、沃尔沃的超级制造》，中信出版集团2017年版，第34—35页。

到新市场主体的挑战与冲击。在模式层面上，这种挑战与冲击的结果，就是以奇瑞和吉利为代表的自主创新模式的出现。

1998 年 8 月，吉利汽车首款产品豪情 6360 下线，
定价 4.79 万元，是当时中国最便宜的电喷技术车型

事实上，吉利的出现也确实加速了中国汽车产业的市场化进程。1998 年 8 月，吉利豪情 6360 汽车下线，定价 4.79 万元，尽管这款车只销售了几百辆，但它作为当时中国最便宜的电喷车，让市场意识到汽车行业存在着巨大的降价空间。2000 年 9 月，吉利豪情标准型轿车价格降为 3.99 万元，这是中国轿车价格首次跌破 4 万元。2001 年 3 月，吉利美日轿车上市，这款采用丰田发动机、与夏利同一级别的轿车，定价 6.58 万元，两个月后降价至 5.99 万元，当年 12 月又降至 5.55 万元，使中国轿车市场的行业价格竞争空前激烈。①事实上，在被一汽重组前，天津夏利严重亏损。②这就是以价格战为表征的市场竞争的结果。而价格战带来的竞争压力以及优胜劣汰，是推动中国轿车工业向前发展的重要机制。

因此，到 21 世纪初，在市场经济中兴起的中国汽车自主品牌，有力地冲击了地位已经得到巩固的轿车工业合资模式。来自企业的实践也促发学术界和理论界的反思。2004 年 2 月，北京大学政府管理学院教授路风与一名刚毕业的研究生封凯栋提交了长达 11 万字的报告《发展我国自主

---

① 中国汽车工业协会、中国汽车工业咨询委员会主编：《中国汽车工业史(1991—2010)》，第 129—130 页。

② 中国汽车工业协会、中国汽车工业咨询委员会主编：《中国汽车工业史(1991—2010)》，第 180 页。

知识产权汽车工业的政策选择》,在内部印发,随后迅速流传,并于3月下旬被财经媒体《商务周刊》长篇摘要刊登,然后又被新浪网刊登,无论在政府内部还是社会舆论上都引起了强烈的反响。路风一针见血地指出了合资模式的弊端在于:"由于中国汽车市场的高利润,合资企业的中方即使是仅仅分了一小杯羹,也还过上了小康。于是,中国的合资企业及其中方母公司即便是不从事自主开发而仅仅靠合资引进产品,仍然有利可图。由于不需要去冒产品开发的风险,不需要为能力发展而长期积累并付出艰辛的努力就能过上'小康',中国汽车工业的大型国有企业失去了自主开发的动力,越来越没有自主开发的信心,越来越懒惰,最终形成难以逆转的路径依赖。"①而合资模式的这种弊端又与产业政策有直接关系:"问题的根源在于以行政手段代替市场竞争。所谓的'产业集中度'本来应该是一个企业层次上竞争的结果,却被用作事先在工业层次上追求的目标。在市场竞争中,企业的规模只能从小到大,却被产业政策当作企业出生的条件……在这种条件下限制国内竞争,其结果就是使中国的汽车工业从来没有经历过真正的市场竞争,而成为垄断者的天堂。"②所以,路风呼吁国家应该支持奇瑞、吉利这样在市场竞争中脱颖而出的汽车企业,以自主开发作为产业政策的核心:"从过去保护那些重点企业转向支持自主开发企业,不仅将会使自主开发企业更快、更茁壮地成长,而且将对沉溺在合资陷阱中的重点企业形成强大的压力,迫使它们在自主开发上做出努力。"③从此后中国汽车工业发展的实际历史来看,路风的结论与预见性都是极为正确的。

综上所述,到了世纪之交,中国的市场经济发展催生出了具有企业家精神的主体进入到受产业政策严格限制的轿车工业里,这些主体成长为中国轿车工业的自主品牌,并因其市场化的自主开发行为而形成了中国汽车工业的自主创新模式。学术界敏锐的学者及时对自主品牌汽车企业作出了反应,并从理论上加以分析和总结,进而在思想舆论上推动了政府和社

① 路风:《走向自主创新:寻求中国力量的源泉》,广西师范大学出版社2006年版,第100页。
② 路风:《走向自主创新:寻求中国力量的源泉》,第142页。
③ 路风:《走向自主创新:寻求中国力量的源泉》,第166页。

会对于自主创新模式的认知。2004 年,中国政府在时隔十年后出台了新的汽车工业产业政策,对于"自主开发"已经有了极为明确的肯定。

二、 新汽车工业产业政策形成

在中国第一部汽车工业产业政策出台十年后,2004 年 6 月 1 日,国家发改委发布了新的汽车工业产业政策《汽车产业发展政策》。新的汽车工业产业政策对旧政策有延续,但也被赋予了新的时代内涵。

一个最大的区别,就在于新政策是在不同的经济体制下制定的:"为适应不断完善社会主义市场经济体制的要求以及加入世贸组织后国内外汽车产业发展的新形势,推进汽车产业结构调整和升级,全面提高汽车产业国际竞争力,满足消费者对汽车产品日益增长的需求,促进汽车产业健康发展,特制定汽车产业发展政策。通过本政策的实施,使我国汽车产业在 2010 年前发展成为国民经济的支柱产业,为实现全面建设小康社会的目标做出更大的贡献。"①与之前的产业政策一样,汽车工业依旧被定位为国民经济的支柱产业。不过,在用词上有一个细微的差别是,之前的产业政策使用的词语是"汽车工业",而 2004 年产业政策的用词是"汽车产业",一字之差,后者涵盖的内容比前者就要宽广很多。

第一章"政策目标"的第一条是:"坚持发挥市场配置资源的基础性作用与政府宏观调控相结合的原则,创造公平竞争和统一的市场环境,健全汽车产业的法制化管理体系。政府职能部门依据行政法规和技术规范的强制性要求,对汽车、农用运输车(低速载货车及三轮汽车,下同)、摩托车和零部件生产企业及其产品实施管理、规范各类经济主体在汽车产业领域的市场行为。"这种对市场的强调是此前所没有的新气象。第二条:"促进汽车产业与关联产业、城市交通基础设施和环境保护协调发展。创造良好的汽车使用环境,培育健康的汽车消费市场,保护消费者权益,推动汽车私人消费。在 2010 年前使我国成为世界主要汽车制造国,汽车产品满足国

① 中国汽车技术研究中心、中国汽车工业协会:《中国汽车工业年鉴 2005》,《中国汽车工业年鉴》编辑部 2005 年,第 14 页。

内市场大部分需求并批量进入国际市场。”这一条的革新性在于，一方面从需求侧也就是市场的角度在考虑产业政策，没有只是站在生产者的立场，另一方面则明确提出了“推动汽车私人消费”这一真正能推动汽车工业发展的机制。第三条：“激励汽车生产企业提高研发能力和技术创新能力，积极开发具有自主知识产权的产品，实施品牌经营战略。2010 年汽车生产企业要形成若干驰名的汽车、摩托车和零部件产品品牌。”这一条实质上就是在鼓励自主创新。第四条则体现了更多的继承性，也就是对于产业集中度和规模经济的持续追求：“推动汽车产业结构调整和重组，扩大企业规模效益，提高产业集中度，避免散、乱、低水平重复建设。通过市场竞争形成几家具有国际竞争力的大型汽车企业集团，力争到 2010 年跨入世界 500 强企业之列。鼓励汽车生产企业按照市场规律组成企业联盟，实现优势互补和资源共享，扩大经营规模。培育一批具有比较优势的零部件企业实现规模生产并进入国际汽车零部件采购体系，积极参与国际竞争。”①总之，新产业政策的政策目标部分有继承性，但也有很强的新意。

第二章“发展规划”第五条：“国家依据汽车产业发展政策指导行业发展规划的编制。发展规划包括行业中长期发展规划和大型汽车企业集团发展规划。行业中长期发展规划由国家发展改革委会同有关部门在广泛征求意见的基础上制定，报国务院批准施行。大型汽车企业集团应根据行业中长期发展规划编制本集团发展规划。”第六条：“凡具有统一规划、自主开发产品、独立的产品商标和品牌、销售服务体系管理一体化等特征的汽车企业集团，且其核心企业及所属全资子企业、控股企业和中外合资企业所生产的汽车产品国内市场占有率在 15%以上的，或汽车整车年销售收入达到全行业整车销售收入 15%以上的，可作为大型汽车企业集团单独编报集团发展规划，经国家发展改革委组织论证核准后实施。”②这两条虽然谈的是整体的产业发展规划，但对于大企业的偏重是十分明显的。

第三章“技术政策”在新产业政策中具有重要地位。第七条：“坚持引进技术和自主开发相结合的原则。跟踪研究国际前沿技术，积极开展国际

①② 中国汽车技术研究中心、中国汽车工业协会：《中国汽车工业年鉴 2005》，第 14 页。

合作，发展具有自主知识产权的先进适用技术。引进技术的产品要具有国际竞争力，并适应国际汽车技术规范的强制性要求发展的需要；自主开发的产品力争与国际技术水平接轨，参与国际竞争。国家在税收政策上对符合技术政策的研发活动给予支持。”此处对于自主开发是颇为强调的。第八条到第十条都涉及动力问题，明确提出了支持发展新能源汽车。第八条：“国家引导和鼓励发展节能环保型小排量汽车。汽车产业要结合国家能源结构调整战略和排放标准的要求，经济开展电动汽车、车用动力电池等新型动力的研究和产业化，重点发展混合动力汽车技术和轿车柴油发动机技术。国家在科技研究、技术改造、新技术产业化、政策环境等方面采取措施，促进混合动力汽车的生产和使用。”第九条：“国家支持研究开发醇燃料、天然气、混合燃料、氢燃料等新型车用燃料，鼓励汽车生产企业开发生产新型燃料汽车。”[①]第十一条涉及新材料：“积极开展轻型材料、可回收材料、环保材料等车用新材料的研究。国家适时制定最低再生材料利用率要求。”第十二条指向汽车电子产品：“国家支持汽车电子产品的研发和生产，积极发展汽车电子产业，加速在汽车产品、销售物流和生产企业中运用电子信息技术，推动汽车产业发展。”[②]

第四章“结构调整”涉及的是中国政府关心的老问题。第十三条很清楚：“国家鼓励汽车企业集团化发展，形成新的格局。在市场竞争和宏观调控相结合的基础上，通过企业间的战略重组，实现汽车产业结构优化和升级。战略重组的目标是支持汽车生产企业以资产重组方式发展大型汽车企业集团，鼓励以优势互补、资源共享合作方式结成企业联盟，形成大型汽车企业集团、企业联盟、专用汽车生产企业协调发展的产业格局。”这与过去的支持汽车工业提升规模的政策思路是一致的，不同的是，新政策更为强调市场竞争这一因素。第十四条：“汽车整车生产企业要在结构调整中提高专业化生产水平，将内部配套的零部件生产单位逐步调整为面向社会的、独立的专业化零部件生产企业”，强调的是大企业内部的组织问题。第

① 中国汽车技术研究中心、中国汽车工业协会：《中国汽车工业年鉴 2005》，第 14 页。
② 中国汽车技术研究中心、中国汽车工业协会：《中国汽车工业年鉴 2005》，第 15 页。

十五条解释了企业联盟这一新概念:“企业联盟要在产品研究开发、生产配套协作和销售服务等领域广泛开展合作,体现调整产品结构,优化资源配置,降低经营成本,实现规模效益和集约化发展。参与某一企业联盟的企业不应再与其他企业结成联盟,以巩固企业联盟的稳定和市场地位。国家鼓励企业联盟尽快形成以资产为纽带的经济实体。企业联盟的合作发展方案中涉及新建汽车生产企业和跨类别生产汽车的项目,按本政策有关规定执行。”第十六条则在全球化这个新概念下提到了对外关系问题:“国家鼓励汽车、摩托车生产企业开展国际合作,发挥比较优势,参与国际产业分工;支持大型汽车企业集团与国外汽车集团联合兼并重组国内外汽车生产企业、扩大市场经营范围,适应汽车生产全球化趋势。”第十七条提到了退出机制:“建立汽车整车和摩托车生产企业退出机制,对不能维持正常生产经营的汽车生产企业(含现有改装车生产企业)实行特别公示。该类企业不得向非汽车、摩托车生产企业及个人转让汽车、摩托车生产资格。国家鼓励该类企业转产专用汽车、汽车零部件或与其他汽车整车生产企业进行资产重组。汽车生产企业不得买卖生产资格,破产汽车生产企业同时取消公告名录。”①毫无疑问,这一条针对的就是如吉利那样突破了旧政策而兴起的汽车企业,其思路仍然延续了计划经济体制下的限制政策。

第五章“准入管理”是对汽车使用制定的政策,如第十八条规定:“制定《道路机动车辆管理条例》。政府职能部门依据《条例》对道路机动车辆的设计、制造、认证、注册、检验、缺陷管理、维修保养、报废回收等环节进行管理。管理要做到责权分明、程序公开、操作方便、易于社会监督。”②这一章的内容基本与汽车工业自身的发展无关,也体现出了新政策用“汽车产业”取代“汽车工业”一词的意义。

第六章“商标品牌”也是随着新形势而出现的新内容。第二十四条:“汽车、摩托车、发动机和零部件生产企业均要增强企业和产品品牌意识,积极开发具有自主知识产权的产品,重视知识产权保护,在生产经营活动中努力提高企业品牌知名度,维护企业品牌形象。”第二十五条:“汽车、摩

①② 中国汽车技术研究中心、中国汽车工业协会:《中国汽车工业年鉴 2005》,第 15 页。

托车、发动机和零部件生产企业均应依据《商标法》注册本企业自有的商品商标和服务商标。国家鼓励企业制定品牌发展和保护规划、努力实施品牌经营战略。”第二十六条：“2005年起，所有国产汽车和总成部件要标示生产企业的注册商品商标，在国内市场销售的整车产品要在车身外部显著位置标明生产企业商品商标和本企业名称或商品产地，如商品商标中已含有生产企业地理标志的，可不再标明商品产地。所有品牌经销商要在其销售服务场所醒目位置标示生产企业服务商标。”①这里值得注意的是对自主知识产权的强调。

第七章“产品开发”对于自主开发的支持就非常明确了。第二十七条称：“国家支持汽车、摩托车和零部件生产企业建立产品研发机构，形成产品创新能力和自主开发能力。自主开发可采取自行开发、联合开发、委托开发等多种形式。企业自主开发产品的科研设施建设投资凡符合国家促进企业技术进步有关税收规定的，可在所得税前列支。国家将尽快出台鼓励企业自主开发的政策。”第二十八条对企业提出要求：“汽车生产企业要努力掌握汽车车身开发技术，注重产品工艺技术的开发，并尽快形成底盘和发动机开发能力。国家在产业化改造上支持大型汽车企业集团、企业联盟或汽车零部件生产企业开发具有当代先进水平和自主知识产权的整车或部件总成。”第二十九条则提到具体的科技政策形式：“汽车、摩托车和零部件生产企业要积极参加国家组织的重大科技攻关项目，加强与科研机构、高等院校之间的合作研究，注重科研成果的应用和转化。”②

第八章“零部件及相关产业”意在扶持汽车工业发展的基础。对零部件企业来说，自主开发也是一个要求，第三十条称：“汽车零部件企业要适应国际产业发展趋势，积极参与主机厂的产品开发工作。在关键汽车零部件领域要逐步形成系统开发能力，在一般汽车零部件领域要形成先进的产品开发和制造能力，满足国内外市场的需要，努力进入国际汽车零部件采购体系。”第三十二条则称：“根据汽车行业发展规划要求，冶金、石化化工、机械、电子、轻工、纺织、建材等汽车工业相关领域的生产企业应注重在金属材料、机械设

---

①② 中国汽车技术研究中心、中国汽车工业协会：《中国汽车工业年鉴2005》，第16页。

备、工装模具、汽车电子、橡胶、工程塑料、纺织品、玻璃、车用油品等方面，提高产品水平和市场竞争能力，与汽车工业同步发展。重点支持钢铁生产企业实现轿车用板材的供应能力；支持设立专业化的模具设计制造中心，提高汽车模具设计制造能力；支持石化企业技术进步和产品升级，使成品油、润滑油等油品质量达到国际先进水平，满足汽车产业发展的需要。”①

第九章“营销网络”涉及对汽车销售和市场的管理，而且充分考虑消费者的权益。如第三十七条规定：“汽车、摩托车生产企业要加强营销网络的销售管理，规范维修服务；有责任向社会公告停产车型，并采取积极措施保证在合理期限内提供可靠的配件供应用于售后服务和维修；要定期向社会公布其授权和取消授权的品牌销售或维修企业名单；对未经品牌授权和不具备经营条件的经销商，不得提供产品。”②

第十章“投资管理”内容繁复，总的原则如第四十条所述：“按照有利于企业自主发展和政府实施宏观调控的原则，改革政府对汽车生产企业投资项目的审批管理制度，实行备案和核准两种方式。”而对于企业进入汽车工业的政策性门槛，第四十五条规定：“新建汽车生产企业的投资项目，项目投资总额不得低于20亿元人民币，其中自有资金不得低于8亿元人民币，要建立产品研究开发机构，且投资不得低于5亿元人民币。新建乘用车、重型载货车生产企业投资项目应包括为整车配套的发动机生产。”③

第十一章“进口管理”依然持进口替代与保护本国汽车工业的基本原则。第五十二条规定：“国家支持汽车生产企业努力提高汽车产品本地化生产能力，带动汽车零部件企业技术进步，发展汽车制造业。”不过，考虑到此时中国已经加入WTO，并没有太直接的保护政策作为条款出现。但是，第五十四条要求：“严格按照进口整车和零部件税率征收关税，防止关税流失。国家有关职能部门要在申领配额、进口报关、产品准入等环节进行核查。”第五十九条规定：“国家禁止以贸易方式和接受捐赠方式进口旧汽车和旧摩托车及其零部件，以及以废钢铁、废金属的名义进口旧汽车总成和

---

① 中国汽车技术研究中心、中国汽车工业协会：《中国汽车工业年鉴2005》，第16页。
② 中国汽车技术研究中心、中国汽车工业协会：《中国汽车工业年鉴2005》，第16—17页。
③ 中国汽车技术研究中心、中国汽车工业协会：《中国汽车工业年鉴2005》，第17页。

零件进行拆解和翻新。对维修境外并复出境的上述产品可在出口加工区内进行,但不得进行旧汽车、旧摩托车的拆解和翻新业务。”①这两条措施客观上对于本土汽车工业还是能起到一定的保护作用的。

第十二章“汽车消费”的第六十一条阐明了国家总的原则是“培育以私人消费为主体的汽车市场”,这对于轿车工业的发展是有着直接关系的。第六十二条也和汽车工业尤其是生产厂商有密切关系:“建立全国统一、开放的汽车市场和管理制度,各地政府要鼓励不同地区生产的汽车在本地区市场实现公平竞争,不得对非本地生产的汽车产品实施歧视性政策或可能导致歧视性结果的措施。凡在汽车购置、使用和产权处置方面不符合国家法规和本政策要求的各种限制和附加条件,应一律予以修订或取消。”②这条规定的落实无疑有利于汽车企业的公平竞争和市场扩大。至于该章其他条款,主要涉及消费者和交通等,与汽车工业自身发展的关系不大。但这再一次说明新的产业政策使用“汽车产业”而非“汽车工业”是别有深意的。第十三章“其他”主要是些例行公文式规定,如“本政策自发布之日起实施,由国家发展改革委负责解释”等。

比较起来,2004年的汽车工业产业政策比1994年有明显的进步,在强调市场和“自主开发”这两点上,更为明确,体现了经济体制改革的深化。不过,历史的惯性或延续性也是存在的。路风在他的报告中曾这样建议中国政府:“支持汽车工业的自主开发并不需要由政府大量直接投入(甚至这种投入不一定是好事),但需要从政府开始改变精神状态,树立起坚定的意志,并在政策上给予支持。国家要强调自主产品开发的重要性,提倡一种创新的精神风气。这种号召哪怕只是停留在口头上也会对企业的行为产生影响,因为它会产生道德约束,会产生激励效应。”③在一定程度上,2004年的汽车工业产业政策起到了这样的效果,自该政策出台后,自主创新模式确实获得了更大的发展,甚至合资模式也出现了“合资自主”这一变种,作为对自主创新压力的回应。

---

①② 中国汽车技术研究中心、中国汽车工业协会:《中国汽车工业年鉴2005》,第18页。

③ 路风:《走向自主创新:寻求中国力量的源泉》,第166页。

三、合资模式缝隙里的自主品牌

尽管中国的自主品牌车企更具企业家精神与市场开拓性，但是在高投入的汽车工业尤其是轿车行业里，与由跨国资本参与的合资模式车企相比，其起步未久，实力仍然较弱。可以说，自主品牌是在合资模式的缝隙里求生存。2005 年，奇瑞的尹同耀在接受采访时曾说："我们在政策上处于劣势。在汽车行业我们处在极不公平的地位。合资企业所得税是两免三减半。我们又不在沿海开放地区，也不是东北的老工业基地，没有什么政策优惠。好在我们吃苦耐劳在全国是第一位的。"①尹同耀说的虽然只是奇瑞的具体的劣势，但在缺乏政策优惠等方面，所有的自主品牌在当时是一致的。这是自主品牌生存的实态。

不过，就在奇瑞、吉利等新企业开始兴起的同一时间里，被合资模式主导的老牌国企也开始尝试建设自主品牌。以上汽来说，2000 年试制了 SH0001 七人座小客车，2002 年试制了 SH0201-SUV，同年还小批量生产了赛宝多用途车，积累了有益经验。②而据曾任上海汽车集团股份有限公司总裁的陈虹回忆，上汽重新开始建设自主品牌的动机是因为感受到了外资的威胁："2002 年，中国'入世'后不久，上汽部分零部件企业外方就提出要求占大股。外方之所以这样做，就是因

2007 年，上汽自主品牌荣威 750 车型宣告上市

① 贾可:《中国汽车调查》，上海交通大学出版社 2005 年版，第 259 页。
② 中国汽车工业协会、中国汽车工业咨询委员会主编:《中国汽车工业史(1991—2010)》，第 181 页。

为技术掌握在他们手里，而我们没有形成自主开发能力。面对这样的不利情况，当时我们就在讨论，如果合资整车厂也提出这样的要求，我们怎么办？也就在这个时候，我们更加坚定了要上自主品牌整车的决心。”①当年，上汽首次提出到2007年要完成“年产汽车100万辆、跻身世界500强、生产自主品牌汽车5万辆”的三大战略目标，同时提出发展自主品牌的“三不一用”原则，即“不完全依赖外方、不排斥外方参与、不违反知识产权，充分利用国际技术资源”。2002年，上汽组建汽车工程院，搭建自主开发技术平台。2003年，明确上海汽车为自主开发的责任主体，通过收购上汽集团仪征汽车公司99%股权，盘活整车制造存量资源。此后，上汽收购了韩国双龙汽车的股权，并收购了英国罗孚汽车的部分知识产权。2005年6月，经上汽股份董事会批准，由上汽股份和上海汽车合资组建的、专门负责自主品牌建设的自主品牌经营公司开始筹建。上汽在罗孚基础上自主开发的荣威轿车于2007年上市。②

2002年，被称为上汽仪征宠儿的赛宝多用途车型

很早就选择了合资模式的广汽同样开始尝试建设自主品牌。2005年11月底，广汽工业集团、广汽集团股份公司召开了高规格的闭门会议“广汽工业集团自主研发与自主品牌战略研讨会”，会上的分歧集中在能不能建设自主品牌与什么时候建设自主品牌这两个问题上。时任广汽集团副总黄向东回忆：“因为主要领导把这个主题都点出来，大家不会直接说NO，就是会觉得还不到时候，‘到了这个能力没有呀’，‘没有这种迫切感

① 陈虹：《上汽自主品牌的新起步》，政协上海市委员会文史资料委员会等编：《上海汽车工业五十年 1955—2005》下卷，第109页。
② 中国汽车工业协会、中国汽车工业咨询委员会主编：《中国汽车工业史（1991—2010）》，第252页。

吧'，'还没到时机吧'，基本都是一些这样的方式来表达问题。可以慢慢做，晚点来，基本是这个思想，没有把它提高到迫切的战略高度。"由于当时广汽丰田起步不久，广州市也有主要领导担心建设自主品牌会影响合资企业的发展，明确表示不赞成广汽建设自主品牌。然而，广汽集团董事长张房有面对社会上指责广汽"不就是靠着几个日资企业过日子"，有他自己的看法："这些误解我们可以不去理会它，但它反映了在社会上、在行业中确实存在这样一种看法。有这种看法并不奇怪。我们可以设想一下，如果本田退出了，丰田退出了，别的合资企业的外方也退出了，我们的企业还能活下去吗？还能发展吗？从这个意义上说，他们有这种看法也是有一定道理的。"①可以说，这种担忧外资抛弃合资模式的危机意识是促使广汽领导考虑建设自主品牌的最大动机。而对于建设自主品牌的条件，张房有认为，"如果我们有资金实力，就可以花钱去买人家的技术资源、可以委托设计，并且参与其中，这个过程就是一个学习和自我掌握的过程"②。但是，直到 2007 年 4 月，广汽自主品牌乘用车项目才全面启动，到 2008 年 6 月，广汽集团自主品牌乘

2010 年，广汽传祺第一款轿车正式下线，
该车即是现在的传祺 GA5

① 姚斌华：《逐梦传奇　广汽二十年》，第 127—128 页。
② 姚斌华：《逐梦传奇　广汽二十年》，第 129 页。

用车项目获得国家发改委核准，并于7月正式注册成立广州汽车集团乘用车有限公司，2010年，广汽自主品牌乘用车“传祺”轿车下线。①

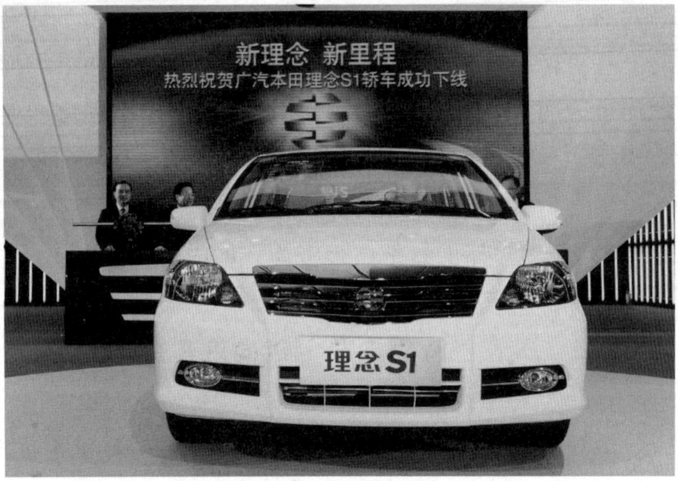

“合资企业自主品牌”理念 EVERUS 第一款车型 S1 下线

从公开信息看，上汽与广汽在被合资模式主导了轿车生产后，选择另外发展自主品牌，其原因都出于中方领导层对于合资模式不确定性的担忧。由于掌握技术的外方在合资模式中具有事实上的主导权，可以选择退出而不受损失，难以规避外方退出风险的中方的担忧不无道理。故建设自主品牌可以视为合资企业里中方领导层的一种风险对冲战略。不过，似乎也应该考虑到，2004年新的汽车工业产业政策对于“自主开发”的强调，会给具有政治级别和仕途前景的国有大型车企领导以一定的诱导性。但不管基于何种理由，选择了依靠合资模式发展轿车生产的中国大型国有车企，到了21世纪后，也开始建设自主品牌。这可以说是自主创新模式的一种扩展。

不过，自主创新模式更大的发展体现在它对合资模式构成了某种压力，催生了所谓“合资自主”这一概念。2007年，广汽本田率先提出开发“合资企业自主品牌”的主张，当年7月19日，广汽本田汽车研究开发有限公司成立，2008年4月20日，广汽本田于北京车展发布自主品牌中文名称“理念”及品牌的英文名称“EVERUS”。2011年4月，理念品牌系列车型下线。广汽本田掀起了“合资自主”的风潮，上汽通用五菱于2010年7

① 中国汽车工业协会、中国汽车工业咨询委员会主编：《中国汽车工业史(1991—2010)》，第258—259页。

月发布了“宝骏”，东风日产则于9月发布了“启辰”。[①]实际上，“合资自主”看上去更像是合资企业中的外方与自主品牌争夺市场的一种策略，但这从侧面也说明，无论是自主品牌车企的发展，还是国家产业政策的转向，都对合资模式构成了压力，使其不得不想办法应对。然而，总的来说，在中国轿车市场上，合资车企的外资品牌还是占据着主流地位，自主创新模式不管在哪个层次上，都仍然是在合资模式的缝隙中生长。

第二节 迈向汽车生产大国

尽管在合资模式下，中国的汽车工业尤其是轿车行业存在着技术研发能力弱以及自主品牌缺乏强有力的市场份额等种种问题，但中国还是在进入21世纪以后迈向了汽车生产大国，中国的汽车工业实现了“由小变大”。

一、中国汽车工业规模的壮大

中国汽车工业的成长，体现为其规模的壮大，而产量是最直观的指标。受2008年国际金融危机的影响，全球汽车业呈低迷状态，过去几十年一直作为全球最大的汽车生产国和最大的新车市场的美国受打击尤其大，但中国却实现了井喷式增长，2009年全年分别产销汽车1 379.1万辆和1 364.5万辆，同比分别增长48.3%和46.9%，产销量首次超过美国，成为全球第一。[②]然而，这一地位的取得，来自长期发展的积累。从2004年到2009年，中国的汽车产量以及其中的轿车产量如图5-1所示。

我们可以看到，从2004年到2009年，中国轿车产量增长的趋势与汽车总产量增长的趋势非常一致。这可以从侧面证明轿车逐渐成为中国汽车工业的主导产品。而放在更长期的视角来看，从1995年到2009年，货车、客车与轿车在中国汽车产量中的结构变化百分比如图5-2所示。

---

① 中国汽车工业协会、中国汽车工业咨询委员会主编：《中国汽车工业史(1991—2010)》，第269页。

② 《中国汽车工业年鉴》期刊社：《中国汽车工业年鉴2010》，《中国汽车工业年鉴》期刊社2010年，第12页。

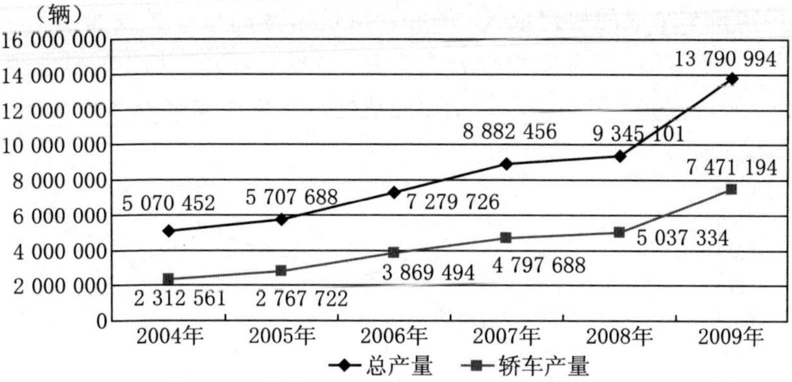

图 5-1　中国历年汽车产量(2004—2009 年)

资料来源:《中国汽车工业年鉴》期刊社:《中国汽车工业年鉴 2010》,第 514 页。

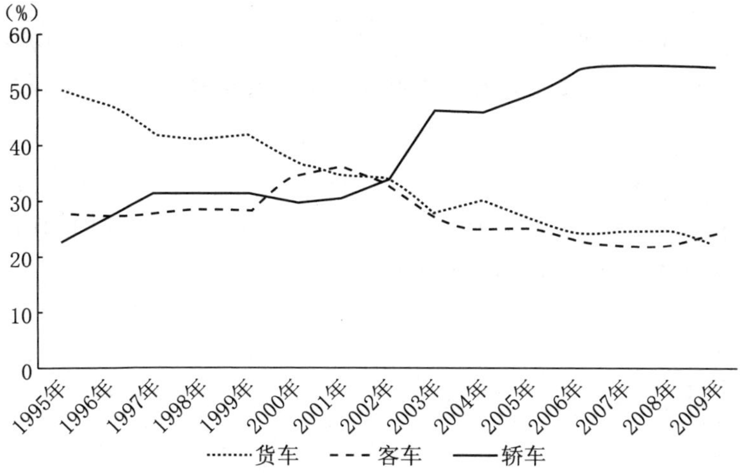

图 5-2　中国汽车产品结构变化(1995—2009 年)

资料来源:《中国汽车工业年鉴》期刊社:《中国汽车工业年鉴 2010》,第 514 页。

从图 5-2 可以很清楚地看到,进入 21 世纪后,轿车终于成为中国汽车工业的主导产品,其所占总产量的比重不断上升,与货车和客车拉开了越来越大的距离。这说明,主要供私人消费的大宗耐用消费品的轿车,取代了作为生产资料的货车,和作为公共交通工具的客车,成为中国汽车工业产品的主体。而这也表明,一方面,中国的汽车工业终于实现了以轿车行业为核心与主体的现代化;另一方面,中国社会经济步入了大众高消费时代。

中国轿车工业的快速成长，既可以从供给侧的投资扩大来解释，又可以从需求侧的国民消费能力提升来解释，实际上，两者共同在起作用。图5-3为2001—2009年中国汽车工业完成的汽车生产固定资产投资额。

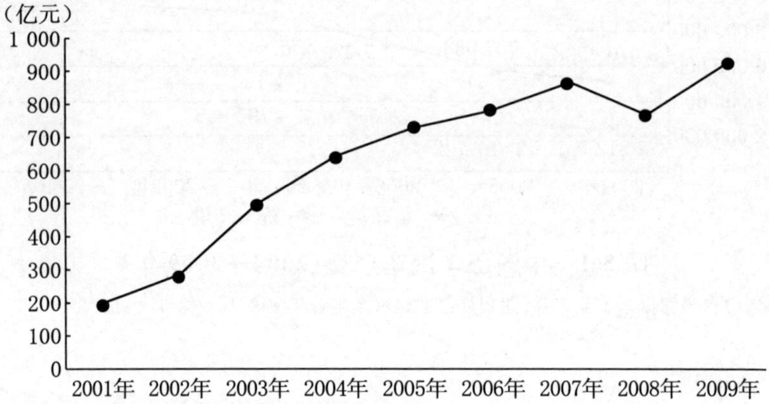

图5-3　中国汽车工业汽车生产固定资产投资额(2001—2009年)

资料来源：《中国汽车工业年鉴》期刊社：《中国汽车工业年鉴2010》，第530页。

汽车工业是高投入的产业，21世纪以后中国汽车工业不断提升的固定资产投资额，与不断扩大的产能自然是呈正相关性的。而同期中国的居民消费水平变动情况，如图5-4所示。

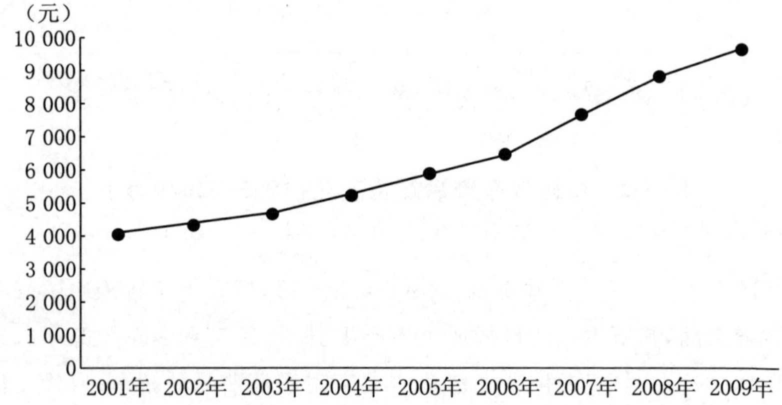

图5-4　中国居民消费水平(2001—2009年)

说明：(1)本图按当年价格计算。(2)居民消费水平指按常住人口计算的人均居民消费支出。
资料来源：中华人民共和国国家统计局编：《中国统计摘要：2016》，中国统计出版社2016年，第39页。

可以说,投资与消费水平的双增长是中国汽车工业高速成长的引擎。而到了2009年,中国的汽车工业已形成了一定的地域集中度,其产量分地区构成如表5-1所示。

表5-1　中国汽车产量分地区构成(2009年)　　单位:万辆

地　区	产　量	地　区	产　量	地　区	产　量	地　区	产　量
总　计	1 379.5	吉　林	110.6	江　西	28.5	海　南	9.2
北　京	127.1	黑龙江	28.4	山　东	55.8	重　庆	118.7
天　津	60.2	上　海	125.0	河　南	12.5	四　川	7.6
河　北	51.4	江　苏	50.6	湖　北	108.0	贵　州	0.2
山　西	0.2	浙　江	28.2	湖　南	12.0	云　南	7.3
内蒙古	3.3	安　徽	86.3	广　东	113.1	陕　西	50.7
辽　宁	50.9	福　建	13.5	广　西	118.5	甘　肃	1.9

说明:部分显示为0的地区未计入,实际上也有少量汽车产量。
资料来源:《中国汽车工业年鉴》期刊社:《中国汽车工业年鉴2010》,第514页。

我们可以看到,产量过百万辆的地区为北京、吉林、上海、湖北、广东、广西、重庆,其中,除了广西的汽车工业不以轿车生产为主外,其余各地都明显可以辨识出重要的企业集团的总部所在地,分别为北汽、一汽、上汽、东风、广汽和长安。因此,可以说,中国汽车工业已经形成了颇具规模的大型汽车企业集团。当然,以上所提到的这6家企业集团,都有强势的合资企业,而这又反映了合资模式在中国汽车工业中的主导地位到2009年亦未改变。

二、汽车出口:对竞争力的实际检验

2007年,一位澳大利亚作者在其著作中宣称,未来的5年到10年间,中国的汽车出口将淹没全世界,以其低成本优势摧毁西方的汽车制造业。[①]然而,这一预言落空了。在该书出版后不到5年的时间,中国的确成为全球第一大汽车生产国,但是,直到10年后的今天,中国的汽车出口仍

① Kevin Baker: *Economic Tsunami: China's Car Industry Will Sweep Away Western Car Makers*, NSW: Rosenberg, 2007, p.35.

然非常有限。如果以日本、韩国汽车工业崛起的历史路径看，中国汽车工业的低出口度似乎偏离了理论预期，而其原因，或可通过长期视野下的历史分析来探究。[1]而汽车出口也成为对中国汽车工业真正实力的一种检验。作为一个纯粹实证分析的部分，本节内容与前文相比将更为理论化，在叙述上或有与前文稍嫌重复之处，而为了进行一个长期性的分析，在时段上则不限于2008年之下限。

严格来说，中国汽车工业的大规模出口是21世纪初的新现象。2003年，中国汽车出口45 777辆，2004年，中国汽车出口136 258辆，开始迈上十万级台阶。到2007年，中国汽车出口达到614 412辆，是2006年出口343 379辆的1.8倍，这使当时的中国汽车工业界对于继续扩大出口充满信心。然而，全球金融危机于2008年下半年开始对中国汽车出口产生影响，2009年中国的汽车出口量骤降至远低于2007年的水平，直到2011年才重新恢复快速增长的态势。而这一恢复是惊人的，2012年，中国汽车出口历史性地突破百万辆大关，达到105万辆。但是，2013年中国整车出口又跌破百万级大关，仅达97.73万辆，比2012年下降7.5%。[2]2012—2016年，中国汽车的整车出口量如图5-5所示。

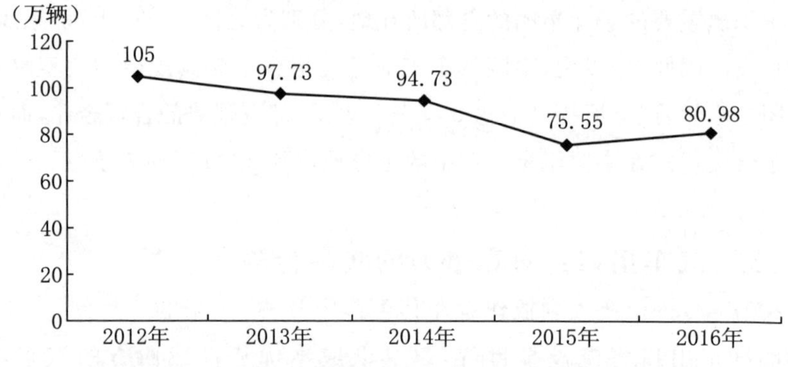

图5-5　中国汽车整车出口量(2012—2016年)

① 目前的研究文献多为中短期研究，代表性论著包括：汪莹：《我国汽车出口问题研究》，《上海汽车》2007年第1期；沈庆：《关于我国汽车出口问题的若干思考》，《汽车工业研究》2010年第8期；金昂卉：《我国汽车出口重点市场研究》，《汽车纵横》2016年第10期。

② 本节数据如不另作说明，皆来自中国汽车工业协会（中汽协）公布之数据。

如果说2012年，中国汽车工业的整车出口量达到了历史性的巅峰，在当时令不少人认为历史的转折点已到，那么，接下来几年出口量的持续下滑，表明中国汽车工业的出口仍未踏上康庄大道。可以说，到目前为止，中国的汽车出口对于一个汽车生产大国来说，仍是低水平的。

因此，从历史角度看，中国汽车出口的历程并不长，还处在成长期内。2003—2007年构成了中国汽车工业出口成长期的第一阶段。在该阶段内，全球经济运转相对平稳，这使中国的汽车出口面对的是相对友善的宏观环境。而2008年之后，缘起于美国的金融危机对全球经济造成了重大打击，这成为拖累中国汽车出口的一个重要因素。似乎可以认为，2012年中国汽车出口破百万辆大关，只是一个历史的小插曲，从2008年至今，中国汽车工业出口仍处在成长期的第二阶段，这一阶段何时结束，尚难逆料。

在正常情况下，也就是不考虑产业政策干预自由市场的情况下，国际贸易是建立在资源要素禀赋的比较优势基础上的。由于各国经济发展不平衡，其所处的发展阶段也不一样，故其市场对于产品的需求也存在着差异。一般来说，发达国家的消费者购买力水平高，对汽车等耐用消费品的质量更为挑剔，这就对汽车生产商的技术提出了较高的要求；而发展中国家的消费者购买力水准普遍偏低，价格因素就成为重要的权衡标准，生产厂商在不具备较高技术而能提供廉价商品的情况下，也能获利。实际上，这种比较优势机制使得国际市场自动地划分了层级。中国汽车工业缺乏核心技术已经是一个共识性问题，但相对来说，中国汽车工业存在着劳动力成本低廉的比较优势。这就使得中国汽车工业的产品，在技术层面难以与美、日、欧等发达国家的汽车工业匹敌，无法提供高端产品，但在廉价的低端市场上尚能展开竞争。而中国汽车工业产品的特性恰好能适应发展中国家市场的一般性需求。例如，2007年，在中国汽车出口的第一大市场俄罗斯，以轿车来说，中国汽车能打入的主要也是小型和中型车市场，且排名靠后。

据表5-2可知，2007年，中国汽车在俄罗斯轿车市场上表现最好的领域是最低端的A级车市场，但排名比较靠后，销量也不能与大宇、起亚相比。在最具普遍性的B级车市场上，中国品牌未进入前十。在C级车市场上，奇瑞杀入重围，但仅能垫底。而在较高端的D级车市场上，则不见中国品牌的踪影。这一市场销量情况很明显地反映了中国汽车的竞争力存在于中低端产品市场。

表 5-2 2007 年俄罗斯轿车市场各级别畅销车型销量情况①

单位：辆

A级轿车市场		C级轿车市场		D级轿车市场	
品　牌	销　量	品　牌	销　量	品　牌	销　量
大　宇	42 258	福　特	90 396	丰　田	20 843
起　亚	7 425	三　菱	52 101	马自达	15 298
雪佛兰	5 283	大　宇	49 044	本　田	11 274
奥　卡	4 850	雪佛兰	40 627	大　众	11 113
标　致	1 382	丰　田	38 942	现　代	11 043
奇　瑞	1 297	起　亚	32 880	福　特	8 188
哈　飞	1 224	马自达	29 547	日　产	6 992
菲亚特	886	欧　宝	29 082	欧　宝	5 418
比亚迪	702	日　产	28 192	奥　迪	4 025
		奇　瑞	17 719	沃尔沃	3 710

与此同时，2007 年中国汽车整车产品出口金额排名前 10 位的国家是：

表 5-3 2007 年中国汽车整车产品出口金额前 10 名国家

国　家	出口量(辆)	出口金额(亿美元)
俄罗斯	107 791	14.78
伊　朗	30 675	5.40
哈萨克斯坦	16 867	4.73
越　南	35 846	3.72
阿尔及利亚	34 223	3.65
乌克兰	47 091	3.35

① 根据中国汽车工业协会：《中国汽车出口俄罗斯方略研究》整理。

续表

国　家	出口量(辆)	出口金额(亿美元)
南　非	39 752	3.24
叙利亚	52 629	2.27
英　国	19 702	2.22
沙特阿拉伯	7 327	2.15

由表5-3可见，2007年中国汽车出口的主要市场，除英国外，全部为发展中国家或所谓新兴市场。如果把2007年视为一个未受全球金融危机影响的相对正常的年份，则综合表5-2与表5-3不难发现，中国汽车出口的常态比较优势集中于发展中国家的中低端市场。然而，这一比较优势，从国际竞争的角度看，毋宁说是一种劣势。2013年1—11月，以出口量计，中国整车出口排名前十的目的地分别为：阿尔及利亚、俄罗斯、智利、伊朗、秘鲁、哥伦比亚、埃及、伊拉克、乌拉圭和乌克兰。中国对上述十国共出口50.64万辆汽车，占汽车出口总量的58.1%，其中，俄罗斯、阿尔及利亚、伊朗、乌克兰等国在2007年已是中国汽车出口的主要目的地国。2016年，中国汽车出口目的地国按出口量份额比例排名如图5-6所示①。

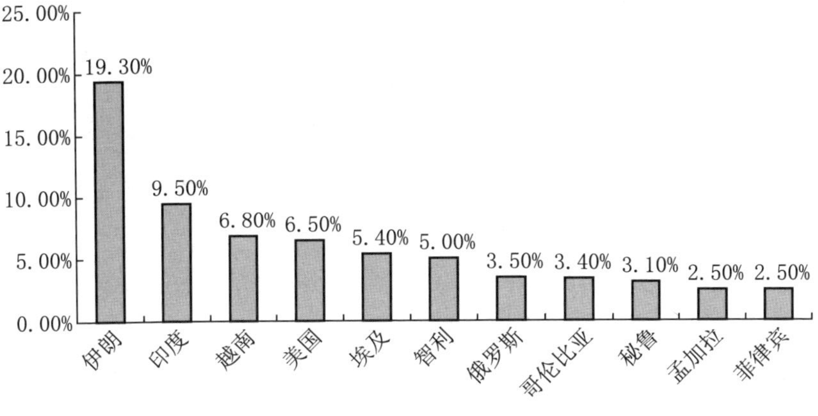

图5-6　2016年中国汽车整车出口量前10名目的地国份额比

① 崔东树：《2016年中国汽车整车出口分析》，http://www.sohu.com/a/126678342_115312。

图 5-6 显示，除美国外，中国的汽车出口目的地全部为发展中国家或新兴市场，这一格局与 2007 年完全一致。而在 2016 年排名前 10 的国家中，与 2007 年重合者有 3 个，与 2013 年重合者有 6 个，可以认为，尽管中国汽车出口市场结构的整体性质十年间没有改变，但具体国别的变动在前后两个阶段有较大变化。然而，中国汽车出口的市场比较优势并未改变，则一目了然。

从中国汽车工业整车出口的车型类别来看，尽管近年来乘用车的出口数量已超过商用车，但金额却无法匹敌。例如，2013 年中国乘用车出口总量 553 339 辆，商用车出口总量 394 796 辆，乘用车要超过商用车。乘用车中最重要的轿车出口量 424 471 辆，商用车中最典型的载货车出口 285 497 辆，轿车也要超过载货车。但是，同年乘用车出口总金额 410 412 美元，商用车出口总金额 880 423 美元，商用车是乘用车的 2.15 倍。乘用车中的轿车出口 311 264 美元，商用车中的载货车出口 377 879 美元，载货车在出口数量较少的情况下，出口金额反而超过轿车。2016 年，中国乘用车出口 47.7 万辆，商用车出口 23.1 万辆，[①]乘用车的出口数量也远高于商用车。但另据研究显示，同年中国乘用车出口金额为 0.87 万美元，货车为 1.67 万美元，客车为 3.75 万美元。[②]乘用车出口的金额仍不及商用车。这表明，现阶段中国乘用车出口的竞争力尚缺乏明显的比较优势。综观汽车发展史，只有乘用车尤其是轿车，才决定着一个国家现代汽车工业的高度，就此而论，中国汽车工业竞争力的构筑仍有待提升。

长期以来，中国汽车工业系以合资模式作为主导发展模式，而自主品牌不得不在夹缝中求生存。因此，尽管中国已成为全球最大的汽车产销国，但中国汽车工业整体上仍处于低度发展水平。然而，无论从理论上看还是从现实角度说，自主品牌都是中国汽车出口的主体，自主品牌发展的程度直接影响到中国汽车的出口竞争力。

动机决定行为。企业作为市场上的行为主体，与一切行动者一样，受

① 中国汽车工业协会：《2016 年汽车行业经济运行分析及 2017 年展望》，《中国石油和化工经济分析》2017 年第 3 期。

② 崔东树：《2016 年中国汽车整车出口分析》，http://www.sohu.com/a/126678342_115312。

到一定的动机的支配。在诸多市场行为中,向国际市场出口产品,只是企业可选择的经营手段中的一种,并不具备必然性与必要性。从内在因素来考虑企业的出口决策,就涉及企业是否有出口动机、其动机是强是弱。如果一个企业缺乏强烈的出口动机,自然不会选择扩大出口的行为。这是理论上的一般准则。对中国汽车工业来说,尽管合资模式是目前的主导发展模式,但长期以来,合资企业并不具备多少出口动机,相反,真正具有出口动机的是自主品牌。从历史来看,改革开放前,中国政府并未将汽车工业视为具有经济意义的主导产业,且不重视作为消费品的乘用车的发展,而将资源倾注于作为生产工具的载货车的发展。因此,改革开放之初,中国的汽车工业虽然能实现对于卡车的自主生产,但无论其技术水平还是产能都相当低下,整个产业更是面临"缺重少轻"的畸形结构。一方面,为了扭转这一局面,改革开放以后中国政府采取的合资战略,是基于"以市场换技术"的考虑,希望通过引入外资参与中国汽车工业的建设,实现先进技术的对华转移。另一方面,外国车企进入中国采取合资模式也是迫不得已,因为如果不这样做,它们将被挡在中国市场的大门之外。但是,由于"市场换技术"的失败,合资模式基本未能实现中国方面掌握汽车工业核心技术的初衷,却使外资车企得偿所愿地拿下了中国市场。

山崎修嗣等人曾研究为什么合资模式无法带来中国汽车工业技术的提升。他们以一汽的技术中心为例加以剖析。一汽技术中心全称为"第一汽车集团技术中心",也叫"汽车研究所",其前身在计划经济时代属于中央级别的汽车工业技术研发机构,当时具有独立性质。改革开放后,国家将汽车研究所划给一汽,并与第一机械工业部的第九设计院相整合,组建了一汽技术中心,负责一汽集团的研发工作。在一汽与德国大众合资成立一汽-大众的初期,一汽曾把技术中心的骨干调进一汽-大众以示支持。一开始,利用和大众共同改型的机会,一汽确实学到了不少东西。但是,随着一汽-大众规模的逐渐壮大,大众加强了对一汽-大众的控制,技术中心的参与越来越少,直至完全撤出。现在,一汽-大众在引进新车型时,由于缺少一些实验设备,就委托技术中心来做一些试验,除了这种关系,两者间基本上就没有什么关系了。换言之,一汽-大众和技术中心的关系,由此前的联合改型的关系，变成了业务委托关系，技术中心无法参与一汽-大众核心的技术活动，也就无从学习技术，更谈不上将大众的技术转移到一汽了。[①]一汽技术中心与一汽-大众关系的演化史，很典型地反映了为什么合资模式下中国汽车工业换不来技术。而只要中国汽车企业换不来技术，外资车企就可以保持其优势地位，从而掌控中国的市场。有巨大的中国市场稳定地提供利润，外资车企自然没有强烈的动机让其在华合资企业去开拓中国以外的市场。而在过去相当长的时间内，受中国汽车工业产业政策的影响，合资企业依靠行政垄断地位，即使不努力于研发，仅靠从外资母公司获得相对过时的车型生产也能在中国市场上获利，这也削弱了合资企业自身拓展中国外市场的动力。一位美国作者尖锐地指出："当你能从竞争对手手中拿到技术时，创新就变得不那么重要了。"[②]而打入国际市场恰恰需要高强度的技术、组织与营销创新。因此，可以通过表 5-4 看到合资车企缺乏出口动机的原因。

表 5-4　合资车企缺乏出口动机的原因

外资母公司的考虑	合资企业战略定位在中国市场 合资企业出口会形成内部竞争 合资企业与母公司关系不如独资子公司
合资公司自身的考虑	能够在中国市场上稳定地获利

综上所述，尽管早在创立合资模式之初，中国政府即希望通过采取该模式能带动中国汽车工业的出口，但这一愿望在历史时期内基本上是落空了。这并不是说过去不存在合资车企出口的案例，但那种零星案例不具有多少意义。

相对于占据主流以及主导地位的合资车企，自主品牌在中国当下的汽车工业中，是从夹缝中杀出的"黑马"。尽管自主品牌企业的实力远不及合资车企，但自主品牌却具有更强烈的出口动机。分析自主品牌的出口动机

① 山崎修嗣编：《中国汽车产业》，第 33 页。

② G. E. Anderson: *Designated Drivers: How China Plans to Dominate the Global Auto Industry*, p.19.

必须追溯自主品牌车企的形成。改革开放后,在相当长的一段时期内,中国汽车工业的发展仍然受到强大的计划经济式的行政干预。1994 年产业政策所确立的“三大三小”体制实际上就具有鲜明的计划色彩,人为地造就了几大国有车企的垄断地位,而这些国有车企基本上都是以合资模式作为主导发展模式的。但是,合资模式的弊端已如前文所言。同时,“三大三小”之外的地方政府、其他国企和民间企业家也怀有进入汽车工业的强烈冲动。因此,在 20 世纪 90 年代中央政府实际上缺乏有效管制能力的情形下,若干汽车企业崛起于边缘与夹缝中,形成与“三大三小”相并立的阵营,也就是所谓“自主品牌”。

自主品牌如同中国汽车工业的“黑马”,在由外资实际主导下的产业中脱颖而出,成为不同于主流合资车企的异数。而这些在夹缝中“冒出”的自主品牌的“正名”,除了前文曾论及的路风的报告外,还包括触发自主品牌成为社会话题的事件,如哈飞董事长崔学文于 2003 年 3 月在全国人代会上对自主开发的解释。总之,2004 年前后,中国社会长久以来所酝酿的自主品牌夺取话语权的暗潮涌动终于浮上水面。2005 年,“自主创新”被正式确立为国策。当年 3 月,温家宝总理在向全国人大做政府工作报告时,首次详细阐述了“自主创新”的理念。此后,中国汽车工业开始名正言顺地为摆脱对外资的依附而努力至今。

自主品牌车企之所以具有更强的出口动机,主要基于三点。首先,自主品牌车企对于企业的发展具有自主决策权,是否采取出口策略由中国人自己说了算,既不存在合资车企里面母公司的综合考量与权衡,也不存在合资车企与母公司其他分支企业在全球市场上的内部竞争冲突。例如,瑞典沃尔沃汽车的轿车部门被吉利并购后,吉利作为母公司,就拥有了对于沃尔沃轿车的处置权。据 2014 年 6 月路透社的报道,瑞典沃尔沃汽车的一位高管表示,在中国母公司浙江吉利控股集团的帮助下,计划把中国打造成出口中心,计划最早明年底开始向美国和俄罗斯出口中国生产的汽车,沃尔沃打算向美国出口长轴版 S60 轿车“S60L”,并向俄罗斯出口 XC90 跨界多功能车,一年的出口总量最终将达到约 1 万辆 S60L 和几千辆 XC90。同时,沃尔沃可能利用在中国的两个组装厂,也向其他市场出口,比如东南亚。一座工厂位于成都，于去年底开始投产，另一座位于大庆，正在提升产量。这一案例充分表明自主权对于出口动机的重要性。其次，自主品牌车企作为中国人自己的汽车企业或品牌，抢占本国汽车市场当然是首要的目标，但随着企业的成长壮大，向全球市场进军也是必然的逻辑。最后，非常现实地说，自主品牌作为合资模式主导下的边缘角色，在本国市场上反而只能在夹缝中求生存，出口成了一种迫不得已的生存策略。因此，自主品牌强烈的出口动机是由三方面因素支撑的，如表 5-5 所示。

表 5-5　自主品牌车企出口动机强的原因

决策因素	拥有是否出口的自主权
目标因素	出口是企业成长到特定阶段的必然选择
市场因素	在国内市场的生存空间受挤压

因此，自主品牌车企在成长初期就开始尝试出口，也就不足为奇了。例如，奇瑞汽车股份有限公司，2006 年 8 月被商务部、国家发改委认定为首批“国家汽车整车出口基地企业”，2007 年出口汽车 11.98 万辆。长城汽车 1998 年就开始汽车出口，自 2000 年起，每年平均以 90％的速度增长，而且出口产品附加值越来越高，2002 年以前出口产品还只限于迪尔、赛铃等皮卡系列，2003 年长城 SUV 系列开始出口。浙江吉利控股集团有限公司截至 2007 年底，累计实现海外销售近 7 万辆，位居中国轿车出口前列。这表明，自主品牌从一开始就是中国汽车出口的主力军，而且其出口行为是企业自发地、积极地实施的。这一切缘于自主品牌车企相对于合资车企，拥有截然不同的出口动机。2013 年 1—8 月，中国出口汽车前 5 名的整车制造企业如图 5-7 所示。

很显然，2013 年 1—8 月，中国整车制造企业出口名列前茅的基本为自主品牌，其中既包括明确无误的自主品牌奇瑞与长城，又包括母公司虽有合资企业但保留了本国品牌的长安、东风与北汽，这反映了中国汽车出口的一种基本结构。值得注意的是，如前文所述，当“自主创新”话语在中国社会取得越来越大的影响力后，自主品牌也开始受到追捧，甚至产生了“合资自主”这种概念。“合资自主”是否能被称为自主品牌，此处不议，但

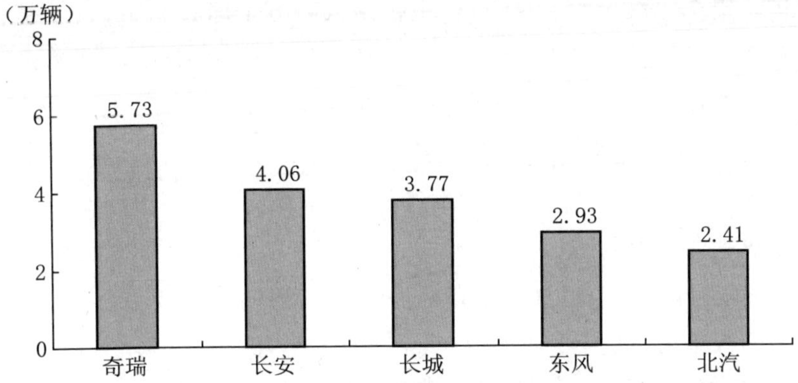

图 5-7　2013 年 1—8 月中国整车制造企业出口排名

自主品牌从心理层面上对合资企业产生的冲击可见一斑。2016 年，中国汽车整车出口排名前五的企业分别为：上汽集团、奇瑞汽车、北汽集团、华晨汽车和安徽江淮。其中，奇瑞、华晨与江淮是有清晰辨识度的自主品牌，五席之中据有其三，足见自主品牌依然是中国汽车出口的重要力量。

当然，随着市场形势的变化，合资车企的动机也会发生改变。中国汽车工业的产能扩张和国内市场的限度，使合资车企的出口终究被提上议程。在《中国汽车产业发展报告(2014)》中，相关研究者分析了 2012 年中国汽车出口形势后认为："部分合资企业纷纷推出在中国本土研发的合资品牌参与出口竞争。例如，北京奔驰生产的一款长轴距 E 级 35 辆奔驰轿车出口南美市场；上海通用的雪佛兰新赛欧出口智利和利比亚；上汽依维柯红岩商用车出口海湾和非洲国家；华晨宝马出口中东、非洲、南美等地。"该《报告》进而认为："面对中国低速增长的态势，外资品牌在中国扩大的产能须通过出口来释放。"①不过，在当年，这些出口案例只是零星行为，距离自主品牌式的大规模出口尚远。但短短几年间，合资车企出口的行为已越来越多，2016 年，合资品牌汽车出口份额已达到 12.9%。②可以说，这是中国汽车市场竞争压力的产物。然而，恰如最近的一篇报道所言："为数不多

① 国务院发展研究中心产业经济研究部等：《中国汽车产业发展报告(2014)》，社会科学文献出版社 2014 年，第 81 页。

② 金昂卉：《我国汽车出口重点市场研究》，《汽车纵横》2016 年第 10 期。

的中国合资企业汽车的出口项目，也被纳入外方全球布局中，属于是全球采购性质，并通过当地品牌专卖点向市场销售，与'中国制造'几乎没有联系。合资企业在出口行动上的不作为，目前看来还要持续一段时间。"①因此，由中国汽车工业主导发展模式决定的汽车低度出口格局，或仍将延续，其改变既有赖于自主品牌车企的继续努力，亦有赖于国内市场竞争给予合资车企更大的压力。

必须指出的是，中国汽车企业自身尚有若干问题需要克服，而某些问题在中国汽车出口史上长期存在，一直未根治。根据中汽协一份较早期的研究，中外汽车企业出口俄罗斯情况的对比如表 5-6 所示。

表 5-6　中外车企出口俄罗斯情况对比②

项　　目	外国车企	中国车企
品　　牌	品牌声誉好，知名度高	品牌知名度低、牌子杂而多，甚至没听说过
认　　证	自己认证	经销商认证、以二手车名义进入
市场进入	获得欧洲认证进入欧洲市场、容易进入俄罗斯市场	直接进入俄罗斯市场、认证时一般不能一次通过
销　　售	有计划、投入大、4S 店或自己总销售	无准备、委托不知名的经销商、投入小、没有 4S 店
市场推广	广告投入大、全面介绍、力争当地政府支持、取得用户信任	广告投入小、只注重低价、经销商自己掏钱、用户不了解不信任
适应性改进	事先调研，产品适应市场	事先无准备，产品有欠缺，改速度慢
质　　保	3 年 10 万公里或 5 年 15 万公里	2 年 5 万公里或 1 年 3 万公里
售　　后	售后体系完善，配件供应充分	售后体系不完善，缺少配件
总体效果	长期行为、品牌形象提高、获利丰厚、持续发展	短期行为、品牌形象损害、市场波动、发展受困

① 周伟力：《汽车出口 300 万辆能否圆梦？》，《广州日报》2016 年 11 月 14 日。
② 根据中国汽车工业协会：《中国汽车出口俄罗斯方略研究》整理。

表5-6中所反映的问题，尤其是中国汽车出口的机会主义现象，可以说到今天仍然存在。其表现，业界总结为“过山车”现象。例如，2007年，中国汽车企业集体攻入俄罗斯，销量破10万辆，但是2009年，中国车企又集体逃离俄罗斯，销量跌九成以上，仅7 000多辆。同样的故事也在巴西上演。2011年，巴西成为中国汽车出口的最大市场，销量又一次破10万，同比增长3倍以上，但到了2012年，中国汽车销量仅为2万辆，下滑幅度近八成。这种大起大落，与相关国家自身的不稳定有一定关系，但更主要的还是中国汽车工业自身的原因。例如，2012年，巴西汽车市场整体是上涨的，因此，中国汽车出口的滑落不能完全归于出口国环境的波动。再者，中国汽车出口目前存在着极大的混乱，质量问题相当严重。例如，2014年10月15日，一支来自安徽省的文化交流团抵达蒙古国，准备进行演出访问，中国驻蒙古国大使馆非常重视，特意安排了蒙古国凯利威公司刚刚购进的2辆中国制造全新陕汽客车负责接待，孰料在当日午餐后返回市区途中，行驶到20公里处，车内突然着火。事后经调查，系车内暖气系统失火，而且这2辆新车并不只存在暖气线路老化这一个问题，表面裂痕、发动机漏油、内饰粗糙等等问题都显露了出来。此事一出，在蒙古国引起了很大影响。蒙古国工业、交通、质监部门都赶到现场，对事故车辆进行质量检测，蒙古国工业贸易厅还对两辆车的问题检测出具了证明。其中一辆车的质量问题多达28处，另一辆车也有18处。很显然，这次事件对于中国汽车品牌是一次极大的打击。类似事件暴露出的是中国汽车出口从生产到营销的各环节的问题。然而，解决这个问题主要取决于企业自身的努力，政府除了加强出口质检监管外，直接促进企业提升技术能力的可运作空间不大。中国汽车工业“由大变强”，依旧任重而道远。

小　结

到了20世纪90年代后期，随着中国市场化改革的深入，以及国民收入水平的提高，以轿车消费为主的国内汽车市场开始展现较为诱人的前景，这促使“三大三小”之外一批有企业家精神的主体，希望进入轿车行业。

这些主体既包括地方国有企业奇瑞，也包括民营企业吉利，其共同特征是有敏锐的市场意识，为了达成目标，采取了自主开发的形式，并通过特殊途径取得了轿车生产资质。由此，中国汽车工业又多了一种自主创新模式。企业的实践和学者对自主创新的呼吁影响到了政策层面，2004 年，中国政府出台了新的汽车工业产业政策，对于自主开发给予了充分的肯定。在各种因素的作用下，自主创新模式开始扩散，一些大型国有汽车企业，在被合资模式主导的同时，也开始尝试建设自主品牌。受到产业政策与自主创新模式的压力，合资企业的外方也发明出了“合资自主”这一形式，作为与真正的自主品牌展开竞争的策略。然而，总体来看，自主品牌还是在合资模式的缝隙中求生存。正因为如此，自主品牌有着更强烈的出口动机，成为中国汽车出口的主体。然而，由于合资企业才是中国汽车的主体部分，故合资企业在出口市场上的缺位，表明中国汽车工业进入 21 世纪以来的成长，主要还是靠投资驱动的规模扩张，虽然适应了日益增长的国内市场的消费需求，但不具备支撑出口的竞争力。中国汽车工业自 1978 年以来实现了由小到大的转变，但未来的由大变强仍然会是艰辛的奋斗旅程。

结论　政策、企业与发展模式

改革开放以后，中国的汽车工业进入到一个真正的成长阶段，实现了由生产卡车为主到生产轿车为主的现代化转型，并实现了世界第一的产能规模，确实经历了一个“从小到大”的转变。中国汽车工业能够实现“从小到大”的转变，得益于产业政策的实施，然而，早期产业政策诱导了合资模式的主导化，却给中国汽车工业“由大变强”设置了障碍。未来中国汽车工业的发展，在很大程度上与新能源汽车的演化有直接关系，但由于本篇的研究时段下限只到2008年为止，故研究对象在很大程度上仅包括传统汽车，由此引发的理论分析与结论亦受限于此，这是必须首先交代清楚的。然而，如果从政策、企业和发展模式等变量的角度对产业演化进行剖析，也应该能得出某些一般性结论，从而使经济史的研究能对现实的产业发展提供启示。

一、早期产业政策的双重效应

中国汽车工业的成长在一定程度上是由1994年的汽车工业产业政策促成的，而该政策的部分要素早在改革开放之初的相关政策中就已经存在。产业政策对中国汽车工业最大的意义，在于提供了一个受保护的市场，使幼稚的中国汽车工业能够在适宜的环境里避免与实力雄厚的外资直接竞争，得到一个缓冲的时间发展出足够大的体量。

不可否认的是，中国汽车工业尤其是轿车行业的成长壮大，与改革开放后国民收入的提升以及汽车消费市场的发育也有着直接的关系。在任何时候，市场需求都是牵引产业成长的引擎。然而，必须考虑的是，在成熟的进口产品可方便获取的条件下，本土产业及其生产的产品并非是消费者必然的选择。事实上，20世纪80年代的轿车进口热及其对包括红旗牌轿车形成的冲击，已经证明了这一点。客观地说，在进口汽车与国产汽车之间，确实存在着相互替代的竞争关系。因此，改革开放后随着中国宏观经济发展而必然会形成的国内汽车消费市场，并不必然要依靠国产汽车来满足其需求。假如从一开始就不限制汽车进口，有理由相信，世界各主要汽车生产国一定会争相将其产品出口至中国，并因相互间的竞争而使中国市场上的汽车产品出现降价，而其结果，仍然会是使中国消费者对于汽车的需求得到满足。但在这种情况下，技术上与发达国家汽车工业相差太大的中国汽车工业，将难以存活。换言之，从纯粹的市场角度说，汽车工业并非是一个国家工业化或经济发展必须要发展的产业。而从经济学的比较优势理论出发，这种自由贸易条件下生产率差异导致的特定产业发展的非必要性，是很容易理解的，毕竟，19世纪的李嘉图早就用英国只生产布和葡萄牙只生产酒的例子来进行过说明。

因此，必须充分肯定中国政府早期实施的保护性产业政策对中国汽车工业成长的积极作用。客观地说，中国政府早期实施保护汽车工业的政策，除了扶植民族工业的考虑外，更迫切的原因还是进口汽车导致外汇大量流失，给计划经济体制下的中国政府带来了巨大的财政压力。所以，我们可以看到，20世纪80年代初的一些和汽车有关的政策，一方面虽然是限制汽车进口，但另一方面也是在限制汽车生产，所谓的保护效应只是客观上附带出现的结果而已。在这种形势下，汽车工业努力为自己争取到了支柱产业的地位，从而使政府更积极主动地来实施培育政策，无疑也是中国汽车工业发展史上的一个重要契机。

具体来说，中国早期产业政策对汽车工业所施加的保护，主要是通过限制进口来实现的。而且，从产业政策的设计来说，一方面以限制进口来消极地施加保护，另一方面也通过扶植本国汽车企业加速成长来积极地抵御进口，从而实现保护的效果。客观地说，从长期历史进程来看，这两点举措都实现了预期的目标。然而，在具体实施保护政策的过程中，保护的对象却模糊化了。从理论上说，产业政策保护的应该是整个中国的汽车工业，但由于政策设计理念的问题，实际中的保护政策指向了中国汽车工业里少数具体的企业，这就使保护的性质和意义出现了变化。而这种变了味的保护政策，保护的实际上是少数特权企业的垄断。

二、企业动机与发展模式选择

由于中国政府及参与制定产业政策的专家认识到汽车工业是资本与技术双密集的高投入产业，所以，早期的产业政策为了遵循汽车工业发展的规律，以提高产业集中度和规模经济作为重要目标，并采取相应措施。

这样的产业政策塑造了特殊的市场结构，并通过塑造企业动机而借企业之手选择了发展模式。提高产业集中度和规模经济的目标，本身就意味着国家希望汽车工业能够出现从小到大的变化，并希望中国的汽车企业从一开始建设就具有与国际先进企业相抗衡的实力。这一点，延续了在计划经济体制下中央管理部门对于投资分散化和各地重复建设的担忧与反对。为了解决这一问题，汽车工业产业政策被设计为通过提高准入门槛来保证企业的规模，并由此保证产业集中度和规模经济能够实现，从根本上说，则是保证汽车工业能够获得高投入。从逻辑上看，这样的政策设计确实遵循了汽车工业所谓的发展规律，符合该产业高投入需求的特点。

然而，上述政策设计从理念上存在着巨大的缺陷。尽管发达国家的汽车工业尤其是轿车工业确实存在着高投入的特点，并呈现出高产业集中度与规模经济的表征，但这是通过市场竞争自发演化形成的，并非人为预设的结果。自发演化就意味着，企业的初始规模与企业最终能否成功关系不大，重要的是企业能否在竞争中发展出相应的能力，由小变大，实现规模经济效益。反过来说，当政府通过限制行业准入的方式人为地造就一批大企业之后，实际上创造了一个抑制市场竞争的垄断格局。这一垄断格局对企业提升实际竞争力是没有帮助的，因为在这一格局下，企业能够轻松地获利，没有足够的动机去发展包括技术研发在内的竞争能力。

进一步说，在以轿车工业为主体的中国汽车工业现代化过程的初始阶段，以提高产业集中度和规模经济为目标的早期产业政策，也促使汽车企业以高投入和扩大规模为其动机。动机决定行为。高投入的动机带来了汽车企业的大规模投资，从而确实实现了企业规模的扩大，进而使中国汽车工业由小变大。换言之，中国汽车工业从小到大的变化的原因，可追溯至早期产业政策为企业设置的目标所产生的激励。也正是基于这一点，笔者要再次强调，中国汽车工业的产业政策，对于中国汽车工业规模的壮大，发挥了重要作用。

然而，政策目标可以塑造动机，但动机在行为层面的落实与产生实际结果，却并不容易，需要具体的手段来解决诸多问题，克服诸多困难。回到具体的历史情境中，改革开放之初，中国原有汽车工业的起点恰好是在最需要高投入的资本和技术两方面都极为欠缺。从资本方面来说，当时政府的财力有限，无法按照传统计划经济体制下完全由政府来承担巨额的投资，而且，由于一汽、二汽、上汽等企业希望保留各自的企业自主性，也不希望由国家集中资源组建一家轿车企业来进行此类投资。从技术方面来说，当时中国的汽车工业主要是生产卡车的工业，缺乏生产轿车的经验与能力，即使如一汽与上汽等可以生产轿车，也缺乏规模化的产量，且仍大量保留着落后的手工生产方式。因此，改革开放初期，中国汽车工业的基础是难以依靠自身力量满足产业政策对于资本与技术高投入的要求的，必须从外部寻求资源与支持。这就使合资模式的出现与壮大成为顺理成章的逻辑必然。

从历史渊源看，中国汽车工业自创立之初，以一汽为代表，就走了一条全面引进国外先进技术的道路，这种全面引进的发展模式其实是中国发展汽车工业早已有之的一种基本思路。因此，改革开放以后，通过大规模的甚或全面的技术引进来发展以轿车工业为代表的现代汽车工业，在思路与策略上是有历史继承性的。从理论上说，与发达国家的先进企业合资创办公司，也确实能够带来更多的资金，以及引入较新的车型，从而满足对资本与技术高投入的需求。于是，以寻求高投入来实现规模壮大的中国汽车企业，选择通过与外国车企合资的模式来发展轿车生产，就成为一种自然而然的选择。

因此，通过回溯历史，我们可以理出的中国汽车工业成长的逻辑机制是，产业政策设定的规模经济目标，使企业为了进入轿车行业，产生了高投入的行为动机，而为了解决高投入对于资本和技术上的需求，企业选择了合资模式，希望通过外资的引入，带来更多的资金与更新的技术。于是，中国汽车工业在改革开放以后选择了合资模式为其最主要的发展模式。

三、 发展模式的路径依赖

在一个行业所构成的系统中，发展模式具有传导性，并形成自我强化的路径依赖。合资模式在中国汽车工业中的主导地位的形成，便是如此。

笔者认为，通过细致地分析历史，最有意思的发现是，历史的逻辑与因果机制往往在事后总可以赋予一些合理化的必然性解释，但实际的历史要复杂得多，细究起来不乏变数。以合资模式来说，尽管从理论上分析，它可以解决中国发展轿车工业所欠缺的资本和技术来源问题，因而具有极强的历史必然性，但是，在 20 世纪 80 年代到 90 年代，这种模式其实是非常脆弱的，不乏夭折的可能性。无论是北京吉普的风波，还是广州标致的失败，又或者是神龙公司建设的迟缓，甚至是上海大众的进展缓慢，都可以说明这一点。这种脆弱性的原因很多，每个案例都很特殊，但总的来说，实际上在合资模式之下，无论是资金的注入，还是技术的引入，都不如理论预期的那么顺利，再加上中外企业文化的冲突，就会导致合资企业面临很大的不确定性风险。

因此，合资模式在起步之初，也需要企业倾注较大资源，才能确保该模式在中国扎根。于是，我们可以看到，在政府给出的国产化要求的巨大压力下，上海汽车工业孤注一掷，将自主制造的上海牌轿车放弃，把资源全部移到上海大众，才推动了桑塔纳轿车国产化的顺利进行。与此同时，尽管一汽对于红旗牌轿车和合资企业采取双轨制发展，但实际的重心是偏向合资企业的，自主制造的红旗牌轿车最终被边缘化，而一汽-大众等合资部分得到了一汽集团“全心全意”的支持。也正是有了这种全力以赴倾注资源的培育，上汽和一汽的合资模式才能够相对顺利地发展，并成为中国汽车工业尤其是轿车行业里合资模式的标杆。

一旦合资模式成功在上汽与一汽扎根，它就开始具有传导性。一方面，这种模式确实具有资本与技术两方面的有利优势，在顺利运转后，能够满足高投入的需求，帮助汽车企业实现产业政策所设定的规模扩大的目标。另一方面，在行业里，成功的企业有其示范性，能够吸引别的企业学习与模仿，促使合资模式在企业间扩散。当然，在企业内部，同样存在着合资模式巩固与扩张的现象。上汽在德国大众公司之外又选择美国通用公司进行合资，以及一汽将与大众公司的合资扩展到对于奥迪品牌的合资，都表明了这一点。随着中国轿车消费市场在20世纪90年代后期的扩大，桑塔纳与奥迪等车型在受产业政策保护的国内市场上享受着高额的利润，也刺激和诱导着其他企业进入轿车行业分一杯羹。而在这个时候，产业政策设定的以规模和投入为准入标准的高门槛再一次发挥其作用，使合资模式因其更容易满足这一标准而得到更广泛的接受。这样一来，在成功企业的示范与产业政策的诱导等多种因素的作用下，合资模式开始在中国汽车工业里大规模地扩展，成为中国汽车工业的主导模式。

因此，我们可以看到，合资模式在中国汽车工业里的巨大成功并非历史的必然，但一旦该模式站稳脚跟，它就会自我强化，形成一种路径依赖，将中国汽车工业尤其是轿车行业的演化锁定至其轨道上。这也就是为什么尽管社会各界对合资模式诟病甚多，但合资模式仍然是中国汽车工业主流的发展模式的重要原因。这种路径依赖对于中国汽车工业的发展影响深远。从积极的一面说，合资模式作为一种高投入的机制，解决了过去中国汽车工业尤其是轿车行业“从小到大”的发展问题，使中国汽车工业在投资驱动下成长为世界规模第一。但从消极的一面说，合资模式之下，中国大型车企无论是研发技术还是出口海外市场的动机都较弱，这就直接影响到整个中国汽车工业竞争力的提升，使其限于量的发展而难以得到质的提升。在这种形势下，中国汽车工业下一步要解决“由大变强”的问题，还需要付出艰辛的努力。而在整个中国市场越来越开放，产业政策的保护性越来越弱的大趋势下，中国汽车工业的升级之路面临的挑战也将越来越大。

参考文献

一、档案

《(73)沪拖汽革字第 2 号》,1973 年 6 月 30 日,上海市档案馆藏档 B116-2-95。

《(74)沪拖汽革字第 1 号》,1974 年 1 月 28 日,上海市档案馆藏档 B116-3-696。

《(76)沪拖汽革生字第 32 号》,1976 年 12 月 30 日,上海市档案馆藏档 G18-2-40。

《(76)沪拖汽革字第 1 号》,1976 年 3 月 16 日,上海市档案馆藏档 B116-3-705。

《(78)沪拖汽革第 7 号》,1978 年 2 月 16 日,上海市档案馆藏档 B116-2-136。

《(78)沪拖汽革第 7 号》,1978 年 2 月 16 日,上海市档案馆藏档 B116-2-136。

《(78)沪拖汽革技字第 3 号》,1978 年 1 月 24 日,上海市档案馆藏档 G18-2-99。

《(78)沪拖汽革技字第 40 号》,1978 年 5 月 22 日,上海市档案馆藏档 G18-2-99。

《国家计划委员会计机[1982]310 号》,1982 年 4 月 26 日,上海市档案馆藏档 B1-9-660。

《沪一机委(78)24 号》,1978 年 10 月 19 日,上海市档案馆藏档 B246-3-553。

《嘉银信(78)字第 28 号》,1978 年 9 月 28 日,上海市档案馆藏档 G18-

2-99。

《上海汽车工业发展设想(草案)》,1973年,上海市档案馆藏档B116-2-95。

《上海汽车制造厂(73)革技字第23号》,1973年9月25日,上海市档案馆藏档G18-2-99。

《上海汽车制造厂(73)革技字第31号》,1973年12月14日,上海市档案馆藏档G18-2-99。

《上海汽车制造厂(73)革技字第32号》,1973年12月17日,上海市档案馆藏档G18-2-99。

《上海汽车制造厂革命委员会(73)革技字第30号》,1973年12月6日,上海市档案馆藏档G18-2-99。

《一机革(74)技字第323号》,1974年7月17日,上海市档案馆藏档G18-2-99。

上海汽车制造厂:《(75)革技字第24号》,1975年12月17日,上海市档案馆藏档G18-2-99。

上海汽车制造厂:《(76)革财字第1号》,1976年4月7日,上海市档案馆藏档G18-2-99。

上海汽车制造厂:《(78)革财字第5号》,1978年12月6日,上海市档案馆藏档G18-2-99。

上海汽车制造厂:《(78)革技字第17号》,1978年5月19日,上海市档案馆藏档G18-2-99。

上海汽车制造厂革命委员会:《明年小批量生产771的初步打算》,1975年5月,上海市档案馆藏档G18-2-99。

上海汽车制造厂革委会:《关于SH771轿车75年改进设计和试制工作打算的情况汇报》,1975年1月18日,上海市档案馆藏档G18-2-99。

上海汽车制造厂革委会:《关于我厂汽车生产发展的规划(1973—1980年)》,1973年3月21日,上海市档案馆藏档B116-2-95。

上海市拖拉机汽车工业公司:《1977—1985年规划(草案)》,1977年6月,上海市档案馆藏档B116-2-128。

二、企业史志

《轿车专题文集》,第二汽车制造厂科学技术委员会 1987 年 5 月印。

北京汽车史话编委会:《北京汽车史话(集团卷)》,北汽集团 2014 年印。

北京市地方志编纂委员会:《北京志·工业卷·汽车工业志　机车车辆工业志》,北京出版社 2003 年版。

本书编辑部:《东风志(1984—2007)》,《东风汽车公司志》编辑部 2012 年印。

本书编辑部:《中国一汽志(1987—2011)》,中国第一汽车集团公司 2013 年印。

本书编审委员会:《中国汽车工业史(1901—1990)》,人民交通出版社 1996 年版。

陆吉安主编:《先行一步——桑塔纳轿车国产化案例集》,上海财经大学出版社 1999 年版。

陆幸生:《世界是圆的:上海汽车工业三十年》,上海汽车工业(集团)总公司 2009 年印。

全国政协文史和学习委员会编:《一汽创建发展历程》,中国文史出版社 2007 年版。

上海汽车工业(集团)总公司编:《腾飞——纪念上海汽车工业改革开放 20 年》,上海科技教育出版社 1998 年版。

王少辛主编:《第二次创业》,第一汽车制造厂文协 1986 年印。

姚斌华:《逐梦传奇　广汽二十年》,广东人民出版社 2017 年版。

政协上海市委员会文史资料委员会等编:《上海汽车工业五十年 1955—2005》,上海市政协文史资料编辑部 2008 年印。

中国第一汽车集团公司编:《一汽创业五十年(1953—2003)》,中国第一汽车集团公司 2003 年印。

中国汽车工业协会、中国汽车工业咨询委员会主编:《中国汽车工业史(1991—2010)》,机械工业出版社 2014 年版。

中国汽车工业总公司办公厅编:《1992 年全国汽车工业工作会议文件

汇编》,1992年2月印。

三、年鉴

《中国汽车工业年鉴》期刊社:《中国汽车工业年鉴2010》,《中国汽车工业年鉴》期刊社2010年印。

本书编辑部:《中国汽车工业年鉴2003》,《中国汽车工业年鉴》编辑部2003年印。

中国第一汽车集团公司:《中国第一汽车集团公司年鉴(1993)》,吉林科学技术出版社1993年版。

中国第一汽车集团公司档案馆编:《第一汽车年鉴2003》,中国第一汽车集团公司2003年印。

中国第一汽车集团公司档案馆编:《第一汽车年鉴2004》,中国第一汽车集团公司2004年印。

中国第一汽车集团公司史志编纂室编:《中国第一汽车集团公司年鉴(1995)》,吉林科学技术出版社1995年版。

中国汽车报社编:《中国汽车工业全纪录(1949—2004)》,中国汽车报社2005年版。

中国汽车工业公司编:《中国汽车工业年鉴1983》,机械工业出版社1984年版。

中国汽车工业联合会编:《中国汽车工业年鉴1988》,机械工业出版社1989年版。

中国汽车工业总公司编:《中国汽车工业年鉴(1991)》,吉林科学技术出版社1991年版。

中国汽车技术研究中心、中国汽车工业协会:《中国汽车工业年鉴2005》,《中国汽车工业年鉴》编辑部2005年印。

四、著作

Eric Harwit: *China's Automobile Industry: Policies, Problems, and Prospects*, New York: M. E. Sharpe, Inc., 1995.

Eric Thun: *Changing Lanes in China: Foreign Direct Investment, Local Governments, and Auto Sector Development*, Cambridge: Cambridge University Press, 2008.

G. E. Anderson: *Designated Drivers: How China Plans to Dominate the Global Auto Industry*, Singapore: John Wiley & Sons Singapore Pte. Ltd., 2012.

Gregory T. Chin: *China's Automotive Modernization: The Party-State and Multinational Corporations*, Hampshire: Palgrave Macmillan, 2010.

Jim Mann: *Beijing Jeep: A Case Study of Western Business in China*, Boulder: Westview Press, 1997.

Kevin Baker: *Economic Tsunami: China's Car Industry Will Sweep Away Western Car Makers*, NSW: Rosenberg, 2007.

Michael J. Dunne: *American Wheels Chinese Roads: The Story of General Motors in China*, Singapore: John Wiley & Sons(Asia) Pte. Ltd., 2011.

丁学良:《辩论中国模式》,社会科学文献出版社 2011 年版。

本书编辑组编:《朱镕基上海讲话实录》,人民出版社 2013 年版。

本书编委会编:《中国汽车工业建设杰出的奠基人和开拓者:饶斌同志诞辰 100 周年纪念文集》,北京理工大学出版社 2013 年版。

葛帮宁:《东风》,中国工人出版社 2017 年版。

葛帮宁:《红旗》,中国工人出版社 2016 年版。

关云平:《中国汽车工业的早期发展(1920—1978)》,上海人民出版社 2015 年版。

国务院发展研究中心产业经济研究部等:《中国汽车产业发展报告(2014)》,社会科学文献出版社 2014 年版。

国务院经济技术社会发展研究中心技改调研组编:《一汽在改革开放时期的技术改造》,中国财政经济出版社 1988 年版。

贾可:《中国汽车调查》,上海交通大学出版社 2005 年版。

杰弗里·弗里登:《20 世纪全球资本主义的兴衰》,杨宇光等译,上海人民出版社 2017 年版。

杰克·潘考斯基:《我在中国打造百亿事业》,黄逸华译,远流出版事业股份有限公司2010年版。

卡尔·哈恩:《从学徒到总裁:卡尔·哈恩在大众汽车的40年》,朱刘华译,上海远东出版社2011年版。

路风:《走向自主创新:寻求中国力量的源泉》,广西师范大学出版社2006年版。

罗斯托:《经济增长的阶段:非共产党宣言》,郭熙保等译,中国社会科学出版社2001年版。

马丁·波斯特:《上海1000天:德国大众结缘中国传奇》,项玮译,中信出版社2008年版。

全国人大财政经济委员会办公室、国家发展和改革委员会发展规划司编:《建国以来国民经济和社会发展五年计划重要文件汇编》,中国民主法制出版社2008年版。

日产汽车公司:《关于中国发展轿车工业的初步建议》,刘英海译,国家机械工业委员会第九设计研究院1986年印。

山崎修嗣编:《中国汽车产业》,李东军译,中国商业出版社2010年版。

王千马等:《新制造时代:李书福与吉利、沃尔沃的超级制造》,中信出版集团2017年版。

威廉·拉佐尼克:《车间的竞争优势》,徐华等译,中国人民大学出版社2007年版。

郑作时:《汽车"疯子"李书福》,中信出版社2007年版。

中国汽车工业协会:《中国汽车出口俄罗斯方略研究》。

中华人民共和国国家经济贸易委员会编:《中国工业五十年》,中国经济出版社2000年版。

中华人民共和国国家统计局编:《中国统计摘要:2016》,中国统计出版社2016年版。

五、论文

崔东树:《2016年中国汽车整车出口分析》,http://www.sohu.com/a/

126678342_115312。

金昂卉:《我国汽车出口重点市场研究》,《汽车纵横》2016 年第 10 期。

沈庆:《关于我国汽车出口问题的若干思考》,《汽车工业研究》2010 年第 8 期。

汪莹:《我国汽车出口问题研究》,《上海汽车》2007 年第 1 期。

中国汽车工业协会:《2016 年汽车行业经济运行分析及 2017 年展望》,《中国石油和化工经济分析》2017 年第 3 期。

周伟力:《汽车出口 300 万辆能否圆梦?》,《广州日报》2016 年 11 月 14 日。

图书在版编目(CIP)数据

中国汽车工业发展史论/关云平著.—上海:上
海人民出版社,2020
ISBN 978-7-208-16545-8

Ⅰ.①中… Ⅱ.①关… Ⅲ.①汽车工业-工业史-中
国 Ⅳ.①F426.471

中国版本图书馆 CIP 数据核字(2020)第 110170 号

责任编辑 曹怡波
封面设计 零创意文化

中国汽车工业发展史论
关云平 著

出　版 上海人民出版社
(200001 上海福建中路 193 号)
发　行 上海人民出版社发行中心
印　刷 常熟市新骅印刷有限公司
开　本 720×1000 1/16
印　张 33.25
插　页 5
字　数 472,000
版　次 2020 年 9 月第 1 版
印　次 2020 年 9 月第 1 次印刷
ISBN 978-7-208-16545-8/F·2638
定　价 158.00 元